"十一五"国家重点图书出版规划
教育部哲学社会科学研究重大课题攻关项

法

中国传统法律文化研究

········· 总主编 曾宪义 ·········

输出与反应：
中国传统法律文化的域外影响

● 主　编　马小红　史彤彪

撰稿人（以撰写章节先后为序）

马小红　赵　银　韩剑尘
高旭晨　张金莲　张　群
马　慧　史彤彪

中国人民大学出版社
·北京·

《中国传统法律文化研究》
秘书处

负责人：庞朝骥　冯　勇　蒋家棣

成　员：(按姓氏笔画排列)

马慧玥　王祎茗　吴　江　张玲玉

袁　辉　郭　萍　黄东海

中国人民大学法律文化研究中心
曾宪义法学教育与法律文化基金会　组织编写

目 录

引　论

　　作为"东亚大地文化惟一之策源地"①，中国传统法律文化曾支配了东亚国家，并对世界产生了不可磨灭的影响。然而在很长的一段历史时期内，学界更多的是津津乐道于外国法律文化对中国产生的影响，却忽视了对中国传统法律文化域外影响的研究。本卷以中国传统法律文化为中心，对中国传统法律文化的影响作系统论述。

一、中国传统法律文化域外影响的层次

　　按照产生影响的程度，由浅至深可以分为三个层次：

（一）关注

　　中国传统法律文化域外影响的第一个层次为"关注"。

　　中国地处远东，东面朝海，西面环山，而北面又是西伯利亚高原，居住条件十分恶劣。这样的地理环境以及交通条件，使古代的中国，乃至东亚世界，都相对独立。这种空间阻隔，使东亚世界拥有了相对和平的大环境，却也增加了对外交流的困难。虽然中国以开放的姿态面对世界，但是客观上的困难却不因此而减少。以张骞出使西域为例，他第一次出使西域往返共用去13年时间；第二次出使西域时，虽然汉朝已控制了河西走廊，而他本人经过上一次的出使也累积了一定的经验，可往返仍用了4年时间（前119年—前115年）。陆上交通多艰，海上也并不太平。东汉时，班超派遣甘英出使大秦，在条支海岸被安息渔人劝退。安息人虽别有用心，但也是所言非虚："海水广大，往来者逢善风三月乃得度，若遇迟风，亦有二岁者，故入海人皆赍三岁粮。海中善使人思土恋慕，数有死亡者。"② 也正是由于这样的原因，在很长一段历史时期内，中国传统法律文化对于西方——包括近东以及欧洲地区而言，始终停留在"关注"这一浅表层面。

　　外国对于中国传统法律文化表示"关注"的记载在古代中世纪的外国史料中并不少见。这种"关注"一部分表现为对于中国传统法律文化的揣测、臆想、憧憬，主要存在于"传说

---

① 杨鸿烈：《中国法律对东亚诸国之影响》，提要7页，北京，中国政法大学出版社，1999。

② 《后汉书·西域传·安息传》。

的中国"。一部分则是虽然稍有了解，也只是只言片语，甚至有所误解，主要存在于欧洲以及西亚古代的历史典籍中，形成了一个"道听途说的中国"。还有一部分则是体系相对完整的对于中国法律文化的介绍与描述，主要存在于曾经亲历中国的旅行者的游记之中，形成了一个"浮光掠影的中国"，虽然他们的记述也有一些错误，却向西方揭示了一个相对真实的中国。

外国人对于中国传统法律文化产生错误的认识是难免的。在被收录到典籍的"道听途说"中，曾经对西方学界造成较大影响的是古希腊地理学家克泰西亚斯的说法。他在《旅行记》中，曾有一段描述中国人的话："赛里斯人（Seres，中国人）与北方印度人，身材魁梧，男高十三骨尺；寿逾二百岁。"① 对于中国人人种的认识尚且谬之千里，何况对于更深层次的文化的认识！空间的距离之外，尚有文化与语言上的隔膜，使外国人口中或是笔下的中国传统法律文化，远非准确表达，因此对中国传统法律文化的记载，无论是正确的还是错误的，都可以说是一种"关注"，也都是中国传统法律文化发生域外影响的表现。

（二）交流

中国传统法律文化域外影响的第二个层次是"交流"，这一层次主要是中国与欧洲之间的文化交流。

进入大航海时代，中国传统法律文化的域外影响也深入发展。东方的郑和、西方的麦哲伦，中国势力与欧洲势力在东南亚地区交接，年轻的西方一步一步逼近古老的东亚。西方的使节、商人以及教士纷至沓来，耶稣会士在中国逐渐取得了合法的地位。虽然明清时代自我封锁，然而世界却更加了解中国，尤其在欧洲出现了 18 世纪"中国热"，中国文化——哲学、历史乃至法律都成为欧洲追捧的对象，欧洲对于中国传统法律文化的了解也进一步深化。

与东亚地区或是东南亚地区不同，欧洲国家承袭了古希腊—罗马以来的文明成果。尤其在法律方面，欧洲法律文化拥有罗马法、日耳曼法、教会法三大策源，具有一套完整的法律文化体系。中国法律与西方法律，是在不同的政体与文化土壤中培育并成熟起来的，并在自己的法系范围内各领风骚。这也使得中国传统法律文化对于欧洲的影响，必然与其他地区不同。特别是欧洲的思想家们，他们对于中国传统法律文化本着"拿来主义"的精神，他们对于中国传统法律文化的理解与剖析，都带着深刻的"欧洲风格"，甚至不乏"欧洲中心主义"的居高临下的态度。

在制度方面，中国的科举制度对于欧洲产生了深远的影响。尤其是英美的文官制度，都是以中国的科举制度为渊源。而对于思想家们而言，中国文化是他们新思想的"资源库"。无论是中国传统法律文化的支持者，还是反对者，都试图从中国传统法律文化中寻找自己理论的"论据"。这些思想家中不乏大名鼎鼎的人物——伏尔泰、孟德斯鸠、卢梭、莱布尼茨、黑格尔、亚当·斯密，等等。这种"交流"也有三种表现：一种是对中国传统法律文化持赞扬态度，以莱布尼茨和伏尔泰为例，他们认为中国在制度文明以及治国方略上，在欧洲国家之上，并号召欧洲向东方学习；一种是对中国传统法律文化持批判态度，如孟德斯鸠、卢梭以及黑格尔，他们认为中国在治国方略以及历史方面，确实走在了欧洲的前面，但是对于中

---

① 朱学勤：《中国与欧洲文化交流》，5 页，上海，上海人民出版社，1998。

国的专制制度以及政治文明却持批判的态度，以黑格尔为例，他将中国文化视为一种"幼年文化"；还有很少的一部分人，对于"中国热"极其厌恶，在他们眼中，中国与世界其他野蛮、未开化民族并无区别，这种看法的代表人物为赫尔德。

在欧洲视角下的中国传统法律文化，很难说是客观的。然而无论是褒扬，还是批判，这种研究本身以及它在欧洲变革时期对政治界与思想界所产生的影响，都毫无疑问地从属于中国传统法律文化域外影响的一部分。

（三）移植

中国传统法律文化域外影响的第三个层次是"移植"，这一层次所涉及的主要是中华法系的子法：朝鲜法、日本法、琉球法、安南法、暹罗法等。[①]"移植"为中国传统法律文化域外影响的最高表现形式。

有学者将中国与东亚、东南亚地区之间存在的关系形象地归纳为"天朝礼治体系"[②]。在这个体系中，中国处于核心的位置，无论在政治、经济还是文化方面主导整个区域的发展。政治上，中国与其他国家（地区）之间是宗主—藩属关系；在文化上，在这个以汉字、儒学、中国式律令制度与农工技艺、中国化佛教为基本要素的"东亚文化圈"内，中国文化无疑是核心。中国传统法律文化作为东亚文化圈的基本要素之一，作为世界五大法系之一——中华法系的母法，对于区域内的其他国家和地区的法律，产生了不可估量的影响。

这些国家或地区的法律的形成，就是基本移植了中国法律并加以本土化的过程。以中华法系中最重要的三个国家——日本、朝鲜和越南——的法律体系为例，日本在大化时代，以唐律为蓝本全面进行法律改革，并建立了律令格式的法律体系。对此，黄遵宪在《日本国史·刑法志》中写道："迨孝德朝依仿唐制……律分十二，一曰名例，二曰卫禁，三曰职制，四曰户婚，五曰厩库，六曰擅兴，七曰贼盗，八曰斗讼，九曰诈伪，十曰杂律，十一曰捕亡，十二曰断狱。亦用五刑，别有八虐，六议等条，大概同唐律。"[③] 朝鲜历史上也一直是内附中国，根据《高丽史》的记载，"高丽一代之制，大抵皆仿乎唐，至于刑法亦采《唐律》，参酌时宜而用之。曰《狱官令》二条、《名例》十二条、《卫禁》四条、《职制》十四条、《户婚》四条、《厩库》三条、《擅兴》三条、《贼盗》六条、《斗讼》七条、《诈伪》二条、《杂律》二条、《捕亡》八条、《断狱》四条，总七十二条，删繁取简，行之一时，亦不可谓无据"[④]。而越南的法律以唐律为主，参酌宋、元、明三朝的法律。越南，在中国古代称"安南"，从秦代到唐代，安南数次被并入中国版图，从很早就受到中原汉族法律文化的影响。

[①] 参见张友渔主编：《中国大百科全书·法学卷》，764页，北京，中国大百科全书出版社，1984。
[②] 所谓天朝礼治体系，是马来西亚华人学者黄枝连所首倡的概念，是指在西方殖民主义兴起之前，在亚洲地区——朝鲜、安南、日本、琉球、暹罗以及更广泛的亚太地区突出存在的一个区域秩序，以中国封建王朝为中心而以礼仪、礼义、礼治以及礼治主义为其运作形式；对中国和它周边的国家（地区）之间、周边国家之间的双边和多边关系，起着维系与稳定的作用。这种礼治主义，对内表现为生活在其中的中国人的生活方式，对外则表现为宏观的国际政治架构。参见黄枝连：《亚洲的华夏秩序——中国与亚洲国家关系形态论》，前言，北京，中国人民大学出版社，1992。
[③] 《日本国史·刑法志》。
[④] 《高丽史·刑法志》。

日本学者牧野巽认为："安南于秦、汉时即接受中国文化，迨后汉马援之远征，遂完全成为中国之领土，直至唐末犹然，故此时代安南所行之法律，恐即以唐之律令为主也。"①

二、中国传统法律文化域外影响的特点

从关注、交流到移植，中国传统法律的域外影响在不同的地域，也曾呈现不同的特点。笔者以中华法系为区分，对中国传统法律文化对于中华法系和非中华法系国家影响的不同特点分别加以概述。

(一) 中华法系国家

第一，中华法系所属国家，与中国曾存在臣属或者隶属关系。

无论是朝鲜、日本还是越南，在历史上都曾为中国的属国，向中国称臣，接受中国中央王朝的册封。按照班固《汉书》所载，朝鲜在周朝即为箕子的封地，在朝鲜推行礼乐教化，并有了最初的法律——箕子八条。之后历朝的史籍中，也多次出现了朝鲜和日本两国"朝贡"的记载。对于中国、日本、朝鲜的关系，朝鲜李氏王朝宣祖则称："上曰，设使以外国言之，中国父母也，我国与日本同是外国也，如子也。"② 他进一步强调："以言其父母之于子，则我国孝子也，日本贼子也。"③ 而越南从东汉至唐末，一直为中国领土，中国法律曾作为国家法律在此推行，这也奠定了古代越南成为中华法系最南端的基础。后来的李、陈等朝，皆奉中国为宗主。④

第二，中国传统法律文化对于中华法系国家法律的影响是全方位的。

在法的历史渊源上，中华法系各国（地区）法都是在继受中国法的基础上发展起来的，尽管各自的传统和习俗有所不同，但中国法是它们共同的母法。在法的表现形式上，法律主要表现为成文化的法典，其中"律"和"令"是主干。在法的观念上，受儒家思想影响，天理、国法、人情相通，表现为一种完全不同于任何其他法系的"情、理、法"观念。在法的内容和性质上，主要是刑事法和行政管理法，除婚姻家庭法外，成文的私法不发达。在法的实施上，中央层面的行政与司法略有分工，中央以下行政与司法不分，行政官同时兼理司法。在司法审判上，刑事审判依律进行，程序严格；民事纠纷则调解重于裁判。在法的精神和价值取向上，法律维护帝制，追求社会稳定和人际关系和谐。在法的知识类型上，它不同于西方的法学，表现为独特的"律学"，即依据礼教和帝国政治而专注于对法律注解的学术。⑤

第三，中国传统法律文化对于中华法系国家产生影响，以这些国家自觉学习为主。

东亚国家学习中国传统法律文化的历史悠久，这方面的记载和研究比比皆是。根据日本学者的研究，"高句丽及百济于东晋时，新罗于梁时，渤海、日本于隋唐时输入中国法律，从事模仿制法事业"⑥。尤其是有唐一代，日本"其时遣唐学生颇有习律者，归以教人，而法

---

① 何勤华：《法律文化：中国与世界——鸦片战争前中国法文化对外国的影响》，载《江海学刊》，2002（2）。

② 《宣祖实录》卷三十七。

③ 《宣祖实录》卷三十七。

④ 经杨鸿烈先生考证，五代以后，越南独立建国，其后各朝仍视中国为宗主国，并在明朝时一度为中国行省，之后又改为藩属。参见杨鸿烈：《中国法律对东亚诸国之影响》，419页，北京，中国政法大学出版社，1999。

⑤ 参见张中秋：《从中华法系到东亚法——东亚的法律传统与变革及其走向》，载《南京大学学报》，2007（1）。

⑥ 杨鸿烈：《中国法律对东亚诸国之影响》，12页，北京，中国政法大学出版社，1999。

制颇详明矣"。朝鲜则是"1905年以前高丽所施行之法律，皆模仿中国者也"①。而越南的《历朝宪章类志·刑律志》中追溯越南法律的历史，认为："我越历朝立国，各定刑章，李有刑书之颁，陈有刑律之定，莫非参酌今古，永示成规……迨于有黎之兴，复行删定，鸿德刑律，参用隋唐，断治有划一之条，有上下之准，历代遵行，用为成宪。"其中所谓"参酌古今"、"参用隋唐"，都是学习中国传统法律文化的明证。

（二）非中华法系国家

第一，中国传统法律文化的域外影响以和平为基调。

所谓"以和平为基调"，是指中国传统法律文化的传播方式中，战争与征服等手段使用较少，和平的传播占据主导地位。

《尚书》有云："明王慎德，四夷咸宾。无有远迩，毕献方物。"中国诸王朝，无不将这一思想奉为圭臬。汉唐时代处理与西域诸国的关系，大多是秉持着"以德服人"为主、"以力服人"为辅的原则。中国传统法律文化的传播，也概莫能外。

以郑和下西洋中中国传统法律文化的域外影响为例，郑和船队无疑是古代世界上规模最大、武力最强的船队，数以万计的官兵以及先进而精良的装备，都是尚处于落后状态的东南亚国家难以企及的。但是郑和船队所到之处，都洋溢着和平和友好的气息，反映了中国愿意与东南亚国家"永享太平之福"的美好愿望。在东南亚，中国试图推行的是一种"抚外夷以礼，导人以善"的国际关系架构，生活在这个国际关系架构之下的人，无论华夷都"遵礼守法"，而国与国的交往也是依照礼法。礼教和礼法，既是中国人普遍遵守的原则，也应该是中国处理国与国之间关系，甚至是任何在"天朝礼治体系"框架下的国家之间处理国际关系的准则。也就是说，在这种架构之下，任何国家都是互不侵犯、和平共处的，如果出现争端，可以提请"天朝"调解。而郑和在这一地区的所作所为，也无一不印证了这一点。让人最为扼腕的是，由于财力不足，天朝礼治秩序仅在郑和下西洋的这些年间，得到了比较好的推行，并未对后来有关国家和地区内部的社会发展以及彼此之间的友好往来，产生深远而巨大的影响。

第二，中国传统法律文化的域外影响以华人移民为依托。

中国法律文化在东南亚的域外影响，主要体现在华人聚集区，也是所谓的"华族"内部。人口的迁移必然导致文化的迁移，大规模的华人下南洋活动以及中国传统的聚居生活习惯，也就成为中国传统文化之一的法律文化得以在东南亚传播的重要原因。在印尼雅加达华人区的华人公堂、盟神审判以及宗法制度，无一不带着中国传统法律文化的色彩。而在以华人为主体的新加坡的国家政策与法律中，也体现了中国传统法律文化的影响。根植在华人骨子中的传统法律文化，因为移民而渗透到东南亚国家的法律文化之中，也成为当地法律文化的一部分。

第三，中国传统法律文化的域外影响以人员交往和自觉学习为主。

人员交往和自觉学习，是中国传统法律文化域外影响的最重要方式。中国传统法律文化并非强迫推行，无论是汉唐开放的时代，还是明清闭关锁国的时代，中国都极少主动对外推销自己的法律与文化。无论是中华文化圈内的日本、朝鲜，还是中华文化圈外的欧洲国家，

---

① 杨鸿烈：《中国法律对东亚诸国之影响》，23页，北京，中国政法大学出版社，1999。

都是自觉学习中国文化并主动传播。这一部分是中国人"天朝上国"的心态使然，另外是因为中国儒家思想的影响。

以中国传统法律文化在欧洲的影响为例，考察欧洲思想界研究中国法律文化所援引的史料，所有的儒家经典，都为外国传教士翻译；其他的资料——从《东方诸国志》到《耶稣会士书信集》，都是由外国人写成的中国历史或者在中国的札记，不仅种类繁多，而且涉及中国社会的各个方面。而在欧洲思想界，对于中国法律文化的研究，也都是自觉自愿的行为。这也造成了对于中国传统法律文化理解的欧洲中心主义情结。

在本卷写作的过程中，撰稿人在资料收集方面付出了艰辛的努力，广泛收集了自清末以来法律史、汉学、国际关系史以及中外文化交流史方面的原始资料，并参考相关论著，取得了很大的突破。我们希望这些资料的收集与整理，能够为以后的深入研究奠定良好的基础。

对中国传统法律文化域外影响进行系统的研究，是一个具有开创性意义的课题。由于语言、资料等研究条件和研究水平的限制，写作之中难免有疏漏失误之处，恳请广大读者与专家、学者不吝指正。

第一编
中国传统法律文化对东方的影响

第一章

中国古代法律对日本的影响

> 日本文化，总括一句话，便是东洋文化，亦便是中国文化的延伸，是从中国古代的文化一直延续到现在。
>
> ——［日］内藤虎次郎：《什么是日本文化》

　　中日两国的交往始自远古，虽海洋相隔，但中国的上古先民曾利用海洋环流和季风，渡海来到日本列岛。早在两千多年前，就有中日文化交流的明确记载，而且从未中断。[①]在最初的一段时间，主要是中国移民迁居日本，带去先进的生产技术，传播中国文化；之后就有不少日本使者来华，如邪马台国的遣魏使，倭武王的遣宋使，奈良、平安时代著名的遣隋使、遣唐使和入唐留学生、留学僧等。在隋唐时期，中国的政治、法律、文化对日本产生了深远的影响。至宋、元、明、清时代，商人贸易和僧侣往来成为中日交流的主要方式，但中国对日本在政治、法律、经济和文化方面仍然保持着独一无二的重大影响。

　　在世界法制史上，日本是继受和移植外来法制文明成绩最突出的国家之一。近代日本法制主要模仿西方各国，古代法制则基本上模仿中国。日本学者穗积陈重在《日本新民法》中曾说："日本法律属于中国法族者盖一千六百年矣，虽自大化改革以后经历极多巨大之变化，而日本法制之基础仍属于中国之道德哲学与崇拜祖宗之习惯及封建制度。"

　　如果把明治维新以前统称为古代日本的话，那么大致可以划分为如下几个阶段：一是早

---

　　① 公元前战国时代的古地理书《山海经》上已有"倭属燕"的记载。公元前1世纪的《汉书·地理志》中称："乐浪海中有倭人，分为百余国，以岁时来献见。"明确记载东海"倭人"向中国进贡之事。中国共有15种官修史书有专门的日本列传：《三国志·倭人传》、《后汉书·倭传》、《宋书·倭国传》、《南齐书·倭国传》、《梁书·倭传》、《晋书·倭人传》、《南史·倭国传》、《北史·倭传》、《隋书·倭国传》、《旧唐书·倭国传·日本传》、《新唐书·日本传》、《宋史·日本传》、《元史·日本传》、《明史·日本传》、《清史稿·日本传》。

期的旧石器时代①、绳文时代②、弥生时代③、古坟时代④，大约从三万年前到公元 6 世纪；二是"唐化"的飞鸟时代⑤、奈良时代⑥、平安时代⑦，大约从公元 6 世纪到 12 世纪，是日本史上的古代时期，它包含了日本历史上著名的"律令时代"⑧；三是幕府统治的武家时代⑨，大约从 12 世纪末到 19 世纪中期，是日本历史上的中世和近世，包括镰仓⑩（1192—

---

① 日本的旧石器时代（にほんのきゅうせっきじだい），大约五百万年前日本最初是和亚洲大陆相连的，13 000 年前由于火山的喷发造成地壳运动，日本的弧状列岛脱离亚洲大陆，成为现今的日本原貌。几万年前，日本岛上已经有了原始人居住。有人猜测这可能是原始人群为追赶野兽从大陆过来的。日本旧石器时代可发现大约是三万年前的人类遗物，大部分是石制工具。

② 绳文时代（じょうもんじだい），是日本石器时代后期，约一万以前到公元前 1 世纪前后的时期。这一时期遗迹特别多，三内丸山古迹是目前日本所发现的规模最大的绳文村落古迹，大量出土的陶器和陶俑表面上有绳索图案，故称为绳文时代。这一时代产生的文化称绳文文化。绳文时代的生活方式以狩猎采集为主，武器是弓箭，遗迹中可发现埋葬的狗坟。绳文人被外来民族征服后，弥生时代来临。

③ 弥生时代（やよいじだい）是日本文明史的开端。弥生时代出现于北海道、冲绳以外的全日本列岛，这时开始有水稻种植出现。时间大约是公元前 5 世纪中到公元 3 世纪中期。这段时期的名称源自东京的弥生区，在这里发现了无花纹、带红色的陶器。根据陶器的形式，可分为前、中、后三期。前期从九州扩展到京畿一带（东日本尚处于绳文时代末期），中期波及东北地方。扁平片刃石斧等磨制石器、青铜器和前期北九州的支石墓等类似于大陆文化。弥生文化从一开始就具有先进的农耕技术，通常认为它受到了来自中国和朝鲜的移民的影响。中期以后灌溉技术进步，农业生产渐趋稳定。后期，铁制农具普及，石器基本消失。铜铎、铜剑、铜矛、铜戈等青铜祭器发达，出现制铁和制盐等社会分工。通过交易和战争等，形成了统一的政治性的地区集团。此时北海道尚不能种植水稻，仍处在绳文文化阶段。

④ 古坟时代，又称大和时代，日本继弥生时代之后的时代，从公元 300 年开始，迄于公元 600 年，因当时统治者大量营建"古坟"而得名。

⑤ 飞鸟时代指 593 年圣德太子摄政，推行改革，至 710 年从飞鸟藤原京迁都平城京（今奈良）为止。

⑥ 奈良时代（ならじだい，710—794），始于元明天皇迁都至平城京（今奈良），终于桓武天皇迁都至平安京（今京都）。

⑦ 平安时代是日本古代的最后一个历史时代，它从 794 年桓武天皇将首都从奈良移到平安京（今京都）开始，到 1192 年源赖朝建立镰仓幕府一揽大权为止。平安时代是日本天皇政府的顶点，也是日本古代文学发展的顶峰。在平安时代中武士阶层得到发展，到这个时代的后期，武士阶层从贵族手中夺取了权力，后来建立了幕府。平安时代日本与中国有非常紧密的交往，在日本儒学得到推崇。同时佛教得到发展。894 年废止遣唐使之后，发展了日本独自的国风文化。

⑧ "大化革新"后数十年间，日本以唐律为范本，逐渐引进并制定了律、令、格、式成文法，构成先进的国家制度。日本的多数历史学家，往往把当时这种以律令法为基轴所形成的国家统治体制，称为"律令制"。在公元 11 世纪幕府政治以前，特别是"大化革新"后的头两个世纪，即律令制推行较好的时期，谓之"律令时代"。

⑨ 武家指武士系统的家族、人物，与"公家"相对。其核心是平氏和源氏。武家是从在古代公家的领地、庄园中负责武备警卫的家族发展而来，原是公家所统治的阶层，后逐渐壮大，实质性地把持了全国政权，继而建立了镰仓幕府，公家则被傀儡化。

⑩ 镰仓幕府（1192—1333）是日本幕府政权的开始，其建立者是武将源赖朝，他于日本平安王朝的末期打败了贵族阶级的实权派平清盛一族，并逼迫在源平之战中为自己立下了汗马功劳的兄弟源义经自杀，达到自己一手遮天的目的。源平之战在日本可谓家喻户晓，作家信浓前司行长据此写成历史小说《平家物语》。镰仓幕府的建立标志着日本由中央贵族掌握实际统治权的时代结束了，在贵族时代地位很低的武士登上了历史舞台，他们鄙视平安朝贵族萎靡的生活，崇尚以"忠君、节义、廉耻、勇武、坚忍"为核心的思想，结合儒学、佛教禅宗、神道教，形成日本军国主义的精神支柱"武士道"。13 世纪元军侵日战争客观上使幕府进一步加强了对日本的统治。镰仓幕府的建立标志着日本天皇成为傀儡，幕府成为实际的政治中心。

1333）、足利①（室町）（1378—1573）、德川（江户）②（1603—1867）三个时期。

在上述三个时期，中国法律对日本的影响呈现出不同的特点。在有文字记载的古坟时代及其以前，中国法律应该已经对日本产生影响，但有关记载不够明确。如有学者认为，在《三国志·魏书》中记载的邪马台国"轻者没其妻子，重者灭其门户"的规定是模仿中国《汉律》和《魏律》"夷三族"制定的。③

到飞鸟、奈良、平安时代，随着中日文化交流的发展特别是遣唐使的回国，以唐律为代表的中国法律在日本得到全面移植。推古女皇（592年—628年在位）时，总摄朝政的圣德太子遣使于隋，隋炀帝亦遣使赴日，中日交流频繁，中国法律也传于日本。这一时期日本颁布的《宪法十七条》即充分体现了对中国儒家和法家法律思想的继受。孝德天皇（645年—654年在位）时期开始的"大化革新"④，主要内容就是废除大豪族垄断政权的体制，向中国皇帝体制学习，建立中央集权国家。这被视为日本古代史上影响最为深远的一次变革，标志着日本国家的正式形成。当时还模仿唐律，颁布了许多法律。如天智天皇七年（668年）制定的《近江令》22卷，篇目基本模仿唐的《贞观令》。天武天皇（672年—686年在位）时制定的《天武律令》主要依据唐贞观、永徽两朝的律令。文武天皇大宝元年（701年）制定的《大宝律令》的篇目、次序与唐律十分相近。⑤元正天皇养老二年（718年）制定的《养老律令》是以《永徽律令》为蓝本并参酌了唐的《开元律令》。嵯峨天皇（809年—823年在位）和清和天皇（858年—876年在位）时分别出台《弘仁格式》与《贞观格式》，醍醐天皇（897年—930年在位）时修订的《延喜格式》，均脱胎于唐之格式。事实上，当时的日本不

---

① 即室町幕府，是由足利尊氏就任征夷大将军后所建立的政权。第三代将军足利义满在1378年统一南北朝后，在京都的室町建立了一座豪宅，称"花之御所"，并在此执行政务。传至第八代将军足利义政时，因继承权问题爆发了应仁之乱，自此幕府的权威每况愈下。日本开始进入战国时代。1565年第十三代将军足利义辉被杀，随后其弟足利义昭（义秋）被织田信长拥立成为第十五代将军。1573年义昭因与信长作对面被流放，幕府灭亡。

② 德川氏以江户为政治根据地，开幕府以统治天下，故亦称江户幕府。自1603年德川家康受任征夷大将军在江户设幕府开始，至1867年第十五代将军庆喜，将政治大权奉还朝廷（即大政奉还）为止。约二百六十五年，为继镰仓、室町幕府之后，最强盛也是最后的武家政治组织。德川幕府时代的特点有五：（1）将安土桃山时代之特质更加扩展，可以看出集权的封建制度的完成及其衰退。（2）都市及商工业的发达。（3）町人文化（商业文明）的发展。（4）对外采取锁国禁教政策。（5）儒学（朱子学、阳明学）、兰学（江户时代中期以后，由荷兰传入日本之西洋学术）的兴起。通过以上五点能够看到德川幕府时代的突出和发展，也因这种因果循环，导致德川幕府的没落和衰亡。德川家康以巧妙的政策建立了中央集权的封建制度，使武家政治组织达到最高峰。但是集权的封建制度完成之后，武士向都市集中，消费的刺激，也带来了都市和商工业的繁荣，逐渐使农民成为被压迫阶级，商品也向农村渗透，最后由于农民的阶层分化，导致幕藩体制的解体，加之幕府末期外交问题的复杂和紧迫，儒学者提倡尊王攘夷、尊王斥霸，最后朝廷和强藩借口结合倒幕，终迫使德川幕府只有大政奉还。

③ 《三国志》卷三十《魏书·倭人传》记载："（其国）妇人不淫，不妒忌。不盗窃，少诤讼。其法，轻者没其妻子，重者灭其门户。"据推测，这里的"其法，轻者没其妻子，重者灭其门户"可能源于中国《汉律》和《魏律》的"夷三族"。

④ "大化革新"，又作大化改新，是645年发生的古代日本政变。其主要内容是废除大豪族垄断政权的体制，向中国皇帝体制学习，成立古代中央集权国家，给日本历史上带来了巨大的变革。大化改新以前，苏我氏等大豪族控制政权，天皇家族没有什么实权。645年6月，皇室中大兄皇子（后为天智天皇）联合贵族中臣镰足发动政变，刺杀当时掌握朝政的权臣苏我入鹿，其父苏我虾夷自杀，皇室夺取政权。中大兄皇子等拥立孝德天皇。孝德天皇（645年—654年在位）即位后，定年号为大化，迁都难波京（今大阪市）。"大化"的日语意思是"伟大的变化"。

⑤ 《大宝律令》凡《律》6卷，《令》11卷，颁布于文武天皇大宝元年，其中"律"为刑法，"令"规定各种具体制度。它的颁行，形成专制政权的集中与统一，显示日本古代国家形态的最后之完成。

仅承袭了唐朝的律和令，还继承了唐朝的格和式。因此，日本学者把这个时期直接称为"模仿唐时代"，又称"律令时代"。

从 12 世纪末至 19 世纪初的武家时代，中国的政治、法律对日本的直接影响逐渐减弱，这和当时日本的政治格局有密切关系。进入幕府时代的日本实际上处于军阀分裂割据的状态，法制方面已废弃奈良、平安以来的律令制而呈现二元化：既有幕府制定的特别法，如《贞永式目》、《建武式目》等，又有各"大名"（藩主）施行的地域性极强的"家法"。而以《明律》为代表的中国古代后期的法制倾向是加强皇权，所以这一时期中日法制交流已不能重复 7～10 世纪日本全面移植中国法制的模式，而是表现为以中国法律为参照、结合日本国情、建立具有日本特色的法制的特点。因此，相比律令时代，日本学者对中国法制的研究得到了进一步的加强和深化。同时，因为还没有其他法制体系作为参考，中国法制（明清律）仍然是日本学习和研究的主要对象。幕府制定的法律如《纪州藩国律》、《弘前藩御刑法碟》等，均参照中国明律而制定，甚至明治维新时的《假刑律》（即暂行刑律）、《新律纲领》及《改定律例》等法律法规在制定时，也参考了中国的明律及明会典。[①]

本章分三个阶段分别考察中国法律对日本的影响。第一个阶段是"大化革新"以前。因为在"大化革新"前，日本基本上处于部民社会状态，经济、文化落后于中国和朝鲜半岛，没有系统的成文法，只有一些习惯法。中国也还没有诞生完备的法典可供参考。当时的中国对日本的影响主要表现在儒家思想的输入与传播，如圣德太子进行的改革。第二个阶段是"大化革新"后至平安时代。这个时期，日本几乎全盘"唐"化，逐渐引进并制定了律、令、格、式成文法，将日本建设成一个先进的律令制国家。第三个阶段是武家时代。这个时期中国法律仍然保持着对日本独一无二的影响。日本对中国法律特别是明律的研究达到了前所未有的高度。以上分期也和中国古代史的分期比较契合，方便作比较研究。此外，中国法律对日本的影响是奠基于当时中日文化交流的发展，特别是儒家思想在日本的输入和传播，故而下文首先对儒学的输入、传播以及对日本法制的影响稍作介绍。

日本在世界法制史上以善于借鉴其他文明的长处著称。对于曾是日本法制文明重要蓝本的中国来说，了解这段中日交流的历史，不仅有学术研究上的意义，更能为我们在新的历史时期继承和发扬中国传统法律文化提供有益的参考。

第一节
儒学输入与日本法制

我们说中国传统法律文化对日本的影响，在某种意义上可以说就是指儒家法律文化对日本

---

① 参见刘俊文、〔日〕池田温主编：《中日文化交流史大系·法制卷》，4 页，杭州，浙江人民出版社，1996。

的影响。因为儒家法律思想是中国传统法律文化的思想和文化基础。① 在"大化革新"前，中国的成文法尚未系统输入日本，当时中国也还没有比较成熟的法典可供参考。但儒学通过汉字和文化典籍开始影响日本的政治和法律。当时日本文化还处在起步阶段，儒学的输入直接滋养了日本政治和法律文化的养成。从"大化革新"开始的律令时代，日本全面效仿以《唐律疏议》为代表的唐律。通过律令为载体，儒学直接影响日本政治和法律制度。到武家时代，朱子学成为官方的意识形态，但在法律上，影响最大的是以明代丘濬的《大学衍义补》为代表的儒学法律著作。本章按照上述三个阶段②，分别考察儒学影响日本法律的途径和特点。③

一、"大化革新"前儒学对日本法律的影响

"大化革新"前，儒学对日本的影响有如下三个特点：

一是儒学的传入经历了一个漫长的过程，日本人民是在长期交往过程中逐渐熟悉和接纳儒家文化的。

日本和中国交往的历史很悠久。据范晔《后汉书·东夷传》记载，后汉光武帝建武中元二年（57年），"倭奴国奉贡朝贺，使人自称大夫，倭国之极南界也。光武赐以印绶"。这是中日两国建立外交关系的最早明确记录。④ 到邪马台女王国时期，日本同中国形成了密切的关系，有明确历史记载的使节往返多达四次。⑤ 从公元413年到502年，大和国先后13次

---

① 儒家法律思想起源于春秋战国时代。在孔子、孟子、荀子各位先贤的努力下，儒家法律思想继承和发展了西周以来的"礼治"和周公的"明德慎刑"思想，提出了一套坚持礼治、提倡德治、重视吏治的观念。所谓"政者，为治之具；刑者，辅治之法。德、礼则所以出治之本，而德又礼之本也。此其相为终始，虽不可以偏废，然政、刑能使民远罪而已。德、礼之效，则有以使民日迁善而不自知，故治民者不可徒恃其末，又当深探其本也"。汉武帝时采纳董仲舒"罢黜百家、独尊儒术"的建议，使儒学发展成为统治阶级的正统思想，儒家法律思想也逐渐确立并走向完备，成为中国古代社会的正统法律思想。曹魏以后，诸多法律出自经儒之手，开始"以礼入法"。至宋元时期，程朱理学又使儒家法律思想走向哲学化。参见俞荣根：《儒家法思想通论》，南宁，广西人民出版社，1992。对上述观点，也有一些学者持不同看法，认为秦汉之后的法制实际是遵从法家的训诫，走扩张君权的道路；儒家倡导的仁政以及限制君权的思想是受到排斥的。本文暂从通说。

② 王家骅先生将儒学在日本的兴衰划分为儒学东渡（大和时代）、早期日本儒学（飞鸟、奈良、平安时代）、作为禅宗附庸的儒学（镰仓、室町时代）、儒学的全盛和日本化（江户时代）及资本主义时代的日本儒学，共五个时期。参见王家骅：《儒家思想与日本文化》，杭州，浙江人民出版社，1990。

③ 王家骅先生《儒家思想对日本古代律令的影响》（载《日本研究》，1991（1））一文以日本古代最早的成文法"律令"为例，分析了儒家思想对日本古代法律的影响。

④ 1784年，日本九州北部博多湾口的志贺岛发现铸有"汉倭奴国王"的金印一方，证明我国文献的真实性。

⑤ 邪马台国与中国往来有以下几次：第一次：魏景初三年（239年）卑弥呼遣使到带方郡，要求"朝献"。经带方郡太守刘夏派吏将护送进京（洛阳），献男生口4人、女生口6人、斑布2匹2丈。魏明帝授予卑弥呼女王"亲魏倭王"印，封使节以官职，还赐予黄金、五尺刀、铜镜、珍珠、铅丹（红色颜料）及纺织品多种。魏明帝诏书、印绶及礼物于正始元年（240年）由带方郡使者送到日本。这是中国使者第一次赴日。第二次：正始四年（243年）卑弥呼派使节8人到洛阳，献上生口、倭锦、绛青嫌、锦衣、帛布、丹木柑、短弓矢等。魏帝齐王芳诏赐黄幢1顶，正始八年（247年）由带方郡太守王颀送到日本。这是中国使者第二次赴日。第三次：正始八年（247年）卑弥呼派使节载斯乌越到带方郡，诉说狗奴国男王卑弥弓与邪马台国相攻情况。带方郡太守张政等带去诏书及黄幢，出面调停。这是中国使者第三次赴日。第四次：正始九年（248年）卑弥呼死后，女王壹与派率善中郎将掖邪狗等20人送张政等回国，献上男、女生口30人，贡白珠5 000孔、青大句珠2枚、异纹杂锦20匹。中日两国建交出于双方共同的需要。中国方面，魏国封卑弥呼女王为"亲魏倭王"是为了明确女王对魏国的臣属关系，切断日本与吴国的交往。日本方面，卑弥呼女王遣使朝贡是为增强自己的实力。

向东晋、宋、梁各朝遣使朝贡，请求册封。这就是中国史书上所谓的"倭五王时代"①。中日通好后，中国文化不断地输入日本，推进了日本文化（主要是飞鸟文化）的形成。其后就是中日文化交流史上空前绝后的遣唐使的往还（详见后文）。在这个过程中，儒家文化对日本的影响是潜移默化的。日本认识到儒家文化的进步和价值，出于发展自身的需要，积极学习。必须指出的是，这个时期，中国方面也还没有主动向日本输出文化的政策和措施。

二是儒家文化直接参与了日本文化的形成。

在儒学开始传入日本的时候，日本还没有自己的文字。"盖上古之世，未有文字，贵贱老人，口口相传，前言往行，存而不忘。"② 汉字的输入为日本民族提供了表达思想的工具。据记载，1世纪北九州的倭奴国与后汉往来，可能已用汉字表达语义。3世纪邪马台国时代，日本已有懂汉字，甚至能写表文的人了。应神天皇十六年（285年），百济人王仁来到日本，带了许多儒家典籍。从此，汉字汉文在日本上层阶级之间逐步推广。《日本书纪》记载："王仁来之，则太子菟道稚郎子师之，习诸典籍于王仁，莫不通达，故所谓王仁者，是书首之始祖也。"江户时代的儒家学者荻生徂徕也说："吾东方之国，泯泯乎罔知觉，有王仁氏，而后民始识字。"③ 随着汉字的传入，儒学也传入了日本。在政治思想上，儒学成了统治阶级统治人民的理论武器，成为施政的主要依据。如天皇诏书中频频出现"君以民为本"，"此益朕政

---

① 这五个倭王即第一代赞、第二代珍（赞之弟）、第三代济、第四代兴、第五代武（兴之弟）。据日本学者考证为：赞即仁德天皇，珍即反正天皇，济即允恭天皇，兴即安康天皇，武即雄略天皇。倭五王时代，大和国势力强盛，经济发展，对中国各种物品的需求日益增加，想通过朝贡来满足需要。而当时朝贡是获得中国物品的一个重要途径，所以尽管中国政权更迭频繁，但只要有可能就力图保持这种朝贡关系。实际上，这不仅是进行贸易的一种方式，而且由于侵略朝鲜遭遇失败，日本想借中国的权威加强在朝鲜半岛的势力。这一点在第五次、第十一次朝贡中尤其明显。现将倭五王时代向中国历朝的朝贡概述如下。第一次：东晋义熙九年（413年）倭王赞遣使向东晋进贡方物。第二次：刘宋永初二年（421年）倭王赞遣使朝贡。第三次：刘宋元嘉二年（425年）倭王赞又遣使司马曹达李表献方物。第四次：刘宋元嘉七年（430年）倭王赞第三次遣使朝贡。第五次：刘宋元嘉十五年（438年）倭王珍迫使朝贡，上表要求除正；因为420年宋武帝曾册封百济王为镇东大将军，爵位在倭王之上，珍对此极为不满。除正的称号为"使持节、都督倭、百济、新罗、任那、秦韩、慕韩六国诸军事、安东大将军、倭国王"。宋文帝对珍的要求未允，只同意他继承前王的称号——"安东将军、倭国王"。第六次：刘宋元嘉二十年（443年）倭王济遣使朝贡，要求册封。宋文帝仍封他为"安东将军、侯国王"。第七次：刘宋元嘉二十八年（451年）倭王济第二次遣使朝贡，宋文帝把倭王珍要求过的称号——"使持节、都督倭、新罗、任那、加罗、秦韩、幕韩六国诸军事、安东将军"赐予侯王济，后又晋升他为安东大将军。第八次：刘宋大明四年（460年）倭王济第三次遣使向宋孝武帝朝贡。第九次：刘宋大明六年（462年）倭王兴（济之子）遣使朝贡，宋孝武帝只封他为"安东将军、侯国王"。第十次：刘宋升明元年（477年）侯王武（兴之弟）遣使朝贡，宋顺帝封他为"安东大将军、侯国王"。第十一次：刘宋升明二年（478年）倭王武遣使上表，由宋顺帝封为"使持节、都督侯、新罗、任那、加罗、秦韩、慕韩六国诸军事、安东大将军、倭国王"。宋顺帝册封时，从倭王自称的爵号中剔除百济而包括了新罗。这是因为新罗与刘宋没有联系，而百济于420年（永初元年）与刘宋通好，百济王被封为镇东大将军。当时刘宋想通过百济牵制高句丽的力量。第十二次：齐高帝建元元年（479年）封倭王武为镇东将军。第十三次：梁武帝天监元年（502年）封倭王武为征东将军。

② 《宋书·列传·夷蛮》。

③ 但对王仁来日本的时间则有争议。根据日本的记载，百济博士王仁于应神十六年向日本天皇奉献《论语》和《千字文》等儒家典籍，日本应神十六年相当于公元285年；而依朝鲜的《三国史记·百济记》的记录，应神十六年是公元405年；但是在中国史书记录中，《千字文》编写于南朝梁武帝（502~549）时期。由此可见，中国的儒家典籍传入日本的时间并非如日本史书记载的那样早，推算应为5世纪或者更迟一些。参见王家骅：《儒家思想与日本文化》，2~5页，杭州，浙江人民出版社，1990。

教民于不德","天津日嗣之御位,天所授赐"等词句,都是受中国儒学的影响。后来圣德太子的改革,更充满了儒学思想。在社会风俗方面,朝廷奖励孝道。凡世代孝顺的家庭,便豁免租调,表彰乡里;称作"义家"。在《赋役令》中也规定,凡孝子顺孙、义夫节妇闻名国郡的,要向太政官申报,在乡里间进行表扬,并豁免徭役。而且在风俗上,自儒学传入日本后,异母兄弟姊妹间通婚等风俗也渐息。在儒家文化得到广泛传播的社会,输入儒家法律思想指导下的法律制度自然是水到渠成。

三是朝鲜半岛在儒学输入中的重要作用。

前文已经提到百济人王仁被尊为日本文化的始祖。在"大化革新"前,日本学习中国文化主要依赖朝鲜半岛的学者。这是迥异于其后律令时代和武家时代的一大特点。据记载,王仁到日本之后,应神天皇的太子菟道稚郎子拜他为师,学习中国典籍。继王仁之后,百济的五经博士纷纷赴日。如继体天皇七年(513年),段杨尔到日;继体天皇十年(516年),高安茂代替段杨尔。钦明天皇十五年(554年)王柳贵代替固德马丁安。随王柳贵到日的还有易博士施镕王道良、历博士固镕王保孙、医博士奈率王有按陀、采药师施镕潘量丰等人,并献医、卜、历、算等书。据记载,日本为求得先进的儒家文化,曾用四县土地同百济交换五经博士。另外,古坟时代还有大批所谓"归化人"赴日。他们都是朝鲜籍汉人,精通汉文,受到日本朝廷的欢迎,任史官或博士,并被赐予姓氏。如履中天皇时百济系汉人阿知使主任藏官(出纳),雄略天皇时的藏官是弓月君的子孙秦氏,藏部的记录是阿知使主的子孙东汉直和王仁的子孙西文首。这些汉人的后裔均因擅长文笔而为朝廷所用。另外,精通汉文的韩汉人身狭青和接限博德也受到雄略天皇的重用。在这些来日的朝鲜人和归化人的努力下,日本文化飞速发展。从《宋书·夷蛮传》所载的倭王武(雄略天皇)的表文来看,当时日本的汉文水平已相当高。从日本熊本县玉名郡江田村击坟出土的大刀铭文,以及和歌山县桥本市隅田八幡神社收藏的众物画像镜上的铭文也可知当时人们的汉文水平。这些为其后的"大化革新"打下了基础。

最后就儒学对早期日本政治和法律的影响稍作分析。[①] 前文也已提到,最主要的影响是为日本古代天皇制国家提供政治理念,对日本王族治国理念产生重大的作用。仁德天皇继位后,治政理念是"君以百姓为本",并着手内政建设,他的方法类似中国秦汉以来诸贤君皆用的方法,即轻徭薄赋,崇尚俭约,兴修水利等利民政策。雄略大王[②]是另一位以"德治"治国的大王,其遗诏称:"今方区宇一家,烟火万里,百姓艾安,四夷宾服,此又天意,欲宁区夏,所以小心励己,日慎一日,盖为百姓也……义乃君臣,情兼父子,庶籍臣连智力,内外欢心,欲令普天下永保安乐"。可见雄略大王的治国理念即为"令普天之下永保安乐"。

---

① 由于日本民族偏重形象思维的特点,日本对儒学里的天、人等抽象理论兴趣不大。参见王家骅:《日本儒学的特色与日本文化》,载《日本问题》,1988(2)。

② 日本历史上的雄略大王即为中国史书记载的倭王武,公元478年,倭王武遣使于宋。史书记载的上表文曰:"封国偏远,作藩于外,自昔祖祢,躬擐甲胄,跋涉山川,不遑宁处。东征毛人五十五国,西服众夷六十六国,渡平海北九十五国,王道融泰,廓土遐畿,累叶朝宗,不衍于岁。臣虽下愚,忝胤先绪,驱率所统,归崇天极,道径百济,装治船舫,而句丽无道,欲图见吞,掠抄边隶,虔刘不已,每致稽滞,以失良风。虽曰进路,或通或不。臣亡考济实忿寇雠,壅塞天路,控弦百万,义声感激,方欲大举,奄丧父兄,使垂成之功,不获一篑。居在谅闇,不动兵甲,以是偃息未捷。至今欲练甲治兵,申父兄之志,义士虎贲,文武效功,白刃交前,亦所不顾。若以帝德覆载,摧此强敌,克靖方难,无替前功。窃自假开府仪同三司,其余咸各假授,以勤忠节。"

到 7 世纪圣德太子改革前夕，儒学已经成为改革的理论武器。正如有学者指出的："变革前在日本已传播有年的儒学，构成了这一社会变革的理论背景，导致了变革方向，而社会变革的理论需要又扩大了儒学的影响，加速了儒学的传播。"①

圣德太子在 603 年至 604 年间推行的"推古王朝改革"，直接以繁荣富强的隋朝作为范本。603 年他制定的授予官僚贵族的"冠位十二阶"不能世袭，依能力而定的官吏位阶表示身份高下，企图通过实行官僚制度，以打击世袭的氏姓贵族势力。十二阶官位的名称就是以儒家的德目命名，其中有"德、仁、礼、信、义、智"六等，这些名称都是儒家的道德概念。② 由此可见，影响圣德太子的已不只是孔孟时代的原始儒学，而且有西汉以来经过改造的适应中央集权的后儒思想。③

更明显的例证是圣德太子于 604 年制定的《宪法十七条》，儒家思想明显贯穿其中。如强调"忠"，"承诏必谨，天则君之，地则臣之，天覆地载，四时顺行"（第 3 条）；"国非二君，民无两主，率土兆民，以王为主"（第 12 条）；"无忠于君，无仁于民，是乱之大本"（第 6 条）等。强调"信"，"信是义本，每关有信。其善恶成败，要在于信。君臣共信，何事不成？君臣无信，万事悉败"（第 9 条）。强调"礼"，"群卿百僚，以礼为本。其治民之本，要在乎礼；上不礼而下不齐，下无礼以必有罪。是以群臣有礼，位次不乱；百姓有礼，国家自治"（第 4 条）等。《宪法十七条》不仅在精神上与经过中国封建统治阶级改造过的儒教是一致的，其不少语句甚至直接抄自儒家经典，如"以和为贵"（《礼记·儒行》）、"上下和睦"（《孝经》）、"惩恶劝善"（《左传·成公十四年》）、"克念作圣"（《尚书·多方》）、"公事靡盈"（《诗经·小雅·四牡》）、"使民以时"（《论语·学而》），等等。从文献性质来说，《宪法十七条》不是严格意义的法典，而更接近于道德诫令和训释，然而正是它奠定了此后日本历代王朝一切严格意义的律令的真正价值准则和指导原则，是日本古代社会的宪章和根本大法。它的颁布，表明日本古代法的精神已皈依了儒家化的中国法系。它的实施，将日本民族的法律意识和法律生活方式导向了儒家化。

二、儒家思想在律令时代的影响

"大化革新"后日本进入律令时代。儒学对日本法律的影响呈现出新的特点。首先，由于大批遣唐使的回国，结束了日本依赖朝鲜人学习儒学的历史，并出现了大批以研究律学为业的学者，他们被称为律学博士（也称明法博士）。据日本学者布施弥平治先生的考证，从奈良至德川时期，仅大的律学博士世家就有惟宗氏、赞岐氏、板上氏、中田氏、荷田氏等数十家。其中著名的有大和长冈（《养老律令》的编撰者之一）、兴原敏久（9 世纪日本官方注释书《令集解》④ 的编撰者之一）、额田今足（著有《额记》、《问答记》等多种律令注释书）、赞岐永直（《令集解》的编撰者之一）、惟宗直本（《令集解》、《律集解》和《检非违使私记》

---

① 王家骅：《儒家思想与日本文化》，21 页，杭州，浙江人民出版社，1990。
② "仁、礼、信、义、智"就是被中国西汉董仲舒称为"三纲五常"中的"五常"。
③ 参见史彤彪：《中国法律文化对西方的影响》，186 页，石家庄，河北人民出版社，1999。
④ 贞观年间（868 年以前）至延喜二年（902 年）由明法博士惟宗直本等集诸说之大成，撰成《令集解》40 卷。集解中，引用许多令的注释书，包括大宝令的注释和养老令的注释等。

等重要典籍的作者）等上百人。① 这些人精通儒学和中华法令，在他们的研究活动中，大力传播、倡导儒家法律思想，这无疑扩大了儒学对日本法律的影响。其次，以《唐律疏议》为代表的成文法典的诞生，使得日本全面模仿唐制在技术上成为可能。而儒家思想借此直接影响日本法律。这最终促成了日本古代法律归入中华法系的行列。

唐代的法律一准乎礼，是一种儒家化的法文化，儒学与法律水乳交融，儒法合流成为中华法系的思想基础。纳入中华法系范畴的东亚诸国，包括日本，这一时期的法律不只是在形式和内容上模仿中国法律，同时在内在精神方面，如价值取向、思维方式等深受儒家思想的影响。以下从三个方面进行比较分析。

一是在法律体系上。日本在奈良时期，模仿唐律制定了一系列法典，开始形成成文法体系，在制定法律的同时接受了中国儒家的法律意识，也吸收了儒家礼制的诸多内容，是典型的儒家化、道德化的法律。日本制定的《大宝律令》和《养老律令》，相比较唐律，虽条目有所改动，但基本内容和原则未变，其中包含的儒家的宗教、伦理法观念也没有变。《大宝律令》和《养老律令》都是模仿唐律令的典范，处处渗透着儒家法律思想的痕迹。例如《大宝律令》中的"八虐"出自唐律的"十恶"，只是去掉"不睦"和"内乱"，把"恶"改成"虐"；而《养老律令》的"六议"则是唐律"八议"的简化，将"议功"、"议勤"合并为"议功"一项，又消除"议宾"一项而成。

二是在具体内容上。我们以儒家的宗法、伦理和等级思想对日本古代法观念的影响为例，如《养老律令》中有"留养"和"以官当刑"等规定，这些都明显体现了儒家孝养尊亲的主张和区别贵贱尊卑的思想。另外，日本《政事要略》中"纠谈杂事，议请减赎"条引《养老律令·八虐·谋大逆》称：

> 古答云，问：八虐何色得赎、何色不得赎？答：……其谋大逆、谋叛及伪造内印、若杀本主（主人自己）及见受业师、本国守、本部五位以上官长、式等从坐……诅詈祖父母父母，及祖父母父母在别籍异财，居父母丧身自嫁娶，若作乐，释服从吉，及改嫁，此等合赎；其殴祖父母父母夫，及谋杀曾祖父母伯叔父姑始（妈）兄姊者，为重于过失伤应徒，故不合赎。②

上述内容，基本是唐律中名例律相关内容的照搬，又《政事要略》卷八十四《律疏骨梗录》引日本《大宝律令》和《养老律令》注疏云：

> 正文：父为子天，有隐无犯。
>
> 注：律疏骨梗录云，仪礼丧服传曰，父者子之天也。礼记檀弓上曰，事亲，有隐而无犯。注云，隐，谓不称扬其过失也，无犯不犯颜而谏也。
>
> 正文：起敬起孝，无令陷罪。
>
> 注：骨云，礼记内则篇曰，父母有过，下气怡色，柔声以谏。谏若不入，起敬起孝，悦则复谏。注云，起犹更也。孝经曰，父有争子，则身不陷于不义。注云，父有过，则子必安几谏。见志而不从，起敬起孝，悦颜悦色则复谏。又不从则号泣而从之。

---

① 参见［日］布施弥平治：《明法道的研究》，168～301 页，日本，新生社，1966；何勤华：《试论儒学对日本古代法文化的影响》，载《齐鲁学刊》，1996（3）。

② 转引自何勤华：《法律文化史谭》，173 页，北京，商务印书馆，2004。

终不使父陷于不义而已。答，注文云，如有违天理，须谏铮起孝。若起敬起孝，而父不闻犯法，再令陷罪者，于子孙何科断。①

这一段也是《唐律疏议》的内容，阐述的是儒学中"父为子隐，子为父隐"的思想，只是日本律学家对它的叙述更为详尽。

《养老令》是以唐令为蓝本制定的，规范国家政权建设的重要法令，它也受到儒家政治思想的深刻影响，在令法之中同时还包含中国"礼"的内容。例如，《职员令》中关于国家行政机构最高长官太政大臣的职务，将"师范一人，仪形四海"解释为："教人以道之称也。"这里的"道"，即是说太政大臣要以"道"教授天皇，这就体现出日本天皇政治的根本学说是儒家的"道"。又如，在《选叙令》中规定，"铨拟之日，先尽德行。德行同，取才用高者。才用同，取劳效多者"。这是说，在选用官吏时，首要标准是德行，将德行置于劳效之前。在评定官吏功过并进行考课时，首先注重德行。《考课令》的规定中，首要一条就是"德义有闻者，为一善"。这些都是儒家"为政以德"伦理本位思想的反映。

中国"礼"的内容被纳入《养老令》中还表现为《赋役令》中的"施舍"和《户令》中的"七出三不去"等规定。首先，在中国著名儒家典籍《周礼》中有"施舍"制度，即免除特定的一些人课役的制度，唐令具体规定为"若孝子、顺孙、义夫、节妇志行文闻于乡间者，州县申请奏闻，表其门间，同籍悉免课役"。唐统治者借此推广"孝顺"与"贞节"等儒家封建道德。《养老令》中《赋役令》几乎原条抄录了唐令，为"若孝子、顺孙、义夫、节妇志行文闻于国郡者，申太政官奏闻，表其门间，同籍悉免课役"。只是这里的"课役"内容有所不同，在唐是免杂徭、岁役等力役，而在日本是免调庸等实物。另外，《养老令》中《户令》规定"户"为日本国家行政机构的最基层单位，而《户令》不仅是基层统治执行的法律根据，还力图教化，树立"礼"的秩序。例如，《户令》规定："凡国守，每年一巡行属郡，观风俗，问百年，录囚徒，理冤枉，详差政刑得失，知百姓患苦，敦喻五教，勤农工。部内有好学、笃道、孝悌、忠信、清白、异行，发于乡间者，举而荐之。有不孝悌、悖理、乱常、不率法令者，纠而绳之。"这些规定明确说明地方官宰国守的重要职务是"敦喻五教"，并表彰遵守儒家伦常者或惩戒违背者。再如，《户令》吸收了唐律《户婚律》中"七出三不去"的规定。唐律的"七出三不去"即是在七种情况下允许丈夫休妻，三种情况下不允许休妻。唐律规定，一无子，二淫佚，三不事舅姑，四口舌，五盗窃，六妒忌，七恶疾为"七出"；一经持舅姑之丧，二娶时贱后贵，三有所受无所归，为"三不去"。《养老令》的《户令》模仿唐律，也规定"凡弃妻，许有七出之状。一无子，二淫佚，三不事舅姑，四口舌，五盗窃，六妒忌，七恶疾……妻虽有异状，有三不去，一经持舅姑之丧，二娶时贱后贵，三有所受无所归"②。唐律中的"七出三不去"实际是援引《礼记》中的"七出三不去"条，日本在模仿唐律时，完全吸收了礼教的精神，把它作为法律文化的精神宗旨之一。

三是在法律的编纂形式上。在中国，儒家思想的影响不仅是法律中贯穿儒家思想，而且还通过注和疏，用儒学理论来诠释法律条文。《唐律疏议》就是最杰出的代表。日本在编纂《大宝律令》和《养老律令》时，将中国的律和疏均视为法律，纳入法典正文之中，并另外

---

① 转引自何勤华：《法律文化史谭》，174页，北京，商务印书馆，2004。

② 王家骅：《儒家思想与日本文化》，232页，杭州，浙江人民出版社，1990。

加注，基本上也沿袭了这一形式。可以说，日本的古代法学完全吸收了儒家的法律注释学，比如在日本古代最系统的私人法律注释书《令义解》在注释《大宝律·户令·国遣行条》中"悖理"和"乱常"两个词时，吸收了中国《孝经》中的用语，阐述为："古答云，孝经，所谓不爱其亲，而爱他人，及不敬其亲，而敬他人，谓之悖理也。违无常教，谓之乱常也。"日本注释学者在解释法律条文时，还广泛采用中国学者常使用的问答形式。如《令义解》在解释"令"时，说："问：令字若为训'何'？答：令者无疏，语其是非教其法则，故谓之令。"在解释"格"和"式"时，说："问：断狱律云，凡断罪皆须具引律令格式正文者。未知格式何物？答：格者盖量时立制，或破律令而出矣，或助律令而出矣。其式者，补法令阙，拾法令遗。"诚如日本著名学者泷川博士所说，日本学者"以问答体来解释律令，是从中国法律家那里学来的"①。

三、儒学对武家时代日本法律的影响
——以丘濬的《大学衍义补》与芦野德林的《无刑录》为例

一般都认为武家时代是中日法律文化交流的低谷。主要理由是缺乏政府层面的法律交流，中国的法律典籍绝大部分都是通过商船的民间途径达到日本的②，中国方面对于日本学习中国法律也没有唐朝时的主动和热情。事实上，这个时期，中日官方确实没有律令时代遣唐使来往的频繁，日本也没有全盘学习明清法律的热潮。但是由于日本知识界的汉文造诣和律学素养已经达到较高的水平，官方交流的低潮并没有影响文化上的积极交流，如朱子学就是在这个时期传入日本并成为官方的统治思想。在法律文化上，日本对于明律的研究达到了极高的水平，出现了许多高水平的律学著作，在立法上也呈现出更多的创造性。而且，由于汉文水平的提高，这个时期的日本学者开始对中国新出现的儒学法律著作产生兴趣，并有很好的研究。如日本宽政十一年（1799 年）刊印了明朝朱逢吉撰的《牧民心鉴》，宽政十二年（1800 年）刊印了明朝胡缵宗编的《薛文清公从政名言》。③ 本章即以在中日法律文化史上并驾齐驱的两部著作——中国明朝丘濬的《大学衍义补》和日本芦野德林的《无刑录》为例，对明清时期儒家法律思想对日本的影响作初步探讨。

《大学衍义补》著者丘濬（1420—1495），明朝中期的著名学者，这一时期的中国中央集权的封建专制体制空前强化，导致封建政治进一步腐朽，出现一系列社会弊病。面对这种情况，明中期出现了一些以挽救社会危机为己任的政治家和思想家，丘濬就是其中的杰出代表。他强烈要求统治阶级进行自我约束，按照儒家德治仁政的要求，实行缓和阶级矛盾的政策，以解决社会危机，维护明王朝的统治。丘濬花费十年心血，"仿德秀凡例，采辑五经诸

---

① 转引自何勤华：《试论儒学对日本古代法文化的影响》，载《齐鲁学刊》，1996（3）。

② 在江户时代，德川幕府曾实行锁国政策，中国的法律典籍是随同商业贸易传入日本。这一时期舶载传入日本的中国图书大概占当时中国图书品种的十之七八，而且传播速度之快、规模之大前所未有。明朝中期丘濬编著的《大学衍义补》就存于《舶载书目》的记录中。正德元年（1711 年）辛卯五十一番南京船书籍中载有"《大学衍义补》二百三十卷四十册"。

③ 元代张养浩所著的《为政三部书》（此书原名《三事忠告》，由安冈正笃译为《为政三部书》）也是一部在日本流传很广的书。前日本首相大平正芳少年时代就对此书爱不释手，尤喜其中的《庙堂忠告》。大平在从政早期就以"宽容与忍耐"在内阁中出名，晚年又以"任怨、分谤"自省。他体察下情，深思远虑。这种以德治主义为核心的东方政治哲学，成为其一生的追求。

史百氏之言，补其阙略，以为治国平天下之要，立为十二目"①，著成《大学衍义补》。此书从政治、经济、军事、思想等各方面提出了加强封建统治的方法和策略。其中《慎刑宪》一章集中论述了法律刑罚的重要作用和实施原则。丘濬在刑罚方面主张慎刑恤狱，他赞赏汉文帝废肉刑的决定，称文帝废肉刑之后，"自是犯法者，始免断肢体，刻肌肤，文帝之德大矣"；反对酷法滥刑。他的恤刑、慎刑思想包括：治狱必先宽，罪疑从轻，免不可得而后刑之，生不可得而后杀之，以及及时结案，改善监狱待遇等。② 总之，丘濬的《大学衍义补》一书比较全面地总结了中国儒家的法律思想。

德川幕府时期，中国明律不断传入日本，成为幕府学习和效仿的对象。除了幕府属下的文人对明律研究之外，日本的学术界一些有识之士也把研究目光转向中国的儒家法律思想。日本著名学者、朱子派代表人物鸠巢曾欲采汉土诸儒论及刑律者辑为一书，但终因年老未能遂愿，其弟子芦野德林（1695—1775），秉承师志，针对当时日本幕府时代刑法严酷而法律著作又流传较少的状况，著成刑律之书18卷，名为《无刑录》。在《无刑录》中，芦野德林总结了中日两国的儒家法律思想。

关于《大学衍义补》与《无刑录》的关系，明治时期的学者永本成美有一段精彩的描述："抑支那收录历代律例用刑之沿革论议者，原马端临《文献通考》内《刑考》采摭宏富，典核精密，为大备矣，而论者曰卷帙浩繁，未免取彼失此，况断自赵宋嘉定以前，宝庆以后则缺而不录。至明王圻续而补之，历世始备，然论者曰王书体例糅杂，颠舛丛出，终属一部疏陋著作而不能为马氏之续。明丘濬学问广博，尤熟于明代掌故，其所著《大学衍义补·慎刑宪》篇可以接踵马书，然论者曰，明代律例详载之，其他则止采于通考，未照于原书故事，或不能无差缪，则亦未可谓完全之书也。东山此书采收博而精，密而不冗，而各条案语亦能贯穿和汉古今，折衷至当，可以补马、丘二人之所不及，而其益于本邦执法者较于二书更切实矣。"③ 这一段话很清楚地表明，芦野德林（东山）的《无刑录》和丘濬的《大学衍义补》都是论述历代律例用刑之书，而《无刑录》是继承《大学衍义补》并加以补充扩展而成，只是比《大学衍义补》更为完备优良，更适于日本国情。实际上，比较两书的体裁、篇目和内容，可以看出《无刑录》基本上脱胎于《大学衍义补》。现将两书篇目按内容相当者并列列表如下：

《无刑录》	《大学衍义补》
第一卷《刑本》上	卷一〇〇《总论制刑之义上》
第二卷《刑本》下	卷一〇一《总论制刑之义下》
第三、四卷《刑官》上、下	卷一一一《简典狱之官》
第五卷《刑法》上	卷一〇二《定律令之制上》

---

① 《丘文庄公集·进大学衍义补奏》。转引自刘俊文、［日］池田温主编：《中日文化交流史大系·法制卷》，167 页，杭州，浙江人民出版社，1996。

② 参见史彤彪：《中国法律文化对西方的影响》，286 页，石家庄，河北人民出版社，1999。

③ 转引自刘俊文、［日］池田温主编：《中日文化交流史大系·法制卷》，375 页，杭州，浙江人民出版社，1996。

续前表

《无刑录》	《大学衍义补》
第六卷《刑法》下	卷一○三《定律令之制下》
第七卷《刑具》	卷一○四《制刑狱之具》
第八卷《流赎》	卷一○五《明流赎之意》
第九卷《赦宥》	卷一○九《慎眚灾之赦》
第十卷《听断》	卷一○六《详听断之法》
第十一卷《详谳》	卷一○八《慎详谳之议》
第十二卷《议刑》	卷一○七《议当原之辟》
第十三、十四卷《和难》上、下	卷一一○《明复仇之义》
第十五卷《伸理》	卷一○九《伸冤抑之情》
第十六卷《感召》	卷一○七《顺天时之令》
第十七卷《钦恤》	卷一一二《存钦恤之心》
第十八卷《滥纵》	卷一一三《戒滥纵之交》

《无刑录》全书 18 卷，《大学衍义补》从卷一○○至卷一一三计 14 卷，两书除卷次编排稍有不同外，其目录乃至内容均基本相同，可以说《无刑录》就是模仿《大学衍义补》而成书的。《大学衍义补》主要论述的是"治国平天下"的道理，贯穿其中的精神是儒家法律思想。时隔二三百年后的日本，芦野德林作《无刑录》，继承和发扬了在《大学衍义补》里所总结的儒家法律思想和法律观念，如德治仁政、慎刑恤狱的观念等。两书思想内容的一致性正反映了中国儒家法律思想对日本影响之直接与深刻。诚如宇田尚在《日本文化与儒教之影响》中所说："通观德川时代三百年之法规，抽出其全体之道德要素厥为儒教。"[1]

第二节
"大化革新"前中国古代法律对日本的影响

"大化革新"以前，日本处于部民社会状态，经济、文化远远落后于中国和朝鲜半岛，没有系统的成文法，只有一些习惯法。在法律意识上呈现出明显的原始性质，处于法与原始宗教未分离状态，如《三国志·魏书·倭人传》中说，邪马台国女王卑弥呼"事鬼道，能惑众"，生动再现了当时神权政治的姿态和神的至高无上的权威。被传达的神意称作"宣"，

---

① 转引自刘俊文、〔日〕池田温主编：《中日文化交流史大系·法制卷》，280 页，杭州，浙江人民出版社，1996。中国社会科学院法学研究所图书馆藏有明治十年（1877 年）元老院刊《无刑录》（18 册）。

"宣"具有法律效力，而这种法的约束力的根源在于宗教力量。① 日本法律史学家称之为"固有法阶段"。

但在这个时期，日本法律已经开始受到中国的影响。据《三国志》卷三十《魏书·倭人传》记载，弥生时代后期的邪马台国②时（公元 3 世纪前期），"其俗，国大人皆四五妇，下户或二三妇。妇人不淫，不妒忌。不盗窃，少诤讼。其法，轻者没其妻子，重者灭其门户。及宗族尊卑，各有差序，足相臣服。"据中国学者杨廷福的研究，这里的"其法，轻者没其妻子，重者灭其门户"可能源于中国《汉律》和《魏律》中的"夷三族"③。但由于资料缺乏，难以作出有力的论断。又如日本史书《日本书纪》卷十记载，应神天皇（270 年—310 年在位）九年，天皇任命武内宿弥于筑紫监察百姓，其弟甘美内宿弥妒之，欲废兄自立，乃进谗言于天皇。双方争执激烈，天皇推问二人，是非难决。最后天皇下旨，令请神抵探汤。"是以武内宿弥与甘美内宿弥共出于矶城川媚为探汤。武内宿弥胜之"。这种"盟神探汤"的习惯法在许多民族的早期普遍存在，但有学者认为这是受到中国的影响。本书暂且存疑。

还有学者指出，5 世纪的雄略大王（即中国史书记载中的倭王武④）极力推行法治，还在其遗诏中明确提出"朝野衣冠未得鲜丽，教化政刑犹未尽善"的遗憾。从对严刑酷法的重视这一视角分析，雄略大王很可能受到了中国法家思想的影响。⑤

在 7 世纪初期，由于国内外局势的变化⑥，总摄朝政的圣德太子开始了日本历史上第一次重大的政治改革——"推古王朝改革"。604 年，圣德太子亲自制定并颁布了日本第一部成文法典——《宪法十七条》。日本历史上有"上宫太子亲作宪法十七条，国家制法自兹始焉"的说法。⑦ 其实，《宪法十七条》的颁布不但是日本法制史上的里程碑，也是中国法律文化对日本产生影响的极为重要的文字见证。⑧

前文已经提到《宪法十七条》中的儒家因素。这里从政治和法制的角度稍作分析。一是强调"礼"是治国之本。《宪法十七条》第 4 条明文规定："群卿百僚，以礼为本。其治民之本，要在乎礼，上不礼而下不齐，下无礼而必有罪，是以君臣有礼，位次不乱，百姓有礼，国家自治。"这从思想上、理论上阐述了君臣、父子的等级制度，规定了人与人之间不同的

---

① 参见［日］石田琢智：《中日法文化交流史研究》，16 页，中国政法大学博士学位论文，1999。

② 日本弥生时代后期的倭人国家，年代在公元 2～3 世纪，所在位置有九州和畿内大和两说。文献记载始见于中国史书《三国志·魏志》中的《东夷传》，又名邪马台国。约 2 世纪后半叶取代倭奴国，3 世纪中叶后不见于记载。

③ 杨廷福：《唐律初探》，173 页，天津，天津人民出版社，1982。

④ 公元 478 年，倭王武遣使于宋。

⑤ 参见王金林：《汉唐文化与古代日本文化》，163 页，天津，天津人民出版社，1995。

⑥ 6 世纪末至 7 世纪初，东亚国际局势发生变化。562 年，日本在朝鲜半岛南部占有的任那府被新罗吞并。589 年，隋统一中国，结束了南北朝长期分立的局面。618 年，唐灭隋。日本面临着一个比新罗更为强大的邻国。

⑦ 参见王金林：《汉唐文化与古代日本文化》，295～297 页，天津，天津人民出版社，1995。

⑧ 《宪法十七条》主要内容如下：第一条：以和为贵，无忤为宗。笃敬三宝，三宝者佛法僧也。承诏必谨。群卿百僚，以礼为本。绝饕弃欲，明辨诉讼。惩恶劝善，古之良典。人各有任，章宜不滥。群臣百僚，早朝晏退。信是义本，每事有信。绝忿弃瞋，不瞋人违。第十一条：明察功过，赏罚必当。第十二条：国司、国造，勿敛百姓。第十三条：诸任官者，同知执掌。第十四条：群臣百僚，无有嫉妒。第十五条：背私向公，是臣之道矣。第十六条：使民用以时，古之良典。第十七条：夫事不可独断，必与众宜论。转引自史彤彪：《中国法律文化对西方的影响》，186 页，石家庄，河北人民出版社，1999。

社会地位和权利义务，具有代表新兴阶级的政治纲领性质。从当时文化交流的历史分析①，我们有理由推断，《宪法十七条》受到了中国法律文化的重大影响。首先是礼治思想。春秋时期的孔子就主张"安上治民，莫善于礼"。这种礼治思想到汉代得以发扬。圣德太子很可能是从孔子和汉代董仲舒的礼治思想中获得启发，把礼运用到治国之中。圣德太子还依据"礼之用，和为贵"的儒家伦理观，指出实现礼治的关键在于"和"，因此，他把"以和为贵，无忤为宗"列为《宪法十七条》的第1条。其次，圣德太子的礼制思想，还可能受到汉魏以来的"德主刑辅、礼法并用"的立法思想启发。所不同的是，汉魏以来的"德主刑辅"，主要依据儒家思想，而圣德太子的《宪法十七条》则不仅仅是依据儒家思想，而是广泛地综合了中国的儒、道、佛、法诸家思想，形成了独具特色的"德治"体系。

二是重视"法治"的思想。《宪法十七条》的法治思想表现也很明显。第6条提出"惩恶劝善，古之良典"的原则。认为诌诈、佞媚、诽谤皆是不利于国、不利于民的大恶，是"大乱之本"，必须严惩。第11条提出"明察功过，赏罚必当"。要纠正有功不赏、有罪不惩的现象。这和中国的法家思想有颇多相似之处。

三是强调通过吏治达到民治。《宪法十七条》中有14条明确规定了对各级官吏的行为准则，占全条文的82%，可见圣德太子对吏治特别重视。他所规定的官吏行为标准，归纳起来有七个方面，即治心、治身、敦教化、尽地利、擢贤良、恤狱讼、均赋役。圣德太子对吏治的独特推崇渊源于中国战国时代以及秦代的法家思想。战国时期法家代表韩非曾说"明主治吏不治民"。云梦秦简中对吏治有更明确的记载，并提出了为吏之道的"五善"，因此，《宪法十七条》对吏治的详尽规定充分表明了圣德太子对韩非以及云梦秦简中吏治思想的发展。

在推古朝及其后，日本统治者继续模仿中国，推行"德主刑辅，礼法并用"的政策。但是这一时期是否有其他成文法，史料所载不甚详细。现存的案例显示当时应该有刑事法律规范的存在。如推古十六年（608年），遣隋使小野妹子完成使命回国，途经百济时，遗失了隋炀帝给推古女皇的书信。对于小野妹子的失职，论法"失大国之书哉，则坐流刑"。后由于推古女皇保驾，才得以免除流刑。又如推古三十二年（624年），有一僧侣执斧殴击祖父，推古女皇闻之，欲以"恶逆"罪惩罚之。又如舒明八年，规定"奸采女者皆罪之"，三轮君小鹪鹩因奸采女，以"刺颈而死"。另据《隋书·东夷传》记载，当时日本"其俗杀人强盗及奸皆死，盗者计赃酬物，无财者没身为奴。自余轻重，或流或杖。每讯究狱讼，不承引者，以木压膝，或张强弓，以弦锯其项。或置小石于沸汤中，令所簌者探之，云理曲者即手烂。或置蛇瓮中，令取之，云曲者即螫手矣。人颇恬静，罕争讼，少盗贼"。《隋书》修于李唐初年，成书于贞观年间，所依据的资料不外这个时期。从其详细程度看，日本当有比较系统的

---

① 首先，圣德太子是中国文化的仰慕者，年轻时即"习内教（即佛教）于高丽僧惠慈，学外典（即儒家经典）于博士觉哿，而悉达矣"（《日本书纪》推古天皇元年条）。其次，《隋书·倭国传》有倭国王派使节来朝觐的简要记载，但是难以看出倭国使节在隋朝时间的逗留和文化方面的活动，其后到607年，才有小野妹子来隋。因此在604年制定《宪法十七条》所接受的中国儒家、法家等思想，一定是在此之前的5世纪初起，通过百济派五经博士等途径传来倭国，并且包括移民中的知识分子对儒、法、佛的思想的传播。由此，圣德太子吸收中国各家思想，赋予它们理论形态，并注入到政治性文件中，形成指导臣民的规范，把倭国逐步引导到提高王权的路上。参见刘俊文、[日]池田温主编：《中日文化交流史大系·历史卷》，94页，杭州，浙江人民出版社，1996。

刑事法律规范，但是推古时期是否具有单独的成文刑律，尚须进一步研究。

第三节
从"大化革新"到平安时代：隋唐法律对日本的影响

一、隋唐法律的输入与"大化革新"

公元 645 年开始的"大化革新"被认为是一场师法隋唐法律的政治改革运动，是律令时代的开端。实际上，这场改革本身就是学习隋唐政治法律思想的产物。

圣德太子摄政后实行的推古朝改革，初步确立中央集权制和皇权中心思想，削弱了氏姓贵族奴隶主的保守势力。但改革没有触动部民制①，更未摧毁氏姓贵族势力。圣德太子死后，外戚苏我氏专权，苏我虾夷、苏我入鹿父子排斥改革势力，杀死圣德太子之子山背大兄王，另立天皇。苏我氏为自己修建陵墓、宫苑、寺院，又兴兵远征新罗、虾夷（今北海道），造成饥饿死亡，引起人民不满，统治阶级内部的矛盾更加尖锐。此时，封建生产关系已经萌芽，皇室整顿屯仓，向"田户"征收租赋，氏姓贵族也有将私地租与百姓的。父权制大家庭此时也从氏姓奴隶主大家族中分化出来，形成大家庭的独立经营。新的封建生产方式要求冲破部民制的桎梏，受到广大部民、奴婢、村社和公田中的氏人的支持。

公元 640 年，圣德太子时派到中国留学三十多年的高向玄理、留学僧南渊请安②归国（此前僧雯已于 632 年归国），他们带回了隋唐的政治、法律制度和儒家的思想文化，并传授给皇室贵族，为"大化革新"提供了思想基础。其中的代表人物就是中大兄皇子（626—671）和中臣镰足（614—669）。中大兄皇子是舒明天皇之子，中臣镰足出生于世袭祭官之家，二人同拜南渊请安为师，学习"周孔之教"，了解隋唐政治、法律制度。在日本高层逐

---

① 日本大和国时期的奴隶制。产生于 4 世纪末，大化改新后被废除。部是皇室和贵族占有的奴隶集体，一般冠以主人名、职业名，种类有田部、部曲、品部等。大和国统治集团的奴隶人数众多，按分工分别编成不同的部，包括负弓矢以充警卫的靫负部；提供陶制品的土师部、陶部；充任宫廷杂务的膳部、豚养部、马饲部、锻冶部、弓削部；地方上提供水产的海部、看守山林的山部；在屯仓、田庄中耕作的田部、部曲；由外来侨民中的有知识者编成的史部、藏部等。其中以在皇室直辖领地中劳作的田部和在贵族的田庄中从事生产的部曲数量最大。田部民又包括三种类型：将移民和被征服者直接编成田部；保留原有的农村公社的形式，采取向公社成员征收年贡形式进行剥削的田部；由地方贵族所献的私有奴隶部曲——徭丁编成的田部。部曲则往往以其所属贵族的氏姓作为部名，如大仲部、苏我部等。部民组织一般由下级氏族贵族统率，称为伴造，职位可以世袭。有的贵族与部民并无血缘关系，但也自称"氏上"，将部民作为"氏人"。对于外来的部民，往往保留其原有的内部结构，由其原首领任伴造，部民中有的为天皇或皇族私有，分别名之为"名代"和"子代"。部民制是日本奴隶制国家的经济基础。部民主要来自被征服者、中国和朝鲜的移民，战俘和罪犯较少。这些人只能用于赠与，不能买卖和随便杀害。他们有自己的家庭，地位略高于奴婢。大和国之所以采取部民制，是由于当时生产力低下，不易打破自然经济占统治地位的村社形式。大化改新原则上取消部民制，但为了生产王室和贵族的必需品，仍留有部分手工业者作为品部，或杂户置于主管官署之下。"大化革新"后，边远地区的贵族仍实行部民制。关于部民制的性质，日本史学界已普遍认为即是奴隶制。在中国史学界目前尚无定论。有些学者认为部民制属半家长半封建制，也有些学者则认为属隶农制。

② 南渊请安是圣德太子派往中国的留学僧，在中国留学长达 32 年，深受儒学政治思想影响，学成归国，传播儒学，介绍隋唐政治制度，大力推动政府改革，成为"大化革新"的幕后领导人物。

渐形成了师法隋唐、以天皇为核心的中央集权制国家的政治思想。

645 年 6 月，中大兄皇子和中臣镰足经过周密部署，发动宫廷政变，打倒专权的苏我氏一族，组成了新的政权，孝德天皇继位，中大兄皇子为皇太子，中臣镰足为内臣，留学生僧旻和高向玄理为国博士，即高级政治顾问。革新政权建立后，仿中国建年号为大化，以 645 年为大化元年，故史称由此开始的政治改革运动为"大化革新"。

"大化革新"的基本方针是模仿唐制，建立以天皇为核心的中央集权制国家。"大化革新"后的日本，在政治体制上，从原有的氏姓贵族世袭统治变为天皇制为首的中央集权制；在社会性质上，从奴隶制社会开始向封建社会过渡。改革的具体内容下文将一一介绍，这里就其历史意义及生成条件稍作分析。

历史学家都认为，在日本的这一重大社会转型中，唐朝的影响不容忽视，其中的关键改革就是以唐律为蓝本，建立日本自己的律令体制。日本借鉴与建立律令的过程，既是推动变革的过程，又是用法制巩固改革成果的过程。对此，日本学者多有论述，泷川博士在《日本法制史》中说："大陆之中国经数百年之南北朝分裂至隋、唐始告统一，其强大之武力与高度之文化使满洲、朝鲜、日本等与其围临近之民族望风披靡。其时日本国民欲废除从古昔以来由氏族联合而成之国家之脆弱组织，期望形成如隋、唐之中央集权之巩固国家，实因外力之压迫及高度文化之输入与谋国际之竞争乃出于时势需要之所迫，故大化革新实为必要，且此改革为社会之改革，继则编纂律、令、格、式。以举中央集权之实。改革之主要人物则为留学中国之高向玄理，僧旻等人，皆蒙隋、唐文化甚强烈之刺激之人物也。"

牧健二博士所著《日本法制史概论》亦有云："三韩征伐以后，与大陆之交通遂开，日本之思想方面不独学习中国之国家理论，即生产方面亦相当有显著之进步……日本以有大陆政策之故，故痛感有国家自强之必要，既蒙中国'王土王民'思想之感化，故极希望新国家之实现，乃于大化元年颠覆强雄苏我氏，为国家一大改革之起始。此之改革遂成为接受唐代法制之端绪。"

唐朝对日本的变革之所以产生如此重大的影响，原因如下：首先，隋唐法律确实代表了中国古代法制的最高水平。经魏晋南北朝的大分裂、大融合，至隋国家再度统一，唐朝的法制空前完备，律、令、格、式四者结合[1]，组成既有稳定性又有灵活性的法律体系，内容涵盖大至国家体制，小至公文程式，使国家事务处于有法可依的状态。这种严密的法制体系是中国社会长期发展的结果，代表了当时东亚法制文明的最高成就。这是日本以及其他东亚国家效仿唐律的前提条件。[2]

其次，当时的国际局势迫使日本模仿唐制，进行社会改革。公元 660 年，即中国唐高宗显庆五年，日本齐明天皇六年，唐与新罗的联军在朝鲜的白村江（白江）江口大败日本与百济的联军，日本扶植的百济灭亡。这一事件史称"白村江之战"，这一战结束了公元 4 世纪以来日本控制朝鲜半岛的历史，日本在朝鲜半岛的势力被彻底清除，半岛完全脱离了日本的羁绊。[3] 日本援助百济为时数年，耗费了大量的人力、物力、财力，最后惨败而归，这在日本国内引起巨大的恐慌，日本深恐唐军乘胜渡海进攻其本土，因此花费巨资修筑海防线，对唐

---

① 《唐六典》载："律以正刑定罪，令以设范立制，格以禁违止邪，式以轨物程式"。
② 参见刘俊文、[日]池田温主编：《中日文化交流史大系·法制卷》，21 页，杭州，浙江人民出版社，1996。
③ 参见张中秋：《中日法律文化交流的动因比较分析》，载《南京大学学报》，2005（6）。

进入惊恐万分的防御状态。① 日本学者认为,日本在朝鲜半岛上的军事失败,使它认识到与中国唐朝的差距,迫使它更坚定地从对外扩张转向整顿国内体制,重视国家的制度建设。这对我们理解日本最高统治层意图通过引进律令实现"大化革新"的制度化和法律化,加速唐化以追赶唐朝的进程很有启发意义。

再次,在中日文化交流中,遣隋、唐使发挥了桥梁和纽带的重要作用。在隋朝时期,日本曾派出遣隋使到中国学习。日本推古天皇十五年(公元 607 年),圣德太子首次派遣小野妹子为遣隋使,十六年又派小野妹子再次使隋,并有高向玄理、南渊请安、僧旻等八名留学生和学问僧同行,总计遣隋使共有 3 次。至唐代,自唐太宗贞观四年(630 年)至昭宗乾宁元年(894 年)九月,日本共组织 19 次大规模的遣唐使(3 次未能成行或半途而返,3 次为迎送唐使节)。作为一个国家大规模派遣的留学人员,他们的使命在于研究中国兴盛的根源,为日本的富强寻求道路。在中国期间,遣唐使的注意力大都集中在中国发达的政治和法律制度上,希望日本也成为律令制国家。唐朝当时科举考试中设有明法科,学校设有律学馆,日本来华学生中有人专攻法律。黄遵宪在《日本国志》卷二十七《刑法一》中记载:"其时遣唐学生颇有习律者,归以教人,而法制颇明矣。"回国后,遣唐使成为向中国学习的最积极的呼吁者和唐朝法律最权威的传播者。这种呼吁恰与日本国内人心思变的内因结合,形成强劲的学习唐制的浪潮。"大化革新"的导创者中大兄皇子和中臣镰足都曾以留学生身份拜南渊请安为师,学习中国的政治、法律和文化,讨教日本制度的废立等事宜。"大化革新"开始后,孝德天皇以唐留学生高向玄理和僧旻为国博士进行政治改革。众多留学生直接参与了法律的创制和修订,如日本最早的《近江令》,它的编纂者是留学唐朝 32 年之久的高向玄理和留学 25 年的僧旻等人。从篇目来看,《近江令》与唐《贞观令》相同,显然是以武德、贞观、永徽三朝律令为依归的。文武天皇时制定的《大宝律令》,其编纂者伊吉博德曾参加遣唐使团,土部生男、白猪骨曾留唐十余年,黄文备、山口大麻吕都是中国移民的后代,萨弘恪则为唐人,他们都很熟悉唐法。元正天皇时期制定的《养老律令》主要编撰者吉备真备是遣唐留学生的优秀代表,《续日本纪》天平七年条评价他"留学受业,研览经史,该涉众艺",对刑名之术极感兴趣,《日本后纪》卷二十二载:"故右大臣从二位吉备朝臣真备……删定律令二十四条,辨轻重之舛错,矫首尾之差违。"可见,当时遣唐使节充当了唐文化在日本传播及付诸实施的开拓者②,对唐法的东传起了难以估量的作用。

综上所述,正如日本学者所说:"就法律文化来说,中国对日本的影响最明显的也是在唐代。唐朝处于中国封建社会的上升时期,在当时世界上是先进、文明的国家,其封建法制为各国统治者所羡慕。唐代的长安城也因此成了国际性的大都市。唐代的法律,被称为中国封建法典之楷模,曾随着络绎不绝的使者和留学生传播四方,日本也不例外。"③

---

① 参见王小甫主编:《盛唐时代与东北亚时局》,362 页,上海,上海辞书出版社,2003。

② 参见刘俊文、[日]池田温主编:《中日文化交流史大系·法制卷》,221 页,杭州,浙江人民出版社,1996。

③ [日]三浦一志:《源远流长的日中文化交流》,载中国儒学与法律文化研究会编:《儒学与法律文化》,上海,复旦大学出版社,1992。

二、唐律令与日本律令

（一）日本仿唐律令的制定及主要内容

日本在"大化革新"后，经过反复的斗争，以唐为范本，模拟制定了律、令、格、式等成文法，同时效仿唐代中国，建立以天皇为核心的中央集权官僚体制，日本历史学家把这种以律令法为基轴形成的国家统治体制称为"律令制"。在"大化革新"后的前2个世纪，日本社会律令制推行的较为完善，开创了著名的"律令时代"。这一时代的开创在制度上则得力于对唐代法律文化的输入。一般说来，日本的律令有承袭法与固有法相结合的性质。通过对日本和唐朝律令的比较研究可以看出，日本的律令一部分是几乎原封不动地输入唐律令的承袭法，另一部分则与唐律令不同，继承了在此以前日本法律独自存在的形式，对唐律令有所改变。唐朝是已经发展到中期逐步向后期过渡的高度成熟的封建制度阶段，日本则处在刚从落后的奴隶制社会向封建制过渡的转折阶段。双方国情有很大的不同，决定了唐、日的律令在同中必有异。

现按时代顺序对日本模仿唐律令制定的法典加以概述：

1. 《近江律令》

天智天皇（662年—671在位）即位之后，以唐《武德令》、《贞观令》为蓝本，制成《近江令》22卷，因此《近江令》存在无疑，但对于是否存在《近江律》，在日本学术界分歧很大。据《大织冠传》"天智天皇七年"条记载，"先此帝令大臣撰述礼仪，刊定律令，通天人之性，作朝廷之训。大臣与时贤人，损益旧章，略为条例"①，可以说明有《近江律》存在的可能。另外，律作为国家根本法典一直为历代封建政府所沿用，《近江令》的修订者高向玄理、僧旻等人对隋唐的法律制度有着深刻的了解，不会只制定令而不制作律。但这些证据较为薄弱，《近江律》是否存在尚待考证。关于《近江令》的编撰时间共有三说：第一说为天智天皇元年（662年），根据（日本）《本朝文粹弘仁格式序》载，"至天智天皇元年，制令二十二卷"。第二说即为前文所记录，天智天皇七年（668年），刊定律令。第三说为天智天皇四年（665年），据《皇年代略记》载，"四年制令二十二卷，谓之世人近江朝廷令也"。此三说中以"天智天皇七年"较为确切。②《近江令》的编撰者为遣唐留学生高向玄理、僧旻及百济灭亡后归化日本的沙宅绍明、许率母等人。据泷川博士研究，《近江令》所模仿唐令为唐高祖之《武德令》、唐太宗之《贞观令》和唐高宗之《永徽令》，其篇目大抵沿袭《贞观令》，如《官位令》、《职员令》、《户令》、《田令》、《赋役令》、《选叙令》、《考仕令》、《军防令》、《厩牧令》等。《近江令》原文已不存在，据中田薰博士《日本私法法制史讲义》中称，"此二十二卷之《近江令》于奈良朝以前，全部烧失"。此为日本最初之法令，亦即中国法律在日本发生直接影响之第一次也。③

2. 《天武律令》

天武天皇治政之始便在"大化革新"的基础上进一步完善中央集权体制，建立完备的律

---

① 杨鸿烈：《中国法律对东亚诸国之影响》，180页，北京，中国政法大学出版社，1999。

② 此为杨鸿烈先生考据结果，详见杨鸿烈：《中国法律对东亚诸国之影响》，181页，北京，中国政法大学出版社，1999。

③ 参见杨鸿烈：《中国法律对东亚诸国之影响》，181页，北京，中国政法大学出版社，1999。

令制度就是其主要目标之一。天武天皇十年（682年）二月，下诏诸亲王及大臣曰："朕今更欲定律令，改法式，故俱修是事，然敦就是物，公事有阙，分人应行。"又根据《类聚国史》记载："丙寅（天武天皇十一年八月），造法令。"至天武天皇十四年（686年）正月，《天武律令》编纂完成。参与编纂者有伊吉博德、中臣大岛等人，伊吉博德是唐留学生，其留学期间，唐的《永徽律》已颁行天下。因此泷川博士谈及："《天武律令》之蓝本必《武德》、《贞观》、《永徽》三律令中之一。"《天武令》又称《飞鸟净御原令》，持统三年（689年），正式向诸司班赐"令一部二十二卷"，此令二十二卷，在卷数上相近于《近江令》，应是以《近江令》为基础修改而成。持统四年（690年）曾诏令诸国司："凡造户籍者，依户令也。"大宝元年制定的新律令基本上是以"净御原朝廷令为准证"，这些都表明《天武令》确实存在。关于《天武律》，据《持统天皇纪》"六年七月乙未"条载："大赦天下，但十恶盗贼不在赦例。"这与北齐隋唐以来律典中的"其犯此十者，不在八议论赎之限"的规定相同。《续日本纪》卷一"文武天皇元年闰十二月庚申"条云："禁正月往来行拜之礼。如有违犯者，依净御原朝廷制决罚之。"众所周知，令是行政法，无论是唐令还是日本令，都没有具体的罚责，只有律才有惩罚规定。"禁正月往来行拜之礼"属于《仪制令》中的内容，"如有违犯者，依净御原朝廷制决罚之"应属于律所调整的范畴。日本律中专设了"违令罪"的罪名，据《户令御抄》、《金玉掌中抄》等文献记载，"凡违令者，笞五十"。该条沿袭了唐律《杂律》中的"违令"条款。因此，我们可以推测《天武律》也与《近江律》一样，照搬了唐律的内容，并在当时的诉讼审判中广为引用。①

"大化革新"后，日本急需建立封建秩序，确立以天皇为至尊的中央集权制官僚体制。令的优先输入成为一项紧迫的政治任务，因此在实际的输入中"令"优先于"律"。天智天皇在制定《近江令》时，以唐《贞观令》、《永徽令》等为蓝本，在对唐令作了较大修改的基础上制定了本国的令。为了与令相配套，当时的日本政府并没有制定律，而是照搬了唐律，并在微小的部分作了调整，如对官名、地名、用字、用语等方面作了修改。因此，天智天皇、天武天皇在位期间，虽没有制定律，但不等于当时的社会没有律，《近江律》、《天武律》就属于上述产物。这种现象与中国古代宋朝统治者翻版《唐律疏议》而制定《宋刑统》的现象颇为类似。

3.《大宝律令》

据《续日本纪》记载，"文武天皇四年（700年），诏净大参刑部亲王、直广藤原朝臣不比等撰定律令"。至大宝元年（701年）编撰完成《大宝律令》。据《弘仁格式序》记载，《大宝律令》共有《律》六卷，《令》十一卷。《大宝律令》现已散失，不过可从《令集解》中的"古记"（大宝令的注释）来略推其内容。泷川博士认为，《大宝律令》是以唐高宗永徽二年的《永徽律令》及武后垂拱元年的《垂拱格式》为蓝本制成。《大宝律》从其篇目和次序来看，与唐律十分相似。《日本史·刑法志》曰："大宝所撰，谓之古律古令……律之为书，分篇十有二：一曰名例，二曰卫禁，三曰职制，四曰户婚，五曰厩库，六曰擅兴，七曰贼盗，八曰斗讼，九曰诈伪，十曰杂律，十一曰捕亡，十二曰断狱。"在名称、次序上与唐律十二篇完全相同。其律文内容，很多撷取自唐律，甚至文句也相同，只是在有些方面加以简化。

---

① 参见郑显文：《从唐律到日本律》，载《比较法研究》，2004（2）。

例如，唐律有"十恶"，《大宝律》则略去"不睦"、"内乱"，改为"八虐"；唐律有"八议"，《大宝律》则省为"六议"，去掉"议勤"、"议宾"；《大宝律》也规定了"同居相为容隐"，划分公罪、私罪、共同犯罪造意为首，俱发罪、化外人相犯，累犯加重等原则；制定一、二、三、四、五等亲，名称虽不同于隋唐律的"五服"，但各亲等所指的范围与"五服"基本一致；罪名方面，诸如指斥乘舆、漏泄大事机密、盗决堤防、私渡关津、私藏兵器、造畜蛊毒及教令者，决罚不如法等，都与唐律相同。在关于犯罪的规定上，绝大多数条文与唐律无异，仅少数条在文字上略有出入，刑罚处罚则比唐律略轻。如唐律中有"官当"减刑之制，而在《大宝律令》中也有同样的具体规定。唐律的刑名区分为笞、杖、徒、流、死五种，也为《大宝律》所袭用，唯流刑不明载里数，分近流、中流、远流三等而已。其他如司法组织、诉讼制度、刑罚的适用和执行等，大体都似唐律，只不过考虑适合日本国情，略为省减。

至于《大宝令》，据日本学者的研究，认为应当出自《近江令》，而《近江令》模仿唐《永徽令》颇多，《大宝令》中的《公式令》、《三代式》等与敦煌发现的唐令中的《公式令》、《水部式》十分相似。由此可以推断《大宝律令》实为模仿唐律令而制成。《大宝律令》是一部承前启后的法典，据《政事要略》卷八十四《弘仁刑部式》记载："其大宝二年制律以后，依律科断。"由此可见，《大宝律令》的制定和实施在日本法典编撰史上占有重要地位。

4.《养老律》

元正天皇养老二年（718年），"大臣不比等，奉敕更撰律令，各为十卷，今行于世律令是也"。另据《本朝法家文书目录》载："律一部，十卷，十三篇，元正天皇养老二年赠太正大臣正一位藤原朝臣不比等奉敕作律令，并二十卷。"此为著名的《养老律》，但古律本已遗失，现存的只有职制律与贼盗律的全部、名例律的前半部分、卫禁律的后半部分与斗讼律的一部分。《养老律》的蓝本应为唐《永徽律》，同时参考了唐《开元律》以前的其他各律。《养老律》是对《大宝律》的继承和发展，承袭了《大宝律》很多具体律文的规定，如"八虐"、"六议"等，并进一步完善，同时删除了《大宝律》中的矛盾之处，去掉冗文，代表了当时日本立法的最高成就，颁行之后，作为奈良、平安时期的刑事法典。篇目如下：第一《名例》上，第二《名例》下，第三《卫禁》、《职制》，第四《户籍》，第五《厩库》、《擅兴》，第六《贼盗》，第七《斗讼》、第八《诈伪》，第九《杂》，第十《补亡》、《断狱》。《养老律》的篇章和顺序，与唐律完全一样，只是律文较唐律为少。在刑法总则方面，唐律和养老律都规定，对于律文上找不到恰当条文的罪行，应援引相近罪名；其应出罪者，则举重以明轻；其应入罪者，则举轻以明重；异族人同类相犯的，应依本民族习俗处理；与别族人相犯的，应依律文规定处理。二罪以上俱发时，以重者论；相等时，从一处罚。共同犯罪者，以主谋者为首犯，从犯减一等处罚。《养老律》与唐律都在开篇设立名例篇，《唐律疏议》所载，"名者，五戒之罪名；例者，五刑之体例"。由此可知，"名例"是全律的纲领，名例篇首先列出刑名及其量刑等级。依《养老律》规定，奈良时代，实行五刑制度，即笞、杖、徒、流、死五种刑罚，与唐律刑罚十分相似。唐律"十恶"和《养老律》的"八虐"，均被视为危及国家安全、社会道德的重罪。《唐律疏议》曰："五刑之中，十恶尤切。""十恶"所涉罪行是对封建专制统治威胁最大的行为。"八虐"是《养老律》中最严重的罪行，实际上为唐律"十恶"的日本化或变形。它把唐律"十恶"中的"不睦"和"内乱"去掉，将

"恶"改为"虐",遂成"八虐"。考据《养老律》删减"不睦"和"内乱"两款,主要依据日本固有的习俗与唐不同,日本近亲结婚甚多,而"不睦"中的近亲买卖和"内乱"中的近亲相奸,均不符合日本的习俗,此即为日本法律移植中对唐律的显著变更。现将"八虐"与"十恶"中部分罪行的量刑作一比较[①],参见下表:

罪名	内容	养老律	唐律
谋反	谋危国家	斩	斩
谋大逆	谋毁山陵宫阙	绞	绞
谋叛	谋背国从伪	绞	绞
恶逆	谋杀祖父母、父母	斩	斩
	杀伯叔父、姑、外祖父母	斩	斩
不道	杀一家非死罪3人、肢解人	斩	斩
	厌魅	徒一年	徒二年
	殴夫	杖一百	徒一年
大不敬	盗大祀神御之物	中流	流二千五百里
	伪造内印	绞	流二千里
	御幸舟船、误不牢固	徒三年	绞
不孝	告祖父母	绞	绞
	祖父母在,别籍异财	徒二年	徒三年
	居父母丧,身自嫁娶	徒二年	徒三年
不义	杀本主、本国守(府主、刺史、县令)	斩	斩
	杀业师	斩	斩
	居夫丧改嫁	徒二年	徒三年

从以上量刑可以看出,对谋反、谋大逆、谋叛、恶逆四罪的惩罚,唐律与养老律完全一致;但对不道、大不敬、不孝、不义四罪的惩罚,唐律比养老律更为严苛。对于这种变更,泷川博士在《日本法律思想之特质》中作了解释,即日本"因崇信佛教,故一切刑罚处分较唐减轻一等乃至二等,罪犯连坐之范围亦极狭小,弘仁甲寅之际,且停废死刑"[②]。"八议"和"六议"是唐朝和奈良朝保护封建官僚、贵族的法律制度。唐律规定,八议之人犯罪,通过封建朝廷的议定,可予以减刑或免刑。这些被保护的人包括:议亲、议故、议贤、议能、议功、议贵、议勤、议宾八类。日本《养老律》中的"六议",将"八议"中的"议功"、

---

① 参见刘俊文、[日]池田温主编:《中日文化交流史大系·法制卷》,222~223页,杭州,浙江人民出版社,1996。

② 转引自张中秋:《继受与变通:中日法律文化交流考察》,载《法制与社会发展》,2003(2)。

"议勤"合并为"议功"一项，又删除"议宾"，其余的规定原封保留了下来。《养老律》的"六议"对象，享有议、请、减、赎、当、免等法律特权，与唐律的"八议"完全相同。

　　5.《养老令》

　　据《令义解》的记载，《养老令》保留得比较完整，它以《永徽令》为蓝本，同时可能参考《开元三年令》，或从《永徽令》至《开元三年令》之间其他的令文。《养老令》共有 10卷，30 篇，932 条：第一卷《官位令》，第二卷《职员令》，第三卷《神祇令》、《僧尼令》，第四卷《户令》、《田令》、《赋役令》、《学令》，第五卷《选叙令》、《继嗣令》、《考课令》、《禄令》，第六卷《宫卫令》、《军防令》，第七卷《仪制令》、《衣服令》、《营缮令》，第八卷《公式令》，第九卷《仓库令》、《厩牧令》，第十卷《关市令》、《捕亡令》、《狱令》、《杂令》。令的作用在于规定封建国家的基本制度。日本在实际的输入中"令"优先于"律"。德川光国《大日本史·刑法志》中说："盖令者，尊卑贵贱之等数，国家之制度也。""大化革新"后的日本急需建立封建秩序，确立以天皇为至尊的中央集权制官僚体制，新旧势力的斗争焦点也都集中在令的存废上，所以，对于封建制度建立初期的日本和处于这一制度成熟期的唐朝来说，令的重要性和地位自然不可同日而语。唐令已经遗失，而日本的《大宝令》和《养老令》却能保存下来，也可作为中、日对令的重视程度不同的佐证。日本东京大学学者池田温专门以日本《养老令》与唐《开元前令》（719 年）进行比较："两者在编目名称上，大体是一样的，然而在个别细部上又有许多差异，如唐'官品令'，在'养老令'中称'官位令'。唐令中将官僚职员分作'三师三公台省职员'、'寺监职员'、'卫府职员'、'州县镇戍岳渎关津职员'、'内外命妇职员'诸令。在'养老令'中，对中央官僚则没有区分，统称为'职员令'，但另列有'后宫'、'东宫'、'家令'三种职员令。'后宫'相当于唐'内外命妇'，'东宫'相当于唐'寺监'，'家令'相当于唐的'王府职员'，形式上有所变化。同时，在篇目的排序和数量上也有所不同。概括地说，日本律令比唐律令要更简略和地方化一些。因为古代日本的社会发展比之中国隋唐社会有些不同，日本比较后进，固然努力模仿唐朝的律令制度来编纂自己的律令，乍一看好像类似的地方比较多，可是在各个具体方面也有为适合日本社会情况而作的改变、修订。"① 详见下表：

序列	开元前令	养老令
1	官品上	官位
2	官品下	职员
3	三师三公台省职员	后宫职员
4	寺监职员	东宫职员
5	卫府职员	家令职员
6	东宫王府职员	神祇
7	州县镇戍岳渎关津职员	僧尼

① ［日］池田温：《隋唐律令与日本古代法律制度的关系》，载《武汉大学学报》，1989（3）。

续前表

序列	开元前令	养老令
8	内外命夫职员	户
9	祠	田
10	户	赋役
11	选举	学
12	考课	选叙
13	宫卫	继嗣
14	军防	考课
15	衣服	禄
16	仪制	宫卫
17	卤薄上	军防
18	卤薄下	仪制
19	公式上	衣服
20	公式下	营缮
21	田	公式
22	赋役	仓库
23	仓库	厩牧
24	厩牧	医疾
25	关市	假宁
26	医疾	丧葬
27	狱官	关市
28	营缮	捕亡
29	丧葬	狱
30	杂	杂

从上表可见，日本《养老令》将户、田、赋役等排在前面，当时日本模仿唐的均田制与租庸调制，施行班田制和租庸调制，特别重视新建的田制与赋役制度。①

通过以上的律令比较可以看出，日本天皇统治阶级，对待律令的态度不同，律的社会适应性和稳定性很强，故日本基本照搬了唐律，而对令则作较多修改。这在最初就体现在飞鸟

---

① 参见刘俊文、〔日〕池田温主编：《中日文化交流史大系·法制卷》，226～227 页，杭州，浙江人民出版社，1996。

时期日本将制定法典的重心放在修订日本令上，到文武天皇时期才对旧律作了较大修改，制定了《大宝律》，以后在此基础上修订了《养老律》。与日本令相比，无论是《大宝律》还是后来的《养老律》，其修订的时间很短，修订的篇幅也很小，绝大多数条款抄袭了唐律的内容，这也是中、日两国令的差别较大，律的差异较小的原因。

《养老律令》颁行之后，天皇统治阶级为适应国情对律令作较小范围的修改，并模仿唐律的形式，制定"格"、"式"，完善日本遵循唐制建立的律令体系。称德天皇时期，颁行《删定令条》，据《日本后纪》嵯峨天皇弘仁三年（唐宪宗元和七年，812年）五月庚寅诏曰："今此《删定令条》，是去神护景云三年（唐代宗大历四年，769年）议请删定。"桓武天皇时期有《删定令格》，据《类聚国史》载，桓武天皇延历十六年（唐德宗贞元十三年，797年）施行《删定令格》。以上两次施行《删定令格》的动机如《日本后纪》所载，"故右大臣从二位吉备朝臣真备，大和国造正四位下大和宿祢长冈等，删定律令二十四条，辩轻重之舛错，矫首尾之差违"。

嵯峨天皇出台《弘仁格式》十卷，弘仁十一年（唐宪宗元和十五年，820年）藤原、冬嗣、葛野、麻吕、安人、三守、常主等所编订。《弘仁式》四十卷同时编订。清和天皇时有《贞观格》，贞观十一年（唐懿宗咸通十年，869年）藤原、氏宗、年名、音人、是善等所修撰。《本朝法家文书目录》载《贞观格》一部十二卷。《贞观式》为贞观十三年（咸通十二年，639年）氏宗等所修撰，《本朝法家文书目录》载《贞观式》一部20卷。醍醐天皇时还修订有《延喜式》50卷，延喜五年（唐昭宗天祐二年，905年）修撰。《延喜格》10卷，为延喜七年（五代梁太祖开平元年，907年）藤原忠时平、定国、有穗等修撰。《延喜格序》曰："起自贞观十一年至于延喜七年，其间诏敕官符搜抄撰集，除其滋章，删其烦杂。以官分隶，以类相从。"

这样，日本不仅承袭了唐朝的律令体例，还继承了唐律中的格和式，如当时很著名的《贞观格》和《武德式》在日本均得到翻版。日本是以唐朝成熟的封建法典为蓝本制定自己的法典，但由于社会发展阶段不同，日本并没有完全照搬唐制，在模仿中有所变更。《大日本史·刑法志》云："此皇朝所以遵神道，采唐制，删定百代之大典者，可谓备矣。"①

（二）唐代法律对日本行政法律制度的影响

德川光国在《大日本史·刑法志》云："盖'令'者，尊卑贵贱之等数，国家之制度也。""大化革新"之后，日本统治阶级重点学习和模仿唐朝的封建制度，仿唐令制定日本令，用来确立以天皇为中心的中央集权统治框架。在日本法律制度中，天皇制和官制是政治上的核心。唐法对日本行政法律的影响也重点体现在这两个方面。

1. 树立天皇的权威

推古王朝期间，圣德太子为确立天皇的权威，推行推古朝改革，制定"官位十二阶"，通过授予官位大权来抑制世袭豪族、贵族的势力；制定《宪法十七条》，其用意在于用儒家的君、臣、父、子的严格等级制度来确立王室的绝对权威。圣德太子的诸项措施都表现了他对中国至尊皇权和中央集权制的向往。但是圣德太子的措施并没有确立绝对王权，世袭豪族依靠其经济基础和军权依旧控制皇室。公元645年，中大兄皇子和中臣镰足发动"大化革

---

① 转引自杨鸿烈：《中国法律对东亚诸国之影响》，188页，北京，中国政法大学出版社，1999。

新"，总结圣德太子的经验教训，从政治、经济两方面同时入手，强烈打击豪族势力。改革诏书的核心就是，废除世袭氏姓贵族的政治特权和经济实力，确立以天皇为首的中央集权制。天智天皇时期，颁布《近江令》，就是用法律来保护天皇的权威。其后的《大宝律令》对唐制更积极地吸收和删改，建立起日本律令制下的天皇制和位阶制。

中国皇帝之称始于秦代，秦王嬴政自认为"德兼三皇，功高五帝"，称为"皇帝"，此后历代君主皆为沿用。唐太宗称自己为"大唐天子"，因此，中国古代皇帝又称"天子"、"兆民之主"。"天子"之称一般为国内使用，而"皇帝"之称既对内，又对外，"凡夷夏之通称，天子曰皇帝"，代表一国之主。奈良朝的天皇全面吸取了中国皇帝的职能，日本的天皇制堪称中国皇帝制度的翻版。在日本律令中，天皇不仅是宗教、家族的首长，而且兼具德治国家的圣天子和法治（制）国家的专制君主的性质。天皇的礼服、尊号、汉式谥号、仪式等方面逐步模仿唐风唐制。由于积极仿效唐代律令制，天皇制度更接近于唐制，天皇权力更接近于唐朝皇帝。但日本令并没有完全照搬唐令，如《养老令》和《公式令》规定，在天皇发布诏令时可用五种形式，即"明神御宇日本天皇诏旨"、"明神御宇天皇诏旨"、"明神御宇大八洲天皇诏旨"、"天皇诏旨"和"诏旨"。前三种的天皇称号都有"明神"字样，"明神"即"现人神"，以凡人身份降世的神。这表明《养老令》不仅根据儒家经典和唐律令把天皇规定为日本国土和人民的最高统治者，而且依然赋予其浓厚的原始宗教神话和神权政治色彩。①

唐王朝和奈良王朝都在国家的律令中规定相应的条目，维护皇权的不可侵犯性。依据《唐律疏议》、《养老令》，在唐和奈良时代，所犯诸罪中，以"十恶"、"八虐"最为严重，而其中直接触犯皇权、社稷的就有四罪，即谋反、谋大逆、谋叛、大不敬，犯上述罪状者，都处以斩、绞、流等重刑，每逢大赦，十恶、八虐均不在赦免之列。② 奈良王朝期间，日本模仿中国皇帝制度建立起以天皇制为核心的封建中央集权体制，天皇能够像唐朝皇帝那样在国内号令一切，圣武皇帝曾言，"有天下之富贵者，朕也；有天下之势者，朕也"③。这反映了天皇绝对权威的确立。

2. 仿唐制建立的中央和地方官僚机构

唐代官制是一套臻于成熟、高效文明的官僚体系，是国家控制社会、中央控制地方、皇帝控制天下的有效工具。日本官制对唐朝官制积极模仿，建立起一套上自天皇、下至地方官吏的封建官僚体制。黄遵宪在《日本国志》中曾言："……盖自推古舒明始通隋唐，至是始模仿《六典》，日趋于文。"安腾知冬氏所著《日本大典》也称："本朝官司之别曰宫、有省、有台、曰府、曰职、曰坊，大抵皆沿唐制。"日本官制仿造中国，但相应有所改变，桑原骘藏在《王朝之律令与唐之律令》一文中曰："《大宝令》虽本于唐制，然删除其弊害，改为简要。"根据杨鸿烈先生对唐代中央官制与日本中央官制的比较研究④，唐、日中央官制机构设置较为相近，并且各官职中官吏的职责也很类似。唐朝宰相制日趋完善，中央官僚体制由三师、三公、侍中、中书令、左右仆射为主体组建而成。日本奈良王朝实行太政官制，日本令制太政官制，始自 701 年《大宝律令》制定之后，太政官制中，最高官职是太政大臣，根据

---

① 参见张中秋：《继受与变通：中日法律文化交流考察》，载《法制与社会发展》，2003（2）。
② 参见王金林：《汉唐文化与古代日本文化》，202～203 页，天津，天津人民出版社，1996。
③ 《续日本纪》卷十五（天平十五年十月）。
④ 参见杨鸿烈：《中国法律对东亚诸国之影响》，190 页，北京，中国政法大学出版社，1999。

《大宝令》、《养老令》记载，太政大臣是模仿唐朝的三师、三公而设置的。唐朝三师、三公的职责是"师范一人，仪行四海，经邦论道，变理阴阳"①。而日本的太政大臣职责也是"师范一人，仪行四海，经邦论道，变理阴阳"②。日本太政官制中，次于太政大臣的是左、右大臣，他们的职责是"统理众务，举持纲目，总判庶事，弹纠不当者"。其职务与权限，与唐代尚书省的左右仆射相似。大纳言是次于左、右大臣的重臣，是"王者喉舌之官"，"纳下言于上，宣上言于下"③。与左、右大臣一起参议天下之庶事。大纳言既是模仿唐代门下省的侍中而建立，又继承了"大化革新"前后日本存在过的大夫制传统。大纳言的职务是"参议庶事、敷奏、宣旨、侍从、献替"。唐门下省侍中负有参议国务、敷奏、宣旨之责；门下省侍郎负有献替之责；左散骑常侍负有侍从之责。可见，大纳言几乎包容了门下省侍中、侍郎、左散骑常侍等官吏的职责。不过，大纳言的下属机构设置与唐门下省不同，而近似尚书省。中务、式部、治部、民部、兵部、刑部、大藏、宫内八省，类似于尚书省的吏、户、礼、兵、刑、工六部。中务省主管朝廷礼仪、诏书文案的起草和审理、宣布诏敕、接纳奏章等，吸收了唐朝中书、尚书、殿中等的职责。式部省是仿唐吏部而建立，职责是掌管全国官吏名籍，以及官吏的选授、勋封、考课。治部省掌管五位以上官吏的祭祠婚姻、丧葬、国忌、诸蕃朝贡等，其职责与唐朝礼部相同。民部省相当于唐朝的户部，掌全国户籍、田租、庸调、课役等。兵部省与唐兵部相同，主管天下武官选授及国防事务。大藏省与唐大府寺相同，掌管全国钱粮、财物。刑部省与唐刑部相同，掌管刑狱、裁判等事。宫内省是模仿唐朝的殿中省、光禄寺、宗正寺设置，职责是掌管宫内庶物。同时，奈良王朝与唐王朝在政府各官厅官吏的职阶上也很类似，唐实行四等官制，即长官、通判官、判官、主典四职。日本也设四等官制，分为长官、次官、判官、主典四职。④

　　在奈良王朝的官职中，神祇官的设置比较具有日本特色，"神祇令"也是诸令中受唐令影响较小的条令，但它同样参考了唐朝的相关制度。《养老令》中的《神祇令》共20条，规定了神祇官的职掌，以及祭祀的礼仪、管理、运营等。唐代的"祠令"经复原有64条。从两令的条目内容分析对比中，可以看出神祇令无疑是参考祠令而制定。令条的总体结构基本上一致，具体条文内容略有差异，如祭祀期间的斋日，中日两国的令中都有"致斋"和"散斋"之分，斋日期间的禁忌也基本相近，如不得吊丧、问疾、不判决和签署刑杀文件、不做秽恶之事等。根据祭祀对象的不同，都规定了大祀、中祀、小祀三种不同规模的活动，同时依据祭祀的规模规定了斋日。

　　地方官制上，唐将全国在行政上划分为州、县二级，州、县长官由中央任命，直接对皇帝负责。日本将地方分为国、郡、里三级，除国司由中央派遣外，郡、里的行政长官郡司和里正均由地方有势力的豪族地主担任。这是因为唐朝已经是成熟的封建中央集权帝国，中央有能力将权力集中起来，日本虽期建立这样的帝国体制，无奈地方豪族势力强大，不能完全收权于中央，不得不面对现实而与之妥协。⑤

―――――――――――――――

① 《通典》卷二十，《职官二》。
② 《令集解》卷二，《职员令》。
③ 《令集解》卷二，《职员令》。
④ 参见张中秋：《继受与变通：中日法律文化交流考察》，载《法制与社会发展》，2003 (2)。
⑤ 参见张中秋：《继受与变通：中日法律文化交流考察》，载《法制与社会发展》，2003 (2)。

综上比较可知，日本以天皇为首的中央集权官僚机构，是模仿唐官制建立起来的封建国家统治系统。但也可以看出，日本的职官建制比唐简略，这与日本封建制度初建，生产力水平较低的国情相适应。泷川博士在《日本法律思想史之特质》中指出："日本虽模仿唐制，但以岛国之故，不能如大陆'礼仪三百，威仪三千'之唐制复杂，故一切趋于简单化。"①

（三）唐代法律对日本经济法律制度的影响

田制和赋役制作为封建国家的经济基础，唐朝和奈良朝都以法律的形式明确规定了土地和赋役制度。唐朝制定了《均田令》和《赋役令》，在全国推行均田制和租庸调法。日本令的《田令》共37条，其中11条与唐开元二十五年的《均田令》相同，占总条数的30％，另有一部分是根据日本国情，对唐令略加改变而成。② 在赋役制度上，也基本模仿唐制。日本学者青山登志郎在《略论儒学对日本政治和法制的影响》中言及，"日本在唐律的影响下，制定了《班田收授法》、《户籍法》以及庸调等税法"。

律令体制的基础是土地制度。唐代实行均田制，基本精神是国家通过对土地分配的控制，进而控制人民和社会，实现封建法制下的中央集权帝制。均田制始自北魏孝文帝时期，北周、北齐沿用，内容有所发展。隋唐时期沿袭旧制，在全国范围推行均田制。均田制的实施在唐代经济发展中发挥重要作用，它使广大无地和少地的农民，有了维持基本生计的土地使用权，抑制了豪强地主对农民的侵夺，激励了农民的生产积极性，使唐代社会安宁，物质丰足，奠定了封建王朝盛世的基础。日本"大化革新"的政治目标是追求"王土王民"和"中央集权"的天皇制，因此对唐土地法制的输入势必是重中之重。大化新政权建立不久，就模仿唐制的均田制确立了班田制，它的实施对日本社会的发展起了积极作用，创造了奈良、平安时代的繁荣。从整体上说，《班田令》是参照唐《均田令》根据本国国情而创制的新的土地制度。班田制的内容据《大宝令》和《养老令》中的记载，"在土地种类的划分、口分田的分配、园宅地和山川薮泽的使用上明显以唐制为准"③。现对唐、日两令加以比较，考察日本本土化的土地制度对唐制的吸收，分述如下④：

1. 田制结构。唐朝的均田制，实行永业田和口分田的双重结构。《唐六典·尚书户部》载："凡田分为二等，一曰永业，一曰口分。丁之田二为永业，八为口分。"《均田令》下的农民，18岁以上的中男和21岁至59岁的丁男每人授田一顷，其中八十亩为口分田，死后由国家收回；二十亩为永业田，由子孙世代继承。这种法令的规定只是一种理想化的土地分配形式，在地多人少的宽乡有可能实现，在人多地少的狭乡就无法足额配田。因此在实际执行中，是根据各地具体情况对田令加以变通执行。日本的班田制，并无口分田和永业田的双重结构，只采用了口分田制。班田法规定，男子从6岁开始就被授予2段⑤的口分田，终生使用，死后归还。唐田令中的"田"包含水田和旱田，永业田是必须按规定植桑、榆、枣等树木的旱田。日本的"田"皆为水田，植树是在自己的园宅地，不包括在收受范围之内，亦为

---

① 转引自张中秋：《继受与变通：中日法律文化交流考察》，载《法制与社会发展》，2003（2）。

② 参见张中秋：《继受与变通：中日法律文化交流考察》，载《法制与社会发展》，2003（2）。

③ ［日］坂本太郎：《日本史概说》，77～78页，北京，商务印书馆，1992。

④ 参见刘俊文、［日］池田温主编《中日文化交流史大系·法制卷》，206～209页，杭州，浙江人民出版社，1996。

⑤ 段，当时日本的面额单位。根据"改新诏书"规定，凡田长30步、广12步为1段。

世代继承。① 唐朝的均田每年进行。《旧唐书·食货上》载："每岁一造计账，三年一造户籍。"而日本为 6 年一次班田，6 年一造户籍。

2. 授田对象。唐、日两令在授田总原则上，均实行按丁授田，彼此之间比较近似。在具体授田对象上略有差异。唐规定为 18 岁以上，而日本规定为 6 岁以上。两国授田在年龄上的差异，是由于唐在均田制下按丁收赋税，授田者须能胜任劳动，日本租赋以田、户为单位，不必考虑本人劳动能力。

唐朝女子不负担赋役，所以不授田，生活没有依靠的寡妻妾各给口分田 30 亩。日本班田令规定，女子与男子一样 6 岁起授田，终生使用，数额相当于男子的 1/3，因为日本的女子需交纳赋税。②

唐朝奴婢不负担赋役，因此不给其田，而日本按《令议解·田令》的规定，公奴婢与官户、普通农民一样给其田，家人、私奴婢按 1/3 给其田。两国的差异是因为中国经过隋末农民战争，大批奴婢得到解放，唐的奴婢数量已很少，没有必要专门作出规定。日本则是处于部民社会末期，贵族还占有大量奴婢。为减轻贵族对新制度的反抗，需要给予适当宽限。

对道士、僧尼，唐《均田令》规定："凡道士给田三十亩，女冠二十亩，僧尼亦如此。"③日本没有上述规定。因为唐朝以道教为国教，故对道士、女冠诸多优待；日本没有道教，并且崇尚佛教，《令集解》云："凡田六年一班，神田寺田不在此限。"僧尼靠国家赐给寺院的田地生活。寺田不受班田令限制，因而没有在田令中给予规定。

对于工商业者，唐令规定："诸以工商为业者，永业、口分田各减半给之，在狭乡者并不给。"④ 日本没有这些规定，因为当时的日本生产力水平还比较低，商品经济不发达，工商业者没有必要作为一个专门阶层作出规定，而大部分以公民的身份编入户籍，与家族一起领取口分田，而不是如唐令那样设专门条文。

对于官吏授田，唐令规定有爵位者均按等级授给永业田，可以传子孙。日本令亦规定自正、从一位至正、从五位皆有位田；并规定有功者皆授功田，大功者功田世代沿袭，上功可传三代，中功传两代。⑤

3. 土地买卖。为保证农村的稳定，不使公有土地私有化以及大批农民因丧失土地沦为荫户，唐王朝和奈良王朝都严格控制土地的买卖。按唐律，"诸卖口分田者，一亩笞十，二十亩加一等，罪止杖一百"。日本班田令也严格禁止口分田的买卖、让渡，甚至把口分田的租赁时间严格控制在一年之内。当然，土地买卖在特殊情况下还是可以存在。唐开元二十五年（737 年）令规定："诸庶人有身死、家贫无以供葬，听卖永业田，即流移者亦如之。乐迁就宽乡者，并听卖口分田，卖充住宅、邸店、碾硙者，虽非乐迁，亦听私卖。""其官人永业田及赐田欲卖及贴凭者，皆不在禁限。"⑥ 与唐相比，日本对土地买卖的限制更严格，规定无论官吏还是平民，都严禁买卖口分田，园宅地的买卖要经官府同意。这是因为唐代封建土地所

---

① 参见［日］曾我部静雄：《日本与唐的律令的比较》，载《历史教育》，第 18 卷，第 4 期。

② 参见张中秋：《继受与变通：中日法律文化交流考察》，载《法制与社会发展》，2003（2）。

③ 《唐六典·尚书户部》。

④ 《唐令拾遗》。

⑤ 参见张中秋：《继受与变通：中日法律文化交流考察》，载《法制与社会发展》，2003（2）。

⑥ 《唐令拾遗》。

有制发达，土地买卖频繁，行政命令不能完全阻止，因势利导地保护地主阶级的利益，更有利于社会的管理。日本生产力水平相对较低，商品经济不发达，土地买卖很少，为了实现封建国家对土地和人民的控制，不轻易允许土地买卖。①

4. 户籍的编造。唐朝和奈良朝均进行户籍的勘查和编造，一方面配合按丁授田的法令并按户征收租庸调，另一方面有效地控制附着于土地上的人民。唐令规定，"诸户以百户为里，五里为乡，四家为邻，三五（家）为保"，各设有"正"。正的职责为"按比户口，课植农桑，检察非违，催驱赋役"②。日本令中没有邻、乡，只设立了里、坊、村、保四级。户籍制度下的人民要相互监督。唐令规定："诸户皆五家相保，以相检查，勿造非违。如有远客来过止宿，及保内之人，有所行诣，并语同保知。"日本令中除将"以邻聚"写作"五家"之外，其余与唐令规定不差分毫。户籍制下的人民要向封建国家呈报人口、土地情况，即"手实"。唐代手实要写明户内人口、田地，日本要报告的是户内能负担赋役的丁口（即课口）和田地，还要写明园宅地。在人民申报的基础上，官府要核查，称"貌阅"。《令集解·户令·造帐籍》载日本令规定，"凡户口当造帐籍之次，计年将入丁老疾，应征免课役及给侍者，皆国司亲貌形状，以为定薄"。唐制大致相同，即"诸户，计年将入丁老疾，应征免课役及给侍者，皆县令貌形状，以为定薄"。

唐朝与奈良朝的赋役制度基本一致，两国赋役都包括租、庸、调、役四个方面。在具体制度规定中日本令对唐令有所变更。

1. 关于纳税人口的规定。唐令和日本令都对"课户"与"不课户"作出明确规定。唐《开元令》的规定为："诸户皆以家长为之。户内有课口者为课户，无课口者为不课户。诸视流内九品以上官及年二十以下、老男、废疾、妻妾、部曲、客女、奴婢、皆为不课口。"③日《养老令》的规定为："凡户主皆以家长为之。户内有课口者为课户，无课口者为不课户。不课皇亲及八位以上，男年十六以下并荫子、耆、废疾、笃疾、妻妾女、家人、奴婢。"其规定与唐大体相同。

2. 关于"课役"的规定。总体上说，唐朝与奈良朝两朝课役都包括租、庸、调、役四个方面。按唐令，租、庸、调、役，以"人丁为本"，即有丁口即征收，不论该丁口实际耕种了多少土地。租，每丁纳粟二石。调，每丁每年或输绫、绢等丝织品，或输布，若输绫为二丈，若输布为二丈五尺、麻三斤。庸，每丁每年两旬，闰年加二天。如以物代役，则每日折合布三尺七寸五分。杂徭也按丁摊派，平时可以输钱代役。日本的庸、调、杂也以人丁为本，但田租是按班田的田数征收，即根据该丁口实际的授田额征收，与唐规定不同。这是因为唐代封建大土地制度发达，国家不可能真正做到按规定的授田标准平均授给农民土地，如果按土地数量定户等，丁多地少的户就成为下等户，丁少地多的户成为上等户。但丁少地多可能意味着劳动力缺乏，未必收的粮食就多。在丁口占地不均的情况下，按土地多少定户对国家征派差役是不利的，对户民也是不公平的。日本农民授田比较平均，故实行按地收租的办法，国家的收入既有保障，还能对土地集中有所限制。④

---

① 参见张中秋：《继受与变通：中日法律文化交流考察》，载《法制与社会发展》，2003（2）。
② 《通典》卷三载开元二十五年令。
③ 《通典》卷七引开元二十五年令。
④ 参见刘俊文、[日] 池田温主编：《中日文化交流史大系·法制卷》，209页，杭州，浙江人民出版社，1996。

3. 赋役的减免。关于租庸调的减免，唐朝和奈良朝都规定，当田地遭水、旱、雹、霜等灾害时，按赋税令给予一定减免。具体标准略有差异，唐令规定，损失 4/10 以上免租，6/10 以上免租和调，7/10 以上租庸调全免。[①] 日本令的规定较唐朝严格，损失 5/10 以上免租，7/10 以上免租和调，8/10 以上租庸调全免。[②] 另外还规定：对于桑府全部损失无力输调者，可以免交；如果已服役，或已交纳租调的，可扣除下一年的租庸调。

对比中、日两国的"田令"、"户令"可以看出，两国的社会发展阶段不同，经济生活条件不同，日本在模仿唐朝的同时，必须考虑到本国的接受程度，按照具体国情设立各项制度。日本经济法令在模仿中有所简化和创新，促进了本国经济的发展，维护了天皇集权统治的基础。

（四）唐代法律对日本司法制度的影响

在司法制度上，日仿唐制，司法与行政不分，司法机关隶属于行政机关。行政机关兼理司法，这是中华法系的特点之一。日本的司法体制一如唐朝，分中央和地方两级，中央由刑部省和弹正台组成。刑部省是中央司法行政和审判机关，兼有唐刑部和大理寺的职能；弹正台是中央监察机关，其职责相当于唐的御史台。地方司法机关即是地方行政官署，如京都的左、右京职类似于唐朝的京兆尹，国守类似于唐朝的刺史，郡司类似于唐朝的县令。他们的职权一如唐制之规定，主持行政的同时兼理司法。同时，日本国家司法制度中的诉讼制度、回避制度、用刑制度等，类似于唐制，只是在具体名称和量刑上略有出入。[③]

1. 司法机关的设置

（1）日本中央司法机关

刑部省，为日本中央司法行政机关兼审判机关。《日本大典·刑部省》云："刑部省及大宝修令，置卿一人，四品，正四位下，掌鞫狱，定刑名，决疑狱，良贱名籍，囚禁负债事；其属司二，曰赃赎、囚狱。"刑部省卿相当于唐刑部尚书。《令义解》云："赃赎司正一人，正六位，掌薄敛配没、赃赎、阑疑杂物事。"略同于唐刑部比部郎中、员外郎之职。《令义解》载："因狱司正一人，正六位上，掌囚禁罪人、徒役功程、配流决杖事。"略同于唐刑部都官郎中、员外郎之职。《令义解》又云："大判事二人，正五位下，掌案覆鞫状、断定刑名、判诸争讼。中判四人，正六位下，少判事四人，从六位下。"略同于唐大理寺之职。

弹正台，为日本中央监察机关。《大日本史·职官志四》云："弹正台尹一人，从四位上，掌肃清风俗、弹奏内外非违，五位以上弹，六位以下移所司推司。"其职责相当于唐御史台之御史大夫。《令义解》云："惟大政大臣不得弹。尹有犯，则弼以下共弹奏，台中非违互相弹。弼以下月巡京中，忠以下日察京城内外。"弹正台相当于唐御史台，为日本中央监察机关。

（2）日本地方司法机关

左京职、右京职：国都分为左、右两京职，置大夫一人，纠察所部田宅、良贱之诉讼，盖相当于唐京兆尹。

---

① 《唐六典·尚书户部》。

② 《令集解·赋税令》。

③ 参见张中秋：《继受与变通：中日法律文化交流考察》，载《法制与社会发展》，2003（2）。

摄律职：据有贺长雄《日本古代法释义》载，"摄律即古为于辐凑之地置大夫一人，掌田宅、良贱之诉讼"。

太府宰：《日本大典》云：太府宰，"帅一人，从三位，唐之都督府都督也……太宰帅之职掌，纠察所部，田宅、良贱诉讼"。"大判事一人，从六位下。少判事一人，正七位上。大少判事掌案覆犯状，断定刑名，判诸争讼。"

按察使府：《日本大典》载："按察使从四位下，唐时置十道按察使……养老三年始设置按察使十一人。按察使之职掌巡历管国，以十条访察国郡官司。二曰割断合理，狱讼无冤，又以八条举罚百姓。"

大国守：《日本大典》载："大国守一人，从五位上，唐之刺史也。介一人，正六位下，唐之别驾也……掌纠察所部及田宅、良贱诉讼。"

郡设司一人，相当于唐之县令。《日本大典》载：大郡，"大领一人，唐之县令也"。上郡，"大领一人"。中郡，"大领一人"。下郡，"大领一人"。小郡，"领一人"①。

2. 诉讼程序的规定

在司法程序上，唐朝实行大理寺、刑部省、御史台三个机构并存的"三司制度"。大理寺审理中央官僚及京城内的徒刑以上案件，但没有最后裁决权，死刑呈皇帝批准，徒刑、流刑送刑部复核。刑部负责复核大理寺送来的流刑以下的案件及全国州、县上报的徒刑以上案件。全国州、县上报的死刑案，要送大理寺复审，并呈皇帝御定。御史台是监察机关，可以监察大理寺、刑部的审判。② 相比较唐朝，奈良朝在司法机构的设置和司法程序方面，都比较精简。奈良时代没有设立与唐代大理寺类似的司法机关。京城内的官吏犯徒刑以上者，皆由刑部省审理，监禁五位以上官吏，必须先呈报天皇，得到批准后才可执行。京城百姓犯罪皆由京职推断。刑部省受太政官、弹正台的监督。太政官拥有司法实权，凡刑部省和诸国判为流刑以上的案件均需呈报太政官复审。若有不明之处，太政官就派使者赴当事国调查复核。京城案件即交刑部再次复核。复核确实后，由太政官呈天皇批准。刑部及诸国对于重大案件的执行情况，事后也必须呈报太政官备案。弹正台的主要职责是纠弹非违、肃清风俗。除太政大臣外，全国官吏违法，弹正台皆可弹劾，并可根据违法情况起诉，但弹正台没有判决权。判决权分别属于太政官、刑部省和地方政府的裁判所。③

司法回避制度。据《唐六典·刑部》载，凡鞠狱官与被鞠人有亲属仇嫌者皆听更之。亲属指五服内亲、大功以上结亲之家及授业经师为本部都督、刺史、县令之密切关系者。《令义解》亦载五等以上亲族、三等以上结亲之家、授业师、仇嫌人需回避，其所指与唐律完全相同。④ 广池千九郎博士所著《东洋法制史本论》载："丧服制度之五服与日本《养老律》之五等亲比较：（1）《唐律》之期亲与大功，为日本之二等亲，又或大功只为三等亲。（2）小功为三等亲。又或为四等亲。（3）缌麻为四等亲，又或为五等亲。（4）斩衰三年、齐衰三年与日本一等亲相当。"⑤

---

① 杨鸿烈：《中国法律对东亚诸国之影响》，191～192 页，北京，中国政法大学出版社，1999。

② 参见王金林：《汉唐文化与古代日本文化》，316 页，天津，天津人民出版社，1996。

③ 参见王金林：《汉唐文化与古代日本文化》，317 页，天津，天津人民出版社，1996。

④ 参见刘俊文、[日] 池田温主编：《中日文化交流史大系·法制卷》，231 页，杭州，浙江人民出版社，1996。

⑤ 杨鸿烈：《中国法律对东亚诸国之影响》，193 页，北京，中国政法大学出版社，1999。

关于告发责任。唐律和日本律对于告发责任都作了详细而严格的规定。

《唐律疏义》卷二十四《斗讼律》规定："告人罪，皆注前人犯罪年月，指陈所犯实状，不得称疑。违者笞五十。但违一事，即笞五十，谓牒未入司，即得此罪。官司若受疑辞为推，并准所告之状，减罪一等。"石原正明氏所著《律逸》引律云："凡告人罪皆须注明年月。指陈实事，不得称疑。违者笞四十；官司受而为理者，减所告罪一等；即被杀被盗，及水火损败者，亦不得称疑，虽虚皆不反坐。"唐、日两律规定十分相似。

《唐律疏义》卷十七《贼盗篇》规定："诸祖父母、父母及夫为人所杀，私和者，流二千里；期亲，徒二年半；大功以下，递减一等。"《律疏残篇·贼盗律》载："凡祖父母、父母、外祖父母、及夫为人所杀，私和者徒三年；二等亲徒二年；三等以下亲递减一等。"两律都规定了子孙于祖父母、父母、外祖父母，或妻于夫为人所杀害时所负的告发责任。此二等亲即为唐之期亲，三等以下亲即大功以下亲。[①] 因此，两律规定相类似。

唐律规定，强盗杀人，被害者之家及同伍须告发，当告不告者，一日杖六十；主司不即上言，一日杖八十，三日杖一百。日本律规定相同，只是量刑上有所改变。唐律还规定，同伍保内有犯罪者必须告发，知而不纠者，死罪徒一年，流罪杖一百，徒罪杖七十，其家唯有妇女及男十六以下者勿论。日律规定完全相同。[②]

《唐律疏义》卷二十四《斗讼律》载："诸以赦前事相告言者，以其罪罪之。官司受而为理者，以故入人罪论。至死者，各加役流。"《律逸》引律云："以赦前事相告言者，以其罪罪之。官司受而为理者，以故入人罪论。至死者，各近流。"可见，关于赦前事不应起诉的规定，唐、日两律基本相同。

《唐律疏义》卷二十四《斗讼律》载："诸监临主司知所部有犯法，不举劾者，减罪人罪三等。纠弹之官，减二等。"日本之《僧尼令》、《法曹至要抄》、《职员令集解》引律载："凡监临主司知所部有犯法，不举劾者，减罪人三等。"唐、日两律关于监临主司所提起之公诉规定完全相同。

唐律中蕴涵的儒家思想原则，如"亲亲得相首匿"、"同居相为隐"等，在告发罪中限制了特定身份人的起诉权。日本律仿唐作了相类似的规定，列表对比如下：

唐律	日本律
诸告父母者，绞。	诸告父母者，绞。
诸告期亲尊长、外祖父母、夫、夫之祖父母、虽得实，徒二年。	凡告二等尊长，徒一年。
凡告小功卑幼，虽得实，杖八十。 大功以上亲，递减一等。	凡告五等、四等卑幼，虽得实，杖六十。 三等以上亲，递减一等。

---

① 参见杨鸿烈：《中国法律对东亚诸国之影响》，195 页，北京，中国政法大学出版社，1999。

② 参见刘俊文、[日] 池田温主编：《中日文化交流史大系·法制卷》，232 页，杭州，浙江人民出版社，1996。

续前表

唐律	日本律
诸部曲、奴婢告主，非谋反、逆、叛者，皆绞。	奴婢告言主，非谋反叛逆者，绞。
诸同居，若大功以上亲及外祖父母、外孙，若孙之妇、夫之兄弟及兄弟妻，有罪相为隐。即漏露其事及摘语消息亦不坐。	凡同居三等以上亲，及外祖父母、子孙之妇、夫之兄弟、及兄弟妻，有罪相为隐。即漏露其事及摘语消息亦不坐。
其小功以下相隐，减凡人三等。	其四等以下亲相隐，减凡人三等。
部曲、奴婢为主隐，皆勿论。	家人、奴婢为主隐，皆勿论。

由上表可见，唐律与日本律在告诉方面从原则到具体规定均十分相似，甚至日本律照搬唐律原文。

关于案件的审判，唐朝和奈良朝都重视物证、人证，还特别重视犯人口供。唐之《狱官令》和奈良朝之《狱令》均明确规定："凡察狱之官，先备五听，又稽诸证信。事状疑似，犹不首实者，然后拷掠。"据此，审判官根据"五听"直接感受犯人的形态，结合证据进行综合验证。验证属实即可推判。如尚有疑点，而罪犯又不肯供认，可采用刑讯，逼其招供。但唐律慎用刑罚，每次用刑须相去二十日，审讯时每次拷掠不得超过三次。行刑时须"决法有常"，即行刑时须按固定的方式，不得随意改变。决杖、笞者臀受，拷讯者背臀分受。杖数总共不得过二百。奈良时期律法有同样的规定。

关于上诉的规定，《唐律疏义》卷三十《断狱律》规定："诸狱结竟，徒以上，各呼囚及其家属，具告罪名，仍取囚服辩。若不服者，听其自理，更为审详。违者，笞五十；死罪，杖一百。"日本之《狱令义解》载："狱结竟，徒以上，具告罪名，违者，笞四十。"唐律规定较日本律更为严格，刑罚更为加重。

关于水陆关外人民上诉之程序，《唐律疏义》卷八《卫禁律》载："即被枉徒罪以上，抑屈不申及使人覆讫，不与理者，听于近关州、县具状申诉，所在官司即准状申尚书省，仍递送至京。"《律疏残篇·卫禁律》云："即被枉徒罪以上，抑屈不申，及使人复讫不与理者，听于近关国、郡具状申诉，所在官司即准状申太政官，仍递送至京。"日本律变更的仅是用"国"、"郡"、"太政官"代替唐律之"州"、"县"、"尚书省"，其余原样照搬。

关于终审之规定，《日本大典》载："凡犯罪：笞罪，郡决之；杖罪以上，郡断定，送国复审讫；徒杖罪及流应决杖，若应赎者，即决配征赎；其刑部断徒以上，亦准此。刑部省及诸国断流以上，若除免官当者皆连写案申太政官。案复理尽，申送即按复。"比较唐律之《唐六典》相关规定，差别即在于：日之"国"、"郡"、"太政官"代替唐律之"州"、"县"、"尚书省"，其余不变。

关于日本诉讼程序，还有两点值得提及："其一，当被告不听从法院的出庭命令时，法院可以作出缺席判决。但若被告向该法院提出异议，就可随时取消该制度判决，可见效力还是不很稳定。其二，即使已经作出了判决，但被告拒绝履行时，在律令法上也并没有强制执行的保证和约束。"①

综上可见，在司法裁判制度方面，日本法律基本与唐律规定相同，模仿痕迹十分明显。

第四节
武家时代：明清法律对日本的影响

从镰仓幕府开府（1203年）到明治维新（1868年）的武家时代，中国法制仍然是日本学习的主要对象。14世纪后期，中国的明朝政府颁布了被誉为中国封建社会后期最为系统和完备的法典——大明律。明律又为清律所承袭。中国法律再次成为包括日本在内的东亚各国学习的样板。日本先后建立的幕府政权也都迫切希望学习中国的统治经验，维护自己的地位和权势。虽然中国法律维护皇权的精神与幕府专政的要求不符，但却很符合幕府将军们统一各藩、集权于幕府的需要。另外，律令时代学习中国所取得的历史成就也给了幕府将军们学习中国法律的精神动力。

但由于历史情势的差异，双方的法律交流出现了许多不同于往日的特点。

第一，在中国法律的输入途径上，民间交流"唱主角"，官方退居次席。由于缺少遣唐使的往返，日本学习中国法律的资料都来自商船。以江户时代为例，商舶传入日本的中国图书大概占当时中国图书品种的十之七八，而且传播速度之快、规模之大前所未有。前述的《大学衍义补》就存于《舶载书目》的记录中。正德元年（1711年）辛卯五十一番南京船书籍中载有"《大学衍义补》二百三十卷四十册"②。享保年间是江户时代研究中国法律最为积极的时期，中国法律书籍输入也最多。享保五年（1720年）五月，为了输入《定例成案》、《大清会典》等政书，德川将军积极发动华商进口此类书籍。据《长崎御记录》载："以另纸提出购书预约。因喜爱《定例成案》、《大清会典》等书，固除以高价购入此类舶来书目外，另付给商人一定银两。远江守奉旨而告，舶来货物中若有可御用书目，即如以往一样购入。《大清会典》为珍贵之外域重宝，故应明告唐人再舶来此书。以上为远江守殿所述将军之意。"从以上资料可以推定，吉宗至少在享保五年就已接触到了《大清会典》，该会典可能是由享保四年（1729年）的秋船或享保五年的春船载入。这些书籍中还包括在日本广为人知的《唐律疏议》。《有德院殿实纪附录》卷十有唐商沈燮庵的记载："其时以御用文库所藏之《唐律疏议》，以求训点。茂卿见之，言此书于今之唐土亦为珍惜，于是令长崎奉行使唐商沈燮庵览之。燮庵携一部归唐，呈清国刑部尚书励延仪。延仪亦称此为稀世之书，亲自写序，喜爱不已。此后燮庵再来长崎，向奉行献上励延仪之序。其序文附入《唐律疏议》，藏入御文库。"吉宗又命荻生北溪校订文库所藏《唐律疏议》，其校订本和励延仪序文同藏于宫内庭书陵部。通过沈燮庵传入的书籍还有著名的《古今图书集成》。

第二，幕府将军和各藩藩主成为法律活动的主角，而天皇退居其次。因为这一时期的日

---

① ［日］石田琢智：《中日法文化交流史研究》，31页，中国政法大学博士学位论文，1999。

② 刘俊文、［日］池田温主编：《中日文化交流史大系·法制卷》，176页，杭州，浙江人民出版社，1996。

本既有幕府制定的特别法，如《贞永式目》、《建武式目》等，又有各"大名"（藩主）施行的地域性极强的"家法"。而以天皇为首的中央所颁布的律令只能行于王畿地区，令不出"国门"①。在具体立法上，也更多依据各自的情况，对中国的法律法规作出适当的变通，以符合自己的需要。②

第三，明律成为学习的重点，清律的影响不太明显。据日本文献记载，德川吉宗时期曾对《大清会典》进行深入的研究，《大清会典》曾被深见九大夫带往长崎，《有德院殿实纪附录》卷十载："深见信石右卫门玄岱、其子新兵卫有临受命译清会典。后令有临赴长崎，询问唐商以译此书……至享保元年赐（深见父子为）顾问，以律令难解而受命翻译，与唐商共译，作律书之解。"但是现存的更多资料都是对明律的研究，本文暂付阙如。

这个时期日本的法律形态十分复杂，不仅有中国式的"律令格式"与复苏的日本"固有法"，还有发展于寺院内的"寺院法"与发展于庄园内的"庄园法"等习惯法。日本学者泷川政次郎曾从法律发展史的角度将这段期间分为三个时代：

第一，式目时代（1203—1466）。在这一时代，《御成败式目》（又称《贞永式目》）及其追加法成为一般法律的基准。

第二，分国法时代（1467—1615）。自1467年之后，幕府权威扫地，诸国的守护不遵守将军的命令，各自于其分国内，颁布自己的法，俨然成为独立国。但这些法典均是以《贞永式目》为蓝本加以修改而成的。

第三，幕藩法时代（1615—1868），又称定书时代，这个时代虽然每个藩都有自己的藩法，然而自从江户幕府制定《武家诸法度》（1615年）之后，规定必须遵照江户幕府的法令去制定藩法，所以诸藩法即失去其特色。同年又制定《公事方御定书》施行于全国，而成为与《律令》、《御成败式目》鼎足而立的日本三大法典。

本节参考泷川博士对这一时代法律史发展的划分，分三点探讨幕府时代日本法律的情况以及中国的影响。

首先是镰仓、室町幕府时期制定的法律以及儒家法的影响，包括：第一，以《贞永式目》为中心等一系列"式目"构成的幕府统治的基本法；第二，至室町幕府时期，即分国法时代，诸国守护各自立法，制定的适用本部的法律，如《长宗我部元亲百条》等，它们均明显体现了儒家法的特征。

其次，在江户幕府时代，德川家康及其后继者逐渐建立起独特的"幕藩体制"，特点是幕府权力严格控制下的地方割据统治。此时的日本的法律即表现为幕府法和藩法并存。幕府法不仅适用范围广，而且影响了各藩藩法的制定，该部分列举此时期具有代表性的幕府法，如《德川成宪百条》、《武家诸法度》等，另外还有享保改革中制定的《国家法典要览》，它制定后成为江户幕府的基本法，其下卷著名的《公事方御定书》被认为是江户时代的刑法典。

最后，本节欲详细讨论德川吉宗时期对中国《大明律》等法律书籍的研究和在此背景下诸藩法的制定情况。在诸多的明律注释书中，具有代表性的著作有高濑忠敦著的《明律例释译》、榊原玄辅编著的《明律谚解大成》、荻生观训点的《明律译》和荻生徂徕所著的《明律

---

① 赵佳：《日本法律移植研究》，中国政法大学硕士学位论文，2001。

② 参见赵立新：《论明清律对日本法的影响》，载《华东政法学院学报》，2006（3）。

国字解》等。在这些明律研究的基础上，各藩制定了适合本藩的法典。值得注意的是，在诸藩司法中有的明律注释书被当作明律使用，作为判决依据，由此，明律广泛影响并被应用在了诸藩的刑事立法和司法中。

一、镰仓、室町幕府时期的法律及中国的影响

12 世纪末，日本进入镰仓时代以后，法律呈现出十分复杂的状况。以律、令、格、式为主要内容的法律体系，仍在皇室的领地（公家领）上通行，只是以"例"和"勘文"为中心的习惯法越来越起重大的作用。"例"是朝廷立法时发布的诏敕、官符、宣旨①；"勘文"则是"名法家"（以法律为业）的学者引用律令格式条文解释法律的意见书，也是平安时代的法源之一。在皇室的领地上，原有的地方行政官——国司仍有司法权，但在寺社和大贵族为本所（即大领主）的庄园里，律令法律体系已不适用。"本所"和"领家"等大领主由于获得"不输不入"权，既不向朝廷交租，也不准朝廷的地方官权力进入庄园，因此他们拥有了领地"本所领"的立法、司法和行政权，通行大领主制定的不成文习惯法。另外，在镰仓幕府及其直属武士的领地上，武士领主对其所领的土地也有支配权，通行武士领主制定的不成文习惯法。在实际操作中，作为武士中央权力的镰仓幕府虽然还不能直接统治全国，但在"武家领"和"本所领"之间发生纠纷时，幕府则具有裁判权，且重大的刑事犯罪也由幕府及其下属审判。由此可见，镰仓幕府的权力大大超越了皇室，具有了公权力的性质。律令时代中仿唐律制定的法律体系已不适用这一新变化，在很多地方成为死法。镰仓幕府时期开始制定一系列成文法，代表作为《贞永式目》。

1.《贞永式目》

堀河天皇贞永元年（宋理宗绍定五年，1232 年），执政北条泰时等根据镰仓幕府"问注所"的司法实践及各地守护审理民事和刑事案件的惯例，并参酌《养老律令》而制定，其全称为《御成败式目》（"成败"是审理、裁判之意，"式目"指成文法规）。在内容上，《贞永式目》系参酌《大宝律令》和《养老律令》制成，究其法源无疑间接受中国法影响，基本观点和立法思想仍为中国式，在许多方面反映了儒家法思想。《贞永式目》的制定者北条泰时是深受儒家学说影响之人，他在制定《贞永式目》时，极力贯穿儒家式法律思想。关于《贞永式目》的根本宗旨，北条泰时在写给其弟北条重时的信中说："归根结底，是为使从对主尽忠，子对父尽孝，妻顺夫。若弃人心之曲，赏其直，土民自谋安堵。"② 北条泰时制定成文法的目的就是维护"忠"、"孝"等儒家式道德规范，抑恶扬善，稳定封建社会秩序。《贞永式目》初为 51 条，后新编追加至 362 条，内容简要易懂，不似王朝时代的律令格式所用纯粹汉文，相较《养老律令》，《贞永式目》要简明很多。简略分析如下：

第 1 条"应修理神社专心祭祀"和第 2 条"应修造寺塔勤行佛事"，实际上是规定原属于朝廷及地方官僚的祭祀权转归幕府。第 3 条规定触犯"大犯三条"（谋叛、杀人）的重犯和强盗、山贼、海盗等，"本所"领主无权处置，应由幕府和作为其下属的守护裁处，此条文的目的是把"本所领"的警察权和司法权也部分地收归幕府。对犯罪的处罚，按《贞永式

① 参见《日本律令的继受与实施》（台湾新竹交通大学教授杨永良于 1995 年 7 月 31 日所作的报告）。
② 转引自王家骅：《儒家思想与日本文化》，254 页，杭州，浙江人民出版社，1990。

目》的规定，除基本继承原律令的笞、杖、徒、流、死五刑之外，还有断指、剃阴阳头、没收领地等新刑罚，而且规定了处刑的差别性原则，即犯相同罪但处罚不同。这与《养老律令》的"六议"所体现的儒家式"法有等差"观念如出一辙。所不同的是，《贞永式目》更加明确地规定处罚依等级身份不同而不同。其第13、15、34条都规定，即使犯罪相同，"武士"、"郎从"和"凡下"所受的刑罚应有区别。为适应当时封建庄园制发展的需要，《贞永式目》大部分内容涉及了领地权的确立、继承、领有权纠纷的处理等问题。这些类似现代民法的权利规定，是以前律令法没有涉及的，中国法律也没有类似规定，但是《贞永式目》的这些规定同样渗透着道德化精神。如第18条规定，父母亦可将土地领有权转让给女儿，但女儿应"竭忠孝之节"，否则父母便有权收回土地领有权。但寡妻若"忘贞心而改嫁者"则必须将所继承的领地交给亡夫的子女，若无子女者即予以没收。这些规定显然是在维护"忠孝"、"贞节"等儒家道德。由此可见，《贞永式目》混道德为法律，也应归属以中国法律为代表的东亚道德化法律体系范畴。

《贞永式目》是幕府前期的重要法律，但是未向全国公布，只作司法机关审判时内部掌握。由于《贞永式目》本身过于简单，不可能解决当时复杂的法律问题，于是幕府又制定了一系列的"式目追加"，对《贞永式目》的具体实施作了许多具体规定和补充。于是，《贞永式目》及其"追加"形成了镰仓时代起主导作用的成文法体系。这一法律体系虽也明显受到儒家思想影响但是已不同于《养老律令》，它不再是模仿中国法律体系而制定，而是日本当时习惯法的成文化和系统化，这一法律体系也不似《养老律令》那样成为日本唯一法律体系，而是同公家法和本所法两类法律共同存在。①

2.《建武式目》

室町幕府时期制定，具有《贞永式目》"追加"的性质，是对《贞永式目》的具体执行作出的补充规定。1333年镰仓幕府灭亡，经后醍醐天皇的建武中兴，足利尊氏于1336年建立新的武士中央权力——室町幕府。室町幕府以镰仓幕府的后继而自任，没有制定新的成文法典，仍以《贞永式目》为根本法典。室町幕府第二代将军足利尊氏任用了一批具有法家思想的人，总结镰仓幕府及中国隋唐历史经验，在1336年制定了《建武式目》，它是以足利尊氏询问为政方针、二阶堂是圆等人作答的形式写成的问答书，在形式上有别于《贞永式目》。《建武式目》共17条，大致内容为整饬部下勿得狼藉，禁止贿赂，重礼节，赏廉义等，并非完整的法典，是"式目追加"性质的重要法律。

室町时代，武士中央权力不如镰仓时代强大，幕府内部纷争加剧，农民暴动此起彼伏。1467年至1477年爆发了许多守护大名或称"国主"、"诸侯"参加的幕府内部两大武士集团的内战，即"应仁、文明之乱"，日本进入所谓的"战国时代"。以《贞永式目》为中心的法律体系随旧制度和旧权威的倾覆而崩溃，战国大名各自立法，法权分离的分国法时代开始。这一时期的分国法日本化趋势较强，但仍然可以看到受中国法律影响的明显痕迹，同时也体现了儒家法的思想。

3.《武田信玄家法》

分上、下两部，上部共57条，前55条是天文十六年（1547年）制定，后2条是天文二

---

① 参见王家骅：《儒家思想与日本文化》，253~254页，杭州，浙江人民出版社，1990。

十三年（1554 年）追加的。其制定者武田信玄是甲斐守护大名，善于征战，文武双全，深受儒学教养的熏陶，在制定分国法时，把儒家思想带入《武田信玄家法》之中。上部 57 条是法律性规定，其中一条说："晴信（武田信玄别名）于行义其外法度以下，有旨趣相违之事，不论贵贱，可以目安申诉。"武田信玄用此标榜自己最具有听政于民以求公道的儒家精神。最明确表明儒家法思想影响的还是下部，内容多为道德训诫，共 99 条，是武田信玄在 1558年（永禄元年）令其弟信繁写给世子腾赖的训条。每条都在正文之下引用汉籍语句为依据。出自儒典的引语约 41 处，尤以《论语》最多。开篇第一条便是"奉对主君，现在与未来均不可有逆意。论语曰，造次必于是，颠沛必于是。又曰，事君能致其身"。这条的两处引语分别出自《论语》的"里仁篇"和"学而篇"，宣扬的是忠君思想。武田信玄也像中国的儒者制定律令，日本律令法时代制定大宝律令、养老律令一样，混法律规定与道德训诫为一体，构成了《武田信玄家法》。它不仅适用于武田氏家族及其所属武士，也作为法律规范应用于他所统治的地区。

4.《长宗我部元亲百条》

制定者为长宗我部元亲（1538—1599），土佐地区的守护，善于征战，后统一四岛国。其深受儒家学说影响，不惜重金网罗人才，指导子弟学习诗书礼乐。在城中建立学校，请禅僧讲解儒学。但是，《长宗我部元亲百条》作为法典，既不详备也无体系，既无实体法与程序法之分，也无刑法与法的区别，更无完备的刑罚体系，作为法律十分简陋。但是其中有很多条目明确规定应遵循儒家的道德准则。如"君臣僧俗，贵贱上下，均须维护仁义礼智信，不可稍违。""武士应以群臣节，父母孝行为至上事"。"男子外出时，（其妻）不得外出拜神佛、参观"。这些条目崇尚儒家的五常和忠孝道德，严格男女之别，欲以法律的强制执行推行儒家道德。[①]

有些战国大名并未明确制定分国法，但曾向家族成员或属下武士发布过一些训诫性条文。这些训诫虽非法令，但是在当时却具有相当的强制力。斯波义将的《竹马抄》、黑田孝高的《教训》和加藤清正的《掟书》即属此类。

5.《竹马抄》

曾辅佐室町幕府足利将军的著名武将斯波义将，为教诫子弟，于 1383 年写下此书。强调对君主和亲长的绝对无条件的"忠"和"孝"，并以此作为最根本的道德规范。《竹马抄》强调的武士道德规范包括：为主君献身（为主君舍弃生命乃武士之本意）；重名誉（不可惜有限之生命而遗永世之恶名）；重礼仪（治国之道，莫守于好礼）；明身份（应守上下之分际，言行必重礼节）等。其中强调的"礼"的思想就来自儒学。

6.《掟书》

这是丰臣秀吉的部将加藤清正制定的对下属武士的训诫，共 7 条。其中一条说："应注重学文，读兵书，励忠孝之心。"加藤清正不仅自己热衷儒学，还以《掟书》形式强制性要求部下学习儒学。[②]

诸大名制定的分国法的适用范围极其有限，仅及于他们直接统治的地区。各分国法的内

---

① 参见王家骅：《儒家思想与日本文化》，255 页，杭州，浙江人民出版社，1990。

② 参见史彤彪：《中国法律文化对西方的影响》，262 页，石家庄，河北人民出版社，1999。

容亦各异，有简有繁，有的明显表现了儒家思想的影响，有的则儒佛影响兼而有之，很难说形成成熟的法律体系。但是这些分国法的制定却表明了当时日本社会的共同趋势：随着战国大名统治地位的稳定，他们需要在忙于征战的同时考虑经国治民之道，需要以法律的强制力稳定所统治地区的社会秩序，建立稳定的后方。他们的分国法虽难适应时代与地域的特征，增添了一些前所未有的新内容，但是它们都继承了律令时代和《贞永式目》以来的法律传统，属于法律与道德未分离的儒家式法律的道德化传统。①

二、江户时代的幕府法及中国的影响

17世纪初，德川家康统一日本，建立江户幕府，日本社会进入一个新的发展阶段，德川家康及其后继者逐渐建立起既不同于中国中央集权封建制度又不同于欧洲封建王权的幕藩体制。这一格局的特色是中央权力严格控制下的地方割据统治。江户时代的日本已处于封建社会的晚期，史学家称之为"近世"。处于中央地位的江户幕府在经济、政治、军事力量上较之以前的镰仓、室町幕府强大得多。在经济上，江户幕府的将军既是日本的最高领主，又是日本最大的领主。各藩大名的领地在名义上都是将军分封给他们的封地。幕府将军有权没收、减少或变动大名的领地。将军自己的领地约占全国土地的1/4。将军拥有很多直辖地、矿山，并拥有货币发行权。将军的军事力量约为各藩军事力量的总和。但是，将军对各藩领地仍没有直接统治权，各藩大名在领地中拥有相对独立的立法权、司法权、行政权和税收权，同时拥有各自的军事武装。在这种幕藩体制下，日本的法律体系表现为幕府法和藩法并存。

在立法上，无论幕府还是各藩，立法权均与行政权合一。幕府法分为两种类型：一种是幕府从全国最高统治者或最高领主的立场出发制定，既适用于将军的直辖领地也适用于大名统治的各藩。另一种则范围较小，是幕府从最大领主立场出发制定，仅用于将军的直辖领地。藩法由各大名制定，仅适用于本藩，各藩法因藩、因时而异。大藩的藩法较完备，体系上与幕府法也有不同；小藩的藩法则不甚完备，受幕府法影响较多。在江户时代前期，幕府法制定的多是单项法规，一般称为"法度"；到江户时代后期，德川吉宗于宽保二年（1742年）编订了《公事方御定书》，收集幕府此前期制定的单行法令和判例，加以整理，形成大型法典，之后又陆续编订《宽保集成》、《宝历集成》、《天明集成》、《天保集成》等综合法典。因此，江户时代前期法律可以称为"法度时代"，江户时代后期则是"御定书时代"。

在司法管辖上，幕府与各藩司法权之间呈现出较为复杂的关系。一般地说，幕府直辖领地上的诉讼完全由幕府管理，只涉及某藩内部的事件，该藩大名具有司法权，幕府无权干涉。但是，当事件涉及不同藩国时，如为民事诉讼，首先可由相关的藩国协商解决，若协议不成，再上交幕府处理。而刑事诉讼，则必须报告幕府的有关机构，由幕府方面调查、审判。② 德川时代司法体系仍类似中国而建立，"评定所"相当于刑部，掌理立法及司法；"目付"相当于御史台，掌畅运枉屈，为将军之耳目；"奉行所"为法院，最高为勘定奉行所，其次为寺社奉行所，再其次为町奉行所。③

在江户时代，中日法制交流主要表现为：一是日本儒学进入全盛时期，诸法规中依然包含儒家道德因素；二是日本大力开展对中国法制的研究，仅德川时代翻译和注释明律者即有十余家，对中国法制的了解达到很高的水平；三是日本诸藩在制定地方法规时参酌明律，兴起模仿中国法律的风潮。

1.《德川成宪百条》

它是江户时代各法规的渊源。制定时间不详，据说是江户幕府第一代将军德川家康编定，是为传诸子孙作为执政法的准则而制定该法规。此规则未正式公布，但坊间传本却很多，最可靠的传本为 101 条，也称《德川成宪百条》。其内容大部分为法律性的规定，如严选执法者，惩恶有五刑（枭首、磔、火、斩、大辟），谋反与贪赃枉法者处死刑，大名领主若"违背安民之理"应削官职贬居僻地，禁博弈，酒狂，淫奔等，类似于现在的刑法和刑事诉讼法。还有一些规定类似于现在的民法和民事诉讼法，如继承法。在这部规则中还列有很多为政原则和道德训诫，其指导精神是中国的儒家思想。

杨鸿烈在《中国法律对东亚诸国之影响》中论述日本德川时代法律时说："水上浩躬氏所撰《王朝及武家司法制度考》谓前此模仿唐制者为成文法，武家收揽人心，改从简易，为不文法；旧制规定，以刑事为主，武家以民事为主；旧制与武家虽外形大差，而精神则同一；氏所研究极为详尽，此处惜不能多得详述，实则不特法院组织仍沿袭中国，即法律条文之内容与精神仍不能越出中国法系之范围。"[①]

现以《德川氏刑法》而言，列举说明如下：

第一编　　　　　　总则
　第一章　　　　　法例
　　第一条　　　　凡法律上可以处罚之罪别为三种：
　　　　　　　　　一、重罪；二、轻罪；三、咎。
　第二章　　　　　刑例
　　第一节　　　　刑名
　　　　　　　　　重罪之正刑为：一、死刑；二、流刑（同"明清律"）。
　　　　　　　　　轻罪之正刑为：一、放（为流刑）；二、笞（同"明清律"）；
　　　　　　　　　三、黥（《明大诰》有"墨面文身"之刑，清有"刺字"之刑）；四、追放（亦为流刑）。
第二编　　　　　　与公益有关之重罪轻罪
　第一章　　　　　仪仗及殿中所犯之罪：侵犯将军之卤簿仪仗及士民故意擅入殿中者，放江户十方里。（此项规定沿袭中国历代之《卫禁律》）
　第二章　　　　　犯关门之罪：私自通过关门者，男则重追放，女为奴婢。（此与《兵律·关津》相当）
　第三章　　　　　（原第七节及第十节）私带刀之罪及私有铳炮之罪：平民私带刀者，其刀没收，并处以轻追放。（此与《兵律·军政》"私藏应禁军罪"相当）

① 杨鸿烈：《中国法律对东亚诸国之影响》，258～259 页，北京，中国政法大学出版社，1999。

第四章	（原第八节）囚徒逃走及藏匿犯人罪：已决未决之囚若逃走者加本刑一等。（按《大明律》之《刑律捕亡》作"于本罪上加二等"）
第五章	（原第十一节）伪造货币罪：伪造货币不问其行使是否牵回①之上处磔。伪造封金一两以上，处斩。（此与《大明律·刑律·诈伪》相当）
第六章	（原第十二节）伪造度量衡罪：伪造度量衡牵回之上处枭首（狱门）。（《大明律》卷十《户律市廛》仅处"笞"、"杖"）
第七章	（原第十三节）伪造私印私书罪：伪造私印私书得财者牵回之上处枭首之刑。（《大明律》卷二十四《刑律·诈伪》之《条例》作"发边卫永远充军"）
第八章	（原第十二节）强盗罪：于途中劫掠衣类财务者，各处枭首。（《大明律》为"得财者，不分首从，皆斩"）
第九章	（原第十四节）诈欺取财罪：诈称门阀之家臣骗取财务者，处斩。（《大明律》为"计赃准窃盗论，免刺"）
第十章	（原第十七节）放火失火罪：放火烧毁官衙及仓库民舍者，处以"火烙"之刑。（《大明律》卷二十六《刑律·杂犯》为"皆斩"）②

江户时代初期，幕府为了加强对朝廷、大名、直属武士和寺院神社的控制，分别制定了以他们为适用对象的法律性规定，统称为法度。如元和元年（1615年）制定了以限制朝廷权力为目的的《禁中并公家诸法度》。宽永九年（1623年）制定了幕府直属武士旗本和御家人必须遵守的《诸士法度》。宽文五年（1665年）制定了各宗寺院共同遵守的《诸国寺院御定九条》。同年还制定了适用于全国各神社的《诸国社家御定五条》。其中，尤以意在控制各藩大名的《武家诸法度》最为重要。③

2.《武家诸法度》

德川家康元和元年（1615年）开始制定，共13条。第1条是对各藩大名的根本性要求，要他们"常习文武弓马之道"，但"文道"究竟指什么并未详细说明。其他各条具体规定为：不准群饮佚游，不准隐藏违法者，不准增筑新城，不准结为徒党，不准私自缔结婚约，不可随意乘坐轿舆，应定期到江户参觐将军，依等级身份选用服饰，应任用擅长政务者。以后，每当将军更替时都要对《武家诸法度》予以增补。第三代将军德川家光对《武家诸法度》进行增补时增加了道德训诫的内容。宽永十二年（1626年），《武家诸法度》增加为21条，其中第20条是"有不孝之辈可处罚科"。1683年，第五代将军德川纲吉在增补时，为体现他热衷儒学的思想，把有关"孝行"的内容提到第1条，即"应励文武忠孝，正礼义"，作为对

---

① 按为斩罪以上附加刑，亦作引回，即死罪犯人于执行前乘马车旅行町中（即街市）。参见木村正辞氏《刑法》一文。
② 杨鸿烈：《中国法律对东亚诸国之影响》，259页，北京，中国政法大学出版社，1999。
③ 参见王家骅：《儒家思想与日本文化》，266页，杭州，浙江人民出版社，1990。

大名的基本要求。至此，"文道"有了较为明确的阐释——儒家的"忠孝"和"礼义"。在这之后，《武家诸法度》经多次修改、公布，虽有增删，但对大名的"忠孝"、"礼义"和"人伦"这些道德要求一直放于首位。

3. 《诸士法度》

主要适用于领地或封禄在一万石以下的幕府直属武士旗本和御家人，亦称《旗本法度》或《杂事条目》。首个《诸士法度》制定于1632年，其规定多数是具体性要求，如不可疏忽武道、按时服军役、不可结徒党、凡事应注意身份等。但三年后改订的《诸士法度》中便增加了道德要求，在第一条就要求武士"应励忠孝，正礼法，常习文道武艺，专义理，不可乱风俗"。自1683年起，便不再制定《诸士法度》，原仅适用于大名的《武家诸法度》也适用于旗本和御家人。

最初制定的《武家诸法度》和《诸士法度》都是具体的行为规范和训诫规则，但以后增补时又都增加了道德训诫的内容，这种变化是由于江户幕府刚统一日本时大名和武士的主要职能都是作为武将和战士从事战斗，这时的法度还保留战国时代的印迹。但江户幕府体制确立之后，日本进入和平时代，大名、武士的职能发生变化，由战士变为执政者。当时官方的意识形态是"集诸儒之大成"的朱子学。江户幕府就把"忠孝"、"礼义"等道德训诫写入其中并作为根本要求，用法律的强制力来维护儒学道德体系。

享保改革与法典的编撰。江户时代重要的革新运动是幕府第八代将军德川吉宗实行的享保改革，改革涉及范围很广，在行政机构、经济政策、城市管理等多方面提出很多革新的方法，其中整顿法制和编纂法典是改革的重要支柱。

江户时代初期，对于刑事案件，幕府并未制定刑法典，而是根据先例和临时发布的法令来进行审判。宽保二年（1742年）三月，吉宗命人编订《国家法典要览》，以此作为幕府裁判事务的基本法，成为江户时代第一部大型法典。《国家法典要览》不是重新制定的法规，而是以江户幕府建立以来发布的许多单项法令和众多判例为基础，对其加以整理而成。全书分上、下两卷，上卷收入法令集原文，警察行政，与行刑有关的重要指令、法令和布告共81件；下卷共103条，通称《公事方御定书》或《御定书百个条》，包括类似于民法的内容以及刑事诉讼法的规定，但主要是对犯罪和刑罚的规定，且每条之后还附有许多判例，使判例首次在日本具有重要法律地位。《国家法典要览》是一部网罗了民法、刑法、民事诉讼法和刑事诉讼法的综合性法典。这部法典上卷佚失而下卷流传下来，可以认为是江户幕府的刑法典，它制定后即发挥了作为幕府的基本法的职能，对各藩的编写法典和法制改革都产生了很大的影响。[①] 上卷第1条规定了与诉讼法有关的寺社奉行、町奉行、堪定奉行的各自管辖范围，这实际相当于当今的法庭组织法。上卷第31条谈及的是抵押土地后又租种这块土地的有关事宜；第32条则涉及抵押土地后归还米和钱的期限问题；第33条是谈及借贷的归还问题，这些都显然属于民法的范畴。下卷《公事方御定书》在内容上深受中国明代法律的影响，如诉讼方式、刑法体例和刑罚种类等。吉宗于享保年间实行了三种新的刑罚，为"罚款"、"杖责"、"文身"，这三种刑罚在下卷中都有规定，是整个江户时代都使用的刑罚，吉

---

① 参见刘俊文、[日]池田温主编：《中日文化交流史大系·法制卷》，251页，杭州，浙江人民出版社，1996。

宗在设置这些刑罚时，从明律的刑罚中得到许多启示。

罚款即罚金刑，享保三年（1718 年）四月开始实行，《公事方御定书》第 103 条记载："享保三年，罚款，三贯文，五贯文，重者为拾贯文，或二拾两三拾两，其因人之家境、村之产值及人数而定。令其三日内交纳。至为贫寒难于交纳者，戴手铐。"从该条款可知，罚款是对罪行轻微的人进行的处罚。罚金有轻重，并根据犯人的家庭财产状况或根据村的产值确定罚金的分量。这里的罚款刑是受明律"赎铜"的启迪创设的，明律的"赎铜"是一种换刑，它对有官爵的特殊人物是刑法上的恩典，对老人、青少年和残疾人的犯罪及过失杀伤等，是以使其交纳罚金代替笞、杖、徒、流、死五刑。但是，吉宗设置的罚款刑在性质上还不同于《大明律》，采用罚款刑以后，吉宗于享保四年（1719 年）八月通知大学头（幕府时官名，除讲授明经、明法和传记外，还掌管一些政务）林信笃向加贺藩藩主前田纲纪询问：幕府的刑罚只有死刑、流放和驱逐，因为种类很少，难以区分轻重，对于轻的刑罚，如鞭打、文身和砍掉耳鼻等肉刑与金钱刑罚的罚款，加贺藩是怎样应用的。纲纪回答道：在加贺藩地方，罚款仅适用在轻微的犯罪上，适用罚款的犯罪和数额都做了规定，且没收来的罚款只用在整修道路、河流和桥梁等公用事业的支出上，从来不以罚款代替刑罚。由此可见，《国家法典要览》下卷中的罚款刑，是对轻微犯罪的刑罚，是一种基本刑，是参酌明律的"赎铜"创设的一种特殊的刑罚方式。

文身刑，主要用于盗窃犯，一般施加在左臂肘部的下方。《公事方御定书》第 103 条规定："享保五年，文身，于监狱内，在手臂上，宽三分两行。"文身刑也来源于中国明律，明律将文身称为刺字，盗窃犯刺"盗窃"，盗窃官府金钱刺"盗官钱"，根据不同情况把文字刺在手臂上。明律的刺字是对盗窃犯施加的刑罚，是杖责、徒刑、流放之外的附加刑。德川吉宗借鉴了明律的规定，但把盗窃犯的文身刑定为基本刑。《公事方御定书》第 56 条及第 85 条规定，"享保五年，一次盗窃轻微者责打，再犯则文身"，"享保六年，文身后再次盗窃者死罪"。对第三次盗窃即处死刑的加重刑罚，显然效仿了明律。

责打刑，《公事方御定书》第 103 条规定："享保五年，责打，数目五十，重者一百。把犯人至于牢房前，责打除脊骨外之肩背臂等部，在检查员观察下，在不死范围内由狱吏责打。如系市民，将户主及地方行政人员唤来，如系农民，将行政人员及村吏唤来，令其观看责打后将犯人引回。如系流浪人员，于牢房门前将其驱逐之。"责打刑也同样受到明律的影响。这种公开行刑的方法除起威慑作用外，还可以使受刑者感到羞辱和痛苦以达到惩戒目的。中国对笞刑的解释为，"笞者，耻也。"日本责打刑是"笞者，耻也"的具体化，《明律释义》在注释笞刑时也说："笞者耻也，仍使人受辱，是为惩戒而设。"

《公事方御定书》把刑罚分为几等，并定出加减刑的计算方法。它规定，在原有罪行上加重一等时，原有罪行如应为重流放，则改为进行文身或责打后再进行重流放。在减轻一等时，如原罪行为死刑，则改为流放至远岛或重流放。加重刑罚进行计算时，把重、中、轻流放各自算为一等，没有加刑至死或加流放远岛的。减轻刑罚是把死刑减为流放远岛或重流放，把流放远岛减为中流放。这种加减刑的方法也是从明律的加减罪例条学来，根据加减罪例条的规定，减刑时把斩、绞"二死"定为一等，把流二千里杖一百、流两千五百里杖一百和流三千里杖一百的"三流"定为一等。从斩刑或绞刑减刑一等即为重流放，从三种流放减刑一等即为徒刑三年杖责一百。这种减刑方法称为"二死三流一减法"。因此下卷中关于刑罚加重和减轻的条文无疑是参照了明律的规定。①

综上所述，《国家法典要览》下卷关于刑罚的新的规定——罚款、文身、杖责和刑罚的加重减轻，都是参照明律制定的，但也做了很大的改造，使明律能适应幕府的刑法制度而不仅仅是对明律的照搬。另外，值得注意的是，幕府时代诸法的制定是和享保年间对明律的研究有着密切的关系的，本节在下文集中讨论明律研究和幕府时代诸法之间的关联。

三、享保时期对明律的研究和诸藩法的制定

享保年间（1715—1736）是江户时代对中国法律引进和研究最为繁盛的时期，幕府第八代将军德川吉宗积极促成了这一态势的发展。吉宗本人对中国明律等法律书籍的研究有很深造诣。据《德川纪实》记载，吉宗"法书充盈纪伊国家门（纪伊国：亦称纪州，为德川氏三家之一，祖先为德川家康的第十子赖宣，领有纪州和伊势的一部分土地），其为喜爱，继位后仍不时阅览……喜爱《明律》等书，经常阅读"。同时，吉宗还积极督促幕府和和歌山藩属下的官员对中国法律进行调查和研究。《德川纪实》的记载中有，"荻生总七朗观、深见久夫有邻、成岛边筑信通、高赖喜朴等人，有不少受命进行考虑的事宜"。此时吉宗正推行享保改革，自身和属下都在研究中日两国的法律，特别是刑法，使享保改革在法制方面取得很大进展。

享保年间日本学者对《大明律》注释翻译很多。列举如下②：

《明律例释义》	十四卷	高濑忠敦撰
《明律译》	三十卷	荻生观撰
《明律译注》	九卷	冈白驹撰
《明律国字解》	十六卷	荻生徂徕撰
《明律谚解大成》	三十卷	榊原玄辅撰
《明律详解》	二十一卷同补	高濑忠敦撰
《明律疑义》		荻生道济撰
《详说明律释义》		三浦义质撰
《明律详义》		涩井孝室撰
《明律汇纂》		管野洁撰

其中有代表性的著作为高濑忠敦著的《明律例释义》、榊原玄辅编著的《明律谚解大成》、荻生观撰的《明律译》和荻生徂徕所著《明律国字解》。这些注释书内容杰出，影响深远。

1.《明律例释义》

享保五年（1720年）十二月完成，是吉宗就任将军后，法律研究方面的最初成果。《明律例释义》简称《明律释义》，全书14卷，文本12卷，首卷和末卷各1卷。这部著作是把明朝的刑法典《大明律例》逐条译成日文，首卷是"律大意"、译义凡例和目录，末卷是罪名、赎法和本宗九族五服。文本12卷为《大明律例》的律，有基本条文460条，还有条例，是对律的规定进行修正、补充和具有使之细目化性质的追加法。这些明律都被译成通俗易懂的日文，所依据的明律原文是洪武三十年（1397年）颁布的《大明律》，原文现已无从查考。《明

---

① 参见刘俊文、［日］池田温主编：《中日文化交流史大系·法制卷》，307页，杭州，浙江人民出版社，1996。
② 参见杨鸿烈：《中国法律对东亚诸国之影响》，263页，北京，中国政法大学出版社，1999。

律释义》部分篇目如下①：

首卷	《律大意》、《译义凡例》
卷之一、二	《名例律》之一、二
卷之三	《吏律·职制》、《公式》
卷之四、五	《户律·户役》、《田宅》、《婚姻》、《仓库》、《课程》
卷之六	《钱债》、《市廛》、《礼律·祭祀》、《仪制》
卷之七、八	《军政》、《关津》、《厩牧》、《邮驿》、《刑律》、《贼盗》
卷之九、十、十一	《人命》、《斗殴》、《诉讼》、《受赃》、《诈伪》、《犯奸》、《杂犯》、《捕亡》、《断狱》
卷之十二	《工律》、《营造》、《河防》

《明律释义》中值得注意的是载于卷首的"律大意"，这是中国各种法律典籍中可称为刑政要谛的文章，共有 39 个项目。高濑忠敦把它抄写下来，译成日文。它的内容涉及很多方面，有明律制定以前的历代法制的沿革，明律制定的意义，法的公告，肉刑的弊害，执行死刑应有的慎重程序，禁止滥用肉刑，避免误判，监狱内的卫生，女囚和病囚所处环境的改善，审问嫌疑犯的方法，调查证据的要领，狱卒的纪律以及君主的德治与行刑的关系等。高濑忠敦反复强调了儒家的人道思想和恤刑主义，这也表明他是一个开明的法制思想的拥护者。《明律释义》的编写特色在于把难解的明律条文都译成了简明易懂的语言，行文明快并忠实原文。在进行日文翻译时，开始是条文标题，其后是以两行小字注写条文大意，下面是条文的日译。译文的后面是两行小字，为译者高濑忠敦附加的注释，重要事项和难解的语句则以行间的小注进行解释。例如，条文为刑律的"斗殴授业师"条："凡殴授业师者加凡人二等，死者斩。"《明律释义》的翻译是："殴授业师罪为学文化时殴打教师的罪。学员殴打向他讲课的教师，殴打罪比普通人加二等。如把教师打死，其罪当斩。这不只限于教文化的教师，学习技能的人殴打了师父，也按这条刑律行事。"再如，《明律·刑律·斗殴》规定："因斗互相殴伤者，各验其伤之轻重定罪。"《明律释义》的翻译是："相互殴打，斗殴双方都受了伤，要按照他们伤势的轻重定罪。"附加的注释也很有趣："例如平太和弥太相互斗殴。弥太先打坏了平太一只眼睛，平太又把弥太的两只眼睛给打坏了。这时弥太因为打瞎别人一只眼睛，按律定罪为杖一百，徒刑三年；平太则按打瞎两只眼睛定罪，为杖一百，流放三千里，再把平太的一半家产分给弥太。"注释把相互斗殴的二人分别命名为弥太和平太，以具体事例进行说明，因此非常容易理解并且十分生动。《明律释义》的注释虽然不完全是这样有趣，但整个条文都译得通俗易懂，是一本理解《大明律》法典的最方便的注释书。

2.《明律谚解大成》

元禄七年（1694 年）和歌山藩的榊原玄辅，奉二代藩主德川光贞之命，编写了长达 31 卷的注释书巨著，它也是江户时代最早完成的法律注释书，由 1 卷目录和 30 卷正文组成。注释部分混合使用片假名，以语义解释为中心。首先对条文、条例进行点校，将需要注释的语句抽出来，用边框框起来加以解释。对作为附加法律使用的条例，则将其分别放于各相关

---

① 参见杨鸿烈：《中国法律对东亚诸国之影响》，264 页，北京，中国政法大学出版社，1999。中国社科院法学研究所图书馆藏有日本享保七年（1722 年）刻本《大明律》（9 册）、永嘉五年（1852 年）刻本《牧民心鉴》（1 册）。

条文之处。注释部分被称为"谚解",因其不仅只引用《大明会典》、《大明令》等中国的法典,而且屡屡引用《律条疏义》、《读律琐言》、《大明律集解》等中国的明律解释书,当时有关明律的参考书目多达 33 本。另外,和歌山大学纪州藩文库藏有的《明律例谚解大成》一书,其卷首所载的"大明律例谚解引用书目"从《唐六典》到《和州志》共列举了 117 部书目。正德三年(1713 年)德川吉宗命玄辅之子榊原霞洲订正、增补明律原典译文和根据原典所作的解释,成书《订正一卷》,之后又加"考正",审定《订正一卷》的正误,并把正确的部分列入《明律例谚解大成》,由此完成 31 卷的巨著。

3.《明律译》

由于《明律例释义》上没有原文,德川吉宗又命幕府文官荻生观把《大明律》原文校正后标上训点和片假名刊行,又名《官准刊行明律》。此书注明"官准刊行"意味着此书为幕府官方允许刊行的典籍,因为过去一直不允许刊行法律书,此书才有这种字样,因此也被称为《训点本明律》。享保八年(1723 年)二月,《训点本明律》正式发行,其跋文为荻生观所写,署名是"东部讲官物部观叔达",没有用自己的号"北溪",说明他在明律上添写训点和刊印发行,做的都是政府的工作。跋文的结尾处写道:"不佞取《大明律》与二三兄弟译刊之,欲使海内知其故也。"可以看出,德川吉宗刊行此书是欲使《大明律》在全国流行。《官准刊行明律》共 9 册,其中律文 6 册(含 460 条),条例 3 册(含 382 条)。第 1 册的卷首载有洪武三十年(1397 年)的《御制大明律序》和洪武七年(1374 年)刑部尚书刘惟谦的《进大明律表》。

4.《明律国字解》

这是荻生徂徕依靠明律研究会编写的明律研究典籍,明律研究会是按将军吉宗的意志成立,由幕府高级官员参加的研究团体,前文所述的《训点本明律》的编订也得益于明律研究会的研究成果。《明律国字解》全书共 37 卷,文本 30 卷;条例汇总载于卷末,名例和吏、户、礼、兵、刑、工等律,各为一卷。这是一部以解释语句为中心的注释书,文章为汉字与片假名并用,固称国字解,就是把汉文书用日文解释,成为易懂的日本国语书。《明律国字解》手稿搁笔于享保七年(1722 年)年末,此时的明律研究会也停止了活动。在地位上,它低于《训点本明律》。据日本学者推断,《明律国字解》也并非受德川吉宗之命所撰,因为在明律注释问题上,幕府下达命令必然是给文官荻生观(荻生徂徕的弟弟),荻生徂徕的研究可能是在协助弟弟的工作,并且人们一直没有发现荻生徂徕向将军吉宗呈交的《明律国字解》的传本。荻生徂徕亲笔写的《明律国字解》未定稿,现存于奈良的天理图书馆,全文都有增添和订正的地方,上面既无序文也没有跋文,纯粹是未完成的稿件。因此可以说,《明律国字解》写成后以未定稿的形式被秘藏,短时间并未在社会上流行,其书名的公开披露,是始于宝历三年(1753 年)服部南郭编写的《物夫子著述书目记》中,有关此书的记载为:"《明律国字解》三十七卷,右为晚年之作,唯律语多难懂,故解之,以存家中。夫子曾云:'法律之政,非以先王之德礼为本。今天下如依封建之制,则与复兴三代之道相同也。律若依此而易解,庶人咸用之,则于政有害。故秘藏之,不使之视。'即仅盟员八人得视之,余虽在同社,亦不得见也。"① 根据这段记载,《明律国字解》应为秘藏家中不示外人,许可阅读的只有交了誓约书的 8 人,这也体现荻生徂徕撰写此书的本意,《明律国字解》作为研究

___

① 刘俊文、[日]池田温主编:《中日文化交流史大系·法制卷》,348 页,杭州,浙江人民出版社,1996。

明律的成果，读后会使人很容易明白明朝的法律，但依此利用《大明律》将是政治上的祸害，因此制作此书只能为政治者所用，不能为世人所知。

　　享保时期的明律研究，对江户时代的刑事司法和实际行刑都产生很大的影响。在江户幕府制定《国家法典要览》之后，各藩也开始陆续制定刑法典，但各藩制定法典的具体情况又有不同，有的模仿幕府的《公事方御定书》，有的模仿中国的明清律，还有的折中二者，并在明律研究的基础上，制定适合本藩的法典。现列举模仿明清律制定的藩法如下[①]：

熊本藩　　　《御刑法草书》，58 条，附录 1 条。（宝历五年，1755 年）

　　　　　　《刑法草书》，8 篇，142 条。（宝历十一年，1761 年）

　　　　　　《御刑法草书附例》，8 篇，153 条。（天宝元年，1839 年）

新发田藩　　《新律》，10 篇，234 条。（天明四年，1784 年）

会律藩　　　《刑则》，71 条。（宽政二年，1790 年）

弘前藩　　　《御刑法牒》，11 篇。（宽政九年，1797 年）

和歌山藩　　《国律》，18 篇，390 条。（享和以后，1801 年—）

　　　　　　《国律补助》，18 篇，102 条。（天保以后，1830 年—）

土佐藩　　　《海南律例》，18 篇，109 条。（文久元年，1861 年）

久留米藩　　《刑法下案》，18 篇，218 条。（庆应二年，1866 年）

纪州藩　　　《国律》，18 篇，65 条。（19 世纪初）

　　熊本藩编写法典时间最早，当时享保时期的多种明律注释书已经公布于世，因此，熊本藩吸收明律的研究成果，在其制定的代表性法典《刑法草书》上充分体现出来。以明律注释书为基础，《刑法草书》从形式到内容基本上采用《大明律》，在法典最前是汇总其全部刑法典原则的《名例篇》，占全书的 1/3，其后是根据犯罪类型分别编为《盗贼》、《诈伪》、《奔亡》、《犯奸》、《斗殴》、《命令》、《杂犯》七篇，这种编排保存了"律"的形式。在京都帝大收藏的《旧熊本藩御刑法草书》中记有三册，篇目如下：

上卷

名刑（笞刑、徒刑、死刑），共有二十一例。

妇女犯事有三例。

老人幼少者犯事有条文三例五。

直诉状有条文一例六。

中卷

盗贼条一例一。

强盗条一例一。

窃盗条二例二十一。

付火条一。

下卷

斗殴条一例三。

---

　　①　参见刘俊文、〔日〕池田温主编：《中日文化交流史大系·法制卷》，364 页，杭州，浙江人民出版社，1996。

人命。（余从省略）①

《刑法草书》上的条文，在起草时也大都参考《大明律》。如"盗窃篇"中"夜无故入他人之家"条写道：

> 夜中无故潜入他人之家内者，笞四十。家主人对之进行殴打，无妨。因而致死者，笞八十。如已捕获，因意见不一而擅杀者，依本条论。

这个条文是以《大明律》"贼盗夜无故入人家"条为样板起草的。《大明律》的条文是：

> 凡夜无故入人家者，笞八十。主家登时杀死者勿论。其已就拘执而擅杀者，减斗杀伤二等。至死者，杖一百徒三年。

《大明律》的"登时"意为立即，"已就拘执"意为已经捕获。规定的内容二者大体一样，刑罚则《刑法草书》的比较轻。熊本藩在参考明律时，借鉴了很多当时的明律注释典籍，如《明律释义》、《训点本明律》等，据说熊本藩在设立徒刑制度和执行死刑制度上就参考了《明律释义》上《律大意》所表示的刑法思想。《律大意》表达的基本思想包括，在执行刑罚时，更应优先考虑使人们的生活安定，以改造教化犯人使之就业更生为目的。因此，熊本藩在制定徒刑制度和基本方针上，基本参考了这种思想。在死刑问题上，《律大意》提出三点意见：其一是要求尽可能地避免死刑，因为人死而不能复生，执行时应特别慎重，因此，熊本藩设立了死刑复审和制定慎重的死刑日的制度。死刑执行日期分两种，一为判决后立即执行，二为秋分至立春之间执行。对犯有防火罪，杀害父母、祖父母或主人的大逆不道罪，强盗杀人罪及间谍罪等 20 种罪大恶极的罪犯，立即处决，其他的死刑犯则秋后处决，这一季节阳关微弱、万物生命力萎缩，死刑的执行是和大自然情况相适应的。而且死刑判决与执行之间留有一定时间，可能使有的案件因发现新的事实而真相大白。这种秋后处决的制度即来自于中国的"秋后行刑"思想。事实上，《刑法草书》制定后的实际运作中，很多方面都参考了中国的明律以及清律。在熊本藩，明律用途如下：首先，法规上没有明文规定或判例有所不同时，以之作为补充或修正的法源；其次，在量刑出现疑问时作为量刑的尺度；最后，在改正旧法规或试行新立法时还可以作为改正和立法的论据，使之正当化。

此外，熊本藩于天宝十年（1839 年）又编写了相当于《大明律》"问刑条例"的名为"例"的追加法，把它补进《刑法草书》，定名为《御刑法草书附例》，成为刑法典，这也是仿造中国明清律以整顿法律的方法。

新发田藩沟口氏之《新律》亦称《新发田藩在中御条目》，制定于天明四年（1784 年），共有《户役》、《田宅》、《婚姻》、《诈伪》、《犯奸》、《诉讼》、《盗贼》、《斗殴》、《人命》、《杂犯》10 篇，234 条。在京都帝大收藏的《旧新发田藩在中御条目》七册中即有《新发田藩在中御条目》。

弘前藩津轻氏以《大明律》及《公事方御定书》为根据，参酌先例制定了《弘前藩御刑罚牒》。在京都帝大收藏的《弘前藩御刑罚牒》其篇目如下②：

---

① 杨鸿烈：《中国法律对东亚诸国之影响》，256 页，北京，中国政法大学出版社，1999。

② 参见杨鸿烈：《中国法律对东亚诸国之影响》，256 页，北京，中国政法大学出版社，1999。

户（闭户也）	（《大明律》笞刑）	共5条
鞭刑	（《大明律》杖刑）	共5条
鞭刑追放	（《大明律》徒刑）	共5条
徒刑	（《大明律》流刑）	共3条
死刑	（《大明律》死刑）	共4条

土佐藩的《海南律令》相当于中国法律中的"律"，它也明显地表现了儒家思想的影响，如其中"十恶"、"八议"的规定，就是原封不动地移植了明律的"十恶"、"八议"制度。这是因为，土佐藩是日本朱子学派中的南学派的发祥地，深受朱子学的影响。

纪州藩的《国律》为和歌山德川氏御三家之一藩侯吉宗时参照"唐明律"编订的。自《名例律》以下分18篇，共65项。分类十分详细，其后追加条文，则曰《国律补助》。据南纪德川史刊行会出版的堀内信氏所编《南纪德川史》载："（明治）维新以前所施行之刑律皆总称为《国律》，凡十八目，即《名例》、《公式》、《卫禁》、《仪制》、《仓库》、《祭祀》、《关津》、《盗贼》、《人命》、《斗殴》、《诉讼》、《诈伪》、《犯奸》、《杂犯》、《捕亡》、《断狱》、《寺社》、《连及》。每律分为细目，通计为六十五目。"另外，据《和歌山藩史》载："纪伊藩之《刑法》为享和文化年间儒臣山本为之进奉命以德川幕府之《公裁录》及《明律》等为蓝本而撰成者也。"① 因此，《国律》的构成和内容与明、清律十分类似。

享保时期的明律研究，也使明律广泛影响并应用在诸藩的刑事立法和司法中，同时明律注释书在诸藩亦被当作明律使用。例如会律藩，把《明律释义》上的注释直接当作律法使用，在文化元年（1804年）的判决书上，为判处男女同罪，就使用《明律释义》的注释部分当作判处依据，因为这些明律注释书是在吉宗的命令下完成，具有很高的权威。

---

① 杨鸿烈：《中国法律对东亚诸国之影响》，255页，北京，中国政法大学出版社，1999。

第二章

中国法律文化对朝鲜的影响

古代朝鲜的法律深受中国传统法律的影响，这是不争的历史事实，也已成为学术定论。但这种影响到底有多大？还有一些认识上的不同。杨鸿烈先生曾断言：1905 年以前高丽所施行之法律，都是对中国法律的模仿。他认为朝鲜法律在本质上与中国古代法律的一致性是古代朝鲜法律的本质特征，其言："高丽法律之原则及性质与施行于中国者无甚显著之差异。中国谨严之保守主义统治高丽者为时甚久。"① 但这种内在的一致性也未可断言为全盘照搬。早在公元 10 世纪，高丽王朝重臣崔承老就称："华夏之制，不可不遵。然四方习俗，各随土性，似难尽变。其礼乐诗书之教，君臣父子之道，宜法中国，以革卑陋。"② 这说明，古代朝鲜对中国文化的接受与模仿，也不是完全亦步亦趋，而是"各随土性"，因地制宜地加以利用。

实际上，无论是历史学界、法学界，甚至整个学界，都对古代朝鲜的法律制度模仿中国古代法律这一事实没有异议。人们所要探讨的是，这种模仿的途径、方式、方法，以及不同时期的特点而已。

由于历史的原因，在论述古代朝鲜的历史时，国名的问题是一个很令人困惑的问题。现在在论述时，有人用"韩国"，有人用"朝鲜"，有人用"韩国·朝鲜"。到底应该使用何者，现在并无定论。本章采取古代朝鲜这个名称，主要的考虑是：其一，"朝鲜半岛"是一个确定的地理名词。其二，在杨鸿烈先生的名著《中国法律对东亚诸国之影响》中，有专章"中国法律在朝鲜之影响"，已为学界所共知。本章的许多内容都以该书的论述为基础。其三，古代朝鲜半岛创建国家时，即以朝鲜为国名。当然，如果古代朝鲜这种表述引起异议，也应该仅限于学术的框架内，与现代国际政治毫无牵扯。

古代朝鲜的历史脉络比较清晰，一般可以划分为四个阶段：三国以前、三国时期、高丽王朝和李氏王朝。总体而言，三国以前，古代朝鲜受中国商周、秦汉时期的政治、文化之影响，但没有具体仿效的法典，也就是说，即使是秦律、汉律这些很成熟的成文法，也未见在古代朝鲜有具体影响的痕迹。而三国时期，古

---

① 杨鸿烈：《中国法律对东亚诸国之影响》，23 页，北京，中国政法大学出版社，1999。
② 陈尚胜：《中韩交流三千年》，163 页，北京，中华书局，1997。

代朝鲜的国家形态基本确立，对中国的法律也开始加以学习和利用，我们可以在三国的法律中发现晋律、北齐律等法律的影响遗迹，特别是新罗对唐朝法律的吸收和引进，史据确凿。高丽王朝基本上自始至终都以唐律为立法的样板，只是在王朝的晚期，短暂地接受了元朝和明朝法律的影响。而李朝总体上几乎是对明律的完全接受，甚至《大明律》已成为其重要的法律渊源；同时，唐律和清律也对其发生重要影响。近代以后，朝鲜开始其现代化进程，即使到这个时候，虽然其在形式上开始趋近西方，但在法律的本质上还对中国的传统法律精神予以顽强的坚持。以下，本章也以这个脉络对古代朝鲜的法律加以探讨，寻绎其与中国古代传统法律的关系。

第一节
中国法律制度对古代朝鲜的影响

一、三国以前古代朝鲜法制及其中国之影响

（一）三国以前古代朝鲜的历史概说

所谓三国以前，史学界也称为前三国时期，甚至有人直接用"古代朝鲜"来概括这一历史阶段。由于我们所论述的"古代朝鲜"是在更广泛意义上的，所以不用这种称谓。而"前三国时期"也有不妥之处，因为朝鲜半岛的历史上有"前三国"与"后三国"时期，虽然"后三国"存在的时期比较短，但通常所谓"三国"指前三国而言，意义比较明确。但由于本书本非朝鲜史的专著，读者也未必具有朝鲜史的一般知识，所以，为了使历史年代的意义更为明确，本章使用三国以前这一概念，以使叙述更为清楚、明白。

大约五十万年前，朝鲜半岛就有人类繁衍生息，在韩国忠清南道公州附近的石壮里遗址，朝鲜平壤附近的详原遗址、平壤力浦区大岘洞遗址、平安南道德川郡胜利山遗址等，都保留了旧石器时代的人类生活遗迹。

在新石器时代，朝鲜半岛的人类生活的遗迹已经相当广泛，留下的遗址也相当多。其主要集中在平壤附近大同江边的清湖里、汉城附近汉江沿岸的溪沙里和岩寺洞、釜山附近的东三洞等地。

朝鲜半岛于大约公元前15世纪左右进入青铜器时代，其主要遗址有：大田市的怀亭洞、骊州欣岩里、坡州德隐里、顺天大谷里等地。据韩国通讯社2005年9月30日报道，全罗北道文化遗产研究院在全州市孝子洞挖掘出大量的青铜器制品。

1. 檀君神话及其意义

与世界上许多国家相同，古代朝鲜的历史也是以神话时代为其开端的。根据中国与朝鲜古代典籍中有关的记述，大致可以描述出古代朝鲜国家形成的基本情况。如朝鲜古代典籍

《三国遗事》中有关于古朝鲜（王俭朝鲜）的记述。其言："魏书有云：乃往二千载，有檀君王俭立，都阿斯达，开国，号朝鲜。"大概，这是有关古代朝鲜立国的最初记载。

有关在朝鲜半岛上出现的国家形态，最早的、影响最深的、也是流传最广的记载应该就是所谓"檀君神话"了。这个神话可以看作是对古朝鲜起源的一种原始记载，在很大程度上反映了古代朝鲜国家形成的基本情况。

这个神话，在朝鲜的历史典籍中多有记载，基本上已经成为古代朝鲜历史著述的开篇之作。如《三国遗事》、《帝王韵记》、《东国李相国集·东明王篇》、《世宗实录·地理志》，其中比较完整的为《三国遗事》。在《三国遗事》"古朝鲜"条中记载："魏书有云：乃往二千载，有檀君王俭立，都阿斯达，开国，号朝鲜。与高同时。古记云：昔有桓因庶子桓雄，数意天下，贪求人世。父知子意，下视三危、太伯，可以弘益人间。乃授天符印三个，遣往理之。雄率徒降于太伯山顶神坛树下，谓之神市，是位桓雄天王也。将风伯、雨师、云师，而主谷、主命、主病、主刑、主善恶，凡主人间三百六十余事，在世理化。时有一熊一虎，同穴而居，常祈于神雄，愿化为人。时神遗灵艾一柱，蒜二十枚，曰：尔辈食之，不见日光百日，便得人形。熊虎得而食之，忌三七日，熊得女身；虎不能忌，而不得人身。熊女者无与为婚，故每于檀树下，咒愿有孕。雄乃假化而婚之。孕，生子，号曰檀君王俭。以唐高即位五十年庚寅，都平壤城，始称朝鲜。"[1]

概括这项记述，基本的意思是，朝鲜开国在2 000年前（《三国遗事》记述之时）的高唐（中国的唐虞）时代，开国者是檀君，当时的都城在阿斯达。这个檀君不是凡人，而是天神的后裔。当时，天神桓因的儿子桓雄，很向往人间的生活。其父知晓儿子的心意后，认为其下界，可以造福人间，就同意其前往了，他授予桓雄三个天符印，命其下界主理人间事务。桓雄率风伯、雨师等众神下界，在太伯山驻扎，主理人间诸多事务，称为桓雄天王。在当时，有一只熊和一只虎同穴而居，它们常常向神祈祷，希望能化成人形。它们的虔诚感动了神祇，神就给了它们一柱灵艾和二十枚蒜，告诫它们在食用之后，如果能做到一百天不见日光，就可以修成正果，化身为人。熊遵嘱做到了，化身为女人身；而虎未能做到，没有成为预计中的男人身。熊女孤独为人，无法婚配。她常常在檀树下，向神祈祷，希望得子。她的祈祷没有白费，终于感而有孕。这个神奇降生的孩子，就是檀君，其长大后建朝鲜国并称王，以平壤为都城。

同条还记载，檀君后曾移都白岳山阿斯达，一千五百年（与前同，应为唐尧即位一千五百年），周虎王（周武王）即位后，封箕子于朝鲜。檀君乃移于藏唐京，后还隐于阿斯达为山神，寿一千九百零八岁。[2]

解读这个神话，可以说集中了上古国家创立神话的一切元素，有神，有人，有动物，有动物化人，有人神的结合，有国家的产生。其中有几个地方值得注意：其一，檀雄天王"主刑"、"主善恶"，即其掌管刑罚，主持奖善惩恶之事，由此可见，刑罚已是当时一件重要的社会事务；其二，"檀君王俭"似乎应该是檀君王，俭，即该人名檀俭；其三，唐高即位五十年庚寅，所谓唐高，即指唐尧。《三国遗事》于此处有注："唐尧即位元年戊辰，则五十年

①　[韩]崔贞焕编：《韩国史基础史料讲读选集》，9～10页，韩国庆北大学，2002。
②　参见《朝鲜史料汇编》，第一编第一卷，11页，日本国书刊行会。

丁巳，非庚寅也。疑其未实。"这里，我们不管纪年是否准确，可以看到，其纪年也以中国传统为基准。可见中国文化自始就是朝鲜文化的根源。

2. 箕子入朝的记述

中国法律对古代朝鲜的最早影响，可以追溯到商末周初这一历史时期，主要的记述是所谓的"箕子入朝"的传说。关于此传说，其描述见诸多种史料，有称是箕子目睹朝纲败坏，愤而出走的；有称是周朝封国的；还有称箕子不愿领受周朝的恩典，自动避居朝鲜的。对于本书而言，我们最感兴趣的是关于箕子把中国的礼法内容传到朝鲜这一史事。《汉书》记载："殷道衰，箕子去之朝鲜，教其民以礼义、田蚕、织作，乐浪朝鲜民犯禁八条：相杀，以当时偿杀；相伤，以谷偿；相盗者，男没入为家奴，女子为婢，欲自偿者人五十万，虽免为民，俗犹羞之。嫁娶无所雠，是以其民终不相盗，无门户之闭，妇人贞信不淫辟。"

箕子入朝于古代朝鲜历史意义颇为重要。箕子是中国殷朝末年的"三贤"之一（其余二贤为比干、微子）。据文献记载，箕子是殷朝纣王的叔父，字胥余，曾被封为子爵，其封国在箕，故称箕子。箕子迁居朝鲜的事迹，在中国古代的文献中多有记载，但记述的内容略有不同。

其一，《尚书大传》，该书传为汉初伏生著。该书记载，箕子曾因屡谏纣王而为其所囚。周武王灭殷后，得以获释。而他却不愿意屈居于周朝统治之下，而自愿迁居朝鲜。周武王遂将朝鲜封给了箕子，箕子也就在朝鲜建立了第一个王朝。

其二，《史记》，在《殷本记》、《周本记》、《宋微子世家》中，都记载了此事。关于箕子入朝鲜事，其经过为，周武王灭殷后，亲自访问箕子，箕子遂传授给周武王以洪范九畴。周武王为了奖励箕子，把朝鲜封给了他。

其三，《汉书·地理志》称，箕子见殷朝大势已去，亡国之前途也不可免，于是率众离国，寻求新的安宁的家园。由此，来到朝鲜建国。

朝鲜的古文献如《三国史记》、《三国遗事》中，也都记述了箕子入朝的事迹，并把他作为朝鲜的开国之君。

此后，高句丽人有建祠祭祀箕子的习俗。

根据这些传说，我们可以推测，在商朝末年，当时三贤之一的箕子到了朝鲜，将中国的礼仪文明带到了朝鲜半岛。因为箕子不但是中国人，而且是最有贤德的中国人，从而这种文明的传输就更高级，更有说服力。他不但带了物质文明，包括田蚕、织作，还带去了基本的法律制度。也就是所谓的"八条"。

在前面所述"檀君神话"中，也有关于箕子入朝的记载：檀君后曾移都白岳山阿斯达，一千五百年（与前同，应为唐尧即位一千五百年），周虎王（周武王）即位后，封箕子于朝鲜。檀君乃移于藏唐京，后还隐于阿斯达为山神，寿一千九百零八岁。根据这种说法，似乎有两种解释：其一，檀君把箕子认定为继承人，箕子继承朝鲜王位后，檀君归隐为神；其二，暗示箕子夺取了檀君的王位，而檀君不得不归隐。考虑到箕子为著名的贤德之士，故其以德服人的可能性更大些。也就是说，中国的礼乐文明通过箕子传入了古代朝鲜。无论史料记载如何，箕子离开中土而到达朝鲜半岛这一历史事件有很大的可信度。而如果这一历史事件为真，则箕子将中国的文化带到朝鲜也是顺理成章的。

对于"八条"之说，杨鸿烈先生以为其内容虽可存疑，但中国对朝鲜的影响实无可置疑。其言："故吾人以箕子《八条》之说，在未有积极之证据以前，阙疑可耳。然中国与朝鲜之关系实甚久远，溯自殷末及战国以降，内乱频仍，人民不堪流离之苦，相率隐避于朝鲜者为数甚多。"①

确实，史籍中有关记述有很多中国众多人口避难朝鲜的史事。近代考古学材料也提供了殷商时期大量中原人民东移朝鲜半岛的证据。

据韩国考古学家研究，在殷商末年，即所谓"箕子入朝"时期，在此之前，朝鲜半岛尚处于比较落后的发展阶段，而在殷商灭亡前后，朝鲜半岛突然出现了大批具有中国龙山文化典型特征的石器。有韩国考古学者认为，"朝鲜半岛在新石器时代中期，石刀数量的大量增加与中国商朝灭亡有关。大概是由于大量商朝遗民经东北移入朝鲜的缘故"②。

在1973年至1974年之间，我国辽宁省喀左县出土的青铜器上的铭文，被专家考证解读为与箕子有关，这也从一个侧面证明了箕子入朝的可能性。

箕子入朝虽然尚不能完全确定，但商代移民迁居朝鲜半岛，将中国的物质文明与精神文明带入朝鲜半岛这一点，似乎可以确定。

此外，在平壤城南含毬门与正阳门之间，曾有所谓"箕田"留存。朝鲜学者韩百谦曾作《箕田考》，其中记述，箕田为"田"字形，每田有四区，每区有田七十亩。箕田的形状，与商代甲骨文中的"田"字正相吻合。同时，每区七十亩，与孟子所说的"殷人七十而助"也完全一致。

至汉武帝元封三年（前108年），汉朝建乐浪、玄菟、真番、临屯四郡。古代朝鲜除朝鲜半岛以外的疆域几乎都处于中国的控制之下，中国的制度传播于古代朝鲜，似乎应该说顺理成章。杨鸿烈先生称："于是当时为东方表率之中国高等文化乃倾量输入"③。

3. 从历史记载中看三国以前的古代朝鲜

另外，中国古代典籍中对有关内容也有比较多的记述，如《史记》中有"朝鲜列传"，《三国志》中有"东夷传"、"夫余"、"高句丽"、"沃沮"、"韩"、"倭人"等章节都涉及有关古代朝鲜的一些内容。据此，可以对三国以前的古代朝鲜的历史状况做管窥蠡测的了解。

根据《史记·朝鲜列传》描述，中国古代学者对朝鲜的名称有一些考证。《集解》张晏曰："朝鲜有湿水、洌水、汕水，三水合为洌水，疑乐浪、朝鲜取名于此也。"《索隐》案："朝音潮，鲜首仙。以有汕水，故名也。"

如果历史的传说有其根据，那么，我们可以推测，从商末开始，中国的人民开始向朝鲜半岛进行了多次大规模的移民，在这个过程中，中国的文化，包括政治、法律等制度文明也传输到了朝鲜半岛，并对这里的文明形成起到了重要的影响。此后，中国历史上有相当多的战乱时期，而朝鲜往往会成为老百姓避乱的理想之地。据记载，战国时期，有许多燕国、齐国、赵国的百姓，为了躲避战乱，从不同的途径，或由陆路，或由海路，逃往当时称为"海东"的朝鲜半岛。秦末时期，这种移民潮又开始高涨。如《后汉书》记载："陈胜等起，天下叛秦，燕、齐、赵民避地朝鲜数万口。"④

① 杨鸿烈：《中国法律对东亚诸国之影响》，25页，北京，中国政法大学出版社，1999。
② 陈尚胜：《中韩交流三千年》，4页，北京，中华书局，1997。
③ 杨鸿烈：《中国法律对东亚诸国之影响》，25页，北京，中国政法大学出版社，1999。
④ 《后汉书·东夷列传》。

汉朝时，汉高祖两次为平定燕王臧荼和卢绾的叛乱，在燕地大兴兵戈，从而也导致了许多燕地居民逃往朝鲜。而当时的箕氏王朝为扩大自己的势力，对这些燕民也采取积极吸纳的态度。但不想引狼入室，最终导致了自己的灭亡。据记载，"朝鲜王满者，故燕人也……燕王卢绾反，入匈奴，满亡命，聚众千余人，魋结蛮夷服而东走出塞，渡浿水，居秦故空地上下鄣，稍役属真番、朝鲜蛮夷及故燕、齐亡命者王之。都王险"。这里记述的是，在逃往朝鲜的移民中，有一位名叫卫满的人，他手下有近千人的部属，有一定的势力。朝鲜王箕准对他甚为礼待，拜为"博士"。其后，又安置卫满于边境之地，想利用其戍边守境。但卫满并不想久居人下，他慢慢培植自己的势力，意图建朝立国。公元前194年，卫满突袭王险城，即今日之平壤。箕准不敌卫满，弃城而走，往南部马韩地区而自立为韩王。而卫满则占据王险城称王，国号仍为朝鲜，史称"卫氏朝鲜"。

对于这段历史，后人评价多有不同。19世纪的朝鲜诗人柳得恭曾留诗对箕准的命运加以评论："当时枉信汉亡人，麦秀殷墟又一春；可笑苍黄浮海日，船头犹载善花嫔。"

卫氏朝鲜并没有存在很长时间，至公元前108年，卫满的孙子右渠王执政时，汉武帝大军攻陷王险城，卫氏朝鲜灭亡。此后古代朝鲜进入了三国时代。

朝鲜半岛诸小邦，虽地处僻远，但也深受中华文化影响，其中一些是由中国居民迁居于此的。《三国志·魏书·东夷传》有云："周观诸国，采其法俗，小大区别，各有名号，可得详记。虽夷狄之邦，而俎豆之象存。中国失礼，求诸四夷，犹信。"

从这些记载中，我们可以知道，三国以前的朝鲜半岛，已经基本完成了国家政治制度的形成阶段，而且，在一定程度上说，这种制度的确立也促进了国家文明的发展。

从古代到近代，中国的文化与制度一直为朝鲜效法和遵从。但朝鲜的知识分子也在中国文化的基础上有所开拓。形成了自己独特的思想体系，如李退溪将朱熹的理学传到了朝鲜，并结合朝鲜的社会生活的特点，创建了退溪学派，对理学在许多方面有所发展。近代以降，中国的新学对朝鲜的文化也有很深刻的影响。在制度层面，中国的典章制度也是古代朝鲜效法的对象。其中，对法律制度的引进和仿效尤为显著。

（二）三国以前古代朝鲜法律制度概述

在战国时期，朝鲜已经开始主动学习并吸收中国的制度文化。《三国志》之《魏书·东夷传》裴松之注引《魏略》："昔箕子之后朝鲜侯，见周衰，燕自尊为王，欲东略地。朝鲜侯亦自称为王，欲兴兵逆击燕以尊周室。其大夫礼谏之，乃止。使礼西说燕，燕止之，不攻。"由此可见，朝鲜自始以来就尊崇中国的权力正统。

从朝鲜出现国家形态到三国时期国家形式最终确立，经历了一个相当长的历史阶段。这个阶段的古代朝鲜历史，是一个多个国家政权并存的时期。在此期间，许多小国各自为政，都有自己的法律和制度。当然，这种法律制度一般而言是比较初级的。如根据史料记载："夫余在长城之北，去玄菟千里，南与高句丽，东与挹娄、西与鲜卑接，北有弱水，方可二千里。户八万，其民土著，有宫室、仓库、牢狱……国有君王，皆以六畜名官……以殷正月祭天，国中大会，连日饮食歌舞，名曰迎鼓，于是时断刑狱，解囚徒……用刑严急。杀人者死，没其家人为奴婢。窃盗一责十二。男女淫，妇人妒，皆杀之。尤憎妒，已杀，尸之国南山上，至腐烂。"①

从这段记载可知，当时夫余这个小国，有民户八万，据此推算有人民数十万人，有君主，有官员，其官员的官职名称都以家畜命名，可以看出其政治制度的原始性。似乎其历法采用中国殷朝方式。法律原始而严酷，有监狱，断狱有一定的时间性规定。法律虽原始，但也有相当严格而确切的法律要求，如犯盗窃罪的人要被处以十二倍赃物的财产惩罚。

再如东沃沮，史称："东沃沮在高句丽盖马大山之东，滨大海而居……户五千，无大君王……沃沮诸邑落渠帅，皆自称三老，则故县国之制也。国小，迫于大国之间，遂臣属于句丽。句丽复置其中大人为使者，使相主领……"

这个小国还没有构成完全的国家形态，只是周旋于大国之间的小诸侯。

此外，挹娄、濊、韩等国家都是古代朝鲜数以十计的小国之一。它们的发展有很大的不同，一些是很成形的国家，一些还比较原始。以下根据史料记载，略加陈述，以使读者对此有比较直观的认识。

先看挹娄国，史载："挹娄在夫余东北千余里，滨大海，南与北沃沮接，未知其北所及……无大君长，邑落各有大人……自汉以来，臣属夫余。夫余责其租赋重，以黄初中叛之……东夷饮食类皆用俎豆，唯挹娄不，法俗最无纲纪也。"也就是说，这个夫余的附属国，法制极为不健全。

而濊国则情形大为不同："濊南与辰韩，北与高句丽、沃沮接，东穷大海，今朝鲜之东皆其地也。户二万。昔箕子既适朝鲜，作八条之教以教之，无门户之闭而民不为盗。其后四十余世，朝鲜侯僭号称王。陈胜等起，天下叛秦。燕、齐、赵民避地朝鲜数万口……无大君长，自汉以来，其官有侯邑君、三老，统主下户。"这个国家，似为箕子朝鲜的故地，所以其文明程度显然很高。以"箕子八条"为治，似乎其法制文明已经初具形态。

还有三韩也是当时著名的族群部落，具有初级的国家形态。"韩在带方之南，东西以海为限，南与倭接，方可四千里。有三种：一曰马韩，二曰辰韩，三曰弁韩……各有长帅，大者自名为臣智，其次为邑借，散在山海中，无城郭。凡五十余国，大国万余家，小国数千家，总余十万户……侯准既僭号称王，为燕亡人卫满所攻击，将其左右宫人走如海，居韩地，自号韩王……桓、灵之末，韩濊疆盛，郡县不能制，民多流入韩国……其俗少纲纪，国邑虽有主帅，邑落杂居，不能善相制御，无跪拜之礼。"

像夫余、东沃沮这样的国家，到三国时代就灭亡了，而像高句丽这样的国家则逐渐成长，成为成熟的国家形态。史载："高句丽在辽东之东千里，南与朝鲜、濊貊，东与沃沮，北与夫余接。都于丸都之下，方可二千里，户三万……其国有王，其官有相加、对卢、沛者……尊卑各有等级……无牢狱，有罪，诸加评议，便杀之，没入妻子为奴婢……王莽初发高句丽兵以伐胡，不欲行，疆迫遣之，皆亡出塞为寇盗。"

后王莽派军杀高句丽王，"传送其首诣长安。莽大悦，布告天下，更名高句丽为下句丽。当此时为侯国，汉光武帝八年，高句丽王遣使进贡，始见称王"②。

---

① 《三国志》，《魏书·东夷传》。转引自［韩］崔贞焕：《韩国史基本史料讲读选集》，24页，韩国庆北大学，2002。

② 《三国志》，《魏书·东夷传》，转引自［韩］崔贞焕：《韩国史基本史料讲读选集》，26～27页，韩国庆北大学，2002。

通过对以上史料的分析、研读，可以知道，当时的朝鲜不但没有统一的国家形态，甚至一些小国还处于初期的部落政权组织形式，谈不上国家政治。这些或比较发达、或非常落后的政权组织，在古代朝鲜的领域内形成了一种不均衡的分散割据状态。这与我国的春秋战国时期的情形完全不同。中国是一种高度文明下统一国家的分裂，而当时的古代朝鲜是一种国家文明出现之前有待统一的离散状态。但是，它们又和世界历史上其他许多地区的分裂状态不同，它们并不是完全缺乏文明，甚至还具有高出其历史阶段的文明。这是因为它们与高度发达的中国为邻，中国的物质文明与精神文明通过种种方式传播过来。但应该看到，这种传播很不规律，有些地方早期受到影响，而后来断绝了；有些地方受到了低层次上的影响；还有些地方根本没有受到影响。法制状况也是这样，有些地方受到中国的影响，形成了一定意义上的法制形态，而另外一些地方只是受到间接的影响，只是在比较低的层面上具备了一些法制的因素。

二、三国时期各国法制及其中国之影响

（一）三国时期的形成与制度形态

经过长期的小国之间交互的战争和吞并，古代朝鲜最终进入到"三国时代"。所谓"三国时代"，指高句丽、百济、新罗三个国家并存的历史时期。朝鲜历史上的三国时期，是国家形态正式确定之时期，也是为统一的朝鲜民族国家的最终形成而进行的准备时期。

高句丽，公元前37年兴起于中国东北。曾先后以纥升骨城（今辽宁桓仁）和国内城（今吉林集安）为都城。公元313年和314年，相继消灭了西晋的乐浪郡和带方郡。427年，长寿王（413年—491年在位）迁都于平壤。

朝鲜半岛的南部，盘踞所谓三韩部落，后在西部形成百济，在东部形成新罗两个国家。

百济，起源于马韩，东汉时，统一了马韩众多（据称曾有54个）部落，在汉江北岸的慰礼（汉城附近）建立王城，开国号百济。其于古尔王（234年—285年在位）统治时期，开始整顿政治，设立官阶，形成比较完整的国家形态。

辰韩部落，在斯吾卢部落基础上建邦立国。公元前后，斯吾卢部落以金城（今庆州）为中心组成联合部落，初具国家形态。奈勿王时（356年—402年在位），形成金姓世系王权。503年，智证王（500年—514年在位）仿中国习惯，定国号为新罗。

中国的魏晋南北朝时期，朝鲜也进入了三国时期，百济、新罗、高句丽三国都通过不同的途径与中国联系，并引入中国的典章制度。

高句丽原在中国境内，其制度一应中国制度，其427年迁都平壤后，政治制度并没有改变，而是通过仿行秦汉的政治制度而确立其中央集权政治。其根据《礼记》所载的五方制度，在全境内实行"五郡制"。

百济在古尔王时期（234年—285年），就确立了中央集权的国家政治体制。

古尔王根据中国的品服制度确定出标示不同品级的紫、绯、青三等官服服色。古尔王本人着紫色大袖袍。

其听政之处称为"南堂"，所谓"南堂"，与中国的"明堂"相类似。《礼记·月令》中称，明堂即指南向之屋。《周易·说卦》有言："圣人南面而听天下，向明而治。"可见，由于文化的水准略低，百济对事物的指称比中国更少隐喻，更为直接。

百济在中央设置"六佐平"，分掌国家事务，其渊源可追溯到"周礼"中的六官。而"佐平"也就是大臣级的官员。在地方，百济也仿行中国的制度模式，设立五方和二十二檐鲁。所谓"檐鲁"，似与中国的郡县相当。在檐鲁中，由中央派遣官员前往治理。

新罗形成国家比高句丽和百济稍晚。新罗开国于汉宣帝五凤元年（前 57 年），历 38 王 992 年，至五代后唐明宗天成二年（927 年），始降于高丽。

《新唐书·东夷列传》："新罗，弁韩种也，居汉乐浪故地，横千里，纵三千里，东距长人，东南日本，南濒海，北高丽，王居金城。"

公元 503 年（新罗智证王四年，梁武帝天监二年），新罗始定国号，采用汉式尊号。据《三国史记》载："（智证王）四年冬十月，群臣上言：始祖创业以来，国名未定，或曰斯罗，或称斯卢，或言新罗。臣等以为，新者德业日新，罗者网罗四方之义，则其为国号宜矣。又观自有国家者，皆称帝称王，自我始祖立国，至今二十二世，但称方言，未正尊号。今群臣一意，谨上尊号新罗国王。王从之。"①

由此可见，自智政王（500 年—513 年在位）时，即开始模仿中国的政治制度模式进行制度改造。其中所谓自古有国家者，无疑当指中国，而所谓方言，即新罗语。其认为，用方言称谓，不足以显示正统地位，而必须用汉文称谓，方可标示其身份。

其后，新罗又陆续仿效中国封建王朝颁行丧服法、章服法、谥法、纪元、律令等制度，全面以中国的制度模式构造其国家体制。

在地方政治方面，新罗也与中国的制度一样采用州、郡、县三级体制，由中央派遣都督、太守、县令进行管理。

新罗统一前三国后，全面仿行唐朝的体制。在中央，其设立的机构为执事省，等同于唐朝的尚书省；兵部、礼部与唐朝全同；仓部，与唐朝的户部略同；位和府，与唐朝的吏部略同；左右理方府，与唐朝刑部略同；例作府，与唐朝的工部略同；司正府，与唐朝的御史台略同。

在地方层面，新罗王朝将原新罗故地，以及原百济和高句丽故地分别划分设置为三个州，全国为九州。这种九州设置，根源于中国文化的九州之说。②

公元 788 年，新罗元圣王还仿效唐朝的科举制度，创立了新罗王朝的读书三品科的官员选拔制度。在这种制度下，读书人只要通过了必修的儒家经典的考试，即可获得官职。这种选官制度，在新罗历史上具有重要意义。因为，在此以前，新罗的选官制度是采取比较原始的以弓箭武艺取人的标准。而且，在新罗，传统的以血统来确定身份的骨品制度在社会中占有绝对的地位，这种制度实际上是一种种姓制度，它将平民以上的社会成员共分为三等八品，最高贵的王族为一品，其中又分为圣骨和真骨二品；贵族为二等，其中又分为三品；平民为三等，其中也分为三品。在这种以身份确定社会地位的骨品制度下，贵族把持了对政治权力的垄断。而读书三品科的官员选拔制度，实际上打破了传统的骨品制度，打破了贵族对政治权力的独占与把持。

百济、高句丽于唐高宗时先后灭亡，新罗统一了朝鲜半岛。但不久后，复又分裂为三

---

① 《三国史记》卷四，《新罗本记》，"智证麻立干四年"条，载《朝鲜史料汇编》，第一编第一卷，393 页，日本国书刊行会。

② 《周礼》与《尚书》中都有九州之说。

国，其他两国为后百济和高丽。而高丽在新三国格局中笑到最后，至五代时期先后灭掉了后百济和新罗，统一了朝鲜半岛。

三国时期，三国对峙的国家都主动向中国靠拢，学习中国的典章文化，在法律上也多有借鉴。

有关古代朝鲜三国时期的历史，在我国的《汉书》、《后汉书》、《三国志》、《魏书》、《晋书》、《旧唐书》、《新唐书》中有一些记载。而在高丽王朝时期，古代朝鲜也有《三国史记》和《三国遗事》传世。《三国遗事》为 13 世纪高僧一然著。《三国史记》为 50 卷，金富轼著，成书大约在 1145 年。从史料价值而言，《三国史记》更具可信度。著者金富轼是高丽王朝肃宗、仁宗时名臣，历任安西大都护府司录参军、右司谏、中书舍人、宝文阁侍制、礼部侍郎、御史大夫、户部尚书等职务。其认为"新罗氏、高句丽氏、百济氏，开基鼎峙，能以礼通于中国"，有史有实，但失之于典籍散佚，不能确知。中国的历史记述极为丰富，朝鲜的士人都很熟悉，而"吾邦之事却茫然不知其始末，甚可叹也"，从而修撰该书。金富轼在该书的史论部分，以中国礼乐制度和儒家的观点对三国的历史进行了比较深刻的评述。《三国史记》在体例上，仿照中国纪传体史书，设本纪、年表、志和列传。其中卷一至卷十二为新罗本纪，记载新罗 56 王，992 年的历史；卷十三至卷二十二为高句丽本纪，记载高句丽 28 王，705 年历史；卷二十三至卷二十八为百济本纪，记载百济 31 王，678 年的历史。卷二十九至卷三十一为年表；卷三十二至卷四十为志。卷四十一至卷五十为列传，为八十五人立传。其中"志"分祭祀、乐、车服、屋舍、地理、职官等六门。惜乎没有我们希望看到的"刑法志"，以金富轼的学识，其不可能不了解法律的重要性，没有撰写刑法志应该是史料不足的缘故，这也从另一个侧面说明，三国时期完整的法律制度体系大概还没有建立起来。

（二）三国与中国之关系

三国时期，三个国家都与中国保持着密切的关系，都对中国制度都从不同方面、在不同的程度上加以模仿与借鉴。

高句丽与中国往来密切，中国史籍多有记载，朝鲜古籍《三国史记·高句丽本纪》中也有记述："小兽林王……二年夏六月，秦王苻坚遣及浮屠顺道送佛像经文，王遣使回谢，以贡方物，立太学，教育弟子。"

据统计，中国南北朝时期，高句丽曾向北朝派遣使节 102 次，其中向北魏派出使节 79 次，向东魏派出使节 15 次，向西魏派出使节 1 次，向北齐派出使节 6 次，向北周派出使节 1 次。向南朝派遣使节有 42 次，其中向宋朝派出 22 次，向齐朝派遣 3 次，向梁朝派遣 11 次，向陈朝派遣 6 次。

隋朝统一中国后，高句丽继续保持与中国的联系。其向隋朝派遣使节达 14 次；向唐朝派遣使节 20 次。

百济也与中国联系密切，其于 277 年就与中国的晋朝政权通交。在 277 年至 290 年的十余年间，就向西晋派遣过 8 次使节。此后，尽管中国陷于战争与分裂状态，其仍不断与中国的各个政权保持往来。百济与中国渊源甚多，其于南北朝中原混乱之际犹多往来，可知其受中国文化与制度的影响自不会少。

如《宋书·夷貊传》记载："……义熙十二年，封其王余映为百济王。高祖践阼，进其号位。景平二年，遣使贡献。元嘉二年以后，每岁表进方物。"

《魏书·外国传》记载："……延兴（魏孝文帝年号）二年，王余庆始遣使表献，且诉高句丽侵陵，诏优答之。"

新罗与中国接触比百济和高句丽都要晚得多。这一方面是因为地理条件的制约，新罗在地理上偏居朝鲜半岛的东南，与中国有海洋阻隔，在当时的条件下，这是一个很大的阻碍。另一个方面是，当时，新罗屡受倭军的袭扰，无暇顾及与中国的关系。公元 377 年，新罗才第一次派遣使节跟随高句丽的使团前往中国，到前秦朝贡。此后，在很长时间内，新罗都是或跟随高句丽，或跟随百济的使团访问中国。据记载，隋唐以前，其曾前往前秦二次，往北魏二次，往北齐二次，往梁朝一次，往陈朝八次。与高句丽和百济相比较，实在要少得多。而在隋唐时期，新罗与中国的关系迅速升温，交往频率明显加快。其向隋朝遣使达 10 余次；而在唐朝初建时，在 621 年至 668 年的 48 年间，新罗竟向唐朝遣使达 32 次之多。而唐朝也向新罗派遣了 10 次使团。

从当时中国与朝鲜半岛三国互派使团的次数而言，中国派遣使团的数量要远远少于对方派遣使团的次数。其原因有三：其一，中国的文明程度要远远高于朝鲜半岛的三国，三国派使团往中国不但有外交上的原因，也有学习、采购等其他任务。其二，魏晋南北朝时期，中国处于动荡的时期，各王朝的首要任务是要应付国内的局面和相互之间的战争。其三，朝鲜半岛三国成鼎足之势，它们都想通过结交强大的近邻来为自己增强政治实力，起码不能落在其他两个竞争对手的后面。甚至期待中国出面为自己打击对方实力，减缓自己的压力。比如，百济国王屡次向北魏"揭发"高句丽的"不义，逆诈非一"，并企图叫北魏直接对高句丽用兵。其言语极为直截了当，也用了许多方式，或"劝诱法"，告诫北魏"今若不取，将贻后悔"。或"戴高帽"，所谓"况陛下合气天地，势倾山海，岂令小竖跨塞天逵"。这种情势决定了这一时期中国与三国交往的特点与形式。

应该指出，朝鲜半岛的"三国"与中国历史上的"三国"有本质上的不同。中国历史上的三国，是长期形成的统一国家在特定的历史条件下产生的分裂局面，是暂时性的军事割据状态。而朝鲜半岛的三国，是在原始状态下，由部落同盟产生出来的独立国家。所以，当时，这三国并没有统一的概念，没有后来的统一朝鲜的国家理念。

如上所述，吸取中国先进的文明成果，是朝鲜半岛三国与中国通好的重要原因。如，百济，其 450 年遣使到南朝刘宋王朝的直接目的，就是"表求《易林》、《式占》、腰弩"。据《北史》记载：百济人"俗重骑射，兼爱坟史。而秀异者颇解属文，能吏事；又知医药蓍龟与相术五行之法。有僧尼、多寺塔……有投壶、樗蒲、弄珠、握槊等杂戏，尤尚弈棋。行宋《元嘉历》，以建寅月为岁首……婚娶之礼，略同华俗"。可见其受中国文化影响之深、之广。据记载，其有一次向萧梁王朝派遣使团，其主要目的也是要"并请《涅盘》等经、《毛诗》，博士并工匠、画师等"[①]。

高句丽的文化也是在借鉴中国的文化方式过程建立起来的。据《北史》记载：此时的高句丽，"书有'五经'、'三史'、《三国志》、《晋阳秋》，兵器与中国略同"。

而与中国的交往，也使得这三个国家在文明类型上与中国逐渐趋同，在文化、政治、经

① 转引自陈尚胜：《中韩交流三千年》，14 页，北京，中华书局，1997。

济诸方面都以中国的模式为基本制度构架。在这种前提下，其法律制度受到中国法律的广泛影响也就是顺理成章了。

新罗虽然与中国开始交往的时间较晚，但其学习的劲头很足，进步也很快。《北史》载："其文字、甲兵同于中国。"到了唐朝，新罗与唐朝的交往不但密切，而且范围广泛，影响深远，成为中朝交往史上的一段佳话。以下对新罗与唐朝交往的历史做一简单的介绍，也是从一个层面上对中国对古代朝鲜的影响做一个解说。

唐朝建立后，新罗即与其保持密切而友好的关系。即使在唐王朝遇到困难的时候，新罗也一如既往地对唐王室保持尊崇的态度。在安史之乱发生时，唐玄宗避难西南。此时，新罗景德王闻讯后派遣专使渡海涉江到成都朝贡。唐玄宗感动之下，特赐御制诗给景德王，其中有这样的句子："言兴名义国，岂谓山河殊；使去传风教，人来习典谟；衣冠知奉礼，忠信识尊儒；诚矣天其鉴，贤哉德不孤。"对新罗王的深情厚谊表达了感激之情。在这种相互尊敬的基础上，终唐一世，两国基本上保持着密切而友好的关系。据统计，从 618 年到 906 年，在唐朝存续的 289 年中，新罗一共向唐朝派遣使团有 126 次之多，而唐朝也曾 34 次派遣使团至新罗。在当时的交通条件下，这种频繁的接触是令人吃惊的。[①]

唐朝与新罗的关系，不仅仅建立在政治、经济与文化交往的层面上，其二者还结成了军事同盟关系，帮助新罗完成了朝鲜半岛的统一。660 年，唐朝与新罗联军攻陷了百济的都城泗沘（今吉林扶余），灭亡了百济。668 年，唐朝与新罗联军攻陷了高句丽的都城平壤，灭亡了高句丽，完成了新罗的三国一统。在灭亡高句丽以后，唐朝与新罗对于高句丽故地的占据权问题，曾发生严重争执，甚至发展到军事的对抗。但由于双方根本利益上的一致，这种冲突最终依靠外交方式予以解决。两国通过谈判解决了疆界之间的纠纷。735 年，唐朝将今大同江以南的高句丽故地划归新罗，双方的矛盾得到最终的解决。

新罗统一朝鲜半岛后，生存空间得到极大的拓展，也摆脱了三国时期的连年战乱，开始走向经济、文化发展的稳定时期。在这期间，新罗与唐朝的关系，就是古代朝鲜与中国的关系。在这种关系存续期间，新罗大力向先进的唐朝学习，吸收了大量中国的文明成果。据朝鲜学者记载："新罗自事唐以后，常遣王子宿卫。又遣学生入太学习业，十年限满还国。又遣他学生入学者，多至百余人。买书银货则本国支给；而书粮，唐自鸿胪寺供给，学生去来者相踵。"[②]

根据这种描述，当时在唐朝与新罗之间存在着培养新罗留学生的官方协议。唐朝政府不仅仅承担了新罗留学生的生活费用，还曾专门设立了宾贡科，使外国留学生可以根据特殊的身份参加中国的科举考试。新罗的留学生也十分仰慕中华文化，使儒学在新罗得到更广泛的传播。唐朝的孙樵曾记述了新罗留学生在中国的情形，其言："其岛夷之大，曰新罗……率以儒教为先，彬然与诸夏肖也。其新罗大姓，至有观艺上国，科举射策，与国子偕鸣者。"[③]

当时，新罗的学生在唐朝者极多。唐朝诗人张乔曾作有一首题为《送人及第归海东》的诗。所谓"海东"，为当时对新罗的一种称呼。从题目上看，就是送别一位科举考试成功的新罗留学生时所作。诗曰："东风日边起，草木一时春；自笑中华路，年年送远人。"

---

① 参见陈尚胜：《中韩交流三千年》，17 页，北京，中华书局，1997。
② 转引自陈尚胜：《中韩交流三千年》，18 页，北京，中华书局，1997。
③ 转引自陈尚胜：《中韩交流三千年》，19 页，北京，中华书局，1997。

据史料记载，仅837年一年，在唐朝的新罗留学生就有216人之多。而在唐朝存在的近三百年间，新罗的留学生总数超过两千人。

（三）三国的法制及其中国法制之影响

三国时期，朝鲜的百济、新罗、高句丽都有自己的法律制度。但可以说，都是在中国的影响之下。如日本学者泷川所著《唐之法制》中称："唐时，首都长安有新罗学生260人，可知唐之法制输入新罗殆为无可怀疑之事。"

实际上，在三国时期的早期，无论哪个国家都没有完整的法律制度。所谓"法俗最无纲纪"①，基本上没有成文法，审断案件的依据为习惯法。《三国史记》中也没有关于法律的详尽记载。而中国的史书中，也只有只言片语。如《后汉书·东夷列传》中记述："无牢狱，有罪，诸加评议便杀之，没人妻子为奴婢。其俗用刑严急，被诛者皆没其家人为奴婢。盗一责十二。男女淫，皆杀之。尤治恶妒妇，既杀，复尸于山上。"

1. 高句丽

高句丽在朝鲜古代三国中立国最早，《周书·王会篇》正文注解中就有"东夷，东北夷高句丽也"的记述。此为所谓古高句丽国。三国时期的高句丽，即所谓新高句丽者为东明圣王高朱蒙于汉元帝建昭二年（前37年）所建之国。新旧两者差之霄壤，未可牵混。

据学者丁谦考证："……新高句丽在今朝鲜北境平安道成川郡地。"其《高句丽国有二考》中言称："高句丽之在朝鲜，人皆知之，其地当居辽东东南，余读范氏《后汉书》乃云在辽东之东，且云南与朝鲜接，何也？况高句丽即高丽，何夫余国国北又有所谓'稿离国'？种种鹘突，殊不可解，及读《朝鲜史》、《东藩纪要》、《东国通鉴》及高丽好大王碑并证以《魏志》、《南北史》、新旧《唐书》，始恍然于高句丽本有二国：其在辽东之东，南与朝鲜接者，为古高句丽，即《地理志》玄菟郡所治高句丽县地。前汉元帝初，古高句丽王有养子朱蒙避难南奔，渡雅绿江，至朝鲜平安道成川郡地，别建为国而仍其故号，此重立之高句丽也。二国南北相距一千余里，无可牵混。"

古籍中关于高句丽在法制方面的情况的直接记述极少，《三国史记·高句丽本纪》中只有"小兽林王三年始颁律令"这一笼统的记载，且无条文传世，难以详考。

但根据古代朝鲜典籍《增补文献通考》的记载可以看出中国法律对其影响的一些线索："高句丽大武神王十一年令曰：'其十恶中，准律用刑者外，犯别罪合被重杖者并征赎。'"众所周知，十恶为中国古代传统法律中的一项基本内容，是法律儒家化的产物，由魏晋南北朝时期北齐首创，隋唐沿袭之。如果从时间上看大武神王应该在北齐以前，但前引文献又有"小兽林王三年始颁律令"的记载，故《增补文献通考》的记述有参考价值，但在年代上不能作为依据。

据记载，高句丽于373年就曾颁布律令，具体条文基本上没有留下，但考虑到其国当时与中国接触频繁，于政治、经济、文化诸方面都采取中国的制度与方法，法律制度方面也不可能完全脱离。综合当时的情况，高句丽制定法律时，"所能直接参照的律令条文，最有可能是晋朝律令"②。

---

① 《后汉书·东夷列传》。
② 陈尚胜：《中韩交流三千年》，171页，北京，中华书局，1997。

根据以上论述，我们可以知道，高句丽不但在形式上接受了中国法律的影响，在内在本质上也试图趋同。如前所述，"十恶"之规定已见诸高句丽的法律条文。杨鸿烈先生认为，这段记载有错误，因为在大武神王时期，也就是中国的汉武时期，十恶还没有成为法律的规定内容。但这也不妨碍我们可以从中得出高句丽法律深受中国法律影响这个基本结论。

2. 百济

百济自西汉成帝鸿嘉三年（前18年）立国，历30王678年，至唐高宗显庆五年（660年）始亡于新罗。

《后汉书·东夷列传》载：韩有三种：一曰马韩、二曰辰韩、三曰弁韩……弁韩在辰韩之南，亦十有二国，其南亦与倭接，凡七十八国，伯济是其一国焉。

杨鸿烈先生断言："以百济浸染汉文化之深，则其法律必自汉、魏两代脱胎而出，为无可疑惑之事也。"① 其转引丁谦先生的考证："……伯济即百济，其国与新罗、高句丽均于西汉末年先后迭兴。新罗、百济既立，三韩均为所并，中国人因远无闻，历三国、两晋，直至《南北二史》始载其事迹……"

有关百济的法律制度，中国典籍中也略有记述：

《后周书·异域传》："百济其刑罚，反叛退军及杀人者，斩；盗者，流，其赃两倍征之；妇人犯奸者没入夫家为婢。"也就是说，对于反叛和杀人者，适用斩刑；而盗窃者处以流刑，此外还要赔偿两倍于所盗财物的罚款；女人如有通奸行为，要受到人格减等的法律制裁，直接后果是没入夫家为婢女。可以考定，从刑名到刑罚，这种法律的规定都与魏晋的法律相当接近。

《旧唐书》也载："百济置朝廷佐平掌刑狱事"及"其用法叛逆者死，籍没其家。杀人者以奴婢三赎罪"。

百济曾在公元260年，根据中国的职官制度而专门设置了朝廷佐平，以掌管刑狱之事。根据《后周书·异域志》的简略记载，百济的刑律条文与中国的刑律极为类似，不仅内容没有差别，法律形式上也基本相同。

朝鲜史籍中也有对百济法制状况的记述：《三国史记·百济本纪》和《增补文献通考》均载："百济古尔王二十七年置朝廷佐平掌刑狱事。"其与《旧唐书》记述一致，唯年代更为确定，两厢互证，应为确实。

前典籍中又有记述："二十九年下令凡官人受财及盗者，三倍征赃，禁锢终身。"此与前引《后周书·异域志》中的二倍偿赃的记载稍有出入，可以推断，其为不同时期的规定内容。

3. 新罗

在古代朝鲜的三国中，新罗的历史地位最为重要。因为其历史最长，且实际上有史以来第一次统一了朝鲜半岛。其与中国的交往最为密切，对中国的体制也了解得最深。

据杨鸿烈引日本学者泷川所著《唐之法制》中所述："唐时首都长安有新罗留学生260人，可知唐之法制输入新罗殆为无可怀疑之事。"② 据记载，新罗的职官名称与唐朝官名重合者甚多，可见制度层面上受唐朝的影响很大，唯惜新罗法律文本均无遗留，不能实际佐证新罗受唐朝法律影响的程度。

----

① 杨鸿烈：《中国法律对东亚诸国之影响》，33页，北京，中国政法大学出版社，1999。

② 转引自杨鸿烈：《中国法律对东亚诸国之影响》，27页，北京，中国政法大学出版社，1999。

古代朝鲜的典籍中零星记载了一些关于新罗法制的内容。如《三国史记·新罗本纪》"法兴王"条："七年春正月，颁布律令。"但于"文武王"条中未见记载。

《增补文献备考·刑考》"新罗"条："文武王七年始置右理方府掌刑律。"

"景德王十七年置律令博士二员。"

《职官考》："新罗置司正府，又置内司正典，掌纠察百僚。"

新罗建国后，在制度建设上几乎完全仿照中国的制度模式进行。

504年，新罗仿照中国制度制定丧服法。①

514年，新罗采用中国谥法。其年，智证王病故，"谥曰智证。新罗谥法始于此"②。

520年，新罗仿照中国，"颁示律令，始制百官公服朱紫之秩"③。

536年，新罗发展中国初建年号，"始建年号，云建元元年"④。

新罗的中央机构主要有四部八府。其建立多借鉴唐朝的三省六部之制。不仅仅其职能范围与唐基本相同，其机构名称和官名亦相同。四部为：执事部、兵部、礼部、仓部；八府为：调府、乘府、司正府、例作府、船府、位和府、领客府、理方府。据记载，新罗王金春秋在未即王位时，就曾经以使节的身份出访过唐朝。亲眼见识了中华文化的深厚和制度的先进。因此，他登基伊始，就命令大臣详细参酌唐朝律令，修定理方府格六十余条。

执事府集中了唐中书省、门下省、尚书省三省职能，统辖其他各官署。

新罗主掌法律事务的部门是理方府。其又分为左理方府和右理方府。其职掌为主管司法行政与实际审判事务，类同于唐的刑部和大理寺。⑤

理方府为新罗掌管刑律的专门机构。因此，理方府格应该就是新罗有关刑律的法律文件。惜该法律没有留下内容记载，未可轻断。

左理方府，孝昭王元年（692年）改称为议方府。其设令二人为长官；属官为卿二人（后为三人）、佐二人、大舍二人、使十五人（后降为五人），其中景德王时曾改佐为评事，后又改回。

右理方府，设令二人为长官；属官为卿二人、佐二人、大舍二人、使十人。

理方府不仅仅是司法审判机构，也是立法部门。史料载：新罗武烈王元年（654年），王"命理方府令良首等，详酌律令，修定理方府格六十余条"⑥。

---

① 《三国史记》卷四，《新罗本记》，"智证麻立干五年"条，载《朝鲜史料汇编》，第一编第一卷，394页，日本国书刊行会。

② 《三国史记》卷四，《新罗本记》，"智证麻立干五年"条，载《朝鲜史料汇编》，第一编第一卷，402页，日本国书刊行会。

③ 《三国史记》卷四，《新罗本记》，"法兴王七年"条，载《朝鲜史料汇编》，第一编第一卷，406页，日本国书刊行会。

④ 《三国史记》卷四，《新罗本记》，"法兴王二十三年"条，载《朝鲜史料汇编》，第一编第一卷，445页，日本国书刊行会。

⑤ 唐之刑部：掌全国司法行政及审判。下辖四司：刑部司，掌律法，按复大理及天下奏谳；都官司，掌俘虏簿录，给衣服医药而理其诉免；比部司，掌考核内外赋敛、经费、俸禄、勋赐；司门司，掌门关出入之籍赋。刑部负责全国之司法行政和重大案件的审判，凡地方的死刑案件需送大理寺复查。大理寺：掌审判刑罚之事，负责审理中央百官犯罪和京师徒刑以上之案件，判决后需送刑部复查，死刑则呈送皇帝批准。御史台：最高监察机构。

⑥ 《三国史记》卷五，《新罗本纪第五》，"武烈王元年"条，载《朝鲜史料汇编》，第一编第二卷，日本国书刊行会。

新罗在 520 年曾颁布律令，其中有"夷九族、谪远方"的刑罚方式，比中国当时的法律要落后。同时，该法律中也有关于大赦的规定。

1978 年，韩国丹阳发掘出《新罗赤城碑》，其碑文中提及当时实行了"赤城佃舍法"。

新罗统一三国后，也曾仿效中国体制，设有律博士数人，以作为专门讲授律令的职官。

新罗的法律制度从多方面借鉴于中国，从史料中还可以获得多方印证。如真德女王二年（648 年），金出丘奉命出使大唐，"请袭唐仪"，得到唐太宗的许可，兼赐衣带。兴德王九年（834 年），下教曰："人有上下，位有尊卑。名例不同，衣服亦异……苟有故犯，国有常刑。"我们知道，服饰象征着制度形态，新罗服饰全面礼制化，再用法的形式确定后推行。① 这充分说明了新罗效法唐代文明的意愿和实际行动的决心。

古代朝鲜的三国时期，完整的朝鲜国家形态正在确立阶段。政治、经济、法制也处于初建阶段。而这些制度的建立与健全的过程是在一个相同的背景下进行的，这个背景就是与高度文明的中国为邻。这个背景使得古代朝鲜在立邦建国，构造国家体制的过程中，不可逆转地选择其方向，也即是对中国体制的仿效，把中国文化作为其立国之本。事实上，古代朝鲜一直以坚持儒家传统文化为必然。从而，古代朝鲜在政治、经济、法律等各个方面都从中国汲取有益的经验。众所周知，法律制度是建筑于社会文化的基础之上的，它与社会文化的发展水平相一致。这就决定了古代朝鲜的三国时候，每一个国家政权组织都不得不依照中国的模式进行法制建设；同时，由于它们的文明程度与中国相较要低得多，从而，这也决定了它们的仿效多是低层次上的模仿。实际上，即使是三国以后的高丽王朝，对中国法制的接受也仍然是低水平的。但随着其国家形态逐渐完整，政治体制不断完善，其对中国法制的解释也逐渐达到高水平，其独立性也在不断增强。

第二节
中国法律对高丽王朝法律之影响

一、高丽王朝的建立与政治体制的确定

古代朝鲜的三国状态由新罗的统一而告结束。新罗与唐朝联手灭掉了高句丽和百济，新罗占领了原百济的领土，但在瓜分高句丽领土的问题上，双方展开长达近百年的斗争。676 年，唐朝将安东都护府迁移到辽东。735 年，唐朝最终承认大同江以南领土归新罗所有，至此新罗的统一宣告完成，朝鲜半岛的统一民族国家初次建立。

实际上，新罗的统一为时较长，但由于其统一的状态不稳定，所以历史上仍把其统治期间统归于三国时期。8 世纪末，新罗的统治开始瓦解，被灭亡的百济与高句丽贵族不断进行复国的努力。900 年，甄萱建立后百济国，自封为王；901 年，弓裔建立后高句丽国，定都松岳，904 年，后高句丽国改称摩震，迁都至铁原；911 年，复改国名为泰封。至此，朝鲜

---

① 参见彭林：《中国礼学在古代朝鲜的播迁》，37 页，北京，北京大学出版社，2005。

半岛再现三国鼎立的局面，历史上称为"后三国"。

918年，泰封的贵族王建发动宫廷政变，自立为王，改国号为高丽。此后，高丽于935年和936年陆续灭亡了新罗和后百济，完成了朝鲜半岛的统一，并开创了长达500年的高丽王朝。高丽王国自五代梁太祖贞明四年（918年）建国至明太祖洪武二十五年（1392年）为李氏朝鲜王朝所取代为止，历经474年。有关这段历史，史料比之三国时期要丰富得多。基本上有两类：一是高丽王朝存续时期的官修或私修的史书和文集，或直接基于高丽原始文献编撰的史籍，如《高丽史》、《高丽史节要》、《东国舆地胜览》、《增补文献备考》、《东文选》等；二是主要取材于李朝时期编成的高丽史籍的文献，如《汇纂丽史》、《宋元华东史合编纲目》、各种忠烈录、渊源录等。其中最为重要的史料是李朝世宗朝史臣郑麟趾[1]等人撰写的《高丽史》。该书完成于文宗元年（1450年），其中内容可以说涵盖了高丽王朝的整个历史。《高丽史》包括138卷，其中《世家》46卷，《志》30卷，《表》2卷，《列传》50卷。[2] 其中卷八十四和八十五为刑法志。我们今天对高丽王朝的历史进行研究，最重要的史料来源就是《高丽史》。

有关高丽的国家基本情况，《宋史》中有相关记载，但似乎不够准确，仅供参考：其称高丽"凡三京，四府、八牧、郡百有十八、县镇三百九十、洲岛三千七百。郡邑之小者，或只百家。男女二百十万口，兵、民、僧各居其一"。

高丽王朝建国后，系统地模仿唐朝政治制度而进行政治制度的建设和改革。

在中央，高丽于919年建立了三省、六部、七寺的政治体制结构。所谓"三省"，指中书省、门下省、尚书省。此种设置，与唐朝制度全同。

郑元容在《文献撮录》中对此也有记载，可供佐证："丽太祖开国，立三省、六尚书、九寺、六卫，略仿唐制；成宗稍加增损；忠烈忠宣王服事胡元，凡官爵之侔拟以上国者悉改之。互相纷更，官爵太紊。"[3]

也就是说，在高丽王朝被元朝征服之前，其国家体制一直以唐朝为标准，虽稍有损益，但根本不变。

高丽的中书、门下二省，后也合而为一，专"掌百揆庶务"，为一个制令决策机关，其主要官员为中书令、侍中等，官秩为从一品。

尚书省，与唐朝基本相同，为行政执行机关，尚书令，"总领百官"，官秩为从一品。

六部，高丽的中央六部的设置也与唐朝的吏、户、礼、兵、刑、工的六部体制基本相同，高丽王朝的六部后改名为六曹，职责不变。

吏曹，"掌文选、勋封之政"；

兵曹，"掌武选、军务、仪位、邮驿之政"；

户曹，"掌户口、贡赋、钱粮之政"；

刑曹，"掌法律、词讼、详谳之政"；

礼曹，"掌礼仪、祭享、朝会、交聘、学校、科举之政"；

---

① 郑麟趾，字伯睢，号学易斋，河东人，生于1386年，李朝太宗朝及第，端宗朝为相，封河东府院君，世宗朝为领议政参佐翼功臣，曾任集贤殿大提学、知经筵春秋馆事兼成均馆大司成。

② 关于高丽史的史籍情况，黄纯艳所著《高丽史史籍概要》对高丽史史籍加以详尽介绍，具有非常高的学术价值。

③ 转引自杨鸿烈：《中国法律对东亚诸国之影响》，36页，北京，中国政法大学出版社，1999。

工曹，"掌山泽、工匠、营造之事"。

七寺：唐朝有九司制度，高丽与此有所不同，其体制为七寺制度。

高丽初期仿唐制设九寺，成宗改革后归为七寺。在七寺中，没有与法律事务相关者。七寺分别为：典校寺、典仪寺、宗簿寺、卫尉寺、司仆寺、礼宾寺、内府寺，它们执掌的职责分别相当于唐朝的秘书寺、太常寺、宗正寺、卫尉寺、太仆寺、鸿胪寺、太府寺。

除"七寺"外，高丽还设置有小府寺、缮工寺、司宰寺、司水寺、军器寺、典药寺六寺。其执掌的职责与唐朝的少府监、将作监、司农寺、都水寺、军器寺、太医署相当。

高丽的地方体制也基本效法中国的体制。唐太宗曾把全国划分为十道。高丽也仿行这种划分的方式，把全国划分为：关内、中原、河南、江南、岭南、岭东、山南、海阳、朔方、贝西等十道。道不但是一种行政区划，也是一种监察区划，在各道中，置有按察使等职官。在十道下，也为府、郡、县三级行政区域划分。

此外，高丽的军事体制、科举制度也与唐朝极为相似。

《高丽史》记载："高丽兵制，大抵仿唐之府卫，则兵之散在州县者，意亦皆属乎六卫；非六卫外，别有州县军也。"[1]

在中央，设有二军六卫。二军即鹰扬军、龙虎军；六卫即左右卫、神武卫、兴威卫、金吾卫、千牛卫、监门卫。地方上，州县也有地方军设置。

公元958年，高丽开始实行科举制度，在建立科举制度的过程中，侨居高丽的中国士人双翼曾起到过关键的作用。双翼原为中国五代后周官员，曾在后周担任武胜军节度使、大理评事等重要官职。公元956年，其作为后周外交使团的成员前往高丽访问，因病留滞高丽。其时，正值高丽光宗王（950年—975年在位）当政，其仰慕中华的文化，赏识双翼的才华，聘其为翰林学士。双翼建言实行中国式的科举考试制度，一为广泛选拔人才，二为抑制世臣贵族的势力，加强王权。

光宗王采纳了双翼的建议，并责成双翼担任知贡举，负责科举考试事宜。

据统计，高丽朝共开科251次。其考试内容以儒学经典为主。科举考试的实行，对于儒家文化在朝鲜的传播起到了至关重要的作用。同时，其作为全国统一的选拔官员的基本方式，对于中央集权的体制，也起到了加强、巩固的作用。

高丽王朝的科举考试，有严格的身份条件限制。科举考试实行后，对朝鲜社会阶层的构成起到了至关重要的作用。形成了所谓的"两班阶级"。两班，又称为"文武两班"或"东西两班"，其根据是科举考试时所分的文科与武科。考试选拔的文武官员在朝仪时，文官站立东侧，武官站立西侧。他们的子孙后代要受到考试条件的限制，继续通过科举考试入仕为官，由此，也就形成了两班阶级。这种制度对朝鲜政治的发展起到了某些不良的影响。

众所周知，中国的传统法律深受儒家礼教之影响，汉代已经开始了法律儒家化的进程，儒家通过"春秋决狱"的手法，将儒家思想输入法律的实际运用中，魏晋南北朝开始，法律逐渐开始儒家化，礼教的精神以立法的形式贯穿于法律的条文中。唐律更是"一准乎礼"，礼法体系由此确定。这种体制也深刻影响了高丽王朝的政治法律制度。礼制在高丽的建立使其法律在内在本质上更加与中国法制趋同。

---

[1]　转引自陈尚胜：《中韩交流三千年》，167 页，北京，中华书局，1997。

高丽王朝实行中国式的礼制，起源甚早，真正全面完成于高丽的成宗时期，成宗制礼是高丽历史上一个重要的事件，其对于高丽王朝的法制也具有广泛而深远的意义。

高丽成宗于982年即位，是振兴文教的有为之君。其辅弼大臣崔承老为硕儒，其上书云："华夏之制，不可不遵"，"其礼乐诗书之教、君臣父子之道，宜法中华，以革卑陋"。自成宗起，至睿宗时，高丽的礼制体系基本建立起来。《高丽史》记载："睿宗始立局，定礼仪……至毅宗时，平章事崔允仪撰《详定古今礼》五十卷。"

在高丽首都设立的文庙，是君臣百官膜拜孔子的场所。高丽孔庙的祭孔与配享从祀制度，与中国基本相同。儒家思想在高丽王朝被尊崇，直接影响了其法律制度的精神与实际运转。

二、高丽法制的建立与沿革

高丽国与中国的来往甚为密切，高丽的士人更是争取到中国学习的机会，有些人学成后归国，有些人留在中国。在这种情势下，中国的文化与典章制度必会对高丽产生重要影响。如《宋史·外国三·高丽》记载："……后唐同光天成时，其主高氏累奉职贡，长兴中，权知国事王建承高氏之位，遣使朝贡，以建为玄菟州都督，充大义军使，封高丽国王。晋天福中，复来朝贡。开运二年，建死，子武袭位，汉乾祐末，武死，子昭权知国事。周广顺元年，遣使朝贡，以昭为特进、检校太保、使持节、玄菟州都督、大义军使、高丽国王。显德二年，又遣使来恭，加开府仪同三司、检校太尉，又加太师。建隆三年十月，昭遣其广评侍郎李兴祐、副使李励希、判官李彬等来朝贡贡。四年春，降制曰：'古先哲后，奄宅中区……曷尝不同文轨于万方，覃声教于四海？……高丽国王昭，日边钟粹，辽左推雄，习箕子之余风，抚朱蒙之旧俗。'"[1] 由此可见，高丽建国伊始，就努力与中国往来，也获得了中国的认可。《新五代史·四夷附录》中也有近似的记述。

此后，高丽与宋朝的交往非常密切，屡屡派员朝贡，并有许多高丽人到中国学习。据《宋史》记载："曾有金行成就学于国子监，并获进士及第，后留仁中朝，官至殿中丞。此后，醇化间尝赐其国进士王彬、崔罕等及第，授官遣还。又有康允者，登进士第，扬历中外，至京西转运使，以清白干力闻，上章多所建白……"

高丽还明确要求得到有关中国法律的书籍。《宋史》载："哲宗立，遣使金上琦奉慰，林暨致贺，请市刑法之书、《太平御览》、《开宝通礼》、《文苑英华》。诏惟赐《文苑英华》一书，以名马、锦绮、金帛报其礼。"[2]

从这些记载可知，高丽王朝建立伊始，就主动接受中国的制度模式和文化形态，并派人到中国学习，甚至就学于国子监，有些人学成归国，有些人在中土为官。在这种交往形势和文化氛围下，高丽的法律制度广泛借鉴中国的法律制度也就很容易理解了。值得一提的是，高丽派员朝贡，多次由监察御史作为使节，如太平兴国七年，监察御史李巨源为奉使；而宋太宗也曾派监察御史韩国华出使高丽。这种法务官员的来往，应该对高丽的法制有所影响。

唐朝建立后，创造了高度发达的法律制度，达到了世界法律史上的一个高峰。从而，高

---

① 《宋史》，第40册，14036页，北京，中华书局，1990。
② 《宋史》，第40册，14048页，北京，中华书局，1990。

丽法律制度更是于唐朝法律多有借鉴，《高丽史》直言不讳地予以承认："……高丽一代之制，大抵皆仿乎唐，至于刑法亦采《唐律》，参酌时宜而用之……删繁取简，行之一时亦不可谓无据。"① 实际上，在当时，能够仿效高度文明的唐朝，是一种很光荣的事情。

《高丽史》的结构与中国史书的纪传体结构基本相同，其记述法制状况的内容归于《刑法》篇目中，与中国史书的《刑法志》不仅体例结构相同，行文方式，甚至语气也很类似。

《高丽史》卷八十三《刑法一》对高丽的法制状况有比较清晰的记述："刑以惩其已然，法以防其未然。惩其已然，而使人知畏，不若防其未然而使人知避也。然非刑则法无以行。此先王所以并用而不能偏废者也。高丽一代之制，大抵皆仿乎唐。至于刑法，亦采唐律参酌时宜而用之。曰狱官令二条；名例十二条；卫禁四条；职制十四条；户婚四条；厩库三条；擅兴三条；盗贼六条；斗讼七条；诈伪二条；杂律二条；捕亡八条；断狱四条；总七十一条。删繁取简，行之一时，亦不可谓无据。然其弊也，禁纲不张，缓刑数赦。奸凶之徒，脱网自恣，莫之禁制。及其季世，其弊极矣。于是，有建议杂用元朝《议刑易览》、《大明律》以行者；又有兼采《至正条格》、《言行事宜》，成书以进者。此虽切于救时之弊，其如大纲之已隳，国势之已倾何。今以见于史者，记其梗概，使考得失，作刑法志。"② 由此可知，高丽的法制，最初是仿形唐律，其后也借鉴了元朝和明朝的法律。

从这段记述中，我们可以清晰地看到高丽王朝法制发展的基本轨迹，也可以看出其立法的指导思想和基本原则。其中，最基本的指导思想就是以中国传统文化作为其法制的本源。其中，可以注意的有两点：一是把"刑"与"法"加以区别，其称："刑以惩其已然，法以防其未然。惩其已然，而使人知畏，不若防其未然而使人知避也。然非刑则法无以行。此先王所以并用而不能偏废者也。"这种区别性的表述，与中国的"礼"与"刑"的表述很接近，可知其所言法是比狭义的法律有更大的包容性，近乎中国的礼与德。而刑则近乎狭义的法律。二是高丽王朝的法律在其漫长的王朝存续过程中，也有所变迁，但都是以中国法律的变迁为基本途径。

高丽王朝的法律，虽在形式与内容上都可以说是取法于唐律，但亦非原封照搬，而是根据自身的政权组织结构、行政司法能力、法制发展的程度和具体的国情而加以必要的删繁取简。因之，我们看到，《高丽律》其篇目虽与唐律基本相同③，但内容上相差甚远。《唐律》有500条，而《高丽律》仅有71条。这固然与高丽法律制度不尽完善有关，但也与其采取轻法以换取人心的指导思想有关。但这种约法省刑的政治策略似乎没有见到实效，反而造成了法律的废弛，不得已而要改弦更张，采用其他的法律形式。但其所意图借鉴的法律文本，也都是中国的。李朝郑麟趾等在评价前代法律时对此加以记述："及其弊也，禁纲不张，缓刑数赦，奸凶之徒脱漏自恣，莫之禁制。及其季世，其弊极矣。于是有建议杂用元朝《议刑易览》、《大明律》以行者；又有兼采《至正条格言行事宜》成书以进者；此虽切于救时之

① 郑麟趾：《高丽史·刑法志》。转引自杨鸿烈：《中国法律对东亚诸国之影响》，34页，北京，中国政法大学出版社，1999。
② 转引自［韩］崔贞焕编：《韩国史基础史料讲读选集》，74页，韩国庆北大学，2002。
③ 作为高丽刑法范本的《唐律》，共有500条，其篇目为：名例、卫禁、职制、户婚、厩库、擅兴、贼盗、斗讼、诈伪、杂律、捕亡、断狱12篇。高丽的刑律在篇章上几乎与《唐律》全合，唯多出《狱官令》，其来源盖出于《唐律》无疑。但应该说，高丽的法律较之《唐律》而言，相当简单，但基本内容还是比较全的。

弊，国势之已倾何?"①

高丽王朝末期，在一个很短暂的时期内也曾采用《元律》，即在辛禑三年，亦即明太祖洪武十年，公元 1377 年。即所谓："令中外决狱，一遵《至元条格》。"② 其时，元朝在中国传统领域内基本上已为明朝所清除。但高丽奉元朝为宗主多年，未敢轻易更张，以观望为主要策略，故在法律上引入元律亦为合理。但此举并没有延续多久，迨辛禑十四年（明洪武二十一年，1388 年），李成桂废辛禑而立辛昌，即确立了向明排元的国策。在法律引进上也开始转向明朝。

高丽将灭亡时，明朝正值初建，法律的制定工作刚近完成，高丽就已思效仿，可见中国法律对高丽影响之大、之快。其时，典法司上疏言称："……前元有天下，制以《条格通制》，布律中外，尚惧其烦而未究，复以中国俚语为律，而名之曰《议刑易览》，欲令天下之为吏者，皆得而易晓之……又无讲习者，故凡施刑者，皆出妄意……今《大明律》考之《议刑易览》，斟酌古今，尤颇详尽。况时王之制，尤当仿行。伏惟殿下，命通中国与本朝文俚者，斟酌更定，训导京外官吏。一杖一笞，依律而施行之；若不按律，而妄意轻重者，以其罪罪之。"③

当时，负责修订法律的是朝鲜历史上最著名的学者郑梦周。《高丽史·郑梦周传》中记述："（恭让王）四年，梦周取《大明律》、《至正条格》、本朝法令，参酌删定，撰新律以进。"④ 在《高丽史·恭让王列传》中，也有相关记载："四年二月甲寅，守侍中郑梦周进所撰新律。王命知申事李詹进讲凡六日，屡叹其美，谓侍臣曰：'此律须要熟究删定，然后可行于世也'"⑤。

郑梦周所纂新律，今已不存，不能知其确实内容，但直接借鉴了《大明律》似确定无疑。

应该指出，高丽王朝的法律制度虽是在形式与内容上都全面接受中国传统法律的影响，但由于其自身条件的限制，在许多情况下，未能切实加以执行。实际上，其所效法的唐律远远高出了其社会发展的水平，以至于造成了法律与现实的脱节。也就是说，即使移植了先进的法律，如果不能与社会生活相契合，也不能起到应有的作用。如，由于高丽王朝的经济条件非常差，故为了获取经济上的利益，统治者以权废法的情况多有发生。如，《宋史》记载：（朝鲜王）"颛性贪吝，好夺商贾利，富室犯法，辄久縻责赎，虽微罪亦输银数斤"⑥。

概言之，高丽王朝初建时，中国的唐朝瓦解未久，故高丽王朝几乎全面接受了唐朝的典

---

① 郑麟趾：《高丽史·刑法志》。转引自杨鸿烈：《中国法律对东亚诸国之影响》，34 页，北京，中国政法大学出版社，1999。

② 郑麟趾：《高丽史·职志》、《列传》"辛禑"条。转引自杨鸿烈：《中国法律对东亚诸国之影响》，35 页，北京，中国政法大学出版社，1999。

③ 郑麟趾：《高丽史·职志》、《列传》"辛禑"条。转引自杨鸿烈：《中国法律对东亚诸国之影响》，35 页，北京，中国政法大学出版社，1999。

④ 郑麟趾：《高丽史·郑梦周传》。转引自杨鸿烈：《中国法律对东亚诸国之影响》，35 页，北京，中国政法大学出版社，1999。

⑤ 郑麟趾：《高丽史·恭让王列传》。转引自杨鸿烈：《中国法律对东亚诸国之影响》，35 页，北京，中国政法大学出版社，1999。

⑥ 《宋史》，第 40 册，14048 页，北京，中华书局，1990。

章制度，包括以唐律为标志的法律制度。而且，高丽王朝在其存续的漫长时间内，唐朝的法律一直是高丽的学习与适用的对象。正如古代朝鲜典籍《增补文献备考》所云："高丽刑法所遵用者，李唐焉"。高丽王朝根据唐律而制定了《高丽律》，从形式到内容几乎完全因袭了唐律。特别是其接受了唐朝"一准乎礼"的礼治精神，法律成为维护家庭伦常、等级制度的有力武器。如《宋史》载：（高句丽）"刑无惨酷之科，唯恶逆及骂父母者斩，余皆杖胁。外郡刑杀悉送王城，岁以八月减囚死罪，贷流诸岛，累赦，视轻重原之"①。基本上体现了儒家法律的精神实质。但由于高丽与唐朝的文明程度相距甚远，故而在法律的制定与适用上均有不小的差距。《高丽律》虽与唐律的篇章结构全同，但在条文上要简单得多。不仅如此，其在适用过程中也不能保障法律得到充分的落实。因为，法律背后是一个国家的经济与文化的发展水平。高丽的经济、文化与唐朝相比，处于相当落后的地位，故而，其法制从根本上也难以接近唐代法制的水平。高丽王朝虽与中国的宋朝的存续时间完全重合，但由于其接受唐律在前，而且宋朝的法制相较唐律也没有实质性的进步，所以，我们看到，高丽虽然对宋朝的文化推崇备至，认为其达到了文化的至高境界，但在法律上没有特别受到宋朝的影响，起码在法律的形式上如此。而到了高丽王朝的晚期，法制败坏，不得不进行一些变革，此时，正值中国的元朝丧国未久，故高丽又根据元朝的法律进行了一些改易之措施，但这些措施似乎没有起到应有的作用。到高丽王朝行将灭亡之时，高丽的法制作了最后一次改变的尝试，也就是史籍中记载的郑梦周撰新律之举。这部新律是以新制定颁布的明朝法律为蓝本的。据说，高丽国王曾对这部新律极为赞赏，"屡叹其美"，但最终王朝未能挽起颓势，新律未及实施而国已丧灭。

三、高丽法制的具体内容及其中国法律之影响

（一）高丽的法律制度概述

高丽王朝创建于 918 年，亡于 1392 年，存续时间达 474 年。其初期，制度层面继承新罗，仿效唐制："高丽太祖开国之初，参用新罗、泰封之制，设官分职，以谐庶务。然其官号或杂方言，盖草创未暇革也。二年，立三省、六尚书、九寺、六卫，略仿唐制。"② 故而，高丽的司法体制多仿效唐朝制度。高丽王朝的存续时间很长，故而其制度模式，也广泛借鉴了这个历史阶段中国的制度模式发展变迁的成果，既有唐制，也杂有五代和元朝的因素，但大多采用北宋前期的制度。当然，在接受中国的制度模式时，也完成了本土化的革新，有许多独创的成分，所谓："华夏之制，不可不遵，然四方习俗，各随土性，似难尽变。"③ 根据《高丽史·百官志》记载：高丽国"内有省、部、台、院、寺、馆、局，外有牧、府、州、县，官有常守，位有定员"。应该说，无论中央还是地方，其官制制度还是比较完备的。

根据史料记载，高丽的法律机构约略如下：

1. 典狱署：掌管狱囚，为监狱管理机构

高丽王朝的典狱署为监狱管理机构。根据有关规定："典狱署掌狱囚。国初始置'典狱

---

① 《宋史》，第 40 册，14055 页，北京，中华书局，1990。

② 《高丽史》卷七十六，《百官志一》。

③ 《高丽史》卷九十三，《崔承老传》。

署'，成宗十四年（宋太宗淳化五年，994 年）改为'大理寺'，有评事。文宗复改为'典狱署'，置令一人，秩正八品；丞二人，正九品。忠宣王罢。恭愍王十一年（元顺帝至正二十二年，1362 年）复置令，从八品、从九品。"①

　　杨鸿烈先生认为，典狱署是高丽的最高审判机关。对此，我们不能苟同。因为仅从典狱署主官品秩仅正八品这个情况来看，级别似乎有些过低。故可以推断，典狱署为监狱管理机构可能更接近于事实。杨鸿烈先生以之为最高审判机关，可能是因为其曾易名大理寺之故。

　　2. 御史台

　　高丽初期设司宪台，成宗改革后更名为御史台，与中国唐宋略同，但后来又改回司宪台之名，职权是："掌论执时政，矫正风俗，纠察弹劾之任。"②

　　司宪府掌论执时政，矫正风俗，纠察弹劾之任，国初称司宪台，成宗十四年（994 年）改御史台。有大夫、中丞、侍御史、殿中侍御史。显宗五年（宋真宗大中祥符七年，1014年），武臣金训等请罢御史台，置金吾台史、副史、录事，并无常员。显宗六年，罢金吾台史，置大夫、中丞、杂端、侍御、司宪、监察司宪。显宗十四年，复改御史台。靖宗十一年（宋仁宗庆历五年，1045 年）升权知监察御史班在阁门祗侯上。文宗定判事一人、大夫一人，秩正三品；知事一人，中丞一人，从四品；杂端一人，侍御史二人，并从五品；殿中侍御史二人，正六品；监察侍御史十人，从六品（文吏各五人）。睿宗十一年（宋徽宗正和六年，1116 年）诏知事、杂端立本品行头。神宗五年（宋宁宗嘉泰二年，1202 年）御史二人升为参秩。忠烈王元年（元世祖至元十二年，1275 年）改监察司，仍改大夫为提宪，中丞为侍丞，侍丞侍御史为侍史，监察御史为监察史。③

　　按杨鸿烈先生所言，御史台为高丽的总检察机关。而这种生套西方现代司法制度的做法意义实际上不太大。御史台就是监察机构，与中国历史上的御史台并无差别。

　　3. 刑部（刑曹）

　　《高丽史》记载："太祖仍泰封之制，置义刑台，后改刑官，有御史侍郎、郎中、员外郎。成宗十四年，改尚书刑部。文宗定判事一人，宰臣兼之，尚书一人，秩正三品；知部事一人，他官兼之。侍郎二人，正四品；郎中二人，正五品；员外郎二人，正六品；又别置律学博士一人，从八品；助教二人，从九品。忠烈王元年，改为典法司，仍改尚书为判书，侍郎为总部，郎中为正郎，员外郎为佐郎……"④

　　从中可知，高丽的司法行政机关是刑部，后改为刑曹。据《高丽史·百官志》记载：刑曹掌法律词讼祥谳之政："掌法律、词讼、详谳之政。"⑤ 下设刑部司和都官司。

　　刑曹的长官为御事侍郎，成宗十四年（994 年）改为尚书。其属官有郎中、员外郎。

　　高丽王朝在很长时间内与中国的宋朝（北宋和南宋）并存，在制度上对宋朝多有借鉴。

---

　　①　郑麟趾：《高丽史·百官志》。转引自杨鸿烈：《中国法律对东亚诸国之影响》，36 页，北京，中国政法大学出版社，1999。

　　②　《高丽史》卷七十六，《百官志一》。

　　③　参见郑麟趾：《高丽史·百官志》。转引自杨鸿烈：《中国法律对东亚诸国之影响》，37 页，北京，中国政法大学出版社，1999。

　　④　郑麟趾：《高丽史·百官志》。转引自杨鸿烈：《中国法律对东亚诸国之影响》，37 页，北京，中国政法大学出版社，1999。

　　⑤　《高丽史》卷七十六，《百官志一》。

从高丽景宗开始，高丽王朝的体制开始确立，到高丽成宗时期（982—997）进行了大规模的改革，即所谓"大新制作"，高丽的政治制度完全确立，奠定了高丽王朝的制度根基。《高丽史》记载："成宗大新制作，定内外之官。内有省、部、台、院、寺、司、馆、局。外有牧、府、州、县，官有常守，位有定员，于是一代之制，始大备。"①

宋朝之刑部：刑部在宋朝前期，职权不大。前期的最高司法机构为审刑院。宋中期，宋神宗元丰间改革官制，撤销审刑院，刑部的权力开始扩大，成为最高司法机构，并掌管全国司法行政事务。刑部设尚书为长官，侍郎二人为副长官，下面还有郎中、员外郎等官员。刑部下设都官、比部、司门等司。

宋朝也设有御史台和谏院。御史台的职权是掌管对朝廷内外百官的监察与弹劾，下设台院、殿院、察院。御史台长官为御史中丞，副长官为御史知杂事。

谏院的职权是掌管规谏讽喻，凡朝政缺失、百官任非其人，各级官府办事违失，都可谏正。②

到高丽王朝末年，其为中国历史上元末明初时期，受内外因素的影响，高丽王朝的体制也变换不定，呈现出末世的特征："恭愍王嗣位二十二年之间，改官制者四。或从旧制，或用新制，遂不胜其烦矣。"③

4. 地方的司法行政机构

高丽的地方司法行政机构，根据其级别的不同而有不同的规定。

根据《高丽史·百官志二》记载，高丽的地方司法机构约略如下：

在州一级，负责司法的官员为知事判官。其规定："知州、郡员，吏品秩同防御镇，后只置知事判官，或只置知事诸县。文宗定令一人，七品以上；尉一人，八品；睿宗三年，诸小县置监务。"

都护府也是高丽的地方组织机构。其中又分为大都护府、中都护府。

大都护府，文宗定官制，使一人……判官一人……司录兼掌书记一人……法曹一人。

中都护府……后只置司录，或置使法曹……

在府一级，设留守官，按规定，有西京、东京和南京之分：西京留守官，太祖元年置平壤大督护府……成宗十四年，置知西京留守事一人……判官二人……司录参军事二人……法曹一人。

东京留守官，成宗以庆州为东京，置留守使一人。

南京留守官，成宗以扬州为南京，置留守使一人。

此外，地方还有团练使、都团练使、刺史、观察使，成宗为州府之职，穆宗罢之。防御镇，文宗定使一人……判官一人……法曹一人。

按廉使：按廉使，专制方面以行黜陟，即国初节度使之任。

廉问使：廉问使，旧制畿县皆直肄……其刑名、钱谷、军情事务，以至官吏殿最、民间词讼，无不纠理。

巡军府："齐宣王二年传旨曰：巡军府本为捕盗而设，民间斗殴、宰杀牛马等事，皆可

---

① 《高丽史》卷七十六，《百官志一》。

② 参见《宋史·职官四》。

③ 《高丽史》卷七十六，《百官志一》。

理之；其余土田、奴婢事，并勿理，以巡绰为事。"①

由于有唐律可以直接加以借鉴，高丽的法律制度相对而言还是比较完善的。不但刑法、民法、行政法以及军法等都有比较详细的规定。

《高丽史》的《刑法》中对军律有所记载，其刑名包括"辱职罪"、"违令罪"等：

> 睿宗元年（宋徽宗崇宁五年，1106 年）正月，都兵马使奏曰："顷者东藩之役，军令不严，故将帅无敢力战，卒伍亦皆本溃，屡致败绩……伏见辛亥、戊午年间显庙行师之令曰：初当训励时不至者，勿论官职高下，脊杖十五。二次不至者，及进退失伍者，或持卜筮讹言以惑众者，误坠失兵杖者，队正以下闻令不传及传之而不行者；为卒虽救其上，不能使免者；或私泄谋于敌；或敌入军中而不告者，皆脊杖二十。
>
> 发兵而不及期者，有亡走心，或临敌不战，或当战妄动者；士卒不从其将节制者，兵杖器械抛弃敌中者，为卒不救其上以致败没者，见战者危急以非己部伍不救者，夺人弓剑争人首级者，将军将校临阵不战，或亡入军中，或言降于敌者，或陈而不能拒，俾敌冲突者，皆斩……
>
> 但敌自降，不告而妄杀者……请杖二十。"

高丽法律制度，因为其直接仿效唐律，起点比较高，不但注重伦常礼教，严于治吏，而且形式要件也比较完备。特别是民事法律比较完整，与一般早期民族国家初建时有很大差别。在那些国家，一般而言，刑法都比较完备，但民法比较欠缺。

有关民事行为能力，高丽法律有明确规定。《高丽史·食货志》：国制，民年十六为丁，始服国役。

由此可见，高丽的成丁年龄比唐律中规定的要小许多，这说明，高丽的经济状况比较差，文明程度与中国相比要相差不少。

杜佑《通典》引武德七年《令》"二十一为丁"，神龙元年"天下百姓，年二十二成丁。"天宝三年，"百姓二十三以上成丁"；广德元年"百姓二十五成丁"。

《户婚》有规定：靖宗十二年（宋仁宗庆历五年，1045 年）制：诸田丁连立无嫡子，则嫡孙；无嫡孙，则同母弟；无同母弟，则庶孙；无男孙，则女孙。

此条与《唐律》的规定基本相同，但其允许女性继承人继承这一项，为唐律中所没有。由此，可以看出，高丽律较唐律而言，也非亦步亦趋，而是有所更进。

养子条，不甚明确，疑有错误。

另，文宗二十二年（宋神宗熙宁元年，1068 年）制：凡人无后者，无兄弟之子，则收他人三岁前弃子，养以为子，而从其姓，然后付籍，已有成法；其有子孙及兄弟之子而收养异姓者一禁。制禁以伯叔及孙子行者为养子。

《高丽史·食货志》记载："高丽田制大抵仿唐制，括垦田数分膏瘠，自文武百官至府兵闲人，莫不科授，又随科给樵采地，谓之'田柴科'，身没并纳之于公；惟府兵年满二十始授，六十而还；有子孙亲戚则递田，丁无者籍监门卫，七十后给'口分田'，收余田；无后身死者及战亡者妻，亦皆给口分田。又有'功荫田'，柴亦转科，以给传子孙。"

---

① 郑麟趾：《高丽史·刑法志》。转引自杨鸿烈：《中国法律对东亚诸国之影响》，39 页，北京，中国政法大学出版社，1999。

关于土地诉讼的时效，《刑法》规定："恭让王三年（明太祖洪武二十四年，1391 年）十月，良舍上疏曰：'……丙申年宣旨一款内，忠烈王丁未年以前事，虽祖业田土人口，毋得争讼，又以五决从三，三决从二，每降宣旨，以遏争讼之风……'"

高丽的买地券之文字形式，据杨鸿烈先生考证，与中国东汉、晋、唐各朝所遗存至今者，皆极相似。如：

> 岁次辛酉二月朔更午，二十八日丁酉，前玄化寺住持僧统阐祥亡过人□不幸早终，今用钱九万九千九百九十贯文，买墓地一段：东至青龙，西至白虎，南至朱雀，北至玄武。保人张坚固，见人李定度。已后不得辄有侵夺，先有居台，远避千里之□□□。

这种成熟的契约形式，显然与比较发达的民商法律制度相匹配，以高丽王朝当时的政治、经济与文化水平，似乎难以靠自身的法律实践创制与发展。因此，可以推断，此种契约形式应该是从中国借鉴的。在高丽王朝的法律制度中，我们经常可以看到这种情况：即其法律制度的局部会较法制的整体要成熟得多，这正是较低文明接受更高文明法律时一种经常出现的现象。高丽与中国接壤，奉中国为上国，中国的文明远远高出其社会发展水平。这种高层次的文明，会通过不同的渠道向高丽传播，不同的传播途径往往会先导致局部的进步，并最终达到整体的发展。

（二）高丽王朝的司法制度

高丽的司法制度，因为其对中国的效法而形成了比较完备的形式。由于资料的限制，我们对高丽王朝的司法制度难以作出完整的描述，只能就有限的史料加以简单的介绍，希望这种局部式的描述不会对读者了解高丽王朝的司法制度造成理解上的混乱。

1. 有关诉讼程序的规定

根据《高丽史·刑法志》记载，高丽的法典中有《公式相避》的规定，对诉讼中应该回避的情况加以法律规范，且规定相当细致：

> 本族：父子孙，同生兄弟，堂兄弟，同生姐妹之夫，堂姐妹之夫，伯父叔父，伯母叔母之叔，侄女之夫，女婿孙女婿。
> 外族：母之父母，母之同生兄弟，母之同生姐妹之夫，母之同生兄弟姐妹之子。
> 妻族：妻之祖父，妻之同生兄弟，妻之兄弟姐妹之子，侄女之夫。

从行文上看，这种表述比较啰唆，不够简约。《唐六典》卷六《刑部》门注对此规定的表述比它要简略。

2. 有关讯问被告的规定

《高丽史·刑法志一》中《职制》规定："诸察狱之官先备五听，又验诸证事状，疑似不首实，然后拷掠，每讯相去二十；若讯未毕，更移他司，仍须鞫者，连写本案移送，即通前讯。以充三度；若无疑似，不须满三度；若因讯致死者，皆具状申牒当处长官与纠察官对验。"

这就是说，讯问被告，司法官员要以五听的原则进行。同时，还要对物证进行必要的勘验。如果在以上讯问结束后，对案情仍有疑问，才可以动用刑讯手段，刑讯要有时间上的限制。

本条与《唐六典》卷六注,《唐律》卷二十九《断狱律》条文类似。

3. 关于"恤刑"的规定

高丽王朝的统治者也有许多关于恤刑的规定。《刑法》二《恤刑》引"文宗十六年(1062年)二月制曰:自今必备三员以上,然后讯鞫囚徒,以为定制"。也就是说,审讯囚徒,应该有三人以上同时在场,审讯结果才合乎法律规定。再如,恭愍王元年(元顺帝至正二十二年,1362年)二月教曰:"内外官吏未取诸囚招辞,面缚乱打,伤肌肤、害性命,予甚悯焉。今后毋得法外乱刑,违者罪之。其军人逃役者,随所犯杖之;吏民有罪者,亦加笞杖,并勿罚布;贪污犯赃者,不在此限。"①

高丽对死刑案件的处理,也是极为慎重。《刑法》一《职制》载:"判死不再生,人命至重。今外方重刑,界员例不亲问,使外吏于多事中杂治之,甚为不可。自今,牧都护所所推狱,使以下员齐坐,知州、县令所推狱,界首一员亲进覆验,无有差谬,然后连衔署名。临问员每七月初一日内,亲赍上来。"②

这些规定明显取法于唐律中的有关法条。

4. 其他有关一般审判的规定

《刑法》一《职制》载:"判外狱囚,西京则分台,东西州镇则各界兵马使;关内西道则按察使;东南海则都部署。其余则各界首官。判官以上,无时监行推检轻罪量刑,重囚则所囚年月具录申奏。如有滞狱,官吏科罪论奏。"

另条:"成宗七年(宋太宗端拱元年,988年)判诸道转运使及外官,凡百姓告诉不肯听理,皆令就决于京官。"

5. 有关诉讼期限,法律也有规定

《刑法》一《职制》载"肃宗元年(宋哲宗绍圣三年,1096年)教曰:旧制凡官吏断狱,小事五日,中事十日,大事二十日。徒罪以上狱,按三十日已有之限,其令内外所司,申明举行"③。

6. 有关狱政管理的规定

高丽的狱政管理有着比较严格的法律规定,徐兢《宣和奉使高丽图经·圜圈》载:"高丽圜圈之设,其墉高峻,形如环堵。中亦有屋,盖古圜土之意也。今在官道之南,与刑部相对。轻罪则付刑部,盗及重罪则付狱,系以缧绁,无人得逸者。亦有枷柳之法,然淹延不决。有至阅时经岁,惟赎金可免。"④ 从这种描述中,我们可以看到,高丽的狱政管理还是比较完备的。

(三)高丽王朝法律的精神与原则

如前所述,高丽王朝的法律制度,在很大程度上借鉴了唐律。而且,这种借鉴不仅仅是形式上的,也是一种对唐律内在本质与精神的效法。唐律是中国儒家化法律的集大成者,其

---

① 郑麟趾:《高丽史·刑法志》。转引自杨鸿烈:《中国法律对东亚诸国之影响》,40 页,北京,中国政法大学出版社,1999。

② 转引自杨鸿烈:《中国法律对东亚诸国之影响》,41 页,北京,中国政法大学出版社,1999。

③ 转引自杨鸿烈:《中国法律对东亚诸国之影响》,41 页,北京,中国政法大学出版社,1999。

④ 转引自杨鸿烈:《中国法律对东亚诸国之影响》,43 页,北京,中国政法大学出版社,1999。

所谓"一准乎礼"的儒家精神决定了它的原则取向。瞿同祖先生把中国法律的基本精神归结为家族主义与等级制度。① 高丽王朝的法律也在很大程度上接受了这种基本精神。也就是说，高丽王朝的法律，以中国律典为法律的基本形式，以儒家思想为法律的基本精神。

1. 家族主义

高丽王朝的法律也特别注重家族主义，以服制论罪的基本方式也体现在其法律中。高丽律对婚姻的规定，与中国有很多类似处，杨鸿烈先生言称："高丽因接受儒家'敬节'、'教孝'之思想而模仿中国历代法典之规定者也。"② 如其规定，尊长被囚不得为婚，《禁令》规定：祖父母、父母被囚而婚嫁者，徒罪，杖一百；死罪，徒一年；祖父母、父母命者，勿论；妾减三等。又有规定，命妇不许再嫁，《户婚》载："恭让王元年（明太祖洪武二十二年，1389 年）九月，都堂启散骑以上妻为命妇者，毋得再嫁；判事以下至六品妻，夫亡三年，不许再嫁，违者坐以失节。"

高丽法律对家长的权威加以严格的法律保护。如其规定："告周亲尊长，外祖父母、夫妇之祖父母，虽得实，徒二年；流罪，二年半；死罪，三年；诬告，加所诬罪二等……告大功尊长罪，虽得实，徒一年半；流罪，二年半；死罪，三年；诬告，加所诬罪二等……"③ 此规定与《唐律》卷二十九《断狱律》上"诬告期亲尊长"条规定类似，唯《唐律》规定，"诬告重者加所诬罪三等"，此规定比高丽律中的加二等要严厉。

再如杀人罪，法律规定：卑幼"谋杀周亲尊长、外祖父母，夫妇之父母，虽未伤，斩"。而尊长"谋杀周亲卑幼，徒二年半；已伤，三年；已杀，流三千里；有所规求谋杀，加一等"。

高丽律中，有关维护家族的规定很多，以下再列举几条：

> 殴祖父母、父母、外祖父母，徒一年……伤，流二千里；折伤，绞；至死，斩；过失伤，各减本伤罪二等。詈亲兄姐者，杖一百；殴，徒二年半；伤，三年；折伤，流二千里；折支（肢），绞；至死，斩。

此与《唐律》卷二十二《斗讼》中"殴詈祖父母、父母"条的内容基本相同。而过失伤，各减本伤罪二等。在《唐律》中，类似的规定为：

> 诸过失杀伤人者，各依其状以赎论。
>
> 殴堂兄姐者，徒一年半；折齿以上，徒三年；折筋以上，流二千里；二事以上，绞。误伤者，减本伤罪二等。
>
> 殴缌麻兄姐，杖一百；折一齿以上，徒一年半；二齿以上，二年；折筋以上，二年半；折支以上，流二千里；二事以上，流三千里；至死，绞。尊属又加一等，至死，斩。
>
> 殴小功兄姐，徒一年；折齿以上，徒二年；折二齿以上，二年半；折筋以上，三年；二事以上，流三千里；至死，斩；尊属又加一等。
>
> 殴兄之妻及夫之弟妹手足，杖七十；拔发以上，九十；他物伤，徒一年；折一齿以上，一年半；二齿以上，二年；损筋以上，二年半；折支以上，流二千里；二事以上，

---

① 参见瞿同祖：《中国法律与中国社会》，北京，中华书局，2007。

② 杨鸿烈：《中国法律对东亚诸国之影响》，59 页，北京，中国政法大学出版社，1999。

③ 转引自杨鸿烈：《中国法律对东亚诸国之影响》，49 页，北京，中国政法大学出版社，1999。

流三千里；至死，绞；不伤，笞五十；妄犯者，加一等。

妻妾詈夫之祖父母、父母，徒二年；殴，绞；伤，斩。过失伤，徒二年半；过失杀，三年。

殴杀弟妹及兄弟之子孙与外孙，徒三年；故杀，流二千里；误杀、过失杀勿论。

夫殴伤妻：他物伤，杖八十；折一齿以上，九十；二齿以上，一百；折筋以上，徒一年；折支以上，二年；二事以上，三年；至死，绞；故杀，斩。拔发以上，杖六十；过失杀，勿论，以妻殴妾同。

殴杀堂弟妹、堂侄孙，流二千里；故杀，绞。

殴妻父母，准十恶不睦论。

2. 等级制度

高丽王朝的法律制度，对等级制度予以严格的维护，强力维护社会的等级秩序。如其规定：良贱不得为婚。《奴婢》载："奴娶良女，主知情，杖一百，女家徒一年；奴自娶，一年半；诈称良人，二年。"这与《唐律·户婚》的规定基本相同。再如："部曲人及奴奸主及主之周亲尊长，和，绞；强，斩；和者，妇女减一等；奸主缌麻以上亲，减一等。"此与《唐律·杂律》中的"奴奸良人"条的规定相类似。

再如，高丽法律规定：和卖子孙为奴婢，徒一年；略卖，一年半；和而故卖者加一等。此与《唐律》卷二十《贼盗》的规定基本相同：

和卖亲弟、侄、外孙为奴婢，徒二年半；略卖，徒三年；未售，减一等；和而故卖者，减一等。

和卖堂兄弟之子孙为奴婢，流二千里；略卖，流三千里；不售，减一等；和而故卖者，亦减一等；余亲同凡人。

在传统中国法中，身份是重要的标准，操贱役者、为奴为婢者，在法律上的人格是不完整的，而法律也明确了这种不完整。高丽受中国影响甚深，故在法律上也因循中国，对奴婢有歧视性的规定。《唐律》中有"奴比畜产"的规定，高丽也有类似的内容，如《高丽史》记载，成宗五年（宋太宗雍熙三年，986年）七月敕："凡隐占人逃奴婢者，依律文一日绢三尺例，日征布三十尺给本主，日数虽多，毋过元直。奴年过十五以上，六十以下，直布百匹；十五以下，六十以上，五十匹；婢年十五以上，五十以下，百二十匹；十五以下，五十以上，六十匹。"

成宗六年（宋太宗雍熙四年，987年）敕："放良奴婢年代渐远，则必轻侮本主，今或代本主水路赴战，或庐墓三年者，其主告于攸司，考阅其功，年过四十者，方许免贱。若有骂本主，又与本主亲族其抗者，还贱役使。"

身份是等级制度的标志，也是礼制的基础。高丽王朝从成宗开始，建立了完整的礼制体系，使在法律适用过程中对身份加以认定也成为一种必然。

（四）高丽王朝法律的形式与内容

1. 与中国法律相类似的刑种规定

高丽国法律中的刑种、刑名与唐律中的刑名基本相同。

高丽的刑罚与《唐律》一样，刑种也是笞、杖、徒、流、死。

（1）笞刑：

笞刑五：一十，折杖七，赎铜一斤；二十，折杖七，赎铜二斤；三十，折杖八，赎铜三斤；四十，折杖九，赎铜四斤；五十，折杖十，赎铜五斤。

（2）杖刑：

六十，折杖十三，赎铜六斤；七十，折杖十五，赎铜七斤；八十，折杖十七，赎铜八斤；九十，折杖十八，赎铜九斤；一百，折杖二十，赎铜十斤。

（3）徒刑：

一年，折杖十三，赎铜二十斤；一年半，折杖十五，赎铜三十斤；二年，折杖十七，赎铜四十斤；二年半，折杖十八，赎铜五十斤；三年，折杖二十，赎铜六十斤。

（4）流刑：

二千里，折杖十七，配役一年，赎铜八十斤；二千五百里，折杖十八，配役一年，赎铜九十斤；三千里，折杖二十，配役一年，赎铜一百斤。

（5）死刑：

绞，赎铜一百二十斤；斩，赎铜一百二十斤。

高丽律中，所有刑种都可折杖与赎铜，此与唐律不同。其中，杖刑折杖有些令人困惑。赎铜一项，因当时高丽平民极为贫困，故赎铜也是非常严重的刑罚。但尽管如此，其刑罚轻于唐律一层，似为事实。当时，中国书籍中即有记载。

《宋史·外国传》："高丽刑无惨酷之科，惟恶逆及骂父母者斩，余皆杖胁。外郡刑杀悉送王城，岁以八月减囚死罪，皆流诸岛；累赦眠轻重原之。"①

宋人孙穆之在《鸡林类事》中对高丽的法律亦有比较详细的记载："（高丽）国法甚严，追乎虽寸纸不至即罚；凡人诣官府，少亦费米数斗，民贫甚惮之。有犯不去巾衣，但褫袍带。杖笞颇轻，投束荆史自择以牌，记其杖数。最苦执缚交臂，反接量刑为之。自一至九，又视轻重，制其时刻而释之。惟死罪可久，甚者髀骨相磨，胸皮折裂。凡大罪亦刑部拘役也，周岁待决，终不可逃。"② 通过这段记述，我们可以获得如下认识：其一，高丽的法律相当细密，特别是关乎经济的案件，处罚极为严厉，且对一般百姓而言，诉讼成本很高；其二，刑罚基本上来说比较轻，这和前引《宋史》中的记述比较吻合；其三，死刑的执行也要由中央的刑部决定，且处决需要有确定的日期。

关于刑罚的执行，《高丽史》中也有记载，《宣和奉使高丽图经·囹圄》载："凡决杖以一大木横缚二手于上，使之著地而后鞭之。笞杖极轻，自百而十。随其轻重而加损。惟大逆不孝乃斩，次则反缚髀骨相磨，至胸次皮肤折裂乃已，亦车裂之类也。外郡不行刑杀，悉械送王城。每岁八月虑囚。夷性本仁，死罪多贷而流于山岛累赦则以岁月久近量轻重原之。"③ 此记载，补充了前项孙穆之的一些交代未明之处。如那些被处以严酷刑罚的人，往往是那些罪行极为严重，仅次于大逆不道，依律当斩者的罪犯。同时，也佐证了地方没有死刑决定权的记述。

高丽法律规定，刑具的样式和尺寸，必须合乎法律的规定。

《刑法》一《名例》载："刑杖式（尺用金尺），脊杖长五尺，大头围九分，小头围七分；

① 杨鸿烈：《中国法律对东亚诸国之影响》，42页，北京，中国政法大学出版社，1999。
② 转引自杨鸿烈：《中国法律对东亚诸国之影响》，43页，北京，中国政法大学出版社，1999。
③ 转引自杨鸿烈：《中国法律对东亚诸国之影响》，43页，北京，中国政法大学出版社，1999。

臀杖长五尺，大头围七分，小头围无分；笞杖长五尺，大头围五分，小头围一分。"①

此规定与马临端《文献通考·刑考》所述唐制稍有不同，但文字甚近似。

《刑法》一《职制》："犯流罪者，东界镇人则移配北界；北界则移东界，勿令配南界。"

《刑法》二《恤刑》："德宗三年（宋仁宗景佑元年）七月敕曰：……其殴家主及谋杀人强盗者，杖流无人岛；纵犯强盗伤人以下，罪窜有人岛。"②

流刑的其他规定有："诸流移人未达前所，而祖父母、父母在乡丧者，给暇七日发哀。周丧承重亦同。""诸流移囚在途，有妇人产者，并家口给暇二十日；家女及婢给暇七日；若身及家口遇患，或逢贼津济水涨不得行者，随近官每日验行，堪进即遣。若祖父母、父母丧者，给暇十五日；家口有死者，七日；年七十以上父母无守护，其子犯罪应配岛者，存留孝养。"③

高丽法律规定，死刑的执行要视日期而定。一些特殊的日子，不能执行死刑。这与中国的规定有类似之处。《唐律·断狱律》：立春后不决死刑。而高丽法律的规定似乎更为细密，包括：国忌，十直（原注：初一日、初八日、十四日、十五日、十八日、二十三日、二十四日、二十八日、二十九日、三十日）；俗节（原注：元正、上元、寒食、上巳、端午、重九、冬至、八关、秋夕）；慎日（原注：岁首、子午日、二月初一日）。

关于死刑，法律还有一些特殊的规定，如："诸妇人在禁，临产月者，责保听出；死罪，产后满二十日；流罪以下，满三十日。"

"诸犯死罪在禁，非恶逆以上，遭父母丧、夫丧、祖父母丧，承重者给暇七日发哀。流徒罪，三十日；责保乃出。"④

也就是说，即使死刑和流刑也有暂缓执行刑罚和存留养亲的规定，但缓刑期过后，一般还是要实际执行。这种缓刑，主要考虑服刑人恪尽孝道。

高丽法律中有关刑的加重与减轻也有明确的规定。加重处罚的情况比较少，如规定："同居卑幼将人盗己家财，以私辄用财论，加二等。"

减轻的情况比较多。《恤刑》中载有："文宗三十年（宋神宗元丰二年，1097 年），江阴县有一盲，谋奸人妻，因杀人当死；依律文，八十以上，十岁以下，及笃疾，例论减死配岛。"

"……仁宗十六年（宋高宗绍兴八年，1138 年），判八十以上及笃疾，虽犯杀人，除杖刑配岛……"

"肃宗十年（宋徽宗崇宁四年，1105 年）判进士虽无荫，凡轻罪赎铜。惟犯偷盗、谗曲、强奸、斗杀人，依律断罪。"

"枉法赃，有官品人犯者，官当收赎。一匹以上除名；无禄，减一等……"

"不枉法赃，有官品人犯者，令官当收赎；四品以上，免官；无禄者减一等；四十匹加役流……"

"犯斩罪免死者，脊杖五十；绞罪，脊杖四十；刑决付处。"

"睿宗元年（宋徽宗崇宁五年，1106 年）七月诏曰：'乙亥年犯恶逆流配者，宜各量移叙

①　转引自杨鸿烈：《中国法律对东亚诸国之影响》，43 页，北京，中国政法大学出版社，1999。
②　转引自杨鸿烈：《中国法律对东亚诸国之影响》，44 页，北京，中国政法大学出版社，1999。
③　转引自杨鸿烈：《中国法律对东亚诸国之影响》，43 页，北京，中国政法大学出版社，1999。
④　转引自杨鸿烈：《中国法律对东亚诸国之影响》，43 页，北京，中国政法大学出版社，1999。

用；缘坐没为奴隶者，免之；其不属贱者，并加抚恤。其僧徒犯奸，永充乡户，经赦不原，几乎苛法。宜令有司检察，并充军役……'"①

2. 与中国法律相似的罪名设置

高丽律较之唐律而言，要简单得多，故罪名也少得多。比如，《卫禁》只有 4 条，而《唐律》为 33 条；《盗贼》竟只有 6 条，而《唐律》为 54 条；《职制》稍多，有 14 条，但较《唐律》58 条还是少得多。这种简单的法律形式，要求其在具体规定上要对一些唐律中的罪名加以合并。

一般而言，高丽法律中的罪名有四种情况：其一，罪名与唐律的规定基本相同；其二，合并了数个罪名；其三，创造了新的罪名；其四，与唐律罪名有别，但法意相同。以下分别加以列举说明：

(1) 与唐律罪名大致相同者

比如关于贿赂罪，高丽法律规定："官吏监临自盗及监临内受财枉法者，徒杖勿论，收职田归乡……监临赃：一尺，笞四十；一匹，五十；二匹，杖六十；三匹，七十；四匹，八十；五匹，九十；六匹，一百。八匹，徒一年；十六匹，一年半；二十四匹，二年；三十二匹，二年半；四十匹，三年；五十匹，流一千里。与者，减五等，罪止杖一百。与监临官于部内乞取者，加一等；若以威力强乞取者，准枉法赃论。"②

此项规定，与《唐律》卷十一《职制》下"受所监临财物"条略同。

《唐律》："诸监临之官，受所监临财物者，一尺笞四十；一匹加一等；八匹徒一年，八匹加一等；五十匹，流。"③

再如，关于枉法赃，高丽法律规定："一尺，杖一百；一匹，徒一年；二匹，一年半；三匹，二年；四匹，二年半；五匹，三年；六匹，流二千里。七匹，二千五百里；八匹，三千里；十五匹，绞……"

此条规定，与《唐律》卷十一《职制》下"监主受财枉法"条略同，《唐律》更为详细。《唐律》规定："法监临主司受财枉法者，一尺杖一百，一匹加一等，十五匹，绞。与者，减五等，罪止杖一百。"④

关于坐赃，高丽法律规定："一尺，笞二十；一匹，三十；二匹，四十；三匹，五十；四匹，六十；五匹，七十；六匹，八十；七匹，九十；八匹，一百；十匹，徒一年；二十匹，一年半；三十匹，二年；四十匹，二年半；五十匹，三年；与者，减五等。"

《唐律》卷二十六《杂律》规定："诸坐赃致罪者，一尺笞二十，一匹加一等，十匹徒一年，十匹加一等；罪止徒三年。与者，减五等。"与之相比，高丽法律的文字更为详尽。

不枉法赃：一尺，杖九十；二匹，一百；四匹，徒一年；六匹，一年半；八匹，二年；十匹，二年半；十二匹，三年；十四匹，流二千里；三十匹，加役流……

《唐律》在条文中，并没有关于不枉法赃的规定，而是在坐赃的"疏义"中加以阐释。其言："赃罪正名，其数为六。谓受财枉法、不枉法、受所监临、强盗、窃盗并坐赃。然坐

---

① 转引自杨鸿烈：《中国法律对东亚诸国之影响》，46 页，北京，中国政法大学出版社，1999。
② 转引自杨鸿烈：《中国法律对东亚诸国之影响》，47 页，北京，中国政法大学出版社，1999。
③ 刘俊文点校：《唐律疏议》，242 页，北京，法律出版社，1999。
④ 刘俊文点校：《唐律疏议》，242 页，北京，法律出版社，1999。

赃者，谓非监临主司，因事受财，而罪由此赃，故名'坐赃致罪'。"① 由此可知，高丽律中，有此罪名并不是直接从唐律中移植，而是根据《唐律》整体的研究而定出的。

这种与唐律罪名相同者甚多，以下再举两例予以说明。

高丽法律规定："在官侵夺私田：一亩，杖六十；三亩，七十；七亩，八十；十亩，九十；十五亩，一百；二十亩，徒一年；二十五亩，一年半；三十亩，二年；三十五亩，二年半；园圃加一等。"

此与《唐律·户婚律》中"在官侵夺私田"基本相同。

《唐律》规定："诸在官侵夺私田者，一亩以下杖六十，三亩加一等；杖过一百，五亩加一等；罪止徒二年半；园圃，加一等。"② 从中我们可以看出，唐律的法律语言更扼要。

高丽法律规定："因官挟势乞百姓财物：一匹，笞二十；二匹，三十；三匹，四十；四匹，五十；五匹，六十；六匹，七十；七匹，八十；八匹，九十；十匹，一百；二十匹，徒一年；三十匹，一年半；四十匹，二年；五十匹，二年半；与人物者，减一等……"

此与《唐律》卷十一《职制》下"挟势乞索"略同。《唐律》规定："诸因官挟势及豪强之人乞索者，坐赃论减一等；将送者，为从坐。"③ 从该条我们可以看到，高丽法律的规定，在文字上要繁复得多，但在法意上却有缩减。唐律中的"豪强之人"的规定，未能体现。

再如，高丽法律规定："以博戏赌钱物者，杖一百；其停止主人及出凡和合令戏者，亦杖一百；赌饮食、弓射、习武艺者，虽赌钱物，无罪。"本条规定与《唐律》卷二十六《杂律》中"博戏赌财物"的内容完全相同。

高丽法律规定："私作秤斗在市执用有增减者，一尺，杖六十；一匹，七十；二匹，八十；三匹，九十；四匹，一百；五匹，徒一年；十匹，一年半；十五匹，二年；二十匹，二年半；二十五匹，三年；三十匹，流二千里；三十五匹，二千五百里；四十匹，三千里。

用秤斗、尺度，出入官物不平入己者：一尺，杖六十；一匹，七十；二匹，八十；三匹，九十；四匹，一百；五匹，徒一年；十匹，一年半；十五匹，二年；二十匹，二年半；二十五匹，三年；三十匹，流二千里；三十五匹，加役流；有增减者坐赃论。"

该罪名与《唐律》卷二十六《杂律》上中"私作斛斗秤度"条的规定类似，但比《唐律》更详尽。我们可以看到，在高丽律中，有关财物内容的律条都相当细密，处罚也较《唐律》为重，大概这是由于高丽当时的经济条件比较差，财物对社会而言重要性更强的原因吧。

（2）合并唐律中数个罪名者

由于高丽律条文比唐律少许多，故而，有些罪名是综合了唐律中的两条，甚至几条条文而设定的。比如失火放火罪。高丽法律规定："诸失火者，二月一日已后，十月三日已前烧野田者，笞五十；迤烧人宅舍财物，杖八十；赃重者，坐赃论减三等。故烧官府、庙社及私家舍宅、财物，无问屋舍大小，财物多寡，徒三年；赃满五匹，流二千里；十匹，绞；杀伤人者，以故杀伤论。故烧人屋舍、蚕箔、五谷积聚者，首处死，从者脊杖二十。"

这些规定，结合了《唐律·杂律》中"非时烧田野"条、"烧官府、私家宅舍"条及

---

① 刘俊文点校：《唐律疏议》，516 页，北京，法律出版社，1999。
② 刘俊文点校：《唐律疏议》，268 页，北京，法律出版社，1999。
③ 刘俊文点校：《唐律疏议》，249 页，北京，法律出版社，1999。

《贼盗律》中"故烧人舍屋"等条中的内容。

(3) 罪名与唐律不同者

高丽法律规定："枉征租税入己：一尺，杖一百；一匹，徒一年；二匹，一年半；三匹，二年；四匹，二年半；五匹，三年；六匹，流二千里；七匹，二千五百里；八匹，三千里；有禄者，三十匹，加役流；无禄者，二十五匹，加役流。"

唐律没有相同的规定，这种情况，在高丽法律中很少。

《高丽律》中规定："诈伪官文书，有增减者，同亡失及误毁者，减二等。"

这与《唐律·诈伪律》的内容相类似但罪名有所不同。

(4) 罪名不同，法意相同者

高丽法律中，有些罪名，从文字看，似乎为唐律所未有，但实际上与唐律规定的其他罪名内容基本相同。如，高丽法律规定："妻擅去，徒二年；改嫁，流二千里；妾擅去，徒一年半；改嫁，二年半；娶者同罪；不知有夫，不坐。"

这种规定与《唐律·户婚律》"义绝"的第二项及"和娶人妻"的内容虽在字面上有所差别，但立法的基本思想是一致的，即杨鸿烈所谓的"法意相同"①。

再如，高丽法律规定："违方诈疗病因取财物者，一尺，杖六十；一匹，七十；二匹，八十；三匹，九十；四匹，一百；五匹，徒一年；七匹，一年半；十五匹，二年；二十匹，二年半；二十五匹，三年；三十匹，二千里；三十五匹，加役流，不在收赎之例。"本条规定的内容与《唐律·诈伪律》中"医违方诈疗病"的规定文字不同，但法意相同。

第三节
中国法律对李氏朝鲜法律之影响

一、李氏朝鲜吸取中国文化的基本情况

明朝建立后，虽然元朝蒙古人退居北方，但对于高丽而言，实力还很强大。1369年，高丽遣使与明朝通交，并停用元朝年号。

高丽王国从太祖王建到末代辛昌，历经33王，近五百年，跨越五代宋元明，终于为本朝大将李成桂所灭亡。

1374年，高丽政局发生变化，当政的恭愍王被害身死；辛祦成为高丽国王（1374年—1388年在位）。在辛祦在位期间，右军都统使李成桂实际掌握了朝廷的权力。1388年，辛祦下令进攻明朝，夺取辽东。李成桂发动政变，将辛祦废除，立辛昌为王，但又旋即废除辛昌而立王瑶，此即为高丽朝末代国王恭让王（1388年—1392年在位）。1392年，李成桂废黜了恭让王，即王位，迁都汉阳，后改称汉城。李成桂对明朝采取"事大"方针，努力加强与中国的良好关系。其开创李朝后，屡派使团到明朝朝见请封。但明太祖因对朝鲜的情况不太了

---

① 杨鸿烈：《中国法律对东亚诸国之影响》，52页，北京，中国政法大学出版社，1999。

解，也是出于对高丽王朝的支持，疑李氏为谋朝篡位者，多年以来对其未予正式承认。但在李成桂锲而不舍的努力下，终于对其予以承认。应该提到的一件事是，李成桂在派遣使团向明朝请示应该使用国号的问题时，其提出了两个选择，一为"和宁"，一为"朝鲜"，明太祖朱元璋为其择定为朝鲜。①

李氏朝鲜直到 1905 年为日本所灭后方才断绝，其存在了五百余年，跨越了明朝与清朝的大多时间段。

明太祖虽然对新产生的李氏朝鲜一度采取观望的态度，但对于中朝的关系，还是予以很大的重视，并确定了友好对待的原则。其曾在《祖训》中，将朝鲜列为 15 个不征国家的首位。在赠给朝鲜使节的御制诗中，也表达了与朝鲜保持友好关系的愿望："鸭绿江清界古封，强无诈息乐时雄。逋逃不纳千年祚，礼义咸修百世功。汉伐可稽明在册，辽征须考照镜踪。情怀造到天心处，水势无波戍不攻。"

朝鲜与明朝的外交往来的形式本身也是双方友好的一种证明。这种形式被称为"唱和外交"。明朝政府派往朝鲜的使节，一般不选择所谓"能臣"和武将，而多选用长于诗词歌赋的文臣。他们与接待他们的朝鲜文士互相唱和，并切磋经籍、音韵、礼仪、法律等诸方面的学问，可以说是极为融洽。两国间的问题也在这种融合的气氛中被友好地解决了。应该说，在世界历史的范围中，这种国与国的关系是极为罕见的。朝鲜方面从 1457 年开始，把明朝使节在朝鲜所作诗文与朝鲜文士的应和诗文，汇为专集刻印刊行，定名为《皇华集》，并将其作为礼物回赠明朝使团。这种方式，起自 1450 年明朝使节倪谦与朝鲜远接使郑麟趾等人所作诗文的汇集《庚午皇华集》，终于 1633 年明使程龙与朝鲜远接使辛启荣的唱和集《癸酉皇华集》。终明之世，《皇华集》一共编有 23 集，汇辑了 23 次明朝使团出访朝鲜的唱和诗文。

明朝的使节们不仅仅与朝鲜文臣们饮酒赋诗，他们也利用出访的机会，对朝鲜的基本情况进行了了解和记录，通过著述的形式向中国介绍了朝鲜的真实情况，使中国对朝鲜有了初步的认识。其中比较重要的有倪谦的《朝鲜纪事》、董越的《朝鲜赋》，等等。而朝鲜出使明朝的使者也著述介绍了中国的情况，如权近的《奉使录》、崔傅的《漂海录》、李晬光的《朝天录》，等等。这些书，对当时明朝社会的政治、经济、文化、军事、宗教、民俗、地理等方面的情况，都有记载。实际上，这些著作也成为我国研究明朝历史的有用史料。

李朝延续了高丽朝努力汲取中国文化的传统，不断求索中国的典籍。中国儒学经籍是朝鲜使节求寻的主要目标，李朝政府也大量刊印了中国书籍。朱子学进一步为朝鲜士人所接受，成为朝鲜社会的主流意识形态。特别是 15 世纪中叶以后，李氏朝鲜基本上纳入到中国的"天朝礼治体系"的轨道中，朝鲜的儒家化进入完成的阶段。所谓"东国年年修职贡，礼义成邦幕圣朝"②。在丰臣秀吉侵入朝鲜时，明朝派军对朝鲜予以救助，使其免遭灭国之灾。

---

① 李成桂秉国后，采取以小事大原则，尊崇明朝，即位伊始，就派遣中书院事赵胖赍书赴明请求上国的承认。其后，又派遣密执司事韩尚质赴明请求为国定名。其提出的国名有两个，一个是李成桂的出生地"和宁"，地处咸镜道；另一个是古代国名朝鲜。明太祖朱元璋定夺为朝鲜。

《明史》记载："二十五年冬，成桂闻皇太子薨，遣使表慰，并请更国号，帝命仍古号曰朝鲜。"

② 黄枝连：《朝鲜的儒化情境构造——朝鲜王朝与满清王朝的关系形态论》，序，北京，中国人民大学出版社，1995。

朝鲜与中国的关系更为亲近与紧密。

1636 年，皇太极改国号为"大清"，并改称皇帝。为了断绝李朝对明朝的藩属关系，其率军十二万征伐朝鲜，将朝鲜仁祖王（1623 年—1649 年在位）围困于南汉山城。李朝政府迫于形势，只好接受清军条件，断绝与明朝的一切交往，改奉清朝为宗主。

然而，在清政府彻底平定南明残余势力以前，朝鲜从儒家的礼义观的思想原则出发，仍抱有对明朝的忠义之情，对南明小朝廷寄予同情和希望。同时，在传统华夷观的影响下，其对于清朝也常持有轻视和不信任的态度。

康熙对朝鲜采取了宽容的政策。其对于涉及清朝与朝鲜的双边问题，一般谕令要从宽处理，他对此向官员们解释为：在明朝末年，朝鲜始终以藩属国服侍明朝，从未背叛，表现出他们是一个重礼义的国家。这正是他们的难能可贵之处。当朝鲜发生灾害的时候，清朝政府也及时发粮赈济。两国关系逐渐好转。

进入 18 世纪，清朝与李朝的关系开始进入密切而友好的阶段。清政府曾多次应李朝政府的要求，修正或删除中国史书中有关朝鲜历史的错误记载，甚至还把新修的《明史·朝鲜传》稿本，在未刊印之前就抄送李朝政府参看。

乾隆皇帝曾于 1744 年和 1778 年，两次御书匾额赠与朝鲜，前一块匾额题为"式表东藩"，后一块为"东藩绳美"。

1776 年，朝鲜正祖王（1776 年—1800 年在位）在宫殿内正式设置奎章阁，用以保存和收藏各种文献典籍。奎章阁建成后，又引发了朝鲜使团在中国购买图书史籍的高潮。1776 年，朝鲜副使徐浩修在北京购得《古今图书集成》一套，传为美谈。

当时，一些与中国士人有实际接触的朝鲜士大夫，一些亲身到过中国，体验到中国的发达与先进的知识分子，积极主张向中国学习，在朝鲜思想学术界形成了"北学派"。

清代时，有许多朝鲜士人长期居住在中国。他们将中国的制度和文化的基本内容带回朝鲜；同时也带来了许多自己独特的思想和见解。如清朝，许多朝鲜学者在中国居住、学习，他们看待中国当时的社会思想与学术流变，有相当独特的视角，当时，在中国的朝鲜文士朴趾源著有《热河日记》，他写道："中州道术陵迟，天下之学不出于一，而朱、陆之分皆将数百年……至皇明季世，天下学者莫不宗朱。清人入主中国，阴察学术宗主之所在，与夫当时趋向之众寡，于是从众而力主之。升享朱子于十哲之列，而号于天下曰：'朱子之道即吾帝室之家学也。'遂天下洽然悦服者有之，缘饰希世者有之……呜呼！彼岂真识朱子之学而得其正也？抑以天子之尊，阳浮慕之？此其意，徒审中国之大势而先据之，缄天下之口而莫敢号我以夷狄也……其所以动遵朱子者，非他也，骑天下士大夫之项，扼其咽而抚其背。天下之士大夫率被其愚胁，区区自泥于仪文节目之中而莫之能觉也。"① 这种见识，以今天的眼光看也是令人称道的。应该说，这种透彻和冷静的观察，为当时中国知识分子所不能。这也反映了朝鲜知识分子对中国传统文化的认识程度之深。

进入近代以后，在西方列强的武力与文化的双重打击下，中国走上了现代化的道路。在物质文明和精神文明一直以中国为榜样的朝鲜，也与中国遭遇到同样的问题，实行其开化运动。1876 年，日本就强迫朝鲜签订《朝日修好条约》。中国的洋务派官员劝导朝鲜要认清世

① ［朝］朴趾源：《热河日记》，217 页，上海，上海书店出版社，1997。

界大势，主动对西方列强开放，以便借助西方的力量来牵制日本和俄国对朝鲜半岛的扩张。李鸿章曾在写给朝鲜官员的信件中，充分表达了这个意思，其言："地球诸国，无不往来，实开辟以来未有之局面，自然之气运，非人力所能禁遏。贵国既不得已而与日本立约，通商之事，已开其端。为今之计，似宜以毒攻毒，以敌制敌之策，乘机次第亦与泰西各国立约，藉以牵制日本。"① 黄遵宪也曾写过一部《朝鲜方略》，由此可见中国对朝鲜之关注。

朝鲜的知识界从中国引进了许多介绍西方的法律、政治、经济和科学技术等方面的书籍，如《万国公报》、《博物新编》、《格物入门》、《格物汇编》等著作，这些书籍的输入，对于朝鲜知识界了解世界，普及科学知识，培养国民的开化意识，都起到了相当大的作用。

朝鲜社会接触西方法律文化，最初也是通过中国间接传入的。当时的一些西方法律著作，是在中国有了中文译本后传入朝鲜的。比如美国传教士丁韪良所翻译的《万国公法》就在中文本问世后不久就传到了朝鲜。

朝鲜的士人也通过与中国的知识分子的私人交往而获得对西方的文化的知识。如，中国对西方思想比较了解的郑观应就曾把自己的著作《易言》送给朝鲜开化派官员金弘集等人。

1884年，《汉城旬报》开始介绍西方的国际法，相当多的内容也是从中文本转述的。

李氏朝鲜在制度上基本上因循了高丽的形式，加强和完善了业已确立的中国式的政治制度模式。其国王以下设议政府为国家最高行政机关。其由以前的门下府转变而来，类似于明初的中书省。该机构由领议和左、右议政等官员组成。

与高丽朝相比较，李朝的六曹在职权上得到了加强。李朝合并了高丽朝后期的相关行政机构而归于六曹，使事权得到相对的统一。同时，机构的建设也更加合理有序，在各曹内设有若干司，以负责具体某一方面的专门事务，这种架构与明朝中央的六部制度更为趋同。

如李朝的吏曹，与明朝的吏部在职能上基本相同。明朝的吏部，下辖四个司，即文选、验封、稽勋、考功。而李朝的吏曹，其职能为"掌文选、勋封、考课之政"。其下属有三司，即"其属有三：一曰文选司，二曰考勋司，三曰考功司"。除没有明朝的验封司以外，其他几乎完全相同。

李朝还借鉴明朝制度，将六曹以外的专门职能部门统一划归六曹统辖，以使中央权力更为集中，加强了中央的集权体制。

如，宗簿寺，其职掌为管理王族属籍和谱牒等事，其功能与明朝的宗人府相类似；尚瑞司，其职掌为管理府印等事，其功能与明朝的尚宝司相类似；以上二司由吏曹统辖。

训练院，其职掌为管理训练武艺、教习兵书战阵等事，其功能与明朝京城武学相类似；司仆寺，其职掌为管理舆马、厩牧等事，其功能与明朝太仆寺相类似；以上两个部门由兵曹统辖。

典农寺，其职掌为管理耕籍、钱谷及祠祭、酒醴、陈设、牺牲等事，其功能与明朝的光禄寺相类似；军资寺，其职掌为管理军旅粮饷等事；以上二寺由户曹统辖。

典狱署，其职掌为管理囚徒等事，由刑曹统辖；艺文馆，其职掌为管理论议制度、文翰等事，其功能与明朝的翰林院的部分功能相类似；春秋馆，其职掌为修国史等事，其功能与

---

① 转引自陈尚胜：《中韩交流三千年》，26页，北京，中华书局，1997。

明朝的翰林院的部分功能相类似；成均馆，其职掌为管理学校等事，其功能与明朝的国子监相类似；奉常馆，其职掌为管理宗庙祭享等事，其功能与明朝太常寺相类似；典医监，其职掌为管理诊视和剂等事，其功能与明朝的太医院相类似；书云馆，其职掌为管理天文、灾祥、历日推择等事，其功能与明朝的钦天监相类似；以上机构、部门由六曹统辖。

缮工监，其职掌为管理林木、营缮、柴炭支应等事；司宰监，其职掌为管理渔粮山泽等事；以上机构由工曹统辖。

特别应该提及的是，李朝在监察制度方面，借鉴了中国历史与现行的制度形式，加强了对官吏的监督和管理。其设有司谏院和司宪府等机构。司谏院借鉴了宋朝的谏院模式，其为专门规谏国王的机构；司宪府借鉴了明朝的督察院模式，其职能是专门监察文武百官。同时，李朝还参照明朝在全国设立十三道监察御史的制度模式，在朝鲜全国的八道中设置观察使（也称监司），以监察地方官员的言与行。

李朝的军事制度也是仿行明朝的模式。其虽实行府兵制，但朝廷对兵权的控制和监督有所加强。

在中央，其仿照明朝初期的兵制模式，将枢密院改为中、左、右三军都总府，后又学习明朝的五军都督府模式改为五卫都总府，由此统率京师军队，并使其不能统辖于一军，而是互相牵制。同时，五卫都总府由兵曹掌管，"确立了以文官领导握有兵权的武官的军事指挥权体制"[①]。

在地方，各地建有兵马节度使和水营节度使的使营，握有监察权的观察使往往兼任地方上的兵马节度使。通过这样的层层控制，确保了王权对军队的绝对控制能力。

李朝的地方被划分为八道：京畿、黄海、平安、咸镜、江原、庆尚、忠清、全罗。每道设置有观察使。各道之下仍设有州、府、县三级行政机构。州、府、县的各级长官都由中央直接派遣。李朝也实行与中国同样的为官回避制度，地方长官不能由本地人担任。

同时，李朝也借鉴了中国的户籍制度和保甲制度的经验，在基层社区实行号牌法和邻保法，给全国16岁以上男子发放证明身份的木牌，以确定全国的丁额；同时，在相邻民户中建立邻保组织，选择有"有恒产，可信者定为正长"，使王权得以依靠民间力量加以延伸和巩固。

二、中国法律对李氏朝鲜法制的影响

李氏朝鲜与中国的关系十分紧密。《明史》称："朝鲜在明，虽称属国，而无异域内，故朝贡络绎，锡赉便藩，殆不胜书。"这种关系对李朝法律也有直接的影响。

记述朝鲜李朝历史的主要著述是《李朝实录》，其中《太祖实录》记载了太祖李成桂因循前朝法制的初衷，他为了稳定社会动荡的局面，也为了维持与中国的关系，即位之初，采取了不变国号、不改体制，沿用前朝法律的政治措施。其言："……予府循舆情，勉继王位，国号仍旧为高丽，议章法制，一依前朝故事。"

其即位后，行所谓便民十七事目，其中之一，就是确定《大明律》为现行法律，以示对明朝的尊崇，也表现了对中国文化典章的承继。同时，针对高丽王朝末年法制废弛的现实情

---

① 陈尚胜：《中韩交流三千年》，170页，北京，中华书局，1997。

况，在新法律没有制定的情况下，以明朝的法律作为当时适用的法律。此后，即使在颁行李朝自行制定的法律后，也把《大明律》作为基本的法律文件加以必要的、有选择的适用。其昭告天下："前朝之季，律无定制，刑曹巡军，街衢各执所见，刑不得中。自今，刑曹掌刑法、听讼、鞫诘；巡军掌巡绰、捕盗、禁乱。其刑曹所决，虽犯笞罪，必取谢帖罢职，累及子孙，非先王立法之意。自今，京外刑决官，凡公私罪犯，必该《大明律》追夺宣敕者，乃收谢帖；该资产没官者，乃没家产；其附过、还职、收赎、解任等事，一依律文科断，毋蹈前辙，街衢革去。"

直到中日甲午战争后 11 年，朝鲜在编订《刑法大全》时，还要参考《大明律》。可以说，《大明律》、《大明会典》这些中国的法典是朝鲜立法的主要根据和参考。中国的礼乐文化、典章制度更是朝鲜立法思想的基础。

在政权稳定后，李朝太祖命群臣编纂《经国大典》，以为国家基本典章。

太祖三年（1394 年），郑道传奉旨编撰《朝鲜经国典》，意在为新王朝正宝位、国号，定国本、世系。郑道传是儒家的信奉者，他以儒家的基本理念为根本，仿照《周礼》六官分掌六典的体系，撰成治典、赋典、礼典、政典、宪典、工典。其中宪典基本上移植了《大明律》基本内容。其余各典杂糅了高丽朝的法律、法令及诸多现行法令。此举为以后编撰《经国大典》奠定了良好的基础。

《经国大典》也依据《周礼》，但把《朝鲜经国典》中的治典、赋典、礼典、政典、宪典、工典，改称为吏典、户典、礼典、兵典、刑典、工典。

该典卷帙浩繁，历太祖、世宗、世祖、睿宗四朝始成。世祖时，宁城府院君崔恒、右议政金国光、西平君韩继禧等参加纂修。世祖五年颁布《户典》、六年颁布《刑典》。世祖薨，睿宗继位，元年九月而最终完成《经国大典》六卷。

成宗时，又命崔恒等修正，成宗二年（明宪宗成化七年，1471 年），《经国大典》得以最终完成，颁行于世。

《经国大典》是李氏朝鲜最重要的法典。其远据《周官》，近本《大明会典》，为李朝四百余年的根本性法典。其后，又有若干朝曾进行了补订，如成宗时有《大典续录》1 卷，中宗时有《大典后续录》1 卷，肃宗时有《受教辑录》2 卷、《典录通考》7 卷，英祖时有《续大典》5 卷，正祖时有《大典通编》6 卷，李太王时（大院君执政之时）有《大典会通》5 卷。

有关李朝法典的文献记载很多，以下择其要者简述之。

《增补文献备考》中有很清晰的记述，其称："臣谨按《大明律》即我朝之遵而用之者也。《经国大典》成，而《大明律》为益明，《续大典》成而《经国大典》为益备。苟有犯科者，有司必于此三者原究而比拟之。"[1]

由此可见，《大明律》不只是朝鲜法典制定的一种借鉴，而且在实际司法运用上也占有非常重要的地位。几乎可以说，《大明律》是一种有法律效力的法典。当然，这并不是说《大明律》的法律效力及于朝鲜，而是说李朝直接把《大明律》搬到本国加以适用。李朝奉明朝为宗主，适用其法律也是自然之事。

---

[1] 转引自杨鸿烈：《中国法律对东亚诸国之影响》，73 页，北京，中国政法大学出版社，1999。

《大典会通》载："依《原典》用《大明律》，而《续典》有当律者，从二典。"

由此可知，李朝之法典是以《大明律》为主要法典，而以《经国大典》等"本土"法典为补充。

也有学者曾提出不同的观点。日本学者麻生武龟在《李朝之法律》中写道："……《经国大典》中设有《刑典》……又其他各典所规定之法条有侵犯者，即适用该法规，法典所未规定之犯罪，始用《大明律》。"[①]

从这种论述来看，《大明律》是一种备用的法典。杨鸿烈先生对此不予采信，其言："其实，《经国大典》、《续典》诸书，《刑典》之条文较之《大明律》极为简单，故甚不完备，只能有补充法令之价值，而非即当时现行法之主体，麻生氏之言甚有语病也。"[②] 杨鸿烈先生的论述虽可称言之有据，但我们也应该看到，不论《大明律》多么完备，它终究不是李朝自己的法律。而李朝自己颁布的法律，即使不完备，甚至比较简陋，也应该是具有最高法律效力的。故而，《大明律》为备用、补充性的法律这种论点，似乎更为可信。以法典之详略与否而判断其效力，在法理上是没有根据的。但杨鸿烈先生的考证，确实比较详细地绅绎出了李朝法典制定的线索。

郑道传《经国典·宪章总序》称："……今我殿下，仁覆如天，明断如神，好生之德，合乎上帝，凡有犯法，为有司所论执者，苟有可疑，每加矜恤，务从宽典，多所原免，俾以自新。又虑愚民无知触禁，爰命攸司，将《大明律》译以方言，使众易晓，凡所断决，皆用此律。所以上奉帝范，下重民命也……"

由此可知，当时《大明律》已被译为本地语言，即所谓"方言"，作为百姓知悉趋避的明确法律规定。

中国的薛培榕在《朝鲜会通条例》中亦有朝鲜"刑遵《明律》"的记载。

中国的《大明律》在高丽朝末年已传入朝鲜，《增补文献备考》中记载："恭让王四年，《大明律》来。"因为《大明律》从立法思想而言，与《唐律》并无二致，故而，从接受《唐律》转为接受《大明律》，对朝鲜来说，并没有什么困难。李朝建立，太祖就令法司遵行，并责成逐字直解。今留有《大明律洪武直解》抄本三十卷。其金祗有跋称："……此《大明律》书科条各有攸当，诚执法者之准绳。圣上思欲颁布中外，使仕进辈传相诵悉，皆得以取法。然其使字不常，人人未易晓。况我本朝，三韩时薛聪所制方言文字，谓之吏道，士俗生知习熟，未能遽革，焉能家到户谕，每人而教之哉？宜将是书，读之以吏道，导之以良能。政丞平壤伯赵浚乃命检校中枢院高士绒与予嘱其事。某等详验反覆，逐字直解，于虖！予二人草创于前，三峰政先生道传，工部典书唐诚润色于后，岂非切磋琢磨之谓也欤？功既告讫，付书籍院，以白州知县徐赞所造刻字印出。无虑百余本，而试颁行，庶不负钦恤之意也……"

所谓"直解"，概括而言，就是对法律条文的字意解释。

如"一曰谋反，谓谋危社稷。"

古代朝鲜法律文体有三种之别：第一为汉文；第二为吏套混交文，乃新罗时代使用之古

① 转引自杨鸿烈：《中国法律对东亚诸国之影响》，74 页，北京，中国政法大学出版社，1999。
② 杨鸿烈：《中国法律对东亚诸国之影响》，74 页，北京，中国政法大学出版社，1999。

文，今惟吏隶子弟学习之；第三为谚文混交文。①

直解的文字，属于第三种法律文体。

自太祖后，又有数次译注《大明律》的情况。

《太宗实录》："十一年（明成祖永乐九年，1411年）十二月戊子，命译《大明律》，勿杂用《元律》。"

"十四年，十二月甲申，以南在李叔藩为详定都监提调；初河仑李稷检较判；汉城卞季良为提调；至是，上命仑等改正《明律译解》误处，仑以事重，且稷朝京未还，请启二人为提调，从之。"

《经国大典》的主要纂定人郑道传也直言其纂修宪典，完全以《大明律》为根据。其言："今我殿下，德敦乎仁，礼得其序，可谓得为治之本矣。其议刑断狱，以辅其治者，一以《大明律》为据，故臣用其总目，作《宪典》诸篇……"②

《太祖实录》记述："判三司郑道传，撰进《朝鲜经国典》，上观览叹美，赐厩马、绮绢、白银。"③

《经国大典》的篇目如下：

卷之一，吏典；卷之二，户典；卷之三，礼典；卷之四，兵典；卷之五，刑典；卷之六，工典。由此可见，其篇章结构与中国律典基本吻合。

《经国大典》卷首有徐居正所作序："……恭惟世祖……尝谓左右曰：'我祖宗深仁厚泽，宏规懿范，播在令章者曰《元续六典》誊录。又有累降教旨，法非不美，官吏庸愚，眩于奉行。良由科条浩繁，前后抵牾，不一大定耳。今欲斟酌损益，删定会通，为万世成法。仍命宁成府院君崔恒……哀集诸条，详加采择，撰次为书，删烦削冗，务要精简……'书既成，厘以六卷以进，赐名曰《经国大典》，《刑》、《户》二典既已颁行，四典未及雠正，八音遽遏。圣上遹追先志，遂讫就绪，用颁中外……其曰《六典》，即周之六卿……孰谓《大典》之作，不与《周官》、《周礼》而相为表里乎？……"④（杨鸿烈按：《周礼》、《周官》实即一书，此分为二，实系错误。）

《经国大典》成书后，以后朝代又纂有续录。

《前续录》，此书六卷，系成宗二十三年（明孝宗弘治五年，1492年）壬子，李克增等辑成。

权健《大典续录序》："……今上即位之二十三年，命广川君臣李克增……等，若曰：'我世祖大王受命中兴，留心制作，斟酌《元续典》，以成《大典》，第缘时异事殊，近来新科别条或相抵牾，官吏眩于奉行，其取《大典》后教令可为恒法者，哀集以进。'臣克增等闻命祗慄，芟芜剪繁，增加增减，皆裁自宸衷，深得损益变通之宜矣，书成，赐名《大典

---

① 参见［日］广池千九郎：《东洋法制史本论》。转引自杨鸿烈：《中国法律对东亚诸国之影响》，76页，北京，中国政法大学出版社，1999。

② 《朝鲜经国典·宪典后序》。转引自杨鸿烈：《中国法律对东亚诸国之影响》，76页，北京，中国政法大学出版社，1999。

③ 转引自杨鸿烈：《中国法律对东亚诸国之影响》，76页，北京，中国政法大学出版社，1999。

④ 转引自杨鸿烈：《中国法律对东亚诸国之影响》，79页，北京，中国政法大学出版社，1999。

续录》。"①

续录的体例也是分为吏、户、礼、兵、刑、工六典。

中宗时，又有《后续录》六卷，为中宗三十八年癸卯殷辅等辑成。

《中宗实录》记载："甲子政府议启曰：'近来诸司各自受教，法条纷扰，中外用法各异，弊甚不赀；故各司所在承传受教，无遗搜聚，彼此参考，反覆商榷，斟酌损益可行者存之，可祛者删之，裒集成书。启奉圣谕。遂称两司查勘署经，请名之曰《后续录》。'"篇目与以往一样，为吏、户、礼、兵、刑、工六典结构。

《经国典》比较庞杂，由于其源于前朝法制、元律和明律，加之时事变迁，在适用中引起混乱也可想而知。作《续录》应该是厘清错谬、消除分歧的一种努力。

《经济六典》：根据《太祖实录》六年十二月二十六日条："都堂令检详条例司，册写戊辰以后合行条例，目曰《经济六典》，启闻于上，刊行中外。"

据记载，"《六典》为治之具，宜令六曹讲求命官之意，各尽其职，毋敢惑怠"②。

徐居正、申用溉在《东文选》中作《经济六典·元集详节序》对《经济六典》的内容有所交代："……我太祖康献大王应天受命，一新制度……于时，先正左政亟赵浚等……乃搜撼国初以后政令条格，编类成书，仿成周六官之名，为圣朝一代之法。"③

按照以上记述，《经济六典》应该是以行政法律为主的法律汇编。

其后，又制定有《续六典》。《太宗实录》卷八，太宗四年九月十九日，议政府诸官奏言："即位以后条例判旨，《六典》所未载，而可为万世法者，简择成书，以续《六典》，刊板施行，允之。"④

《续六典》的修订工作至太宗十三年而告竣。

《太宗实录》"十三年癸巳"条载：颁行《经济六典》，初政亟赵浚等撰受判可为遵守者，目为《经济六典》，以进刊中外，至是政丞河仑等存其意，去其俚语，谓之《元六典》，又选上王即位以来可为经济者，谓之《续六典》……⑤

此外，李朝的法律类书籍还有：

《词讼类聚》一卷，金伯干编于宣祖十七年（明穆宗隆庆十二年，1584年），其书为《大明律》、《经国大典》等书中有关词讼内容类聚而成，分为《相避》、《断狱》、《听讼》、《杂着》、《决讼》、《日限》等三十一目。

英宗时，又有《决讼类聚补》。据记载："《决讼类聚补》一卷，不著撰人名氏，英宗丁亥刻。旧《决讼类聚》一卷，亦不知出于谁手。取《大明律》及国朝《刑典》，而抄录其切于听讼者，分四十二目。是书因其部目而增补之。其附算律及赈济枭矣之法，则未免蛇足矣。"该书《凡例》有云："国家典章固当讲习奉行，不宜有所抄录，但其篇帙浩大，节目繁缛，亦难一一考阅，以合法意。故古人既已抄出条令之切要于决讼者，名曰《决讼类聚》……兹用依其书而添补之……"其目录为："一、相避；二、斗殴；三、辜限；四、杀伤；五、

---

① 转引自杨鸿烈：《中国法律对东亚诸国之影响》，79页，北京，中国政法大学出版社，1999。
② 转引自杨鸿烈：《中国法律对东亚诸国之影响》，76页，北京，中国政法大学出版社，1999。
③ 转引自杨鸿烈：《中国法律对东亚诸国之影响》，77页，北京，中国政法大学出版社，1999。
④ 转引自杨鸿烈：《中国法律对东亚诸国之影响》，77页，北京，中国政法大学出版社，1999。
⑤ 转引自杨鸿烈：《中国法律对东亚诸国之影响》，78页，北京，中国政法大学出版社，1999。

检验；六、落胎；七、盗贼；八、推断；九、擅杀；十、滥刑。"共四十二项。

《听讼指南》，宣祖乙酉年（明万历十三年，1585 年）编成。

《典录通考》，此书凡十四卷，肃宗丙戌年（康熙四十五年，1706 年）编成。

《受教辑录》，六卷，肃宗三十三年（康熙四十六年，1707 年）命李翊等收录自中宗三十八年至肃宗二十四年，凡 155 年间之教令。体裁仿《前后续录》。

《新补受教辑录》，此书二卷，系英宗十九年（雍正八年，1730 年），弘文、艺文两馆提学受命编辑，内容为《受教辑录》以后的教令。

《续大典》，六卷，为英宗二十年（雍正九年，1731 年）金在鲁等人受命编辑，此书《刑典》"凡二十七目……总二百六十三条"。英祖于卷首有"题续大典"，其云："……今《续典》大要在兹。其要伊何？曰宽曰厚。其他节文，有司存焉。"此外，还有《续大典小识复敕群工》，其言："……关系法文者，相考皇朝律与本朝续典，其无可据，然后禀旨定律。若有各随己意，任自驰张者，备局政院察推，一以饬因循混杂，一以信颁布续典。"由此可知，《续大典》是对以前法律所未规范者的一种补足，以消除执法过程中在法无可据情况下的"各随己意，任自驰张"的现象。

《钦恤典则》，一册，正祖元年戊戌（乾隆四十三年，1778 年）编成。

《秋官志》，正祖癸卯年（乾隆四十九年，1784 年）编成。

《典律通编》，正祖丁未年（乾隆五十二年，1787 年）编成。

《大典续编》，六卷，正祖八年（乾隆四十九年，1784 年）甲戌，金致仁等奉命编纂。卷首有李福原之《大典续编序》，其有云："上之八年，台臣有言，即祚后受教可著为令式者，宜分类编书，以便施行。上曰：'嘻！《续典》成于甲子，而先王教令之后于甲子者尚多，其敢专于近而忽于远乎？且《原典》、《续典》各为一书，艰于考据，予尝病之。宜取二典及旧今受教，通为一编。其令二三卿掌其事，大臣总之。'书既成，名曰《大典续编》。"

《凡例》："一、以《经国大典》、《续大典》合部而增补《续典》后受教及今所现行法例，通为一编。

一、《六典》条目第次，一从两大典，而先录《经国大典》，次录《续大典》，次录《增补》。"

由此可知，《大典续编》是一部谕令编纂的法律汇集，其内容是《原典》和《续典》中的法律条文，以及《续典》编纂前的王令，加上现今的一些谕令。

《大典会通》，六卷，系李太王二年（同治二年，1863 年）乙丑由领议政赵斗淳等编辑。据杨鸿烈所言，朝鲜古书刊行会有印本，篇目同《经国大典》，其卷五为《刑典》，凡三十七目。[①]

金炳学《大典会通序》称："……上之二年春，因相臣筵奏乙巳以后教式之未遑刊布者，令开局补辑同异条例，一遵两圣朝续增旧规，名曰《大典会通》。"

《凡例》："一、以《经国大典》、《续大典》、《大典通编》合部，而《通编》以后受教及禀奏定式今所见行者，会粹添补，通为一书。

一、六典一依旧例，先录《经国大典》，书'原'字；次录《续大典》，书'续'字；次

① 参见杨鸿烈：《中国法律对东亚诸国之影响》，83 页，北京，中国政法大学出版社，1999。

录《大典通编》，书'增'字；新补合录条，起头出以'补'字阴刻标揭，以别先后。"

由此可知，《大典会通》是一部法典汇编式的法律辑纂本。内容包括《经国大典》、《续大典》、《大典通编》，以及《大典通编》编定以后韩王发布的法令和其他一些现行法律性文件。其中所载的法律条文，有原、续、增、补四类。录自《经国大典》的法律条文，要加以"原"字；录自《续大典》的法律条文，要加以"续"字；录自《大典通编》的法律条文，要加以"增"字；其他新编入的法律条文，要加以"补"字。

《法规类编》，李太王光武丙甲年编成。

《刑法大全》，李太王光武九年（光绪三十一年，1905 年）四月二十九日颁行，共 680 条。此法典为参酌中国传统法典，包括《大明律》、《唐律疏义》，以及朝鲜本土的《大典会通》、《新颁律》等草拟而成。其拟定过程见诸光武九年五月二十九日《韩国官报》附录之"宫廷录事"：

> 诏曰："刑法为政治之必须，乃有国之先务也。我国典宪未始不备，而古今殊制，存废无常。民生之犯科愈多，有司之疑眩滋深，朕甚概之。兹用本之先王成宪，参之外国规例，著为一王之典，名曰《刑法大全》，颁示中外，永垂无穷。庶民生知所畏避，而有司易于尊奉也。呜呼！尚钦哉！"光武九年四月二十九日，议政府参政大臣闵泳焕。

根据日本花村美树教授《朝鲜法制史》的记载①，该法典分为五编，即《法例》、《罪例》、《刑例》、《律例上》、《律例下》：

> 第一编《法例》，一章，标题为"用法的范围"，八节
> 第二编《罪例》，一章，标题为"犯罪分析"，九节
> 第三编《刑例》，一章，标题为"刑罚通则"，十九节
> 第四编《律例上》，八章，六十四节；八章标题分别为：
> 反乱所干律
> 职权所干律
> 断狱及诉讼所干律
> 诈伪所干律
> 神明所干律
> 毁弃所干律
> 阍禁所干律
> 丧葬及坟墓所干律
> 第五编《律例下》，六章，六十一节；六章与第四编连续排序，标题分别为：
> 杀伤所干律
> 奸淫所干律
> 婚姻及立嗣所干律
> 窃盗所干律

---

① 以下介绍的内容转引自杨鸿烈：《中国法律对东亚诸国之影响》，84～85 页，北京，中国政法大学出版社，1999。

　　　　财产所干律

　　　　杂犯律

　　应该指出，这部法典内容上基本因循传统，受中国法律影响的痕迹犹深，但在形式上，已经向西方式的法典靠拢。

三、李氏朝鲜的司法机构

　　李朝建立时，明朝也建立未久，体制还没有完备。故李朝在开国时，更多地参考了中国的唐、宋时期的制度和体制。林景范《朝鲜官制考》称："李氏建国在明洪武年间，其官制礼仪，拟唐、宋之制。"

（一）中央

　　根据《增补文献备考》记述，李朝文官称东班，武官称西班，其中又有京官与外官之别。东班京官中，义禁府有推鞫刑狱之职，司宪台有纠弹百官之责。

　　1. 义禁府

　　《增补文献备考》载："太宗十四年……义禁府……掌奉教推鞫之事。"又："今上（李太王）三十一年，改义禁府为义禁司，属之法务衙门……三十二年改称高等裁判所……光武三年，改称平理院。"

　　《经国大典》中规定，义禁府是从一品衙门，主官判事为从一品；下有知事，官秩为正二品；同知事，从二品；经历，从四品；都事，从五品。

　　后经历一职似被削减，而都事的官秩则降为从六品（《续大典》）。

　　一般而言，同知事以上官员只设一人，最多不超过两人（《大典续编》）。

　　而都事一般设有五人，官秩又降为从八品（《大典会通》）。

　　由此可知，李朝的审判机构在很长时间内均为义禁府。近代以后，开始改变。

　　2. 司宪府

　　"李朝太祖元年，因丽制置司宪府，掌论执时政、纠察百僚，振纪纲、正风俗、申冤抑、禁滥伪等事。"

　　司宪府为从二品衙门，内设大司宪一员，官秩为从二品。下辖执义一员，官秩为从三品；掌令二员，官秩为从四品。《经国大典》后减监察一员（《续大典》）。

　　可知，李朝开国，因循了高丽的制度模式，设司宪府，作为主要监察机构。

　　《世祖实录》称：世祖八年（明代宗天顺七年，1463 年）三月条，派遣八道分巡御史，其职权为：守令七事，举行与不纠……守令及将帅及守令万户，察访等贪墨虐民之事。上项水陆将帅及守令，万户驿丞等贪墨虐民及自己冤抑事，许民告诉。

　　《增补文献备考》及《肃宗实录》肃宗七年（康熙二十年，1681 年）正月条对御史纠察的范围有很大的拓展："监司之律已不简……道内有蔑伦败常，坏民俗者；兴讹造言，惑乱民听者；协勒驱使，私役民力者；守令掩置人伦大罪，不为成狱者；冤狱之不得伸理者，勿论久近，并令访问；滞狱累年，官吏互相推诿，久不处决者；土豪广占农庄，欺隐田结，劫夺良女为奴妻。"

　　3. 法曹及法部

　　《增补文献备考》载："本朝太祖元年置刑曹，掌法律，详谳词讼奴隶之政。"

刑曹为正二品衙门，内设判书一员，正二品；参判一员，从二品；参议一员，正三品；正郎四员，正五品；佐郎四员，正六品；律学教授一员，从六品；别提二员，从六品；明律一员，从七品；审律二员，从八品；律学训导一员，正九品；检律二员，从九品。（《经国大典》）

此后，正郎、佐郎均从四员减至三员；检律从二员减为一员；又增设兼教授、别提、审律各一员。（《续大典》）

刑曹：掌法律、详谳、词讼、奴隶之政。其下设四司：详覆司：掌详覆大辟之事；考律司：掌律令按覆之事；掌禁司：掌刑狱禁令之事；掌隶司：掌奴隶簿籍及俘囚等事。①

4. 掌隶院

太祖元年置量刑曹都官；世祖十三年改为掌隶院。掌管奴隶的籍簿及决讼事件。后该衙门改属刑曹。掌隶院为正三品衙门，其中设有判决事一员，正三品。

5. 典狱署

太祖元年设置，为从六品衙门，掌管狱囚。其中设主簿一员，从六品；奉事一员，从八品；参奉一员，从九品。

《增补文献备考》载："今上（李太王）三十一年改法曹为法部衙门，置大臣一员，协办一员……三十二年，改称法部。管理司法行政及恩赦复权，监督各裁判所。"

杨鸿烈先生在《中国法律在东亚诸国之影响》一书中，曾做表详细列述了李朝司法的基本情况。②

（二）地方

与中国古代的制度类似，朝鲜的地方司法也多由行政官员兼理。地方官员称为外官，在外官中，留守、经历、观察使、都史、府尹、庶尹、大都护府使、牧使、都护府使、判官、郡守，等等，都可以以行政官的身份兼理地方司法事务。

四、李朝司法诉讼程序

有关官员的权限，李朝法律有明确规定，特别是有关司法事宜，规定得比较细致，如其规定，逮捕、审问、刑讯犯人，要经鞫厅合议，个人不得独断。其规定："推鞫罪人，请刑、请拿、请查，鞫厅完议以启，参鞫台官勿得独启。"③

审案要有时限规定："凡决狱，大事（死罪）限三十日；中事（徒流）二十日；小事（笞杖）十日。"④

审案上报的程序规定："词讼、衙门决等公事，每十日录启。决讼月日，每朔具移本曹，考勤慢处之。"⑤

丧服制度为朝鲜所接受，最初主要通过《朱子家训》。随着儒家思想在朝鲜半岛的深入传播，《经国大典》以国家法典的形式，将丧服制度法律化。

---

① 参见彭林：《中国礼学在古代朝鲜的播迁》，181 页，北京，北京大学出版社，2005。
② 参见杨鸿烈：《中国法律对东亚诸国之影响》，84～85 页，北京，中国政法大学出版社，1999。
③ 《续大典》卷五，《推断》。
④ 《续大典》卷五，《决狱日限》。
⑤ 《续大典》卷五，《决狱日限》。

注重家族伦常，为中国传统法律之根本，《经国大典》也突出体现了这个特点。如其规定："子孙、妻妾、奴婢告父母、家长，除谋叛、谋反外，绞。奴妻、婢夫告家长者，杖一百，流三千里。"①

晚辈诬告长辈，被视为大逆不道，要处以极刑，"子孙诬告祖父母、父母之律，不待时，绞"。并且，这种犯罪是不给罪犯申辩机会的。"凡子孙告诉其祖父母、父母者，勿辩区直，依法论罪，以明彝论"②。

李朝早期与中期的法律规定的法律程序与中国的有关规定，并无二致。即使是其后期的《刑法大全》，虽在形式上与中国传统法律有所偏离，但吻合处也是很多的。

比如，有关牵连二人以上的案件，《刑法大全》第一编《法例》第一章《用法范围》第二节《听理区域》第7条中规定："二人以上同犯罪，事发，两处官司各拿获时，听轻罪就重囚；少数囚从多数囚；若囚数相等者，移交先发官司受理。"

该条文的规定，与《大明律》卷二十八《刑律·断狱》的规定极为类似。

朝鲜的法律也如中国，适用亲等制度，而朝鲜的亲等制度从根源上与中国相同，唯用词稍有区别，其一般称"等"为"寸"，所谓"一寸亲"即"一等亲"。而亲族、服制的名称全同。

《两诠便考》为李太王所命编纂，其中有"相避"之规定："京外官，本宗大功以上亲（祖、孙、兄弟、三寸叔、侄、四寸兄弟），从祖（祖之兄弟），孙，从叔（父子从兄弟），侄及女夫、孙女夫，姐妹夫，外亲缌麻以上（祖、孙、三寸叔、侄、内外姨从），妻，亲父，祖父，兄弟，姐妹夫；外亲，三寸叔母（姨母），夫，妻，妾亲，同姓三寸叔，侄，四寸兄弟（妻之同姓四寸）并相避（继外亲无相避）。出继亲于本生亲一体相避，婚姻家并相避。"

《刑法大全》第四编《律例上》第三章《断狱及诉讼所干律》第十一节第316条规定："司法官受理自己亲属、雇工、婚姻家、受业师，或曾有仇隙之诉讼者，处答四十。"这条规定，与《大明律》卷二十二《刑律·诉讼》中的规定全同。而《大明律》的规定，实际上又因循于《大元通制·职制》。

有关传唤及拘提被告的规定，从《经国大典》到《刑法大全》，都与《大明律》的规定并无二致。

《经国大典·刑典》"囚禁"条规定："杖以上，囚禁文武官及内侍府、士族妇女、僧人。启闻囚禁；犯死罪者，先囚后启。"

《刑法大全》第 编第 章第三节第8条规定："官员犯罪者，赦任官则先奏后拿，奏任官则先拿后奏。但赦任官犯反逆罪者，得先拿后奏。"

《大明律》卷一《名例》中规定："凡京官及在外五品以上官有犯，奏闻请旨，不许擅问。""若府州县官犯罪，所辖上司不得擅自勾问，止许开具所犯事由，实封奏闻。"唯"其犯应该答决、罚俸、收赎记录者"，始"不在奏请之限"。

由此可见，朝鲜在这个方面实际上比中国要严格，而在后期的《刑法大全》中，对身份的认定又有了更清楚的规定内容。

---

① 《续大典》卷五，《告尊长》。
② 《续大典》卷五，《告尊长》。

第四节
中国文化影响下的古代朝鲜法律思想

一、中国文化对古代朝鲜法律思想的全面影响

中国文化对古代朝鲜的法律思想的影响也是全面的,这种全面影响既体现在时间的延续上,也体现在深度和广度上。应该说,对于古代朝鲜来说,与一个先发的、文明程度远远高于自己的大国为邻,这种全面的影响是不可能避免的。从古代朝鲜建国开始,中国文化就随着中国移民的进入而移植到朝鲜半岛。其后,中国的儒家文化、道家文化、佛家文化、宋明理学、经世之学、现代西学也依次传入古代朝鲜,对古代朝鲜的文化产生了广泛而深刻的影响。

法律既是现实的产物,也是精神的产品。特定的法律模式确定了法律思想的特征,而法律思想也反映了法律制度的发展与变异。古代朝鲜与古代中国一样,没有形成一个法学家阶层,也没有完整的法学体系,而律学的发展也没有中国那么发达。其法律思想基本上是一些思想家对法律的思考,以及一些法律工作者对法律事务经验的总结。以往,在中国的学术界,对古代朝鲜的法律思想没有特别的关注,研究性的文章几乎没有,这使得对古代朝鲜法律的研究缺乏完整性。本节试图弥补这个缺失,但由于可供借鉴的研究成果稀少,史料也很有限,所以,这里只能做一点概括性的论述,其中主要参考了韩国崔钟库先生的著作《法律与司法在韩国》(Law and Justice in Korea)。崔钟库先生对朝鲜法律思想史的研究具有开创性的贡献,在此,笔者谨表敬意。

在远古时代,古代朝鲜的法律象征就与中国有相似性,中国的獬豸在古代朝鲜也有类似的对应,其被称为 Haetae,其与中国的獬豸在外貌上稍有不同,有些地方的没有角,有些地方的有。附带提一下,日本也有相似的神兽,大约是从古代朝鲜传过去的,因为其名为"朝鲜犬"。

崔钟库教授认为,律学存在于古代朝鲜各个时期,但并没有形成自己的理论体系,其被认为是一种科技或杂学的分支,与医学、建筑学等类似,在层次上要低于正统的儒教经学。律学并不在官学中被讲授。但从事法律事务的官吏有时候在小范围内传授其专业知识。而且,刑法理论被探讨得比较深入,而现在民法、商法范畴内的知识,基本上没有上升到进行学术探讨的层次。[①]

但古代朝鲜还是有一些可以被称为法律思想家的人物,如郑道传(1342—1398)。他在儒家学说的框架内建构了有关法律与政府的理论框架,其认为,所有的法律和规则的直接目的,都应该是造福百姓。

---

① See Chongko Choi, *Law and Justice in Korea*,Seoul University Press,2005.

二、古代朝鲜的法律理念概述

（一）古代朝鲜早期的法律理念

这一时期的法律理念，具有神话性质，伦理法成分很大。

1. 普济天下

这是一种利他主义的表述，即人应该要施惠于人类。此理念起源于檀君神话，与利己主义相对立。这种古老的理念不但是古代朝鲜立法的思想基础，也成为朝鲜社会的基本原则。这一理念在现在的韩国仍是基本的社会行为准则。在 1951 年的《教育法》中，政治社会准则被列入其中："教育的目的是使每个公民成为能够造福人类的人。"

2. 远恶敬天

其基本意思是向天祈福、远离罪恶。这是古代朝鲜的一种生活态度和思维方式。

3. 因果报应

基本意思是好的行为导致善果，坏的行为导致灾祸。

这一理念也是产生于檀君神话。古代朝鲜的人认为，人应该追求一种善行的生活方式。由于善的含义要比公正更为宽泛，所以古代朝鲜的法律是一种追求成为善法的法律，而不仅仅只是体现公平。

4. 和谐有序

基本的意思是：世界应该是一个理性、秩序的所在。世界不应该没有秩序存在。

（二）三国、高丽王朝时期的具有佛教色彩的法律理念

这一时期的法律理念，比较鲜明的特点是吸收了许多佛教的思想内容。

1. 众生平等

基本含义是所有的人都将获得拯救。这种理念可以引申出平等的意义，来源于佛教的所谓众生平等的教义。可以说，这种平等理念构成了古代朝鲜法律思想的基础。

2. 惠己及人

基本意思是说一个人自有的权利应该获得保障，但也要承认他人的权利。

这种理念也是出于佛教教义。一方面，人们有着自己固有的权利，但另一方面，也不能忽视他人的权利。

3. 普爱众生

基本的意思是人们之间应该彼此关爱。这也是佛教伦理的基本内容。

（三）儒家的理学法律理念

1. 祖宗成宪

该理念的含义是尊重古人的创制。这也是李氏朝鲜时期立法的首要原则。在儒家思想指导下，王朝统治者认为，遵循古代贤明君王的创制和途径是必须的。这也引申出法律必须保持连续性、稳定性这一法律理念。

2. 礼主法从

这一理念与中国的德主刑辅是很趋近的，但又有所发展，礼被认为是法与道德两极之间的中轴。

3. 良法美意

这种理念的核心思想是良好的法律应该建立在良好的社会风俗之上。好的社会风俗是法律产生的基础。

4. 过失相规

意思是错误的行为要受到相应的惩罚。儒家学者虽然强调道德和教育的作用，但也不忽视法律规范在社会生活中应该起到的作用。

（四）实学意义上的法律理念

1. 实事求是

这一理念是对儒家理学法律观的一种反动。它要求在实践活动中寻找法律存在的价值，用实践检验理论正确与否，检验法律的实际效果。在这一理念的指导下，实学家认为，过于强调礼的地位，会使儒家伦理变得空洞而过于形式化。

2. 知行合一

这一理念的根本思想在于，其认为，通过对实践的评价而增长的美德是更有价值的。在传统的儒家思想中，知比行更重要，更被思想家们重视。而在实学家们看来，知行合一才是发现真理、发展学问的正确途径。

3. 社会变法

传统儒家思想着重于复古，强调对古代法律的尊重，对古代先王成宪的变革被认为是不恰当的。而在 17 世纪末叶，随着社会生活的变化，特别是民族危机的逼迫，实学思想家们都主张用变法的途径解决问题。

4. 法、理、情相平衡

与西方法律讲求逻辑推理、注重抽象概念的法律思维有别，东方的法律实践更关注个案的合理，更注意实际案件中人情与天理的成分。不讲情与理，只依据法律条文的司法方式被认为是不恰当的。

三、古代朝鲜法律思想举要

（一）中古时期（包括三国时期和高丽王朝）的法律思想

在这一时期，佛教在古代朝鲜占据很强势的地位，佛教思想对法律思想的影响很广泛，很深远。

1. 元晓（WONHYO，617—686）

他是一位造诣精深的佛学思想大师。元晓是其佛号，意思是冲破黑暗。他曾打算与其他僧人一起到中国游历，但在途中获得一种神秘的宗教体验而放弃旅行而返家。

他曾写过一部标题大意为"调和学理论争的十种方法"的著作，在这部著作中，他探讨了关于政治与法律的诸多问题，把法律问题提升到形而上学的层面上加以讨论，具有较高的逻辑内涵和论理学意义。崔钟库教授认为，他的思想奠定了佛学法理的坚实基础。

2. 崔承老（CHOE CHIWON，857—910）

他是新罗王朝的重要官员。他在 12 岁的时候就到唐朝学习。874 年，他通过了吏部考试，被授予官职。在 28 岁的时候，他想返回自己的故国。通过努力，他获得被派往新罗的机会，回到了家乡。在新罗王朝，他获得了很高的尊崇，占居高位。他也努力把在中国学习到的知识用于为政之中。他试图把一些中国的制度模式移植到新罗加以实施，但最终未获成功。

他最有名的著作是《桂苑笔耕》，其中有丰富的法律思想。他写道："遵循正义和法律就是道，在敌对的状态下，掌握法律就称为权力。智慧的人依靠理性达到目标，而愚蠢的人由于荒谬而遭殃。上天佑护理性的人而摧毁邪恶的人。太阳和星辰增进人们的智慧，而狂风和雷鸣使法律和管制更显严厉。风、雾、雨，所有这些都是天地力量的显示。而春夏秋冬的变化有助于仁和义的实现。上天不但存在于人们的头顶，也存在于人们的内心。"可以清楚地看到，他的这些思想杂糅了儒、道、佛诸家的思想。

3. 郑梦周（CHONG MONGJU，1337—1392）

郑梦周可以说是高丽王朝中新儒家学派的王家代言人。其出生于高丽王朝末期的上层官宦之家。1367年，郑梦周通过了文官考试，成为成均馆的一名新儒家学派的经师。在这里，他与一些当时很有名望的学者一起担任学馆的教学工作，同时，他还担任了一些宫廷的其他职务。郑梦周与其他学者一起，将中国古典学术作为讲授的中心内容。而他对朱熹的学说有独到的见解，他的学术成就使他获得了很高的赞誉。

其时，明朝刚刚在抗击元朝统治的背景下建立，高丽王朝在外交上处于两难的境地，一些敌对的举措使得高丽与明朝之间产生了严重的隔阂。郑梦周作为修补双边关系的使者，很成功地完成了外交使命，获得了明朝的谅解。他还曾出使日本，也不辱使命。高丽朝被李氏朝鲜取代后，郑梦周曾在新朝廷中供职，但不久即遭到暗杀而死。

在法律建树方面，郑梦周曾主持起草了新刑典，并在高丽朝末年予以颁布。但不幸的是，由于高丽王朝的迅速崩溃，这部法律未及生效。尽管这部法典没有传世，但可以想见，其立法思想必定是儒家学说。

（二）李氏朝鲜早期的法律思想

相比于高丽王朝掺杂着大量佛教内容的儒家学说，李氏朝鲜的思想更加纯粹。宋朝时期，以朱熹为代表的新儒家思潮在中国兴起。古代朝鲜虽然在高丽王朝时期已经开始接受这种思潮的影响，但由于佛教思想的长期熏陶，对新儒家思想的接受不够彻底。而在以后的李氏朝鲜，新儒家思想逐渐成为李氏朝鲜的官方意识形态，也成为其接受和创造政治、法律思想的根本点。

1. 郑道传（CHONG TOJON，1342—1398）

郑道传是古代朝鲜历史上最重要的法律思想家。他既是一位成功的政治家，也是卓有声名的学者。其为官高丽、李氏朝鲜两个王朝，政绩卓越。在1362年，郑道传通过科举考试后步入仕途。同时，他用汉语写就的优美文章也吸引了大批学子追随他。1383年，他进入大将军李成桂的幕府。李成桂也就是灭掉高丽王朝，建立李氏朝鲜王朝的李朝太宗。

1384年，他随同郑梦周出使南京，实地感受了中华文化的博大精深。1384年，他被任命为具有王家研究院性质的成均馆的长官。1390年和1392年，他又两次出使过中国。郑道传是他所处时代最卓越的政治家和学者，深受太宗的赏识。王朝的许多政策的制定多有其参与，他还主持起草了许多重要的法律文件，如《朝鲜经国典》、《经济文鉴》、《经济文鉴别集》。

在儒家学说的框架内，郑道传建构了有关法律与政府的理论框架，其认为，所有的法律和规则的直接目的，都应该是造福百姓。可以说，郑道传的法律思想是在中国传统儒家"民本主义"的基础上发展起来的。他认为，民为邦本。在古时候，君主创立国家，设官授爵，划分社会等级，这一切，不仅仅是要有利于家国，而根本目的是要造福百姓。君王所制定的法律、诏令都应该以不损害百姓的利益为基准。而官员的设置也是为了更好地造福百姓。由此，所有官员都应该善待百姓，有责任提高人民的生活水平。民本主义既是郑道传改革理念的基础，也是实行法律改革的出发点。

郑道传认为，制定法律的目的不是束缚人民，而是保护人民，提高人民的生活水平，这充分表现出一种民本主义的法制观。

2. 李退溪

在李氏朝鲜的五百年历史中，儒教是国家的统治思想。而其中的代表人物有李滉，即李退溪（1501—1570），与李珥，即李粟谷（1536—1587）。

李退溪是古代朝鲜古代儒学的泰斗，他继承了王明阳的学术理论，并自己开创了退溪学派。李退溪的经世思想，是典型的儒家思想。远承孔、孟的心法，近守朱子心学。政治方面，注重德治，而以孝、悌、慈为本。德治的实现，则端在乎君臣。君明臣贤，天下致治；君暗臣佞，天下混乱。而君臣二者间，国君与德治的关系更为密切。退溪曾上疏帝王之学，此即史家称道的"戊辰六条疏"。同时献"圣学十图"，并亲自进讲。他是古代朝鲜儒家思想体系的重要代表，其所构造的"四端七情"说达到了一定的思想高度。其被称为朝鲜的"朱子"。

李退溪在韩国家喻户晓，韩国政府为了纪念这位思想家，将其头像印在了1000元的韩元上。此外，首尔钟路区北部亦有一条退溪路用以纪念他。

李退溪6岁时，从乡间老人始学千字文，12岁随叔父李松斋学《论语》，19岁时曾作诗描写宇宙之道："独爱林庐万卷书，一般心事十年余，迩来似与源头会，都把吾心看太虚"。20岁贪读《周易》，达到废寝忘食的地步；21岁始游太学；27岁乡试合格；33岁为乡举第一名，任承文院副正字，开始了他的官职生涯。历任多种官职，但从53岁所作《天命图》之后，便无意久留官场，最后终于辞退，还乡故里陶山。60岁时开始与奇大升展开"四七之辩"①，逐渐显露出他的学问业绩。李退溪到70岁去世时，其门下弟子辈出。任政丞的就有十多名，得到谥号的有三十多名，大提学超过十人，配享书院及祠宇者多达七十余人。

李退溪的主要著作有《圣学十图》、《天命图致订》、《朱子要节》、《宋元明理学通录》、《伊山书院记》、《答奇高峰书辩七情》、《陶山记》、《戊辰六条疏》等。

（三）实学学派法律思想

李氏朝鲜中期以后，一些学者在关注形而上学的抽象理论问题的同时，也开始把他们的注意力放到历史、地理、社会、经济、文化，以及实用的技术性学问诸方面，这与以往学者过多关注中国古代经典的字句精义有所不同。他们针对自己国家面临的危机（外族的侵略和

---

① "四七之辩"是韩国学术史上最重要的学术论争，李退溪与奇高峰往复通信辩难，探讨了孟子所谓"四端"（恻隐、羞恶、礼让、是非）与"七情"（喜、怒、哀、乐、爱、欲、憎）之间的关系。

压迫）而努力寻找解决问题的途径。他们从更广阔的视角来看待朝鲜与世界，眼界越过了东方的范围，在传统以外开拓解决民族种种社会问题的途径。

1. 李粟谷（李珥，1536—1587）

李粟谷本应该作为儒家的代表，但也有人把他当作古代朝鲜实学的开创者。其名为李珥，字献书，生于朝鲜朝江原道江陵郡北坪村外婆家。因讲学于坡洲江陵粟谷，后人称他为粟谷先生。与李退溪不同，李粟谷多次担任宫廷高官，对朝廷的大政方针的制定起到过关键性的作用，其活动对李氏朝鲜的法制建设作用很大。

李粟谷是李氏朝鲜中期著名的哲学家、思想家，同时又是政治家、教育家、"实学"的创始人。其祖先是河南开封人，父母均系名门出身。李珥从小聪明过人，3 岁时读写同时，8 岁能诗文，13 岁初试进士合格，16 岁丧母，守孝三年间有感于生死问题，19 岁入金刚山，在摩诃淤道场熟习佛道，有所醒悟，20 岁下山再次回归儒学，23 岁在礼安的陶山面见李退溪，问道后求道心更坚，次年因考别试科以《天道策》为状元。李粟谷考中状元后先后历任内外重职，外职当过清洲牧史、黄海道观察使等，内职历任校理、承旨副提学、大提学、大司谏大司宪、户部兵部判书等，还曾担任"远接使"奉使明朝。

李粟谷的思想继承程朱理学思想，而且又有所发展，提出理和气相存互发，为理气一元论者。他认为"四端"是理发气随，七情是气发理乘，故四端主理，七情主气。偏重于气包理和一个气发理乘。但他又主张理先气后的观点和四端包七情的人心道心说。在治国方面，他继承张载的经世致用和务实思想，提倡实理、实心、实意、实功、实事的内圣外王主张。还继承孟子的广开言路的民本思想来实现"实用大同世界"。

李珥的经世思想还包括他的务实论、时宜思想、变法更张、抗战便民策等。在儒家王道中创建了新的政术，使他最终成为朝鲜朝实学思想的创始人。

李珥的主要著作有《天道策》、《东湖问答》、《圣学辑要》、《人心道心说》、《四端七情论》、《老子注》、《万言封事》、《时务六条启》等。今天韩国人为了纪念他，在 5000 元的韩币上印有李珥的头像。

李退溪和李粟谷为忘年交，李粟谷在 23 岁时拜见了李退溪，并对其终生钦佩，但其二人的学术观点有很多不同，后来形成了"退溪学派"和"粟谷学派"，此两个学派在古代朝鲜的政治舞台上争斗激烈而持久。

2. 李瀷（YI I (YULGOK)，1536—1584）

李瀷为李朝中叶的社会改革思想家。李瀷崇尚实事求是的学风，反对绝对崇信和专尚儒教经典及其注释的空疏。其言："穷经将以致用也，读经而不措于天下万事，是徒能读耳。"在这种实学思想的指导下，他主张以改革的方式完善政府的统治方式，保障人民的权利。他反对泥古不化，不赞成对古代的法律奉行不变。他认为，法律要根据社会的发展、时势的变迁而不断进行调整，要与时俱进，不断改良。他坚持要对旧的法律加以改革，因为如果法律不能根据社会具体情况的变化而变化，必然会成为抽象而无实用性的空文。进而，他还提出了一系列的社会改革方案，他认为，封建社会的六蠹：奴婢、科举、两班、浪费、僧尼、游惰，是导致国家贫困的重要原因。这种归纳方式与中国韩非的"五蠹"说很相似。他还提出了改革土地制度、赋税制度，以减轻农民负担。他还要求废除世袭的奴婢法，提出了一些进步的法律主张。

3. 李致永（YI CHINYOUNG）

他是一位很有造诣的法律思想家。崔钟库教授认为他是古代东亚法理学的一位重要人物。

在日本侵略朝鲜的时候，他被俘虏至日本。在日本，他栖身于佛家寺庙中。通过潜心研究，他对明朝和李朝的法律都很精通，通过与日本学者的交流，他把中国的法律在日本进行了有效的传播。他对中国法律概念的解释被日本学者认为是权威性的解释。

4. 安鼎福（1712—1791）

他是朝鲜朝实学派继承者。在朝鲜朝后期，由李珥继承张载经世致用思想，在和外来的天主教所导入的西学理论的抗衡过程中，安鼎福表现尤为突出。在性理学方面他仍拥护朱子学和李退溪的思想主张，当时王阳明的心学已传播到朝鲜半岛，安鼎福为了调和实学派内部分歧，强调"吾心所知之事"与"散在物上之理"是一回事，对程朱性理学与王阳明心学予以调和。并批评将人欲看作天理的谬误之处，对程朱理学、王阳明心学作了部分批评。而安鼎福当时更关心的是从实学做起，他认为朱子学对张载的"东铭"评价太低，而对"西铭"的制成图式大力推崇，提出"东铭"是"省察克己收敛身心之大诀也"，表现出重视日常实践的思想。

安鼎福对日常生活的关注主要表现为杂学的学风。他撰写的《万物类聚》按天道、地道、动植物、臣道、秋官、冬官的体系整理了从自然现象到社会制度的广博知识。又撰写《杂同散异》53 卷，是数量庞大的名物度数和经史、诗文知识的集大成之作。还撰写了关于社会制度的《临官政要》、《政语》，其学风继承了李珥的实学作风和为学态度。特别是他的《临官政要》中收录的《牧民心鉴》是力图规定守令德治方面的细则，最终影响了实学集大成者丁若镛，可以说是《牧民心书》意识的发端。

安鼎福是李瀷门下的高足弟子，在其门下广泛接触了西方知识，但他不赞同吸收西学知识而激烈反对天主教。在他论著中有关天文、地理的知识几乎不提西洋学科，而认为当时的朝鲜仍是农业国家，极力肯定、推崇熊三拔的《秦西水法》。安鼎福认为儒教修身养性治天下，行善去恶是为了死后的福气。而天主教最终是为了接受上天的批判，二者存在很大差异。并认为儒教以外的鬼神论都是异端邪说，并为此他发表了《天学考》、《天学问答》，表现了他儒学的正统意识，但从某种意义上也表现了他脱离实学派开放合理性的一面。

安鼎福的实学思想还表现在对史书的考证和整理方面。《东史纲目》、《列朝通记》是他对韩国史学研究考证的专著，他通过《东史纲目》对以前史书《三国史记》、《高丽史》、《东国通鉴》中的笔法和错误之处进行了批驳和纠正。而仿照朱熹的《通鉴纲目》体系对韩国史进行了全面整理。安鼎福认为"历史是按照事实记录的文章"，这种态度弘扬了实证性和文献考证的周密性。这是他继承实学思想具有代表性的业绩。

安鼎福的主要著作有：《东铭图》、《万物类聚》、《下学指南》、《临官政要》、《政语》、《牧民心鉴》、《天学考》、《天学辩》、《东史纲目》、《列朝通记》、《东国通鉴》等。

5. 丁若镛

丁若镛是实学学派的集大成者，他发展了早期实学家的优秀传统，对政治、经济、历史、地理、语言、文字、军事、物理、音乐、医学等都有广泛而深入的研究，主要著述集中于《与犹堂全书》500 卷中。在学风上，丁若镛反对空谈，主张学问应该与现实社会生活相联系，以便达到"经世致用"的目的。在社会改革方面，丁若镛在不背离李瀷的经世致用方针的前提下，又继承北学派力主技术导入、振兴经济的社会改革方式方法，提出了自己的改革方案。其涉及政治、法律的主要内容有：否定君主专制制度，在《原牧》中，他阐述了社会等级分化的演变过程，否定了官权神圣、官主民奴思想的存在基础；在《汤论》中，他用中国封建社会"易姓革命"的史实，论证了民权思想的合理性。他甚至主张用人民协议的方式取代君主专制制度。在《经世遗表》中，他主张废除封建身份等级制和世袭制，实行任人唯贤的用人方式；他还提出要打破门阀、阶级和地方的差别，废除科举制度等一系列振聋发聩的社会政治改革方案。丁若镛的思想发展明显受到了明末清初启蒙思想家黄宗羲、顾炎武等的影响。

四、文化的相似性与法律的一致性

（一）从对中国书籍的收集看中国文化对古代朝鲜法律的影响

彭林先生称："就儒家化的程度而言，古代朝鲜是中国本土之外最为彻底的地区。"[①]

书籍是文化交流的最广阔的途径，在古代社会尤其如此。通过对中国图书典籍的搜求，朝鲜必然会在典章制度方面受到中国的影响。

除了朝鲜士人自己在中国购买中国书籍以外，朝鲜的使节更是搜求中国典籍的主要力量。如 1439 年（明英宗正统四年，李朝世宗二十一年），李朝使节李思俭赴明贺圣节，附带的重要任务就是购买中国的图书典籍，"凡礼乐制度诸书，广求而来"[②]。1451 年（明景帝景泰二年，李朝文宗元年），李朝文宗"传教集贤殿曰'欲令赴京使臣买书籍之切于观览者，磨勘以启。'于是，集贤殿'乃以《东岩周礼》、《仪礼》、《经传通解》……《通志》、《中庸辑略》、《资治通鉴总类》、《通鉴本末》……《宋朝名臣五百家》……《宋朝名臣奏议》等书以闻'"。李朝国王遂"命付今去使臣之行，贸易以来"[③]。1480 年（明宪宗成化十六年，李朝成宗十一年），李朝"奏闻使鱼世谦回自京师，进《文翰类选》、《五伦书》、《律条疏议》、《国子通志》"[④]。其中，《律条疏义》肯定为法律书籍，具体为《唐律疏议》还是对《明律》的解释未可详考。1518 年（明武宗正德十三年，李朝中宗十三年），李朝"正朝使新贸来《大明会典》"[⑤]。1589 年（明神宗万历十七年，李朝宣祖二十二年），李朝谢恩使李友直自明返国，"进《大明会典》撰写一卷，及闻见小录"[⑥]。1589 年（明武宗万历十七年，李朝宣祖

---

① 彭林：《中国礼学在古代朝鲜的播迁》，1 页，北京，北京大学出版社，2005。

② 《李朝世宗实录》二十一年条。转引自杨昭全：《中国——朝鲜·韩国文化交流史》，第 3 卷，910 页，北京，昆仑出版社，2004。

③ 《李朝文宗实录》元年条。转引自杨昭全：《中国——朝鲜·韩国文化交流史》，第 3 卷，910 页，北京，昆仑出版社，2004。

④ 《李朝成宗实录》十一年条。转引自杨昭全：《中国——朝鲜·韩国文化交流史》，第 3 卷，911 页，北京，昆仑出版社，2004。

⑤ 《李朝中宗实录》十三年条。转引自杨昭全：《中国——朝鲜·韩国文化交流史》，第 3 卷，914 页，北京，昆仑出版社，2004。

⑥ 《李朝宣祖实录》十八年条。转引自杨昭全：《中国——朝鲜·韩国文化交流史》，第 3 卷，918 页，北京，昆仑出版社，2004。

二十二年），李朝圣节使尹根寿自明返国，"赍《大明会典全书》及皇敕以来"①。这样的记述在《李朝实录》中比比皆是。

除搜求购买中国典籍以外，朝鲜还翻印了大量的中国书籍。李朝时期，朝鲜的印刷技术已由雕版印刷为主发展为活字印刷为主，从而为大规模翻印中国书籍提供了技术上的可能性。李朝王廷曾多次以官方的名义翻印中国的政教典籍，发给地方的官府和官吏，以此作为办事的参考，中国法律也通过这种途径对朝鲜的法律制度施加了最直接的影响。如公元 1466年（李朝世祖十一年），李朝国王世祖"出内藏《大明律解律》、《律学解颐》、《律学辨疑》等书，命大司宪梁成之校定。分送《讲解律》于庆尚道，《解颐》于全罗道，《辨疑》于忠清道，使之刊印各五百件，广布中外"②。由此可知，李朝政府曾将中国的律学著述，分别交由不同地方的政府刊刻分发。

这条史料很清楚地显明了中国法律对朝鲜法律的直接影响，朝鲜国王本身就收集了很多中国的法律典籍和刊本，并将它们校定刊印，分发地方官府，这种举措在朝鲜法律史上应该不是唯一的一次。

清朝以后，朝鲜搜求中国书籍的要求有增无减，虽然清政府曾下令不允许卖书给李朝使节。比如，1691 年（清圣祖康熙十六年，李朝肃宗三年），李朝使节李沉、徐文重赴清时，其随员译官张灿在北京购得《大明一统志》，为清朝查获。按照清朝法律，这种行为的当事人张灿应该被革职发配边界充军。而使节李沉、徐文重应被革职。但此事上奏康熙后，获宽免。李沉回国后，向朝鲜国王奏明了此事："《大明一统志》贸来之际，被捉于搜括，臣以为史记外约条无禁令，此是地家书之类，不必禁之，衙译终不肯听矣。"③ 此事之后，朝鲜到中国购买书籍的行为并没有明显的减少。

1777 年（清高宗乾隆四十二年，李朝正宗元年），李朝进贺使兼谢恩正使李溆等到北京，本打算购买《四库全书》，但未能如愿。遂购买铜版活字本《古今图书集成》一套。"共五千二百卷，五百二匣，给价银子二千一百五十两。"④

1823 年（道光三年，李朝纯宗二十三年），李朝使者金鲁敬自北京购得《皇朝三通》（《清通典》、《清通志》、《清文献通考》），就此，启奏国王："昨年以《通考》事陈奏后，即许刊改，实为万幸。而今行取见全帙，则并与《通典》、《通志》而皆有续纂，合而名之曰《皇朝三通》。此书关系大义理，不可不藏之内府，垂之永世。故兹以贸来，庸备乙览。"⑤

如所周知，《皇朝三通》中包括了中国最基本的制度宪典，其中有关法律制度的内容有很多。朝鲜王廷在收集此书后，对其立法等活动应该有比较重要的参考价值。

中国图书典籍在清代存续期间输入朝鲜的数量，恐怕多至难以确证，我国台湾地区学者

---

① 《李朝宣祖实录》二十二年条。转引自杨昭全：《中国——朝鲜·韩国文化交流史》，第 3 卷，918 页，北京，昆仑出版社，2004。

② 《李朝世祖实录》十一年条。转引自杨昭全：《中国——朝鲜·韩国文化交流史》，第 3 卷，923 页，北京，昆仑出版社，2004。

③ 转引自杨昭全：《中国——朝鲜·韩国文化交流史》，第 3 卷，928 页，北京，昆仑出版社，2004。

④ 《李朝正宗实录》元年条。转引自杨昭全：《中国——朝鲜·韩国文化交流史》，第 3 卷，932 页，北京，昆仑出版社，2004。

⑤ 《李朝纯宗实录》二十三年条。转引自杨昭全：《中国——朝鲜·韩国文化交流史》，第 3 卷，933 页，北京，昆仑出版社，2004。

张存武先生曾对此进行过细致的研究，其认为"繁多不胜故举"①。

韩国学者李相殷编有《古书目录》，收录了韩国四个主要藏书机构的古书目录，计奎章阁 33 088 种，113 820 册；国立中央图书馆藏 23 251 种，83 677 册；国史编纂委员会藏 4 175 种，19 569 册；藏书阁藏 12 769 种，40 569 册。其中很大一部分为中文古书，以奎章阁为例，其中所藏中国版古书 5 601 种，62 082 册。从册数来说，超过全部古书收藏的一半以上。

从朝鲜收集中国的图书典籍这一点，还可以得出这样一个结论，即朝鲜在接受中国文化上是极为主动的，其将中国文化作为自己文化建设的基础。从历史事实上也可以看到，朝鲜的文化是以儒家文化为根基的。这就导致朝鲜的政治制度、法律制度，乃至经济制度，也都是以儒家文化为基本理念的。这种共同的理念就导致朝鲜也完全主动地接受中国的制度影响，甚至以中国的制度为其自身的基本制度框架。

（二）中国对朝鲜法律近代化的影响

近代以来，朝鲜与中国同样进入现代化的轨道中，其法律制度也随之发生变化，而在这种变化中，中国的变法思想家起到了很大的影响作用。其中，《万国公法》传入朝鲜，对其产生了很大的影响。《万国公法》是美国传教士丁韪良②翻译的一部国际法权威著作，其原作者是美国人惠顿。③ 丁韪良的翻译并非忠实的直译，而是一种译述性质的再作，这大概是由于古代中国的文字与西方文字相距较大的原因吧。这部书共四卷：第一卷，阐述了国际法的基本准则；第二卷，阐述了各国"自然之权"，包括各国维护自主之权、各国自主其内事之权等；第三卷，阐述各国"平时往来之权"，诸如通使、钦差驻扎外国、领事权利、商议立约等；第四卷，阐述"交战条规"，包括定战、宣战、战时贸易、互换俘虏、和议签订等。

1864 年，这部书的出版，对于当时对西方国际法一无所知，而又不得不与西方国家接触、谈判的中国人来说，有很大的意义。他们起码知道了西方人谈判的理据何在，了解了西方国家的行为方式，了解了西方国家通行的国际关系准则的基础和原则，打破了以往对西方人行为的种种猜测，明白了与之交往的基本途径和方法。朝廷从事洋务之官员，多努力研读，以为理据。王韬在《瓮牖余谈》中的评述很有代表性，其言："言律例之学者，如丁韪良之《万国公法》，采取广富而断制详明。"谭嗣同认为，《万国公法》是"西人仁至义尽之书，亦即《公羊春秋》之律"。唐才常认为："今夫不谙公法律例之学，其大病有二：一则如前异视远人之弊；二则动为西人恫吓，凡章程条约，事事予以便宜。"④ 这种意义对于与中国处境相类似的朝鲜来说，也是存在的。

当时的学者曾撰《万国公法释义》，对《万国公法》进行逐条注释，并上书朝廷，主张利用国际公法与西方国家周旋，以挽回利权。

当然，也有一些思想家对其作用表示怀疑。如王韬对西方的国际法表示了一定的质疑，对不同国家适用不同标准的做法表达了不满："彼之所谓万国公法者，先兵强国富，势盛力

---

① 引自杨昭全：《中国——朝鲜·韩国文化交流史》，第 3 卷，936 页，北京，昆仑出版社，2004。

② 丁韪良（1827—1916），美国人，北长老会教士，1850 年到中国传教，其著述为中国的现代化转型时期的思想构建贡献良多。

③ 惠顿（1785—1848），曾任美国纽约州法院法官、联邦最高法院的判决发言人，也曾担任美国驻丹麦、普鲁士的外交官，其于 1863 年出版的《万国公法》一书，为西方国家公认的国际法权威著作。

④ 转引自杨昭全：《中国——朝鲜·韩国文化交流史》，第 4 卷，1356 页，北京，昆仑出版社，2004。

敌，而后可入乎此，否则束缚驰骤，亦惟其所欲为而已。"①

唐才常也说："《万国公法》虽西人性理之书，然弱肉强食，今古所同。如英之墟印度，俄之灭波兰，日本之夺琉球、乱朝鲜，但以权势，不以性理，然则公法果可持乎?"②

杨昭全先生指出："《万国公法》对中国，以及对当时的朝鲜和日本，均有积极意义。它表现在该书所倡导西方世界的国际法原则，虽属于欧洲基督教文化圈的国际法，但毕竟向中、朝、日三国较为完整地介绍了西方资本主义国家之间通行的国家关系中若干民主与平等交往的原则，一种以主权国家、国际法，以及均势为基础的，不同于'华夷秩序'的条约体系。"③

咸同年间，朝鲜李朝学者吴庆锡利用担任李朝赴清使节通事（翻译）的机会，了解到中国在鸦片战争以后所发生的社会变化，并读到了魏源的《海国图志》、徐继畲的《瀛环志略》等介绍西方国家的书籍，眼界为之大开。回国后，他联络刘洪基等人，开始在朝鲜宣传改革思想。他们与朴圭寿（朴趾源之孙）等人，其思想主张共同形成了朝鲜的开化思想。其思想内容主要为：学习外国、讲求西学；变法维新，追求独立；平等民权和君主立宪。他们之后的俞吉浚把开化思想上升到理论体系的高度，成为开化思想的代表人物。俞吉浚的开化理论突破了全盘西化论、全盘否定西化论，以及"东道西器"论的思想束缚，提出了广泛吸收全人类优秀文化精华，以达到文明开化的新观点。其后，继承并发扬开化派思想的还有金玉均等人。

1876 年（李朝高宗十三年），日本逼迫朝鲜签订了《江华条约》，朝鲜陷于民族危急之中。此时，朝鲜的开化派分化为温和派与激进派。前者以金弘集、金允植、鱼允中等为代表，主张"东道西器"，缓进变革，维持与中国的传统关系。后者以金玉均、洪英植、朴泳孝、徐光范、徐载弼等为代表，主张效法日本明治维新，否定儒家思想的价值，主张摆脱中国而独立，以日本为榜样而推动朝鲜的改革。这种努力最终导致了 1884 年 12 月的甲申政变。

关于《万国公法》何时传入朝鲜，学术界有所争论。韩国学者李汉基认为，这个时间应该是 1877 年。其过程为，该年（李朝高宗十四年），日本外交代表花房义质将《万国公法》和《星轺指掌》赠给了朝鲜礼曹判书赵宁夏。④ 而可以佐证这一说法的史料有以下若干：

1880 年（李朝高宗十七年），李朝使节金弘集赴日本，在日本拜会了清驻日公使何如璋。在会晤中，当何如璋向金弘集介绍曾为《万国公法》写序的张斯桂时，金弘集称："近读《万国公法》序文，（张斯桂）先生蕴抱，早已仰悉，年高德劭，神明益旺，尤可敬也。"⑤

1882 年，李朝大臣池锡永于 8 月 23 日奏文中称："《万国公法》、《朝鲜笔略》（应为策略之误）……等书对通晓时务颇多助益。"

---

① 王韬：《弢园文录外编》。
② 唐才常：《唐才常集》，44～45 页。
③ 杨昭全：《中国——朝鲜·韩国文化交流史》，第 4 卷，1357 页，北京，昆仑出版社，2004。
④ 转引自杨昭全：《中国——朝鲜·韩国文化交流史》，第 4 卷，1360 页，北京，昆仑出版社，2004。
⑤ 金弘集：《修信史日记》。转引自杨昭全：《中国——朝鲜·韩国文化交流史》，第 4 卷，1360 页，北京，昆仑出版社，2004。

　　《万国公法》在朝鲜受到极大的重视，可以说成为朝鲜认识国际法的基本材料，甚至把它作为处理对外事务的基本准则。"我国素无他交，惟北事清国，东通日本而已。自数年来，宇内情形日变，欧洲雄长东洋诸国，皆尊其公法，舍此则孤立寡助，无以自保。"①

　　1866 年（李朝高宗二十三年），李朝王廷翻刻《公法会通》，李庚植在该书序言中称："今泰西诸国，日开文明之化，玉帛相交，梯航相同。各国大宪，审断公牍，援而为例，即《万国公法》、《公法便览》是已……持论公而不偏叙事，确而有据，盖莫非保国善邻之道也……（朝鲜）处于亚洲之东，守先王礼法衣冠文物，侔拟三代而世远地僻，素无外交，尚未免孤陋之叹。"②

　　出使日本的李朝使节金绮秀称："其所谓《万国公法》者，诸国缔盟，如六国连横之法，而一国有艰，万国救之；一国有失，万国攻之；无偏无憎，无偏无击。此西人之法，而方规奉行，不敢有失。"③ 这种认识虽然粗浅，但也可谓是打开了眼界，对国际法的内容和准则有了初步的理解。

　　《万国公法》在朝鲜的传播，与其在中国的传播相比，还多了一层意思，即其改变了以往的外交理念，摆脱了对中国的心理依附。杨昭全先生称："《万国公法》在朝鲜的广泛传播，强烈激发了朝鲜的国权意识，从而为朝鲜摆脱传统的华夷秩序的束缚，开展独立自主的外交奠定了理论基础。"④

　　朝鲜的法律改革，在思想上也从中国获得诸多借鉴，特别是一些变法思想家的著作对其有极大的启发作用。其中最突出的是梁启超的变法主张在朝鲜的改革者中获得了强烈的共鸣。如朝鲜爱国文人黄铉称："康有为，广东人；与其徒梁启超力倡新学，及事败，有为逃英伦；启超逃日本。启超时年二十八，天才绝异，文章奇博。在日本著《清议报》，以刺贬当时。著《饮冰室文集》数千万言，其议论纵横瑰伟，力翻成案，风行五洲，读者吐舌。"⑤甚至有人把梁启超的著作当作救世良药，其言："去春，蜜哑子刘元构到水原农场回途，往访旧日所亲的某宰相。刘在谈话中，力劝该宰相阅读《饮冰室文集》……只有救国第一灵药《饮冰室文集》，方可挽回危弱垂亡的韩国。"⑥

---

　　① 杨昭全：《中国——朝鲜·韩国文化交流史》，第 4 卷，1360 页，北京，昆仑出版社，2004。
　　② 杨昭全：《中国——朝鲜·韩国文化交流史》，第 4 卷，1361 页，北京，昆仑出版社，2004。
　　③ 金绮秀：《日东游记》。转引自杨昭全：《中国——朝鲜·韩国文化交流史》，第 4 卷，1361 页，北京，昆仑出版社，2004。
　　④ 杨昭全：《中国——朝鲜·韩国文化交流史》，第 4 卷，1362 页，北京，昆仑出版社，2004。
　　⑤ 黄铉：《梅泉集》卷三，庚子七月条。转引自杨昭全：《中国——朝鲜·韩国文化交流史》，第 4 卷，1369 页，北京，昆仑出版社，2004。
　　⑥ 《蜜哑子经历》，载《大韩每日申报》，1907-09-06。转引自杨昭全：《中国——朝鲜·韩国文化交流史》，第 4 卷，1370 页，北京，昆仑出版社，2004。

第三章

中国法律文化对南亚、中亚、西亚国家和地区的影响

第一节
中国法律文化对越南的影响

一、中国传统文化对越南的影响

越南与中国山水相连，两者之间有着悠久而密切的联系，诚如历史学家戴可来先生在谈及中越关系时说："在长期的历史交往中，两国人民之间的经济、文化交流十分频繁。可以说，世界上没有任何一个国家与中国关系之密切，有如越南者。"[①] 中国古代文化对越南文化的影响颇为深远。考古发现，在越南东山文化遗址中，出土了很多中国文化的见证物。这些出土的青铜兵器"都具有秦汉时代兵器的风格"，铜耳环、手镯、铜带钩和铜泡等装饰品，"都与中国汉代的样式极其相似"。同时还出土了汉五铢钱和王莽钱等。而在越南出土的铜鼓，一般学术界认为起源于云南中部偏西地区。至于传播方式，有学者指出是古代民族在漫长的民族迁徙过程中，把铜鼓文化传播到越南等东南亚国家的。"大约公元前五世纪至公元二世纪，东南亚地区发生民族迁徙的浪潮。这次民族迁徙的浪潮是由亚洲大陆东部的中国和中南半岛向南洋群岛移动。对于这次东南亚民族迁徙浪潮，考古学者虽有不同的假说，但一般认为，它带去了中国的铜鼓文化。"[②]

如果单从考古的实物不能完全证明中国文化对越南的影响之深厚的话，那么从两国之间的历史联系来看，越南从中国学习的文化包括典章制度、医学、文学艺术、风俗习惯等各方面。

在我国古代史籍中，都记载有关于神农、颛顼、尧、舜、禹等人"南至交趾"、"南抚交

---

① 戴可来等校点：《岭南摭怪等史料三种》，1页，郑州，中州古籍出版社，1991。
② 严崇潮：《印度尼西亚历史地理探索》，载《亚洲文明》，第 2 集，合肥，安徽教育出版社，1992。转引自《中国与东南亚文化交流志》，12～13 页，上海，上海人民出版社，1998。

趾"的传说。① 同样，远古史籍还记载有交趾使者北上的传说。《尚书大全》卷三载："交趾之南有越裳国，周公居摄六年，制礼作乐，天下和。越裳氏以三象重九译而献白雉，曰：'道路悠远，山川阻深，恐使之不通，故重九译而朝'"。由此可见，古代中越两国已经有来有往了。公元前 214 年，秦平南越，设南海、桂林、象郡（今越南中部、北部及广西西南部），越南北部开始成为中国中央王朝直辖的领地，这种归属状态一直持续至宋初。

在越南北部被辖于中原王朝期间，中央政府通过向当地派驻官吏、戍兵移民、商业交往等方式，促进了中越之间文化交流，也促使中华文明在越南的扎根。光武中兴，锡光、任延为交趾、九真太守，"建立学校，导之礼义"②。特别是任延，见九真"骆越之民，无嫁娶礼法，各因淫好，无适对匹，不识父子之性，夫妇之道"，于是"移书属县，各使男年二十至五十，女年十五至四十，皆以年齿相配。其贫无礼聘，令长吏以下各省俸禄以赈助之，同时相娶者二千余人"③。"而言语各异，重译乃通。人如禽兽，长幼无别。项髻徒跣，以布贯头而着之"，大量的内地移民进入后，"乃稍知言语，渐见礼化"④。交趾地区的文化得到发展，落后的习俗得以改进，从而交趾人民的文化素质得到了提高，儒学开始得以传播。三国两晋南北朝时期，中原动乱，许多人士迁徙于交趾，中原文明又一次在越南得到传播。这些南迁之士中，有名的如许慈、许靖、枢晔、程秉、薛综、刘熙、牟子等。许慈"师事刘熙。善郑氏学，治《易》、《尚书》、《三礼》、《毛诗》、《论语》，建安中，与许靖等俱自交州入蜀"⑤。程秉"避乱交州，与刘熙考论大义，遂博通五经，士燮命为长史"⑥。薛综"避地交州，从刘熙学"⑦。这些有识之士受到交趾太守士燮的重用，交趾成为"通诗书，习礼乐"的"文献之邦"。特别是牟子，避乱交州，所著《理惑论》一书成为交州地区佛学名著经书，促进了交州佛学的发展，为以后李朝、陈朝佛教的发展奠定了基础。唐设安南都护府，加强了对越南的管治，在安南推行同内地一样的文教和人才选拔制度。安南爱州人姜公辅入唐朝，登进士第，后官至谏议大夫，同中书门下平章事，其弟公复亦为唐朝太守。而唐朝流放于安南的著名诗人沈佺期、杜审言等人在安南留下许多脍炙人口的诗句。经过一千多年的中原文化的渲染，安南无论是物质文化还是精神文化，都蕴涵着中国文化。越南史学家陈重金指出，北属时代结果是越南人濡染了中国文明，"在信仰、学问以及治理方法上无论什么时候都受中国的影响"，"我们的人已尊奉了中国的学术和宗教，则我们的一切也都完全效法中国"⑧。

唐朝灭亡后，中国进入五代十国的混乱时期（906—960）。越南封建主利用中原的分裂

① 《淮南子》卷九《主术训》篇中说："昔者神农之治天下也……其地南至交趾，北至幽都。"《史记·五帝本纪》卷一："帝颛顼高阳者……北至于幽陵，南至于交趾，西至于流沙，东至于蟠木。""虞舜者，名曰重华……南抚交趾、北发，西戎、析枝、渠庾、氐、羌，北山戎、发、息慎，东长、鸟夷，四海之内，咸戴帝舜之功。"《墨子》卷六《节用》篇："古者尧治天下，南抚交趾，北降幽都。"《吕氏春秋》卷二十二《慎行论·求人》篇中："禹东至抚木之地……南至交趾、孙朴、续橘之国……西至三围之国……北至人正之国。"
② 《后汉书》卷八十六，《南蛮西南夷列传》。
③ 《后汉书》卷一〇六，《任延传》。
④ 《后汉书》卷八十六，《南蛮西南夷列传》。
⑤ 《蜀志》卷十二，《许慈传》。
⑥ 《吴志》卷八，《程秉传》。
⑦ 《吴志》卷八，《薛综传》。
⑧ ［越］陈重金著，戴可来译：《越南通史》，北京，商务印书馆，1992。

动荡之机，纷起割据，形成为时 22 年的"十二使君之乱"。至 968 年，豪族丁部领削平十二使君之乱，统一字内，建立大瞿越国，摆脱了长达千年的中国郡县统治，开启自主王朝的新时期。中经前黎朝、李朝、陈朝、胡朝、属明时期、西山朝、后黎朝和阮朝，期间各朝与中国都保持藩属关系。中国文化在越南文化上的烙印，并未因为越南独立而消退，相反这种印记愈加加深了。正如日本学者松本信广言："从越南即使脱离中国支配后仍然继续受中国文化的影响，汉文化至今还在那里居统治地位的情况看，中国文化对越南境内的人民同化力之强是令人吃惊的。假如交趾没有脱离中国的支配，它会成为第二个广东、广西省的。即使偶然独立了，越南人的文化也没有从中国文化之壳中脱出来，而是作为中国文化的代表向南方发展。"[①]

在越南北部辖属于中国之时，汉字已成为当时使用的主要文字。当越南独立后，汉字也是在一长段时间作为官方正式语言使用。无论是官方文诰，还是科举考试都通用汉字。还有一些重要的史学、哲学、经学、文学、艺术、医学等著作均用汉文写成。从李朝至陈朝末四百年中，用汉文写成的官书和个人著作，除已失传外，见于记载的尚存 33 册。越南人亲切地称汉字为"咱们的字"（Chuta），可见其影响深远。[②] 约在 13 世纪初，越南民族在汉字的基础上，以汉字和汉字部首为原料创制了"喃字"，喃字是以汉字为基础，依照汉字"六书"中的会意、假借、形声等造字法，创制的一种方块文字。而要学会喃字，首先必须学懂汉字，这表现出喃字本身即是汉文化在越南传播、发展的产物。由于喃字使用起来比汉字更难，加之编造不规范，不统一，所以尽管当时统治者极力推广，喃字一直未能取代汉字作为正式官方文字。如今越南人使用的文字仍是受到汉语的影响。词汇上，越南语借用了大量的汉语词，语言学界通常把这种被借用到越语中的汉语词称为汉越语（汉越词）。据法国汉学家 H. 马伯乐统计，汉越词约占越语词汇总量的 60%。它涵盖的范围也相当广泛，政治、经济、法律、哲学、宗教、文学艺术、自然科学等领域，无所不及。其中以政治、经济和法律等领域的汉越词所占比例最大，各种研究材料显示，在政治、经济和法律等领域这一比例高达 70%～80%。而在语音上，越南语仍吸收了汉语中的音节等。[③]

借助于文字这样的载体，儒家的三纲五常、仁义、孝悌、忠恕等伦理观念渗透到了越南社会生活的方方面面，成为越南传统思想的组成部分。开科取士，以《四书》、《五经》为主要教材，奖励儒学不遗余力。统治者也利用儒家思想来治理国家，其中如典章制度也包含儒家的思想。

从上述可知，作为文化中的一分子的越南法律，自然也难脱中国法律文化的影响。

二、古代中国法律对越南法律的影响

（一）李朝时期中国法律对越南法律的影响

中国法律首传于越南，当在东汉马援平定交趾征侧、征贰姐妹起义之时。史籍记载马援

---

① 《松本信广关于越南的若干看法》，载《南亚与东南亚资料》，1983（6）。

② 参见陈玉龙：《中国和越南、柬埔寨、老挝文化交流》，载周一良主编：《中外文化交流史》，郑州，河南人民出版社，1987。

③ 参见谭志词：《汉语对越南语的影响》，载《中国东南亚研究会通讯》，1996（3）；谭志词：《论汉字对字喃的影响》，载《中国东南亚研究会通讯》，2002（2）。

平定交趾后，"条奏越律与汉律驳者十余事，与越人申明旧制以约束之，自后骆越奉行马将军故事"①。据此可知，马援平定交趾后，《汉律》开始在越南实施。日本学者牧野氏《安南黎朝刑律中家族制度》文中认为在唐代之前，越南所行法律即主要是以《汉律》为主。②

968 年（宋开宝元年），丁部领称帝，"起宫殿，制朝仪"，建立一套行之有效的国家机器。为了威慑天下，丁皇帝"乃置大鼎于庭，养猛虎于栏，下令曰：'有违者，受烹啮之罪。'人皆畏服，无有犯者"。可知此时丁氏尚未构建完整的法律体系，而依靠较为原始的惩罚手段。难怪越南历史学家黎文休评其曰："制度略备。"③ 然后世者，皆仿效中国法律，结合本国实际，各定刑章。

迨李氏王朝兴起，越南的法制渐备。李太宗明道元年（宋庆历二年，1042 年），有鉴于"天下狱讼烦扰，法吏拘律文务得深刻，甚者或至枉滥"，帝为之恻然，于是"命中书删定律令，参酌时世之所适用者，叙其门类，编其条贯，别为一代刑书"。刑书颁行后，"民以为便"④。大定十八年（宋绍兴二十七年，1157 年）诏定律令。不仅如此，李朝还重视法制的实施。吏官入仕时，也要考"刑律"，以作为升官的依据。宋徽宗大观初，李氏遣使入贡，要求在宋购买书籍，诏"除禁书，卜筮、阴阳、历算、术数、兵书，敕令、时务、边机、地理外，余书许买"⑤。显然律典未在禁中，因此有可能购买法典而回。由于刑书以及所定的一些律令已失传，未能知其大概，以下仅从所存法令来分析李朝法律受到的中国法律影响。⑥

经济法律制度：李朝法律规定保护农民财产，禁止偷盗百姓的农作物。明道二年（宋庆历三年，1043 年），李太宗幸古览行营，"诏诸强盗百姓秋禾财物得财，杖一百，不得财而伤人者，以流罪论"⑦。中国秦律规定偷盗别人桑叶，罚徭役等，唐律规定不得食毁盗他人瓜果，明清律也有类似的法令。显然，这种维护农民利益的法律在越南也得到了汲取。乾符有道四年七月（1042 年），诏令"诸盗官牛者，杖一百，一头罚二头"，明道八年（宋政和七年，1117 年）又申明《盗杀牛令》："诸盗杀牛，杖八十，徒犒甲，其妻杖八十，徒桑室妇，并偿其牛，邻家不告者，杖八十。"⑧ 而中国历朝都对偷盗和杀害牲畜的行为予以惩治。如汉律："杀伤马、牛，与盗同法。"⑨《唐律疏议》："诸盗官私牛马而杀者，徒二年半。"此后中国历代皆有类似的规定。虽两国对盗杀牲畜的处治轻重有所不同，但多以"徒罪"处之。

① 《后汉书》卷二十四，《马援列传》。

② 参见杨鸿烈：《中国法律在东亚诸国之影响》，417~418 页，北京，中国政法大学出版社，1999。

③ ［越］吴士连著，陈荆和编校：《大越史记全书》卷一，《本纪·丁纪》，日本东京大学东洋研究所，1968 年刊印。

④ ［越］吴士连著，陈荆和编校：《大越史记全书》卷二，《本纪·李纪》，日本东京大学东洋研究所，1968 年刊印。

⑤ 《宋史》卷四八八，《交趾传》。

⑥ 参见张金莲：《浅议明以前中国法律对越南的影响》，载《经济与社会发展》，2009（1）。

⑦ ［越］吴士连著，陈荆和编校：《大越史记全书》卷二，《本纪·李纪》，日本东京大学东洋研究所，1968 年刊印。

⑧ ［越］吴士连著，陈荆和编校：《大越史记全书》卷二，《本纪·李纪》，日本东京大学东洋研究所，1968 年刊印。潘辉注《历朝宪章类志·刑律志》记载《盗杀牛令》颁行的时间为龙符八年（宋大观二年，1108 年）。

⑨ 《张家山汉墓竹简》，167 页，北京，文物出版社，2001。

刑事法律制度：对于官亲和老幼废疾等犯罪主体，李朝采取免刑或轻刑的方式。颁刑书不久，李太宗诏令："诸年七十以上，八十以下，十岁以上，十五岁以下及身有弱疾，以至皇家、大功，期亲以上犯罪者，许赎，犯十恶者不能。"① 中国可能在先秦时期就有了矜老恤幼的制度。西汉惠帝明确规定："民年七十以上，若不满十岁，有罪当刑者，皆完之。"② 魏晋南北朝各代，大致沿用汉制，损益不多。隋唐，则在律典中明定老幼废疾减免刑罚的制度，宋元明清各代律典沿而不改。而且中国古代即有"刑不上大夫"之原则，官僚和贵族等犯罪不承担或承担很少的刑事责任（十恶除外）。曹魏时制定律典，以"八议"制度入律。中国以后王朝亦沿用下来。当越南黎朝颁行《洪德法典》时，法条上明确有"八议"制度。

司法制度：对于诉讼时效，李朝刑民法律均有规定。李神宗天顺元年（宋建炎二年，1128 年），诏"诸讼已经祖尊理判者，不得复论奏，违者罪之。"英宗大定三年（宋绍兴十二年，1142 年），颁《赎田认田法》，法曰："诸典熟田，二十年内听赎。相争田土，五十年或五年，或十年内奏讼。有荒田园，为人所耕作者，一年内听争认，过此者禁之，违者杖八十，或相争田池，以兵刃殴击死伤人者，杖八十徒罪，以其田池还死伤者。"③ 古代中国的战国秦国时期，就规定："或以赦前盗千钱，赦后尽用之而得，论可（何）也？毋论。"④ 即对赦前盗罪不再予以追究。汉晋南北朝时期的法律都规定官府不再受理告发赦前事。唐律则规定告言他人赦前罪行的构成诬告罪，应反坐其罪："诸以赦前事相告言者，以其罪罪之。官司受而为理者，以故入人罪论，至死者各加役流。若事须追究者，不用此律。"⑤ 这一制度也被后世所承继。而在民事方面的诉讼时效，可能始于唐代。《宋刑统·户婚》记载唐长庆四年（824 年）制："百姓所经台府州县论理远年债负，事在三十年以前，而主保经逃亡无证据，空有契书者，一切不须为理。"这与越南李朝颁行的《赎田认田法》有异曲同工之妙也。

（二）陈朝时期中国法律对越南法律的影响

公元 1225 年，李朝辅国太尉、殿前指挥使陈守度篡李氏皇位，让其侄登基，是为陈太宗。陈朝建立后，即开始颁行一系列法律。建中二年（宋宝庆二年，1226 年）定律令条例；六年（宋绍定三年，1230 年）考前代诸例，定国朝通制，且改刑律礼仪，凡二十卷。十三年（宋淳祐四年，1244 年），定刑律诸格；裕宗绍丰元年（元至正元年，1341 年）命张汉超、阮宗彦编定皇朝大典，考撰刑书，颁行。这些法令多不传，从残存的法条来看，陈朝法律继承前朝，仍仿效中国法律而制定。⑥

刑事法律制度：对于刑法制度中的徒役罪，陈朝有所差别："中罪徒杲田，宏者刺面六字，居杲社，耕公田，每人三亩，每年收粟三百升。徒牢城兵者，刺项四字，杂除升龙、凤

① ［越］吴士连著，陈荆和编校：《大越史记全书》卷二，《本纪·李纪》，日本东京大学东洋研究所，1968 年刊印。潘辉注《历朝宪章类志·刑律志》记载《赎田认田法》颁行的时间为绍明二年（宋绍兴九年，1139 年）。

② 班固：《汉书》卷二，《惠帝纪》。

③ ［越］吴士连著，陈荆和编校：《大越史记全书》卷三，《本纪·李纪》，日本东京大学东洋研究所，1968 年刊印。

④ 《睡虎地秦墓竹简》，167、205 页，北京，文物出版社，1978。

⑤ 《唐律疏议》卷二十四，《斗讼》。

⑥ 参见张金莲：《浅议明以前中国法律对越南的影响》，载《经济与社会发展》，2009 (1)。

城、草隶四厢军。"徒刑与黥面相结合。对于刑事中的诉讼对象,陈朝也有法限制,如大庆二年(元延祐二年,1315年)诏:"凡父子夫妇及家奴,不得相告讦。"① 而中国古代法律,在诉讼的相对关系中,严禁对尊长或上属提起诉讼。如西周时严禁儿子对父亲提起诉讼,所谓"父子将狱,是无上下也"。唐律中的"十恶"的不孝罪名就将这种对尊长的告发列入,且都处以重刑。元朝处置尚不如唐律严厉,只是规定:"诸子证其父,奴讦其主,及妻妾弟侄不相容隐,凡干名犯义为风化之玷者,并禁止之。"② 越南陈朝对诉讼对象的限制正与元朝相仿,只是禁止,而无惩罚。

民事法律制度:对于诉讼时效,陈朝仍有规定。如兴隆七年(元大德三年,1299年),诏:"庚寅、辛卯年至此,凡卖田土、及买家人为奴,听赎,若过此年,不得赎。"

由于李陈朝的法律许多失于记载,我们不能一一对比,窥其受到中国法律影响有多深,但从越南史学家潘辉注的话中,可以寻找到李陈法律与中国法律之关系:"按李陈刑法,其条贯织悉,不可复详。当初校定律格,想亦遵用唐宋之制,但其宽严之间,辰加斟酌……"③ 至后黎朝,由于越南法律保留得更加完备,从而可以对越南法律受中国影响的程度作一更深的了解。

(三)后黎朝时期中国法律对越南法律的影响

陈朝末年,大臣胡季犛篡权,建立短期的王朝(1400—1407)。统治期间,也曾颁行法律。但是由于其非正统王朝,并且统治残虐,遭到越南人民的反抗。而原陈氏后裔多至明朝,要求明成祖出兵讨胡复陈,作为宗主国的明朝答应此请求,入越作战,胡朝灭亡,越南暂时归于明朝统治(1408—1427)。明朝对越南的短暂统治,使得中华文化再一次深入而直接地输入越南。

明朝在越南的统治期间,根据实际,适当调整法律的实施。永乐八年(1410年),在交趾设置的布政司,上言:"先颁降刑名事例,交趾土人有杂犯罪徒流迁徙者,发丘温,抵交趾,充驿夫递运夫;杂犯死罪者、服役终身徒流迁徙者,各以所犯轻重为限;官吏犯笞杖罪者,吏断决还役,官降用,应解见任别叙,及杂职于边远叙用者,皆断决还职。今新例,流徒迁徙、杖罪皆发北京为民种田。先后例不一。"皇太子鉴于交趾在万里外,认为"宜从先例"④。至永乐二十年,掌交趾布政司、按察司尚书黄福也认为若遵从新例,将犯笞杖流徒及杂犯死罪者送京工作,会使死者增多,要求"依所犯轻重纳米赎罪",皇太子从之。⑤

不仅如此,明朝还对交趾的任职官员有考核制度。"交趾布政司府、州、县等衙门官吏赴京者当约量路程定期限,考满给由者请以十五月为期,丁忧起复者请以十月为期,过期论罪。"明成祖又给由者宽三月。这样,明朝将这种行政法律制度直接移植于越南。这些都是中国法律对越南法律影响的明证。

---

① [越]吴士连著,陈荆和编校:《大越史记全书》卷六,《本纪·李纪》,日本东京大学东洋研究所,1968年刊印。

② 《元史》卷一〇五,《刑法四》。

③ 潘辉注:《历朝宪章类志·刑律志》。越南河内《远东法国学报》载德鲁土特儿《古代安南之司法》,文中的注释将越南古代法律与《唐律》相比较,认为李陈朝的法律多与《唐律》相同。

④ 《明太宗实录》卷一〇九。

⑤ 《明太宗实录》卷二五〇。

　　明朝在越南的统治只是暂时的，至明宣德三年（1428 年），黎利建立了越南的后黎王朝（1428 年—1527 年为前期，1533 年—1789 年为复辟时期）。后黎王朝颁行的法典颇多，计有：《词讼律令》（顺天元年，1428 年，宣德三年）、《围棋赌博律》（顺天二年，1429 年，宣德四年）、《律书》六卷（大宝年间，1440 年—1442 年，正统五年至七年）、《田产章》十四条（太和七年，1449 年，正统十四年）、《禁交通律》（洪德八年，1477 年，成化十三年）、《皇朝官制》六卷（洪德年间）、《洪德刑律》（洪德年间）、《词讼令》（永祚七年，1625 年，天启五年）、《人命讼例》（阳和五年，1639 年，崇祯十二年）、《勘讼例》（福泰三年，1645年，清顺治二年）、《勘讼例》（盛德二年，1654 年，顺治十一年）、《殴杀》、《杀人偿命钱》（永寿三年，1660 年，顺治十七年）、《详慎刑狱令》（永寿四年，1661 年，顺治十八年）、《勘讼谢罚例》（景治三年，1665 年，康熙四年）、《岁季刷讼例》（景治四年，1666 年，康熙五年）、《勘讼》各条（正和十五年，1694 年，康熙三十三年）、《刷讼事例》（永盛十三年，1717 年，康熙五十五年）、《勘讼例》（龙德三年，1734 年，雍正十二年）、《百司职掌》（景兴十三年，1752 年，乾隆十七年）、《国朝条律》六卷（景兴三十年，1769 年，乾隆三十四年）、《勘讼条例》二卷（景兴三十八年，1777 年，乾隆四十二年）等。

　　后黎朝的法律受中国法律影响极为明显。对于其仿效何时期的法律，史学界存在不同看法。越南史学家吴甲豆认为其参仿明清法律，而我国史学家杨鸿烈则认为主要参仿《唐律》，他指出："黎朝所编纂之法典虽折衷于唐、宋、元、明诸律，而要以《唐律》为惟一之楷模，《大明律》反退居不甚重要之地位焉。"① 潘辉注也有类似观点："迨于有黎之兴，复行删定，鸿德《刑律》参用隋唐，断治有划一之条，有上下之准，历代遵行，用为成宪。"② 其实《大明律》也是渊源于《唐律》，只是有篇章分合和刑罚轻重之差异，所以谓参用隋唐也是对的。但无论怎样，后黎朝的法律都是受到中国法律的重要影响。现存《黎朝律书》共六卷，有学者认为这可能是 15 世纪的《洪德刑律》，《历朝宪章类志》卷三十三至三十八亦收录入内，篇目为：卷三十三《刑律志》；卷三十四《刑法名例之别》；卷三十五《卫禁军政之律》、《户婚田产之律》；卷三十六《盗贼奸淫之律》、《斗讼作伪之律》；卷三十七《违制杂犯之律》、《捕亡断狱之律》；卷三十八《勘讼事例之律》。可见，从《历朝宪章类志》记载来看，《黎朝律书》的结构显然与《唐律》相同。

　　下面主要以《历朝宪章类志》记载为据，从刑事法律制度和民事法律制度两个方面，将后黎朝的法律与中国古代法律作一比较。

　　1. 刑事法律制度

　　（1）从刑法的基本原则和规则来看，后黎朝受中国法律，特别是《唐律》影响的有：

　　第一，犯罪主体减免的几种原则。

　　在李朝时，越南统治者对于官亲这类犯罪主体，已采取不承担或很少承担刑事责任的原则。至后黎朝，则采取"八议"制度，其内容范围完全与《唐律》同（参见下表）：

---

　　① 杨鸿烈：《中国法律在东亚诸国之影响》，427 页，北京，中国政法大学出版社，1999。

　　② 潘辉注：《历朝宪章类志·刑律志》。

范围①	后黎朝律②	唐律
议亲	皇帝袒免以上亲，皇太后缌麻以上亲，皇后小功以上亲	还包括"太皇太后缌麻以上亲"
议故	故旧	相同
议贤	有大德行	相同
议能	有大才业	有大才艺
议功	有大功劳	有大功勋
议贵	职事官三品以上，散官及爵二品以上者	爵一品以上者
议勤	有大勤劳	相同
议宾	承先代之后为国宾者	相同

《刑律志》还规定，诸八议者犯死罪，"皆条所坐及应议之状，先奏请议，议定奏裁（原注：议者，原情议罪，称定刑之律，而不正决之），流罪以下减一等，其犯十恶者，不用此律"。这与《唐律》卷二《名例》的规定完全相同。除了"八议"之外，对其他的官贵及其亲属，后黎朝法律规定按其身份等级依次赋予请、减、赎、当等特权。如"诸皇太子妃大功以上亲，犯死罪上请，流罪以下减一等，其犯十恶，杀人，禁内奸，宫殿内盗略人，受赇枉法者，不用此律"③。《唐律》卷二《名例》中也有此规定。

对老弱废疾的犯罪主体，后黎朝也有减免。规定："诸年七十以上，十五以下及废疾，犯流罪以下，应（《唐律》为'收'）赎，其犯十恶不用此律。若八十以上，十岁以下及笃疾犯反、逆、杀人应死者，上请；盗及伤人者亦听赎，余皆毋论。九十以上，七岁以下，虽有死罪，不加刑，即有人教令，坐其教令者，若有赃应偿（《唐律》为'备'）受赃者偿（《唐律》为'备'）之。"同时，对犯罪的主体根据身体状况、年限，从轻处罚："凡犯罪辰（《唐律》为'时'）虽未老、疾，而事发辰老、疾者，依老、疾论。若在徒所（《唐律》为'年限内'）老、疾，亦如之。犯罪辰幼小，事发辰长大，依幼小论。"这些规定除几个字与《唐律》卷四《名例》不同外，其余都同。

自首者原其罪，即后黎朝对自首的犯罪主体采取减轻罪罚的原则。"诸犯罪未发而自首者，原其罪，十恶及故杀人者别论，其轻罪虽发，因首重者，若因问所劾之事，而别言余罪者，并免其重罪，余罪十恶杀人者，亦别论。即遣人代者，首不得原罪，即自首不实及不尽者，听减一等，若赃效不尽，止计不尽之效科之，其知人欲告而自首者，亦听减一等。"对捕首者，采取免罪的方式："即犯罪共亡，能相捕者，亦原其罪。"这些与《唐律》卷五《名例》规定相同。

自觉举者，减免罪行。"诸公事失错，自觉举者，原其罪，应连坐者，一人自觉举，余

① 《大明律》的"八议"范围中有"议忠"一项，而无"议贵"，且"八议"具体内容与《唐律》稍异。
② 潘辉注：《历朝宪章类志·刑律志》。以下未注明者，皆引用于此书此卷。
③ 潘辉注：《历朝宪章类志·刑律志》。

人各减一等（《唐律》为'余人亦原之'），其断事（《唐律》为'罪'）失错，已行决者，不用此律。"此条也与《唐律》卷五《名例》同。

亲亲相隐不为罪。此规定是指在一定的亲属范围内，隐匿犯罪的亲属或隐藏主人的奴婢，不按隐匿罪刑。这主要是源于儒家的主张，而后黎朝也采取这一原则："诸大功以上亲及外祖父母，若孙、外孙之妇，夫之兄弟及兄弟妻，有罪相为隐，（《唐律》还有'部曲'）奴婢为主（《唐律》多'隐'字），皆勿论，若犯谋叛者以上者，不用此律。"此条与《唐律》卷六《名例》几乎同。

第二，首恶从重，随从减等的原则。

中国自汉代后，注意区分首犯和从犯，形成首恶从重、随从减等之制等。后黎朝法律也有此规定："诸共犯者，以造意为首，随从者减一等。若家人共犯，止坐尊长。"此条与《唐律》卷五《名例》完全同。对于共犯者，也以下手轻重不同定罪。"诸同谋共殴伤者，以下手重者为首，原谋与同罪，从者减一等（《唐律》为'元谋减一等，从者又减一等；若元谋下手重者，余各减二等'），致死者，虽所因为重，若事不可分，以后至下手为重。若乱殴伤，不知先后轻重者，以原谋为重，余各减一等（《唐律》为'以谋首及初斗者为重罪，余各减二等'）。"其与《唐律》卷二十一《斗殴》相差无几。

第三，数罪俱发从一重的原则。

《秦律》已有俱发从重的规定，至唐时，均采用"以重者论，等者从一"的原则。后黎朝也是依《唐律》而采取这一原则："诸二罪以上俱发，以重者论，等者，从一。若从一罪先发，未经论决，而余罪后发，亦从俱发法（《唐律》为'余罪后发，其轻若等，勿论；重者更论之，通计前罪，以充后数'），即以赃致罪，频犯者，并累科并赃论罪。"此规定与《唐律》卷六《名例》略同，只是后黎朝规定余罪后发时，仍从重，不是如唐律需计前罪充后数。

第四，化外人同类相犯，依其本国法；异类相犯，依所在国法处置的原则。

后黎朝规定："诸化外人，同类自相犯者，各依本俗法；异类相犯者，以法律论。"此与《唐律》卷六《名例》完全同。

第五，类推的原则。

对于犯罪行为，必须依据律条量刑定罪。但社会现象错综复杂，犯罪行为形形色色，不可能对每种危害社会的行为都事先在法律上予以具体规定。为了弥补这种刑事立法上可能出现的遗漏，《唐律》以专条规定了对律文没有直接规定的犯罪，运用比附类推的方法，参照本律中最类似的条文规定，应加应减，拟定罪名。后黎朝也是采用这种类推原则："诸断罪而无正条，其应出罪者，则举重以明轻；其应入罪者，则举轻以明重。"仍与《唐律》卷六《名例》完全同。

第六，保辜的原则。

在伤害罪的定罪科刑中，伤情未定的一定期限内，由加害人负责医治被害人的伤病，并根据结果定其罪行。中国法律在汉代就确立了保辜制度，后世也继承并有所变通。后黎朝法律规定："诸保辜者，以手足伤（《唐律》多'人'字）限十日，他物伤汤火伤者四十日（《唐律》为'他物殴伤人者二十日，以刃及汤火伤人者三十日'），折跌肢体及破骨者八十日（《唐律》为'五十日'），限内死者，减殴杀一等（《唐律》为'各依杀人论'），其在限外及虽在限内，以他故死者，（《唐律》多'各'字）依本殴伤法。"此法除期限有所不同外，其余与《唐律》卷二十一《斗殴》规定相同。

从以上可以看出，引用的潘辉注《历朝宪章类志》卷三十四《刑法名例之别》与《唐律疏议》中的《名例》内容有许多相同。潘辉注在卷尾言："黎朝参用唐律，故特载于篇首。"

（2）从刑罚体系来看，如下表所示：

刑罚体系	后黎朝律①	唐律
笞刑	有五：一十、二十、三十、四十、五十	相同。中国笞刑与赎刑兼用
杖刑	有五：六十、七十、八十、九十、一百	
徒刑	有三：役妇，象坊兵、炊室妇，植田兵、舂室妇	有五：一年、一年半、二年、二年半、三年
流刑	有三：近州、外州、远州	有三：二千里、二千五百里、三千里
死刑	有三：绞斩、枭、凌迟	绞、斩

中国自《唐律》起，就形成笞、杖、徒、流、死的五刑体系。从上表可以看出，后黎朝也是形成以五刑为中心的刑罚体系，其内容与中国《唐律》、《大明律》等几乎相同。唯有徒刑，与唐、明以年分等级的制度不同，而后来越南阮朝也未有此规定。流刑，后黎朝以近、外、远来划分等级，而中国以具体道里划分，两者皆无大差别。死刑内容中，后黎朝还有枭和凌迟。枭：在中国春秋时就有，至隋唐予以废除。凌迟：始创于五代，宋时作为常用刑，至辽、元成为法定死刑方法。正如潘辉注言："（唐）死刑惟有绞斩二者，至元又加以凌迟，即前代所谓剐也。前代虽于法外用之，特以待夫恶道之极者，然不曾著于刑书，于刑书则始于元，而我黎朝律因之云。"②

（3）从罪名体系来看，如下表所示：

罪名	后黎朝律	唐律
谋反	谋危社稷	相同
谋大逆	谋毁尊庙、山陵及宫阙	"尊"为"宗"。《唐律疏议》注："宗者，尊也。"
谋叛	谋背国从伪	相同
恶逆	殴及谋杀祖父母、父母，杀叔伯父母、姑、兄姊、外祖父母、夫之祖父母者	多杀"夫"一项
不道	杀一家非死罪三人及支解人，造畜蛊毒，魇魅	无"及"字，其余同

---

① 潘辉注：《历朝宪章类志·刑律志》。
② 潘辉注：《历朝宪章类志·刑律志》。

续前表

罪名	后黎朝律	唐律
大不敬	盗陵庙神御之物，乘舆服御物；盗及造伪御宝；合和御药，（1）不如本方及封题错误（2）；若造御膳，误犯食禁；御幸舟船，误不牢固，指斥乘舆，情理切害及对捍制使，而无大（3）臣之礼	（1）处《唐律》多"误"字 （2）处《唐律》无"误"字 （3）处《唐律》为"人"字
不孝	告言、诅骂祖父母外（1）父母及违背教训，违缺供养（2），居父母丧，身自嫁娶，若作乐，释服从吉，祖父母父母丧，匿不举哀，诈称祖父母父母死	（1）处《唐律》无"外"字 （2）处《唐律》为"祖父母父母在，别籍、异财，若供养有阙"
不睦	谋杀及卖缌麻以上亲，殴告夫及大功以上尊长，小功尊属	相同
不义	杀本属府生在任官司（1），见受业师；卒杀本部官长（2），及闻夫丧匿不举哀，（3）作乐释服从吉，及改嫁	（1）处《唐律》为"本属府主、刺史、县令" （2）处《唐律》为"吏、卒杀本部五品以上官长" （3）处《唐律》多"若"字
内乱	奸小功以上亲，父祖妾及与和者	相同

中国隋朝开始以"十恶"为核心的罪名体系，至唐代充实完善，而后宋、元两代仍用这一罪名。其包括谋反、谋大逆、谋叛、恶逆、不道、大不敬，不孝、不义、内乱。从上表可以看出后黎朝也是以这十大罪名为核心的，且内容几乎和《唐律》完全相同。潘辉注云："按十恶之名，非古，始起于齐，而著于隋唐，世因之，著为律令，后世遂遵之云。"①

除此，后黎朝法律与唐律在具体罪名的内容上有许多相同，诸如：

贼盗方面：谋反大逆、谋叛、谋杀期亲尊长、奴婢谋杀主、谋杀人、杀一家三人支解人、亲属为人杀私和、以物置入耳鼻孔窍中、造畜蛊毒、以毒药药人、憎恶造厌魅、造妖书妖言、劫囚、盗御宝及乘舆御物、盗毁天尊佛像、监临主守自盗、卑幼将人盗已家财、穿地得死人、夜间无故入人家、略人略卖人。

殴讼方面：斗殴以手足他物伤、斗殴折齿毁耳鼻、兵刃斫杀人、殴人折跌支体瞎目、斗殴杀人、同谋不同谋殴伤人、威力制缚人、两相殴伤论如律、殴皇家袒免以上亲、殴骂祖父母父母、妻妾殴骂夫之祖父母父母、妻妾殴骂故夫父母、殴兄姊等、殴缌麻兄姊等、殴同居继父、殴妻前夫子、奴婢殴旧主、妻殴夫、夫殴伤妻、殴骂夫之期亲尊长、祖父母父母为人殴击子孙即殴击之、主杀有罪奴婢、斗殴误杀伤傍人、戏杀伤人、过失杀伤人、知谋反逆叛不告、诬告谋叛逆、诬告反坐、诬告人流罪以下引虚、告祖父母父母、子孙违反教令、囚不

① 潘辉注：《历朝宪章类志·刑律志》。

得告举他事、告人罪须明注年月。

诈伪方面：伪造御宝、诈为制书及增减、对制上书以不实、诈为官私文书及增减、妄认良人为奴婢、诈为瑞应、诈教诱人犯法、诈病死伤检验不实、诈陷人致死伤、证不言情及译人诈伪。

捕亡方面：将吏捕罪人逗留不行、罪人持杖拒捕、道路行人不助捕罪人、捕罪人漏露其事、被殴击奸盗捕法、流徙囚役限内亡、主守不觉失囚、被囚禁拒捍走、知情藏匿罪人、丁夫杂匠亡、容止他界逃亡浮浪。

断狱方面：囚应禁不禁、与囚金刃解脱、死罪囚辞穷竟雇借人杀、囚应给衣食医药而不给、主守道令囚翻异、议请减老小疾不合拷讯、囚妄引人为徒侣、讯囚察辞理、拷囚不得过三度、依告状鞫狱、妇人怀孕犯死罪、监临自以杖捶人、断罪不具引律令格式、应言上待报而辄自决断、辄引制敕断罪、官司出入罪、闻知恩赦故犯不得赦原、徒流送配稽留。

以上后黎朝罪名内容绝大多数与唐律无异，仅少数条在文字上略有出入，有些罪名序列也与唐律同。

2. 民事法律制度

对于男女双方婚姻的建立，后黎朝仍是贯彻古代中国传统习俗，即"父母之命，媒妁之言"，且须具聘礼，而一旦接受聘礼，订婚契约就成立，如果一方悔约，都要承担后果。"诸嫁女受聘财而辄止者，杖八十（《唐律》为'杖六十'）；更嫁他人已成婚，徒犗丁（《唐律》为'徒一年半'）；后娶者知情，以徒论（《唐律》为'减一等'）；不知情不坐。女归前夫，前夫不娶，倍还聘财（《唐律》不需'倍还'聘财）；女从后夫，即男家已聘而不娶者，杖八十，失其聘财（《唐律》为'后夫婚如法'）"。对于这种行为的惩罚，唐律的处置较后黎朝的轻。

婚姻时间也有限制。"诸居父母及夫丧而嫁娶者，以徒论（《唐律》为'徒三年，妾减三等，各离之'）；知而共为婚姻者，贬三资（《唐律》为'各减五等'），分异。""诸祖父母、父母被禁囚而嫁娶者，并贬三资（《唐律》为'若祖父母、父母犯当死罪，嫁娶者徒一年半；流罪，徒一年；徒罪，杖一百'）。若祖父母、父母有命止成婚礼，不得筵宴，违者贬一资（《唐律》也要求'不得宴会'）。"同时，对婚姻主体也有限定。"诸外任官司娶部内妇女者，杖七十，贬三资，罢职（《唐律》为'杖一百'）。"另"诸娶姑姨、姊妹、继女及亲戚非类者，并仿以奸论（《唐律》处罚同）"。

结婚后，婚姻的主体地位不得随意更改，妻妾两者地位明确，在妻有生之年，妾不能取而代之，如犯受处罚。"诸以妾为妻者，以罚论（《唐律》为'徒一年半'）。"

关于继承，《增补香火令》对宗族继承次序有规定，与《唐律》等有所不同。潘辉注云："按香火各条系累朝准定，皆是古律所无"，但是诚如杨鸿烈先生所言，并不是与中国古代的法律没有关系。"牧野氏亦谓'香火田'各条为《唐律》所无，然《唐律》虽无，而朱子《家礼》既见记载，现社会之大族中犹存与此相似之制度，故恐不尽然。"而《香火令》中的"兄弟均分制及长男多得香火田则实渊源于中国者也"[1]。

《始增田产章》对相关田产问题有较为详细的记载，地理环境、国家情况不同，后黎朝的田制在效仿中国古代外，有自己的特点。除此，其他的民事罪名及内容同于《唐律》，诸如：无故于京城街巷走车马、向城官私宅射、施机枪作坑阱、在市人众中惊动扰乱、畜产抵踏啮人、负债违契不偿、负债强牵财物、盗决堤防、毁大祀丘坛、得阑遗物不送官、得宿藏物隐而不送、见火起不告救等等。

（四）阮朝时期（1802—1907）中国法律对越南法律的影响

16 世纪初叶，黎朝政局发生变化，大臣莫登庸篡权占据京城，黎氏在大臣阮淦（后由其婿郑检辅佐）支持下于清化、义安地建立王朝，安南出现南北朝（1527—1592），六十余年中，南北交战，兵火不停。平息莫登庸后，黎氏虽然回至京城，但大权旁落郑氏。南方阮淦后辈阮潢在广顺一带建立政权，历史上称之为广南国，与郑氏抗衡，这就是郑阮纷争时代（1533—1788）。两个政权相互争霸，安南山河破碎。1771 年，在南阮统治的西山邑爆发了由阮岳、阮惠、阮吕三兄弟领导的农民起义，西山起义推翻了南阮，危及郑氏扶持的黎朝，引发清乾隆入越之战。1788 年，西山政权大败清军，统一安南。至 1802 年，南阮后裔阮福映灭掉西山朝，重新统一了安南，建立阮朝。

在阮朝统治期间，主要颁行三部法典：《皇越律例》（嘉隆十一年，1812 年，清嘉庆七年）、《钦定大南会典事例》（绍治三年，1843 年，清道光二十三年）、《大南典例撮要》（维新三年，1909 年，清宣统元年）等。

三部法典结构都受中国法律，特别是明清律的影响特别深，以下分作阐述。

1811 年，嘉隆帝下诏废除黎朝法规，重新规定新法。命廷臣阮文诚为总裁，主持编纂律书。文诚以黎朝洪德旧法为主，参照大清律，著为一部法书——《皇越律例》。其序曰："我越李、陈、黎之兴，一代有一代之制，而备于洪德，北朝汉、唐、宋、明之兴，律令之书代有修改，而备于大清。爰命廷臣准历朝令典，参以洪德、清朝条例。"律书共 398 条，"包括名例四十五条、吏律二十七条、户律六十六条、礼律二十六条、兵律五十八条、刑律一百六十六条、工律十条"①。目录依次为：卷一《律目》、《诸图》、《服制》、《例分八字之义》、《律眼释义》；卷二、三《名例律》上、下；卷四、五《吏律》、《职制》、《公式》；卷六、七、八《户律》、《户役》、《田宅》、《婚姻》、《仓库》、《课程》、《钱债》、《市廛》；卷九《礼律》、《祭祀》、《仪制》；卷十、十一《兵律》、《宫卫》、《军政》、《关津》、《厩牧》、《邮驿》；卷十二至二十《刑律》、《贼盗》上、下、《人命》、《斗殴》上、下、《骂詈》、《诉讼》、《受赃》、《诈伪》、《犯奸》、《杂犯》、《捕亡》、《断狱》上、下；卷二十一《工律》、《营造》、《河防》；卷二十二《比引律条》。

《钦定大南会典事例》，此书依《大清会典事例》的形式编成，共 262 卷。其中卷一七九至二〇四为刑部，其篇目包括卷一七九至一八一《名例》上、《名例律》下；卷一八二至一八三《吏律》、《职制》、《公式》；卷一八四至一八五《户律》、《户役》、《仓库》；卷一八六至一八七《礼律》、《祭祀》、《仪制》；卷一八八至一九二《兵律》、《宫卫》、《军政》、《关津》、《厩牧》；卷一九三至二〇三《刑律》、《贼盗》、《人命》、《诉讼》、《斗殴》、《受赃》、《犯奸》、《捕亡》、《断狱》上、下；卷二〇四《工律》、《营造》。

---

① 《大南实录》正编第一纪卷二十七。

《大南典例撮要》共4卷，是在原来《大南典例撮略新编》6卷的基础上集成的。其目录为《吏例》、《户例》、《礼例》、《兵例》、《刑例》和《工例》。

明清在隋唐"十恶"核心体系上形成新的体系，即以中央六部设官分职的体制为依据，将所有罪名概括归于吏、户、礼、兵、刑、工六部名称之下，然后按照各罪所违反的制度或性质不同，将所有罪名划分为29种，最后在29种罪名下，又具体规定了四百多种各罪罪名。从阮朝三部法典的篇目可以看出，阮朝的法律是以明清律为蓝本的。而以下则将阮朝法律与明清律具体作一比较。

1. 刑事法律制度

（1）从刑法一些基本原则来看。

第一，断罪依新颁律的原则。

《皇越律例》卷三和《钦定大南会典事例》卷一八一《名例律》下曰："凡律自颁降日为始，若犯在已前者，并依新律拟断。"此律内容与《大明律》卷一及《大清律》卷五《名例律》完全相同。

第二，化外人犯罪，依律拟断的原则。

后黎朝法律中，按唐律视化外人犯罪为同类或异类犯罪而断，而阮朝则不同，规定："凡化外人犯罪者，并依律拟断。"此原则又完全与《大明律》卷一及《大清律》卷五《名例律》同。

第三，二罪俱发以重论，重罪后发通计前罪的原则。

阮朝法律仍如后黎朝，规定二罪俱发从重论，但较后黎朝不同的是，此条内容完全同《唐律》，也与《大明律》卷一及《大清律》卷五《名例律》同。《会典事例》卷一八〇《名例》下云："凡二罪以上俱发，以重者论罪；各等者，从一科断；若一罪先发，已经（给）论决，余罪后发，其轻若等，勿论。重者更论之，通计前罪，以充后数。"

第四，屡犯加重的原则。

这一原则在中国秦代有之，至唐时，愈加阐述详细。越南在后黎朝时，就有类似的规定。如："诸盗初犯，流远州，原知盗及再犯者，斩，即自日小偷窃者，以徒论……"① 至阮朝时，对这一原则阐述却更加系统，内容完全同《大明律》卷一及《大清律》卷四《名例律》："凡犯罪已发又犯罪者，从重科断；已徒、已流而又犯罪者，依律再科后犯之罪，其重犯流者依留住法三流并决杖一百，于配所拘役四年；若犯徒者依所犯杖数该徒年限决讫，应役亦总不得过四年。其杖罪以下，亦各依数决之，其应加杖者亦如之。"

第五，妇女、天文生及需养老的犯罪主体，刑罚减轻。

阮朝对犯罪主体减免刑的规定也如中国明清律一样，如明律除了对"官亲"、"自首"、"老幼"等减免以外，还规定对"妇女"、"天文生"这类入犯罪的减轻。而阮朝法律也完全按此规定。《皇越律例》卷三《会典事例》"工乐户及妇女犯罪"条云："凡工匠、乐户犯徒罪者，五徒并依杖数决讫留住，照徒年限拘役（《大明律》为'三流并决杖一百，留住拘役四年'）。其妇人犯罪，应决杖者，奸罪去衣受刑，余罪单衣决罚，皆免刺字，若犯徒流者，决杖一百，余罪收赎。"完全同于《大清律》卷四《名例律》。若天文生犯罪，《会典事例》

———————————
① 潘辉注：《历朝宪章类志·刑律志》。

卷二七九云："若钦天监天文生习业已成，能专其事，犯流及徒者，各决杖一百，余罪收赎。"此与《大明律》卷一《名例律》同。

另外，对于有老人在家需侍奉的犯罪人，也给予一定的刑罚减量。《会典事例》卷二七九曰："凡犯罪非常赦所不原者，而祖父母、父母老疾应待家无以成丁者，开具所犯罪名，奏开取自上裁；若犯徒流罪，止杖一百，余罪收赎，存留养亲。"完全同于《大明律》卷一《名例律》。

（2）从刑罚体系来看。

阮朝的刑名仍分为五刑，即：笞、杖、徒、流、死。笞刑五：一十、二十、三十、四十、五十。杖刑五：六十、七十、八十、九十、一百。徒刑五：一年，杖六十；一年半，杖七十；二年，杖八十；二年半，杖九十；三年，杖一百。流刑三：二千里杖一百；二千五百里杖一百，三千里杖一百。死刑二：绞、斩。完全同于《大明律》卷一和《大清律》卷四《名例律》。

（3）从罪名体系来看。

明清虽然仍以"十恶"为核心，但是正如前面所说的，与唐代刑罚体系不同，是以六部来组合的，阮朝也是如此。在罪名的具体内容中，阮朝的法律还有许多和明清律相同之处，如：

太庙门擅入、宫殿门擅入、直行御道、冲突仪仗、上书奏事犯讳、宫内忿争、带兵杖入宫殿、向宫殿射箭、和合御药、御幸舟船不坚固、尊室亲被殴、谋反大逆、谋叛、漏泄军情大事、私越冒度关津、奸细出入、奸党、官吏受财、凌虐罪囚、决罚不如法、告状不受理、制书有违、私役部民夫匠、私役民夫抬轿、多收税粮斛面、骂制使及本管长官、罪人拒捕、狱囚逃监及反狱在逃、劫囚、主守不觉失囚、与囚金刃解脱、知情藏匿犯人、失火、放火、盗决河防、私藏应禁军器、修理桥梁道路、私铸铜钱、诈为制书、伪造印信时宪书等、亵渎神明、发冢、赌博罪、犯奸、纵容妻妾犯奸、奸部民妻女、亲属相奸、妻妾失序、逐婚嫁女、凡杀一家三人、谋杀人、谋杀制使及本管长官、谋杀祖父母父母、杀死奸夫、庸医杀伤人、殴制使及本管长官、殴受业师、良贱相殴、妻妾殴夫、殴大功以下尊长、斗殴、骂人、骂制使及本管长官、奴婢骂家长、病故官家属还乡、病故官家属、承差转雇寄人、夫匠军士病给医药、子孙违犯教令、威力制缚人、诈假官、故禁故勘平人、略人略卖人、盗马牛畜产、盗田野谷麦、盗大祀神御物、盗制书、盗印信、盗内府财物、盗城门钥、盗军器、盗园陵树木、监守自盗仓库钱粮、强盗、亲属相盗、诈欺官私取财、费用受寄财产、得遗失物、盗卖田宅、强占良家妻女、弃毁制书印信、弃毁器物稼穑等、损坏仓库财物、毁大祀丘坛、拆毁申明亭等。

2. 民事法律制度

《皇越律例》卷六及《会典事例》卷一八四《户律》、《田宅》"典卖田宅"条所引《条例》云："告争家财田产，但系五年之上，并虽未及五年，验有亲族写立分书已定出卖文约是实者，断令照旧管业，不许重分再赎，告词立案不行。"此与《大明律》卷五相同。

对于婚姻成立，仍需具聘嫁娶。《皇越律例》卷七、《会典事例》卷一八四《户律·婚姻》云："凡男女定婚之初，若有残疾、老幼、庶出、过房、乞养者，务要两家明白通知，各从所愿，写立婚书，依礼聘嫁。"此同于《大明律》卷六。民事中还有居丧嫁娶、出妻、父母囚禁嫁娶、同姓为婚、尊卑为婚、娶部民妇女为妻妾、娶逃走妇女、僧道娶妻、良贱为婚姻等规定多与《大明律》和《大清律》相同。

对于继承权的规定。《皇越律例》卷六及《会典事例》卷一八四《户律·户役》"立嫡子违法"条云："凡立嫡子违法者，杖八十，其嫡妻年五十以上无子，得立庶长子，不立长子者，罪亦同。"此完全同于《大明律》卷四。

经济法律制度方面的罪名内容，如典卖田宅、把持行市、违禁取利等；军事法律制度方面的罪名内容，如擅调官军、失误军事、主将不固守、激变良民、宿卫人兵杖、军人替役、纵军掳掠、从征守御官军逃、毁弃军器、从征违期等，与《大明律》或《大清律》相同。

三、中国法律文化对越南影响的特点

中国对越南长达一千多年的统治，使中国的法制已经深植于其中。而独立后的越南，与中国一直保持"藩宗"关系，其受到的法制影响也并未随着独立而减轻，相反，中国法制对它的法制濡染更加深厚。其特点主要表现为：

（一）法制思想的接受

中国古代法制具有"礼法结合，一准乎礼；以民为本，抑强扶弱；家族主义，家国一体；天下本位，义务互负；追求和谐，注重调解"的特征。[①] 越南法制跟随中国法制，也几乎承继了这些思想。如后黎朝和阮朝都有八议制度、十恶体系以及对老幼废疾、孕妇、自悔、过失者有相应的减免罪行。

（二）法典结构的承继

中国法典结构最大的两次变化一是唐朝，二是明朝。唐朝法典篇目以名例、卫禁、职制、户婚、厩库、擅兴、贼盗、斗讼、诈伪、杂、捕亡、断狱为体例。后黎朝颁行的洪德法律也是如此结构，只不过将 11 大类组合为 6 类。中国法典发展至明朝，篇目和体例有了重大变化，以吏、户、礼、兵、刑、工六部分的体例取代了唐律的十二篇体例，而阮朝的法典也随之变化，也以六部为中心设置罪名。

（三）法条内容的移植

至于各法条的内容完全移植，没有增减一字的条例甚多。各条法律甚至没有根据本国情况而继承下来。如中国明朝在《大明律》中专门增设了"奸党"罪，这是汉唐宋元法典中从未有的。在阮朝各法律中也相应增加奸党罪，且与明律中的内容丝毫不差，似有过度移植之嫌。

当然，越南法律仍有着自己的特点，如后黎朝的《香火令》、《田产章》、《勘讼通例》中许多内容都是中国法律中未有的。但是不可否认的是其受到中国法律影响之深，以至于难以彰显自身的特色。

---

① 参见杨一凡主编：《新编中国法制史》，7～11 页，北京，社会科学文献出版社，2005。

第二节
中国法律文化对印度及其他国家的影响

起步于印度，落脚于中国，这几乎成为欧洲学者学习东方哲学的一种惯例。中国与印度是古代亚洲文明最重要的两个策源地。"世界第三极"的喜马拉雅山山脉威严耸立，累积了千万年的冰雪融化，向北流出黄河长江，哺育了中国文明；向南流出印度河恒河，滋养了印度文明。中国文化以东亚为中心，印度文化以南亚次大陆为中心，辐射万丈光芒，泽被亚洲其他国家的文化。

一、中国法观念的传播与印度人的评价

山虽高，却挡不住人的脚步。分居在世界最高峰两侧的中国人与印度人，在西汉时就已经建立了联系。史书最早记载的与中国往来的印度国家是克什米尔地区的罽宾以及黄支（今印度泰米尔纳德邦西南的康契普拉姆附近，即《大唐西域记》中的建志补罗，梵名 Kancipura，今称 Canijeveram）。根据史料记载：

> 自武帝始通罽宾，自以绝远，汉兵不能至，其王乌头劳数剽杀汉使。乌头劳死，子代立，遣使奉献。汉使关都尉文忠送其使。王复欲害忠，忠觉之，乃与容屈王子阴末赴共合谋，攻罽宾，杀其王，立阴末赴为罽宾王，授印绶。后军候赵德使罽宾，与阴末赴相失，阴末赴锁琅当德，杀副已下七十余人，遣使者上书谢。①

正是因为有这样的渊源关系，成帝时，罽宾国王为与汉重修旧好，派使臣前来谢罪，杜钦有"前罽宾王阴末赴本汉所立"之语。而黄支国则自武帝时代就经常遣使贡物。汉平帝时期，黄支国就曾遣使献犀牛，在《汉书》、《后汉书》中均有记载：

> （元始）二年春，黄支国献犀牛。②
> 逮王莽辅政，元始二年，日南之南黄支国来献犀牛。③

（一）人员交往与中国传统法律文化的传播

人员以及官方往来也带动了文化上的交流，中国历史上就深受印度文化的影响。尤其是佛教的传入，几乎影响了中华文化的各个方面，法律也是其中之一。佛教对于中国的司法时令制度有重要影响，唐太宗时就曾规定在佛教的断屠日不能执行死刑。④ 而中国的道教也传

---

① 《汉书·西域传》。
② 《汉书·平帝纪》。
③ 《后汉书·南蛮传》。
④ 《旧唐书·刑法志》中规定："从立春至秋分不得奏准死刑。其大祭祀及致齐、朔望、上下弦、二十四气、雨未晴、夜未明、断屠日及假日，并不得奏准死刑。"违反者要承担刑事责任。

人了印度。唐代东天竺迦摩缕波国（今印度东部阿萨姆）童子王就曾"献异物，请老子像"①。道宣《集古今佛道论衡》就有关于《道德经》译成梵文的故事。唐太宗年间，派往印度的使臣李义表归国，并向唐太宗汇报他曾向童子王介绍老子以及《道德经》，太宗下诏："令玄奘法师与诸道士对共译出……并集五通观，日别参议，详覆《道德》，奘乃句句披析，穷其义类，得其旨理，方为译之。"《续高僧传·玄奘传》中也有相应记载，可以印证：

> 寻又下敕。令翻老子五千文为梵言以遗西域。奘乃召诸黄巾述其玄奥。领叠词旨方为翻述。道士蔡晃成英等。竞引释论中百玄意。用通道经。

道教对于印度密宗也产生了影响。印度有学者认为密宗的度母女神与中国有关，而摩诃支那功即"中国功"②。

而在这种交往中，中国的传统法律文化也西传印度，并对两国之间的交往产生了影响。官方使臣、僧侣、商人，他们都是中国传统法律文化传播的载体，尤其是西去求法的高僧，他们不畏艰险，是沟通中印文化的桥梁。他们对祖国有着深刻的情感，第一位赴天竺求法的高僧法显，63 岁出发，西去三年，同伴已经风流云散，独留他心怀故国，形只影单，在师子国的寺庙中，他"忽于玉像前见商人以晋地一白团绢扇供养"，竟"不觉凄然下泪"。

这种深刻的情感也使他们更为倾向于美化中国的文化。唐人《洛阳伽蓝记》卷五，记载了南北朝时期，宋云与惠生西去天竺取经的故事，神龟二年（519 年），他们到达了北天竺的乌场国：

> （乌场）国王见宋云云大魏使来，膜拜受诏书。闻太后崇奉佛法，即面东合掌，遥心顶礼。遣解魏语人问宋云曰："卿是日出人也？"宋云答曰："我国东界有大海水，日出其中，实如来旨。"王又问曰："彼国出圣人否？"宋云具说周、孔、庄、老之德；次序蓬莱山上银阙金堂，神僊圣人并在其上；说管辂善卜、华佗治病、左慈方术；如此之事，分别说之。王曰："若如卿言，即是佛国，我当命终，愿生彼国。"③

乌场国，在葱岭之南，天竺之北，根据书中记载是一个崇尚佛教，文明开化的国家。在法显西行时也有过记载：

> 其乌场国是正北天竺也。尽作中天竺语。中天竺所谓中国。俗人衣服饮食亦与中国同。④

这位向国王宣扬中国文化的宋云，却并非中土人氏，而是西域敦煌人。北魏时期，中国内乱，并没有对于西域进行有效统治，然而宋云却能以周、孔、庄、老之事感化乌场国王，并转变其对于中国的态度。中国传统文化影响之广，可见一斑。

这一故事也说明了另一个重要问题：但凡到印度去的中国人，无论使臣、僧侣抑或商人，都可能碰到宋云和惠生遇到的情况，他们也可能作出宋云和惠生一样的回答。毕竟好奇之心人皆有之，中国的政治与法制状况、风俗习惯也就以这种口口相授的方式，在当地流

---

① 《新唐书·天竺传》。
② 薛克翘：《中国与南亚文化交流志》，248～249 页，上海，上海人民出版社，1998。
③ 《洛阳伽蓝记·闻义里》。
④ 《高僧法显传》。

传。而唐玄奘也在戒日王那里碰上了同样的情况。

> 时戒日王巡方在羯朱嗢祇逻国，命拘摩罗王曰："宜与那烂陀远客沙门速来赴会。"于是遂与拘摩罗王往会焉。戒日王劳苦已曰："自何国来，将何所欲？"对曰："从大唐国来，请求佛法。"王曰："大唐国在何方？经途所亘。去斯远近？"对曰："当此东北数万余里，印度所谓摩诃至那国是也。"王曰："尝闻摩诃至那国有秦王天子，少而灵鉴，长而神武，昔先代丧乱，率土分崩，兵戈竞起，群生荼毒。而秦王天子早怀远略，兴大慈悲，拯济含识，平定海内，风教遐被，德泽远洽，殊方异域，慕化称臣，氓庶荷其亭育，咸歌秦王破阵乐。闻其雅颂，于兹久矣。盛德之誉，诚有之乎？大唐国者，岂此是耶？"对曰："然。至那者，前王之国号；大唐者，我君之国称。昔未袭位，谓之秦王；今已承统，称曰天子。前代运终，群生无主，兵戈乱起，残害生灵。秦王天纵含弘，心发慈愍，威风鼓扇，群凶殄灭，八方静谧，万国朝贡，爱育四生，敬崇三宝，薄赋敛，省刑罚。而国用有余，氓俗无穴，风猷大化，难以备举。"戒日王曰："盛哉，彼土群生福感圣主。"

戒日王与玄奘的这次交流在中国与印度的关系史上具有重要意义。戒日王是印度塔内萨尔王国普湿婆提王族第六代国王，也是戒日王朝的创立者。玄奘言谈之间，将唐初政清人和、法制昌明的盛况生动地描绘出来，也给戒日王以深刻的印象。他对玄奘十分赞赏，特意在 642 年于首都曲女城为玄奘举行了无遮大会，二十多个王公和五千多名大小乘佛教、婆罗门教高级学者参加了大会，由玄奘宣讲大乘佛教教义，与会者没人能驳倒他，因而他获得了"大乘天"的尊号。会后戒日王请玄奘骑象巡游天下，宣讲说法，一时间在印度掀起了"中国热"，彼时戒日王朝与中国唐王朝并无往来，也是因为玄奘的努力，才成就了双方建交。戒日王自称摩伽陀王，所以史籍称其国为摩伽陀王国。

> 贞观二十一年，始遣使者自通于天子，献波罗树，树类白杨。太宗遣使取熬糖法，即诏扬州上诸蔗，拌瀋如其剂，色味愈西域远甚。高宗又遣王玄策至其国摩诃菩提祠立碑焉。后德宗自制钟铭，赐那烂陀祠。①

而在玄奘之后到印度求法的义净，更是故国情深。他明白地表示，印度也许是"圣方"，可是中国才是世界第一的"神州"，所以他写道：

> 由是五天之地自恃清高也。然其风流儒雅。礼节逢迎。食啖淳浓。仁义丰赡。其唯东夏。余莫能加。

> 良以连冈雪嶻接岭香山，异物奇珍咸萃于此，故体人像物号曰神州。五天之内，谁不加尚？四海之中，孰不钦奉？云文殊师利现居其国。所到之处，若闻是提婆弗呾攞僧，莫不大生礼敬。提婆是天，弗呾攞是子，云是支那天子所居处来也。②

梵文中的中国皇帝，按照中国的习惯，被直译为天子，可见中国的文化已在印度传播。

（二）箇罗——中国传统法律文化的追随者

箇罗是一个位于中国与印度边界上的城邦国家，这个国家是中国传统法律文化域外影响

---

① 《新唐书·西域传》。
② 义净：《南海寄归内法传》。

的实例。对于箇罗国的地理位置，古代的旅行家和商人们有记载：

> 箇罗国（Kalah），乃靠近印度边界的一座城，有芦荟输出，印度洋之海口。位于阿曼到中国之半途，地处赤道线上。（《简本地名辞典》）
>
> 印度的一座城市，该地有竹子种植园，其竹子经销全世界。①
>
> 箇罗，婆罗门僧们聚会的地方，是东印度诸国中的第一国，位于中国附近。

这个国家虽位于印度次大陆，却是一个伊斯兰教国家，更加令人匪夷所思的是，箇罗城与中国相距甚远，却对中国情有独钟，臣服于中国政府与中国文化下，不止一位旅行者提到这件事。第一位是雅库特：

> 他们的风俗习惯类似中国人，（当地）有司法权，有惩罚性的监狱和罚款制度。该国国王依附于中国君主，以中国国君之名义做礼拜，箇罗国王祈祷之方向朝向他（中国国王）；箇罗国王的礼拜寺也是献给中国国王的。②

按照惯例，穆斯林祈祷之方向是朝向麦加，而箇罗国王却朝向中国方向礼拜，这正是因为箇罗国王依附于中国君主。

第二个旅行者是卡兹维尼：

> 本地国王臣服于中国国王，城堡正方向中国皇帝方向开放。其风俗习惯与中国皇帝相同。箇罗人坚信，对他们而言，能够归顺中国皇帝是所受到的最大恩宠，犯颜违抗中国皇帝就会招致祸殃。在中国与箇罗之间，共有三百波斯里之遥。③

（三）科举制度与英国东印度公司

中国的科举制度与当今世界各国通行的公务员考试制度的渊源与传承关系，一直是学界的热点话题。早在1921年，孙中山先生就率先提出了这样的观点："英国行考试制度最早，美国行考试制度才不过二三十年，英国的考试制度就是学我们中国的。中国的考试制度是世界最好的制度。现在各国的考试制度亦都是学英国的。"④

而事实上，西方国家借鉴科举制度来建立公务员制度是从英国东印度公司开始的。1806年，东印度公司学院在伦敦附近的海雷伯利创建，学院的学生毕业后成为东印度公司的官员。而对那些有志进入东印度公司却没进过学院学习的人，则要经过考试选拔。这在有限的基础上为印度引入的考试任职制度，始于1829年，"结果使中国的这一发明及时在印度得以充分发展"⑤。

这种考试制度在印度这块英国公务员制度的"试验田"里取得了成功。1853年，著名的《诺斯科特—屈威廉报告》发表，这一报告奠定了英国公务员考试制度的基础。屈威廉与诺

---

① ［法］费琅：《阿拉伯波斯突厥人东方文献辑注》，341页，北京，中华书局，1989。

② ［法］费琅：《阿拉伯波斯突厥人东方文献辑注》，242页，北京，中华书局，1989。

③ ［法］费琅：《阿拉伯波斯突厥人东方文献辑注》，349页，北京，中华书局，1989。

④ 孙中山：《在广东省教育会的演讲》，载《孙中山全集》，第5卷，498页，北京，中华书局，1985。

⑤ Ssu-yu Teng, "Chinese Influence on the Western Examination System", *Harvard Journal of Asian Studies*, No. 7 (1943), p. 225. 转引自任爽、石庆环：《科举制度与公务员制度——中西官僚政治比较研究》，前言，北京，商务印书馆，2001。

斯科特的祖父都曾为东印度公司的雇员，对于考试制度非常了解。1854 年《麦考莱报告》发表，该报告主张对东印度公司的公务员实行考试，考试"限于那些有知识的部门，这些部门是英国绅士们所向往——可能吸引他们注意的——如历史、法学、金融和商业以及语言等等。而被考虑在列的则应该是那些毕业于牛津和剑桥文科的高材生"。19 世纪 50 年代末，"英王法"取代了"公司法"，这一"牛津—剑桥"序列的应募生由此先在印度然后在英国国内占据了英国见习公务员的统治地位。1870 年，《诺斯科特—屈威廉报告》的内容为枢密院的法令所补充，法令将公开考试作为进入枢密院供职的正式要求，并且强令所有部门举行任职考试，由此，英国本土也适用公务员考试制度。

二、中国传统法律文化对东南亚其他国家的影响

对于东南亚国家，在中国旧称"南洋"，包括位于中南半岛和马来群岛的缅甸、泰国、老挝、柬埔寨、越南、马来西亚、新加坡、文莱、印度尼西亚和菲律宾等国家。东南亚国家或与中国一衣带水，或与中国隔海相望，在中国、印度、伊斯兰三大文化策源地影响下，它们的文化呈现出兼收并蓄的特点。除越南外，其他东南亚国家在历史上大多受印度文化的影响，然而中国文化对这些国家的影响也不可忽视。

（一）中国传统法律文化的早期影响

中国与东南亚国家之间有着悠久的关系，在中国与东南亚的远古传说中，都留下了对方的身影。《尚书》中，有关于交趾（越南）的"尧南抚交趾"的语句，而在"交趾之南"，尚有"越裳国"，有学者认为这个"越裳"包括中南半岛北部的越南、老挝以及中国西南地区。而在东南亚的缅甸，则流传着著名的神话——远古时代龙公主与太阳神相爱，生下三个龙蛋。一个破裂成为宝石，故宝石为缅甸盛产；一个孵化成女孩，由神仙送到中国，成为中国皇后；一个孵化成男孩，即为缅甸著名国王骠苴低。因此缅甸人称中国人为"胞波"，意即"一母所生的同胞"。

而早在秦汉时期，中国与东南亚国家便建立了官方往来，据《后汉书》"南夷西南夷列传"载，公元 84 年，"究不是（柬埔寨）人邑豪献生犀、白雉"；公元 69 年，"敦忍乙王莫延慕义遣使译献犀牛、大象"；公元 97 年，"掸国王雍有调遣使重译奉供珍宝"。其后各朝代，中国与东南亚往来不断。

三国时代，西蜀政权南征南中地区，并开始经营这一地区。在三国时代，南中地区还处于原始部落和游牧状态，诸葛亮依照"和抚"政策，在这里推行一系列政治、经济措施，促进了这一地区的文明化进程，也对缅甸产生了深远影响。缅甸人对诸葛亮敬若神明，《诸蕃志》记载，缅甸"国有诸葛武侯庙"，《西南夷风土记》则记载，"城中有武侯南征碑"，甚至当外国传教士到缅甸北部克钦族中传教时，为争取民众信任，编造谎言说："上帝有两个儿子，老大叫孔明，老二叫耶稣，老大孔明已经老朽不中用了，上帝叫老二耶稣代替孔明管理世上百姓。"而诸葛亮创立的分兵以配大姓和世袭土司制度，对缅甸地区产生了深远影响，缅甸与中国比邻的掸邦和克钦邦，千余年来一直沿袭诸葛亮创立的土司制度。[①]

而孙吴政权则与扶南（今柬埔寨）建立了联系。乌赤七年（244 年）和神凤元年（252

---

① 参见王介南：《中外文化交流史》，14 页，太原，书海出版社，2003。

年），孙权两次派康泰、朱应前往扶南访问。这对扶南产生了重要影响。一些学者在对柬埔寨吴哥王朝时期的著名王家建筑与中国的皇宫和皇家寺院建筑进行全面的比较后发现，柬埔寨国王认为中国的王权观念与他们的王权观念是完全相符的，因此在营建王家建筑时采用的是中国皇家建筑的布局，相反，与印度同类建筑的布局却大不相同。有的西方学者认为，柬埔寨的一些王家祭祀仪式，如一年一度的"御耕节"，与其说是来源于印度，不如说是来自中国更接近事实。①

而东南亚国家的统治者对于中国传统文化也非常敬重。以暹罗（泰国）为例，在明洪武四年（1371年），暹罗国便专门派人到中国"国子监"读书。可知对于中国传统文化暹罗国王热心向学的态度。

（二）郑和下西洋与中国传统法律文化的传播

无论在世界航海史上，还是在文化交流史上，郑和下西洋都是最重要的事件之一。从明朝永乐三年（1405年）到宣德八年（1433年），28年间，郑和7次出使，百艘巨舰"云帆高张，昼夜星驰"，"维艄挂席，际天而行"，郑和的团队一路经过南洋、印度洋，直至红海之滨，也将中国传统法律文化传播到东南亚。

1. 郑和下西洋的目的

郑和下西洋，身负着明成祖的殷切希望。这种希望体现在永乐十四年（1416年）御制《南京弘仁普济天妃宫碑》中：

> 仰维皇考太祖高皇帝，肇域四海，幅员之广，际天所覆，极地所载，咸入版章。中外怀柔，幽明循职，各得其序。朕丕承鸿基，勉绍先志，罔敢惑怠，抚辑内外，悉俾生遂，夙夜兢惕，唯恐弗逮。恒遣使敷宣教化于海外诸蕃国，导以礼仪，变其夷习。②

可见传播中国先进的礼法文化正是明成祖派遣郑和下西洋的目的。这也使得郑和在提升东南亚国家的文明化程度方面不遗余力。郑和到达南洋诸国，所做的第一件事就是宣读"天书"——明成祖的敕谕：

> 皇帝敕谕四方海外诸番王及头目人等，朕奉天命，君主天下。一体上帝之心，施恩布德。凡覆载之内，日月所照，霜露所濡之处，其人民老少，皆欲使之遂其生业，不致失所。今遣郑和赉敕普谕朕意。尔等祗顺天道，恪守朕言，循理安分，不得违越。不可欺寡，不可凌弱。庶几共享太平之福。若有（虑）来朝，咸锡皆赏，故兹敕谕，悉使闻之，永乐七年三月□日。③

在制度层面上，郑和致力于构建天朝秩序体系，这也是明朝强化皇权与中央集权的外在表现。郑和的船队规模庞大，气势宏伟，正是中国天朝上国威严的体现。而他将欲来华朝贡诸国国王以及使臣随船带回，也是为此。在精神层面上，郑和推行中国礼仪文化。郑和在南洋，"所至颁中华正朔，宣敷文教"，颁行中国历法、衣冠以及科举制度，并将《古今列女传》等书籍赠与各国，正是为了完成明成祖的理想：

---

① 参见杨保筠：《中国文化在东南亚》，41页，郑州，大象出版社，1997。
② 郑鹤声、郑一均编：《郑和下西洋资料汇编》（中册·下），85页，济南，齐鲁书社，1983。
③ 郑鹤声、郑一均编：《郑和下西洋资料汇编》（中册·下），85页，济南，齐鲁书社，1983。

> 帝王居中，抚驭万国，当如天下之大，无不覆载。远人来归者，悉抚绥之，俾各遂所欲。①

2. 人员往来

人员交往，特别是 11 国蕃王来朝，对中国传统法律文化的传播起到了重要作用。蕃王随郑和来到中国，切实地感受中国文化，"沐中华礼仪"，亲见中国典章之美，使他们心生向往，对比尚处于较低文明程度的自身所产生的落差，使得他们自然开始学习中国法律文化。

郑和船队对于中国礼仪制度的宣扬，使东南亚诸国的国君对中华帝国无不心向往之。他们派出使臣前往中国朝贡，甚至自己携家带眷前往中国。仅明成祖永乐六年（1420 年）到十八年（1408 年）间，就有四个国家的国王访华，包括渤泥、满喇加、苏禄和古麻剌朗。渤泥（文莱）国王麻那惹加就是一例。他在 1408 年曾率领 150 人的使团访华。这位国王以近乎虔诚的姿态向明成祖朱棣表达敬意：

> 覆我者天，载我者地。使我有土地人民之奉，田畴邑井之聚，宫室之居，妻妾之乐，和味宜服，利用备器，以资其生，强罔敢侵，众罔敢暴，实惟天子之赐。是天子功德所加，与天地并。然天仰刚见，地踏则履，惟天子远而难见，诚有所不通。是以远方臣妾，不敢自外，逾历山海，躬诣阙延，以伸其悃。②

这位国王临终之时，留下了"体魂托葬中国"的遗言，他的坟茔就设在南京安德门外石岗子。明成祖给了这位国王很高的评价：

> 朕观其言文貌恭，动不逾则，悦喜礼教，脱略夷习，非超然卓异者不能。稽之载籍，自古遐远之国，奉若天道，仰服声教，身致帝廷者有之。至于举妻子、兄弟、亲戚、陪臣顿首称臣妾于阶陛之下者，惟浡泥国王一人；西南诸蕃国长，未有如王贤者。王之至诚贯于金石，达于神明，而令名传于悠久，可谓有光显矣。③

"悦喜礼教，脱略夷习"，可见中国传统法律文化已经对他产生了影响。

3. 历法衣冠科举制度的颁行

历法衣冠科举制度是中国传统政教制度的重要方面。这些制度在东南亚国家的推行，是中国传统法律文化传播的重要部分。

第一，《大统历》的传播。大统历是明朝的历法，分为王历与民历两部分，共六十二事，记载了中国的国家政治、社会生活以及封建礼俗等各个方面，郑和所到之处"颁中国正朔"，就是要求海外诸国在日常生活中"变其夷习"，转而奉行中国的风俗习惯，这种做法无疑提高了海外诸国的文化水平。15 世纪初叶，大部分东南亚国家尚未开化，几乎处于无政府状态。例如爪哇国，"强者为胜，若戮死人，其人逃避三日而出，则不偿命，若当时捉住，随亦戮死。国无鞭笞之刑，事无大小，即用细藤背缚两手，拥行数步将不刺头于罪人腰眼或软肋一二刺即死。其国风无日不杀人，甚可谓也"④。其刑罚野蛮、国民蒙昧可见一斑。在这样

---

① 《明成祖实录》卷二十四。

② 《明史·外国六》。

③ 《明史·外国六》。

④ 马欢：《瀛涯胜览·爪哇国》。

的国家颁行中国历法，推广最朴素的论罪定刑、杀人偿命观念，最低限度可以开发民智，移风易俗，已经是非常重要的进步。

第二，冠服的颁予。明朝政府对于东南亚国家冠服的给予，也具有让当时文明程度较低以及尚未开化的国家移风易俗，接受中国礼仪的意义。当时被郑和赐予冠服的国家包括渤泥、暹罗、爪哇、占城、满剌加、锡兰山、古里等国。这种颁予有明朝政府主动赐予的，如郑和曾代表明朝政府给予满剌加国王衣冠绶印；也有各国主动请求赐予的，如渤泥使臣在归国之时，向明成祖提出"乞冠带回国"的请求。当时的衣冠制度，对国王是给予皮弁玉圭、麟袍、龙衣、犀带、玉带等，而对使臣则是赐予明朝政府官员所穿的朝服以及公服。而对于来华访问的国王使团，其王妃、子弟、随员皆有衣冠赏赐。颁予衣冠，使东南亚诸国完成由"不习衣冠疏礼仪"到"仰慕中华衣冠礼仪"的转变，对于开化民智，提高文明程度具有重要意义，也是东南亚国家社会文明进步的重要标志。

第三，赠与其中国书籍。赠与书籍对于中国传统法律文化影响东南亚起到了重要作用。郑和的宝船上，携带了上万册《列女传》以及其他中国书籍。根据《明成祖实录》记载：

> 永乐二年九月辛亥，命礼部装印《列女传》万本，给赐诸蕃。

明成祖希望海外诸国妇女通过学习《列女传》所提倡的中国传统文化中的"三从四德"等顺从精神，从协调作为最基础的社会关系——家庭关系入手，"内外有以相成全"，使整个社会风气得以改善，从而达到"四夷顺"的目的。[①]

明朝向海外赠书，也表现了在东南亚国家中，有一些人通晓中国语言文字。这些人主要是中国移民，也包括具有翻译能力的番人，他们能够阅读中国书籍，并且在日常生活中使用中文，这保证了海外的中国书籍能够被使用，而不致成为"天书"。

4. 平息纷争

在郑和出使过程中，也曾遭遇到来自海盗以及各种地方势力的挑战。对于这些挑战，郑和以出色的军事才能率领船队迅速平息纷争。这样的战役主要有三次。第一次发生在郑和第一次出使，时值爪哇东、西两王内乱，在争战中，西王部下误杀明使团成员170人。西王畏于中国国威，立即遣使入朝谢罪。明成祖以宽和的心态原谅了他，双方协议爪哇方面赔付黄金六万两，可赎其罪。其后爪哇方面送来黄金五万两，明成祖认为西王主动承担责任，便免去了其后的罚金，并未大兴问罪之师。明成祖的处置充分展现了中国传统法律文化中的宽容精神，也为中国赢得了尊重。

在郑和第三次出使归国途中，郑和船队与锡兰国发生了冲突。锡兰国王亚烈苦奈儿骄横跋扈，他主动攻击郑和船队，并对东南亚地区的安定构成了威胁。根据史料记载，对于这位国王，郑和最初采取隐忍态度，然而鉴于他先是"不辑睦邻国，屡邀劫其往来使臣，诸番皆苦之"引发了众怒，后又再次纠集海盗攻击郑和船队并勒索钱财，郑和船队给予了还击，攻破了王城，并且生擒亚烈苦奈儿以及其家属、头目。郑和将他擒回明朝，群臣激愤欲治其死罪，明成祖却赦免了他，并且命令礼部根据锡兰国内的意见，再行扶持贤者担任锡兰国王，"以承国祀"。在第二年，亚烈苦奈儿被遣送回国。明成祖再次展现了他的"以德服人"的胸

---

① 《明实录》。

襟，并以此调解两国之间的关系。

郑和船队第四次出使归国途中，在苏门答腊遭遇危机。这次挑战来自苏门答腊前伪王之弟苏干剌。根据史料记载，"初，和奉使苏门答腊，赐其王宰奴里阿必丁采帛等物。苏干剌乃前伪王弟，方谋弑宰奴里阿必丁以夺其位，且怒使臣赐不及己，领兵数万邀杀官军"。危机当前，郑和率领船队打败了苏干剌，并且在喃渤利国擒获苏干剌及其妻子，带回明朝。明成祖与大臣商议，以"大逆不道"之罪使刑部对其处以极刑。同是追杀郑和船队，但是对于亚烈苦奈儿与苏干剌的刑罚完全不同。苏干剌之所以被处死，主要是由于他对自己的国君有"不臣之心"。按照明朝法律规定，弑君是十恶之首，谋反重罪，自然为同样身为人君的明成祖不能容忍。可见明朝在处理与东南亚诸国的争端过程中，还是因袭中国法律。

5. 调节国际争端

中国在东南亚的声威日隆，而在郑和下西洋的过程中，也为解决东南亚各国之间的矛盾，建立和平局势尽心尽力。郑和到达南洋之后，以强大的武力装备为后盾，告诫那些"喜战好斗"的岛国：

> 循礼安分，勿得违越；不可欺寡，不可凌弱。①

中国在调解这些争端中秉持着公正的态度，扶危济困，以德服人。使被调解双方对于调解结果都心悦诚服。不仅"海道由是而清宁，番人赖之以安业"，也为中国赢得了这些国家的衷心倾慕。马欢有诗云：

> 天书到处多欢声，蛮魁酋长争相迎。南金异宝远驰贡，怀恩慕义虑忠诚。

渤泥国在诸国中相对弱小，所以一直受到来自苏禄国的侵略，百姓生活困苦。自称蕃于中国，便受到中国的庇护，使得国家得以享受太平。国君之所以使华，正是受恩惠于中国。作为侵略方的苏禄国（菲律宾）也诚心拜服，其东王、西王携家带子在1417年前来访问，访问团由340余人组成。其东王也在华逝世，葬于中国。"向华若此"，足见中国传统文化的魅力。

而中国与满剌加之间的关系更为典型。满剌加国处于马来半岛，其建立之初，便饱受来自北面的暹罗以及南面爪哇的威胁。永乐初年，满剌加国派使臣朝贡，并在永乐三年（1405年）得到了中国政府的承认。费信的《星槎盛览》记载："永乐七年己丑，上命正使太监郑和等，统赍诏敕，赐头目双台银印、冠带袍服，建碑封城，遂名满剌加国。"由此，接受郑和颁赐冠带袍服的满剌加头目拜里米苏剌，便由一个"不习衣冠疏礼仪"的原始部落酋长，正式成为一国之君。其宫廷百官服饰制度也是由郑和帮助建立的，与中国明朝别无二致，使这个原始部落一跃进入封建社会。满剌加历代国君有感中国恩德，据中国史籍记载，在永乐九年（1411年）至宣德八年（1433年）间，满剌加王国的使臣来华访问达15次之多，加上国王5次亲自前来中国，规模最大的一次是在永乐九年（1411年），拜里米苏剌国王亲率王妃、王子和陪臣540多人到明朝访问，并在华居住了两个月。而明朝"又赐造完大舡，令其乘驾归国守土"。

---

① 《明史稿·郑和传》。

永乐五年（1407 年），明成祖在郑和第二次下西洋时，对于谋求东南亚地区霸权的暹罗国王提出了严厉警告：

> 占城、苏门答腊、满剌加与尔均受朝命，比肩而立，尔安得独恃强，拘其朝臣，夺其诰印？天道有显，福善惑淫，安南黎贼父子覆辙在前，可以鉴矣！其即还占城使者，及苏门答腊、满剌加所受印诰，自今安分守礼，睦邻保境，庶几永享太平。①

6. 传播宗教

郑和原姓马，是一名回教徒，他在出使的过程中，也不忘传播伊斯兰教。根据史料发现，爪哇的伊斯兰教就是由郑和引入的。然而郑和在传教的过程中，并不将其他的宗教信仰以及本地固有礼俗视为异端或野蛮，反而对于那些古朴醇厚的宗教礼俗加以尊重。这种态度来自中国传统文化对于不同宗教信仰的包容政策，正是中国传统文化中"和而不同"思想的体现。

锡兰山国就是其中之一，锡兰山是传统的佛教国家，也是南亚地区著名的佛教中心。郑和第一次下西洋之时，就曾奉谕到锡兰山佛寺供养布施，并在那里建立石碑。碑文用汉文、泰米尔文和波斯文写成，这三种文字所写的供品虽大同小异，然而其所颂扬的神却并不相同。汉文书中奉养对象是"佛"，而泰米尔文则是"特纳瓦莱、那亚尼耶尔"这些印度教诸神，波斯文则是真主安拉和伊斯兰圣人。② 这种做法也加深了各民族教众对中国的好感，并且通过崇仰佛教的做法，宣扬了中国的国威。正如清代黄遵宪《锡兰卧佛诗》中所记：

> 自明遣郑和，使者驰络绎。凡百马流种，各各设重译。金叶铸多罗，玉环献摩勒。每以佛光明，表钦帝威德。③

综上所述，郑和下西洋是中国古代史上的重要事件，对于东南亚地区的政治、经济以及文化发展作出了重要贡献，对于建立东南亚和谐秩序，以及提高明朝在国际上的地位居功至伟。在郑和下西洋的 15 世纪，中国高度文明，而东南亚各国多处于蒙昧状态，郑和所带来的中国礼仪制度，对于帮助东南亚各国建立健全国家制度、礼仪制度以及法律制度，起到了重要作用，也使他在东南亚各地享有厚望。正如马来西亚学者所说："南洋各国信任的政府组织等，都是郑和下西洋之后在南洋流行、通行的。"

第三节
东南亚诸国华侨对中国法律文化的传播

早在春秋战国时代，中国就开始了对东南亚地区的经营。公元前 384 年至公元 381 年

---

① 《明太宗实录》卷七十二。

② ［日］寺田隆信著，庄景辉译：《郑和——联结中国与伊斯兰世界的航海家》，64～65 页，北京，海洋出版社，1988。

③ 黄遵宪：《人境庐诗草》。

间，楚国将军吴起经略南越，秦大一统后，始皇帝将二十万秦人迁移至此，并在越南中北部地区设立了象郡，开启了中国东南亚移民的历史。商人、水手、难民、奴隶，中国人纷至沓来，"是岁不归，谓之'住蕃'，经年不归，便成'唐人'"。随着来自遥远中土的"唐人"不断地涌入，到宋元时期，中国华侨已司空见惯：

> 唐人之为水手者，利其国中不著衣裳，且米粮易求，妇人易得，屋室易办，器用易足，买卖易为，往往皆逃逸于彼。①

这些"唐人"在当地娶妻生子，世代居住，也成为了当地居民的组成部分，甚至在当地的法律中，有专为唐人设条：

> 杀唐人者死，唐人杀番人，亦罚重金，如无金，以卖身取赎。②

明清时代虽然海禁森严，但是前往东南亚的侨民数字却在攀升。华人下南洋呈集团式特点。以马尼拉为例，1571年，马尼拉华人仅有150人，而到了1588年，这一数字已经达到万人以上。③ 这些华侨对于传播中国传统法律文化起到了非常重要的作用。

一、古代华侨移民与中国传统法律的影响

唐人移民东南亚居住，对于东南亚社会产生了深远影响。东南亚诸国在政治制度、经济制度、思想文化各方面，都不同程度地受到中国的影响。

（一）种姓制度

与种姓制度相连是古代印度法最基本的特征。东南亚地区虽然深受印度法影响，但是种姓制度在东南亚社会的影响却非常薄弱。一些学者认为这与中国移民有关。中国与印度不同，在印度，各种姓以家庭出身来划分，并由出身决定一切。而在中国，各阶层之间通过科举制度等渠道，仍保持着一定的流动性。唐人大量涌入东南亚，并带来中国的阶层划分观念，为其他处于被统治地位的低种姓阶层接受。这冲击了原有的种姓制度，使种姓制度在东南亚社会逐步退出历史舞台。

（二）货币制度

东南亚货币制度深受中国的影响。中国铜钱外流历代禁而不止，与其在东南亚市场上的美誉度有关。中国货币"铸铜精熟，入地不坏"，甚至成为市场流通中的正式货币。早在汉代，五铢钱就已经传入越南。根据史料记载，在印尼爪哇"买卖交易行使中国历代铜钱"，"市中交易亦使中国铜钱"④。除了用于贸易之外，中国铜钱还被广泛用于缴纳法定的罚款、国王贡赋、官员薪俸和捐税。中国铜钱甚至出现在宗教仪式上。

在柬埔寨，有学者指出柬埔寨的货币是16世纪从海外引进的。一名叫做坎的篡位王子是发起人，而他的领地正位于中国商人贸易网周边，而柬埔寨货币的创制和使用与华商的影响不无关系。

---

① 《真腊风土记》。
② 《岛国志略·真腊国》。
③ 参见杨保筠：《中国文化在东南亚》，郑州，大象出版社，1997。
④ 《瀛涯胜览》。

马来西亚也是如此。据考证，马来语中的钱（wang）来自唐朝。传说唐朝有个富甲天下的王元宝，故唐时将"钱"称为"王"（wang），而将锭称为"元宝"。"王""钱"同义在中国已不再适用，但是马来语却将这一习俗保留下来。

除了中国铜钱，中国的纸币也在东南亚流通一时。元代中统钞一度在缅甸流通，与当地的通货并行使用，且有规定的比价。

中国的货币制造技术也对东南亚产生了深远影响。一些东南亚国家的钱币形状接近中国铜钱。如马六甲王国就学习中国造币技术，将大块斗锡钱改为小块，形似中国铜钱，以便携带。而爪哇古钱也与中国古钱相似。爪哇古币的外观都大多为圆形方孔，与中国铜钱一致。

（三）思想文化

郑和下西洋时，提拔一些受过中国传统文化教育的南洋华侨成为国家领袖，这也使中国传统法律文化的影响扩大。爪哇人民最为推崇的九圣中最伟大的圣人苏南（梭罗的王侯称号）义礼，就是华侨领袖，旧港宣慰使施二姐的养子。施二姐的父亲施进卿是前任旧港宣慰使，华侨在南洋地区的最高统治者。在他死后，郑和任命了他的女儿接任他的职位，就是看中了施二姐成长于中国家庭，又饱受中国传统文化的熏陶。这样的背景使她在对自己养子的抚养与教育过程中，也必然对他灌输了中国传统文化。这使苏南义礼得以成为"九圣中最伟大的圣人"，而这对圣人母子对于人民的言传身教，也使得中国传统法律文化得以发扬和传播。

（四）行政制度

中国的行政制度也对一些东南亚国家产生了影响。在东南亚国家，唐人曾被当地人敬为神明。"往往土人最朴，见唐人颇加敬畏，呼之为佛，见则伏地顶礼"。华人也开始在东南亚王国里担任重要职务。

明清时代的暹罗（泰国），大量的中国人被任命为官吏。暹罗统治者"颇知尊中国文字，闻客人又能作诗文者，国王多罗致之，而供其饮食"。这种尊敬的态度也使华人乐于为官。《明史》中就有相应的记载："汀州人谢文彬以贩盐入海，飘入其国，仕于岳坤，犹天朝学士也。"17 世纪西方旅行家也多次证实一些侨居暹罗的中国人任官于暹罗。暹罗不但"尊敬中国，用汉人为官属。理国政，掌财赋"①，而且对中国的行政体制也非常向往。暹罗官制分为九等，暹罗国王和达官贵人经常身着中国服饰请人作像，今日的泰国大城府巴荫御苑正殿天明殿墙上仍悬挂着拉玛四世和五世着清朝翎羽冠服的画像。在历史上也曾有华人成为暹罗最高统治者。泰国史上的吞武里王朝就是由广东籍华人，曾任达府、甘烹碧府太守的郑信缔造的。

华人官员在行使其职权的过程中，不可避免地受到中国传统行政司法制度的影响。而在东南亚的华人往往都是经济实力强大、组织管理完善的集团，这也使中国传统行政制度对于东南亚产生影响。

二、近代华侨与中国传统法律文化的传播

郑和之后，明清统治者闭关锁国，封闭海上交通，退出了东南亚地区。与此同时，欧洲

---

① 《海国闻见录》。

人则乘虚而入，开始了欧洲诸国对于东南亚的角逐。这一退一进，集中体现在马六甲地区。根据《明史》所载，葡萄牙人侵略马六甲时，其王遣其叔向中国求援，然而明武宗不为所动，只"敕责弗朗机（葡萄牙），令还其故土，谕暹罗诸国以救灾恤临之义，迄无应者，满剌加（马六甲）竟为所灭"。明王朝并未派兵救援自己的藩属，而这段文字也就成了中国王朝在东南亚最后的背影。但是中国移民在东南亚的脚步并未停止，华人人口逐渐增加。而这一时期东南亚各国的华人政策也出现了新的举措。华人自治成为这一阶段中国传统法律文化发生域外影响的重要途径。

（一）华人公堂

在泰国，华人人口的增加使得泰国国王拉玛三世于公元 1824 年设立华人县长之职，由华人子弟担任，其主要职能是协助政府管理华人事务。

在已经为殖民者控制的地区，情况则有所不同。在马六甲，最初闯入这里的殖民者葡萄牙人为了站稳脚跟，创设了甲必丹（Kapitan）制度。第一位华人甲必丹郑甲，又名郑启基、郑芳扬。他是福建省漳州人，被形容为一名成功的商人，生于 1572 年，殁于 1617 年。这也是葡萄牙人所委任的唯一华人甲必丹，旨在"以华制华"，以华人领袖管理华人事物。

接踵而来的荷兰人延续并发展了这一制度，1619 年荷兰东印度公司总督燕·彼德逊·昆任命华人富商苏明岗首任华人甲必丹。其后英国人也采用了这一制度。甲必丹具有很高权威，近似于父母官。在华人社区内，"华人或口角，或殴斗，皆质之甲必丹，长揖不跪，自称晚生。其是非曲直无不立断，或拘、或打，无容三思。至犯法大罪，并嫁娶生死，俱当申报和兰"[①]。

甲必丹制度还不能满足越来越多的需求，尤其是在印度尼西亚巴达维亚（雅加达）附近，从明末以来就存在着一个中国闽南人的社区，其极盛时期的户口达到数万人之巨。这样一个社区，没有一个自治机构以及管理法规显然是无法正常运作的。在荷兰东印度公司管辖下并委任唐人首领以唐人律法与习惯处理唐人自己事务的机构——华人公堂由此应运而生。[②]其后在 1742 年，在雅加达正式设立华人公堂，通称为吧城公堂。主要职能是处理华人社会事务，涉及社区内华人的诉讼、婚姻、丧葬、户籍、宗教、建筑等社会生活的各个方面。无论是公堂的建筑设计还是公堂兼具行政与司法于一身的性质，都与中国传统的衙门相类。

1. 公堂设置

吧城公堂曾经几度搬迁，但是其风格却始终不变。1742 年公堂始建，原址在巴达维亚城北的旗杆街（Tiang Bendra Street），该街道因门前竖有旗杆一支，每月初一升旗而得名。公堂建筑巍峨，门绘神像，建筑风格类似于中国的衙门或官府。而后因为公堂事务日重，而华人聚居于城南，所以在 1809 年，华人甲必丹陈炳郎在城南就近设立一公馆，方便办理日常事务。1861 年，公堂南迁至中港仔（Jalan Tong kangan），为一栋单层房屋。依旧按照中国衙门的习惯悬挂匾额以及对联。匾额题为"政贵有恒"，而长联则为"窃愿官清民乐通国欢声歌化日，惟期政简讼平满堂和气引春风"。寥寥数语，描述了中国传统法律文化所倡导的理想社会——政事简约、百姓安乐、无讼和谐。有五块木刻牌记悬挂在公堂之内，分别篆刻

① 王大海著，姚楠、吴琅璇校注：《海岛逸志》，4 页，香港，香港学津书店，1992。
② 参见［荷］包乐史：《巴达维亚华人与中荷贸易》，75～77 页，南宁，广西人民出版社，1997。

于1791年、1861年、1869年、1893年及1918年，记述"吧城公堂"的历史和沿革，也包括吧城公堂二百年来处理华人事务的态度。

> 公堂者，所以奉公勤民。凡有利于公者，无不咨而谋之，举而措之，以笃庆士林也。
>
> 公者平也，平公察理；堂者同也，同堂论事。情有真伪，事有是非，非经公堂察论，曷以标其准。[①]

2. 行政职能

以行政职能论，分析华人公堂现存档案的组成，除了记载司法审判内容的《公案簿》外，主要都是民政方面的资料，公馆档案起自1772年，终至1978年，有公案簿、婚姻簿、冢地簿、户口簿、新客簿、寺庙簿、救济院簿、会议通知簿、公告簿、日清簿、总清簿及文化教育簿等共一千多册。从其构成来看，婚姻、土地、户籍无所不包，涉及社会生活管理的方方面面，从中也不难看出中国传统法律文化的影响。

以户籍制度为例，户籍制度是中国历史上一项重要的社会制度，历代统治者都非常重视。华人公堂公馆档案中的《户口簿》共有16本。其主要内容是1878年~1884年七年间巴达维亚唐人区中的大港（Kali Besar）、公司后（Kongsi Besar）、廿六间（Jiplakkeng）、兑亚芬土库、新厝仔（Petak Baru）、旧把杀（Pasar Lama）、亭仔脚（Pasar Gelap）、中港仔（Petongkangan）、八茶罐（Petaguan）、小南门（Pintu Kecil）东势、小南门西势和三间土库（Toko Tiga）等12处居民区的户口登记，涉及家庭成员（包括佣人）的人数及年龄，有时也记录妻、妾的民族成分，部分户口登记簿也登记户主的职业性质等等。现存户籍资料内容详尽、细致入微，对于区内人口，按照不同情况分别以家庭、商业组织为单位进行登记，唐人与番人分开，及时对本地区人口流动和增减进行记录并对社区各街道所住华人年龄结构进行统计。可见华人公堂也继承了中国传统法律文化中重视家庭与户籍登记的习惯。有资料为证：

编号31006号簿，1878年大港乾户籍统计，以商号为单位：

> 南盛号米店：杨祥喜年37，
>
> 　　　　　杨亚六年29。

编号31016号簿，1884年三间土库户籍统计，最后附当年人口增加情况：

> 和1884年移入唐长男54人，长女50人，幼男10人，幼女10人，
>
> 移入番长男0人，番长女10人，幼番男女0人，
>
> 移出唐长男43人，长女20人，幼男20人，幼女20人，
>
> 移出番长男女0人，幼番男女0人，
>
> 现年生唐男孩10人，女孩0人，生番男女孩0人，
>
> 现年故唐长男女0人，故幼男10人，幼女20人，
>
> 现年故番长男女0人，故幼番男女0人，
>
> 和1884年存唐长男2830人，长女420人，幼男90人，幼女110人，

---

① 木牌4.

又存番长男 0 人，番长女 11 人，幼番男女 0 人，

合共存 3560 人。

编号 31005 簿中，有旧把杀街区的人口结构统计，内容详尽：

存男　　1—15 岁 43 人　16—30 岁 84 人　31—45 岁 74 人　46—60 岁 33 人　60 岁外 2 人

存女　　1—15 岁 40 人　16—30 岁 47 人　31—45 岁 31 人　46—60 岁 17 人　60 岁以外 6 人

存番男　1—15 岁 7 人　16—30 岁 2 人　31—45 岁 12 人　46—60 岁 0 人　60 岁以外 1 人

存番女　1—15 岁 2 人　16—30 岁 14 人　31—45 岁 9 人　46—60 岁 14 人　60 岁以外 1 人

总和共 432 人①

华人公堂还负责制定华人社区的规章。在吧城公堂的档案——《公案簿》中所记载的有关华人社区的重要事件和重大决议则包括了公堂的公务规章、社区治安条规、防火立章，华人甲必丹、雷珍兰、武直迷（荷兰语 Boedemeester 之音译，为管理遗产、专理孤贫福利之职）以及朱葛礁职位的遴选和更替，华人公冢费用的收取，以及为华人救济院、造桥、修路等公益福利事业捐款的记录等等。以防火条例的制定为例，1790 年 6 月 23 日，为提高救火效率，公堂会议商定制定防火规章，并上承荷兰殖民官员实稽炳。华人公堂决议如下：

每社有生理居室，各定字号，每间厝拨一人给签为凭。倘监光不幸遭火，自当齐到相救，以交签为准，珠（甲必丹王珠）等率人在要路看守收签，督其尽力救火。俟火灭之时，将签公验给还。如不到无签者，则恳上人定其罪案。庶众心协力，不至屋宇连焚，而仁恩沾被益深矣。②

制定防火规章之事很快有了回应。华人公堂将防火规章在华人社区公告：

和 1790 年 8 月 9 日，实稽炳列上台为唐人甲必丹入字请乞救火定规事：因是嘧喳唠夺唐人监光五百零五家逐一编号给剑，倘有失火，每家各出一人往救，交剑为凭。违者罚钱五拾文，若无可罚，将人拿到甲必丹府前，令守更者打藓仔。于和本月 10 日详上土库内大嘧喳唠，蒙王上，列上台批准。特此为谕。经有出唐人告示悬挂四处通知。③

查对这两个文件，可以发现华人会议所提出的解决方案——每间厝出一人承担救火责任，执行救火以签为准——已经被采纳。华人公堂还制定了具体的救火执行规章《分理唐人监光为救火定规事》。

---

① 上述资料来自沈燕清：《吧城华人公馆档案之〈户口簿〉与〈新客簿〉述略》，载《华侨华人历史研究》，2006（2）。

② ［荷］包乐史、吴凤斌校注：《公案簿》，第一辑，331～332 页，厦门，厦门大学出版社，2002。

③ ［荷］包乐史、吴凤斌校注：《公案簿》，第一辑，333 页，厦门，厦门大学出版社，2002。

列台为分理监光，会议以"风、调、雨、顺、国、泰、民、安"八个字号编号，分执为照。将题号在各监光门上。甲大执两个字，如遇火灾，督监光人速运水淬以救之。列雷珍兰各执一字，倘有失火，督监光人速到失火之处，协力打水救之。兹将八个字，并各监光属某位管辖，开明于后……①

3. 司法职能

公堂所审理的诸多华人案件中，除少数由东印度公司司法官员委托公馆审理的案件须回复给东印度公司的司法部门裁夺之外，其余绝大多数的华人民事案件是由公馆自行审理和判决的。至于事关人命的重大刑事案件，公馆只负责审理，而后将审理意见呈报给东印度公司的司法官裁决。审理案件的法官一般由华人甲必丹、雷珍兰等担任，他们被称为"列台"，具有秘书职责的朱葛礁负责记录并抄正存案。1920年之前，都是以中文记录。这一法庭即纯为解决华人内部事务而设，适用的法律也是"唐人律法"——中国法律，主要是中国民间习惯法。在纠纷解决机制上，它继承了中国传统的民事调解与审判并行的方法。若双方愿听从调解，则不需对簿公堂。华人公堂一直存续到1964年，处理民事案件无数，而公堂旧址以及所有档案文件至今尚存。

乾隆五十三年（1788年）十月，华人公堂审理"钟辰观叫（诉）廖干观、廖庚娘"案。该案如下：

> 钟辰告其妻廖庚娘随高奢番私奔，玷辱门面，恳乞休离。
>
> 廖庚娘供谓："氏随高奢私奔，非出本心，为犯其邪药所害，以致心神迷乱，故有此行。"
>
> 列台劝谕钟辰依旧和好，终不听从。又劝庚娘和睦如初，庚娘云："夫妻再和，氏所大望，然本夫不肯，奈何？"又问："二比有生养否？"答曰："未有。"又问钟辰曰："如泊割后汝妻欲再适别配如何？"答曰："若再配唐人，固所愿也；若私嫁番人，询探得知，恳乞将妻禁入高墙。"又问庚娘何说，答曰："泊割后，若氏复从良，必与唐人结婚；苟无其然，有私嫁与番人，愿如钟辰所请，自当受罪。"
>
> 列台因二比劝慰不听，则将其婚字折（拆）破，仍使二比在婚姻簿上花押为凭，不得反悔。又谕廖乾："携归汝女庚娘，俟有妥人求亲，成其配偶。"②

这份公案档案由中文写成，字里行间都可见中国传统法律的影响。原告钟辰提起告诉时，不仅将其妻列为被告，也追究其岳父廖干作为女方家长的责任。言"休离"而非"离婚"，更是出自中国婚姻制度。而其夫不允许休离的妻子嫁于"番人"，可见华人与番人之间，仍然存在着种族差异。而作为法官的"列台"在处理婚姻案件时，还是本着中国人传统的"劝和不劝离"的精神，先对二人进行调解，调解不成，方裁决离婚。

在吧城公堂，最具特色的审判方法莫过于盟神审判。吧城华人社区的主体是闽南人，地处边缘，所以对于中国官方司法审判的方法也不甚了解。所以在处理华侨之间发生口角、斗殴等刑事案件中，当无法确定某一方有理或无理，乃至于有罪或无罪时，便按照闽南习惯到

① ［荷］包乐史、吴凤斌校注：《公案簿》，第1辑，334页，厦门，厦门大学出版社，2002。
② ［荷］包乐史、吴凤斌校注：《公案簿》，第1辑，87页，厦门，厦门大学出版社，2002。

神庙斩鸡发誓，祈请神明裁决，谓之盟神。

　　所谓"盟"，《礼记》解释为"莅牲曰盟"；孔颖达则疏："盟者，杀牲歃血，誓于神也。盟之为法，先凿地为方坎，又取血盛于玉敦，用血为盟书，成，乃歃血而读书。"可见在中国历史上，盟神之法由来已久。而在吧城的盟神审判，要求当事人"到寺庙①，在众人聚集及证人到场的场合下，由和尚主持，在神像前上香下跪，割鸡饮血，宣读誓状。也有向祖宗神位或死者亡灵前盟誓者"。这种"斩鸡"盟神办法是闽南古礼，西汉时期已经出现。司马迁《史记》记载，汉武帝时"既灭两越，越人勇之乃言'越人俗鬼，而其祠皆见鬼，数有效。昔东瓯王敬鬼，寿百六十岁。后世怠慢，故衰耗'。乃令越巫立越祝祠，安台无坛，亦祠天神上帝百鬼，而以鸡卜。上信之，越祠鸡卜始用"。

　　居住在吧城的华人基本出身贫苦家庭，或为工、或为农，文化水平与自身素养并不高。基于对于鬼神的敬畏和迷信，盟神审判的办法在一定程度上可以解决问题。在吧城公堂的档案中，仅在 1787 年 10 月 31 日到 1791 年 2 月 8 日这三年多的时间里，就有 43 起案件涉及盟神审判，如下表所示②：

吧城公堂盟神审判案例表

盟神类型		内容（按编号排列）	数量	总计
被告方盟	台（法官）要被告盟	16、22、28（主告不赞成）、32（后来转为要主告盟）、38	5	25
	被告主动盟	1、2、7、10、13（主告不赞成）、34、35、37、39	9	
	主告要被告盟	3、4、18、19、20、27、31、33、42	9	
	主告要被告证人盟	11、23	2	
主告方盟	台要主告盟	32、41	2	15
	被告要主告盟	5、17、19、24、25、36、39、40、43	9	
	主告主动盟	6、14、26、29（春节）	4	
双方同盟	双方均敢盟	8、9、30（愿）	3	6
	双方均要对方盟	12、15	2	
	被告主动盟，也要求主告盟	39	1	

　　由上表所见，告盟的主体包括原告、被告、证人，而告盟行为可由法官提起，也可由原、被告双方任何一方提起。盟神的时间和地点相对固定，在《公案簿》所提盟神，一般都

---

　　① 所指寺庙应为金德院，根据"李桃观叫李最观"案记载，"于是约最次早七点钟齐到金德院会盟"。又称观音亭，为盟神审判中最常提到的"盟于亭"之"亭"。

　　② 参见纪宗安、颜丽金：《试析吧国华人公堂的盟神审判》，载《东南亚研究》，2004（1）。

是在第二日早上 7 点钟左右，在"亭"盟神。告盟方法一般只适用于疑难案件，以避免滥用。如"朱琛观叫朱金观"案，朱琛观曾要求朱金观盟神了事，甲台谕朱琛曰："候年杪（注：年底）朱悟到吧面对，便得虚实；如朱悟不到，使金盟神未迟。"[1]

然而一旦双方约定盟神，就不可撤销。若一方反悔不敢盟神，则要承担败诉后果以及随之而来的刑事责任。在《公案簿》中所记载的盟神案件中，李金娘诉阮寿娘一案具有典型意义。此案经过两次开庭审理。李金娘与阮寿娘将其合伙购买的店铺出租，因所得租金分摊不均，引发纠纷。李金娘将阮寿娘诉至公堂。1790 年 8 月 11 日第一次开庭，双方各执一词。虽经列台调解，仍不能达成共识。被告阮寿娘要求盟神审判。

> 寿娘云："氏果无收税钱壹佰捌拾余文，愿盟神质实。"金娘云："寿娘若敢盟神，其税愿消账，不敢再提。"寿娘约金娘次早盟于亭。列台谕寿娘曰："如不敢到亭罚盟，坐该还金娘钱七十文零零四方半。"寿娘答曰："诺。"[2]

然而次日早上寿娘并未依照约定出现在盟亭，于是金娘于隔周开庭日第二次来到公堂。

> 李金娘供谓："前期寿娘约欲到亭盟神，及期不到，特此禀知。如他不敢盟，氏愿罚盟，他应出钱理还。"
> 寿娘诉谓："因有削视，何必用盟？"
> 列台谕寿娘曰："汝前期在公堂约定欲盟，及其不盟，不得无罪。兹容再反乎？"
> 着朱葛礁将二比前、后供词，禀知外澹襄掳蛮察夺。[3]

由该案可见，被告阮寿娘要求盟神，原告李金娘也表示认同——若对方盟神自己则放弃起诉以及权利，由此双方达成了一个合意。法官"列台"认可并见证。阮寿娘反悔并拒绝盟神，而李金娘则自愿盟神，法官据此裁定阮寿娘承担不利后果，并且将此案交由荷兰方处理。

盟神审判是利用民众对于鬼神的迷信与畏惧心理，方法简便、行之有效。作为吧城公堂审判的一个重要辅助手段，化解矛盾、解决纠纷，对 18、19 世纪的吧城华人社区内部的安定团结起了一定作用。

（二）宗亲组织

毛泽东在《湖南农民运动考察报告》中指出，在封建时代的中国社会，存在着三个支配系统：政权系统、族权系统及神权系统。[4] 在东南亚的华人社会中，政权系统由荷兰政府以及被指派的华人领袖控制，神权系统则通过盟神审判起作用，而族权系统的维系主要依靠宗亲组织。

东南亚地区移民多来自乡村，他们虽背井离乡，但是却同他们在华南地区的家庭与家族保持着联系。而身居海外，语言隔阂以及民族压迫使他们更加倾向于求助于血缘纽带以及同胞之谊。因此各种组织应运而生。对于穷人而言，这些组织可以使他们安身立命；对于富人

---

① ［荷］包乐史、吴凤斌校注：《公案簿》，第 1 辑，58 页，厦门，厦门大学出版社，2002。
② ［荷］包乐史、吴凤斌校注：《公案簿》，第 1 辑，319 页，厦门，厦门大学出版社，2002。
③ ［荷］包乐史、吴凤斌校注：《公案簿》，第 1 辑，325 页，厦门，厦门大学出版社，2002。
④ 参见《毛泽东选集》，2 版，第 1 卷，北京，人民出版社，1991。

而言，这些组织是他们晋身的阶梯。而在这些组织中，宗亲组织是最为普遍和最具影响力的。1800年～1911年间，在新马地区就有这样的宗亲会馆38个。这些宗亲组织可以分为两种类型：第一种是基于血缘、地缘以及方言为纽带的地域性宗亲集团，而另一种则是以较大范围内亲缘和地缘为纽带，或以传统兄弟结盟的特殊团体为基础的非地域性祖先，自身之间可以沟通。这些宗亲组织的主要职能包括祭祖以及崇祀保护神、纪念传统节日、扶助贫困会员、仲裁纠纷、关心族人婚姻和促进教育事业发展，以促进宗族团结和培养传统价值观，以使宗族永继。与中国的本宗组织别无二致。①

仲裁纠纷是宗亲组织的重要职能之一，颖川堂陈公司是1854年建立于槟榔岛上的一个早期宗亲组织。它声称，仲裁内部纠纷以及陈氏族人和别的宗族之间的纠纷，是它早期数十年中最重要的工作。甚至在第二次世界大战后建立的宗亲组织中，也仍然保持着这种重要的职能。纠纷分为两种——内部纠纷和外部纠纷。内部纠纷主要是民事纠纷，外部纠纷则是涉及宗族之间的关系。

内部纠纷要先告知由宗族分管调查的属下委员会，族长和助手据此对纠纷进行调查，断明是非，进行奖惩。对于这种方法能否与宗族司法权等同，尚存争议。然而这种族长所拥有的类似家长权的权力以及其所采取的非诉调解机制却是来自中国传统法律文化的影响无疑。

外部纠纷则渗透着血腥的气息，这些纠纷主要是宗族间的械斗。东南亚宗族间的械斗往往与其在华南的本家相关，对于械斗，各宗亲组织处理得非常谨慎。宗族纠纷一旦发生，相关责任人必须退出宗族，必要时要召开族长为首的宗族理事会，调查纠纷始末，以平息纠纷，达成谅解。如在19世纪的槟榔岛上，来自福建海澄县三都村的三个宗族——邱、谢、杨便合力建立了三魁堂公司。由三个家族12个理事组成的理事会负责处理三族间的事务，平等协商，和平共处，携手发展。②

婚姻和教育是中国传统社会最为关心的两件大事，这也成为宗亲组织的重要职能。为了维持血统的纯洁性与文化的存续，宗亲组织致力于促进华人婚姻，反对唐蕃联姻。宗亲组织通过从国内引进妇女，使海外华人男性有更多机会同华人女性结合。而促进教育更是宗亲组织工作的重中之重。在中国传统的"唯有读书高"的观念影响下，凡是受过教育的族人，都备受尊重。宗亲组织鼓励族人回国参加科举考试，对于取得功名的族人大加褒奖，并将他们的名字留在宗祠墙壁的颂匾上。宗亲组织投资建立本宗族的宗亲学校，凡是宗亲子弟都享受免费教育。1907年邱氏家学成立，这是新马地区第一间宗亲学校，其他宗亲组织也开始纷纷效仿。宗亲学校在宗亲理事会领导下，由独立的董事会管理，并灌输学生把自己视为中国人并忠诚于中国的思想。③

总结海外宗亲组织的特征，其与中国本宗同源，但是在组织结构方面却体现了西方社会的影响。

第一，宗亲组织一般以公司、公馆为名，在其前冠以姓氏。如新加坡的香公司、南顺会馆。

---

① 参见［澳］颜清湟著，栗明新、陆宇生译：《新马华人社会史》，67～86页，北京，中国华侨出版公司，1991。
② 参见［澳］颜清湟著，栗明新、陆宇生译：《新马华人社会史》，82～84页，北京，中国华侨出版公司，1991。
③ 参见［澳］颜清湟著，栗明新、陆宇生译：《新马华人社会史》，85页，北京，中国华侨出版公司，1991。

第二，海外宗亲组织并不具备宗法权，族长并不具备中国国内宗族族长的权力。宗亲组织也公司化，并具有西方民主制的某些特点。宗亲组织的内部结构为"常务委员会——理事会——普通会员"。委员会在理事中产生，理事则由普通会员选举产生。常务委员会和理事会集体决策，而不依赖族长个人权威。

第三，海外宗亲组织族长的产生方式与中国国内宗族不同。在中国国内，辈分与年龄是最重要的因素，而海外宗亲组织领袖则更侧重于社会名望。受到商业社会的影响，社会名望的第一要素是财富，所以华人宗亲组织的领袖多为富商。根据对槟榔屿林氏的调查，从1863年到1963年百年间，林氏宗族六位族长均是富商。其中，第二代族长林成辉是槟榔屿中华商会的理事。而邱的公司于1850年到1966年间共有39位理事，其中26位是富商。①

（三）儒家文化

海外华人对于祖国怀有各种情愫，这种情愫包括历史、民族、文化上的认同感以及故土观念。在东南亚地区海外华人人口增加，凭借强大的经济实力以及向心力，逐步形成了"华族"，而儒家文化作为中国传统文化的基石，成为这种民族主义情结的出口，也成为他们的安身立命之本。19世纪90年代，东南亚地区儒学的发展终成燎原之势。中国传统法律文化也随着儒学的兴起发生了域外影响。可以说，东南亚地区的儒学发展是戊戌变法的海外组成部分。

19世纪90年代的这次儒学发展高潮，是多种因素共同作用的结果。新加坡成为了这次儒学浪潮的中心。中国国内的元素是主导。

首先，宗亲组织等华人组织为自己子弟设立学塾、义学和书院，以儒家经典为学习内容，也为19世纪90年代儒学在东南亚兴起提供了广泛的社会基础。

其次，儒学团体的兴起是儒学运动的必要准备。1877年，中国在新加坡设立领事馆，80年代和90年代初，领事左秉隆和总领事黄遵宪先后积极地推动传统文化。于是，书室、文社、学会等海外儒学团体纷纷创立，成为教导儒学和宣扬儒学的场所和团体。这些团体的建立，为儒学运动的发展提供了组织保证。

再次，华人成为儒学运动的领袖。这次儒学运动的领导人是新加坡华侨邱菽园和林文庆。邱菽园是华人移民。他在中国出生，8岁到新加坡，15岁回国受教，后来考取举人，曾于1895年亲身经历"公车上书"事件，对康有为十分崇敬。林文庆是土生华人，受英文教育，在英国爱丁堡大学攻取医科学位，是跨越政、商、医、教、文等领域的新加坡精英分子。他自修中文，喜爱儒家学说，沉迷于西方科学和改革思想，一方面响应康梁变法，另一方面领导海峡华人改革社会和复兴中华文化。两人组织文社学会，定期举办中、英文儒学演说；合办新加坡华人女子学校，办校宗旨标榜儒家思想，邱还为女校改编儒学读本。两人成为当时远近闻名的维新志士和儒教大将。新马儒学运动的形成与发展，跟他们的努力有很大的关系。②

---

① 参见［澳］颜清湟著，栗明新、陆宇生译：《新马华人社会史》，77页，北京，中国华侨出版公司，1991。

② 参见［新加坡］李元瑾：《从新加坡两次儒学发展高潮检视中国、新加坡、东南亚之间的文化互动》，载《中国哲学史》，2005（8）。

最后，儒学运动发展与国内如火如荼的革命形势息息相关。他们从康有为和梁启超在中国宣传孔教的言行中得到启示，因此运动一开始就跟中国国内的维新变法发生了联系。他们在海外宣扬维新思想，邱菽园 1898 年 5 月在新加坡创办的《天南新报》上，大量发表维新和尊孔的议论文章，主要是诠释与复述中国维新者的重要言论和见解；而林文庆自撰文章《中国的革新》，发表维新言论。他们还以实际行动支持中国维新活动。康有为在维新失败后流亡于东南亚，就受到了他们的庇护与支持。康有为的到来，也使儒学运动的发展达到了高峰。

然而随着邱与康的决裂和梁启超态度的突然变化，这次热潮在 1902 年后开始逐渐在新加坡消退，然而这次运动的余热却开始在东南亚其他国家和地区蔓延。

儒学运动在新、马两地几乎是同声同气。新加坡有邱菽园为华侨子弟编写儒学读本，即《千字文》（1899 年）和《新出千字文》（1902 年）；吉隆坡也有张克诚的努力，即《孔教撮要编》（1900 年）和《孔教撮要白话》（1900 年或 1901 年完成）。张克诚于 1890 年来吉隆坡，常在《天南新报》上发表尊孔言论，吁请南洋华人建孔庙开学堂。①

槟城的土生华人领袖伍连德医生，与林文庆有姻亲关系，也在他们的社群中展开类似的活动。印度尼西亚方面，第一个宣扬孔教的组织是成立于 1900 年的中华会馆，"它旨在改革华人的风俗习惯，使之能与圣人孔子的原则配合，以便有文明的举动，同时也增进对中国语言文化的认识"。这与林文庆在新加坡海峡华人社群的努力如出一辙。

历史学者梁元生曾经从《天南新报》和《日新报》中收集与罗列了当时南洋各地倡建孔庙与学堂的资料，其中有论说、书函、诗词，也有新闻报道；地区包括印度尼西亚的望加锡、巴城（巴特维亚，即今雅加达）、泗水，马来西亚的巴罗（在吡叻）、吉隆坡及马六甲等，以及缅甸的仰光等。这里，各地举一例以示：《纪望加锡募建圣庙学堂事》（新闻，1899 年 9 月 19 日）、《巴城创办孔庙学堂章程》（1900 年 5 月 9 日）、《泗水陈少峰致林文庆函》（关于祀孔事，1900 年 6 月）、《王桂珊致王会仪书》（关于倡建孔庙学堂事，1900 年 5 月 7 日）、《吉隆阖埠华人倡祀孔子启》（1899 年 9 月 30 日）、《马六甲众商倡祀孔子名单》（1899 年 11 月 13 日）、《仰光华商崇祀孔子》（1899 年 10 月 28 日）。②

综上所述，以华侨以及华人社会为媒介，中国传统法律文化对于东南亚社会发生了重要影响。正如新加坡前第一副总理吴庆瑞所说："华人很早以前就开始向海外移居，他们把孔子的学说和儒家思想发展出来的精神，带到所移民的社会。华人的勤奋、节俭，讲究信用，对法律的尊重，对社会的关怀，对家庭的爱护，以及对子女教育的重视，使他们不仅在海外打开新的世界，同时也保持了祖先所遗留下来的美德和传统。总之，移居海外的华人能有今天，能够为他们的后代创立下繁荣、文明的社会，同孔子及儒家的潜移默化的影响有密切的关系。"③

---

① 以上资料请参见余定邦：《邱嘉园、林文庆在新加坡早期的兴学后劫》，载《东南亚纵横》，2003（6）。
② 关于儒学运动的全部资料引自［新加坡］李元瑾：《从新加坡两次儒学发展高潮检视中国、新加坡、东南亚之间的文化互动》，载《中国哲学史》，2005（8）。
③ 《儒学与二十一世纪》，7 页，北京，华夏出版社，1996。

第四节
新加坡对中国传统法律文化的运用

新加坡，又称狮城，位于马来半岛南端，是东南亚华侨最多的国家，华人占全国总人口的比例高达 75% 以上，这也使得新加坡从 1819 年开埠至今，行政体制与社会文化深受中国传统法律文化的影响。

一、儒学与西方民主法制的结合，是新加坡政府管理体制的基础

新加坡内阁资政李光耀曾经指出："法律是建立秩序的手段，而建立高度的秩序，既是实施法制的前提又是它的终极目的。所以要保证社会环境的安宁与稳定，单靠西方的即使是严密的法律手段是很不够的，还必须以其他手段确保法律的实施"[1]，而他所指的"其他手段"，就是中国传统法律文化。新加坡建国时间短，经济高度发达，是亚洲"四小龙"之一。它在政府管理体制上的成功经验就在于整合了中国儒家德治思想与西方民主法制，形成了民本加民主政治，即在引进代议制民主制的基础上，用精英模仿民间的利益要求，利益代表和精英模仿并重，而不像西方政治单纯地建立在利益代表的基础上。

（一）贤人政治

《礼记·中庸》说："文武之政，布在方策。其人存，则其政举；其人亡，则其政息……故为政在人。"即使有良法，却无贤人，良法也只成具文，不能造福于民。新加坡政府对于人才的选拔非常重视，集中体现在精英政策的推行。从小学（三年级后按成绩分流）阶段就开始寻找从政人才，高标准选拔培养，并送往国外留学深造。学成回国后，一般都是直接进入高级公务员行列。这样的选择重个人才干，选出的人具有较高素质。20 世纪 90 年代初，该国为了经济改革，政府集中全国 120 名精英人物，派到银行、证券等金融领域以及组屋发展局、规划局等部门去改革治理，取得了显著成就。后来又将这些精英留在各个重要岗位上担任领导职务，委以重任。[2] 新加坡内阁资政李光耀是精英政策的推动者，他认为他的身边聚集了全新加坡第一流的人才，这些精英人物在最上层有 300 人，在基层约有 2000 人，这些人掌握了新加坡的命运。尤其是最上层的 300 人，若"这 300 个人同在一架巨型珍宝喷气客机中坠毁而同时死去，那么新加坡就难免要瓦解"。他曾公开宣称：

> 任何社会都有一个最高阶层，其人数不超过总人口的百分之五，他们德才兼备。正是由于有了他们，我们才有效地利用了有限的资源，使新加坡成为南亚东南亚出类拔萃的地方。[3]

---

① 杨联华：《新加坡法律初探》，载《现代法学》，1993（3）。
② 参见《新加坡的廉政建设》，载中国廉政文化网，http://www.cnicw.gov.cn/main.php，2007-04-01。
③ 新加坡联合早报编：《李光耀 40 年政论选》，137～138 页，北京，现代出版社，1994。

推行精英政策的同时，新加坡高层李光耀、吴作栋两代领导人都反对平民参政。他们认为如果由庸才或者投机分子掌握新加坡政权，新加坡社会就会发生倒退。新加坡这种精英文化，一部分是来自中国传统文化中的"选贤与能"，另一部分来自殖民地时代宗主国英国精英主义的影响。

(二) 廉政建设

《韩非子》有云："吏者，民之本，纲者也，故圣人治吏不治民。"新加坡的公务员管理制度非常严格，政府长期不懈地从严治官，反贪保廉。

在为吏所必备的品质中，清廉是最基本的要求。中国古代各朝都严于治吏，秦朝时法律就有"凡为吏之道，必精洁正直，谨慎坚固，审悉无私，微密纤察，安静毋苟，审当赏罚"。受此影响，新加坡政府重视对于公务员的选拔，尤其侧重对公务员道德品质的考察。为政者必须是正人君子，廉政公平，尽心尽力为人民利益与社会安定作出贡献。[①] 新加坡政府十分注重提倡诚实、正直的价值观，对国民价值观的培养从小就开始，"八德"之中，就有所谓"廉"与"耻"。"廉"即指为官清廉公正，这样人民才会信服；"耻"则是要端正社会风气，建立一个有文化素养的社会。新加坡政府把反贪放在肃廉的首位，并建立了一整套完整的制度，品德考核制度正是其中之一。

首先，在录用考试中严格对考生的个人品性进行考察。在考试前，人事部门对应聘者进行严格的资格审查，内容包括有无犯罪前科，平时主要与何种人士交往、家庭状况、个人爱好及社会背景等等。新加坡政府认为，对于被录用的个人品德和修养进行严格审查，可以有效地防止那些染有不良嗜好和品行不端者进入政府机关，从而保证新录用公务员的良好素质，达到防患于未然的目的。

其次，对任职后的工作人员也有品德考核制度。新加坡对任职后的工作人员进行品德跟踪考核的方式主要有二：一是个人品德记录。新加坡政府每年发给公务员一本笔记本，以记录个人品德。这种笔记本编有页码和年、月、日。第一页由公务员在其主管官员面前写宣誓书，宣誓自己日记所记内容均为事实，若不符事实或伪造，愿受严厉处分。公务员随身携带日记本，并将自己的活动随时记载。每周星期一上午上班时，将日记呈交主管官员检查，主管官员检查后签名发还。主管官员一旦发现所记内容有问题，应自动将该项记录移送贪污调查局进行审核。如果主管官员对其属下品行疏于管束，或发现其属下品德记录有问题而不报告，一旦贪污调查局查明该属下人员有贪污违纪行为，则对主管官员及其属下实行连坐制。[②]

中国古代，官吏特权与重典治吏并行不悖。新加坡也强调"重典治吏"，新加坡法律以严厉著称，而对处理贪污受贿的官员更是毫不留情。《防止贪污贿赂法》规定：贪污贿赂罪监禁5年并罚款10万新元。贪污涉及国会评论员或公共机构的委员及退出政府工程投标的，刑期可延长至7年，且一经法院判决有罪，该公务员终身不得担任公职，返还受贿金，并且没收其在职期间所缴纳的公积金，这使公务员不单不能利用贪污手段获得利益，而且要为此付出代价。该法律还规定作为贿赂对象的公务员应当逮捕向其行贿的人，并将其扭送至最近的警察局，如未能这样做，且没有充分理由，应被认为是犯罪，对其处以500新元以下的罚

---

① 参见［新加坡］王永炳：《新加坡的儒家伦理教育》，载《孔子研究》，1990 (1)。
② 参见吴桂韩：《论新加坡廉政文化形成的五大基础》，载《广州社会主义学院学报》，2007 (3)。

款或 6 个月以下有期徒刑，也可两罪并罚。新加坡的反贪肃廉，刑上大夫，一视同仁。1986年，时任国家发展部部长的郑章远被指受贿，受到了严厉的审问。郑章远最终畏罪自杀。他留下的遗书在 1987 年 1 月 27 日的《联合早报》上刊登，其中写道：

> 对于这件不幸事故的发生，我觉得应该负责，而且我觉得应该负起全部责任，作为一个东方的正人君子，我觉得应该对自己的错误付出最高的惩罚代价，这是合情合理的。

"东方的正人君子"的政府，正是新加坡政府的特征。

而为了制衡公务员公权力，承担反贪肃廉任务的反贪局被法律赋予了"便宜行事"的特权。根据《防止贪污贿赂法》规定反贪部门享有的特权主要有：

1. 逮捕权。反贪局长和特别调查员可以不用逮捕证而逮捕涉嫌贪污受贿的任何人，以及任何遭到指控、掌握可靠情报和被怀疑与《防止贪污受贿法》有关的人。

2. 特别调查权。涉及调查贪污受贿行为时，局长或特别调查员无须检察官允许，即可行使《刑事诉讼法》所赋予的一切或任何有关警方调查的特别权力。

3. 搜查权。在检察官允许的情况下，可调查和没收被认为是赃物或其他罪证的任何银行存款、股票或银行保险箱等。如果有理由确认在某处存放或藏匿有与贪污受贿有关的证据、物品或财产，必要时可以以武力夺取。有权进入各部门、机构，要求其官员、雇员或其他任何人提供所需的任何内部资料、材料。[①]

（三）"好政府"

吴作栋曾指出，廉洁正直和任人唯贤是新加坡政府的两大核心价值观和支柱[②]，而"好政府"则是新加坡政府致力达到的目标。所谓"好政府"，是李光耀针对西方高扬的民主、人权理念而提出的一个具有儒家特色的概念，他认为"虽然民主、人权都是可贵的意念，但是我们应该明白，真正的目标是好政府"，"不论理论和学说有多吸引人，听起来也很像合乎逻辑，但是好的政府绝对不能因此而受到约束"。至于"好政府"的标准，李光耀指出：

> 作为一个具有中华背景的亚洲人，我的价值观是政府必须廉洁有效，能够保护人民，让他们每一个人都有机会在一个稳定和有秩序的社会里去进步，并且能够在这样一个社会里过美好的生活，培养孩子，使他们取得更好的表现。换句话说：
>
> 一、人民在食、住、就业、保健方面都受到良好的照顾；
>
> 二、在法治下，社会有秩序、有正义，国家不是由反复无常、独断独行的个人统治者管理。人民不分种族、语言和宗教，彼此都不互相歧视，没有人拥有极度的财富；
>
> 三、人民尽可能享有个人自由，但却不能侵犯别人的自由；
>
> 四、经济能取得增长，社会能够取得进步；
>
> 五、有一个良好的教育制度，并不断获得改善；
>
> 六、统治者和人民都有很高的道德标准；

---

① 参见吕元礼：《新加坡廉政之道的全方位剖析》，载《深圳大学学报》（人文社会科学版），2007（5）。

② 参见《廉洁正直和任人唯贤是我国政府两大支柱》，载（新加坡）《联合早报》，1995-06-14。

七、有优良的基础设施，消闲、音乐、文化和艺术设备；人民有信仰和宗教自由，能过充实的知识生活。①

分析李光耀"好政府"的种种要求，正是传统儒家思想中清官思想和集团意识的体现。而为了实现这一目标，就要有好的领导人。李光耀认为新加坡最关键的发展因素，是在于有良好的领袖和高素质的公务员。如果没有优秀的治国人才，徒具良法无济于事。这正与荀子的思想一脉相承。荀子在《君道》篇中写道：

有乱君，无乱国；有治人，无治法，羿之法非亡也，而羿不世中；禹之法犹存，而夏不世王。故法不能独立，类不能自行；得其人则存，失其人则亡。法者、治之端也；君子者、法之原也。故有君子，则法虽省，足以遍矣；无君子，则法虽具，失先后之施，不能应事之变，足以乱矣。不知法之义，而正法之数者，虽博临事必乱。故明主急得其人，而闇主急得其埶。

无论是"好政府"的标准，还是"有好领袖才有好政府"的观点，都结合了儒家的人治与西方的法治，"人"与"法"合理互动，已经成为新加坡人的一种共识。

综上所述，正如余英时教授论及儒家法律文化对于新加坡政治的影响时指出的："新加坡的民主与法治正是儒家政治理论所向往而未达到之意境，以此为基地而注重修身齐家，其结果更可以丰富民主和法制的内容。"

二、新加坡社会的儒家价值观与法律

华侨是儒学传播的基本因子。在新加坡这个以华人为主体的多族群国家，儒家思想自然得到"朝野共倡"。李光耀在分析传统与现代化的关系时认为，"我们应该尽快学习掌握新的知识、科学和工艺"，但是在人际关系方面不应该"采纳在西方已经出了毛病的东西"而放弃"几千年来已在中国和东亚实行成功的哲学"。这种哲学包括"儒家思想和五伦观念"，是"具有永久价值"的。② 自然应该被保留下来。

（一）儒学教育与"八德"的确立

1982 年起，新加坡政府决定在中学推行儒家课程，1984 年开始试点教育，1985 年进行全国推广。新加坡成为世界上第一个将儒家伦理编写成课本并在中学进行教育的国家。这项课程在 1988 年因为宗教狂热而废止，但是儒学教育却已经在新加坡全国范围内产生了影响。儒家伦理教育的核心内容"八德"，是对传统儒家"忠孝仁爱礼义廉耻"观念进行现代化的改造后而提出来的具有新加坡特色的新道德。李光耀将之称为"治国之纲"③，是新加坡"以德治国"的重要组成部分。

1. 忠。所谓忠，朱熹将之解释为"尽己"，热爱和效忠国家，为国家恪尽其力，建立国民的国家意识。新加坡社会是一个以华人为主的移民社会，东方社会的乡土情结，使新加坡人作为本国国民的意识淡漠，而对故国有更深的认同感，这对新加坡的发展非常不利。因此

---

① ［新加坡］李光耀：《李光耀 40 年政论文选》，576 页，新加坡，新加坡联邦出版社，1993。
② 参见《鼓足干劲 迎头赶上》，载（新加坡）《联合早报》，1985-08-19。
③ ［新加坡］李光耀：《八德》，载《新加坡》，1982（2）。

强调对于所在国的归属感和忠诚意识，建立新加坡的国家精神，成为"八德"之首。

2. 孝。所谓孝，孟子解释为"尊亲"，孝是中国传统社会一切道德的根本。《孝经》有云：孝"始于事亲，中于事君，终于立身"。而《忠经》则认为忠"兴于身，著于家，成于国"。忠与孝相辅相成。新加坡社会以华人为主体，华人文化就是家国同构的。提倡孝道，稳固家庭，也是国家与社会发展的重要方面。

3. 仁爱。所谓仁，孔子解释为"爱人"。仁是孔子思想的核心，也是道德的最高境界。儒家将仁爱并称，认为它造端于身为人的恻隐之心。新加坡的"仁爱"思想，正是与此一脉相承。仁爱，就是指富有同情心，关怀他们，建立充满人情味的社会。

4. 礼义。礼是中国传统法律文化中最重要的概念。"德礼为政教之本"，礼是中国传统社会的最基本的行为准则，出礼则入于刑。而义则代表的是更高的行为准则。"君子喻于义"，可见"义"是中国传统社会"君子"的自我约束。新加坡的"礼义"，礼指礼貌，义指诚信。人与人之间、人与社会之间，要严守礼貌的分寸，并互相信任，才能长治久安，共同发展。

5. 廉。廉是儒家对于官吏品格的基本要求，然而在历史上，却是"能吏寻常见，公廉第一难"。新加坡吸取了这一教训，将廉政建设作为发展新加坡政治文化的重中之重。身为官吏者，必须清廉公正，这样才能取信于民，而只有官员清廉，新加坡政府也才能成为"好政府"。

6. 耻。耻是指羞恶之心。自己羞于为恶，并唾弃为恶之人，儒家认为教化民众知耻有格是为官为君者治理国家的重要内容。新加坡发展了儒家知耻的思想，教育民众要有羞耻之心，自觉约束自己，不做令自己与家人蒙羞之事。

这种教育对于新加坡民众产生了深远影响。根据新加坡教育学院研究组副主任苏启桢博士在1990年开展的一项调查表明，在个人价值方面，男女学生最重视友情、家庭与教育；在终极价值方面，他们注重智慧、家庭安全、真挚的友谊与愉悦的生活；在工具价值观方面，他们注重自律、诚实、向上心、和悦以及责任感。调查结果显示了儒家伦理教育的效果。[①]

（二）新加坡共同价值观

1991年新加坡政府在经过国民反复讨论并经国会批准发表了《共同价值观白皮书》，该书推出了力图为新加坡国内各民族、各阶层、不同宗教信仰的民众所共同接受和认可的五大"共同价值观念"，即"国家至上，社会优先；家庭为根，社会为本；关怀扶持，同舟共济；求同存异，协商共识；种族和谐，宗教宽容"。其精髓和灵魂，就是儒家的忠孝、仁爱、礼义、廉耻思想。

1. 国家至上，社会为先。这是共同价值观体系的核心。这是新加坡人对于国家、社会、个人利益关系的认定。"国家兴亡，匹夫有责。"国家利益居于最高地位，社会整体利益在个人利益之上。

2. 家庭为根，社会为本。对儒家而言，家国一体。家庭是社会最基本的组成部分，家庭稳固，社会才能得到更好发展。新加坡重视家庭伦理道德教育，以对抗物质文明发展所带来的家庭危机。

---

① 参见吕元礼：《亚洲价值观：新加坡政治的诠释》，292页，南昌，江西人民出版社，2002。

3. 社会关怀，尊重个人。"闻之于政也，民无不为本也。"① 民本思想是中国传统法律文化的重要特征。在古代社会，这一观念被概括为"民贵君轻"，孟子甚至将国家、君主、人民之间的关系表达为"民为贵，社稷次之，君为轻"。新加坡政府提出的这一价值观正是这一思想的体现。虽然社会利益高于个人利益，社会也应该尊重个人权利，对个人表示关怀，"不独亲其亲，子其子"，建立"老有所终，壮有所用，幼有所长，鳏寡孤独废疾者皆有所养"的社会。

4. 协商共识、避免冲突。社会要健康发展，就必须允许和尊重不同的意见，并在协商交流的基础上达成绝大多数人的共识。这要求社会成员发挥宽容精神，以维护国家团结，避免因争吵而分裂。团结是国家的珍贵资产。

5. 种族和谐，宗教宽容。新加坡是个多种族、多宗教的移民社会，这条价值观的提出，正是鉴于新加坡社会的特点。各宗教、各教派以及教众之间，各种族之间互相尊重、和睦相处，是新加坡生存的基础，也是社会繁荣的前提。

分析这五大价值观，其中不难发现中国传统法律文化的影响。《共同价值观白皮书》对此直言不讳："共同价值观不等于儒家价值或任何一种宗教价值，但又吸收了各族文化特别是儒家文化的合理价值。"

1. 五大共同价值观体现了中国传统法律文化中"以德治国"的思想。

以五大共同价值观培育国民，其实质便是"道德教化"的方法，因此，提倡五大共同价值观这一行为本身，就是新加坡政府将儒家"以德治国"思想付于政治实践的重要部分。其从方法到内容，都难逃儒家思想的影响。1988 年 10 月，吴作栋发表重要讲话，他提出要将儒家的基本价值观"升华成一套国家意识，在学校、工作场所和家庭落实，成为我们的生活方式"②。这套国家意识应该是"各个种族和所有信仰的新加坡人都赞同并赖以生存的共同价值观"③。五大共同价值观与儒家思想的渊源关系由此可见。甚至新加坡民间存在着一种说法，认为共同价值观排斥西方文化，有意把儒家思想灌输给包括非华人的全国人民。④

2. 五大共同价值观体现了中国传统法律文化中"家族主义"的传统。

在中国传统法律文化中，与家庭相关的血缘、家族、宗法制度是重要的组成部分，充分显示了家庭在中国传统社会的重要地位。五大价值观其二，"家庭为根，社会为本"就是这种观念的延续。李光耀提出的"亚洲价值观"以家庭为核心，1993 年，新加坡大学学者组成的家庭委员会还收集民意，拟定了家庭价值观。这五条家庭价值观包括"亲爱关怀，互敬互重，孝顺尊长，忠诚承诺以及和谐沟通"，充分体现了"家庭为根"这一价值观在新加坡得到充分重视。

3. 五大共同价值观体现了中国传统法律文化中的"和谐"思想。

和谐思想是中国传统法律文化的哲学基础。对和谐秩序的追求，是中国传统法律的基本价值取向。而在五大价值观中的协商共识、种族和谐、宗教宽容这些观念，都是为了在新加坡建立和谐社会与秩序，与中国传统文化中的和谐思想一脉相承。

---

① 《新书·大政上》。
② 何成轩：《儒家与现代化》，385 页，沈阳，沈阳出版社，2001。
③ 冯志刚：《新加坡的道路及其发展模式》，403 页，北京，时事出版社，1996。
④ 参见吕元礼：《亚洲价值观：新加坡政治的诠释》，298 页，南昌，江西人民出版社，2002。

三、新加坡的家庭立法

李光耀认为，"家庭是东亚社会恒久的价值"。他的"亚洲价值观"可以视为新加坡社会对于家庭悉心呵护的原因的注解。无论是在"好公民"八德教育中的"孝"，还是五大共同价值观中的"家庭为根"，甚至"家庭价值观"的提出，都是源于此。而与在民众间宣传家庭观念相辅相成的是新加坡对于家庭立法的重视。

在新加坡开埠之初，英国殖民当局鉴于新加坡移民社会的特点，规定婚姻法中实行属人主义原则，不同种族的人的婚姻关系由本种族习惯法调整。所以在最大的族群华人之中，仍旧实行中国传统的一夫一妻多妾制度，并由中国传统法律调整婚姻家庭关系。这种制度一直实行到 1961 年《妇女宪章》颁布，才赋予女性和男性在婚姻家庭中的平等权利。并规定在1961 年 9 月 15 日时已经依法律或宗教、习惯娶妻或纳妾的，在婚姻存续期间，不得再与任何人结婚。至此，中国传统婚姻法才为新加坡统一的婚姻法所代替。与婚姻法情况相似的，华人的继承也依据中国传统习惯，只有儿子才有继承权。直到 1966 年新加坡《遗嘱法》和《无遗嘱继承法》出台才被取消。

而在现代新加坡社会，家庭立法则主要是为解决人口老龄化以及赡养问题。在新加坡人口中，60 岁以上的老年人在 1994 年已经占总人口数的 9.5%。老年人问题已经成为新加坡的一个重要问题。新加坡政府所采取的措施分为三个方面。[1]

1. 在社会上广泛宣传尊老敬老的道德规范。

政府鼓励三世同堂的家庭，并建造适应三代共居的房屋，提供预先低价选择的政策，以保证老年人老有所养，享受儿孙满堂的生活。政府严格限制老人院的设立和进入老人院的人数，鼓励和协助老人留在家庭之中，其目的就是"保留反哺的东方传统，使老人在熟悉的环境里安享晚年"。

2. 建立必要的社会组织为老人提供各种服务。

新加坡政府早已经预见到老龄化问题的来临。1984 年，新加坡政府审议并通过了新加坡老人问题委员会提出的解决老年人问题的报告书。为了在全社会提倡敬老，保证老龄工作的胜利开展，政府社会发展部专门设有乐龄服务组，半官半民的人民协会设有乐龄组、退休人事会，各社区还建有乐龄俱乐部及乐龄活动联会等。这些老年组织的建立为开展老龄工作提供了组织保证。而对于留守老人，也有完善的社会服务，如登门护理、协助家务、送午餐上门、日间照料等等。1982 年开始推行的乐龄之友服务，集合爱心人士，不定期探访老年人，并为他们排忧解难，提供各种服务，充分体现了"老吾老以及人之老"的仁爱精神。1995年，吴作栋总理在国会宣布，政府将拨出 2.7 亿新元作为敬老金，以感激和酬谢老年人对新加坡社会发展作出的贡献。政府有完善的退休金制度，受雇人把每月薪金的 40% 留下作为退休金，以保障退休后的正常生活。

3. 制定赡养父母法案。

1994 年，官委议员温长明在国会中提出了赡养父母法案。他说："立法赡养父母并不是

---

[1]　参见姜林祥：《儒学在国外的传播与影响》，184～185 页，济南，齐鲁书社，2004。

对我们年轻人没有信心，而是针对极少数不孝的子女而设。"① 该法案的目的是使老年人可以通过法律手段维护自己的权利，保障老人在晚年可以得到适当的照顾，并约束那些道德沦丧的不孝子女承担赡养义务。按照这一法律，凡拒绝赡养或资助其年迈双亲和处于贫困状态的双亲者，不管是谁，都要被罚款或关进监狱。父母可以依照该法案向法院提起诉讼，控告其子女不遵守法律，通过法院迫使子女每月付给他们"津贴"。法院若审明确有不依法赡养父母情形，应对被告人处以罚款1万新元或判处有期徒刑一年。

第五节
中国传统法律文化对中西亚国家和地区的影响

一、中国传统法律对中亚的影响

（一）中亚的地理界定

在地理学界，中亚这一概念由来已久。中亚地区以其独特的文化与地域特征，明显区别于其他地域，然而中亚地区疆界的具体划定，却成为一个难题。在联合国教科文组织的《中亚文明史》计划中，各国专家将中亚界定为一个"文化与历史"的概念，它"囊括了由古代文化、经济和政治纽带维系起来的拥有共同历史的众多地区"，地理上涵盖了"阿富汗、伊朗东北部地区、巴基斯坦、印度北部地区、中国西部地区、蒙古和前苏联的几个中亚共和国"②。在本章中所指的"中亚"，是指在上述范围内属于中国域外的其他中亚地区。

而在中国历代史籍中，中亚被划入"西域"的范畴。从汉朝中国与这一地区建立直接联系开始，中国势力一直是影响中亚地区政治与文化格局的有力因素。中亚是中国的西北门户，丝绸之路在此蜿蜒而过，匈奴人、突厥人、契丹人、蒙古人牧马放歌，这里是中国文化、印度文化、欧洲文化交汇的"十字路口"。在海上丝绸之路建立之前，这里是中国文化西传的主要通路。在中亚被西来的阿拉伯人征服以前，长久以来中亚地区一直受到来自东方的中国传统文化的影响。这种影响遍布中亚的政治、经济、思想，深入中亚的社会生活的各个方面。

（二）中国传统法律文化在中亚的传播方式

由于地缘关系，从西汉以来，中国的历代王朝几乎都同中亚有着密切联系。经常性的官方往来与民间交流，加深了彼此的了解，带去了中国传统法律文化的信息；各个统一王朝甚至以宗主的姿态，将统治权延伸至此。中国传统法律文化，也因此得以借由各种方式，对中亚产生影响。

---

① 《儒学与二十一世纪》，731页，北京，华夏出版社，1996。
② 出于编写《中亚文明史》这部区域史学著作的目的，界定中亚地区地理范围成为须首先解决的问题。联合国教科文组织在1978年召开了一次会议，在这次会议上，各国专家商定圈定上述的地理范围为"中亚地区"。

1. 掌握统治权

中亚地处东西方文明交汇之处，也是东西方诸大国如中国、波斯、希腊、阿拉伯势力的"必争之地"。在历史上，中国有 4 个统一王朝曾经对于中亚地区进行过统治，这 4 个王朝分别是汉、唐、元、清。掌握统治权，推行中国的政令制度是中国传统法律文化影响中亚的重要手段。

从战国时代起，匈奴就成为中国北方最大的敌人。汉朝始建，高祖就从白登山铩羽而归，匈奴在中亚地区一时风头无两。张骞之通西域，最大的目的，就是为汉武帝攻打匈奴寻求西方的盟友。自此，汉朝两伐大宛、北拒匈奴，建立西域都护府，声威鼎赫，将自己的势力扩展到中亚腹地。按照《汉书》记载，当时的西域都护府所辖之地——

> 最凡国五十。自译长、城长、君、监、吏、大禄、百工、千长、都尉、且渠、当户、将、相至侯、王，皆佩汉印绶，凡三百七十六人。①

在这些"国"中，属于中亚的包括大宛（费尔干纳）、无雷（帕米尔地区）、桃槐（葱岭西小国）、休循（今外阿赖山脉北克孜耳河谷地，在吉尔吉斯斯坦共和国南部）以及乌孙国的部分地区（如巴尔喀什湖以南、伊塞克湖周围）。西域都护府在乌垒城的建立是中亚历史的重要事件之一。② 当时西域都护府最重要的职责，就是屯田护卫南道、北道，颁行汉朝政令，并督察西域诸国。

中国政令的推行，依赖于"译长"。译长是西域国家的重要官职。他们从事翻译事务，将中国政府的公文翻译出来。汉朝时期，中亚王国并没有自己的文字，所以汉字就在一段时期内成为官方文字。对于汉朝政令颁行的情况，史籍载曰：

> 汉之号令班西域矣。始自张骞而成于郑吉。③

张骞通西域，汉朝与中亚诸国建立了官方往来，而首任西域都护郑吉，则代表汉朝对西域地区统治权的建立。在西域都护的治理下，这些国家所有的国王都臣服于汉中央政权。他们的王位和官吏身份都依赖汉朝的册封与认可。在有些国家，汉朝也设立新的官位，有时甚至指定汉人任官。④

汉朝与中亚诸国主从关系的重要表现就是质子制度。中亚诸国为了表示臣服，将大批人质王子从贡纳诸国送到汉朝。这些人质也被安置在首都长安。这些质子对于中国传统法律文化的域外传播起到了重要作用。他们在中国居住，必须遵守中国的法律，对于中国传统法律文化有着切身的感受。身为一国王子，他们极有可能成为王位继承人，为了维系汉朝在贡纳国的影响，汉朝统治者对于支持这些王子继承大统也是不遗余力。莎车王延就是一例。根据《后汉书》的记载，莎车王延在"元帝时，尝为侍子，长于京师，慕乐中国，亦复参其典法。常敕诸子，当世奉汉家，不可负也"。莎车王幼年便入朝为质子，自然在中国受教育，而回国即位后，便成为中国传统法律文化的传播者，他倾慕汉朝风物制度，以致自己在治理国家

---

① 《汉书·西域传》。
② 参见王治来：《中亚通史》（古代卷·上），124 页，乌鲁木齐，新疆人民出版社，2004。
③ 《汉书·郑吉传》。
④ 参见联合国教科文组织编，徐文堪、芮传明译：《中亚文明史》，第 2 卷，182 页，北京，中国对外翻译出版公司，2002。

时，也要参考汉朝的制度与法律。

汉朝是中国传统法律文化西传的开始，汉朝对中亚的经营，终使中亚诸国心悦诚服。

> 汉世张骞怀致远之略，班超奋封侯之志，终能立功西退，羁服外域。自兵威之所肃服，财赂之所怀诱，莫不献方奇，纳爱质，露顶肘行，东向而朝天子。①

公元 6 世纪突厥的兴起对于中亚历史具有非常重要的意义，这个游牧帝国兴盛于隋唐更迭之时，并显示出对外扩张的强烈企图，"势陵中夏"，成为中国的心腹之患。中国利用突厥东、西两部相对独立的特点，隋朝采取分化政策使其分裂，唐朝则远交近攻，联合东突厥对抗西突厥，最终在唐高宗时期，将中亚地区并入了唐的版图。史料记载：

> （唐高宗显庆元年）九月，诏以石、米、史、大安、小安、曹、拔汗那、北拔汗那、悒怛、疏勒、朱驹半等国置州县府百二十七。②

> 显庆二年十一月，苏定方平贺鲁，分其地置濛池、昆陵二都护府。分其种落，列置州县。于是，西尽波斯国，皆隶安西都护府……龙朔元年，西域吐火罗款塞，乃于于阗以西、波斯以东十六国，皆置都督，督州八十，县一百一十，军府一百二十六，仍立碑于吐火罗以志之。③

至此唐朝在西域地区的有效行政管辖区域，包括锡尔河以北的西突厥游牧地区，锡尔河流域的塔什干与费尔干纳地区，泽拉夫善河流域的撒马尔罕与布拉哈地区，阿姆河中上游以南今阿富汗直到波斯东境，囊括了几乎全部中亚地区。唐朝通过向中亚各国商旅征收商业赋税来满足安西四镇的行政与军政开支，并以此维持在中亚的统治。

对于被征服的新领地，唐朝统治者采取的是优抚政策：

> 突厥颉利可汗未破以前，自恃强盛，抄掠中国，百姓被其杀者，不可胜纪。我发兵击破之，诸部落悉归化。我略其旧过，嘉其从善，并授官爵，同我百僚，所有部落，爱之如子，与我百姓不异……④

按照这一指导思想，唐采取了一种双重管理体制，西域东部地区三个绿洲——哈密、吐鲁番以及济木萨尔直接归入唐朝内政体系，唐的行政以及司法体制、政令法律直接在上述地区适用，而其他地区，则采"羁縻"体制。

所谓"羁縻"，是指在承认唐朝宗主——天可汗地位的前提下，允许各游牧部落和城市国家保持原貌，原有统治者依旧居住于原属地区，独立管理这些地区的内政。唐统治者将这些地区纳入唐朝行政区划范围，并向这些地区的统治者授予官号以及相应的衣冠绶印，相应地，诸国要向唐朝缴纳赋税，承担被突厥史学家称为"血的贡赋"的作战义务。对于"羁縻"体制的状况，中国史籍《新唐书》中专有"羁縻州"之条，曰：

> 唐兴，初未暇于四夷，自太宗平突厥，西北诸蕃及蛮夷稍稍内属，即其部落列置州

---

① 《后汉书·西域传》。
② 《资治通鉴》卷二〇〇。
③ 《旧唐书·地理志》。
④ 《旧唐书·突厥传》。

县。其大者为都督府，以其首领为都督、刺史，皆得世袭。虽贡赋版籍，多不上户部，然声教所暨，皆边州都督、都护所领，著于令式。今录招降开置之目，以见其盛。其后或臣或叛，经制不一，不能详见。突厥、回纥、党项、吐谷浑隶关内道者，为府二十九，州九十。突厥之别部及奚、契丹、靺鞨、降胡、高丽隶河北者，为府十四，州四十六。突厥、回纥、党项、吐谷浑之别部及龟兹、于阗、焉耆、疏勒、河西内属诸胡、西域十六国隶陇右者，为府五十一，州百九十八。羌、蛮隶剑南者，为州二百六十一。蛮隶江南者，为州五十一，隶岭南者，为州九十三。又有党项州二十四，不知其隶属。大凡府州八百五十六，号为羁縻云。①

古突厥文史料之中，也有唐朝对于中亚地区行政管辖的记载，古突厥文阙特勤碑（732年）云：

> （突厥）贵族子弟，陷为唐奴，其清白女子，降作唐婢。突厥之旬，弃其突厥名称，承用唐官之唐名，遂服从唐皇，臣事之者五十年。为之东征向日出之方，远达莫离可汗所，西征远达铁门；彼等之克国除暴，皆为唐皇出力也。②

从这篇碑文，可以清楚地得知，在唐朝统治时期，突厥贵族们接受了唐朝的敕封，并出兵为唐朝作战。

唐朝的没落与五代十国的分裂使中国难以维持在中亚的统治，来自西方的阿拉伯人代替了中国的地位。其间，从中国辽朝分裂出去的契丹贵族耶律大石曾一度统治过中亚，建立了西辽王朝。然而中国王朝再次掌握中亚地区统治权，则要等到蒙古人的崛起与元的建立。

蒙古人能征善战，铁蹄所至之处，无不俯首称臣。成吉思汗南征北讨，建立了一个庞大的帝国。为了确保征服地区的臣服，成吉思汗设置了特殊官职"达鲁花赤"。在建立帝国早期，达鲁花赤具有很高的权限，他们均从大汗的那可儿中挑选，驻守在重要的人口中心、从属军队驻地和附属国的宫廷，负责监督户口调查、赋税征收、军事征调。有学者认为它与金朝的官职"行省"和哈喇契丹王国③的"八思哈"有联系，二者的职权均与后来的达鲁花赤相类似。突厥语八思哈与蒙古语达鲁花赤有完全相等的语义，二者的意思均为"监临者"④。这一官职在窝阔台时期，曾被耶律楚材一度废止，然而元朝仍保留了这一职务。在路、府、州、县及南方少数民族地区官署中都设有此职。一些兼管军民的安抚司也设达鲁花赤。军队中除蒙古军、探马赤军外，其他各族军队在元帅府、万户府、千户所均设有此职，以监理军务。京城宝钞库、军粮提举司、各大寺院总管府、营缮司等重要官署也设达鲁花赤。元世祖至元二年（1265年）规定，各路达鲁花赤必须由蒙古人或个别出身高贵的色目人担任，汉人、南人一律不能出任此职。

成吉思汗死后，诸王集会于成吉思汗的故地，经过商议，决定继续执行成吉思汗的扩张政策，第三子窝阔台即大汗位，并与其弟托雷取中国北方政权金而代之。蒙古政权从此扎根中国北方，并开始了汉化政策，中国传统法律文化通过蒙古政权的统治，深刻影响了中亚地

---

① 《新唐书·地理志》。
② 岑仲勉：《突厥集史》，880 页，北京，中华书局，1958。
③ 即西辽。——笔者注
④ 《剑桥中国辽西夏金元史》（电子版）。

区。尤其是中亚的河中地区，与中国北方一样由蒙古中央政府直接管辖。

汉化政策的推行者，是契丹遗民耶律楚材。耶律楚材出身契丹王族，从小便在其母亲杨氏的指导下，接受中国传统文化的教育。身为皇帝重臣，耶律楚材不遗余力推行中国传统法律文化。

> （耶律楚材）遂定策，立仪制，乃告亲王察合台曰："王虽兄，位则臣也，礼当拜。王拜，则莫敢不拜。"王深然之。及即位，王率皇族及臣僚拜帐下。既退，王抚楚材曰："真社稷臣也。"国朝尊属有拜礼自此始。时朝集后期应死者众，楚材奏曰："陛下新即位，宜宥之。"太宗从之。①

从这段记载可以看出，在蒙古帝国内推行封建等级制度，耶律楚材居功至伟。蒙古帝国的朝仪，完全是仿照中国先代王朝的做法，如察合台汗虽然是兄长，但是按照中国传统法律文化中的尊尊原则，也要遵循君臣分界，依礼向窝阔台汗参拜。察合台汗是中亚地区的察合台汗国的统治者，他的这一行为，表明在中亚，这种"尊尊"等级制度也得到了承认。耶律楚材还进言窝阔台，按照中国传统的做法在登基时实行大赦。

此外，他推崇儒家思想，向窝阔台汗进言"守城者必为儒臣"；重开科举，并在蒙古贵族中推行文化教育。

> （太宗窝阔台三年八月）始立中书省，改侍从官名，以耶律楚材为中书令，粘合重山为左丞相，镇海为右丞相。
> （太宗窝阔台八年）耶律楚材请立编修所于燕京，经籍所于平阳，编集经史，召儒士梁陟充长官，以王万庆、赵著副之。②
> （太宗）九年秋八月，下诏命断事官术忽䚟与山西东路课税所长官刘中，历诸路考试。以论及经义、辞赋分为三科，作三日程，专治一科，能兼者听，但以不失文义为中选。其中选者，复其赋役，令与各处长官同署公事，得东平杨奂等凡若干人，皆一时名士。③

也是在窝阔台执政时期，中国人的至圣先师孔子得以恢复他的尊荣。

> （太宗窝阔台五年六月）诏以孔子五十一世孙元措袭封衍圣公……是冬，敕修孔子庙及浑天仪。
> （太宗窝阔台八年）三月，复修孔子庙及司天台。④

忽必烈时期，元朝始建，蒙古帝国分崩离析，然而元保持了它宗主国的地位。元朝的统治者具有双重身份，他既是蒙古大汗，也是元朝的皇帝。他仍保持着他对于中亚地区领土的主权。中亚河中地区是元朝的一个行省，元朝的政令法律在此地推行与中原别无二致。元朝中央政府对于撒马尔罕、布哈拉等地直接管辖。元朝官员对中亚地区征收贡赋，对于这些贡赋的处理，元朝比唐朝更进一步。唐朝的贡赋都用于维持安西四镇的开支，而元朝则是上交国库。

---

① 《元史·耶律楚材传》。
② 《元史·太宗本纪》。
③ 《元史·选举志》。
④ 《元史·太宗本纪》。

察合台汗国衰落，突厥化的帖木儿帝国兴起。来自西方的阿拉伯伊斯兰文化经过几个世纪的发展成为了中亚文化的主流。穆斯林世界对外来文化的排斥，郑和下西洋与海上丝绸之路的繁盛，以及游牧部落之间不断的征伐，使得中亚的东方文化逐渐被淡化，慢慢消失。

2. 主动学习

中原王朝政治强盛、文化昌明，也使西域诸国心向往之。在中亚地区，各国不同程度地学习中国的官制、法典、谥法等，产生不同程度的汉化。中亚各国主动学习中国传统法律文化，也成为中国传统法律文化发生影响的重要方式。

仅以汉朝统治时期为例，西汉后期汉朝宫廷礼制就曾为龟兹国所模仿。时龟兹国国王绛宾以汉外孙自居，并与妻子乌孙公主之女进京朝贺，居留汉朝一年。他倾慕汉朝文化，史称，他从汉朝归国后"治宫室，作檄道周卫，出入传呼，撞钟鼓，如汉家仪"。然而他效法汉朝朝仪的做法却并未得到其他国家的认同，他们嘲笑龟兹王"驴非驴，马非马，若龟兹王，所谓骡也"。在前文中提到的莎车王也是主动学习中国传统法律文化的例证，他将汉朝的政治制度引入自己的国家。

对于中国传统法律文化的学习，曾为中国最大敌手的匈奴也不落人后。在与汉朝的几次交锋失败后而退居到外蒙地区，但匈奴单于仍任用汉人作为幕僚，发展自己的国家和决定对汉朝的政策。在匈奴单于的幕僚中，最著名的是汉化的匈奴人，受封丁零王的卫律。

卫律虽然是匈奴人，但是自幼成长于汉地，已经汉化，他甚至一度成为汉朝派往匈奴的使节。然而推荐他出任使节的协律都尉李延年得罪被处死，他则叛逃匈奴。他的封地丁零，大约分布于贝加尔湖以西到叶塞尼河之地，南至色楞格河，北至于萨彦岭以北的米努辛斯克盆地。考古发现这里曾受到中国文化的巨大影响，这与卫律本人的作为分不开。在卫律的领地中，也有一部分民众就是中国降俘。卫律深得单于信任，并被委之以国事，他善于权谋，对于匈奴政局的走向发挥了重要影响。

接受了中国传统法律文化影响的还有大月氏人，他们曾是汉朝所要寻找的盟友。大月氏人在中亚建立了贵霜帝国。他们接受了中国和印度"王权神授"论的观念，这主要反映在贵霜诸王对于自己夸张的称谓上。有学者指出，在塔克西拉的银卷铭文上，提到过一位无名的国王，称之为"大王，诸王之王，天子，贵霜"，前两个称呼，来自于印度称号，而天子，以及他们拥有的"神之子"称谓，则来自于中国帝君的"天子"称号。[1]

在 15 世纪，中亚的帖木儿王朝一反伊斯兰教传统，对异教以及异教徒采取了宗教宽容政策，直到 16 世纪方发生改变。15 世纪，中国明朝与帖木儿王朝有过交往，尤其自哈密王国建立以来，与明朝更是往来频繁。法国汉学家玛扎海里将之归结为中国宗教政策的影响。因为在当时"明王朝是唯一一个能够作出宽容示范的国家"，而"帖木儿朝人极力想使大明人皈依他们的宗教，最后却使自己也采纳了后者的理学观点"[2]。

3. 间接传播

汉人政权或汉化政权在中亚地区的建立，是中国传统法律文化发生影响的重要方式。其

---

① 参见联合国教科文组织编，徐文堪、芮传明译：《中亚文明史》，第 3 卷，188～201 页，北京，中国对外翻译出版公司，2002。

② ［法］阿里·玛扎海里著，耿昇译：《丝绸之路——中国波斯文化交流史》，170 页，北京，中华书局，1993。

中最重要的汉化政权就是契丹人所建立的西辽政权。

西辽，又称哈喇契丹，是公元 12~13 世纪从东而至，统御中亚的政权。在最鼎盛时，其疆域东起阿尔泰山，西至咸海以北，北起巴尔喀什湖，南至阿姆河，地跨葱岭，控制中西交通要道，是个地域广阔的大国。

西辽的建国者为契丹贵族耶律大石。根据中国史料记载，耶律大石"通辽、汉字，善骑射，登天庆五年进士第，擢翰林应奉，寻升承旨"①。有辽一代，科举考试本为汉人专设，考试自然以儒家文化为主要内容，能在这样的考试中脱颖而出，可见耶律大石对于中国传统文化的熟悉程度。对于西辽，中国史学家始终将之定位于辽朝统治的继续。② 终西辽之世，统治者都视自己为大辽正统，这也致使他们一直保守着辽朝的礼法文化与典章制度，坚定不移地推行中原传统文化。这点在西辽施政的各个方面都有所体现。

首先，西辽统治者保留了中国传统的纪元方式以及庙号制度，并以汉语作为西辽政府的官方语言。以耶律大石为例，他在登基为帝时，便仿照辽国旧制，改元追尊。

> 复上汉尊号曰天皇帝，改元延庆。追祖父为嗣元皇帝，祖母为宣义皇后，册元妃萧氏为昭德皇后。③

对此，他的子孙后代也相沿不改。西辽一共有五位统治者，列表如下：

在位时间	尊号	姓名	年号	庙号
1124 年~1143 年	天佑皇帝	耶律大石	延庆（1124 年~1133 年） 康国（1133 年~1143 年）	德宗
1144 年~1150 年	感天皇后	塔不烟	咸清	
1151 年~1163 年		夷列	绍兴	仁宗
1164 年~1177 年	承天太后	普速完	崇福	
1177 年~1211 年		直鲁古	天禧	

从表中可以清晰地看出，每一位西辽统治者登位伊始，无不改元称制，并对故去的皇帝追尊庙号。

其次，西辽统治者保留了大辽的南、北两院体制。其户籍制度与税制也是承袭辽、宋的。据史书记载，在仁宗执政时期，西辽进行过一次户籍统计。

> 籍民十八岁以上，得八万四千五百户。④

在税制方面，它向居民征收户税和土地税。户税按财产多少征收，"民赋岁只输金钱十

---

① 《辽史·天祚皇帝本纪》。

② 从中世纪开始，中国的史学家就持有这种观点。如元代官修《辽史》中，就将西辽历史附《天祚皇帝本纪》后。而近现代史学家也是如此，如《中国通史》中，蔡美彪先生就认为"正像南宋是南迁的北宋的继续一样，西辽也是辽朝的继续"。契丹史学家陈述先生也持这种见解。

③ 《辽史·天祚皇帝本纪》。

④ 《辽史·天祚皇帝本纪》。

文，然贫富有差"；土地税则大体按收获量的 1/10 缴纳。

再次，西辽统治者在儒家传统文化的影响下，在其治下实行轻徭薄赋、与民休息的政策；对附属国则采怀柔政策，效仿中国历代王朝，只对其征收赋税，而不直接干预内政；并以宽容的政策对待不同的宗教信仰，给予不同宗教的教众公开保留自己信仰的权利。

西辽王朝将先进的汉文化带到了中亚地区，而汉文化的巨大感召力，使西辽附属国也衷心倾慕。如喀什噶尔东部的喀喇汗朝就深受汉文化和中原政权典章制度的影响。

西辽政权的建立，对于中国传统法律文化在中亚地区的传播起到了非常重要的作用。西辽王朝把汉文化输出中亚，开启了元代西域华化的先声，并成为中国传统法律文化西传西亚与欧洲的先导。正如著名史学家陈垣先生所言：

> （元时西域文化）最后役于西辽，受大石林牙之汉化，耳濡目染者又近百年。当元人未据西域之先，大石林牙已经将汉族文明炫耀于中亚大陆。耶律楚材《怀古百韵》有"后辽兴大石，西域统龟兹，万里威声震，百年名教垂"之句，注："大石林牙克西域数十年，幅员数万里，传数主，凡百余年，颇尚文教，西域至今思之。"（见《湛然居士集》十二。）西辽五祖，凡八十八年，皆有汉文年号，可知其在西域，必曾行使汉文。东欧人至今称中国为契丹，亦际于此，犹之耶律楚材、丘处机等游记，统称西域为回纥，皆以七所与接触者举近概远者也。西域人既杂受印度、犹太、波斯、希腊、亚剌伯诸国之文明，复曾睹中国文明之一线，其渴望亲见之情可想也。[①]

4. 人的活动

从张骞出使西域开始，中国与中亚的人员往来几乎不曾间断，除了官方使节，商人与僧侣也频繁地奔波于中国与中亚两地，商人逐利、僧侣传教，商业交流与宗教交流成为中国法律文化传播到中亚的重要载体。

商业交往在文化交流中具有重要作用。在中国的物品从丝绸之路远销西方的同时，中亚的商人也源源不绝地将中亚物产带到中原。以唐代为例，唐都长安是世界最重要的商业中心，东、西两市之中，远道而来的番商胡人比比皆是。李白诗中就有胡姬的身影：

> 何处可为别，长安青绮门。胡姬招素手，延客醉金樽。[②]

商业交往和货币制度的变革，使得中国的钱币形制对于中亚地区产生了深刻影响。从公元 7 世纪起，粟特地区就大量流行形式上为汉制方孔圆钱，铭文改为粟特字母的钱币。随着粟特人商业活动的进一步推广，中国钱币形制也随之在中亚广泛适用。回鹘汗国时期，发行过一种"日月光金"的钱币，就是圆形方孔，甚至在一面上还有汉语的"日月光金"的铭文。[③]

宗教交流对于中国传统法律文化传播的贡献也不可忽视。景教、祆教、摩尼教，特别是佛教，都是以中亚为媒介传入中国。相对于中亚人，中国人对于文字记载更为重视。史官们将通过各种途径收集来的信息编入官修史书中，这种修史立传的传统，也对佛门发生了影

① 陈垣：《西域人华化考》，2～3 页，上海，上海古籍出版社，2000。
② 李白：《送裴十八图南归嵩山二首》。
③ 参见张国刚、吴莉苇：《中西文化关系史》，108 页，北京，高等教育出版社，2006。

响。对于来自中亚的僧侣们的事迹，《高僧传》、《续高僧传》、《宋高僧传》以及《明高僧传》等有详细记载，而西行求佛的中国僧侣们，更是把他们的经历写成游记流传于世。他们身在异域，心怀国朝，将中国传统文化宣于域外。①

据《高僧传》的记载，中国佛教最初的发展，主要依赖于从中亚入华的佛教高僧。这些高僧，或为在中亚传法的印度人，或纯为中亚人。他们进入中国宣讲，先习汉语，后译经书，对中国佛教的发展作出了很大贡献。这些僧侣们不仅讲佛，还关心中国的文化与民生。晋高僧法显师从第一位从中亚到中国传法的印度高僧鸠摩罗什，法显西行之前，鸠摩罗什特别嘱咐弟子不要把全部时间都用在寻求宗教知识上面，而应该详细地研究印度人民的生活和习惯，这样才能全面了解印度人民和他们的国家。② 由此可以推想他在中国时，也会在传法之余，了解中国的文化。如鸠摩罗什的僧人在《高僧传》中还有记载，如罽宾（克什米尔）高僧云提和"历游华戎备悉风俗"。

而西行求法的中国僧侣，更是中国传统法律文化的热心支持者。由陆上去天竺，必然经过中亚。然而前文所叙的宋云、玄奘、义净宣扬中国传统文化的故事，虽然并非发生在中亚，但是在他们前往天竺的路上也极有可能发生。中亚与中国联系的密切程度，远超印度；中国历代王朝对于中亚的影响力，比中国之于印度更甚。印度君主尚且"膜拜受诏书"，中亚君主的态度可想而知。高昌国君就曾以"黄金一万两，钱银三万，绢及绫等五百匹"相赠，可见中国之威势。玄奘西行求法途中，也宣扬唐朝的文治武功，而他与戒日王的对话不过其中之一。玄奘在《大唐西域记》序言中所说，虽是赞誉颂圣之词，但也颇能反映当时的盛况：

> ……同文共轨至治神功。非载记无以赞大猷。非昭宣何以光盛业……含生之畴咸被凯泽。能言之类莫不称功。越自天府。暨诸天竺。幽荒异俗。绝域殊邦。咸承正朔俱沾声教。赞武功之绩。讽成口实。美文德之盛。郁为称首。③

（三）中国传统法律文化传播的成果

1. 西域人华化

"华化"是著名的史学家陈垣先生首倡的概念，他的著作《元西域人华化考》写于"中国人被人最看不起之时，又有人主张全盘西化之日"，是汉学史上最重要的著作之一。谈及何谓"华化"，陈垣先生作出了如下界定："以后天所获，华人所独者为断"，而"或出于先天所赋，或本人类所同，均不得谓之华化"。

其实西域人华化由来已久。唐代西突厥十姓后裔的哥舒翰便是一例。哥舒父子两代出仕于唐。父亲道元曾任安西副都护，而其子更是大唐名将。史载，哥舒翰"好读《左氏春秋传》及《汉书》，疏财重气，士多归之"，在他身上，便兼具儒雅与豪迈，他对唐代的靖边事业作出了很大的贡献，西部边地人民便以《哥舒歌》赞之曰："北斗七星高，哥舒夜带刀。至今窥牧马，不敢过临洮。"

---

① 前文已叙及宋云、玄奘在印度宣扬中国文化之事。
② 参见［印］贾瓦哈拉尔·尼赫鲁著，齐文译：《印度的发现》，239页，北京，世界知识出版社，1956。
③ 《大唐西域记》卷一。

无论是唐或西辽时代，其都是只能作为西域大规模华化的先导，因为从华化深度以及广度而言，中国历朝都无法与元代相提并论。诚如陈先生所言，"自辽、金、宋偏安后，南北隔绝三百年，至元而门户洞开，西北拓地数万里，色目人杂居汉地无禁，所有中国之声明文物，一旦尽发无疑，西域人羡慕之余，不觉事事为之效仿。故儒学、汉学，均盛极一时"①。

在陈先生书中提到属于华化范畴的事项包括：

"儒学"——儒学为中国特有之产物，言华化应首言儒学。

"佛道两教"——道教是中国土生土长的宗教，而佛教虽非出中国，然而从佛教传入到元朝，已有 300 年，尤其是佛教的禅宗早已经成为中国特有。西域的禅宗，自然与华化相关。

"文学"——中国的诗词曲赋以及散文。

"美术"——书法、中国绘画以及中国建筑。

"礼俗"——名氏、丧葬、祠祭、居处效仿中国风。

在上述项目中，与中国传统法律文化相关的，主要包括作为中国传统法律思想核心的儒家思想以及体现中国传统礼法制度的礼俗。

（1）儒学

有元一代初兴，并不重视儒学。兼之元朝等级制度，汉人、南人敬陪末席，而儒者被编于儒户，在江南竟有"九儒十丐"的歌谣，地位之低可见一斑。对于儒学正统地位的恢复，处于较高等级的蒙古人、色目人中的儒者出力不少。

在陈先生文中，共举西域儒者 13 人，基督世家儒者 2 人，伊斯兰教世家儒者 4 人，由佛教而入儒学者 1 人，由摩尼教入儒学者 1 人。这些人既有蒙古人，亦有色目人，遍及西域各地，包括唐兀、畏兀儿、康里、伯牙吾台、哈喇鲁各地，甚至有人来自西亚大食。儒学影响范围之广、程度之深，前无古人、后无来者。

仅以伊斯兰教世家出身的儒者赡思丁为例，史载：

> 云南俗无礼仪，男女往往自相配偶，亲死则火之，不为丧祭。无秔稻桑麻，子弟不知读书。赛典赤教之拜跪之节，婚姻行媒，死者为之棺椁奠祭，教民播种，为陂池以备水旱，创建孔子庙明伦堂，购经史，授学田，由是文风稍兴。②

这位赛典赤·赡思丁，《元史》称他是"别庵伯尔之裔"，所谓"别庵伯尔"，其实就是伊斯兰教创始人穆罕默德。换言之，他是伊斯兰教创始人穆罕默德的后裔。赡思丁本人也非常自豪，自称自己的家世"同中国孔子宗系"。这一比喻颇耐人寻味。然而就是这位穆罕默德的子孙，最终还是变成了孔子的忠实信徒。从史料中观其所作所为，即使是纯儒者，也未必能与之匹敌。赡思丁的子孙也效仿其父、其祖，这个伊斯兰教世家，颇有书香门第之风。其中尤以第三子忽辛最肖其父。史载：

> 先是，赡思丁为云南平章时，建孔子庙为学校，拨田五顷，以供祭祀教养。赡思丁

---

① 陈智超：《〈元西域人华化考〉导读》，载陈垣：《元西域人华化考》，4 页，上海，上海古籍出版社，2000。

② 《元史·赛典赤·赡思丁传》。

卒，田为大德寺所有，忽辛按庙学旧籍夺归之。乃复下诸郡邑遍立庙学，选文学之士为之教官，文风大兴。①

（2）礼俗

中国传统文化对于西域人的影响，还体现在礼俗的华化上。西域上层贵族倾慕中国礼俗，以至于改汉姓，起汉名、汉字，行中国丧葬、祭祀礼仪，处处效仿华风。就连居所远离中国的西域贵族，也具有很高的热情。如西域人阿鲁浑·哈只哈心，他本居住在距离中原很远的西部，但是却久仰中国文化，举家内迁。

> 公讳哈只哈心，阿鲁浑氏，西域人。隶王旭列邸，王邸仔极西，遣公入觐计事，公夙慕中土，挈家行。初至和林，元帅荀公奇之，其以女。

遥想此公当年，虽然来自化外蒙昧之地，却一派儒家式的彬彬有礼。想必他的风度让这位荀公大加赞叹，才愿意将女儿嫁与他为妻，时西域华化可想而知。

中国传统礼制最重丧葬，这也影响了西域贵族。陈先生书中列举了许多例证。西域人对于中国丧葬礼仪的热情，引起了元朝的重视。《元典章》礼三，便以法禁畏兀儿人效法汉人丧葬。而更令蒙古贵族忧虑的则是丁忧制度。中国传统礼制讲究"尊尊"、"亲亲"，父母亡故守制丁忧，是中国传统法律规定的义务。在蒙古人、色目人中却没有这样的传统。然而随着上层贵族华化日深，不少贵族也开始自觉要求按照汉法守制丁忧。这引发了一部分人的忧虑，《元史》中就有相应记载，一部分蒙古贵族请求皇帝："凡蒙古、色目人效汉法丁忧者，除其名。"然禁而不能止。所以在当年的十二月，皇帝便下诏："蒙古、色目人愿丁父母忧者，听如旧制。"时距四月禁止丁忧的提议不过八个月，可见华化在蒙元一代已经势同决水，一发而不能收。

2. 朝贡与朝觐

所谓朝贡，是指自公元前 3 世纪开始，直到 19 世纪末期，存在于东亚、东南亚和中亚地区的，以中国中原帝国为主要核心的等级制网状政治秩序体系。朝贡体制是中国古代特有的外交礼仪制度，也是世界主要国际关系模式之一。朝贡的实质，是名义上的宗主认同外交，以董仲舒"正其谊不计其利，明其义不计其功"的思想为指导，具体的做法则是"王者不治夷狄，录戎来者不拒，去者不追也"②。换言之，凡是欲与中国建立外交关系的，愿意恪守朝贡礼仪，一概接受；若其要结束朝贡关系者，中国不主动挽回。

中亚诸国与中国之间的朝贡关系自汉朝始，结束于清末，历史悠久。中国经营西域，虽然经过几通几绝的曲折发展，但中国的政局发展始终是影响西域的重要因素。中国的朝贡体制是非常务实的。与中国结交的国家被分为两种：一种便是中原王朝的内属国，如大宛，这些国家有着自己的领土范围，但是其首领的政治合法性来自于中原政府的册封，不能自主，中原政权将其视为臣下，在唐朝时期文书用"皇帝问"。而另一种则是绝域之国或是敌对之国，敌对之国如汉之匈奴、晚唐之吐蕃，这些国家与中国之间在中亚有利益冲突，但是仍通过朝贡体制给予册封或追认；绝域之国则是与中国相去甚远，不在中原势力范围所及，中原

---

① 《元史·忽术传》。
② 《春秋公羊解诂》。

王朝承认其独立存在，唐时文书则用"皇帝敬问"。这两种情况在汉时被划分为"纳质内属"和"重译贡献"。

> 于是（西域）五十余国悉纳质内属，其条支、安息诸国至于海濒四万里外，皆重译贡献。①

汉朝法律规定，内属之国，其首领必须亲自朝觐天子——西汉中后期表现为参加大朝会。汉代文献对此没有明确记载，参证以新出汉简，才使这朝贡的核心问题得到确认。② 这项法律的规定使中亚诸属国国君往来中国成为一种定制。这是中国传统法律作用的结果，也使中国传统法律文化发生域外影响成为可能。正是各国君主有机会亲历中国，感受中国传统法律文化的力量，才有他们对中国礼法主动学习。

对于绝域之国，则有使臣朝觐的制度。其中较为著名的一次是明成祖与哈烈国王沙哈鲁遣使互访。

哈烈国位于今伊朗东境，而其王沙哈鲁是帖木儿算端的第四子。他在与自己的侄子哈里的权力争夺战中获胜，得以即位为君主。沙哈鲁即位后，便着手于改善与明朝自帖木儿算端以来的紧张关系。伊朗籍法国汉学家阿里·玛札海里将伊朗与中国关系正常化归功于当时的中国皇帝明成祖朱棣是一位"法治君主"，而非"黩武君主"③。

两国的关系在这一时期持续升温，沙哈鲁曾9次遣使中国，而明朝也派出了众多使团。在其中最著名的使者便是陈诚，他在归国后，写下了《西域行程记》以及《西域蕃国志》两部具有重要参考价值的著作。而在哈烈国方面，最重要的使臣便是盖耶速丁。他的著作《沙哈鲁遣使中国记》是最重要的中亚地区研究中国的史料。在这本书中，作者以外国人的视角，观察中国传统法律文化，对于中国传统法律文化的域外传播具有非常重要的意义。

3.《福乐智慧》与《沙哈鲁遣使中国记》

840年，喀喇汗王朝始建。这一王朝在宋史中被称为"黑汗"，是突厥部族之一的漠北回鹘人西迁所建立的突厥—伊斯兰化王朝。它的疆域北至巴尔喀什湖，南及葱岭，东达龟兹，西抵锡尔河流域。其领土占据了中西交通要道，是波斯、伊斯兰、中国、印度文化的汇集地。而《福乐智慧》这本书，与《突厥语辞典》一起，被认为是喀拉汗王朝突厥—伊斯兰文化的最重要成就。

《福乐智慧》成书于公元1070年，是回鹘诗人优素甫·哈斯·哈吉甫以回鹘语写成的一部长篇劝诫诗，该诗探讨了治国之道，并被作者献给了喀喇汗哈桑。作者优素甫·哈斯·哈吉甫熟悉回鹘民族传统文化、汉族文化、伊斯兰文化、古希腊文化、古印度文化等多种文化，所以这部最古老的突厥文学可谓是多种文化的结晶。在其中，就有中原汉族文化。

《福乐智慧》有各种抄本流传于世，按照维也纳抄本，全书共有73章。在该诗的散文体序言中说道：

> 它以秦国贤者的箴言写成，以马秦国智者的诗歌装饰而成。④

---

① 《后汉书·西域传》。

② 参见贾丛江：《西汉属部朝贡制度》，万方数据资源系统，2007-01-27。

③ ［法］阿里·玛扎海里著，耿昇译：《丝绸之路——中国波斯文化交流史》，26页，北京，中华书局，1993。

④ 芮传明：《中国与中亚文化交流志》，359页，上海，上海人民出版社，1998。

按照与《福乐智慧》同时代的另一部文学作品《突厥语辞典》的解释：

> 桃花石，"马秦"是该国名称。从秦到这个国家有四个月的路程。秦本来分为三个部分：第一，上秦，在东部，称为"桃花石"；第二，中秦，称为契丹；第三，下秦，称为巴尔汗。喀什葛尔就在下秦。①

由此可见，在时人的观念中，马秦就是宋国，而秦则是辽朝。从这段序言可以得出结论，在《福乐智慧》中，确有中国传统文化的影响。陈富恒先生在《〈福乐智慧〉与祖国传统文化》一文中，就一一指出了曾经影响《福乐智慧》的中国著作。包括蒙学作品《太公家教》、箴言书《百行章》，以及隋唐时期的政治著作《治道集》、《九谏书》等等。在道德伦理观念、行为规范、习俗礼仪、处事经验等各个方面，《福乐智慧》都借鉴了中国传统文化。仅举两例为证：

在《福乐智慧》中，有格言"讲究礼法之人，位居中人之上"，而在《太公家教》中，则是"身有德行，人必传称"；在《福乐智慧》中，有"制法者啊，要制订良法，制了酷法，作法自毙。明君啊，莫要制订酷法，制订了酷法，当不成君主。谁若在生前制定了酷法，身后定然会臭名昭著。谁若是制定了好的法度，他的名字将流芳千古"，"要人民富足，须法制公正"的词句，而在《九谏书》中，就有专门的部分，论述"省重刑、用轻典、均赏罚"。

相比多种文化交相辉映的《福乐智慧》，哈密国大使盖耶速丁的《沙哈鲁遣使中国记》更关注中国的法律。

《沙哈鲁遣使中国记》是波斯使臣盖耶速丁以笔记的形式记载下来的他在 1419 年～1422 年之间出使中国的经历。盖耶速丁是一位宫廷画师，他作为沙哈鲁之子贝忽儿孙的代表，随沙哈鲁的使团造访中国。这本书被评价为"客观地、不带任何偏见和成见"地记载了关于中国的"道里、城邦、古迹、习俗、王统以及他亲眼看到的所有奇迹"。对于中国的法律，盖耶速丁的关注主要集中在以下几方面：

（1）中国的边防制度

中国古代户籍管理对于人员流动限制严格。无论外国人入境，还是国人出境，都要严格审查。在唐朝时期，则是称为"过所"。《唐六典》有云："关令掌禁末游，伺奸慝。凡行人车马出入往来，必据过所以勘之。"而明代出入境则需要"通关文碟"，在明人吴承恩的著名小说《西游记》中就曾多次提到过通关文碟。各朝对于出入境管制，一向非常严格。在宋朝就有人因丢失过所而不敢通关。② 盖耶速丁一行人前来，自然也少不得照此办理。

> 同年 7 月 21 日（7 月 10 日），中国的官吏们前来登录各位使臣们的名字，其后是他们侍从者的名字。③

这次登记是在新疆地区，在登记后还有勘验，这次勘验发生在距肃州还有 10 日行程

---

① 芮传明：《中国与中亚文化交流志》，359 页，上海，上海人民出版社，1998。

② 洪迈《容斋四笔》卷十载："道士张谨好符法，客游华阴，得二奴，曰德儿、归宝，谨愿可凭信。张东行，凡书囊、符法、过所、衣服，皆付归宝负之，将及关，二奴忽不见，所赍之物，皆失之矣。时秦陇用兵，关禁严急，客行无验，皆见刑戮，既不敢东度，复还，主人乃见二儿，因掷过所还之。然过所二字，读者多不晓，盖若今时公凭引据之类，故衷其事于此。"

③ ［法］阿里·玛扎海里著，耿昇译：《丝绸之路——中国波斯文化交流史》，43 页，北京，中华书局，1993。

的地方。

　　他们在那里登录了随员中的许多仆从随同的各位使臣的名字。大臣们于那里请他们不要再在已申报的名单具体数字中再更多地增加任何人了，向他们强调了一下事实：中国的章程是很严格的，任何被当场抓住有伪报的使节将会永远威信扫地……表册是这样编造的：

　　　　沙的·火者和库克扎　　由 200 名仆从服侍

　　　　算端阿合马和盖耶速丁老爷　　由 150 名仆从服侍

　　　　阿格答克　　由 60 名仆从服侍

　　　　阿答完　　由 50 名仆从服侍

　　　　塔术丁　　由 50 名仆从服侍

　　……"大臣们"向使臣供应了路途中的必需品：供应人员羊肉和面粉，供应坐骑大麦和草料，以刚刚编造的名册为依据。①

当他们离开中国时，也同样被要求进行登记。

　　在玉门关，该关的官吏告诉他说，中国的律例要求造册登记他们以及其同伴们的名字和身份。这一条例对于离开中国领土和进入中国领土一样适宜。这里是指验证一下是否有缺席和是否有人未签出境关文就离开中国了。边境巡视官要对此负责，他们必须执行律例。使臣及其随从必须履行这种手续。他们过去就是经该堡塞进入中国的，而且于1422 年 8 月 29 日以同样的方式离开了中国。②

　　盖耶速丁的记叙，是外国资料中对于明代出入境管理制度实行情况所作出的最详尽记载。而这也是对明代史料中边防与朝贡制度具体执行情况的很好的注解：

　　诸蕃朝贡，辨其贡道、贡使、贡物远近多寡丰约之数，以定王若使迎送、宴劳、庐帐、食料之等，赏赉之差。③

(2) 中国的警报制度

对于中国的警报制度，盖耶速丁写道：

　　"火遂"（烽火——笔者注）是 20 肘尺的一堡塞，也就是一个经常有 10 名戍卒居住的遂台。他们居住在最上部，从那里可以遥望地平线上的另一个相似的烽燧，它们是用来向北京传递消息和报警的，守卫戍卒于其堡塞的顶部点起一堆火，那些处于其视野中的同像即可遥望到火光或狼烟，他们自己也立即点起一堆火，就这样一直传到北京。在距那里有 3 个月路途的地方，警报仅用 24 小时便可传到。

　　遂烽警报之后始终伴有一封详细的报表，报表由"急递铺"沿途传递。这里是指一种驿站，一般均由数名守兵及其家眷居住。那里日夜都始终有一名守兵准备以尽快的速

---

　　① ［法］阿里·玛扎海里著，耿昇译：《丝绸之路——中国波斯文化交流史》，44 页，北京，中华书局，1993。

　　② 盖耶速丁：《沙哈鲁遣使中国记》，载［法］阿里·玛扎海里著，耿昇译：《丝绸之路——中国波斯文化交流史》，76 页，北京，中华书局，1993。

　　③ 《明史·职官志》。

度把军事情报表送往下一站，由下一站向前传递。①

这是明代警报制度的真实写照。烽火台古已有之，烽火戏诸侯的典故流传至今。而急递铺则为金朝创设。根据《金史》记载：

> （金章宗泰和四年六月）乙卯，初置急递铺，腰铃转递，日行三百里，非军期、河防不许起马。②

到了元朝，元世祖忽必烈将其保留下来。《元史》中有相关记载。而从盖耶速丁的记叙可以得知，明代也沿袭了这项制度，并与烽火并行。

（3）中国的司法制度

按照中国惯例，接见贡使的同时，皇帝还要进行"录囚"。这使盖耶速丁得以亲历中国的司法审判。

> 他（皇帝）首先开始对违犯普遍法的囚犯的审讯记录。
>
> 那里共有囚犯 700 多人，有的人脖子上戴枷，其他人脖子和双手都戴铁链……但是每种刑具都与其罪行相当。每个人都被一个行刑人抓着头发一直拖到皇帝脚下，以让皇帝按照其意愿宣判发落。皇帝把一部分人判下牢狱，其余人则被判绞刑。③

这种情形也造成了盖耶速丁对于中国司法制度的一种误解。因为他接着说：

> 在整个中国……无论是警官，还是有权宣判某人死刑的最高法官都一概没有。当他们抓获某一被告、从事详细地调查、获得他的口供时，他们的作用仅限于将一切都登录在挂于其脖子上的木板（其中记载了他们根据异教徒的法律条文而对他的惩处）中以及脖子戴枷和双手戴链地押解往北京。④

在其后的记载中，盖耶速丁提到了中国的法庭以及司法程序，他写道：

> 然而，中国的整个罪行侦审程序都非常复杂和特别漫长。在那里不会轻易地判决一个人。据说，大明汗拥有 12 个法庭，在证实某人是罪犯之前，被告要轮番被解往这 12 个法庭中的每一个之中审判。有时甚至会出现这样的情况：当被告被 11 个法庭判为罪犯后，却被第 12 个法庭宣告无罪。例如，只要他提到一位居住在离北京有 6 个月行程之地的证人，立即就有人前去寻找他并把他携往京师以听他阐述自己的所见所闻。然而，在整个的这一期间，被告始终都被收监看押。⑤

明代最高司法审判机关是刑部，所谓"大明汗的 12 个法庭"，是指负责管理地方司法审判的刑部清吏司。至于"12"之数，推断与其同乡——80 年后来到中国并著有《中国志》一

---

① ［法］阿里·玛扎海里著，耿昇译：《丝绸之路——中国波斯文化交流史》，48 页，北京，中华书局，1993。
② 《金史·金章宗纪》。
③ ［法］阿里·玛扎海里著，耿昇译：《丝绸之路——中国波斯文化交流史》，55～56 页，北京，中华书局，1993。
④ ［法］阿里·玛扎海里著，耿昇译：《丝绸之路——中国波斯文化交流史》，56 页，北京，中华书局，1993。
⑤ ［法］阿里·玛扎海里著，耿昇译：《丝绸之路——中国波斯文化交流史》，63～64 页，北京，中华书局，1993。

书的契达伊如出一辙。契达伊将明朝地方建制与元朝相混淆，称中国有"12 布政司"①。

明代地方布政司与中央刑部司法职权的划分，在明初期是按照洪武"二十六年定制，布政司及直隶府州县，笞杖就决；徒流、迁徙、充军、杂犯死罪解部，审录行下"。这种情况直到明英宗正统四年（1439 年）方"稍更直省决遣之制，徒流就彼决遣，死罪以闻"②。这也造成了盖耶速丁上述两条引文中的印象。中国的地方官的司法权被限制在很小的范围内，只有京师才有对于被告的审决权。

而就在盖耶速丁朝觐明成祖前一年，也就是永乐十七年（1419 年），明成祖曾下谕于法司"在外诸司死罪，咸送京师审录，三覆奏然后行刑"③。各地死刑犯被送往京师等待皇帝最终"裁决"的情形，给盖耶速丁造成了第二个错觉：在中国司法官无权对被告判处死刑，判决死刑的权力只能由皇帝行使。皇帝所掌握的这项权力，其实是传统的死刑复核权。

盖耶速丁一个重大贡献还有他记载了明代司法史上的一个悲剧。

> ……（1421 年 1 月 28 日）北京出现了一场强大的寒流……在官门口发现了大批普通案犯之冻僵的尸体，这些人是从中国边陲地区递解到那里以后交给皇帝决审的。④

（4）中国的刑法与刑罚

按照中国秋冬行刑的司法传统，在盖耶速丁到达北京的 1420 年冬天，他亲眼目睹了中国的死刑执行。盖耶速丁先介绍了中国的刑法：

> 中国那些不信真主的人有一部订成数册的刑法，其中各种大罪都规定了一种刑罚。罪犯们都根据情节而分别被判处刀斩首、在绞架上绞死或凌迟。⑤

盖耶速丁所指的"刑法"，是中国的《大明律》。而给盖耶速丁带来更为深刻印象的是中国的死刑执行方法。⑥ 他对于凌迟细致而又血腥的描写，也留给后世的波斯学者中国刑罚残忍无道的印象。在《沙哈鲁遣使中国记》最初被收录的两个版本中，阿不鲁的《历史的精华》对于这段记载全盘收录，而阿伯特柴拉克的《两颗福星的升起处和两海之汇合处》则完全删除。他指出："至于对这些酷刑的细节和有关这一切的发挥，我的芦苇笔人绝对拒绝去介绍它，所以对此我保持沉默。"⑦

盖耶速丁在中国度过了农历新年。他先是说：

> 在整个这 7 天（灯节）时间，所有的违法行为都会得到宽恕，君主也于同时广施赏

---

① ［法］阿里·玛扎海里著，耿昇译：《丝绸之路——中国波斯文化交流史》，251 页，北京，中华书局，1993。

② 以上两条引文均出自《明史·刑法志》。

③ 《明史·成祖纪》。

④ ［法］阿里·玛扎海里著，耿昇译：《丝绸之路——中国波斯文化交流史》，64 页，北京，中华书局，1993。

⑤ ［法］阿里·玛扎海里著，耿昇译：《丝绸之路——中国波斯文化交流史》，62 页，北京，中华书局，1993。

⑥ 这段血腥的记载过长，囿于篇幅，不能节录。参见 ［法］阿里·玛扎海里著，耿昇译：《丝绸之路——中国波斯文化交流史》，62 页，北京，中华书局，1993。另，在何高济所译《沙哈鲁遣使中国记》（中华书局 1981 年版）中也没有这段文字。

⑦ ［法］阿里·玛扎海里著，耿昇译：《丝绸之路——中国波斯文化交流史》，96 页注 108，北京，中华书局，1993。

赐。他令人释放大批囚犯，甚至对那些征税人在尚未向国家上缴他们收缴的财税中的舞弊行为也视而不见。①

中国学者何高济解读这段文字时指出，这个灯节并非上元节，而是明朝宫廷中的"鳌山灯"，从阴历十二月底开始到正月初结束。因此这段记载也非波斯使节的亲身经历，而是得自传闻。② 在这年所颁布的大赦令也引起了他的关注。他写道：

> 敕旨说本月 10 日是中国新年，皇帝将赦免所有的在押犯、所有犯有舞弊罪的收税官和所有违反普通法的罪犯，惟有杀人犯例外。从此到 3 年期间，他不向各个布政司派遣钦差大臣去视察。③

这段记载与中国的史料吻合。明成祖确在当年上元节发布大赦令：

> （十九年春正月）戊寅，大赦天下。

比较有明一代与其他朝代的大赦情况可以发现，明代历朝除新皇登基外很少大赦。此次大赦，是为了庆祝北京正式从陪都升格为首都。明成祖在永乐十八年（1420 年）九月曾下诏"诏自明年改京师为南京，北京为京师"，并在十一月正式昭告天下。

在 80 年后契达伊的著作发表以前，这部《沙哈鲁遣使中国记》是哈烈王国乃至于整个波斯地区了解中国的最重要书籍。它对于中国的描述给人以深刻印象。

由于中亚地区的政局与民族成分变动频繁，中国传统法律文化对于中亚地区的影响具有暂时性的特点。

二、中国传统法律文化对西亚地区的影响

西亚，西方一般称为近东，其以两河流域美索不达米亚地区为中心，包括伊朗西南部、阿拉伯群岛和土耳其在内的广大亚洲地区。西亚与中国的交往由来已久。

（一）汉、唐、宋：中国法律文化传播

早在张骞出使西域时，便已从大月氏国得知在西方有国名安息。此后西亚与中国交往频繁。西亚的商人与传教者不断从陆上、海上来到中国。据《高僧传》记载，东汉末年在中国传法的高僧安青，就是"安息国王正后之太子也"。在唐代，有一位名为李彦的大食人，在唐宣宗大中二年（1848 年）考取了进士，传为佳话。

而在西亚地区，中国也颇负盛名。西亚统治者对于发展同中国的关系非常重视。阿拔斯王朝在选择巴格达为新都时，就曾说：

> 这里是一个优良的基地，此外这里有底格里斯河，可以把我们和老远的中国联系起来。④

对于西亚的商人们，遥远的中国更是他们憧憬的目标。到唐朝时期，在中国的西亚商人

---

① ［法］阿里·玛扎海里著，耿昇译：《丝绸之路——中国波斯文化交流史》，67 页，北京，中华书局，1993。
② 参见何高济译：《沙哈鲁遣使中国记》，127 页注 1，北京，中华书局，1981。
③ 何高济译：《沙哈鲁遣使中国记》，68 页，北京，中华书局，1981。
④ 《阿拉伯通史》（上册）（电子版）。

更是数不胜数。仅以扬州为例，肃宗上元二年（761年）田神功叛乱中罹难的波斯、大食胡商就有数千名之众。①

大食的作家们一般都非常热衷于描写中国，他们极力吹嘘中国的幅员辽阔、城池多如繁星、居民富庶安乐和建筑物雅致诱人等等。② 亲身游历过中国的西亚人将其在中国的游历写成书，其中最著名的就是苏莱曼的游记（815年）。与很多造访中国的外国人一样，苏莱曼对于中国的出入境管理法令印象深刻：

> 到中国旅行的人必须得到两张票证，一张是官府长官的，另一张是太监的。政府长官签发的证件备路上使用，上面写着旅行者及其随行人员的姓名、年龄、属于何部落何种族等。凡在中国旅行的人，不管是中国人，还是大食人或其他国家的人，都不能缺少可以得到承认的书面证明。在太监的票证上，表明旅行者携带的钱及其他物品。路上有人负责检查这两种票证……官府借助于这种办法，确保旅行者的钱财安全。当一旅行者遭受损失或死亡，便会很快知道事情是如何发生的，并把丢掉的东西还给旅行者。如果旅行者死亡，变归还给其继承人。③

苏莱曼对于中国古代出入境管理制度的描述，大抵符合事实。

给苏莱曼留下深刻印象的还有中国的丧葬制度。中国的礼制最重丧葬，因此，苏莱曼写道："中国人为丧亲而倾家荡产；一切钱财和土地均花费在这一目的上。"

商人与僧侣们的亲身经历还成为那些不曾踏足中国的西亚地理学家们的资料来源。在法国史学家费琅的著作《阿拉伯波斯突厥人东方文献辑注》中，就有大量的关于中国的记载，而在其中最值得注意的是本·伊斯哈克的《书目》。

《书目》成书于公元988年，本·伊斯哈克其人并不出名，仅知道他是巴格达人。然而在《书目》中，有一段关于中国的记载引人注目：

> 伊斯兰历377年（公历987年），纳哲朗僧人丛中国归来，向我叙述了如下情况。纳哲朗和另外五名基督徒杯卡托里科斯作为教义圣师派往了中国，六年之后，纳哲朗僧人和其中另一个人回来了……④

据现在所得资料，由罗马教廷派往中国的传教士，最早也在13世纪。而这位西亚的基督徒，却在10世纪已经到达中国传教。由此可以推断，这个教派很可能是已经脱离了基督教，并在唐朝时期传入中国的景教，受到会昌灭佛的影响，在中国早已被边缘化了。

在《书目》之中，还有一位僧侣也提到了中国的出入境管制：

> 无论是我们中间的人，还是他们中间的人，凡是到中国旅行的，都要把其家谱、相貌特征、年龄及其所携带的一切，如奴隶、随从人员等都记载下来。这些记载一直要保存到旅行结束，并抵达确认安全的地点。⑤

---

① 参见《旧唐书·邓景山传》。这一数字在《新唐书》中，竟为数万人。
② 参见［法］费琅著，耿昇、穆根来译：《阿拉伯波斯突厥人东方文献辑注》，638页，北京，中华书局，1989。
③ ［法］费琅著，耿昇、穆根来译：《阿拉伯波斯突厥人东方文献辑注》，156页注2，北京，中华书局，1989。
④ ［法］费琅著，耿昇、穆根来译：《阿拉伯波斯突厥人东方文献辑注》，147页，北京，中华书局，1989。
⑤ ［法］费琅著，耿昇、穆根来译：《阿拉伯波斯突厥人东方文献辑注》，151页，北京，中华书局，1989。

这位僧侣还提到了关于中国的官制："一个人只有到了四十岁之后，才有可能被国王封为太傅或王爷。这种公正的规定在中国比世界其他国家更为普遍，更为明显。"对于中国的君主制度，他说："这是中国一项尊敬国王、崇拜国王的法规，是众人之宗教。"①

（二）蒙元时期：中国钞法对伊利汗国的影响

中国传统法律文化对于西亚的影响在蒙元时期达到了新的高度。蒙古帝国建立之初，便有从西亚移民到中国的家族，其家族华化至深，颇有钟鼎世家风范。

《元史·儒学传》中就记载了这样的家庭：

> 赡思，字得之，其先大食国人。国既内附，大父鲁坤，乃东迁丰州。太宗时，以材授真定、济南等路监榷课税使，因家真定。父斡直，始从儒先生问学，轻财重义，不干仕进。赡思生九岁，日记古经传至千言。比弱冠，以所业就正于翰林学士承旨王思廉之门，由是博极群籍，汪洋茂衍，见诸践履，皆笃实之学，故其年虽少，已为乡邦所推重。延祐初，诏以科第取士，有劝其就试者，赡思笑而不应……天历三年，召入为应奉翰林文字，赐对奎章阁，文宗问曰："卿有所著述否？"明日，进所著《帝王心法》，文宗称善。诏预修《经世大典》，以论议不合求去，命奎章阁侍书学士虞集谕留之，赡思坚以母老辞，遂赐币遣之。复命集传旨曰："卿且暂还，行召卿矣。"至顺四年，除国子博士，丁内艰，不赴。

蒙元时期，诸如此类的移民家族颇多。然而多是从中国边疆以及中亚地区内迁的家族，如畏兀儿人在元时便大批内迁。然而西亚大食山高水远，观赡思所言所行，纯为儒家气度，三代便有如此风范，难怪陈垣先生给予"可异"的评价。②

在蒙哥汗时期，成吉思汗之孙、拖雷第三子旭烈兀远征西亚，并建立了伊利汗国。该国领土东起阿姆河和印度河上游，西及伊拉克和小亚细亚大部分地区，南临波斯湾，北抵高加索山，都城为桃李寺，在今伊朗境内。旭烈兀与忽必烈同属蒙古政治势力中的拖雷系，且在权力争夺战中互相支持，感情深厚。相较其他汗国，伊利汗国与蒙元关系更为密切。伊利汗国视蒙元为宗主，其王统继承几乎都要经过元廷确认，汗王娶妃也要奏请元帝，并以得到赐婚为荣。伊利汗所用的印玺也是由元廷颁授，上书汉字"辅国安民之宝"、"王府定国理民之宝"字样，并加盖在他们的旨意及写给欧洲君主的信件上。两国的人员往来与经济往来也非常密切。也正因为两国之间存在着如此紧密的政治联系，伊利汗国的制度文化受中国影响良多。

驿站制度和牌符制度在伊利汗国得到了普遍的推行。伊利汗国的驿站制度，包括置站、驿马、牌符凭验，都有着一套完整的措施。尤其是在合赞汗统治时期，对于驿站制度进行了改革。在全国的主要道路上每三程（约18公里）置一站，每站备马15匹；使臣需持有金印牌符方可乘驿；各边境长官则发给黑符，凭此传递军情紧急文书，并严禁任何人因私乘驿。伊利汗国以不同的牌符颁给各级将领和地方官员，以作为其权利和身份的凭证。现在波斯文中的paiza一词，就来自汉语"牌子"。

---

①　［法］费琅著，耿昇、穆根来译：《阿拉伯波斯突厥人东方文献辑注》，151页，北京，中华书局，1989。
②　参见陈垣：《元西域人华化考》，27页，上海，上海古籍出版社，2000。

伊利汗国仿行中国钞法就是另一例。伊利汗乞合都时期，由于其本人与臣下挥霍无度，伊利汗国宫廷遭遇了严重的财政危机。《多桑蒙古史》载：

> 益以乞合都之滥用无节，其相欲博众人之欢，所给常逾所求，且好为善举，国库遂空，两年间撒都只罕致不得不举债五百万。当时全国之岁入共有一千六百万，通常岁出须七百万，余皆供非常岁出与乞合都赏赐之需。①

在这种情况下，正是资料中提到的丞相撒都只罕接受了门人的建议进言乞合都汗，实行中国钞法，力陈中国钞法可以解除国中财政窘境。时值蒙元丞相孛罗奉元世祖之命出使伊利汗国。乞合都便向他咨询了在中国钞法的实施情况。孛罗说：

> 纸钞是盖有皇印的纸，它代替铸币通行于整个中国，中国所用的硬币巴里失［银锭］便被送入国库。②

据此，大臣们怂恿乞合都，称"以钞代金之时，将不复再有贫民，货价大跌"，乞合都便开始在伊利汗国境内推行中国钞法。

所谓中国钞法，是指在蒙元时期在中国推行的纸钞制度。中国使用纸钞的历史从唐飞钱始。而到了北宋初，以交子、会子为名的纸钞制度逐渐发展起来。在南宋时期，已经出现了官方发行的会子，与银钱一样通行使用。与南宋南北对峙的金也学习对手的做法，在海陵王初年"复引钞法，遂制交钞，与钱并用"。然而无论宋或金，发行交钞只是一时权益，并未形成完备而有效的制度，纸钞制度真正建立起来，还是在蒙元立国之后。对于蒙元钞法与前代钞法的渊源关系，《元史》的评述简洁明了：

> 钞始于唐之飞钱、宋之交会、金之交钞。其法以物为母，钞为子，子母相权而行，即《周官》质剂之意也。元初仿唐、宋、金之法，有行用钞……③

在蒙哥汗时期，一些地区便自行发行纸钞。元朝初立，忽必烈便在即位当年七月，发行"元统"交钞。这种钞以丝为本，其与白银的比值为银五十两准元统丝钞一百两。同年十月，在元统丝钞继续推行的基础上，又发行了以银为本的中统元宝交钞，并在翌年榜行天下。到元世祖至元二十四年（1287 年），两种交钞已经"物重钞轻"，是以改制至元交钞，而伊利汗国发行纸钞的 1294 年，正是至元三十一年，伊利汗国所效法的，正是至元交钞。至元交钞面值"自二贯至五文，凡十有一等，与中统钞通行。每一贯文当中统钞五贯文。依中统之初，随路设立官库，贸易金银，平准钞法"④。

元政府对于发行交钞态度审慎，从中央到地方，建立了一套完善的交钞行政管理体制。最初户部是行政主管部门，而后设立专门的诸路宝钞都提举司，又有宝钞总库、印造宝钞库、烧钞东西二库。在地方则有诸路平准行用库。为了保证交钞顺利流通，政府专门立法："诸伪造宝钞，首谋起意，并雕版钞纸，收买颜料，书填字号，窝藏伪造，但同情者皆处死，仍没其家产。两邻知而不首者，杖七十七。坊［里］正、主首、社长失察觉，并巡捕军兵，

①　［瑞典］多桑著，冯承钧译：《多桑蒙古史》（下），237 页，上海，上海书店出版社，2006。
②　［波斯］拉施特主编，余大钧译：《史集》，227 页，北京，商务印书馆，1986。
③　《元史·食货志》。
④　《元史·食货志》。

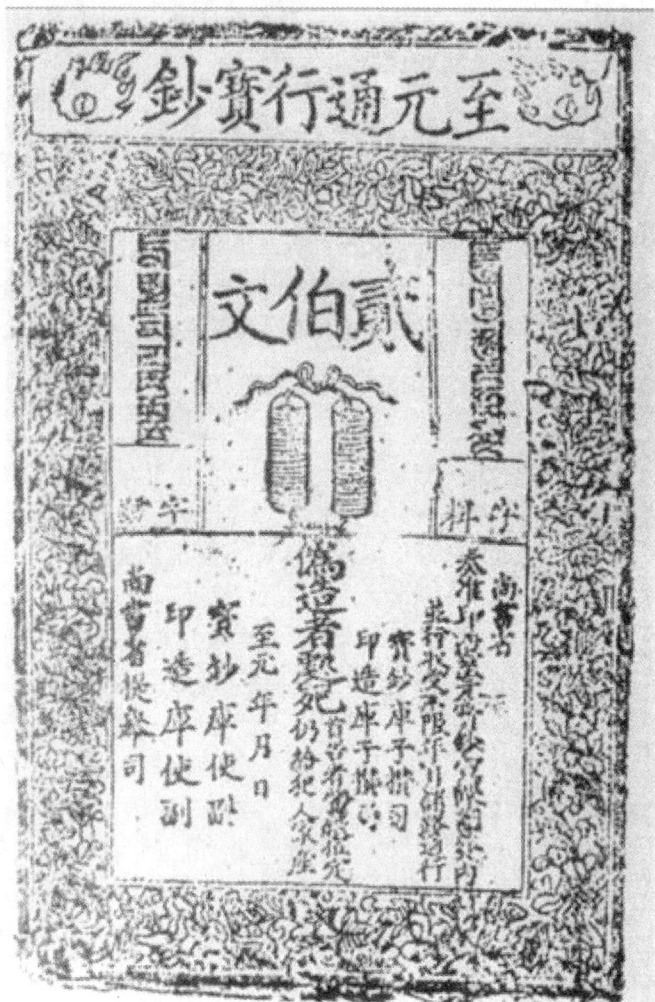

至元交钞

各笞四十七。捕盗官及镇守巡捕军官各三十七。未获贼徒，依强盗立限缉捕。买使伪钞者，初犯杖一百七，再犯加徒一年，三犯科断流远。"

与至元交钞相似的伊利汗国的纸钞，则是"钞以纸制，其形长方，上有汉文数字。钞上两面皆著回教之词曰：'上帝之外无他上帝。摩诃末是上帝之使徒。'钞下著亦怜镇朵儿只之名，盖诸博士所上乞合都之尊号也。钞中有圈，内著钞价，自半答剌黑木至十底那不等。下注禁令曰：'世界之主栽六三九（1294）年颁发此顺利之钞。有伪造者，并以妻子处死，财产籍没'"①。为了纸钞顺利发行，乞合都还命令在各州建立钞库，各库有库使、书手、出纳员以及其他掾属。并仿效元朝允许昏钞倒换。

1294年9月，纸钞开始在其制造地帖必力思城发行，同时发布命令不用者处死。人民迫

---

① ［瑞典］多桑著，冯承钧译：《多桑蒙古史》（下），238页，上海，上海书店出版社，2006。

于威吓，只能接受纸钞。然而出于敛财目的而罔顾经济规律的纸钞发行政策，却引发了该城的经济危机。在其发行几日之后，"市肆遂空，城中不复有物可买，人多迁徙"，城中居民不堪忍受，爆发了动乱。面对这样的形势，丞相撒都只罕也只能承认纸钞发行失败，在发行了两个月后，乞合都宣布废钞。然而发行纸钞已经因建造钞库、雇用掾属而造成了不小的损失。

相似的钞法，分别在元与伊利汗国实施，却得到了不同的结果。相较有元一代发行纸钞"公私贵贱爱之如重宝，行之如流水"①的繁荣景象，伊利汗国发行纸钞的结局却是惨烈收场。究其原因有三：

第一，历史基础。

发行纸钞并非蒙元创举。在蒙元实施钞法之前，纸钞已经在中国通行许久，业已被中国普通民众所接受和认可。元朝政府在检点自唐以来纸钞发行使用利弊得失的基础上，整合宋金前代的交钞资源，纸钞的发行几乎没有受到来自传统的阻力。反观伊利汗国则不具备发行纸钞的历史条件。在未发行前，纸钞已经受到了来自贵族的抵触。被称为"众异密中最明白道理"的失克秃儿就不幸言中了纸钞发行的结局：

> 纸钞将造成国中经济崩溃，给君王造成不幸，引起剌亦牙惕（农民）和军队中的骚动。②

而对于伊利汗国普通民众而言，纸钞甚至是闻所未闻。西亚地区一直以金银为货币。在乞合都以前，伊利汗国也是遵照阿拉伯传统使用金属货币。当时在阿拉伯地区使用纸币，伊利汗国绝对是独一无二。加之乞合都以及撒都只罕的施政不得民心，使人民对纸钞普遍不信任，致使纸钞在流通中受到阻碍。

第二，经济基础。

纸钞在中国的出现，是商品经济发展的要求。汉唐以来，中国的商品经济不断发展，长安、洛阳、扬州都是古代经济史上最重要的商业中心。到了有元一代，中国更是空前强盛。庞大的疆域与发达的陆上与海上对外交通，不断扩展的海内外远程贸易，使金属货币不便携带的缺点凸显出来。纸钞轻便易携带，在商业贸易中具有金属纸币无法比拟的优势。所以在中国各地纸钞受到欢迎。马可·波罗在他的游记里对此大加赞赏：

> 大汗令这种纸币普遍流通于他所有的各王国、各省、各地，以及他权力所及的地方。无论何人，虽然自己以为怎样权要，都不敢冒死拒绝使用。事实上，他们都乐于用它，因为一个人不论到达大汗领域内的什么地方，他都发现纸币通用，可以拿来做货物买卖的媒介，有如纯金的货物那样。以区区一小块纸片，竟可以买到各种各样的商品。③

蒙元成为第一个以纸币为唯一流通货币的王朝自然而然。

而在伊利汗国则不具备这样的条件。相对于中国庞大而繁荣的帝国形象，波斯的经济基

---

① 《紫山大全集》卷二十二，《宝钞法》。转引自周良宵、顾菊英：《元史》，422 页，上海，上海人民出版社，2003。

② ［波斯］拉施特主编，余大钧译：《史集》，227 页，北京，商务印书馆，1986。

③ 《马可波罗游记》。

础却非常脆弱。在伊利汗国立国前，这块土地就饱受蒙古铁骑的摧残。蒙古人的攻城略地、大肆掠夺，使西亚的人口锐减，也极大破坏了地区经济。建国后不断的对外战争，消耗了大量的钱财，而蒙古贵族对内的压榨与剥削则变本加厉。根据资料记载，"底万一般从国有土地上征收百分之六十的收获物……而且这种税额同样适应于伊斯兰法罕，在阿拉伯伊拉克税使征收收成的三分之一，底万征收三分之一，农民三分之一"。汗国的其他赋税也异常繁重。有人统计，在13、14世纪的伊利汗国档案中，共发现了45个税收名称术语，除去同义词外，人民普遍缴纳的税目至少不会少于20种。税率高，税目多，更重要的是税制不固定，这是伊利汗国的税收特点。① 以伊利汗国的经济状况，不具备实行纸钞的客观条件，也没有实行钞法的主观需要。国民经济凋敝，乞合都不思与民休息反而改行新币制，只是劳民伤财，有百害而无一益，自然也不可能成功。

第三，动机不良。

元朝政府实行钞法，是为国计民生，元朝政府非常谨慎。对于不具备发行纸钞基础的地区，尊重当地的习俗，并不强行要求必须使用。例如在云南，便是以当地传统的贝钱作为流通货币。

> 丁亥，云南行省赛典赤，以改定云南诸路名号来上。又言云南贸易与中州不同，钞法实所未谙，莫若以交会、〈贝八〉子公私通行，庶为民便。②

而为了使物与钞之间保持平衡，元朝政府准备了充足的金银储备金。

> （中统元年）诸路领钞，以金银为本，本至乃降新钞。③
>
> （中统二年）随路设立钞库，如发钞若干，随降银货，即同见银流转。据例到课银不以多寡，即装垛各库作本，使子母相权，准平物价，钞有多少，银本常亏不欠。④

正是这样的态度与做法，使得纸钞发行之初，民众皆信赖纸钞，愿意在流通中使用纸钞。

反观伊利汗国，乞合都之所以冒天下之大不韪实行钞法，全为聚敛民财，挽救伊利汗国的财政危机。自乞合都继承汗位以来，便大肆封赏，史评自窝阔台以来，厚赐臣下无有逾此蒙古汗者。不仅伊利汗国诸汗经营累积下来的财富，连国库中的现金也被他赏赐罄尽，以至于整个宫廷不得不举债度日。丞相与近臣对中国钞法的褒奖中，最打动他的，不过是"依其法（中国钞法）可使全国之现金皆归汗有"，不仅可以缓解捉襟见肘的财政状况，更可以满足其挥霍的欲望。这表现在发行纸钞时，不顾全无本金的状况，滥发纸钞，用严重违背市场规律的手段来填补财政漏洞，只能落得失败的下场。

虽然乞合都发行纸钞失败，但是其对于西亚地区的文化却发生了影响，具有一定的历史意义。这是西亚人第一次认识和体验中国的纸币制度，并使伊朗成为中国之后最早使用纸钞的国家之一，今天的波斯语中仍保留着"钞"字。极大促进了西亚与中国的制度文化交流。

---

① 参见徐良利：《论伊利汗国乞合都汗仿中国元朝行钞法》，载《学习与探索》，2005（4）。

② 《元史·世祖纪》。

③ 《续文献通考》卷九，《钱币三》。

④ 《秋涧集·中堂事记》。

（三）明清时期：契达伊与《中国志》

在契达伊出使中国 80 年之后，另一部重要的波斯文中国著作《中国志》诞生了。《中国志》作者契达伊，全名赛义德·阿里—阿克伯·契达伊，原籍中亚的商业城市布哈拉（今乌兹别克斯坦境内），他作为中亚王朝撒马尔罕的使臣来到中国。他的名字"契达伊"其实更类似于一种绰号，因为它的原意为"契丹人"或"中国北方人"，可见他对于中国的狂热。契达伊的这部著作，以其对于中国法律的热情赞美著称于世，他如此频繁地对中国的《大明律》冠以溢美之词，以至于在许多藏本中该书的标题被直接改成《中国和契丹的法典》。

契达伊对于中国法律的赞美，来自于他在中国旅行的直接感受，也有他的中国穆斯林同胞们的思想灌输。明以前诸朝代的开放政策，使中国以开阔的胸襟海纳诸国移民，尤其是元朝以来，穆斯林人华化者甚众，他们更是视中国为故土。元人笔记中的一段话非常贴切地形容了这种现象：

> 于是西域之仕于中朝，学于南夏，乐江湖而忘乡国者众矣。岁久家成，日暮途远，尚何屑屑首丘之义乎。①

他也许不止一次地听到这些上层穆斯林提起："请看一下这些完美的法律和这些庄重的礼仪吧！如果我们的伊斯兰王国中不存在类似的律条，那该有多么地遗憾啊！"加之在旅行途中的见闻，这一切使他心有戚戚然。他热情地响应了他的先辈作家们对于中国的无限赞赏，在契达伊眼中，中国法律先进、司法公正、礼仪庄严、教育发达、人民遵纪守法。

他对中国法律如此地狂热，以至于伊朗籍法国汉学家阿里·玛扎海里在评价《中国志》时不无感慨地指出：

> 如果要找到一种外来文明和"法"（这一次是指西方的文明和法制）使一名穆斯林作家产生如此深刻激情的例证，那末要等到 19 世纪的最初期。②

而这部书对于中国传统法律文化发生域外影响的另外一个重要意义，则是来自于他的题献。这本书被献给了土耳其苏丹美男子苏莱曼。这篇题献出现在各个波斯文献上：

> 本《中国志》以赋和诗的形式写成，它在很早之前就已被献给了美男子苏莱曼。③

在《中国志》的各个版本中，有两卷波斯文手抄本便来自伊斯坦布尔美男子苏莱曼的藏书楼中，编作雷苏库塔波·穆斯塔法第 609 和 610 号。

这也引起了阿里·玛扎海里的注意，他分析：

> 美男子苏莱曼恰恰享有一个异乎寻常的尊号"编法典的人"，他确实为我们留下了某些"法典"或"法典草案"。因此我们完全有理由怀疑夏尔—坎特的敌手和弗朗索瓦一世的盟友是否对契达伊或其著作施加了某种影响呢？苏莱曼王子确实是诞生于 1495

---

① 王礼：《麟原集》卷六。

② ［法］阿里·玛扎海里著，耿昇译：《丝绸之路——中国波斯文化交流史》，125 页，北京，中华书局，1993。

③ ［法］阿里·玛扎海里著，耿昇译：《丝绸之路——中国波斯文化交流史》，132 页，北京，中华书局，1993。

年，在他登基时（1520 年）仅有 24 或 25 岁。契达伊却可能是诞生于 15 世纪中叶，享受着由于其年龄、经验和全部名声所赋予他的威望。他肯定对这位几乎变成西方主宰的青年王子施加了影响。我们应该仔细地研究一下由这位"立法家"颁布的全部法律文献，以便了解一下他是否通过契达伊或契达伊的同事们而受到了《大明律》的影响。那末我们将会看到这部著名的法典正像我们已经讲过的那样，曾对朝鲜、日本和安南施加过影响。我们应该研究一下他是否同样也对奥斯曼欧洲和已置于土耳其政府权力下的亚洲和非洲部分施加了某种影响。①

也基于阿里·玛扎海里这一论点，将这本主要写作地点为波斯首都帖必力思的作品，置于西亚部分介绍。

1. 中国的行政体系

（1）中央行政管理体系

对于明代的皇权，契达伊冠以"尼禄式的专制"的称号。皇帝对于帝国具有绝对的权力，他的意志通过帝国的一整套完整而严密的行政体制，可以传达到最偏远的地方。即便是"微不足道"的小事，也处于皇权管辖之下。契达伊把整个中国对于皇帝的服从归结于两个原因——中国的户籍登记制度和礼仪：

> 官吏和宗王都不能违背皇帝，这其中有两种原因。第一种原因是军民们都依附于皇帝，中国所有的人都毫无例外地登录在户籍簿中，无论是大官吏还是血统宗王。因而，他们都是可以控制的，对于一位官吏或失势的封王，他们的全部仆从只能留下 1～2 个人。他们怎能带领这么少的人反抗呢？第二个原因是中国人没有勇气反对他们的政治礼仪。这是符合他们所有人之利益的。这些人普遍声称他们的帝国在 4000 年间从未被敌人入侵、又未被瘟疫摧毁，这仅仅是由于他们在此期间遵守了这些在政治方面有益的礼仪，他们在行政和公法方面都非常严格地实施之。将来只要情况仍如此，仍可以保护他们的帝国不受动乱和敌人的入侵。他们的法律和法规都倾向于一种绝种的纪律。

无论如何，中国的皇权统治发展到明代，已经达到了专制的顶峰。在契达伊的记载中，不乏这样的血腥记载：

> 有一次，某位大官吏面对皇帝而突然脱落其腰带，它从两边断裂，掉落在地上。在宫内值勤的仆从们立即向他冲去并拘捕了他。但皇帝在其御座之上惊叫"罢了"。他们把他放了。单这个可怜虫却瘫倒了，如同被五雷轰顶一般，竟被活活吓死了。

而在中央行政机关中，太监的身影遍布其中。有明一代，太监在国家政治中扮演了很重要的角色，契达伊捕捉到了这一点：

> 在第 3 道官院中，那些充任小办事员、办公机构的小头目或头领的太监，在他们的指挥下有一些写公文的宫女。这些太监们在那里以研究案卷、对它们进行分类和维持有关案卷库的开放而度过时光。所有的紧急案卷都于当晚或当夜奏呈皇帝。当皇帝恩准之

---

① ［法］阿里·玛扎海里著，耿昇译：《丝绸之路——中国波斯文化交流史》，129 页，北京，中华书局，1993。

后，他便在案卷（折报）上画一个小红圈。

> 中国的一整套行政管理机构共分为 12 个部，各自包括一定数目的司务厅。它们有的设在宫内，有的设在宫外……12 个主要部都设于第 4 道官院中，那些具有尚书级别的主要太监和姬妾们在那里忙于各种事务……这些姬妾和太监都熟悉行政法，于是便开始处理政务、查阅已经简略化的案卷，因为他们在实践和理论上都曾研究过法学。

而在宫外，则由大臣们分管六部：

> 有 6 位最高官吏管理 12 个部的宫外司务厅。其一管理整个中国的法律（礼部），其二管理整个中国的金、银、和布帛库（户部），其三管理整个中国的……大米、小麦、大麦……（工部），其四管理整个中国的军队（兵部），其五管理全中国已建成的或将要建和将要修理的城市和居民区，如办公处、骑马的或坐车的旅客们的驿馆……等（吏部），其六管理整个中国的监狱（刑部）。

（2）地方行政体系

契达伊对于中国地方行政体系只能说是一知半解。例如在第三章《中国的城市和乡镇》中，他提到的中国的地方行政建制就是五花八门：

> 中国的行政管理如此之严密，以至于在最小的一个村镇中至少也有 500 户。每 10 个这类居住区在行政上依附于一个叫做"亭"的乡镇首府，每 10 个亭依附于一个叫做县的居住区首府，每 10 个县依附于一个叫做"国"的行政区首府，每 10 个国依附于一个叫做"道台"的城市，每 10 个道台则听命于一座叫做"州"的城市，每 10 个州听命于一座叫做"州衙"的城市，最后是每 10 个州衙又置于一个叫做"府"的首府的管理之下。"府"是最好的大城市。

契达伊笔下的中国地方建制，以明朝地方"府—州—县"行政体系为中轴，混合了官职"道台"、州行政管理中心"州衙"以及诸侯分封地"国"、前朝的基层组织"亭"。对于地方行政管理，契达伊则以一章的篇幅讲述中国的 12 个布政司。他记叙的布政司分别是"蛮子斯坦、南京、北京、四川、福建、临清、杭州、云南、高丽、苏门答腊—阇婆、于阗、广西和广东"。

阿里·玛扎海里认为契达伊对于中国地方建制的记述出现如此偏差的原因，是他将元代的 12 路与明朝的 15 个地区（两京和 13 布政司）相混淆。如他提到的"广东和广西"布政司，就是元代的"广南路"地区，而到了明代，才将广东和广西两地的行政管辖分离开，各为一个布政司。

在这些布政司辖下，数千个地方行政机构在运作：

> 在每个居民集中区都有这类的衙门。这都是一些以国家资金建筑的官府。法律禁止文人为自己的利益而建衙门。官吏们坐在公案后面。在每个衙门都有 3 名官吏：一名文官、一名文书和一位管账，这都是一些互不信任的皇家官吏。他们之中的任何人都不敢渎职或草率行事，因为每个人都是密探并有义务对其同事打秘密报告。

契达伊还提到了地方官吏的权责：

> 在每座城市中，都根据各种品爵的文武官吏数目而拥有属于国家的府衙，与其各自

的级别相符。它们都相当宽敞以供高级官吏在那里居住、设置办公府衙、得以安置其下属和存放档案。这些官吏由政府以货币和实物支付俸禄，他们仅仅负责管理属于他们各自职责的事务……他们在行使职权时一直战栗不安，因为他们始终害怕自己因不慎可能出现某些差错，从而导致他们被罢免、囚禁和处斩。当出现某些疏忽大意时，不仅这些官吏们会冒被处死的危险，而且还会株连其妻妾和女儿们被官卖入娼门；判处其儿子永远从军，再也见不到其母亲和姐妹们了。他们还冒有丧失自己宗族和家庭的危险，因而也就是灭门之罪。在这一方面，中国的法律具体明确到了令人难以相信的程度。①

契达伊在中国国内行程不过"三月有余"，却已经对明朝吏治有这样的了解。可见，有明一代，吏治之严苛，已经深入人心。

2. 中国的司法制度

对于中国的司法制度，契达伊着墨颇多。

直诉制度是重要的传统司法制度之一。中国古代允许越级告诉，而向皇帝直诉则是其最高形式。这种制度可使百姓冤情上达天听，而登闻鼓这一重要的直诉道具，引发了契达伊极大的兴趣。

每一个栅栏门上都有一面堂鼓，第一面堂鼓挂在第 7 根栏杆顶上，最后一面则挂于它的对面，有些卫兵在那里守卫。当第一位申冤者前来击外边的堂鼓时，位于大堂内的第 2 面鼓也立即在其看守者撞击下响了起来。当第 3 面鼓的看守人听到之后也同样做，直至第 7 面鼓的咚咚响声传到皇帝的耳朵中为止……皇帝立刻派遣归他个人使用的宦臣们前去听取此人的陈述，起草一张有关告状目的的状子并由他画押……接着，这些宦臣们则必须把有关案卷承奏给皇帝，他对如此这般的诉讼始终都要亲自审问。

对于登闻鼓的作用，契达伊写道：

根据中国法典规定，一名受害者证据充足的申冤告状必然会导致许多有罪官员的下狱和受刑。他们战栗不安，因为他们知道自己国家法律特别严厉的特征。

契达伊认为，正是以登闻鼓制度为代表的中国法律制度的严厉导致了中国官吏执法清明——"中国人和地方的每一位文武官员都不敢向一个罪犯讹诈一文钱"。也是因为这种法律的严酷性，使中国人奉公守法，使中华帝国"在如此之多的'千年纪'中安然无恙，而且每年都在扩大"。

在中国旅行期间，契达伊涉入一桩刑事案件，身陷囹圄，然而他比他的葡萄牙同行们幸运的是，他最终被无罪开释。而他的这段经历，也就成就了一篇波斯文版的"葡囚来信"——《中国志》的第七章："中国的监狱，真主保佑您"。

契达伊首先提到了中国司法体制内的两套司法系统——"刑部"与"控部"。

在北京存有两所监狱，即"刑部"和"控部"。在他们称为"控部"的那所监狱中，刑罚非常严厉，桎梏非常沉重，很少有人会从那里生还。在他们称为"刑部"的那

---

① [法] 阿里·玛扎海里著，耿昇译：《丝绸之路——中国波斯文化交流史》，172~178 页，北京，中华书局，1993。

所监狱中，刑罚不太严酷，锁链不太沉重，大部分监禁者都能活着出来。在两所监狱中，女部单立。在监狱问题上，事实上每所监狱都是一座城市，在那里关押有大批犯人。

很明显，对于"法庭"和"监狱"，契达伊并未作出严格区分。这应该与中国官衙建制有关。仅以刑部为例，在刑部中，既有刑部大堂，也有刑部监狱。无论法庭还是监狱，都是整个刑部衙门建筑中的一部分。这也造成了契达伊表述中的混淆。其所谓两所监狱中的"刑部"，为中国的最高司法机构刑部无疑，而"控部"，依其行文推断则是明代的特殊司法机构，即特务机关"锦衣卫"。

对于中国的司法程序，契达伊的描述非常详细，这些记叙对于认识明代司法非常有价值。出于自身的原因，在其中，他特别提到了对于外国人犯罪的处理：

> 当被告被收监时，他们便询问他原籍为哪个地区，再把他关入专押其布政司囚犯们的那一区。因为在他们看来，中国扩展到了全部有人居住的大地上。无论您来自东方还是西方，中国的司法都会把您视作中国公民。

> ……他们（司法官吏）毫不掩饰自己不知道除了自己的国家之外还有其他王国。即使囚犯是诞生在世界另一端的异国人也毫无用处，他们照样把他登录在原籍，即他们进入中国的那个省。他们登记了其年龄和诞生日。当涉及本人不知其年龄的胡人的时候，他们就扳开他的嘴巴，完全如同在市场上对一匹马的作为一样，然后根据其牙齿的磨损程度而赋予他一个他们自己决定的年龄……

按照这一原则，契达伊被关押的机构是刑部十三清吏司中的陕西清吏司。对于具体的情形，契达伊写道：

> 监狱一共包括 12 个区，每一片就相当于中华帝国的 12 个布政司。① 每一区就如同独立的居住区，在那里关押着来自相应布政司的囚犯……监狱当局把我们关押在相当于陕西布政司的感化区内，陕西是中国的十二个布政司之一。

而他身负的案件则历经 26 天的审理，而后最终宣判。

> ……我们在该监狱中共被拘留 26 天。他们不断地把我们从那里解出去以把我们传到位于北京其他地方的另一法庭上，这是为了更好地审问我们……北京如此庞大，以至于我们用了整整一天时间从拘留所前往这一法庭。我们第二天在那里受审，第三天才返回拘留所。恰恰当我们要被最终释放时，他们于某日把我们带到了他们的穆提夫（原意为伊斯兰教法官）那里……（法官）便向我们宣布说："你们在任何方面都未直接犯罪，仅仅是你们之中的一名吐蕃人棒打了另一名吐蕃人。但凶犯是你们的同伴，所以我们判处你们每人交纳 3 米德小米。至于打人的肇事者，即杀人凶手，我们将他判处死刑。"……穆提夫们在写好并签署了判决书后，便把它送进宫中，翌日又从宫中传来了皇帝对他们判决书的批谕。凶手被关押入狱，而我们其他人则被释放。

与被关押在广州监狱的那些葡萄牙囚犯们更为不同的是，虽然他经历令人不快的牢狱之

---

① 关于 12 布政司与刑部 13 清吏司的问题，在上文中已经作出解释，在引文中尊重原文，仍保留作者的说法。

灾，然而对中国的司法制度，对于君主在司法中的作用，却充满赞赏。

就中国的死刑复核制度，他写道：

> 那些应判处斩刑的囚犯每年都作为数千名囚犯之一而被皇帝召见一次。中国的君主手捧以 10 张为一束的有关他们的详细卡片，一个个阅读他们的名字，询问他们是否供认曾犯过某种罪行，杀人凶手在皇帝面前招供并列队而过。任何人都不敢否认……这些礼仪每年 1 次。到了第三年，他们第三次在皇帝面前招供时，皇帝就最终降诏把他们处死。

他将中国皇帝描绘成一个勤政爱民的明君的典型，他可以通过一套完善的登记制度，对于整个帝国的司法与狱政制度了如指掌：

> 因为据中国的法律认为，刑法和监狱比法律和行政管理的其他方面都更为重要。皇帝特别要过问这一切，他对在狱中发生的情况了如指掌……皇帝不断地了解囚禁者的命运……皇帝不仅仅知道关押在北京的任何囚犯的命运，而且也知道整个帝国中所有犯人的命运。伟大的真主啊！这该是一种什么样的政权和多么严格的守礼精神啊！

契达伊认为这些都要归功于中国人"礼"的精神。这种"礼"贯穿中国人法律精神的始终，也是中华帝国长治久安的原因。契达伊对于"礼"于中国社会的作用如此推崇，足以使人联想起启蒙时代的大师伏尔泰。

> 由于中国人严格执行其礼仪，所以他们的帝国在数千年来一直未经损害地保存下来了，未遭受过一次彻底的失败。这归根结蒂是由于一种众所周知的事实：无论是 7 岁还是 70 岁的中国人，无论是富翁还是赤贫，他都不敢一丝一毫地违犯其礼仪。①

3. 中国的刑罚

在契达伊惊异于中国官衙建筑景致之美的同时，他也目击了中国刑罚的执行。他在书中提到的就有笞刑、杖刑、死刑等等。

首先是笞与杖。契达伊并不了解笞刑与杖刑的区别，他只是笼统地提到它们。

> 有些犯人最终都被释放了。在此情况下……他们本身又被捆在腋下的绳子吊在了犯人示众柱上，刽子手们仅仅在他们臀部打 100 竹杖后才把他们放下来。

在《中国志》中曾多次出现 100 竹杖的刑罚，在明代，法律规定杖刑的最高等级就是 100 下，然而契达伊并非一个学者，所以往往在他的叙述中，会出现一些整数数字，来表示多或者少，所以对于其描述的是笞刑或杖刑，很难进行具体判断。

死刑则是另一个契达伊重点描述的刑罚，契达伊对于中国人死刑慎刑的理念非常赞同：

> 当官吏们达到其职业的顶峰时才会被任命典狱官，因为中国的刑罚和监狱，特别是被判处死刑都被视为国家最重要的事件，就如同强加给社会的一种限制一样。

---

① 本段引文载〔法〕阿里·玛扎海里著，耿昇译：《丝绸之路——中国波斯文化交流史》，232～241 页，北京，中华书局，1993。

也因此，契达伊对于死刑详加描述，除了已经提到过的死刑复核外，还有司法时令——"死刑都由皇历中所标出的同一日子内执行"。此外，契达伊还提到了一个重要情况：

> 数千年来，死刑都于白天执行。但是在伊斯兰历 902 年（1496 年），爆发了一次蹂躏了陕西布政司的黄河流域的严重饥荒，许多人被饿死。从这一年后直到谋士们制止了这场灾荒为止，这些谋士们同时要求今后死刑应于夜间而不是白天执行。

这是一条非常重要的信息，对于死刑执行，典籍中只有秋冬行刑可考，契达伊的这段文字，可以作为研究司法时令问题的一个重要线索。

4. 中国的法学教育

契达伊在第十四章《中国人的学堂及其他》一章中，以赞赏的口吻提到了明代的官学。中国学堂显然是他重要的考察对象：

> 中国人有一些传授公共会计知识的学院，此外还有一些教授法学以及与此有关的科学的学校。这使他们政府为此目的亲自令人在全帝国内建造了学堂。那里的教育由国家专营，严禁个人创建这样的机构。这些学校的教书先生都是公职人员，他们的学生将来同样也要充任公职。这些文人们形成了一支治理中国财税和司法施政者的队伍。

明代的官学体系是非常完善的，从帝国首都至每个最基础的行政单位州、县，都设置官办学校。在中央有国子监，地方有府学、州学、县学，而在最基层则是五十户为一所。学生被要求接受最基础的儒学教育。在地方学堂中，按"礼、乐、射、律、书、数"设科分教，其中礼律书为一科，乐射算为一科，分别由训导负责讲授。而学官则是明代文官体系的重要组成部分。这些学官从中央负责全国学政事务的长官到地方县学中的"教谕、训导"，形成了一套完整的体系。

5. 中国的"宗教"——儒教

> ……但他（可汗）仍为哲学宗教的信徒。我们甚至觉得他们的书籍都抨击多神主义，认为它是"异端邪说者"们所特有的一大堆谬误。他们的达官贵人也信仰帝王的宗教，甚至还自认为是一个"宗教学者"集团，皇帝是他们的"教皇"。他们的官吏是专职法官，既精通教法，又熟悉会计或金融学，这就是说他们善于管理政治事务。[①]

这段文字让人不得不联想起在契达伊之后也曾造访中国的耶稣会士们。耶稣会士们也将儒学视为一种"哲学宗教"，这对启蒙时代以及其后的欧洲哲学家们也产生了影响，他们习惯把儒学称为儒教。这一论调几乎与契达伊如出一辙。然而令人遗憾的是这种作为治国方略的哲学宗教，却被契达伊错误地理解为释迦牟尼的教法——佛教。

契达伊提到的"宗教学者"集团则是明代的文官集团，不得不说，他对这个"宗教集团"的描述非常准确。自汉代儒学独尊的地位确立以来，中国传统的治国之道，便是"外儒内法而剂之以道"，儒家思想是中国传统社会占统治地位的正统思想。这种正统地位的维护者是以皇帝为首，包括整个文官集团。而中国传统司法行政合一的体系，也使得官员兼具法

---

① ［法］阿里·玛扎海里著，耿昇译：《丝绸之路——中国波斯文化交流史》，160 页，北京，中华书局，1993。

官与财政官、行政官等多重角色。契达伊的这段文字，深合中国国情，其观察敏锐较之耶稣会士不遑多让。

而对于儒家的首席人物——"至圣先师"孔子，契达伊称他为"布政人（Bw-jyn-lkzyn）"，意即立法人，也就是中国司法的制定者。这个波斯语词汇也是穆斯林世界对孔子的称呼。他将孔子描绘成了一位中国的穆罕默德。他是一位善于管理政治、经济的专家，也是一位伟大的"立法者"。然而这段文字记载却非常混乱，错误百出，择其要者，摘录如下：

> 他在达到了其治国艺术的尽善尽美的程度之后，便对皇帝呈奏说："在陛下的恩准下，我现在试着治理中国。"他从皇上手中得到充分的权力，因而确定了一些政治礼仪并开始管理国家……
>
> 布政人（孔子）及其属僚们为此而跑遍了整个中国，到处都确立了他们据以治理帝国的法律……
>
> 在他活着的全部时间内，中国都被治理的非常得法。后来在他去世之后，那里又重新出现了混乱，官吏们都无能制止之。他们最后变思忖："他是根据什么的原则而施政呢？"某人回答："他拥有一种作为执政依据的记事书。"……
>
> 他们翻开论著后便读到："如果大家希望中国得到妥善治理，那就要严格地遵守本记事本中提到的训导……"从此之后，他们便不差分毫地恪守圣贤汇集于其书中的明确训言。我们于此提到的中国法律的全部内容均出自这位大哲学家。①

从这段文字中仅能依稀辨别出孔子的身影。阿里·玛扎海里分析，契达伊讲述这样的故事，是为了将孔子的面貌以"波斯方式"呈现出来，因为在伊朗传统中，"所有的圣贤都在不同程度上均为大臣"。契达伊希望告诉读者："孔夫子由于其职业的关系而应为一'大臣'，也就是一名经济学家。他的法典，也就是其'立法'的第一个目标是中国的政治、经济和社会组织。"

6. 中国的宗教法律

中国的历代王朝对于境内的各种宗教——本土的或外来的——基本都保持着一种宽容态度。契达伊虽为伊斯兰教徒，却以客观的角度不无赞叹地叙及中国的宗教法律。

> 总而言之，中国政府的习惯是各自信仰其宗教，而又不会表现出以不宽容的态度对待其邻居的信仰。

对于这一政策具体实施情况契达伊也有详细记载：

> 中国的法律是欢迎所有外来宗教团体的信徒，只要他们明确宣布承认中国皇帝为其君主。中国人就利用这一机会给予他们公民权和永远居住在中国的权力。

正是出于这样的原因，中国历来是外国宗教团体的避风港，无论是有计划传教域外的宗教，还是在本地受到主流宗教排挤的教派，都乐于来中国传教或生活。从早期的佛教、景教、祆教，到明朝时期受到帖机朝迫害的努格塔维教派教徒，皆是如此。更为重要的是，来

---

① ［法］阿里·玛扎海里著，耿昇译：《丝绸之路——中国波斯文化交流史》，304～305 页，北京，中华书局，1993。

到中国的这些异教徒，甚至可以享受比国民更好的待遇。契达伊举例：

> 有许多藩部民族（穆斯林）前往中国定居，他们在那里不仅被永远免除赋税，而且中国政府还向他们敕封官爵和分发赏赐。

中国政府还一视同仁扶持各个宗教的发展，为教众信仰提供方便。

> 皇帝用他的经费令人在北京为穆斯林们修建了 4 大清真寺。在中国其他布政司建筑的贾米（中国清真寺的通称）清真寺的情况也如此。中国人始终是以国库资金建筑各种信仰的寺庙。现在，根据同一原则，各种信仰都在那里拥有古迹、建筑和寺庙，由官费维修寺庙。①

7. 中国民间法律意识

中国人遵守纪律、崇敬法律著称于世，其彬彬有礼的形象早已深入人心。契达伊对于中国人的观察所得到的结论，与无数到访过中国的外国人别无二致。

> 中国的各种人都遵守社会纪律，甚至于使他们既从来都不需要把同一句话重复两次，又不需要把同一道命令重复两次。在伊斯兰地区不能如此，这该是多么遗憾啊！……中国人对于违背礼仪（和违犯法律）该是何等恐惧啊！②
> 至于中国人的礼仪与文明行为，您一定会说在全世界其他地方存在的全部礼貌行为、亲切言行和礼仪都奉献给了每个中国男女。③

然而契达伊并没有能够完全理解中国礼制的内涵，因为他还说：

> 中国人非常严格地遵守法律，甚至父亲可以毫不犹豫地告发儿子，儿子揭发双亲，即当他们彼此双方了解容忍自己对成文法略有违背的时候。告发者将受到衣服和奖金的犒赏，不会害怕刽子手处决其族。④

中国法律的一项重要原则就是"同居相为隐"。若家族成员犯罪，子为父隐、父为子隐，既是伦理的要求，也是一种法律义务。如果违背这一原则，不仅不能得到奖赏，反而会受到法律制裁，特别是在卑亲属与尊亲属之间。如"子告祖父母父母"，即使所告属实，在明代也要"杖一百徒三年"。

契达伊如此醉心于中国传统法律文化，他引用诗篇来号召他的读者一起学习：

> 把你的青年时光都用于研究我们的神圣法律吧。如果本处没有先生，那就前往中国人中去学习吧！

---

① ［法］阿里·玛扎海里著，耿昇译：《丝绸之路——中国波斯文化交流史》，161～162 页，北京，中华书局，1993。
② ［法］阿里·玛扎海里著，耿昇译：《丝绸之路——中国波斯文化交流史》，351 页，北京，中华书局，1993。
③ ［法］阿里·玛扎海里著，耿昇译：《丝绸之路——中国波斯文化交流史》，279 页，北京，中华书局，1993。
④ ［法］阿里·玛扎海里著，耿昇译：《丝绸之路——中国波斯文化交流史》，351 页，北京，中华书局，1993。

第二编
中国传统法律文化对西方的影响

第四章

古代中世纪欧洲对中国法律文化的关注

第一节
古代希腊罗马时期对于中国法的关注

一、中国的欧洲印象与欧洲的中国印象

当公元前 20 世纪初，腓尼基人在茫茫地中海上眺望前路时，他们发明了两个在世界文明史上最重要的词汇——亚细亚与欧罗巴。

亚细亚，太阳升起所在，代表遥远的东方。

欧罗巴，夕阳西下夜幕降临，代表西方。

亚细亚与欧罗巴，是最初古希腊人对于世界的全部认知。而这一对词组，也被希腊著名作家埃斯库罗斯演绎为本土文明与域外文明的象征。他在自己的代表作《波斯人》中，将亚细亚与欧罗巴拟人化，比之为一对孪生姐妹。亚细亚身着波斯服饰，而欧罗巴则是希腊南部多里斯人的打扮。两人是"比人间一切妇女身材高大，姿容美丽的一对孪生兄妹。这个抽签选中了希腊做故乡，那个却得到了异邦人的国土"[1]。

欧洲人对于中国最初的描述，则是来自叙事长诗《阿里玛斯培》，它记载了主人公诗人阿里斯特传奇性的东方旅行。长诗虽然已成残片，然而这个故事却被著名的历史学家希罗多德载入他的《历史》中。按照希罗多德的描述，有欧洲学者论断[2]——诗中所记叙的希伯波里安人是中国人，而传说中，在世界最东方，那神仙与英雄栖息的乐园——希伯波里安，就是中国。这些希伯波里安人圣洁而善良，没有仇杀与战争。

无独有偶，中国对于西方最早的记载，见于《穆天子传》记载的古远传说——发生于公

---

[1] 朱学勤：《中国与欧洲文化交流》，4 页，上海，上海人民出版社，1998。

[2] 对于希伯波里安人是否就是中国人，欧洲学界始终存疑，中国学界也有不同看法。20 世纪 60 年代到 90 年代，英国与德国学者在整理《阿里玛斯培》和分析希罗多德《历史》的基础上，对于希伯波里安人就是中国人的说法再次加以肯定。具体参见张国刚、吴莉苇：《中西文化关系史》，24～25 页，北京，高等教育出版社，2006。李约瑟在《中国科学技术史》中也曾有过类似的观点，他指出，按照现代的历史地理学家所做的地图标示，希伯波里安人是居住在关中地区和黄河中段一带的汉族人。

元前 989 年的穆天子西行故事。这个故事颇具浪漫主义色彩，穆天子，一般认为是周朝第 5 位君主穆王，西行来到西王母所辖的日落之地弇山，西王母自称是"帝女"，长相怪异，她所辖之地是一片幸福乐土。她与穆天子相谈甚欢。后人根据《史记》记载，推断西王母所在应是地中海沿岸，也就是穆天子的西征之途，竟穿过了中亚，到达西欧。

这些传说太过久远，甚至有匪夷所思的地方，然而却表明在远古时代，中国与欧洲已经朦胧地意识到对方的存在，虽素未谋面，却神交已久。他们是彼此憧憬的对象，他们都相信在遥远而未知的那片土地上，存在着一个理想国。

二、古代欧洲对于中国法律的认识

中国与欧洲更为贴近的互动，是丝绸之路开通之后的事。彼时，汉朝国力日盛，而古罗马雄霸欧洲。公元 97 年，班超派手下甘英出使，然而甘英到了波斯湾沿岸却被安息西界船人劝止，船家说：

> 海水广大，往来者逢善风三月乃得度，若遇迟风，亦有二岁者，故入海人皆赍三岁粮。海中善使人思土恋慕，数有死亡者。①

甘英放弃了自己的使命。这也成为中西交通史上的一大遗憾，中国与欧洲的第一次直接对话，夭折在了茫茫海岸。

之后的公元 120 年，来自欧洲的民间艺人来到了中国。这些访客来自大秦：

> 永宁元年，掸国王雍由调复遣使者诣阙朝贺，献乐及幻人，能变化吐火，自支解，易牛马头。又善跳丸，数乃至千。自言我海西人。海西即大秦也，掸国西南通大秦。②

虽然偶有往来，然而时空的距离让中国和欧洲对对方形象的认知，只能更多来自他们共同的邻居的口口相传。这也包括在法律文化方面的印象。

中国典籍中"大秦"的出现，是在《后汉书》中，对于大秦制度风物，书中如是言：

> 所居城邑，周圜百余里。城中有五官，相去各十里。宫室皆以水精为柱，食器亦然。其王日游一宫，听事五日而后遍。常使一人持囊随王车，人有言事者，即以书投囊中，王室宫发省，理其枉直。各有官曹文书。置三十六将，皆会议国事。其王无有常人。皆简立贤者。国中灾异及风雨不时，辄废而更立，受放者甘黜不怨。其人民皆长大平正，有类中国，故谓之大秦。③

这段文字不难看出中国已经对古罗马有了相当的了解。如"其王无有常人。皆简立贤者……辄废而更立，受放者甘黜不怨"，正是罗马执政官情况的生动写照；而"置三十六将，皆会议国事"，则可以与元老院的状况对号入座。

相同的情况，也发生在欧洲。欧洲视野中的中国人，也是"有类欧洲"——中国人身材

---

① 《后汉书·西域传》。
② 《后汉书·南蛮西南夷列传》。
③ 《后汉书·西域传》。

高大，红发蓝眼。① 他们性情温和，遵守秩序，有很强的道德感却缺乏宗教意识。对于欧洲人来讲，了解中国的窗口，就在中亚与西亚。

李约瑟谈及中国的儒家传说传入欧洲时，就特别谈到了一位叙利亚学者——巴尔特萨纳。他生活的年代相当于东汉末、三国初，与郑玄相仿，他的著作是摩尼教创教者摩尼思想的主要来源。他曾经谈到过中国的法律：

> 在每一个国家中，人们制定了不同的法律，有些是成文的，有些是不成文的。我将从世界肇端的地方（亦即远东）开始，谈谈我所知道的，以及我所记得的。在产丝之国（中国），法律禁止谋杀、卖淫、盗劫和偶像崇拜。在这幅员广大的整个国土上，看不到庙宇，也看不到妓女，也看不到淫乱的妇女；没有盗贼被带进法院，没有谋杀者，也没有被谋害的人。闪耀的火星在穿越子午圈时，无法强使人去杀人。金星和火星相遇时，也不能强使去和有夫之妇调情。每天晚上，在那里都能看到火星。在中国，不管白天或黑夜，没有一时没有婴儿出生。②

巴尔特萨纳是一位天文学家，也是占星术的反对者。他的这段文字，更多是借由对于中国法律与社会的描述，来映射当时社会对于占星术的盲目迷信行为。

这段文字对于欧洲学界产生很大的影响，并被后来人竞相模仿。李约瑟在他的《中国科学技术史》中提到的就有两部著作——《伪克来门顿的认识》和《各国法律》。

《伪克来门顿的认识》成书于公元2世纪末，作者是罗马学者梅拉（Mela）。他对于中国法律的描写与巴尔特萨纳如出一辙：

> 居住在地球一端的中国人所奉行的法律禁止他们杀人、通奸、卖淫、盗窃和敬拜神像，因此在那个幅员辽阔的国度里看不见庙宇、神像、妓女、通奸者；没有盗贼被审判，没有某人被谋杀的记录。③

李约瑟爵士在自己的著作中引用了这本书中的另一段话，来印证这两本书之间的关系，在中国：

> 炎炎火星没有权力控制人们的自由意志，像它控制着我们一样。④

对于另一本书《各国法律》李约瑟爵士则认为：

> 《各国法律》一书显然是巴尔特萨纳的弟子所作，其中添了一段话说，虽然中国人不屈服于星宿的威力，可是他们之间还是有贫民和富翁，有病人和壮汉，有统治者和被

---

① 这种认识来自于普林尼的《自然史》。之所以称中国人红发蓝眼，是因为欧洲人将东伊朗的斯太基人和月氏人误认为中国人。他们应该是将关于中国的知识传入欧洲最早的媒介。
② [英]李约瑟著，《中国科学技术史》翻译小组译：《中国科学技术史》，第1卷，338～339页，北京，科学出版社，1975。
③ [意]白佐良、马西尼著，萧晓玲、白玉崑译：《意大利与中国》，8～9页，北京，商务印书馆，2002。
④ [英]李约瑟著，《中国科学技术史》翻译小组译：《中国科学技术史》，第1卷，339页，北京，科学出版社，1975。

统治者，"因为这些东西是包括在君主的权力之内的"①。

对于中国社会"田园诗"的认知，可能是源于对秦朝严刑峻法或儒家道德思想作出的两种暗示。中国社会呈现出的这种"路不拾遗，夜不闭户"的景象，是道德与法律共同作用的结果。严酷的法律降低了犯罪率，而儒家的道德代替了宗教或迷信，让中国的法律文化更为理性，也让中国哲学走向了无神论和经世致用。

在巴尔特萨纳出现的一个半世纪以后，恺撒里乌斯提出了对于中国法律的另一种看法，即在中国，人们所根据的是习惯，而非成文法：

在每一个国家中，在别的民族中，也像我们中间一样，存在着皇家的法律，不管是成文的或不成文的。有些地方有成文法，而另一些地方只有习惯法（习惯具有法律的效力）。对于那些没有成文法的国家，祖先留传下来的习惯起着控制作用。在这些民族中，首屈一指的是中国人。他们住在大地的极东部。他们把祖先的习惯作为法律，禁止卖淫、盗劫、通奸、崇拜偶像和符咒……在中国人中间，祖宗的法律比星宿决定的命运更有威力。②

显然，这一明智的论断，还不能完全脱离巴尔特萨纳的窠臼。中国并非没有成文法，然而他对于习惯作为中国传统法律的重要渊源的地位，却有着清楚的认知。很明显，随着时间的推移，古罗马人对于中国法律的认知有所增长。

第二节
中国传统法律文化在欧洲的早期传播

一、中世纪欧洲视角下的中国传统法律文化

欧洲中世纪随着蛮族人的铁蹄，西罗马帝国的解体到来，与此同时的中国，正在经历三国两晋南北朝的分裂时代。中国与欧洲之间的联系，并没有因此中断。中国典籍中仍时有来自欧洲的消息。从东晋穆帝时代起，中国与东罗马帝国开始有了第一次的使节往还③，而据《魏书》载，东罗马帝国曾三次遣使中国，分别为泰常二年（417 年）、和平六年（465 年）和皇兴元年（467 年）。民间更兴起了大规模的丝绸贸易。东罗马人"对中国人的外表一无所知，却对他们（中国）的丝绸非常熟悉"④。

这种使者往来一直持续，到了唐代则更为密切，史书中屡有记载。⑤ 直到安史之乱阻断

---

① ［英］李约瑟著，《中国科学技术史》翻译小组译：《中国科学技术史》，第 1 卷，339 页，北京，科学出版社，1975。
② ［英］李约瑟著，《中国科学技术史》翻译小组译：《中国科学技术史》，第 1 卷，340 页，北京，科学出版社，1975。
③ 参见《太平御览》卷七八七。
④ ［意］白佐良、马西尼著，萧晓玲、白玉崑译：《意大利与中国》，22 页，北京，商务印书馆，2002。
⑤ 参见《旧唐书·拂菻传》。

中西方陆上交通，而拜占庭陷入与大食的战事无暇东顾，才告中断。

蒙元时代，成吉思汗的军事行动横扫欧亚大陆，使林立在中国与欧洲之间的国家消失在历史舞台，少了这些阻碍，中国与欧洲不再遥不可及。

这些到达中国的人，是来自欧洲的外交使节、商人和传教士。他们主要来自意大利、葡萄牙与西班牙，在中国的主要活动范围在广州、福建一带。

（一）意大利人对于中国传统法律文化的介绍

1. 商人马可·波罗和《马可波罗游记》

博伽丘在《十日谈》中曾提到过有意大利商人曾到过"契丹"，并指出这些商人来自热那亚和威尼斯。可见在薄伽丘生活的 14 世纪，意大利商人中也不乏马可波罗的同路人。关于马可·波罗是否到过中国，学界至今仍在争论。但是不可否认的是，成书于 1298 年的《马可波罗游记》却是中世纪欧洲了解中国最重要的窗口，他描绘了一个在欧洲还鲜为人知的中国。

《马可波罗游记》中，也有关于元朝法律的记载。马可波罗指出：

> 如有人偷一件不犯死罪的小东西，则被打七棍；偷两件则打十七下；三件及以下打二十七下；最多打到一百零七下以至被打死。如偷十五头牛或一匹马或其他东西则被用刀斩为两段，但假如他能赔偿，则需赔所偷物品九倍的价值。

这段文字的叙述，与元朝刑法条基本一致。

> 其五刑之目：凡七下至五十七，谓之笞刑；凡六十七至一百七，谓之杖刑。
> 诸盗驼马牛驴骡，一赔九。[1]

这段记载是欧洲书籍中第一次明确提到中国的法律条文，也成为支持马可·波罗曾经到过中国的最重要证据之一。

2. 传教士柏郎嘉赛对于中国儒家思想的错误认识

在 1254 年马可·波罗出生的那一年，罗伯特威廉正在哈剌和林朝见蒙哥汗。而第一位到达中国的传教士柏郎嘉赛已经回到了欧洲。柏郎嘉赛在中国传教受阻，回到欧洲后，将他的经历写成了《蒙古历史》（Ystoria Mongalorum），因为他传教士的身份，他将关注的焦点放在中国人以及中国的宗教和文化。

柏郎嘉赛将中国的儒家思想与景教、道家思想混淆在一起。对于中国人的宗教，他写道：

> 他们拥有《新约全书》和《旧约全书》，有圣父和先贤的传记，有类似我们教堂的庙宇，他们在那里祈祷。他们敬奉上帝……也信奉耶稣基督，相信永生，不过极少接受洗礼。他们尊敬我们的经书，爱护教友并施舍财物。[2]

3. 传教士鄂多立克的《鄂多立克东游录》

在所有的从意大利远道而来的元朝旅行者中，鄂多立克的名声仅次于与他同列中世纪四

---

① 两条引文均出自《元史·刑法志》。
② ［意］白佐良、马西尼著，萧晓玲、白玉崑译：《意大利与中国》，43 页，北京，商务印书馆，2002。

大旅行家的马可·波罗。这位方济各会士于 1322 年至 1328 年之间在中国旅行，并曾在元朝都城大都居留过很长一段时间。他对于中国的礼仪、户籍管理等各方面均有所了解。

他首先记录了在杭州保甲制的情况，以及元朝推行的纸钞制度。

> 十家或十二家组成一火，以此仅交一火的税。
> 每火要向大汗交纳……五张像丝绸一样的纸币的赋税。①

他也模糊地提到了中国的行政制度——全国分为十二个省，"有 4 名大臣管制这位大君主的帝国"。可见其对中国的行政体制有所了解。元代将整个国家分为 12 个行省，而在中央则是不同于传统的三省六部制，而设置四个相互独立的系统：中书省管理政务，枢密院管理军事，御史台管理监察，宣政院管理宗教事务。

与中亚、西亚的旅行者们相同的是，鄂多立克也注意到了中国的驿站与警报制度，在他的游记中提到了在中国各地设立的"驿站"以及专为传递情报使用的"急递铺"。

> 一个被指派的急差长期住在叫做急递铺的驿舍中，而这些人腰缠一带，上悬许多铃子。那些驿舍彼此相距也许有三英里；一个急差接近驿舍时，他把铃子摇得大声叮当响；驿舍内等候的另一名急差听见后赶紧做准备，把信尽快送往另一驿舍。于是消息从一名急差转给另一急差，迄至它送抵大汗本人。总之，整个帝国内发生的事，他就能马上或者至少迅速地全部获悉。②

然而，这些旅行家们对于中国虽然为欧洲人留下了一个泱泱大帝国的形象，然而囿于身份与知识层面的局限，他们还是主要将他们的眼光放在中国的奇风异俗、财富宝藏、宗教信仰之上，而对于中国的历史文化、制度思想都少有提及。这种缺憾也只能等待后来人弥补。

（二）葡萄牙人对于中国传统法律文化的介绍

虽然葡萄牙人到达中国晚于意大利人，但是他们取得的成果却让前辈相形见绌。他们的使船远渡重洋来到中国，并在中国取得了一块栖息地澳门。

1. 皮莱士使团与葡囚日记

16 世纪第一部介绍中国的书籍就是由葡萄牙人皮莱士编写的《东方诸国记》（A Suma Oriental de Tomé Pires）。这本书是由皮莱士在 1512 年至 1515 年在南洋各地收集材料编成，卷末则专写中国，其中也有关于中国法律的内容。皮莱士对于中国的了解，为他赢得了葡萄牙使臣的地位。1517 年 6 月，他带着舰队来到了中国广东沿海，然而在世宗接见葡萄牙使臣的同时，中国与葡萄牙商船发生了冲突，皮莱士使团受到牵连被投入监狱。

葡萄牙使团入狱事件，成为了中国法律文化传播到欧洲的一个里程碑式。葡萄牙人的亲身经历，使他们对中国法律以及司法制度有了直接体验，也产生了一系列介绍中国法律制度的作品。1524 年，皮莱士使团成员维埃拉在广东监狱写成一封长信，详细地介绍了中国广东省的行政司法体制等情况，1526 年，另一成员也写成一封书信，描述了中国的经济、司法等诸方面的情况。1554 年，在马六甲发表的一篇名为《中华王国的风俗和法律》（Costumes e leis do reino do China）的文章，由于对于中国司法状况的描述，在欧洲引起关注，这篇文章

---

① 何高济译：《沙哈鲁遣使中国记》，68 页，北京，中华书局，1981。
② 何高济译：《沙哈鲁遣使中国记》，78 页，北京，中华书局，1981。

作者不详，然而却称自己在中国被囚多年。这让人很难不与葡萄牙使团发生联想。

2. 学者巴洛斯与《亚洲数十年》（Décadas da Asia）

巴洛斯是葡萄牙的亚洲史学家。在他于 1563 年出版的《亚洲数十年》的第三卷中，他以大量的篇幅描写中国。他虽然从未到过中国，但是所从事的海外贸易管理工作，却使他有更多机会接触到来自中国的原始资料。在他的资料中，引用了葡囚来信，并且雇佣华人为其翻译中国文献。他的著作涵盖了中国的职官制度、婚姻习俗等各方面的内容。他的作品用葡萄牙文写成，虽限制了其在欧洲的传播，却是欧洲早期关于中国最重要的资料汇编。

3. 商人佩雷拉和《中国见闻录》（Algumas Cousas Sabidas da China）

佩雷拉的《中国见闻录》成书于 15 世纪 50 年代，是他对于 1539 年到 1548 年两度来华从事走私贸易时见闻的回忆录。他 1549 年因走私被捕，并被关押于广西监狱，1553 年，他越狱逃走，并在广东省偏远的上川岛上写出了这部作品。在他来到前不久，一位梦想着叩开中国大门传教的耶稣会士沙勿略在这个小岛上死去。

他在回忆录中，介绍了中国各省以及省级官员组织，中国的农副业，中国的"老爷"和考试制度，中国人的宗教、法律、执法等等。而谈得最多的，就是中国司法。虽然曾为中国的阶下囚，但他对中国的司法制度和监狱管理制度并不像皮莱士使团的维埃拉一样充满敌意。他用一种赞赏的语气写道：

> 应该知道的是，这些异教徒在这方面是多么超越基督徒，比他们更讲公道和事实。①

作为被告人，佩雷拉在中国亲身经历了中国式审判，他敏锐地感觉到了中国审判方式与西方审判方式的不同，并且认为这些不同正是中国司法优越之所在——"这些人的审判是没有匹敌的。胜过罗马人或其他民族"。

他指出：公开审判首先可以避免伪证。相比在欧洲"若落到狡猾的公证人手里，时常有危及人们财物、生命和面子的事"的情况，"这里的做法很好，总有许多人到法官那里去听证和作证，诉讼不能作假，像我们那儿常作假一样"。

佩雷拉认为公开审判的第二个好处是"因为大堂上始终挤满百姓听证人发言，所以只记录真实的情况。用这个法子，审问不能作假，和我们那里经常发生的不同，我们那里证人的话只说给审判官和公证人听，因此金钱等等力量是大的"。

这种做法的第三个好处则是"在这个国家，除在审讯过程中保留这一手续外，他们还十分怕皇帝，皇帝高居他们之上，他们不敢丝毫反抗"。

在佩雷拉看来，中国司法官的素质也在欧洲法官之上。

首先，中国的法官重视司法，势必亲躬。虽然他们身居高位，有很多下属可以支配，但是仍"亲自记录重大案件和事件"。

其次，中国法官有耐心。在欧洲"律师和法官对我们（被告人）那样没耐性"，以至于佩雷拉受到中国法官耐心的接待时，甚至"感到惊讶"。

再次，中国对于被告人一视同仁，并不因为宗教偏见或者国籍不同而改变。与西方国家基督教徒法官的宗教狭隘常导致"真正的无辜者"遭遇到不公的对待不同，尽管他只是"俘

---

① ［葡］伯来拉：《中国报道》，载［英］博克舍著，何高济译：《十六世纪中国南部行纪》，11 页，北京，中华书局，1990。该书是佩雷拉《中国见闻录》的另一种翻译版本。

囚和外国人",却仍然受到中国法律和中国法官的尊重,在佩雷拉看来这是中国司法最值得称道的部分。尤其是以下事实,更坚定了佩雷拉的信念:

> 我们在异教的国家,一个城里有两位大官是我们的大敌,没有译员,又不懂该国的语言,到头来却看到我们的大敌因为我们的缘故被投入监牢,因执法不公被解职罢官,不能逃避死刑,因传说他们要被斩首——那么看看他们是否公道呢?①

除了司法制度外,佩雷拉也详细介绍了中国的法律以及监狱制度,并简略提到了关于科举制度的一些情况:

> 那些要被选拔来充任要职的人则每三年会聚一次,在为他们准备的大堂里接受考试。向他们提出许多问题,如回答合格,能够得到学衔,那察院不久就授予他们;但那些要当老爷的,在皇帝批准以前,他们不得使用帽子和腰带。考试完毕,测验通过后,要为那些得到学衔的人举行隆重仪式,经常要共同盛宴庆祝,而且他们要等待按学识被挑选去给皇帝服务。此外,考不合格的考生被打发回去再学习。②

1577 年,被附于耶稣会士信件附录中的佩雷拉的回忆录节略,被威尔士翻译成英文,并记录在《东印度西印度旅行记》中出版,而后被博克瑟编辑在《16 世纪的华南》中。16 世纪 70 年代,中国的科举制度开始在英国学界受到关注③,佩雷拉的回忆录对于中国的科举制度西传欧洲以及西方的公务员制度的发展都产生了深远影响。

4. 传教士克鲁兹和《中国情况详介专著》(Tratado em que se contam muito por extenso as cousas da China)

克鲁兹是 16 世纪出现在中国的葡萄牙传教士,他 1556 年来到广东,停居数月便被驱逐出境,然而"他在中国所居留的几个星期比马可·波罗在契丹所度过的整个岁月还利用得更好"④。他的《中国情况详介专著》出版于 1570 年,是欧洲首部专门介绍中国的专著。这本书对中国的介绍可谓事无巨细,在 29 章中有几章专门介绍中国的法律。分别是介绍中国职官与科举的"老爷是如何产生的"、中国司法制度的"死刑犯、关于审讯的其他事情"、狱政管理制度的"中国的监狱",以及总介中国的"中国是怎样的一个国家,中国人是何种类型的人民",等等。

克鲁兹先谈到了职官制度与科举制度。他发现了中国任官的一个重要原则"异地为官",也就是"被授予职位的人是不能出生在当地的",而这种做法的好处则是处理案件时"不受感情的影响"且"不可能变得强大,从而防止了反叛"。

而关于中国的科举制度,克鲁兹介绍了会试。在中国,参加科举考试的学生一般都要进

---

① [葡] 伯来拉:《中国报道》,载 [英] 博克舍著,何高济译:《十六世纪中国南部行纪》,13 页,北京,中华书局,1990。

② [葡] 伯来拉:《中国报道》,载 [英] 博克舍著,何高济译:《十六世纪中国南部行纪》,7 页,北京,中华书局,1990。

③ 美籍华人学者邓嗣禹发表于 1943 年的论文《中国对西方官员考试制度的影响》中,收集了七十余种关于中国古代科举制度的论文和专著,这些论文或专著大多是 16 世纪 70 年代之后发表的英语版本。

④ [英] 博克瑟:《16 世纪的华南》,导论,伦敦,1953。转引自张海林:《近代中外文化交流史》,37 页,南京,南京大学出版社,2003。

入国家设置的学校里进行学习。每到考季，这些学生就从本省的各个地区会聚到省府所在地，在统一的安排下，进行考试。而会试合格的考生，则晋升为"老爷"阶层，并有候补官缺的资格。

而最引起他重视的，还是中国的察举制度。察举制度是中国原创，因此欧洲的旅行家和学者对察举制度很感兴趣。他们将具有这种察举职能的官吏称为"察院"。

察院是都察院的简称，也指各道监察御史的衙署。而在各个版本游记中所谓的"察院"，应该就是指担负地方察举职责的巡按监察御史。这些巡按监察御史"代天子巡狩，所按藩服大臣、府州县官诸考察，举劾尤专，大事奏裁，小事立断。按临所至，必先审录罪囚，吊刷案卷，有故出入者理辩之。诸祭祀坛场，省其墙宇祭器。存恤孤老，巡视仓库，查算钱粮，勉励学校，表扬善类，翦除豪蠹，以正风俗，振纲纪"①。

在佩雷拉的书中，只简单地提到察院的职能，他将察院视为地方官僚之一，更将察院等同于巡抚，他的职能是"巡视，并且督察司法的执行"。克鲁兹记叙的察院的职能则更为具体。他指出，察院是"每年考核官员和做别的有助于治理各省的事"。

首先，察院考察当地吏治。察院每年都要考核所监临的地区官吏。有政绩的，便使其晋升；如果有"玩忽职守，或者不维护国法，或者受贿，过失严重，应当罢黜"者，便将其罢免，他的职位由他人接任，而本人则要受到审判和处罚。这就是"察院"所具有的对"老爷"们的管辖权。

其次，察院考察当地司法，也就是在当地官员的陪同下巡视狱政。他们要"接见囚犯"，处理诉讼，严审强盗犯罪，并对司法状况进行考察。

再次，察院考察当地学政情况，并主持科举考试。这是察院工作的重要一环。中国历代重视教化，所以察院到达地方后，也要对学校进行考察。奖励那些学习良好的学生，斥责那些学习状况不好的学生。察院官员还要作为从中央派遣到地方的主考官，主持地方科举事宜。

对于中国的司法，克鲁兹印象很好。他在《中国志》的最后部分为中国司法正名：

　　……这些信偶像的和野蛮的民族有他们自己的良好的司法手续和顺序，也表明上帝使得一位不认识真神的皇帝本性仁慈。他作出的极大努力，以及他对大案的慎重，看来是这个国家善治和德政的根源，以致尽管中国如我们所说是那样大，它却维持多年的和平而无叛乱。上帝保佑它，因为没有敌人入侵破坏，也因为它保持了繁荣和富强。这个国家的严厉司法是控制百姓易犯罪恶倾向和骚动的根本……②

（三）西班牙

除葡萄牙人外，西班牙人对于中国的研究也具有重要的意义。

1. 外交官德·拉达以及《记大明的中国事情》

德·拉达是西班牙派往中国的外交使节。他在 1575 年来到中国福建，滞留在福建 3 个

---

① 《明史·职官志》。

② ［葡］克路士：《中国志》，载［英］博克舍著，何高济译：《十六世纪中国南部行纪》，147 页，北京，中华书局，1990。与克鲁兹及其《中国情况详介专著》只是翻译名称区别。

月时间，并在 1576 年写成一份报告。报告第一部分主要叙述在福建的行程，第二部分《记大明的中国事情》，则是关于中国总体情况的阐述。其中包括关于中国法律的部分主要是"中华帝国的法律，何时由何人制定"、"对违法者的惩处，及有关其德治政府、政治的许多事情"，内容涵盖明朝中央到地方司法、施政、社会习惯、宗教等各个方面。这份报告总体倾向于贬低中国文化，但是也在一定程度上反映了中国明朝后期的社会真实。

对于中国的司法状况，德·拉达的评价不高。在德·拉达看来，中国的刑罚野蛮，监狱设施简陋，而且吏治腐败。如同葡萄牙人一样，他也发现了中国任官"异地为官"的制度，以及中国的监察制度。

2. 门多萨和《中华大帝国史》（Historia de las Cosasmás Notables，Ritos y Costambres del Gran Reyno de la China，Sabidas asi por los Libros de los Mismos Chinas，como por Relaciones de los Religiosos，yotros Personas que Han Estado en elDicho Reyno）

《中华大帝国史》，全称为《依据中国典籍以及造访过中国的传教士和其他人士的记叙而写成的关于中华大帝国最负盛名的情事、礼仪和习俗的历史》，是西班牙应教皇之命，根据 16 世纪以来所有的使华报告、文件、信札、著述整理汇编而成的，是在利马窦代表的耶稣会士之前，欧洲最具权威的中国学著作。门多萨用严谨的态度，把传闻中的中国，更为完整、更为写实地介绍给欧洲，把欧洲人想象中的中国，变成了现实中的中国，满足了欧洲了解中国的迫切愿望。也因为其"教皇钦定"的官方身份，该书轰动了欧洲，被翻译成意大利文、德文、拉丁文、荷文、法文、英文以及葡文等各种文字。到 16 世纪末，市面上流传的西班牙文版本就有 11 种，而意大利文版本更有 19 种①，所有的文字版本共计 46 种之多。《中华大帝国史》是 16 世纪中国研究的集大成者，其在传播中国传统法律文化中所起到的作用不言而喻。

全书被分为 3 卷 44 章，第一卷主要谈及中国的疆域与行政区划，第二卷是有关中国的宗教，而在第三卷则集中探讨中国的历史与文化。门多萨虽然从未造访中国，他却整合了所有能够得到的资料，详细记叙了有关中国的赋税制度、教育制度、军事制度、法律制度、选举制度、监察制度以及中国人日常生活中的礼仪文化。

对于法律在中国的地位，门多萨的观点与他的前辈们并无差异。他指出，在中国，法律处于重要地位。在进行科举考试时，中国人总是推举和挑选那些"通晓国家法律的学生"成为"老爷"，因为"他们是以律法去统辖其他无论什么学科的，而且他们因此具有品德"。而在考核官僚时，被考核官员述职的对象是来自察院的"法官"，而被派去执行秘密考核任务的，也是叫做"巡阅使"的"其他法官"。考核中重要的评判标准之一就是该省发生的冤案，并检验官吏是否有违法事情。

门多萨非常推崇中国的教育制度。他认为中国人自上而下，全部关心教育。在民间，即使是普通的百姓，也会"适时地关心子女的教育，免得他们沉溺于恶性或者淫行"，而在每座城市，都有由政府支付费用的书院或学校。在这些学校中，教授"写、读和算，乃至学习自然或道德哲学，国家律法或其他奇特的科学"。学校的教师由国家配备，为此，"人人都学读写，哪怕再穷的人，因为不能读写的人在他们当中被当作不体面的"。这种学校是

---

① 参见张海林：《近代中外文化交流史》，38 页，南京，南京大学出版社，2003。

未来官吏的养成所。因为进入高等学校学习，是"取得老爷和绅士之名，或其他显职"的"最好的途径和最可靠的方法"。皇帝每年还要派遣监察人员监督这些教育机构的运作以及学员学习的状况，相较于16世纪欧洲一般民众的文盲状态，中国民众自然更胜一筹。他认为，正是这种全国上下普遍重视教育的观念，使得中国这样的一个大国"比其他小国的罪行要少"。

综上所述，在这些所有的资料中，中国都被描绘成一个法制先进、文化昌明的国家。由于大多数的作者都有在中国坐牢的经历或者有机会接触到有关中国司法状况的第一手资料，所以他们对中国法律制度和司法状况非常关注。他们虽不满于中国监狱的黑暗，但是却对中国的法律给予较高的评价。欧洲对中国充满了憧憬。正如皮莱士使团中的一位成员若望·达恩波利在1515年写下的一封信中所说：

……（中国）他们有强大的国家机构与法律，是我们很好的朋友。①

二、耶稣会士对中国传统法律文化的介绍与研究

在商人、使节和其他教会之后，进入中国的是耶稣会传教士。据统计，16世纪至18世纪在华活动过的耶稣会士共达九百多人，其中除一百余名是中国人外，其他都是外国人。入华耶稣会士来自葡萄牙、法国、意大利、西班牙等十多个欧洲国家和地区，其国际性十分明显。耶稣会士研究中国历史，绘制中国地图，参与中国外交，他们还深入中国各省研究民情民俗。他们在中国社会中的融入程度以及了解程度，是以往来华的任何外国人无法相比的。他们称得上是当时的"中国通"。而这些"中国通"，又长于著述、勤于写信，在近两个世纪中，有关中国的大量信息便通过其著述、书信或报道源源不断地传到了西方，西方人由此才开始真切地认识中国，西方的汉学也由此奠基。

耶稣会士的著作数量可观，这里选择其中最重要的四种略加介绍。

1. 李明的《中国近事报道》

李明是首批来华的5名法国耶稣会士之一，在中国逗留的时间不足五年。在这短短的数年中，他从宁波到北京，从北京到山西，再到西安，然后又去广州，长途旅行耗费了许多时间。在西安度过的两年是他在华期间唯一比较安定的时期。在这短暂的时间里，他无法像同伴那样学会汉语、阅读中文书籍，因而也就不可能对古老的中国文明有深入的认识。事实确实如此，《中国近事报道》一书，并非以学术水平见长，而是靠他对中国各个方面生动而具体的描述和通俗流畅的语言赢得读者喜爱。也许出于迎合读者口味的考虑，作者采用了当时十分流行的书信体，全书共14封长信，收信人都是实有其人的大人物。第一封信介绍暹罗（今泰国）—北京之行，对如何来到中国华帝国做了交代；第二封信谈皇帝召见及京师情况；第三、第四封信介绍中国城市、房屋建筑、气候、土地、运河、水道及物产；然后，进而言及中国人的国民特性、习惯、优缺点、语言、文字、道德及中国人的才智；后面几封信谈的则是更深层的问题，如政府和政治、中国人的宗教信仰、基督教在中国的立足和发展。

---

① ［意］白佐良、马西尼著，萧晓玲、白玉崑译：《意大利与中国》，76页，北京，商务印书馆，2002。

从总体上看，本书与其他耶稣会士的著作一样，对中国的基本态度是颂扬和钦慕。"除了狂妄自大外，应该承认中华民族还是具有突出的优点的：在处世之道上温文尔雅，处理事务上通情达理，有条不紊，热心公益，治理政府有正确见解，思维敏捷，但是老实说，在思维科学方面是平庸的，而在道德方面正直、可靠，他们始终保持非常符合理性的道德。百姓致力于在家中教育孩子；重视农业高于一切，极端勤奋，喜欢并十分精通商业。城市里的法官和行政官吏外表装得严肃庄重，饮食有节制，判案公正，这使他们受到全体百姓的尊重和爱戴。皇帝本人则把能使百姓幸福记在自己的光荣册上。他更把自己看成是一个大家庭中的父亲，而不是一个大国的君王。"①

这部书出版后的头几年里，多次再版，被译为英文、德文和意大利文。然而，1700 年巴黎索尔邦神学院的一纸禁令竟将其尘封了近三个世纪，直至 1990 年才再版。1990 年法文版序开篇即是：上帝创造了中国……

直到 18 世纪中叶，法国耶稣会士还是远东见闻几乎独一无二的介绍者。但是，他们的作品都是集体创作。而《中国近事报道》却是李明神父个人对中国的全面报道。他的风趣、他特有的毫不妥协，文笔的幽默和自然流畅都未经过任何文学上的包装。该书的真实性是它获得成功的首要条件，而借助这本书，欧洲人发现自己并不是世界上仅有的文明人，从而使欧洲人信念的支柱发生了动摇，直接有损于欧洲中心论，这是该书的真正意义所在。②

2.《耶稣会士书简集》

这是一部老幼咸宜、雅俗共赏、18 世纪关心中国的人无一不读的书。在某种意义上，不妨说它是一个资料库，任何论述中国或以中国为实例进行论述的人，几乎都能从这部书中找到所需的资料。有意思的是，这样一部集中国信息之大成的书，其先后几任主编竟没有一人到过中国。

《耶稣会士书简集》创刊于 1702 年，如果不是 1773 年耶稣会被迫解散，这套史料性的通信集还可能继续编下去。现有的这套 34 卷之巨的书，以通信的方式，将观察所得的中国政治制度、风俗习惯、历史地理、哲学、工商情况等详加报告，因而成为 18 世纪及至以后，许多中国学家和对中国文化感兴趣的人们的主要资料来源。既然此书的作者是耶稣会士，那么决定了此书在中国问题上的基调必然是颂扬。后人对此书褒贬兼而有之，但即使持批评态度的人也依然承认它的价值："虽然耶稣会士对印度和中国的阐释总体上是不正确的，但是这并不妨碍他们提供的信息在细节上翔实精确、引人入胜。"由此可见，《耶稣会士书简集》在帮助欧洲人认识和了解中国的方面，是任何别的著作无法相比的。③

其中，寄自中国的书简及有关中国的内容约占 6 卷（第 9 至 14 卷），大象出版社于 2001年以《耶稣会士中国书简集》为名单独翻译出版。

3. 杜赫德的《中华帝国全志》

杜赫德 18 岁（1692 年）入耶稣会，专事编纂。1709 年起继任《耶稣会士书简集》主

① ［法］李明著，郭强、龙云、李伟译：《中国近事报道》，122 页，郑州，大象出版社，2004。

② 参见许明龙：《欧洲 18 世纪"中国热"》，95～96 页，太原，山西教育出版社，1999；［法］李明著，郭强、龙云、李伟译：《中国近事报道》，译者说明，1 页，郑州，大象出版社，2004。

③ 参见许明龙：《欧洲 18 世纪"中国热"》，97～99 页，太原，山西教育出版社，1999。

编。在编辑《耶稣会士书简集》的过程中，无法利用在华耶稣会士提供的全部资料，让他感到十分可惜，于是萌发了将这些珍贵的资料集中起来另编一本书的念头。经过一番努力，此宏愿终于实现，这便是至今仍为人们津津乐道的《中华帝国全志》。作者共有27人，绝大多数为法国在华耶稣会士。全书共分4卷，总计超过3000页。第1卷记中国各地地理，并包含从夏至清二十三朝的历史大事记。第2卷论政治经济，并述中国经书和教育。第3卷述宗教、道德、医药、博物等，并转录法籍耶稣会士马若瑟所译元剧《赵氏孤儿》。第4卷记述满洲、蒙古，并涉及西藏、朝鲜的研究。该书于1735年在巴黎出版，次年便在西班牙推出第2版。不久，英、德、俄印本先后面世，影响极大，有"西洋中国学之金字塔……真正可以夸耀于世的纪念碑"之称。①

这样一部大书，其内容很难用几句话加以概括。笼统地说，它是当时欧洲人的中国知识总汇，包括地理、历史、政治、宗教、经济、民俗、特产、教育、语文、文学等。不同身份、不同观点的人都可以从中找到自己所需的资料。启蒙思想家从中得到的启示是：一个良好的社会无须以基督教作为基石。哲学家完全可以依据此书作出如下推断：中国人伦理道德的根基是经验而不是教条。主张开明专制的人从中看到了贤明的君主和几乎完美的监察制度。重农主义者从中找到了以农业为立国之本的例证。② 从总体上看，这是一部质量较高的百科全书式的有关中国的著作。③

4.《北京耶稣会士中国论集》

又译为《中国丛刊》，即《北京教士所写的关于中国人的历史、科学、艺术和风俗习惯的札记丛刊》。这是一套大型出版物，共17集，每集500多页，从出版第1集的1776年到第17集的1814年，前后经历了38年，时间长，且其间还发生了惊天动地的法国大革命，这样的连续出版物在世界书籍史上也为数不多。该《论集》不再像《耶稣会士书简集》和《中华帝国全志》那样对中国做全景式的介绍，而是对一些问题作专题性的研究。全书重点研究的是当时欧洲人最关心的三个问题：中国人是不是埃及人的后裔；中国古代史的真实性；中国文字是否起源于埃及象形文字。

---

① 参见忻剑飞：《世界的中国观》，127页，上海，学林出版社，1991。

② 参见许明龙：《欧洲18世纪"中国热"》，99～100页，太原，山西教育出版社，1999。

③ 《中华帝国全志》于1735年以对开四卷本出版，附有石版画、插图、地图和献给路易十五的题词。杜赫德的这部书获得了非同凡响的成功。仅仅几年的工夫，法文本出版了三次，英文本出版了两次，并有一个德译本和一个俄译本，非比寻常。这部著作成功的原因之一是它的科学价值。直到今天，杜赫德的这部著作仍值得参考。不求助于这部著作，人们就很难体地谈论中国。因此，加尔加松断言："这部著作概括了许多传教士研究成果的宏伟巨著，既不是颂扬，也不是挖苦，而是一部至今仍值得权威鉴赏家高度评价的科学著作。"转引自阎宗临：《传教士与法国早期文学》，57页，郑州，大象出版社，2003。《中华帝国全志》成了一部了解中国头等重要的著作。对于传教士之间的争论，杜赫德宣称保持绝对中立的态度。他罕见而渊博的学识，使他在未来到中国的情况下，就赢得了一个真正"历史学家"的称号。1733年，《中华帝国全志》的内容简介中写道："迄今为止，人们发现的关于中国的知识是十分不完善的，而且这些东西，与其说是唤醒公众的探索精神，不如说是投其所好。正是由于这种原因，杜赫德神父采用多年的不懈的工作来致力于对这个大帝国的描述。"转引自阎宗临：《传教士与法国早期文学》，57、59页，郑州，大象出版社，2003。

随着耶稣会士有关中国的大量书简持续地在法国公开出版①，中国的形象变得日益清晰、强大起来。

（一）孔子在治理国家中所占的位置无人能比

孔子是中国文学的主要光辉所在，"是他们理论最清纯的源泉，他们的哲学，他们的立法者，他们的权威人物。尽管孔子从未当过皇帝，却可以说他一生中曾经统治了中国大部分疆土，而死后，以他生前宣扬的箴言，以及他所作出的光辉榜样，他在治理国家中所占的位置谁也无法胜过他，他依然是君子中的典范"②。全国上下敬他为圣人，并鼓励后人对他的崇敬之情，这种感情显然将与世长存。国君们在他死后在各地为他建立庙宇，学者们定时前去致以政治的敬意。在许多地方可见大字书写的荣誉称号：致大师，致第一学者，致圣人，致皇帝和国君之师。"然而，非常不同寻常的是，中国人从来没有把他造成一座神，而他们却曾给予那么多不如他有名望的官吏以神的品质，或正像他们所说的，是一些十足的神明。似乎上天让他到世上来移风易俗，并不想使这样循规蹈矩的人死后给人们提供从事迷信活动或进行偶像崇拜的机会。"③ 在中国的不少地方至今保存着一些把孔子真实介绍给后人的古迹。

孔子在他的著作中所传播的，或由他的弟子精心整理的道德箴言，是他颇为自命不凡的内心的写照。要想把这些箴言全部介绍出来，可能需要写上一厚册书。下面的这些道德箴言只能算作其中的一部分。

1. 美丽的外貌并非贤人所企求。

孔子去见一省的国君，看见他正和他的宠臣，一位相貌堂堂的爵爷在一起。王公一见他进来，就笑着对他说：如果人的面孔可以改变，我很乐意把这位年轻廷臣的全部美貌赏赐于你。

哲学家回答道：陛下，此非我所欲也；人的外貌对公众的利益用途实在不大。

王公又问：汝所欲者，究竟为何物？

他说：王爷，我所欲者，乃陛下所有大臣均有如此完美匀称的身材，以增政府之美，并防止国体变形。

2. 要想完美，必先克己。

当孔子得知母亲过世的消息，立即回到鲁国以尽最后的孝道。他痛哭失声，整整三天水米未进。这可能有些过分。然而，这个国家的一位哲学家却认为这并不够。

他对孔子说：我的双亲去世时，我七天七夜未进米水；您是一位圣人的嫡孙，众人

① 据日本学者藤木雄称，欧洲18世纪关于中国的"三大名著"是《耶稣会士书简集》（又称通信集）、《中华帝国全志》和《中国丛刊》（《北京耶稣会士中国论集》）。这三大名著一为原始资料，一为观察和介绍，一为学术论著，正好是一个历史和逻辑的统一，并且与18世纪欧洲学术史上研究范围日益宽广、比较方法渐受重视等趋势相吻合。"三大名著"的主编者都未到过中国。要论在中国法籍传教士的论著多不胜举，其中一本历史书和一本地理书不可不提，这就是冯秉正（1669—1748）的《中国通史》（12卷）和丹维尔的《中华新图》。这一本历史书和一本地理书，已经在西方中国学史上留下了不可磨灭的功业。一直到20世纪前叶，国外还没有真正能全面超出它们的同类著作。对于18世纪的国外中国学和中国文化研究而言，这两部巨著的影响更大，几乎可以与"三大名著"媲美。参见忻剑飞：《世界的中国观》，128、130页，上海，学林出版社，1991。
② ［法］李明著，郭强、龙云、李伟译：《中国近事报道》，177页，郑州，大象出版社，2004。
③ ［法］李明著，郭强、龙云、李伟译：《中国近事报道》，182页，郑州，大象出版社，2004。

的眼睛看着您，为了向您学习，而您却仅仅三天时间节制饮食。

孔子回答道：礼节自有古人制定以约束不得体的人和激励卑怯的人。如果我们不愿犯错误，我们就应该依礼行事。难道智慧和贤人不正是存在于这确确实实的平庸中吗？为了永远不出格，请记住，美德绝不是过分，完美有其局限。

3. 人应该经常改变，如果他想永远是智者。

一天，一位有身份的人对孔子说：您的祖先从未对大人物失礼过，然而，他的学说，尽管圣洁，却并没有时兴过。您怎么认为您的学说一定会被人遵照，您严肃得拒人千里，有时甚至表现得傲慢自大，这不是能受到王公朝廷欢迎的方式。

孔子答道：各个朝代有其不同的礼仪。我祖先的时代，王公和臣子都很有礼貌；人们热爱有序的生活，每个人各据其位；为了打动他们的心，必须有礼貌，并像他们一样处理问题；如今，人们只崇尚勇气和骄傲，王公们竭力鼓励他们要勇敢，要有自豪感。必须随着世事的变化而变化，以便征服世界。如果一个智者像古人一样行事，那他就不再是一个智者。

4. 王国里的大人物并非总是国家最伟大的人。

孔子来到一个国君的宫中，他受到极高的礼遇。国王在宫中接待他，在宫中让他住宿，亲自陪他参观王宫，而后他对孔子说：您来我的国家不会是无所事事吧。看上去，您打算为我做些好事。

孔子答道：陛下，我是一个相当没用的人；但我承认，如果陛下您乐于按照我的建议去做，您会有所受益的。我打算向陛下推荐几个智者以承担国家的主要职务。

国王欣然说：好，那么是哪些人呢？

孔子回答：陛下，李安，一个农民的儿子，这是一个您可以信得过的人。

国王大笑起来，说：怎么？农民？我朝廷里的职位还不够给我的王公贵族分配呢，您怎么竟然建议我任命一个农民做我的手下？

哲学家平静地回答道：美德属于任何出身的人；而且一般说它更与出身平庸的人有缘。我们王朝中有两个公国是由农民建立的，一个这样的人治理您的公国又有何不可呢？请相信我，陛下，贵族们向您输送了相当多的佞臣，您就忍受下层给您提供一个智者吧。您觉得您已没有足够的职位以安排周围的王公贵胄；如果美德是唯一应得到补偿的，您就会在您的宫中找到更多的职务，而不会人浮于事；那时，您会被迫召唤农民承担这些职务。当王公贵胄向国家提供不出伟大的人物，就必须从百姓中广纳伟大的人，让他们成为朝臣的主体。

5. 瑕不掩瑜。

一天，孔子建议魏王起用某知名武将统领他的军队；但是，魏王借故拒绝，说此人还是一名小官时曾拿了农民两个鸡蛋。他说：滥用职权的人是不配指挥军队的。

孔子答道：陛下，您作为一国之王有这种公正之心令人敬佩；但是，这个武将的稳重同样值得赞赏，他不过是偷过两个鸡蛋。一个人一生中只有这么小的过失表明在他的身上有突出的优点。一个机智的国王任用他的臣民，正如一个木匠利用木头盖房子，木匠不会因一根栋梁之材有小小的斑点而弃之不用，只要它相当结实足以支撑大厦；我也建议陛下，不要因两个鸡蛋的丢失就放弃一位伟大的统帅，他可能为您征服两个王国。

6. 太有思想的国王，或总是头一个说出自己想法的国王，是听不见任何建议的。

一天，孔子参与一位魏王召集的国务会议，会上魏王极富见解地纵论天下大事，大臣们为他鼓掌欢呼，并赞同他的全部观点。后来魏王对孔子说：对上次会上商议的主张，你意下如何？

哲学家对他说：陛下，我还未发现此事进行过讨论。您的大臣们致力于讨好您机智的论断，非常忠实地重复着您的话；他们说的是您的想法而非他们自己的想法；当您宣布休会时，我正等着您展开讨论呢。

几天后，这同一位国王征求他对当今政府的意见。孔子回答道：没有人说坏话。

国王说：这正是我所希望的。

孔子又说：陛下，这不应该是您期望的。一个命在旦夕的病人，人们还反过来夸他身体健壮，已是离死不远了。必须使人们像对病人坦率指出他身体上的病症那样，对国王说出他的缺点不足。

7. 智者超越别人许多，因为直路总是最短的路。而坏的政治家费时很多才能达到他的目的，因为他总是放着正道不走走邪道，放着大道不走绕远走小道。

一天，魏王向孔子坦承没有什么比掌握智慧更美好的事了；但是，获取智慧的困难使最勇敢的人望而却步，并使最有决心的人迷失方向。他又说：对我而言，获取智慧是徒费工夫；我决心不再这么折磨自己；对于好政府所必要的智慧，只需来点政治手段就可弥补了。

孔子回答道：陛下，智慧的确高不可及，但攀登之路并非想象中那么难以行走，随着你的前进，道路会逐渐变得平坦；而当你达到顶点后，你就没有后退之路，否则你就要冒落下悬崖的危险。因此，一个智者也不能停滞不前，除非他以某种方式强迫自己不再前进。但是，您是否认为，当一国之君靠采取过分诡诈的政治迂回手段使其政府运转就没有困难了呢？您想没想过所有绞尽脑汁去办的事都阻碍智力的发展，妨碍摆脱种种困境的手段的识别呢？人们往往怀着恐惧进入迷宫，因为担心会迷失其中；而当人们终于走出迷宫时，往往是在经历了无数错误和疏忽误解造成的精神上的困扰和不安之后。您尽可以采取您喜欢的主张。至于我，陛下，我确信，在老百姓拥戴的政府里，牢固永恒的道德比最精到的政治更有发展前途。

8. 想要最佳状况的人并不总是追求完美，但求其悠然自得。您是否愿意加入在这一群人中？请牢记，过一种新的生活，不是别的什么，不过是从一个痛苦走进另一个痛苦而已。

受到孔子生活方式的感动，皇太子感到内心深处第一次产生了对智慧的追求，这是通常当年轻人尚未受到世人待人接物的坏影响时，在好的教育与好榜样的引导下产生的追求。于是，他去求教于孔子说，他决心放弃一切，成为他的弟子。他又说：因为我终于深感在我的出身使我注定过的生活中，有着众多的悲伤要去经受，而非您那样的生活，在我看来您的生活充满了平和。

孔子回答道：既然您在我的境遇中寻找的是平和，我建议您不要投入这种生活。常常越是逃避苦难，越是会遭遇苦难。上天启示我安于我自己的生活，却使您生为人君来统治国家。切莫追求平静宁和的生活；相反，如果您不愿失去您的国家，那么，就向您的敌人进行一场正义的战争；如果您不想堕落，就要以更大的勇气与自己的种种欲念以及对安逸生活的贪恋作斗争。

9. 勤奋的人，想做一切事情的人，懂得把许多事情放在以后去做。

一天，孔子的儿子对他说：我专心认真学习百书，一门也不放过，以使自己才思敏捷，为什么我进步不大？

聪明的父亲回答道：若能放弃一些，你会有长足进步。你可曾见长途徒步跋涉的人有谁会跑步前行吗？一切事均须循序渐进，仅拥抱你的臂长所及的一切，否则，你就会白费力气。圣人们皆是首先着手最容易的事；成功给予他们勇气和力量再去从事艰难的事；渐渐他们就成了完人。像你这样的人总想一天之内完成所有的事情，结果令一生一事无成；相反，专心致力于一件事的人最终发现他们完成了所有的事。

10. 智者在道德的修炼道路上行进迟缓，坏人在变坏的道路上却走得飞快，这是没什么可奇怪的。情感引诱人，智慧引导人。

孔子的一位朋友抱怨自己道德修行进步太慢。他说：多少年来我努力模仿古代圣人的榜样，可是，我至今依然很不完美。可哪怕我稍一留意坏人的样子，用不了多久，我就会很像一个坏人。为何修身追求完美不如耽于邪恶那么容易？

孔子说：这不足为奇。道德身在高处，而邪恶却是最低下的。要登高，就要费力花时间，而掉下悬崖不过是霎时间的事。然而，我请你不要受这表面上的容易所欺骗。决心向恶的确比决心向善要容易得多；但是，既然事后总是后悔莫及，说明做好事比坚持做恶事还是容易些。

11. 真正的高贵不在于血缘，而在于功绩；当德行阻止我们像别人一样在地上爬行时，我们是属于十分高贵的等级。

看见一个人手中拿着一条鱼，孔子叹息了一声，对问他为何叹息的人，他说：这条鱼本可以轻而易举地保住自己的性命，为了贪恋那骗人的诱饵，却送了命。缺乏理性是它贪婪的借口，但道德比生命更要可贵得多，君子无德会让世上的财富和虚荣的钓饵所俘虏，这难道是可以原谅的吗？如果你了解你的追求，你可以取道别路去获得它。你想发财，不可取之于他人。你想变得高贵，那么就要蔑视一切，甚至蔑视别人可能对你表示的轻视。当谣言和辱骂都不能损害一个人时，这个人就是一个在其他人之上的很有修养的人。

12. 在我们所处的情况下，坚持向善并不意味着不失败，而在于每次失败之后都能重新振作起来。

一天，孔子正在教化的几个官吏对他说：您已经到达道德顶峰，您是最幸运的，您很长时间都不再犯错误了。而我们，无论怎样努力想要成为善良的人，却没有一天不犯上几个大错。

孔子回答他们道：尽管一切错误皆应受到责备，但你们并不像想象的因为犯了很多错而不幸。你们的生活和我一样，都是一段长长的旅途，道路是艰难的，而且我们被情感压得奄奄一息的理性只为我们提供了很少一点点光线指引我们；这难保不偶尔失足跌进黑暗中去。当你重新站起时，旅行被跌倒耽搁了，但并未结束。对我们说，像坏人那样只摔一次跤将会是极大的不幸，因为碰上的第一座悬崖峭壁就会使他们再也爬不起来；但是，好人还要继续前进，所以会经常摔跤。

13. 没有人不是掩饰了自己一半的缺点；然而，尽管他为此而沾沾自喜，如果把只给自己看的自我展示在别人的眼前，他也会脸红的。

一天，有人在众人面前抱怨说，大自然给人以眼睛，使他可以发现人体的美，却不给他能透视人的思想，揭示内心秘密的眼睛。因此，人们常说在世上善与恶是交错并存的。

孔子对他们说：如果没有这一层遮挡以掩盖我们的弱点，你们和我一样会感到异常尴尬。我们从中获益之大超过你们的想象，我确信哲学家暴露他的弱点比坏人暴露他的邪恶受的损害更大。

14. 永远不要对人谈论自己，不自夸，因为他们不会相信你有那么好；也切莫自责，因为人们已经认为你要比你想说出来的坏得多。

于是，一天，他对喜欢随时自责的弟子们说了这番话；并补充道：当人们责备自己时，承认自己的缺点，这是虚心；向朋友暴露自己的缺点，这是坦率，是信任；自己检讨自己的缺点，这是谦虚。但是，如果不注意，用以去向大家劝诫，那就是傲慢。①

通过对孔子道德观的举例说明，可以得出结论：理性随时随处可见。

我有一个想法，如果我也有时间把我们的哲学家的箴言编辑成集的话，可能人们会发现孔子具备可以与我们古代的贤人并列的一切必要的条件……中国奉孔子为大师和博学者是对他的功绩的正确估价。②

（二）中国的政府形式是至善至美的政治经典之作

在古代形成的各种政府思想中，可能没有比中国的君主制更完美无瑕的了。这个强大帝国的创立者当初倡导的君主制跟今天几乎一模一样。根据世界上事物消长的正常规律，其他帝国在幼年时期都是根基薄弱、极不完善的，跟人类一样需要经过各种年龄段才能臻于完美。中国似乎并没有受普遍规律的约束，好像上帝就是她的缔造者，虽然经历了四千多年的风雨，当初的政府与目前相比具有同样的威力。③

当时中国人虽然远离了共和政府，但更反对暴政，说暴政的根源在于君主犯下的天理王法所不允许的出轨逾矩行为，而不在于绝对权力本身，因为君主并不能过分地为所欲为。中国人相信，君主不能滥施权力的信条足以让他们安身立命，而不是横遭毁灭；同时适度地克制自己的激情，也并不有损堂堂天子在人间的权力，因为他原本就不能肆意妄为。

"法律既赋予了皇帝至高无上的权力，也要求他在行使权力过程中要温和适度，这是长此以来支撑中国君主制广厦的两大支柱。"④

---

① ［法］李明著，郭强、龙云、李伟译：《中国近事报道》，182～191 页，郑州，大象出版社，2004。
② ［法］李明著，郭强、龙云、李伟译：《中国近事报道》，191 页，郑州，大象出版社，2004。
③ ［法］李明著，郭强、龙云、李伟译：《中国近事报道》，217～218 页，郑州，大象出版社，2004。
④ ［法］李明著，郭强、龙云、李伟译：《中国近事报道》，218 页，郑州，大象出版社，2004。

中国人民的首要情感便是对君主的尊敬，几乎达到了崇拜的程度。皇帝被称为天子或人主，他的诏令是金科玉律，他的话语是金玉良言，他的一切都超凡入圣。每个人都想讨好皇上，这样便产生了深深的忠君情绪。皇上一旦登基御宇，便大权独揽，所有子民的命运都由他裁决。(1) 掌握着举国官员的升迁任免，可以自己做主给宠幸者封官授爵，因为他根本不会去兜售官职。皇帝不但选拔官吏，当对臣僚的政绩品行不满意时，还可以随意撤换革职。① (2) 尽管每个人掌握着一定财物，可以安享自己的土地，但如果皇帝觉得国家急需，便可以增派贡赋。② (3) 皇帝可以自由宣战、停战，或在保持帝国尊容的前提下按自己满意的条件缔约。这些特殊决定是言之不渝的，各部及督抚接旨后将立即记录颁行，即刻生效。(4) 皇帝有从皇室成员或臣民中选择继位人的权力。(5) 历代皇帝的绝对权力并不仅仅限于现世，他可以像对待生者一样给死者以追封和贬谪，从而褒扬或惩治他们的后人或家庭。(6) 他可以废除旧文字，创立新文字；可以变更行省、府道和家族称谓；可以下令在谈话、作文、著书时避哪些讳，用什么词。③ 这一点表面上看无足轻重，但同样昭示了皇帝至高无上的权力。

这种至高的权力在统治中似乎也会产生一定的恶果。因此，中国法律制定了许多对策，预防措施曲尽其妙，如果皇帝贪功好利或巡幸游乐，他根本不可能长期颐指气使。如果要考虑自己的声誉，三方面的原因可以使皇帝平心静气、无欲少念：

"首先，古代的立法者从君主制建立伊始就确立了仁治的原则：好的统治者应该是子民的衣食父母，而不应当是高居宝座受奴仆供养的主子。"④ 因此，自古以来皇帝又被称为大父，在所有的称号中，这是他最乐于接受的。这种思想在庶民百姓和文官百姓的脑子里根深蒂固。只有皇帝爱民如子，人们才会对他歌功颂德。中国的哲人学士们不厌其烦地写道，国即是家，能齐家者方能治国。中国皇帝在实际中背离了这一古训，即使他能征善战、治国有方、博学多才，也得不到臣民的景仰，那些东西实际上一文不值。衣食父母的品性丧失了，皇帝的声誉也将随之黯然失色；如果发扬光大了，声名也就会如日中天。

"其次，每一位大臣都可以指陈皇上的过失，但必须言行谨慎，举止谦恭。"⑤ 具体方式如下：就皇上治国方略进谏的官员先草拟一份奏折，向陛下深表敬意后，再委婉地请求他反省一下先王们的旧制和事例，最后指出皇上在什么地方出规逾矩了。这种奏折与其他日常奏章一样都上呈御案，皇上必须过目。如果皇上照旧我行我素，心忧天下、刚直无畏的大臣还

---

① 官吏们的一个小小闪失，便足以让他们身败名裂。据说，某知府因为有一天在接见治下百姓后得意忘形而丢了官。皇帝认为这种德性的人不配为官，更不配代行皇权。有三位阁老（相当于国家部长）在任上中饱私囊，最后事情败露，皇上知道后立即查抄了他们的财产，并迫令其辞职。类似的处理在欧洲可能引起人心动荡、举国混乱。而中国人却轻松地默认了，只要皇帝顺乎民意，而不是发泄个人恩怨和好恶，就绝对万无一失。另外，只要皇帝德行端康，人们更不至于怀恨在心。参见［法］李明著，郭强、龙云、李伟译：《中国近事报道》，219～220 页，郑州，大象出版社，2004。

② 然而，皇帝很少行使这一权力，因为对外作战时法定赋税尚比较充裕，如果是内战的话，沉重的赋税则会更加激怒老百姓。甚至还有皇帝每年给一两个省份减免赋税的传统，尤其是那些遭受灾害、疫情和歉收的省份。参见［法］李明著，郭强、龙云、李伟译：《中国近事报道》，221 页，郑州，大象出版社，2004。

③ 参见［法］李明著，郭强、龙云、李伟译：《中国近事报道》，223 页，郑州，大象出版社，2004。

④ ［法］李明著，郭强、龙云、李伟译：《中国近事报道》，223 页，郑州，大象出版社，2004。

⑤ ［法］李明著，郭强、龙云、李伟译：《中国近事报道》，223 页，郑州，大象出版社，2004。

会不时地旧事重提。①

"第三，如果皇上贪图功名，撰写实录却是惟一可以约束他们的办法。"② 那些被选拔的博学之士不偏不倚，要仔细地记下皇帝的一言一行，他们各司其职，用活页纸将事情逐一记录后投进一个留有小孔的柜子，而绝不能到处张扬，善恶好坏一律如实记载："某日，皇上龙颜大怒，言辞欠雅，有失体统。他一时冲动，不顾律例，惩办了某官员。他未能秉公执法，推翻了刑部的判决。"或者是："为了保护子民的身家性命和帝国的尊容威名，他发动了战争，赢得了和平，这是对子民的护佑。尽管一片阿谀奉承之声，圣上依旧谦逊平和，言辞得当，深得满朝文武交口称赞。"诸凡治下的活动都登记在册。皇帝在世期间抑或该皇室执掌江山社稷期间，这个柜子永远也不会打开，以免他们担惊受怕或者被寄予厚望。通常江山易手之后，人们才将这些特殊的备忘材料收集起来，比较酌定，钩沉史实，编纂皇帝实录。如其治国有道，则将作为楷模以资后世借鉴；如果是混世魔王，则将供万人唾骂。如果君王希望光前裕后，如果他懂得谄媚之徒的阿谀顺旨并不能强加于老百姓的话，他在位期间就会躬行有节了。

实际利益有时比虚名更能打动人心，同样也促使皇帝谨守良好的习惯并遵从法令。在中国，皇帝要想违反法律就有可能减损他的权力，要想推行新法律就有可能使整个国家面临造反的危险。"因此，皇帝要想坐稳江山就只得奉守法律，四千余年的历史正好证明了法律的长处。"③ 法律对普通政府形式作出了一般规定。皇帝有两个内阁，一是由亲王组成的议政王大臣会议，一是由称为阁老的朝廷大臣组成的普通内阁。他们负责处理重大事务，草拟奏章，接承圣谕。此外，在北京还设有分工各异的六部（吏部、户部、礼部、兵部、刑部、工部），其权力延伸到全国的各大行省。皇帝既担心他们权力过大而削弱了皇权，又担心他们对国家图谋不轨，便采取了如下防范措施：（1）对他们进行了分权，使之彼此约束、相互制衡。④（2）委派一名官员到各部监督日常事务。⑤（3）巡抚的权力可能受到身边其他高官们

---

① 钦天监的一位官员斗胆向皇上作了类似的进谏，说教育皇子时人们不是让他读书识字而成为饱学之士，而仅仅满足于让他习武射箭、操练兵器、身手矫健。另一位官员也提醒皇上，说他频繁出宫且在鞑靼地界盘桓过久，有悖先王习俗。该君王最自命不凡，也最有作为，他似乎虚怀若谷地接受了这些意见。但是鞑靼之旅能达到强身健体的目的，亲王们都请皇上不要在乎那位大臣的荒诞无稽的主意。那位奢谈皇子教育问题的数学家被革了职，同僚们尽管毫不相干，也被罚俸一年。这样的事情自古始然。历史表明，尽管大臣们这样进谏极其危险，但如果皇帝背离自己的职守，要让他重归正道也没有更有效的法子了。参见［法］李明：《中国近事报道》，223～224 页，郑州，大象出版社，2004。

② ［法］李明著，郭强、龙云、李伟译：《中国近事报道》，224 页，郑州，大象出版社，2004。

③ ［法］李明著，郭强、龙云、李伟译：《中国近事报道》，224 页，郑州，大象出版社，2004。

④ 有战事的时候，兵丁的数目、将官的任免、军队的行进由兵部负责，而军饷的支付却隶属于户部的职能范围。因而，国家大事一般都与好些名官员有关，有时还牵涉到所有的官员。参见［法］李明著，郭强、龙云、李伟译：《中国近事报道》，226 页，郑州，大象出版社，2004。

⑤ 该官员不属于各部编制，但他要参加各种朝会，人们得向他汇报政务。这完全相当于西方人所说的巡视员。他既可以暗中给六部提出警告，也可以公开指陈官员们在政务和私生活中犯下的过失。他审视官员们的行为举止、言语辞令、礼仪风范，可谓明察秋毫。据说，为了不至于让他们姑息养奸，就让其始终担任同一官职，这样便不会因偏袒庇护某人而官运亨通，也不用担心直言指陈而遭到报复，祸从天降。这些官员被称为阁吏，连亲王也畏之三分。有一位当朝显宦修建的府邸超过了规定，一听说谏官要弹劾他，就主动拆毁了屋宇。参见［法］李明著，郭强、龙云、李伟译：《中国近事报道》，226 页，郑州，大象出版社，2004。

的左右，当他们认为要为国家利益着想时便可以弹劾巡抚。[①] （4）督抚必须不定期地向朝廷上奏折，态度诚恳、恭恭敬敬地检讨自己明里暗里在工作中犯下的错误。[②] （5）法律允许官员按照法定程序处理官司。（6）邸报有助于教会官员更好地治理百姓。[③]

为了让人有一个整体概念，耶稣会士举出三件事例加以说明：

> 这些既是他们社会安定的法宝，又是政府统治的灵魂：第一是向所有子民灌输的道德指南；第二是人们在方方面面已确立的治平法则；第三是人们奉行或被迫奉行的纯政治箴言。[④]

"第一项道德准则关系到千家万户，它教导子女们要爱护、孝敬、尊重父母，不论子女受了什么虐待，不管子女地位有多高、年龄有多大，都不得悖行这一准则。"父母根本不用要求子女来屈服顺从，子女也必须终生赡养父母，死后还要没完没了地哭灵。子女对父母的葬礼安排的场面隆重、花销巨大，他们还要定期到墓地前去哭拜。在家中也虔诚地保存着父母亲的画像，时常洒泪拜祭，宛如父母依然健在一般。君王在孝道上也照行不误。[⑤]

"第二条道德准则要求人们习惯于将官员们看作皇帝的代理人。"为了得到民众的尊敬，官员们抛头露面时总是仪仗威严、神态庄重，让人敬畏。他们乘的是华丽美观的敞篷大轿，

---

① 但更让巡抚小心、在意的是，老百姓有权直接向皇帝抱怨官员的不是之处，当他们遭受虐待压迫的时候，还可以请求撤换巡抚。对于巡抚来说，行省内任何起义暴动都难脱其咎，如果起义持续三天的话，他就得主动请罪。法律有规定，百姓不能安居乐业是他的过错，因为他是一省之长。他应该规范下属官吏的品行，以免百姓受苦受难。参见［法］李明著，郭强、龙云、李伟译：《中国近事报道》，227 页，郑州，大象出版社，2004。

② 这种办法使得巡抚们兢兢业业、恪尽职守，不知道是否有哪一个共和国抑或哪位严厉的立法者曾经采用过类似办法。这种办法中包含的尴尬是难以想象的，一方面检讨自己的过失本来就十分恼火，因为即便皇上从轻处罚，却也从不饶恕每一个错误；另一方面隐瞒实情更加罪在不赦，如果御史的密奏上已经记录在案，官员们任何细小的遗漏都可能使他们丢掉性命。因此，要么实话实说，要么花钱赎罪。在中国金钱有赎罪的作用，可对一位中国人来说，这种补救措施也并不轻巧。因而，单单对这种惩处的畏惧心理也就让人们格外谨慎了，有时还身不由己地去修炼德行。参见［法］李明著，郭强、龙云、李伟译：《中国近事报道》，228 页，郑州，大象出版社，2004。

③ 在欧洲，有些地方此类报告充塞了无稽之谈、恶言中伤、造谣诬蔑，而中国的邸报只登与皇上有关的事情。由于中国实行很完善的君主制，全国各地事无巨细都要向皇上汇报，这种邸报在指导各地官员履行他们的职责、告诫文人和老百姓方面能起很大的作用。比如说，在邸报上可以看到被撤职的官员名单及撤职缘由：某人在征收皇赋上疏忽职守，或挥霍浪费了皇赋；某人在承办罪犯时，太姑息了或者太严厉了；某人贪污，某人才疏学浅、不善治政。如果某个官员得到了高升，或者被降了职，或者因为某个错误被取消了皇上给的年俸，邸报上马上就登了出来……在邸报上还可以看到顶替被革职官员们的官员的姓名，被革职官员的姓名、机关及其罪名，以及皇帝的批复；某个省遭灾了，当地官员的赈灾情况，或按皇帝指令赈灾的情况；军饷发放，或应公众需要的耗费，公用事业费用；对王爷们赏赐的账目，大臣们和各部门就皇帝的言行及决定所作的进谏。邸报上记载了皇上为了提醒老百姓热爱劳动、重视耕作而亲自耕地的日子。中国人说："他是治理国家的皇帝，大家为之牺牲的权威，教育人民的导师。"在邸报上还可读到皇上对某个官员的褒扬或斥责。比如说："某个官员名声不好，如果他自己不纠正的话，朕就惩治他。"参见［法］杜赫德编：《耶稣会士中国书简集》，第 3 卷，190～192 页，郑州，大象出版社，2001。在《中国人、日本人、印度人、波斯人、土耳其人和俄罗斯人近代史》（1754 年～1778 年间出版）一书中，叙述了"每天都在北京印刷的一种定期杂志"，它刊登有关国家政府内部的所有新闻，特别是官吏们施政好坏的通报。这份杂志尤为令人钦佩的是于其中撒谎者必被处死。参见［法］安田朴著，耿昇译：《中国文化西传欧洲史》，810 页，北京，商务印书馆，2000。

④ ［法］李明著，郭强、龙云、李伟译：《中国近事报道》，229 页，郑州，大象出版社，2004。

⑤ 参见［法］李明著，郭强、龙云、李伟译：《中国近事报道》，229 页，郑州，大象出版社，2004。

前面有差役开路，周围簇拥着显示其身份地位的标志。小民们见了官都要停下步来，分列左右让其通行。上堂告状申冤时，当事双方都只能跪着；官员有权随时杖责小民，所以小民走近他们时总是战战兢兢的。① "子女对父母谦恭孝顺，百姓对官员敬畏尊崇，这样便维持了家庭的安宁和城市的稳定……这样一个人口众多的大国能够秩序井然，主要得益于上述两点。"②

"第三条道德准则是教化民众，要谨守礼仪，为人谦逊，彬彬有礼，要让人觉得和善可亲。"中国人说，这才是人与禽兽、中国人与外方人的区别所在。在中国人看来，有些民族野蛮凶残的秉性对国家祸患无穷。在家庭纠纷中产生这种心理，则将丧失伦理、长幼无序，既糊涂可笑也容易滋生事端。中国人非但互不猜忌防范，而且知道隐忍、掩藏和克制自己的仇恨心理，小心翼翼地遵守着由年龄、身份和功勋确立起来的等级关系，他们喜欢等级秩序，从不莽莽撞撞地摒弃自己的义务。"国家出于政治考虑……对打招呼、见客人、赴宴席和写书信都作了规定。"③

总之，"子女要孝敬父母；臣民要尊敬皇帝和官员；为人要谦谦有礼，光明磊落。这三条道德准则十分有效，因为它得到了一种明智且受拥戴的政治支持。"④

最能反映中国政治贤明的东西是政治准则。中国人的政治箴言主要有十条：（1）绝不让官员在本省做官。⑤（2）管辖各省的督抚等达官显宦必须将子弟送到宫中。⑥（3）皇帝乐意任命的钦差有权审理任何一个人，即使犯人官高位显也不能违抗。⑦（4）不卖官鬻爵，而是

---

① 过去当一位官员出行时，所过村庄的所有居民都要成群列队前去欢迎，为他效劳，庄重地护送他到达其他地界。现在，当一位深得民心的官员离任时，人们仍然会对他感恩戴德，连感情迟钝的人也会动情。一到离任的日子，几乎所有的居民都聚集到大路上，从他要经过的城门直至两三里外一字儿渐次排开，沿途摆满了漆得明亮鉴人的桌子，上面放着果点、美酒和香茗。不管他愿不愿意，经过时人们都极力邀请他入席就座，提箸举杯。这里送了客，旁边又接着，人们欢呼雀跃，仪式要持续一整天时间。有趣的是，大家都想得到他的一点东西留作纪念，有拿靴子的，有拿帽子的，有拿擎披的；人们也送他一些礼物作为回报，他还没走出人群，可能就已经收到三十双花色不同的靴子了。人们称他为恩人、救星、父母官，人们会为他的死而悲伤哭泣。如果某位官员冷酷无情，人们是不会轻易掉泪的，因为哭是爱的极好体现，人们是不会强迫自己那样做的。若大家对官吏心怀怨恨，在他离任时，人们也就一副无所谓的样子，就像与不相干的人的生离死别那样。参见 [法] 李明著，郭强、龙云、李伟译：《中国近事报道》，232～233 页，郑州，大象出版社，2004。

② [法] 李明著，郭强、龙云、李伟译：《中国近事报道》，233 页，郑州，大象出版社，2004。

③ [法] 李明著，郭强、龙云、李伟译：《中国近事报道》，233 页，郑州，大象出版社，2004。具体礼节要求参见该书第 233～236 页。

④ [法] 李明著，郭强、龙云、李伟译：《中国近事报道》，237 页，郑州，大象出版社，2004。

⑤ 这是由于两方面的原因：一是品阶不高的官员常被了解其家庭底细的人瞧不起，二是有时过于照顾亲朋好友，可能引起人民的不满，或者至少他的大公无私、秉公执法会受到阻碍。参见 [法] 李明著，郭强、龙云、李伟译：《中国近事报道》，237 页，郑州，大象出版社，2004。

⑥ 借口是让他们接受良好的教育，实际上是充为人质，以防其父辈对皇帝有贰子之心。参见 [法] 李明著，郭强、龙云、李伟译：《中国近事报道》，237 页，郑州，大象出版社，2004。

⑦ 只有皇帝对初审不满意时，才可以叫其他法官重新审理，直至与朝廷的判决一致。从国家利益角度来说，有些人是死有余辜的，但想花钱或打通关节而保全性命也并不难。人们还说，不害怕皇帝有时刚愎自用，有失公允，一时性起误杀忠良。重要的是他有一套行之有效的常用方法，以保帝国不落入奸人之手。参见 [法] 李明著，郭强、龙云、李伟译：《中国近事报道》，237 页，郑州，大象出版社，2004。

按功行赏，即对于那些生活检点、孜孜以求学习法律礼仪的人以嘉奖。① 审理案子不要酬金。②（5）丝毫不容忍外国人在他们帝国的领土上居留。③（6）不承认世袭贵族和因升官而获得的世袭爵位。④（7）和平时期跟战争时期一样养着一支庞大的军队，以使邻邦臣服，而且随时都可以镇压国内的起义，或者更主要是防范人民起义。（8）皇帝赐赏封号，不需花一文钱就可达到奖赏的目的。⑤（9）中国人认为禁止妇女抛头露面做生意是一

---

① 因此，决定一位官员的升迁的时候都得了解其生活品行，当然更要通过许许多多的办法测验和考察他的学识，人们实施的那些教育措施是不可能回避的。科举考试这种政策十分有利于统治："首先孜孜不倦的学习可以帮助青年人免入歧途。如果学习之余只有歇歇气的功夫，哪还能想那些足以让他们任意恣情的东西呢？其次，学习可以塑造人的心灵，使人彬彬有礼。如果一个民族不知书达礼，它永远都是粗俗的。第三，官员们都是聪明灵活的人。即便阻止不了他们的贪财和腐化、不仁不义，至少也可以防止由愚昧无知和心机不纯带来的恶果。第四，既然官员是任免的，皇帝也可轻易撤掉他认为的那些不称职的人。有时为了买回性命，一下子搞得他们家财一空，残酷之极。对犯罪的惩罚则由事实决定。但对一位官小职低、无所作为，但为政仁厚或吏治严峻的官员自然会宽恕。但如果某官员的职位是皇帝封赏的，那么就可以毫不费力地撤掉他的职，而赏于另外的人。"[法] 李明著，郭强、龙云、李伟译：《中国近事报道》，237～239 页，郑州，大象出版社，2004。

② 法官这一官衔并不值钱，他有固定的薪俸，不能向当事双方索取财物。穷人打官司倒得到了方便，不致受到强人的不义欺压，也不至于穷人气短而听凭对方为富不仁。参见 [法] 李明著，郭强、龙云、李伟译：《中国近事报道》，239 页，郑州，大象出版社，2004。

③ 他们之所以这样做，是因为瞧不起外国人。他们担心华裔杂处会让自己也变得卑微下贱起来，又担心引起蜕变和混乱。在他们看来，不同的民族必然具有不同的习惯、语言、气质和宗教，于是也就产生了特别的分歧，最终会拉帮结派，继而乱迭起。哪怕其他民族比他们有更多的优越，他们还是觉得，为了国家的繁荣昌盛，不得不对外国人敬而远之，何况中国人根本就不相信别人比他们强。一直到现在，他们都允许少许传教士留在中国，对基督教的格外开恩不能不说是奇迹。参见 [法] 李明著，郭强、龙云、李伟译：《中国近事报道》，239 页，郑州，大象出版社，2004。

④ 孔子家族是一个例外，中国其他的人要么是民，要么是官。土地都不属于平民，即使和尚和寺庙的产业也概莫能外。因此，神也跟人一样要承担国家的赋税，也必须通过缴纳人头税和一般税收，承认帝国的神圣威严。督抚去世之后，子女也与别人一样得兴家立业，如果没有父辈那样的德行，即便他们家的姓氏多么显赫，也不能给自己带来什么一官半职。国家从这一做法中获得四个方面的好处：一是促进了商业的繁荣，因为游手好闲的贵族常常对商业起着破坏作用。二是所有田产都得交租税，增加了皇帝的收入。城市中缴纳人头税也由来已久，人人如是。三是贵族的光环不能始终照耀着一个家族，因而就算是那些品行败坏的人，也不怕他们在地方上搞危险的小政权，使皇帝难以将他们约束在合法范围内。四是为了得到尊崇，中国皇帝就得统治子民，而不是统治些小霸王。参见 [法] 李明著，郭强、龙云、李伟译：《中国近事报道》，240 页，郑州，大象出版社，2004。

⑤ 这一条涉及奖惩制度。于国有功的大人物没有不受奖赏的，但即便君主富甲天下，也没有足够的资财对臣民的服务一一付酬，赏赐封号可以弥补这一缺陷。这就是人们所说的九品官阶，每品又分两级。人们说自己是一品大员，或者说皇帝授他正二品官衔，如此等等。这种尊容完全是名誉上的，使人们在朝上、会客和朝会上都有尊卑高下之分，而并无实际收入。与颁发奖金相比，人们更愿意采用这样的奖赏方式，甚至对已经入土的死者也封官授爵，敕封给他们与当朝显贵一样的荣誉品位，哪怕生前皇帝并没能给他们任何地位。有时候，国家和君主还出钱为他们修建漂亮的坟墓，礼部根据其功绩确定所需的开销。这种荣耀通常还伴有皇帝手书的诏谕，可以在后世光耀他们的门庭。最卓越不凡的恩荫是受封为圣人，为他们修庙祭祀，如同该国的神灵一样。各种罪行都有相应的惩处办法。最普通不过的是杖刑，不管是臣子还是庶民都免不了要挨打，这甚至不是一件丢脸的事。执行以后，罪犯还得跪在法官面前，只要身体还行，就必须长跪施礼，老老实实地感谢法官对自己的教诲。第二种是枷刑。除此而外，还有其他一些形形色色的死刑。犯人时不时地也要受笞刑。参见 [法] 李明著，郭强、龙云、李伟译：《中国近事报道》，241～243 页，郑州，大象出版社，2004。

项明智之举。① (10) 全国上下普遍重视商业。②

显而易见，"良好政治的可靠准则在东方世界并不陌生"③。让耶稣会士倾慕的是"中国悠久的历史沿革，大智大慧的政治准则，简洁明了、整体划一的法律制度，历朝历代层出不穷的孝子贤臣，在内忧外患中依旧安居乐业的黎民百姓"④。

（三）鼓励人们勤于劳作、为人正直

雍正⑤登基不久便制定了好几条规矩，证明了他兢兢业业、小心谨慎地治理国家。为了鼓励农民劳作，启发人们热爱有规律的生活，皇帝下令各城市的都督每年向他禀报他们县里最勤于劳作、善于治家、和睦相邻、俭朴节约、远近闻名的农民。根据都督的禀报，皇上封这些明智、积极的农民为八品官，并发给名誉官员的证书。这一封号使某人有权穿官服、拜访都督，在都督面前就座，和都督一起喝茶。这个人余生将受到尊重，死后还给他举办与其品位相称的葬礼，他的衔位将写在祖宗祠堂里。对于这位受尊敬的农民及其全家来说，这是多么大的快乐！这种做法除了激起农民竞相认真劳作以外，皇上还给国家必需的、在中国始终受到尊重的农作增添了新的光辉。⑥

> 历代中国皇帝为了发扬高尚道德，不仅为后人留下了很明智的法律和思想纯粹的格言，他们还规范了某些社会习俗来维护它们。最值得赞赏的是每个城市的地方官每年都要特别招待这些行为正派的典范。⑦

地方官以皇上的名义设宴招待这些表率人士。这种宴请叫乡饮，酒宴是奖给当地人士的，能够被邀请入席无上光荣，同时也是为人正派的证明。如果以后这些人中有谁疏忽了自己的义务、在细微的事上作出了坏的榜样，他得到的荣誉就成了对他的指责。老百姓就会嘲笑他，人们会说："这个人参加了皇上的宴请，还作出这等事来，他不配有这种殊遇，地方官对他不了解。"1725 年，北京的总督关于此宴请向皇上奏报：我们看到在很久很久以前，

---

① 中国人说与其让女子经商，倒不如让她们闲着，女人操心的就是家务活，主要是相夫教子。皇后既无权继位，也无权摄政；如果皇帝暗中采纳她们的建议，大臣也会觉得不大稳妥。中国人在这一点上缺乏理性，其实智慧才识并无性别的差异，君主要想开明就得发掘人性深处的宝藏，也只有会利用它才能做到事事审慎。参见［法］李明著，郭强、龙云、李伟译：《中国近事报道》，243 页，郑州，大象出版社，2004。

② 各种政策都以发展财富为中心，而财富本身又是人民生活所不可或缺的。不仅老百姓经商做买卖，几乎所有的官员也不例外。官员大都出钱给有信誉的商贾使自己的财富增值。引满洲人入关的吴三桂就这样秘密经商，最后富可敌国，长期拥兵自重，与清朝分庭抗礼。中国历史上向来就闭关锁国，但为了发展商业，他们现在也允许外国人进入港埠地区。中国人最重要的商业活动却是境内省与省之间的贸易，就像一个个王国之间互通有无，交换财富。参见［法］李明著，郭强、龙云、李伟译：《中国近事报道》，243～244 页，郑州，大象出版社，2004。

③ ［法］李明著，郭强、龙云、李伟译：《中国近事报道》，254 页，郑州，大象出版社，2004。

④ ［法］李明著，郭强、龙云、李伟译：《中国近事报道》，254 页，郑州，大象出版社，2004。就像世间万事万物一样，中国也有很多缺点，诸如外省频仍的动乱，某些皇帝滥施大权、昏庸无度，文武百官贪婪成性，搜刮民脂民膏，边境侵扰不宁，主仆尔虞我诈，革命风起云涌，假如有比鞑靼更加开化的民族紧邻中国国境并且想建立政权，中国可能已经江山易手了。参见同书同页。

⑤ 这位皇帝不知疲倦地工作，他日夜想着要治理国家，为他的百姓们谋幸福。讨好他的最好办法就是向他提有益于公众、减轻百姓负担的建议，他总是很高兴接受，不遗余力地去实行这些建议。参见［法］杜赫德编：《耶稣会士中国书简集》，第 3 卷，291 页，郑州，大象出版社，2001。

⑥ 参见［法］杜赫德编：《耶稣会士中国书简集》，第 3 卷，193 页，郑州，大象出版社，2001。

⑦ ［法］杜赫德编：《耶稣会士中国书简集》，第 3 卷，252 页，郑州，大象出版社，2001。

圣贤的立国者规定全国各地每年都要遵照皇帝的旨令举办丰盛的宴会邀请杰出、廉洁的人士，费用由皇上负担，这条规矩永远不得改变。这样做是为了表彰高尚道德。渐渐地，这种做法中断了。许多地方不再遵守这个规定了，或者即使继续遵守也只是做做表面文章而已，最后也达不到预期的效果。皇上登基之际，对这条好规定予以重视，重申了此规定。皇上登基元年，阴历九月初一，专门下旨：以后各地要确实保持举办这个仪式不误。按照皇上的旨令，北京总督决定阴历正月十五举办宴请，将邀请道德高尚、为人表率的满汉杰出人士，让他们都能领受皇上的恩典，这种荣誉有助于改良风气。①

按皇上的考虑，对于伟大的人在世时的褒扬还不够，他们死后还应该受到颂扬。于是，他要求各省各市把地方志浏览一遍。不论男女，不论地位高低、家境贫富，检查一下是否有人在某方面有杰出表现，但在死后没有得到任何荣誉。值得褒扬的男人中，应有道德高尚者、有科学贡献者、有为国立功者、有赈灾救民者、有忠君献身者。值得褒扬的女人中，应有长期守寡至死不嫁二夫的，也有尊敬热爱丈夫的已婚妇女和为保持贞节不惜牺牲生命的女子。皇帝下旨从皇室金库提款，为她们在家乡树立贞节牌坊，每年在固定的日子，地方官要去供祭她们。这道旨令下达以后，总督们在各省都做了调查，向朝廷报告每个贞妇的姓名和杰出事迹。②

（四）极力宣扬子女对父母的孝道

子女对父母的孝道是中国之本。为了更好地宣扬子女对父母的孝道，皇上对各省总督下令确切调查在他们治下恪守孝道最好的秀才，把他们的姓名报告朝廷，皇上因此缘由封他们为缙绅，此头衔比秀才高，有了此头衔可以当官，而秀才还不足以当官。皇上不封他们为举人，是担心因此削弱了文人们的上进心，因为只有通过公开考试优秀者才能当举人。皇上在另一条规定中似乎想尽可能把孝道提到最高点。官员们各自都有一个头衔，他们死后就按此衔位接受礼仪。皇上允许当官的儿子们放弃他们的头衔，让给他们的父亲，夫荣妻贵，他母亲也因此受益。皇上说："放弃头衔让给其父母，也就是放弃了直至死……"③

一个次等城市的官员报告他母亲年迈，不能被带到他在任的地方去，因此请求皇上开恩，让他辞职回到她身边进孝子的义务。"什么？"皇帝读了他的奏章后说道："他当这个城市的官刚刚才一年，难道他去上任时他母亲年纪不大吗？如果她那时已经年纪很大，他为什么要离开她？他的要求很可能是他想离开这个他不喜欢的职务的借口。也许他期待到薪俸更高的地方去。他是否是那种害怕工作、贪图安逸的人？他是否和京城里他的上司有别扭？也许他对交给他的公共财库处理不善，或者犯了什么错误害怕被追查。让湖广总督查一下这件事，把情况向朕禀报。另外，朕命吏部开会讨论一下，它应该了解有关全国所有官员的事

---

① 参见［法］杜赫德编：《耶稣会士中国书简集》，第3卷，252~253页，郑州，大象出版社，2001。

② 参见［法］杜赫德编：《耶稣会士中国书简集》，第3卷，253页，郑州，大象出版社，2001。雍正皇帝还制定了另一条规矩：让寡妇们坚守守寡，让已婚妇女始终忠于她的丈夫。皇帝说："治国好坏，尤其在于妇女们品格端正。她们应该致力于履行她们的义务，恪守妇道。当一个妇女青年丧夫，如果她能守寡不再嫁，在去世前，至少守寡二十年，或者，尽管受到逼迫，她能抵制，直至了却生命也不愿犯罪，朕令她的家属，不管他们境地如何，都要报告当地官员，由当地官员核查后向朕禀报，按照朕的旨令，在皇库里提取必需的钱在她的家乡为它建立一座牌坊，颂扬她的事迹。"

③ ［法］杜赫德编：《耶稣会士中国书简集》，第3卷，193页，郑州，大象出版社，2001。

务，明确解释一下从前关于允许官员离职侍奉残疾或年迈的双亲的命令。"①

为了更明白这些规定，应该知道，根据中国法律，文武官员不仅不能在他自己的家乡，也不能在他家所居住的省里做官，如果让他在家乡附近，至少要离他家五十法里之远。② 因为，当官的只能想到公众的利益，如果他在自己家乡任职，他的亲友们会有求于他，这是不可避免的，这就使得他有包庇他们、不秉公处理事务的危险，或者为了从前他自己或他的亲人受到的恩怨，利用他的权力去报复他人。这个规定还不允许儿子、兄弟、侄子等在他父亲、兄弟、叔伯任下当下属官员。例如，有一个人在一个三等城市里做官，皇帝刚派了此人的兄弟去该城市所在省当总督，那个兄弟应该马上报告朝廷，朝廷就在另一个省里给他一个同等级别的官职。立此规定的原因在于担心当兄长的为袒护当属下的弟弟，宽容、掩饰他的过错，或者当弟弟的以其兄长的职位或庇护而有恃无恐，不认真秉公履行其职责。另外一方面，要让一个人指控自己的亲兄弟是很难的。为了避免所有这些弊病，所以不能让兄弟担任互相有牵连的职务。③

既然被挑选当了官的人，应该离开他的省，如果他的父母还在，他必须离开他们，或者把他们带到任上。通常，父母跟随当官的儿子到任上，因为看到儿子受到全体百姓的尊敬是非常欣慰的。但有时候，父亲或者母亲身体状况不宜远行，或者他们担心水土不服，不想离开家乡，家乡又有他们的亲友和财产。在这种情况下，有的官员还有其他兄弟可留在家乡侍奉父母，他们为了他们的面子和利益，也会要求他接受该职位的。但是，有时候官员上任以后，留在家乡替代他侍奉父母的兄弟死了，或者父母残疾了，或者已年迈，如果儿子在远方任职，法律允许他向朝廷报告，申请辞职。但是为避免有些人利用法律给予准许，借机离开自己不满意的职位，又做了如下的规定：（1）某官员服孝三年后本应该回到朝廷，或被委派一个职位，或回到原职。但是他要留在祖父或祖母身边，侍奉他们到终年，他应该报告他所属省里的总督，由总督报告朝廷。他的要求会毫无困难地得到允准，由于他们的行为值得赞扬，他随时都可以复职，重新回到他原来的等级。（2）如果某官员没有报告他父母的年龄就接受了官职，他至少应该任职三年。三年以后，他想回到父母身边侍奉他们，他就向总督报告，总督将作一般审核并向朝廷禀报。如果这不是一个虚假的借口，又没有其他舞弊行为，他又没有什么欠账等等，朝廷会允许他告退，在他父母死后，仍允许他恢复原来级别的官职。（3）如果在他刚上任的三年期内，发生了异常情况，他父母原来身体健康而突然成了残疾，或者留下侍奉他父母的兄弟死了或者无法侍奉父母了，他又未满三年期限，他就应报告所属的总督，该总督就立即写一封书信，盖上官印，寄给该官员家所在省的总督，请他核实在某地、某人的父母是否确实有残疾或年迈，他们身边是否确实没有其他子女侍奉，并要求

① ［法］杜赫德编：《耶稣会士中国书简集》，第3卷，260～261页，郑州，大象出版社，2001。
② 在这个帝国里，有两条让人不能不感到相当佩服的法律。其第一条法律禁止任何官员在其出生的城市和省份里担任官职。任何人都不得违反这一法律。也许没有任何一条法律比这一条法律更被人所坚持不断地遵守了。其第二条法律禁止官员在其任职的省份里有各种类型的同盟。如果一位审理案子的文官（我之所以这样说，是因为武将不受这两条法律的约束）在其任职的区域里结婚或纳妾，铁面无私的法律会判他被人打八十棍，婚姻亦会被宣布无效。如果这位官员娶的是他应当审理的案子的诉讼人的女儿，人们会对他加重处罚。在这两种情况下，媒人也会受到同样的惩罚。女子则被送回其父母家中。参见［法］杜赫德编：《耶稣会士中国书简集》，第5卷，99～100页，郑州，大象出版社，2005。
③ 参见［法］杜赫德编：《耶稣会士中国书简集》，第3卷，261页，郑州，大象出版社，2001。

写出证明，并盖上官印。这些情况和证明信件上报朝廷后，如果情况属实，就批准他的请求。该官员等到父母去世后，三年服孝期满，如果愿意的话，仍可获得离职尽孝前相同的官职。[①]

尽管有的父母很富有，在他们身边有众多的仆人侍候，朝廷还是开恩，允许官员离职侍奉父母。因为中国人认为，当子女的，无论身份高低，照顾残疾的或年迈的双亲责无旁贷。他们应该亲自向父母请安，亲眼看到父母的需要，亲手侍奉父母。[②]

从这些美好的规定中，可以看到，皇帝们非常重视教育当子女的尊敬、热爱父母，他们甚至允许儿子离开最好的职位，离开朝廷，回到年迈父母的身边去侍奉他们，为当儿子的建立了既定的仪式和规定。通过这些仪式和规定，当儿子的向父母表示，感激他们的养育之恩，永远铭记、至死不忘。他们在祭供先人时，他们教人对活着的父母知恩，一个父亲对其先父所做的，也教育了他自己的子女对活着的他应有的感激。

总之一句话，尊敬父母，热爱父母，是中国治国之道的根本的美好而坚实的基础。可以毫无过分地说，破坏了这个基础，将绝对会推翻这个那么明智、那么有礼貌的民族所建立的帝国。[③]

（五）褒奖记载和大考能有效监督官员行为

褒奖记载，又称为记功（中文称记录），也就是在功劳簿上好好地记上一笔。一品官由北京的各部记功，地方官由总督记功，总督记的功，必须报请北京各部，由各部核准，或者查阅记的功劳。指定这些人是为了审核在工作中有功劳的人是否值得给予轻微奖赏。例如，他们是否认为某一件事务的确比较棘手，皇帝的年赋在当年是否的确较高，地方官是否完成了上司交给的任务等等。记功对官员们来说是很荣耀且很有用的，因为所有的公告、下达给老百姓的文书上，都要附上这些记录。

记功对地方官员们很有用。如果他们犯了轻微的过错，例如他们在处理某件事务上稍稍有点疏忽；在他们的县里发生了盗窃，一两个月后还没有抓到窃犯；如果他们属下幕僚们或小官吏处事不公正，不管他们属下是否是背着他们干的，就在他们的功劳簿上抹掉一分或几分功劳，而不撤他们的职。"不管他们属下是否是背着他们干的"，之所以这样说，是因为在中国，如果仆人们、子孙们、属下官员们犯了过错，他们的主人、父亲、上司几乎总是要被问罪的。缘由是他们管教不力，太纵容、太心软了，他的属下不怕他。由于担心因为属下的过错而受到惩治，上司对属下都盯得很紧。官员们甚至不让他们的子孙们、秘书们、随身仆人们走出衙门，他把他们关在荣耀的监狱似的衙门里，因为他们在外边会狐假虎威，滥用主人的权威欺压百姓，滥施淫威，人们会告到总督那里，于是他们的主人或上司就有被降职的危险，如果错误严重，甚至会被撤职严办。

既然有功劳记载可以抵偿轻微的过错，是否也有对于懒惰、失职的记载来惩罚轻微的过错呢？没有称之为过失簿的轻微惩罚，不过有一种轻微的惩罚：在皇帝发给该官员的俸禄中

① 参见［法］杜赫德编：《耶稣会士中国书简集》，第3卷，261～262页，郑州，大象出版社，2001。
② 参见［法］杜赫德编：《耶稣会士中国书简集》，第3卷，262～263页，郑州，大象出版社，2001。
③ ［法］杜赫德编：《耶稣会士中国书简集》，第3卷，263页，郑州，大象出版社，2001。

扣除一小部分。例如，某个官员犯了轻微的过错，他在功劳簿上有分，就扣分；如果没有分，就扣除他一个月、两个月或几个月的俸禄，这一切都是要奏报皇帝的。某个总督或其他某个大官就某事上奏本时，写错一个字，或漏掉几个词，或用词不当、晦涩难懂，皇帝就把此奏章发到某部衙门，由他们来评判这些疏忽，该部做审查后，作出决定呈报皇帝，通常是根据法律扣除该总督三个月，有时候扣六个月的俸禄。皇帝在此决定上批注："朕同意该决定。"或者："朕宽恕他，这次就不扣除他的俸禄，但是留下有关他的奏章，让他多加小心。"①

　　　　这是中国特殊的治国之道，不用流血，也不用花钱来奖赏或惩罚大小官员。②

　　大考是每三年全中国要举行一次文官考查（武官考查每五年举行一次），考查官员是否有缺陷，是否年纪过大，对属下是否惩治过分严厉，是否疏于政务、感情用事、对上司阳奉阴违、向百姓索要钱财，是治国的栋梁之才还是平庸之辈。在考查期间，考官们将下属官员的案卷和评语发往朝廷之前，总督和其他省府官员不去拜访任何人，也不接见任何人。于是，可以看到有许多官员被革职、降职，有的官员受到表彰，被举为无懈可击的杰出官员的表率。皇帝根据总督提供的情况和证词，马上下旨召见这些杰出官员。这些杰出官员在殿前再次受到考查。由于杰出官员是从省里选拔出来，是总督提议的，总督应该熟悉他们，了解他们的特殊才能，他要对此负责。他应该公正无私，不讲交情，不偏不倚，不主观臆断。然而，如果皇帝对所推荐的官员并不以为然，或者后来某个官员升官以后犯了过错，导致追查他过去任职期间的行为，如果确认了他过去遮盖的罪行，在这些情况下，推荐该官员的总督就得负责任，理由在于：如果他知道下属的错误，他为什么不指控呢？他怎么还胆敢举荐这个官员呢？如果他不了解，那么他就是个无能之辈，没有警惕，不会看人、用人，他的属下不惧怕他，他会很容易上当受骗，当然不能让他身居高位。

　　所以，皇帝下旨，对于在这方面犯错误的总督和各省主管官员要明确规定惩罚办法。吏部是各大部的第一部，专门负责处理国家官员任免事务，吏部开会作出了下列决定：（1）总督们密切监督、了解他们下属官员的行为，注意挑选区别他们所要举荐的杰出官员。（2）如果在举荐官员过程中，出于贪财、受人疏通，或者出于其他利益考虑受人左右，他们就将被革职，以后不得重用。（3）如果朝廷对这些"杰出官员"考察以后，发现他们名不副实，或者他们在为官期间犯了错误，举荐他们的总督也将受到同样的惩罚，被革职查办。（4）如果

　　① ［法］杜赫德编：《耶稣会士中国书简集》，第 3 卷，319～320 页，郑州，大象出版社，2001。

　　② ［法］杜赫德编：《耶稣会士中国书简集》，第 3 卷，321 页，郑州，大象出版社，2001。"对一个贤明政府来说，所设想出来的最特殊同时又是最巧妙的办法就是在中国为避免低级和高级官吏的竞争而采用的手段。对于那些在履行职务时口碑甚佳的人可在任期满后被毫不犹豫地再任命。这些评语在汉语中叫做'记录'，也就是具册登记和有一个良好的评语。品级最高的官吏要'京察'（即由北京宫中审查），低级官吏则要'外察'（由都、抚考核）。这些人必须将所有情况造册报宫中，以便使宫中批准已经作出的评语，或者大家愿意的话也可以称之为'用功勤勉分'。任何获得这样考证的人都可以在他的每项官方活动中利用之。'例如，本人是某城的首席执政官，荣得勤勉分中的 6 分或 12 分等'。如果受到这样犒赏的一名官吏后来犯了某些渎职罪，那也不是粗暴地撤销考语，而是'从其功劳簿中删除 1 分或数分'。那些惩罚轻微过失的'懒惰或玩忽职守分'的做法同样也使他觉得非常了不起。'例如，当某一位官吏犯有一种轻微过失时，如果他有勤勉分的话，就扣除这些分；如果他没有勤勉分，就扣除他一个、两个或数个月的俸禄。这一切都要呈奏皇帝。'"［法］安田朴著，耿昇译：《中国文化西传欧洲史》，717～718 页，北京，商务印书馆，2000。

在这一切被发现以前，总督在举荐某官员后又发现了该官员的问题，可以考虑不惩办该总督，因为皇帝将会宽恕他。（5）如果那些"杰出官员"升官后表现不好，还得重新考查他在任前职期间的行为，一旦发现他们已经犯过类似的错误，举荐该官员的总督将被降官三级。（6）如果经过考查以后，发现该官员在任前职时表现良好，但升官后他的心灵被腐蚀、变坏了，将不追究总督的责任，他仍被认为是履行了自己的职责。对吏部的上述决定，皇帝亲笔作出简短的批示。

皇帝努力最公正地处理一切事务，他不断劝说官员们也要公正行事，担心总督们在考查官员时不很公正，或出于报复，或出于厌恶，或出于怒气，或出于个人好恶，太草率地给下属官员不好的评语，为防止此弊，皇帝下旨：（1）下级官员中掠取百姓钱财的贪官，或者苛待百姓的官员将被永久革职，不得再用。（2）被吏部根据总督的评语革职或降职的官员，不管何种理由，皇帝允许他们如果不服可上告到朝廷，由吏部听取他们的申诉，皇帝亲自召见他们。（3）为执行这道旨令，上告的官员在离开他们任职的省份以前，要向总督要一份证明他因某个错误被革职或降职的文书，由于他要向朝廷陈述，省里必须给他出具此证明。（4）有关总督不得拒绝给该官员所要求的证明文书，或者如果他担心其错误或不公正被暴露，他拒绝出证明，该官员回到他出生的省份，去向该省份的总督声明他在某省因某事被革职或降职，而那省的总督拒绝给他出证明让他到朝廷去上告申诉，所以他要求本省总督给他出证明，他本省总督不应拒绝出证明。（5）经过审查该官员申诉的理由及他的总督的答复以后，如果该官员的革职或降职是不公正的，将让他官复原职。但如果发现他是有罪的，他诬告了总督，不仅将他革职，还要根据罪过轻重给他上刑。（6）如果总督本人认同处罚不公或有错，他将被革职或降职。上述第（3）、（4）条主要在于说明没有皇帝的特许，谁也不能在他家乡为官，即使在与邻省交界的地方也不行。皇帝的这种特许是很稀罕的。[①]

三、耶稣会士对于中国法律文化研究的进步之处及其影响

相比之前的使节、商人、旅行家和传教士，耶稣会士们在知识结构方面更胜一筹。他们大都是饱学之士，来华之前就颇有名气。利玛窦在罗马求学，他的老师是当时颇负盛名的数学家克拉维乌斯，卫匡国则师从著名的德国数学家基尔旭。在这些传教士中，法国传教士——"国王数学家"们更是显赫。他们都是经过严格挑选的，要求既有渊博学识又有专门的科学技术知识，还被接纳为法国王家科学院的成员。他们受法王路易十四派遣，来到中国，不仅肩负传教职责，更要深入研究中国文化，透彻地了解中国，并向科学院寄送考察报告。1687年，这六位传教士中的洪若翰在其致王家科学院的信中，提到了他在中国的科研计划，包括五项内容：天文学和地理，中国年代学，文学，自然科学和医学，中国的政治、经济和社会现状。[②] 这种由专业学者作出的有组织、有计划、有针对性的研究，自然比那些非专业的、且走马观花看中国的人的研究更为深刻。

在进入中国前，他们已经根据教会和前辈传教士的指示，做足功课。为了常驻传教，他们首先要学习中国的语言文字，以期与中国人直接交流。随着对中国了解的加深，他们对于

---

① 以上参见［法］杜赫德编：《耶稣会士中国书简集》，第3卷，332～334页，郑州，大象出版社，2001。

② 参见［法］彼埃·尔阿尔、明翁：《法国入华耶稣会士对中国科技的调查》，载阎纯德：《汉学研究》，第2集，北京，中国和平出版社，1997。

中国法律文化的研究热情也越发高涨。他们关注中国的制度，也关注中国的文化。无论在研究深度还是研究广度上都更进一步。

（一）研究范围扩大

相比前辈，耶稣会士们不再满足于对于中国"有益而有趣"的简单介绍，他们将研究的范围扩展到思想文化方面。中国不同于非洲、美洲，是一个具有成熟的思想文化的千年古国。中国人数千年形成的世界观、伦理观、道德观与耶稣会士们所代表的欧洲天主教文化不同。经过长时间的探索，以利玛窦为代表的耶稣会士认识到"儒教是中国古代原有宗教，故此古代和现在，这些人一直握有政权，也是最盛行、最受重视、经典最多的宗教"，"中国最伟大的哲学家是孔子"，"虽然不能说中国哲学家就是国王，但可以说国王是受哲学家牵制"①。在这种情况下，天主教传教必须与中国文化相结合。研究中国哲学就成为当务之急。

翻译、解读中国的四书五经等经典文籍始于此。葡萄牙耶稣会士罗明坚是在西方翻译出版中国儒家经典的第一人。罗明坚所翻译的第一部经典是《大学》（Humanae institutions ratio），意为教育人的正确的道路。在他之后的利玛窦，更是将"四书"译成拉丁文，而金尼阁则翻译了"五经"。之后的安思文则完成了著名的《孔夫子》书注。耶稣会士们还专为孔子作传。《中国哲学家孔子》出版于 1687 年，这部作品集合了众多耶稣会士的智慧，是早期汉学重要的作品。

（二）研究准确性提高

相比前辈们对于中国行政体制与法律制度的模糊记载，耶稣会士们更为严谨，他们对中国政府机构以及体制进行了深入研究，其叙述也更为准确。

对于中国的中央行政体制，门多萨的描绘是：

> 皇帝在他驻跸的大明城，有 12 位阁员的朝廷以及一位首脑，从全国挑选出来的人，有多年治国的经验。

门多萨的描述的侧重点并不是中国中央行政体制，而是作为阁员的个人品质和他们的办公环境。

> 作为这个内阁的一员，仅通晓和熟悉该国的法律、道德和自然科学及怎样实施是不够的，还必须精通占星术和预言术……这 12 位阁员一般在皇宫内会商，为此准备了一座装饰华丽的大殿，内有 13 把椅子，6 把是金的，6 把是银的，这种那种都很值钱，制作精致，但第 13 把更华贵……②

在耶稣会士的研究中，已经可以非常准确地描述中国的行政体制，并且对构成中国行政体制的各部门的职能非常了解：

首先是内阁：

> 中国政府机构的最高一层是"内阁"，也就是帝国的法庭和最高秘书机构。其人数根据皇帝的意见而经常变换。它的成员称"大学士"，又称"阁老"；是由皇上选定的。

---

① ［意］利玛窦：《中国传教史》。转引自张西平：《传教士汉学研究》，147 页，郑州，大象出版社，2005。
② ［西班牙］门多萨著，何高济译：《中华大帝国史》，92～93 页，北京，中华书局，1998。

中央尚有六部，对于六部的官员和职能，耶稣会士们也作出了清楚的阐述：

1）吏部：掌管明帝国所有的官吏。耶稣会士安文思在 1688 年记下当时的文官数量是 13 647 人，武官为 18 520 人。

2）户部：掌管财务。

3）礼部：负责礼仪和庆典诸事。涉及外国人和外国公使的事宜都归这个部掌管。这就是为什么早期耶稣会关于传教方面的事务都要与这个部打交道的原因。

4）兵部：负责军事事务。

5）刑部：行使司法权。

6）工部：负责公共工程。

这些部各设一名主管、两名助理或两名副主管。①

两者之间的差异无须赘述，一目了然。

（三）研究深度拓展

耶稣会士之前的中国研究，更多的是一种资料汇编的形式，如《中华大帝国史》就是其中的代表性著作。这些著作与其说是专业的研究，不如说是游记笔记。所以这一时期也被形象地称为"游记汉学时期"。

耶稣会士们的研究，吸取了游记汉学时期的成果，并朝向更为专业的方向发展。以科举制为例，在克鲁兹笔下的中国科举制度，介绍简单且语焉不详。而利玛窦的研究则不同。他对于科举制度的考察，从考试体制、考试方法到考试内容，在《利玛窦札记》中均有详细记录。利玛窦指出，中国的科举考试有三个阶段，并借鉴了前辈的方法，与欧洲大学的学位授予相比较。第一类秀才，相当于学士，由皇帝钦点的提学授予；第二类举人，相当于硕士，考试每三年举行一次，由学监亲自主持，并为中举之人举行隆重的学位授予仪式；第三类则为进士，相当于博士，考试每三年一次，仅在北京举行。他还详细列举了中国的考试规章制度与考试内容：

每次都规定同样的三天在全国进行这一考试，即阴历的八月初九、十二和十五。参加考试的人被准许在上了锁的门里从清早一直写到日落，并且以公费供应他们前一天准备好的简单饭食。候选的学士进入考场时，要受到仔细搜查，看看有没有夹带书籍或字纸。应考时，他们可以带几支笔、砚台以及纸墨。他们的衣服，甚至笔砚，都要仔细检查以免舞弊；如果发现任何作弊行为，他们不仅要被剥夺考试资格而且还要严加惩罚。

当候选学士进入官殿（指贡院）时，就关闭大门并在外面贴上加盖官印的封条，皇帝指定的两个主考官分别当众解释从四书中任意选出的三段。然后他把这几段作为总题，并必须按照每个考官选定的题目各写一篇文章。然后从五经中的任何一本中选出四段，作为附加的考题。应考的每个人可从他专攻的经书中选择题目。这七篇文章必须能够证明不仅用词得当而且对经书中的思想理解正确，并严格遵照中国修辞的规则。每篇

---

① 关于内阁与六部的情况，主要来自美国耶稣会士邓恩整理的耶稣会士安文思的笔记和 Mayer 在《中国政府》中的记载。参见［美］邓恩著，余三乐、石蓉译：《从利玛窦到汤若望——晚明的耶稣会传教士》，44 页，上海，上海古籍出版社，2003。

论文不得超过五百字，正相当于我们习惯的同样字数。

利玛窦还提到了为了防止相关责任人徇私舞弊而采取的弥封、红号和誊录制度。

> 每个人（考生）都必须把他的手稿再抄入一本特别带来的纸本上，在文章的最后除了自己的姓名以外，还要写明他祖上三代的姓名。然后这个纸本也要加封，只有负责人才能启封……这些抄本上都用红笔写着一个特别的字，然后再送呈考官，而作者的笔迹则全部消除。这些不留笔记的手稿才是送交考官评定的试卷。本人手迹本则编号与送呈考官的试卷上的符号相对应。遵循这种方法是要防止识别手稿并从书写的字体中隐瞒作者本人及其笔迹。①

利玛窦推崇科举制度，也批判科举制度的某些弊病。他认为这种科举取士考试内容过于单一，妨碍了中国自然科学以及医学等相关科技事业的发展。

利玛窦之所以如此详尽地描绘中国的科举制度，是为了向欧洲统治阶层推荐这一制度。在写给友人 Passionei 神父的一封信中，就表明了他这一意图。

> 考试在中国确实是件大事。过去我曾谈到过一些，但都不完全，现在我就开始介绍中国科举，也希望您把这种制度介绍给目前服务的公侯，要他们知道这在中国和意大利各邦所推行的有多大区别。②

与他有相同观念的人还有其他耶稣会士，赴华耶稣会士庞迪我曾从北京写信给另一位神父罗伯特·伯顿，在信中他介绍了中国科举制度。根据他的叙述，伯顿在《令人感伤的剖析》一书中写下了一段话：

> 他们（指中国人）从哲学家和博士中选拔文官，从品行端正但曾因非正常原因而不得提升的名门官族中选拔政治显贵。并且，他们的职责是治国卫国，而不仅仅是吃喝玩乐，游猎闲荡，可当今世界上如此度日的官员实在太多了。他们的老爷、达官、文人、学士，以及因品德端正而得以升迁的人，都是他们当中的佼佼者，只有这些人才被认为是适于治理国家的人。③

在欧洲的任官制度中，吸取中国科举制度的某些优点，改良本国的政治制度。耶稣会士为传教来到中国，但是他们对于中国问题的研究，早已超越宗教本身，深入到世俗层面。

（四）耶稣会士研究的影响

耶稣会士及其汉学著作对于欧洲产生了深远影响。他们推动欧洲"中国热"，并赋予"中国热"深刻的文化内涵。他们的研究是欧洲大思想家们中国研究的基础，通过这些思想家们的论述，在更为广阔的层面上使中国文化为欧洲政界、思想界广泛了解。

1. 礼仪之争以及对于教会法的影响

随着传教事业在中国逐渐发展，他们与中国上层人士频繁交往，对于中国的了解也逐渐

① ［意］利玛窦著，何高济、王遵仲、李申译：《利玛窦札记》（下），38~41页，北京，中华书局，1983。
② 吴孟雪：《明清时期——欧洲人眼中的中国》，254页，北京，中华书局，2000。
③ 吴孟雪：《明清时期——欧洲人眼中的中国》，258页，北京，中华书局，2000。

加深。对于在中国应如何传教的问题，在华的各个传教会之间产生了分歧，这一分歧被称为"礼仪之争"。最初若发生问题，解决方案以罗马教廷的仲裁为准，然而各个教会争夺在华传教垄断权力的冲突逐渐升级，演变成公然对抗。其中的一个关键问题就是应不应该祭祀，包括祭祖与祭孔。

祭祖与祭孔是中国礼制风俗中的重要部分，对于祭祖与祭孔的性质，教会之间，甚至教会内部也一直不能达成共识。一部分人认为中国的祭祖与祭孔只是世俗礼仪。这一论断的支持者耶稣会士闵明我、徐日升等曾于 1700 年 11 月 30 日上奏康熙帝：

> ……窃远臣看得西洋学者，闻中国有拜孔子及祭天地祖先之礼，必有其故，愿闻其详等语。臣等管见，以为拜孔子，敬其为人师范，并非祈福祐、聪明、爵禄而拜。祭祀祖先，出于爱亲之义，依儒礼而无求祐之说，惟尽孝思之念而已。虽设祖先之牌，非谓祖先之魂在木牌位之上，不过抒子孙报本追源，如在之意耳。至于郊天之典礼，非祭苍苍有形之天，乃祭天地万物根源主宰，即孔子所云："郊社之礼，所以事上帝也。"有时不称上帝而称天者，犹主上不曰主上，而曰陛下、曰朝廷之类，虽名称不一，其实一也……

对此，康熙皇帝的御批则是："这所写甚好，有合大道。敬天及事君亲、敬师长者，系天下通义，这就是无可改处。钦此。"[①]

这篇批示被耶稣会士送往罗马，然而却没有受到罗马教廷的重视。罗马教廷最终支持的是另一派观点。这部分人认为祭祀是一种迷信活动，是违背天主教义的偶像崇拜。如利安当和黎玉范，他们将"祭祀"中的"祭"解释为"供奉"，并据此认为中国人的祭祀是违背天主教教义的行为。

持续的"礼仪之争"对于教会法后期的制定与发展产生了重要影响。其实这两派观点在利玛窦生前已经存在，但慑于利玛窦威名与耶稣教会在中国的势力，并未形成大规模论战，直到利玛窦去世后才爆发。罗马教廷一度在这种激烈的论战中摇摆不定。教皇教令以及训令不断发布。1645 年，罗马教皇英诺森三世发布通谕，支持了反对派观点，并以第八条专讲祭孔问题。通谕详细叙述了在中国孔子的地位以及祭孔仪式，并认为：

> 所有这些礼仪——祭供、磕头行礼……——按其用意都是中国人感谢孔子在他的著作中留给他们好的教导，祈求他以他的功绩赐福他们，赐予他们聪明才智。问题是已入教、或者将要入教的官员和读书人，受到召唤时，在被迫的情况下是否可以进入孔庙祭孔，或者参加祭孔仪式，在祭坛前跪拜，分享那些祭供偶像的贡品？因为异教徒们相信无论谁吃了那些贡品后都可以学业上进，青云直上。
>
> 基督徒官员们和读书人，一如对前一问题加以说明那样，是否可以手里拿着十字架这么做？如果禁止他们这么做，人们就会骚动起来，传教士们就会被驱逐，今后难再劝人入教，所有皈依入教就会终止。
>
> 结论：不能允许这样做。由于如上所描写的情况，基督入门不能假装参加这种祭供

---

① 计翔翔：《十七世纪中期汉学著作研究——以曾德昭〈大中国志〉和安文思〈中国新志〉为中心》，43 页，上海，上海古籍出版社，2002。

活动。①

然而耶稣会士卫匡国代表耶稣会向罗马提出抗辩，教皇亚历山大七世在 1656 年作出了有利于耶稣会的判决，该判决首先对于祭孔的性质进行叙述：

> 基督徒文人考得学位后是否能在尊孔堂内举行接受各级学位的仪式？尊孔堂里没有有关偶像崇拜的司祭人员，尊孔堂里的一切都不是为偶像崇拜者安排的，只有儒生们和文人们来对孔子行拜师礼。他们的礼仪，自始至终都是公认为民俗性和政治性的，仅仅为了表示民间世俗的尊严……

最终根据这一解释得出了结论：

> 根据上述解释，圣职部规定，允许中国基督徒参加上述仪式。这种仪式看来纯粹是民俗性和政治性的。

对于祭祖，圣职部了解具体情况后认为：

> 中国的入教者可以进行这种纪念他们先人的仪式，甚至可以和教外人士一起纪念，只要他们不做任何迷信的事情。甚至当教外人士做迷信的事情时，中国基督徒为避免引起他人的憎恨和敌意，如果公开表明其信仰及在不产生信仰危机的情况下，可以在场。②

然而这两个自相矛盾的通谕分别来自"传信部"和"圣职部"，教廷认为两个通谕法律渊源各异，效力相当，这引发了在华传教人士各行其是，矛盾激化。教廷终于 1697 年下令圣职部对中国礼仪重新审理。

1704 年 11 月 20 日，由教廷教义部颁布的法令禁止中国礼仪，若不遵守教令，则要按"教会法"予以处罚。1715 年，克莱蒙十一世在名为《自登基之日》的谕旨中，再一次禁止教徒参加比较隆重的礼仪仪式，"命令任何一个现在或预定居住在中国或其他国家或省份的传教士，应该而且有职责宣誓他将踏实地、完整地、不容亵渎地遵守本教宗的命令和训令"。每一个在中国的传教士必须宣誓：

> 我（姓名）由宗教或修会神长指定或派遣，按照圣座授予的特权，前往中国或邻近（某）王国和（某）省份担任传教士，将完全地切实遵从由神圣的教宗克莱孟十一世陛下发布的宪章中所包含的有关中国礼仪和仪式的谕令和训令。该宪章规定了宣誓的程式。我将准确地、完全地、绝对地和坚定地遵守教宗的教令。我将毫不犹豫地完成它，我已充分了解了它，我已经仔细地阅读了克莱孟十一世的宪章。
>
> 然而（但愿没有此事），如果我以任何方式违反了（宪章），就像经常发生的那样，我承认并且声明服从上述宪章所规定的惩罚。我的手放在神圣的《圣经》上面，我将这

① ［美］苏尔、诺尔编，沈保义等译：《中国礼仪之争——西文文献一百篇（1645～1941）》，3～4 页，上海，上海古籍出版社，2001。

② ［美］苏尔、诺尔编，沈保义等译：《中国礼仪之争——西文文献一百篇（1645～1941）》，8～11 页，上海，上海古籍出版社，2001。

样承诺，并且宣誓，天主和圣经助我。①

　　1742 年本笃十四世在《自上主圣意》宪章中，再次拒绝容忍任何一种中国礼仪，他重新审视了中国礼仪之争的历史和前任教宗们的决定，确认了《自登基之日》宗座宪章，命令所有不服从的传教士回欧洲受惩，而所有到中国去的传教士都必须宣誓服从教宗所有命令；下令停止继续辩论，否则就要受到教会的严厉惩罚。

　　教会关于礼仪的禁令给中国的传教事业以近乎毁灭性的打击。它违背了中国的伦理道德，阻断了中国士绅以上阶层皈依基督教的通路，也使教会与中国世俗社会对立起来。中国方面，康熙皇帝曾对来华的教廷特使表明立场，拒绝容忍罗马教廷的专横，但是罗马教廷不予理睬，依然故我。这引发了雍正年间中国政府全面禁教。

　　这种僵持到了 1939 年才得到最终解决。1939 年天主教会颁布法令，回归到耶稣教士的传统做法。允许中国教徒参加中国政府宣布为仅仅是公民仪式而非宗教仪式的祭孔仪式，也可以参加祭祖。② 该教令内容如下：

　　1. 中国政府已经反复和公开地说明：所有的人有自由的选择他们愿意信奉的宗教。政府无意在宗教问题上发布法律和命令。因此，公共当局任何筹划的和规定的尊孔仪式都不含有宗教崇拜的性质。而是为了这样的目的：即培养和表达对一位著名的伟大人物适当的崇敬以及对祖先的传统应有的尊重。由此，天主教徒可以在孔子的肖像和牌位前，为敬奉他而造成的建筑物里或学校里，出席尊孔的仪式。

　　2. 在当局要求这样做的情况下，天主教学校悬挂孔子肖像，甚至树立刻有他名字的牌位，或者鞠躬致敬，都不应该禁止。如果有恶表，应当明确地表明正确的天主教意愿。

　　3. 如果天主教的教师和学生被命令出席带有迷信表征的公共礼仪，根据《法典》1258 条款的指示，只要他们保持消极的态度，就可以参加。他们所表现出的尊敬应被视为仅仅是民间性的。有时，出于避免对其行为的错误解释的需要，他们应该按上面的规定，使他们的意向昭著于世。

　　4. 在亡者或其画像前，甚至在刻有亡者姓名而别无其他内容牌位前，鞠躬或行其他民间性的敬礼，都应该被认为允许的和适当的。③

　　这项法令不但废除了"根据 1742 年《自上主圣意》宪章作出的有关中国礼仪的宣誓仪式"，并且要以中国为先例，废除其他地方的强制宣誓义务。此时的耶稣教会，早已经被罗马教廷废除（1775 年）一个多世纪。

　　除了传教事业，礼仪之争也在更广的层面上对于欧洲和罗马教廷产生影响。在中国乃至亚洲，几乎所有的著名传教士都卷入了这场关于中国礼仪性质的漫长争论，在客观上促进了

---

①　［美］苏尔、诺尔编，沈保义等译：《中国礼仪之争——西文文献一百篇（1645～1941）》，101 页，上海，上海古籍出版社，2001。

②　参见［美］邓恩著，余三乐、石蓉译：《从利玛窦到汤若望——晚明的耶稣会传教士》，281 页，上海，上海古籍出版社，2003。

③　［美］苏尔、诺尔编，沈保义等译：《中国礼仪之争——西文文献一百篇（1645～1941）》，176～177 页，上海，上海古籍出版社，2001。

传教士对于中国文化的研究，并推动了欧洲汉学的发展。礼仪之争的过程中，教廷态度几次变更，这也使一批教会法令出台。除上所述的 18 世纪发布的教令之外，还有如在 1645 年 9 月颁布的谴责中国习俗的法令，1656 年 3 月，允许中国教徒在有耶稣会士监督的情况下参加中国礼仪的法令等等。

对于中国历史的学习，还动摇了作为教会法基本渊源的《圣经》的某些论断。17 世纪著名的传教士卫匡国精于中国史研究，他在《中国历史初编十卷》中，依照中国的甲子纪年法，描绘了自盘古开天至基督诞生这段时间的中国历史。这本书是 17、18 世纪欧洲中国史研究的权威著作，动摇了当时在欧洲流行的圣经史学观。因为根据中国史，当全世界陷于公元前那场毁灭性的洪水之中时，中国人正在尧舜的领导下安然生活。方舟之上那位被奉为后世全人类唯一始祖的诺亚，并不是中国人的祖先。这使无论是拉丁文圣经派还是希腊文圣经派的支持者，都无法自圆其说。卫匡国本人对此也无可奈何，圣经的权威性在欧洲被动摇，启蒙思想家伏尔泰据此引用中国史和年代学驳斥圣经的创世论。

2. 欧洲宫廷礼仪的效仿

欧洲宗教界对于中国礼仪的争议并没有影响欧洲宫廷对于中国礼仪与中国情调的追逐。法国是其中的代表。法国国王路易十四自称"神权国王"，在他统治期间，法国教会奉行独立自主政策，教会被置于国王统治之下。法国在对外传教事业上也热情空前。国王派遣了六名传教士到中国传教，并充分利用已有的汉学成果，积极从事汉学研究，使汉学中心转移到了法国。受此影响，法国统治阶层对于中国的了解也更进一步。而在 18 世纪的第一个新年，法国宫廷是采取中国节庆仪式度过的。1756 年，路易十五模仿中国式的"籍田大典"进行了农耕礼仪；而他的王储路易十六也于 1768 年在凡尔赛上演了类似的一幕。中国的宫廷礼仪出入欧洲宫廷，引起了轰动。① 作为路易十五、路易十六两朝重臣的亨利·贝尔坦主张奉中国为楷模使旧制度获得生机。为抑制法国国内革命，他曾上疏法王路易十五，主张"将中国思想灌输于法国人民"，以中国政治哲学为君主专制制度提供理论支持，得到了路易十五的赞同。

3. 耶稣会士的研究与欧洲思想界

传教士活跃在中国的 18 世纪，是欧洲思想史上的重要时代。伴随着传教士中国研究而来的"东学西渐"，在一定程度上改变了欧洲思想界的风貌。正如方豪神甫在《中西交通史》中所讲：

> 十八世纪，欧洲有所谓"启明运动"，故被称为"理性时代"、"哲学时代"，尊重理性，尊重自由，于是而产生反宗教运动。此一运动之来源，中国实多于希腊……
>
> 介绍中国思想至欧洲者，原为耶稣会士，本在说明彼等发现最易接受"福音"之园地，以鼓励教士前来中国，并劝导教徒多为中国教会捐款。不意儒家经书中原理竟为欧洲哲学家取为反对教会之资料。而若辈介绍之中国康熙年间之安定局面，使同时期欧洲动荡之政局，相形之下，大见逊色；欧洲人竟以为中国人乃一纯粹有德性之民族，中国成为若辈理想国家，孔子成为欧洲思想界之偶像。②

---

① 参见［法］杜赫德编：《耶稣会士中国书简集》，第 1 卷，中文版前言，郑州，大象出版社，2001。
② 方豪：《中西交通史》。转引自黄庆华：《中葡关系史（1513—1999）》（上册），合肥，黄山书社，2006。

在华耶稣会士与欧洲本土学者之间，存在着一种联盟关系，他们在中国问题的研究上通力合作，耶稣会士提供的资料与研究成果成为欧洲学界从事社会与思想研究的重要的素材。这种结盟关系依赖通信。

耶稣会士闵明我 1690 年在罗马与德国著名汉学家莱布尼茨进行了会晤。莱布尼茨提出了一系列关于中国的问题，这次会晤后，他们开始通信。在闵明我致莱布尼茨的一封信中，可以清晰地看到这种合作关系：

> 足下所提出的问题极为重大，非得同僚的帮助，不易答复。彼等散居中国内地，于五重要地域从事搜集宝贵的知识材料。我从今以后，愿将一切所得传达给欧洲，同样亦希望足下努力将其他知识的阐明告诉我们，作为彼此的交换。[①]

法国"国王数学家"之一的白晋与莱布尼茨之间也有书信往来。1697 年 10 月，白晋通过另一名耶稣会士转送一封信给莱布尼茨，在这封信中，提到了莱氏的作品《中国近事》，而莱布尼茨则在回信中要白晋多研究中国文字、数学，他们在后来的通信中主要谈到的是中国法律文化的代表典籍——《易》。

耶稣会士的研究对于欧洲思想界有着重大意义。通过他们的研究，中国的儒家思想、开明的专制主义和文人执政的思想深深地影响了西方，一时之间，中国成为欧洲最时尚的话题。以法国为例，在耶稣会士的中国资料不断地传回欧洲并被出版的同时，法国封建统治政治风雨飘摇。耶稣会士对于中国法律制度、法律文化的种种介绍，对于欧洲思想学界造成极大震动。对于法国学者而言，这些来自异质文明古老中国的资料，并不仅仅是观察世界彼端种种瑰丽奇迹的"望远镜"，更是寻找社会变革所需理论与支持构建新社会制度的"知识库"。

而中国法律制度与法律文化，就被看作更会念经的"外来和尚"，甚至被视为解决问题的急救方。如魁奈取材自中国古代经济思想所创建的重农主义经济理论，就是他为法国经济走出低谷所寻求的出路；伏尔泰从耶稣会士们的书简中发现了一个伟大的中国，而其他的法国启蒙思想家对于中国法律制度与法律文化或赞扬、或批判，其实质都是对法国种种旧专制制度弊端不满的折射。

正如当代法国学者勒蒂夫所说，传教士对于中国的研究"部分地造就了 18 世纪的人类精神面貌。它出乎其作者和巴黎的审查官们的意料之外，为哲学家们提供了武器，传播他们所喜欢的神话并为他们提供了楷模。正如我们后来所看到的那样，中国皇帝甚至变成了开明和宽容专制君主的典型，中国的制度成了一种农业和宗法的君主政体，经过科举制而选拔的官吏是一批真正的出类拔萃者、千年智慧和哲学宗教的占有者。这样一来，入华耶稣会士们便从遥远的地方，甚至是从非常遥远的地方不自觉地参与了对法国社会的改造"[②]。

---

① 朱谦之：《中国哲学对欧洲的影响》，226 页，上海，上海人民出版社，2005。

② ［法］安田朴、谢和耐等著，耿昇译：《明清间入华耶稣会士和中西文化交流》，17～18 页，成都，巴蜀书社，1993。

第五章

中国法律文化对英国的影响

英国人对中国物质文明的某些方面（瓷器、茶等特产以及花园等建筑）的欣赏，胜过对中国的悠久历史和丰富的精神文明的钦佩。英国文人大多对中国缺乏兴趣，热烈称颂中国的文人更是屈指可数；相反一些英国人对中国始终持怀疑、轻视、贬低的态度，不时发表一些与"中国热"唱反调的言论，即使在许多英国民众热衷于中国的时候，贬华的言论也从未被淹没。在欧洲的"中国热"降温过程中，英国人有意无意地起了带头作用。①

英国人对中国法律文化的研究及所受影响在总体上无法与法国、德国相比。人数上，寥寥无几，并未形成强大阵容，且缺乏思想大家，只有亚当·斯密一人，大师级的霍布斯、洛克可能出于"革命"的原因根本没有谈及曾经使西人激动万分的中国法律。深度上，坦普尔、哥尔斯密对中国的谏议制度、孔子的政治和道德崇拜不已，多了些欣赏，少了些理性；仅有亚当·斯密用他那独特的经济眼光审视并力图发现中国长期停滞的原因，李约瑟则从科技的角度看待中国的儒学。英国是最早了解中国科举制的国家，也是中国科举制对欧美文官考试制度影响的典型国家和重要中介。不管怎么说，中国的"事物"在英国人心目中确实已有了一席之地。

---

① 参见许明龙：《欧洲 18 世纪"中国热"》，149 页，太原，山西教育出版社，1999。最早经由荷兰输入英国的中国商品是瓷器，1609 年伦敦就有了第一家瓷器店，此后是纺织品和漆器。受到中国商品的催发，英国的"中国热"渐渐兴起。在那个年代，去过中国的英国人为数寥寥，到过英国的中国人更是凤毛麟角，英国人对中国的了解主要依靠各种文字资料。门多萨的《中华大帝国史》早在 1588 年就译成英文，曾德昭的《中华帝国史》也于 1660年前后翻译成英文，英国人普查斯（1575—1626）在 1626 年出版的《旅行者》摘译了金尼阁的《利玛窦中国札记》，这些早期有关中国的名著连同另一些游记在英国广泛流传，为英国人带来了关于那个遥远国度的有趣信息。1660 年前后，英国人已经知道中国是一个政治稳定的国家。中国的伦理道德也开始引起英国人的注意，他们认为在孔子身上集中体现了中国人的高尚道德，自然神论者对孔子学说中的唯物主义成分表现出极大兴趣，而辉格党和托利党则都赞赏儒家思想中的人道主义成分。根据柏应理的《中国贤哲孔子》编译的《孔子的伦理道德》于 1691 年在英国出版。在中国商品和来自欧洲大陆的中国信息推动下，英国人对中国的了解逐渐增多，在他们眼里，中国不再是东方地平线上一个陌生的国度，"中国热"渐渐形成。到 18 世纪中叶，人们对中国的热情不但进一步高涨，并且超越了对异国情调的追逐，显现出比较成熟的理性思考。总体来看，尽管英国人从未对中国如醉如痴，即使是在高潮期间，也不像法国人那样狂热，然而这不等于说英国不曾出现过"中国热"。欧洲大陆特别是法国出版的有关中国的书籍，在伦敦大多可以找到其译文或原版，其中以杜赫德的《中华帝国全志》影响最大。参见许明龙：《欧洲 18 世纪"中国热"》，149～151 页，太原，山西教育出版社，1999。

第一节
启蒙时期的英国人：中国"事物"作为评判标准

一、坦普尔爵士与孔子学说

坦普尔爵士（William Temple，1628—1699）是英国政治家、散文家，他在撰写的关于中国的"杂文"中，对孔子的政府学说有特别的兴趣。

关于坦普尔从何时开始研读关于中国的书籍，无从查考。但早在 1654 年，他的未婚妻奥斯本给他写的信里，就已提到有名的葡萄牙游历家平托①关于中国的报道："你没有看过一个葡萄牙人关于中国的故事？我想他的名字叫平托。如果你还没有看过，你可以把那本书带走。那是我认为我所看过的一本饶有兴味的书，而且也写得漂亮。你必须承认他是个游历家，而且他也没有误用游历家的特权。他的花言巧语是有趣而无害，如果花言巧语能够做到这样的话，而且就他所涉及范围而言，他的花言巧语也不是太多的……如果我这辈子能够看到那个国家，并能跑到那里，我在这些方面要好好地玩弄一番呢。"②

从坦普尔的文集中得知，他开始提到中国是在 1685 年，当时他撰写那篇有名的《关于园林》的文章，文章的最后几段谈到中国的园林设计。然而可以肯定，他接触中国事物，特别是孔子学说，还在十多年以前。早在 1671 年，他撰写了《政府的起源及其性质》这篇文章，其中有些议论和孔子学说十分相似。在 17 世纪，谈政治的英国学者、哲学家如胡克、霍布斯，都认为政府起源于"社会契约"，而坦普尔则提出政府起源于"父权"。他的理论为：世界上各种政治组织可以归纳成两类，一是君主政府，二是民主政府，都是从家庭组织演化出来的，在家庭组织里，"父权"是很自然的现象。"家庭是一个小规模的王国，而国家是一个扩大的家庭。"③ 因此，坦普尔主张治家之道就是治国之道。

当然，我们不能据此就断定坦普尔受了中国的影响。因为"父权"说在西方也有其背景。希腊罗马的史诗、摩西的经典，以及欧洲各国初民时代的种种传说，都反映了父权社会的组织。而且此学说在柏拉图的法律论，尤其是在亚里士多德的政治论中，早已说得明明白白。总之，坦普尔的"父权"说，在西方自有其历史背景。不过有一点值得注意，即这种理论不管有没有受了中国儒家的影响，在性质上都与儒家学说十分接近。也许因为这一点，坦普尔对于孔子的书发生特殊的兴趣，这在他于 1683 年完成的《英雄德性论》里是很明显的。

坦普尔同当时一般英国人不同，他具有世界的眼光。他能对大家不甚留意的远方发生兴趣，如东方的中国、西方的秘鲁、北方的鞑靼、南方的阿开迪亚。在他眼里，这些远方的民族不但可以提供事实，而且可以启发思考。坦普尔所举的英雄里，有孔子和亚历山大，但也

---

① 平托 1537 年前往东印度，一直到 1558 年都在亚、非两洲各地游览，其游记因文笔优美颇受欢迎，被译成多种语言，广为传诵。

② 转引自范存忠：《中国文化在启蒙时期的英国》，12 页，上海，上海外语教育出版社，1991。

③ 转引自范存忠：《中国文化在启蒙时期的英国》，13 页，上海，上海外语教育出版社，1991。

有不少是神话与传说里的人物。在《英雄德性论》里，坦普尔系统地叙述那个"伟大的古老的中华帝国"时，对孔子的学说特别感兴趣。原来，在《政府的起源及其性质》中，他已指出管理政府的人比政府的机构更为重要。他说：

> 凡是由最好的人管理的政府便是最好的政府；而且……政府的管理形式多种多样，但是其间差别远不及政府管理人员的品格来得巨大。古时候有一种说法，叫做在最好的政府里帝王就是哲人，或哲人就是帝王。如果说，哲人是指聪明的人，那也就是这样的意思。①

此道理可以说是柏拉图的，但在中国儒家的经典里也可以找到充分的表现。儒家谈论政府时，所看重的总是人治而不是法治。他们心目中理想的统治者是帝尧、帝舜和大禹。据说，帝尧首先是修身，然后"亲九族"，启迪人民，最后才"协和万邦"。尧传舜，舜是以"大孝"出名的人。舜传禹，禹是征服"滔滔洪水"的人。那三位古代帝王都是从"修身"开始，然后"齐家"，再往后"治国"，最后"平天下"。儒家的经典里很少谈论政府的组织机构。《中庸》是坦普尔所阅读的书籍之一，该书第二十章有几段常被引用的话：

> 哀公问政。
> 子曰："文武之政，布在方策。其人存，则其政举；其人亡，则其政息。"
> 人道敏政，地道敏树。夫政也者，蒲卢也。
> 故为政在人。②

坦普尔对于中国儒家所主张的"为政在人"之说是理解的。他仔细读过柏应理③等人《大学》、《中庸》、《论语》的拉丁文译本，也就是他所谓"最近法国出版的《孔夫子》著作的拉丁文译本"。他对"孔子的著作"是这样理解的：孔子的著作，似乎是一部伦理学，讲的是私人道德、公众道德、经济上的道德、政治上的道德，都是自治、治家、治国之道。他的思想与推论，不外乎说："没有好的政府，百姓不得安居乐业，而没有好的百姓，政府也不会使人满意。所以为了人类的幸福，从王公贵族以至于最微贱的农民，凡属国民，都应当端正自己的思想，听取人家的劝告，或遵从国家的法令，努力为善，并发展其智慧与德性。"④

---

① ［英］坦普尔：《文集》，第 1 卷，50 页。转引自范存忠：《中国文化在启蒙时期的英国》，14 页，上海，上海外语教育出版社，1991。

② 殷铎泽等译：《中庸》，拉丁文译本，8 页，巴黎，1672。

③ 柏应理（1624—1692）是清初来中国的天主教传教士，生于比利时。顺治十五年（1658 年）抵澳门，先后在江西、福建、湖广、浙江、上海、苏州等地传教。康熙十年（1671 年）赴罗马汇报教务，带去上海教徒捐赠的礼品以及在中国的传教士所译著的书籍四百多册。1687 年在巴黎刊行《大学》、《中庸》、《论语》的拉丁文译本。曾与恩里格（1624—1684）、殷铎泽（1625—1696）和鲁日满（1625—1676）共同把《大学》、《论语》和《孟子》译成法文。

④ ［英］坦普尔：《文集》，第 3 卷，323 页。转引自范存忠：《中国文化在启蒙时期的英国》，15 页，上海，上海外语教育出版社，1991。坦普尔是英国崇敬中国和孔子的突出代表，英国人对中国的钦羡在他身上达到了顶点。他认为，中国两个最大的英雄（导师或先师）是伏羲和孔子，孔子是"最有学问、最有智慧、最有道德的中国人……孔子留下的遗训之一是：每个人必须学习并努力改善自己的天然理性，尽可能使之臻于完善，从而使自己在生活中的行为永远不会（或尽可能少）背离自然法则。"［英］坦普尔：《杂文五篇》，112～114 页。转引自许明龙：《欧洲 18 世纪"中国热"》，232～233 页，太原，山西教育出版社，1999。

关于孔子的为人，坦普尔可谓推崇备至。他说，孔子是一位极其杰出的天才，学问渊博，德行可配，品行高超，既爱自己的国家，也爱整个人类。在《讨论古今的学术》一文中偶然提到中国，也都称颂一番，说"中国好比是一个伟大的蓄水池或湖泊，是知识的总汇"。他认为古代人做学问，也同近代人一样，需要有人指路，而担任引路的人，大概来自印度和中国。为什么？他列了四点："民性中和，地域清静，气候均匀，而又有长治久安之国。"①这种说法和半个世纪后孟德斯鸠、伏尔泰的思想有些相近。在另一段里，坦普尔把孔子的思想与希腊哲学相提并论："希腊人注意个人的或家庭的幸福；至于中国人，则注重国家的康泰。"② 这种议论是否正确，值得推敲。可是他能把孔子与希腊哲学家相提并论，说明他胸襟开阔，具有远大的学术眼光。

坦普尔认识到，孔子的学说是实用的社会道德，而不是形而上学的哲学思辨；孔子主张国家利益高于个人私利，赞扬勤勉和宽容，鼓吹渐进的革新，避免激烈的变革。他认为这些都是治理国家的正确原则。在坦普尔看来，依据孔子所规定的原则建立起来的中国政体理所当然：

> 是绝对君主制，除了皇帝的旨意和命令便没有其他法律……中华帝国看来是以最大的力量和智慧，以理性和周密的设计建立并进行治理的，实际上它胜过其他国家人民和欧洲以他们的思辨能力和智慧所想象的政体，诸如色诺芬的体制、柏拉图的共和国、乌托邦以及现代作家的大西洋国等等……如果马可波罗、卫匡国、基尔歇以及其他人不曾以他们用意大利文、葡萄牙文以及荷兰文写成的著作对此提供了证明，这个国家的人口、力量，皇帝的财富和收入，公共建筑和公共工程的雄伟，简直就无法令人相信。③

纵观坦普尔的言论，不能不承认他已尽了介绍之能事。他所收集的材料大半得之于耶稣会的教士，按当时文献仔细推敲，并没有多少独到之处。但有一点不同：耶稣会教士的书是写给教士们看的，而他的文章是写给一般人看的。教士们的书总脱不了教会气，累赘沉闷是其通病。至于坦普尔的文章，既轻松又流畅，为 18 世纪的散文家作出了榜样。他的集子，在 18 世纪至少翻译印行 10 次。毫无疑问，一般读者曾从那几篇文章里得到了一些关于中国和关于孔子的概念。

17 世纪的文人，偶然谈到世界，总说"从巴黎到秘鲁，从日本到罗马"。坦普尔则说："从中国到秘鲁。"这句话——"从中国到秘鲁"，在 18 世纪差不多是一般文人的口头禅。

二、哥尔斯密的《世界公民》——从中国"士大夫"角度看英国的政法制度

哥尔斯密（Olirer Goldsmith，1730—1774 ）是英国著名的文学家和政治家，其代表作《世界公民》与中国的文化密切相关。

---

① ［英］坦普尔：《文集》，第 3 卷，50 页。转引自范存忠：《中国文化在启蒙时期的英国》，15 页，上海，上海外语教育出版社，1991。

② ［英］坦普尔：《文集》，第 3 卷，343 页。转引自范存忠：《中国文化在启蒙时期的英国》，15 页，上海，上海外语教育出版社，1991。

③ ［英］坦普尔：《杂文五篇》，117、121、122 页。转引自许明龙：《欧洲 18 世纪"中国热"》，233 页，太原，山西教育出版社，1999。

1760 年 1 月 24 日，刚刚创刊才 12 天的《伦敦公簿报》（当时英国唯一的日刊）发表了两封信：一封是荷兰阿姆斯特丹某商人写给伦敦某商人的短信，带信人来自中国河南，刚到伦敦不久，是一个"哲学家"，为人正派，懂英语。另一封是一个名叫李安济·阿尔坦基 (Lien Chi Altangi) 的中国人写给荷兰人的信。信中谈了对伦敦的印象，说伦敦市区空气沉闷，英国号称富裕，其实很贫乏。这两封信便是哥尔斯密的名作——《中国人信札》① 连载的开始。连载持续了好几个月，共发表了 119 封信。1762 年，哥氏收集旧作，修订之后，增加 4 封信，合为 123 函，印成 8 开本的两大册，题名《世界公民》，副标题为《中国哲学家从伦敦写给他的东方朋友的信札》。内附铜版插图一幅，绘着一个中国人，长袍、凉帽、八字须，翘着几根葱管似的手指，站在花园里，跟一个英国女子聊天。②

哥尔斯密在这部著作中，借用一个中国哲学家的口吻发表了大量的对英国社会乃至欧洲社会各类大小问题的看法。这种写作形式，在当时欧洲和英国是人们常用的，最著名的便是孟德斯鸠的《波斯人信札》；而且就在哥氏此作之前二三年，伦敦就有好几起借用中国人、中国哲学家之口谈时事的事情，有意思的是还都用了"李安济"这个名字。这主要与当时英国政治状况有关：内部，英国政党斗争正是白热化，三大党派巨头彼此攻讦，旧的内阁垮台，新的内阁迟迟组织不起来；外部，英国与法国正进行"七年战争"，英国军事形势不利，在地中海地区战败，又在北美吃了败仗。于是，人们开始对朝政激烈地批评和反省。至于大家都借用中国哲人之口，主要是由于 18 世纪中叶，正是中国趣味、中国风格渗透到欧洲社会各个方面的时代，而欧洲社会的剧烈动荡和变化也必然需要借助外来文化的刺激。另外，与英国竞争中的法国，正领导着欧洲启蒙运动的思想潮流，而这些启蒙运动的巨子们，无不重视中国文化，而且大多数都以肯定的态度来对待中国文化，这对英国思想家也是一个启示。哥氏作品的诞生，就与上述因素直接有关。当然，撇开时论的一面，哥氏作品所具有的文化意义，也将是更为持久的。

哥尔斯密在《世界公民》中一再表明了他爱整个人类，爱各种人类创造的文化与思想。他批评当时一些欧洲游历家缺乏文化素养和文化意识，认为传教士和商人们在东方之行后普遍都没有完成一个游历家最有意义的任务。他指出，游历家应是有知识、有教养的文化使者，他们不在于描述岩石与河流，不在于勘察古庙里的断碑或采集海滩上的贝壳，而在于深入民间描绘风俗习惯、工艺发明和学术水平，因为启蒙思想家们认为，人们的正常研究对象就是人——人的生活习惯、社会活动以及发明创造与文化成就。哥尔斯密自己曾游历了欧洲不少地方，他也有过游历东方的设想，可惜未能实现。于是他把其笔下的中国主人公，当作了他所理想的游历家的化身。这个李安济在到达伦敦之前，经过了七百多天的旅程，既保持了中国人的眼光，又摆脱了乡土观念和民族偏见，对诸事物发表了各种评论，因而自称"世

---

① 值得注意的是，法国的阿尔让斯侯爵（1704—1771）也有一部作品叫《中国人信札》（6 卷本，1755 年）。在这部虚构的游记中，阿尔让斯通过接受过很好的欧洲科学教育、受到过驻北京的英国商人栽培的中国游历家的眼光和足迹，引领人们进入法国和欧洲社会的内部，从民族风习到宗教信仰，从伦理道德到哲学思想、议会、法律，乃至到婚俗、性道德，进行广泛的观察和比较，并借助中国文化的参照进行相当深广的批判。从一定意义上看，游记《中国人信札》实际上是一部哲学研究、哲学批判的著作，所构想的中国游客都是具有很高智商、具备"哲学头脑"的人，这种创作的主导思想，对哥尔斯密有着直接影响。具体内容参见钱林森：《光自东方来——法国作家与中国文化》，135~151 页，银川，宁夏人民出版社，2004。

② 参见范存忠：《中国文化在启蒙时期的英国》，161~162，上海，上海外语教育出版社，1991。

界公民"①。哥氏把他叫做"哲学家"、"学者"或"哲学流浪者"。他还把"世界公民"和中国的政治思想、哲学思想联系起来，写道："孔子说过，读书人的责任在于加强社会的联系，而使百姓成为世界公民。"现在人们尚无法查考出哥氏所引用的孔子的话出自何处，但这无疑是他在阐发自己的理想，至少表明了他对中国文化作了这般评价。

在《世界公民》中，中国哲学家对英国人强调中国是一个悠久历史、高度文明的国家。中国文化方面最受赞扬的是政治和道德。第 42 封信里有这么一段，是借北京礼部官员之口说出的：

> 他们（欧洲人）在造船、制炮、测量山脉等技术方面，也许比我们高明；但在那最伟大的艺术方面，在那治国安民的艺术方面，难道也比我们更高明吗？②

接着他说了一些修身、齐家、治国、平天下的道理，还举了历史上诤臣反抗暴君、贤君施行仁政以及明思宗自缢绝命时念念不忘臣民的故事。又说：

> 一个帝国换了多少朝代，还是这个样子；随后虽给鞑靼人征服，但仍保持古代的法典、古代的学术。因此，与其说屈服于外国的侵略者，倒不如说它兼并了鞑靼。一个国家，论幅员可抵欧洲全部，但是服从一种法律，只听命于一个君主，四千年来只经过一度长期革命。这是它的特别伟大之处。因此，我觉得别的国家和它相比，真是微不足道的了。在我们这里，宗教迫害是不存在的，人们的不同主张也没有引起战争。老君（老子）的信徒，崇拜偶像的佛门弟子，以及继承孔子的哲学家，只是通过各自的活动来尽力表达其学说的真实而已。③

换一句话说，中国是一个泱泱大国，有悠久的历史、完整的法律传统、高度发达的文化，而没有欧洲历史上绵延不断的战争特别是宗教战争。字里行间未免把一个东方封建帝国理想化了，但这是当时西欧某些启蒙运动者的看法，这里描绘的正是当年伏尔泰等人所仰慕的中国。

很明显，哥尔斯密介绍中国的思想文物，不是为了介绍而介绍，而是有它特定的意义。像《波斯人信札》一样，《世界公民》是一部讽刺社会、批评社会的作品，它涉及英国的事物是广泛的，包括政治、法律、宗教、道德、社会风尚等。哥氏运用中国事物（或理想化的中国事物）来衬托英国或欧洲的事物，提出感想和评论。从这些感想和评论里，我们更可以窥见中国的思想与哥尔斯密的关系。

哥尔斯密从当时中国"士大夫"的角度来看英国的政法制度，发表了一些有意义的评论。在欧洲启蒙运动者眼里，中国是一个开明君主统治的国家，它有一套合理近情的法律。

---

① "世界公民"一词，论其来源，可追溯到希腊罗马时代的作家，如苏格拉底、柏拉图、西塞罗等。17 世纪后期英国政治家坦普尔谈到荷兰联邦时说，由于商务上的频繁往来，由于各种不同的教义、习俗与仪式发生了相互的影响，各国人民加强了和平友好的联系，好像变成了"世界公民"。18 世纪初期的散文家艾迪生也有类似的说法。哥氏时代，最爱交游的鲍尔自称是个"世界公民"。1752 年，法国出了一本书，叫做《世界公民》。1762 年，英国又出了一本小册子，名为《世界公民吁请各国君主停战书》。这些说明，"世界公民"是当时一般人熟悉的名词。参见范存忠：《中国文化在启蒙时期的英国》，168~169，上海，上海外语教育出版社，1991。

② 转引自范存忠：《中国文化在启蒙时期的英国》，173 页，上海，上海外语教育出版社，1991。

③ 转引自范存忠：《中国文化在启蒙时期的英国》，173 页，上海，上海外语教育出版社，1991。

《世界公民》中的中国哲学家就从这个观点来评论英国的政治制度。他认为，英国的君主立宪虽和中国的开明专制有所不同，也还有其可取之处（第 50 封信）。但他对于英国人所称道的自由，认为与实际不相符合："你在任何场合都可以听到自由之声；千千万万的人会听到自由之声而献出自己的生命，则也许没有一个懂得自由的意义"（第 4 封信）。此外，他对英国的议会选举制度也看不上眼。哥尔斯密参观了 1761 年 4 月间伦敦地区的竞选，场面是十分热闹的，虽不及中国的上元灯节，而大吃大喝则有过之而无不及。候选人的合适与否不取决于才能高低，而取决于款客的丰啬，取决于牛排与白兰地酒的分量。党与党争，派与派争，人们喝醉了酒，还大打出手，好像在表演戏剧（第 112 封信）。

中国哲学家批评得更多的是英国的法律和司法制度。伏尔泰早就说过："在别的国家法律是惩治罪犯的；在中国，法律还有更多的作用，它奖励道德实践。"[1] 哥尔斯密也有类似说法，他说："英国的法律只是惩治罪恶；中国的法律进了一步，它还奖励善行。"（第 72 封信）18 世纪中叶的英国是一个"法令滋彰"的国家，法律愈多，就愈难理解。好比古代巫婆的秘本，谁都尊重它，但很少人看过它，更少人了解它，甚至执行法律的人对许多条文也是聚讼纷纭，结果只能承认无知（第 9 封信）。在这样法网紊乱的情况下，受害最深的是劳苦人。《世界公民》里有一个具体的例子。一位 5 岁丧父的乡村孤儿被人们按照"居住法"从一个教区赶往另一个教区，不得安顿。后来，按照"济贫法"被送入劳动院，学习木工。学习毕业后，出院寻觅工作，路上抓了一只野兔，犯了"狩猎法"，被拘了起来。地方官吏认为他同时还违反了"流浪法"，于是把他送入伦敦新门监狱。过了 5 个月，被人押运上船，卖给海外种植园，充任奴役。奴役期满后，他想尽办法回到英国，不久又给拉去打仗，在 7 年战争中失去了四指一腿（第 119 封）。此外，《世界公民》里另有贫民流入城市的凄惨图画，他们是街头巷尾无家可归的外乡人。哥氏所述的中国哲学家感慨地说："贫苦人的啜泣得不到注意，却受每一专制的吏胥的迫害。每一条法律对别人来说是保障，对他们来说则是仇敌。"（第 117 封信）

此外，法院的腐败与司法人员的舞文弄法、贪得无厌，也增加了法网的祸害。中国哲学家指出，中国有这样的说法：法院好比捕鼠机，进去容易出来难。英国的司法系统就是这样，一个人触了法网，大批司法人员如警察、法务员、法律顾问、律师等都出动了，一个盯着一个，各打各的主意，都想捞上一把，于是一件案子兜三绕四，拖了多少年得不到解决。据说中国有一个寓言，叫做"五物一餐"：

> 蚱蜢吸足了露水，正在隐蔽的地方叫得起劲。这给黄口（小雀）看见了；黄口本来是吃蚱蜢的，于是欠着身子来啄。这给小蛇看到了；小蛇本来是吃黄口的，于是蜷着身子来捉。正在这时，黄雀飞了过来，想攫取小蛇，而鹞子又从上而下来想掠取黄雀。大家悉心掠夺，而不注意自己的危险。于是黄口吃了蚱蜢，小蛇吃了黄口，黄雀吃了小蛇，鹞子吃了黄雀。正在这时，兀鹰从天际直冲而下，张开了大口，把鹞子、蚱蜢、黄口等一下子都吞了。（第 98 封信）[2]

---

① 《伏尔泰全集》，第 11 卷，175 页。转引自范存忠：《中国文化在启蒙时期的英国》，176 页，上海，上海外语教育出版社，1991。

② 转引自范存忠：《中国文化在启蒙时期的英国》，177 页，上海，上海外语教育出版社，1991。

哥尔斯密没有注明出处，但底本显然是"螳螂捕蝉，黄雀在后"的故事。①

哥尔斯密运用中国寓言来揭露英国司法人员如何舞文弄法、从中取利，也揭露了英国司法系统吃人的本质。

这样，哥尔斯密运用他所接触到的中国社会理想和政治理想，如开明的统治、奖善罚恶的法律制度、合理近情的道德准则，通过他创造的中国哲学家来对英国社会进行评论。《世界公民》里这类文字一般能切中时弊，也能引起当时和后代社会改革家的注意。但同时必须指出，他也运用了中国宗法社会流行的一些保守、落后的思想或观点来讨论历史、道德、法律等问题，在某种程度上影响了其揭露的程度，也削弱了他批判的力量。在这类思想中，比较突出的是历史循环论，即中国古代所谓"天道循环、无往不复"的思想。在第63封信里，哥尔斯密的中国思想家感慨地说，许多国家都在走下坡路了，中国也是"今不如昔"了。法律比以前受了更多的金钱腐蚀，商贾比以前表现出更多的取巧行为，艺术科学也不及以前活跃了。为什么会这样呢？这是自然演化，好比时令季节的变换，不是人力所能控制的。对个人来说，有一得一失、一荣一辱。每个国家也都在事物的自然循环之中，政治上有一治一乱，经济上也有一盛一衰，《世界公民》第25封信里阐述辽国的兴亡，就体现了此道理。

应该说，和伏尔泰相比，哥尔斯密是逊色的，他谈中国不像前者那样系统，对中国文化的爱好也没有前者那么样深挚。在哥氏那里，还没有较好地分辨中国哲学的各个派别，老子、孔子、庄子、墨子、朱子的话都出现过，有时张冠李戴，有时杜撰了几句语录，更多的是"六经注我"式地发挥一通，这是他的局限。与此同时，也应当历史地肯定他对时代的贡献。哥氏对于东方的一个文明古国具有向往之情，并认为这个文明古国的思想、制度在不少方面，对当时英国社会能起借鉴作用；他觉得中国的思想系统与中国的法律制度所孕育出来的公民，能对英国社会提出切中时弊而又合理近情的评论，以此启迪人们的智慧、开导人们的头脑。在酝酿写作《世界公民》的过程中，哥尔斯密广泛地接触了中国的思想及制度。那么，中国的思想对他到底有多少影响呢？我们不能说中国的思想及制度改变了他的头脑，但是完全可以肯定，他从中国的材料里找到了自己正在寻找的东西——高度发展的民族智慧以及他认为比较合理近情的政治制度，作为批评英国社会的论据。《世界公民》里有许多中国哲学家的话语实际是哥尔斯密的话语，也有不少话语一向被认为是哥氏自己的意见后经考核实在是"中国人的议论"。哥尔斯密与中国哲学家之间，思想上颇多契合之处。因此，《世界公民》里的中国材料不是可有可无的东西，而作为"世界公民"的中国哲学家也不是一个可有可无的人物。②

从中国的法律文化与英国启蒙运动的关系来看，《世界公民》应该说是一个值得注意的里程碑。

---

① 《说苑九·正谏》说：园中有树，树上有蝉。蝉高居悲鸣饮露，不知螳螂在其后也；螳螂委身曲附欲取蝉，不知黄雀在其旁也；黄雀延颈欲啄螳螂，而不知弹丸在其下也。此三者皆务欲得其前利而不顾其后之有患也。

② 参见范存忠：《中国文化在启蒙时期的英国》，183页，上海，上海外语教育出版社，1991。

第二节
亚当·斯密：用经济的眼光看待中国长期停滞的原因

亚当·斯密（Adam Smith，1723—1790）是英国著名经济学家，近代经济思想史上最有代表性的思想家。与那时其他伟大思想家一样，他也是一个有着丰富的中国文化知识的人，亦对中国文化发表过许多见解，正是这些见解，确立了他的中国文化观承先启后的地位。

西方学者马弗利克认为，亚当·斯密的《道德情操论》（1759 年）一书，可能直接受到中国古代道德伦理思想的启发。其具体论据是，法国传教士杜赫德于 1735 年出版的《中华帝国全志》中，收录了《孟子》一书的节译本，第一次把孟子学说比较详细地介绍给广大欧洲读者，而孟子的性善说"可能促使亚当·斯密撰写《道德情操论》"①。在其不朽名著《国民财富的性质和原因的研究》（1776 年）中，斯密着眼整个亚洲或东方世界而间接论及中国问题者，俯拾皆是；直接论及中国经济问题的段落，竟达三十多处，包括诸如中国的财富、消费、人口、土地、所有权、农业、制造业、国内商业、对外贸易、水陆交通、工资、利润、利息、货币以及政治、法律等问题，有的分析相当精细。

在《国民财富的性质和原因的研究》（简称《国富论》）关于中国和中国文化的论述中，人们可以强烈感觉到的一个思想，就是长期以来令世人困惑不解、感慨不已的大问题：悠久而灿烂的文明古国，何以会长期落伍，落后至此？亚当·斯密不仅早于我们近两百年提出了这一问题，而且贡献了自己独到的见解。

问题是这样提出的，他写道："中国一向是世界最富的国家，就是说，土地最肥沃，耕作最精细，人民最多而且最勤勉的国家。然而，许久以来，它似乎就停滞于静止状态了。今日旅行家关于中国耕作、勤劳及人口稠密状况报告，与 500 年前视察该国的马可·波罗的记述比较，似乎没有什么区别。"② 斯密列举了许多事例来说明这种停滞状态，如：中国劳动工资低廉和劳动者难于赡养家属；中国技工为乞求工作而不断在街市东奔西走；广州附近数千户水上家庭争食欧来船舶投弃船外的最污秽废物；各大都市每夜总有若干婴孩被遗弃街头巷尾，或者像小狗一样投在水里……斯密不仅提出问题，而且力图解答问题。

他大体从三个方面分析中国社会长期停滞的原因：停滞于农业和农业的停滞，对工业和商业的轻视，中国的法律制度已到了极限。

一、停滞于农业和农业的停滞

亚当·斯密认为，一个国家的产业会按照这样一个自然顺序发展：农业——工业——国外贸易。所以，"任何一种学说，如要特别鼓励特定产业，违反自然趋势，把社会上过大一部分的资本拉入这种产业，或要特别限制特定产业，违反自然趋势，强迫一部分原来要投在

---

① 转引自谈敏：《法国重农学派学说的中国渊源》，5 页，上海，上海人民出版社，1992。
② ［英］亚当·斯密：《国民财富的性质和原因的研究》，上卷，65 页，北京，商务印书馆，1972。

这种产业上的资本离去这种产业，那实际却和它所要促进的大目的背道而驰。那只能阻碍，而不能促进社会走向富强的发展；只能减少，而不能增加其土地和劳动的年产物的价值"①。这里所指的学说，就是重农主义的学说，而被重农学派作为范例的中国经济状况也理所当然地被亚当·斯密用来作为批评重农主义的一个典型。

亚当·斯密充分估计了中国在农业方面的有利因素，他不仅看到中国较墨西哥或秘鲁等新大陆国家更为富裕，而且看到中国也有明显优于欧洲之处。这主要在于中国土地的耕种和劳动的年产物是难以匹敌的。但他同时又毫不客气地指出：中国就是一个特别注重而且只是特别重视农业的国家，"在中国，每个人都是想占有若干土地；或是拥有所有权，或是租地"②。"中国政府的政策，也就特别爱护农业。"③ 斯密用这一观点，解释了曾为不少西方学者、传教士、旅行家所赞赏的关于中国政府重视公路、通航水道等公共设施的建设情况，认为这也是中国政府重视农业的一个例证，因为土地税或地租几乎是中国君主收入的唯一源泉，为了使土地生产物又丰盈又有价值，"必须使国内各地方的交通既极自由，又极方便，极便宜"④。这对于并非主要依赖于土地税和地租的欧洲各国，就不那么重要了。但是，中国对农业的特别鼓励，"却归根到底实际上妨害了他们所爱护的农业"。停滞于农业的国策，带来的是农业停滞的结果。例如，中国政府和君主特别关心土地的耕作和改良，关心国内水道和陆路交通的扩展，是由于在中国实行一种可变额土地税。"中国帝王的主要收入，由帝国一切土地生产物的十分之一构成"，这种地税或地租，像欧洲的"什一税"一样，包含一定比例的土地生产物（据说是五分之一），或由实物交付，或估价由货币交付。随各年收获丰歉的不同，租税也一年不同于一年。这种税制使君主和政府能够坐享地主和农夫改良和精心耕作土地的利益，却抑制和伤害了土地经营者、耕作者的积极性，所以，这种税制具有"破坏性"，是一种"恶税"。当然，问题的症结并不在于税制，而是使这种税制带有必然性的理论（重农主义）和政策（中国政策）。

二、对工业和商业的轻视

亚当·斯密并不一概否定中国的制造业和商业，他曾指出中国东部的几个省，在极早的时候就有了农业和制造业的改良。直到近代，中国的工艺和制造业也远较南美国家进步；与欧洲比，也相差不远。但中国对工业和制造业的轻视，却是由来已久的事实。他写道，据说中国农村劳动者的地位与工资比大多数技工和制造工人高，欧洲技工总是漫无所事地在自己工场内等待顾客，中国技工却是携带器具为乞求工作而不断在街市东奔西走。中国对商贸尤其是对外贸易的忽视，更是千年如一。他用感慨的语气说：

> 中国东部各省也有若干大江大河，分成许许多多支流和水道，相互交通着，扩大了内地航行的范围。这种航行范围的广阔，不但非尼罗河或恒河所可比拟，即此二大河合在一起，也望尘莫及。令人奇怪的是，古代埃及人、印度人和中国人，都不奖励

① ［英］亚当·斯密：《国民财富的性质和原因的研究》，下卷，252页，北京，商务印书馆，1972。
② ［英］亚当·斯密：《国民财富的性质和原因的研究》，下卷，240页，北京，商务印书馆，1972。
③ ［英］亚当·斯密：《国民财富的性质和原因的研究》，下卷，246页，北京，商务印书馆，1972。
④ ［英］亚当·斯密：《国民财富的性质和原因的研究》，下卷，292页，北京，商务印书馆，1972。

外国贸易。①

如果说在古代由于种种原因还有情可原，那么到了近代仍停留在古人那里，无疑是作茧自缚。

亚当·斯密记载了这么一段轶事：当俄国公使兰杰来北京请求通商时，北京的官吏以惯常的口吻对他说："你们乞丐般的贸易！"② 接着，斯密说，除对日本，中国人很少或完全没有由自己或用自己船只经营国外贸易。允许外国船只出入的海港，也不过一两个。"所以，在中国，国外贸易就被局限在狭窄的范围。要是本国船只或外国船只能比较自由地经营国外贸易，这种范围当然就会大得多。"③ 重农和抑商，成为中国封建社会的经济政策的一对怪胎，谁是真正的致畸者？亚当·斯密追究到了中国的法律制度。

三、中国的法律制度已到了极限

一国的停滞和静止，可能是因自然资源、领土、资本的局限或饱和等情况而造成。但亚当·斯密却一再指出，中国的法律制度难逃责任：

也许在马可·波罗时代以前好久，中国的财富就已完全达到了该国法律制度所允许的发展程度。④

中国似乎长期处于静止状态，其财富也许在很久以前已完全达到该国法律制度所允许有的限度。若易以其他法制，那么该国土壤、气候和位置所可允许的限度，可能比上述限度大得多。一个忽视或鄙视国外贸易、只允许外国船舶驶入一二港口的国家，不能经营在不同法制下所可经营的那么多交易。⑤

近代中国人极轻视国外贸易，不给予国外贸易以法律的正当保护。⑥

对于中国的法律制度，亚当·斯密谈得不很具体。他通过亚洲各国常有藏匿财产的现象，分析得出"这是一种国家专制和君主暴虐下的产物，人民财产随时有受侵害的危险"⑦。他还谈到中国鄙视国外贸易，实际上是对其他法制国家的不宽容，甚至是出于使邻国陷于贫困境况的目的。另外，他抨击了中国造成一大批从事生产性劳动的人员，这不仅对创造国民财富不利，而且导致贫富的严重分化和对立，大鱼吃小鱼的现象在执行法律的借口下堂而皇之地存在着，隶役（"家仆"）制度、高利贷制度都远甚于欧洲，特别是形成了一大批营私舞弊、敲诈勒索的官吏阶层，这些人都在征收实物的税收制度下，成为社会的蛀虫、人民的压迫者和陈规陋习的维护者。⑧

显然，中国的历史进程并没有沿着农、工、贸的"自然顺序"走下去，而是停滞在那种把农业看作"原始目标"和"原始职业"的状态，后来的政治和法制只不过是强化了这种原

---

① ［英］亚当·斯密：《国民财富的性质和原因的研究》，上卷，19页，北京，商务印书馆，1972。
② ［英］亚当·斯密：《国民财富的性质和原因的研究》，下卷，246页，北京，商务印书馆，1972。
③ ［英］亚当·斯密：《国民财富的性质和原因的研究》，下卷，246页，北京，商务印书馆，1972。
④ ［英］亚当·斯密：《国民财富的性质和原因的研究》，上卷，65页，北京，商务印书馆，1972。
⑤ ［英］亚当·斯密：《国民财富的性质和原因的研究》，上卷，87页，北京，商务印书馆，1972。
⑥ ［英］亚当·斯密：《国民财富的性质和原因的研究》，上卷，67页，北京，商务印书馆，1972。
⑦ ［英］亚当·斯密：《国民财富的性质和原因的研究》，上卷，260页，北京，商务印书馆，1972。
⑧ 参见程利田：《中国文化对17、18世纪英国政论家的影响》，载《南平师生学报》，1999（5）。

始状态，使之变畸，更无法向其他产业作重点转移，从而中国失去了向前发展的机会和动力。

亚当·斯密相信，中国只有摆脱封建制度的束缚，才会改变停滞不前的状态而重新走上经济增长的道路。①

第三节
李约瑟：从科学角度看待中国儒学

李约瑟②（Joseph Needham，1900—1995）是英国杰出的生物化学家、近代化学胚胎学的奠基人和科学史家。1942 年，他接受英国政府派遣，来到中国，任英国驻华使馆科学参赞，继而负责筹建"中英科学合作馆"（Sino-British Science Cooperation Office）。在华 4 年中，他的思想发生了转变，决定从事中国科学技术史的研究工作。从而当他 1948 年从巴黎回到剑桥时，已变成了另一个人，在信仰上"皈依"到中国文化方面，成为思想上带有不少中国色彩的西方学者。

李约瑟原计划在 1954 年出版两卷本的《中国科学技术史》，但随着研究计划的不断发展，到 1995 年李约瑟去世时，《中国科学技术史》已经出到了第 18 卷，并且数量至今还在不断累积。③从科学史的角度看，这部巨著打破了西方人长期坚持的中国历史上无科学的观点，使西方人认识到中国文明在世界历史上有着特殊的地位，使中国的辉煌的古文明广为西方人所知。④从法律史的角度说，李约瑟在其中研究了中国官僚制代替西方的资本主义的原因，对儒家和封建官僚社会与科学发展之间的关系予以探讨，并强调伦理学体系是中国文化对世界的伟大贡献。

一、在中国，官僚制代替了西方的资本主义

李约瑟从商人和文官在中国古代社会的地位出发，探究中国封建官僚政治的性质。

在李约瑟眼里，随着社会的发展，欧洲发生了商人势力的兴起，商人在政治上具有重要的地位。当欧洲封建制解体时，它让位于资本主义。而中国的情况是什么样子呢？中国不同时期有不少商人，某些是很有力量的，但从没有在整个国家的政治经济中占有一席位置，他们从未具有同样的政治上的重要性。中国官僚统治制度两千多年来使国家最优秀的人才成为

---

①　此后英国的密尔父子也认为东方强有力的官僚制度阻碍了经济发展，使大半亚洲农业文明处于长期停滞的状况。这一评语与亚当·斯密关于中国长期处于静止状态的分析，十分相似。

②　本名为约瑟夫·尼达姆，李约瑟是其汉名。

③　李约瑟去世后，《中国科学技术史》的研究编纂工作从未停止。从采矿、农产品加工到林业，很多作者仍继续致力于中国科技史的研究。2008 年的最新成果是第 5 卷的第 11 部分，每一部分都是一本书。这次是一本关于钢铁冶金的 512 页大开本书，作者是唐纳德·瓦格纳，是该系列的第 24 本。参见《李约瑟："那个热爱中国的人"》，载《参考消息》，2008-07-02。

④　"他改变了西方世界对中国文明落后无望的错误评价。"《李约瑟："那个热爱中国的人"》，载《参考消息》，2008-07-02。

文官。虽然商人可以得到巨大的财富，但他们从得不到保证。他们要受到禁止奢侈的法令的约束，并因缴纳苛捐杂税而被夺去财富，还要受到官府的其他各种干预。再则，他们从未到达自己的神圣境界。每个朝代，即使是有钱的商人的子弟，唯一的奢望就是进入官僚行列。这就是那些通过各种渠道进入上层社会的士绅们的世界观。在他们看来，这就是他们的声望的价值所在。由于这种情况占上风，因而这对那些商业阶层的人来说，要在中国旧时获得欧洲文艺复兴时期商人能得到的有权有势的地位，显然是不可能的。①

> 两千多年来中国是一个否认商人（无论是金融家还是企业家）在国家事务中的领导作用的社会……在中国的社会中存在着一种固有的反商业主义的思想。②

很显然，"维持基本的农业社会结构，比从事（如果允许的话）任何形式的商业或工业发展活动更为有利于朝廷和官僚士大夫"③。因此，在中国封建制被破坏后，并没有像西方那样兴起资本主义，而是"中国发展了西方所不熟悉的特殊的社会制度，'亚细亚官僚制度'"④。文官被深深地卷入到中国的社会生活，到处都是官僚制的意识，甚至在民间传说中，对神怪和神仙都按官级给出了官衔。⑤

接下来的问题便是，中国官僚制即中央集权制是如何起源的呢？

李约瑟分析说，在西方，特别是西欧，那里有足够的雨量，而河流在河床上正常流入大海，只有少数地区有严重水患或干涸之险。欧洲许多地区的谷物是丰富的，人们不需要做大量蓄水或灌溉工作。但在中国，却是一个多么不同的情景！对中国农业来说，到处都绝对需要灌溉。学者们说，中国需要进行的灌溉和蓄水工程比世界任何其他人民都更为显著得多。世界上没有另外的水利工程像大运河那样把北方的都城与南方区域连接起来。"为了从事这

---

① 在中国经商的风险很大，而商业发展的可能性则受到严重限制。对于例外地获得成功的商人及其继承人来说，从商业中退出具有很大的诱惑力；由于只有那些受过教育、能进入文官"绅士"的特殊集团的读书人才有社会地位，因而这种诱惑力就更为强烈。既然研读经典能使他进入上流社会，谁会想成为一个有钱的暴发户呢？这取决于一个人的生活目标是什么；但在中国经商赚钱并不是最受人赞扬的正统的谋生之道。因此，经商赚来的钱往往倾向于购置土地和其他不动产，或者购买奢华物品，甚至购买官位（只要有可能的话），但是不用于工业投资。在后来的几个世纪里这种局面几乎得不到改进。仅仅到18世纪才出现了著名的山西商人的汇兑（票号），而且其用户也局限于一个相当封闭的集团内。商业承诺（如在偿还债务时）的保证仍然往往是依赖道德原则而不是法律；而有钱的人仍然不愿意为制造业提供资金。中国并未建立起发达的信用制度，"信用的扩张仅仅是一种特殊环境里的私人爱好，而不是一种普遍的实践。虽然行商和坐贾之间的长久联系（这种联系有时延续好几代人）变成了一种兄弟般的合作关系，但他们各自的活动不可能合并，他们之间的关系也不可能制度化。中国从未实行过信函购买，至于长期订货和自动交货则闻所未闻。这种局面表明：由于没有信用制度，任何人在他本人不在场时就不可能扩展其商业活动"。不发达的信用制度确实与缺乏严密的商业法有联系。"但在传统中国几乎不可能制定出以西方法律为模式的法律。通过一种独立的司法制度来实施这类法律，涉及到承认财产权利的绝对性，这与中国社会的价值观及其社会组织原则相抵触。这些价值观和原则所支撑的传统中国的政治结构建立在一个前提的基础上，即公共利益往往先于私人利益。如果抛弃这一前提，这个广袤的帝国的官僚政府就会彻底崩溃。当然，诚实胜过法律制裁；但现代社会是否仅仅依靠诚实就能建立起来，这是很值得怀疑的。"潘吉星主编：《李约瑟文集》，297～300 页，沈阳，辽宁科学技术出版社，1986。

② 潘吉星主编：《李约瑟文集》，300 页，沈阳，辽宁科学技术出版社，1986。

③ 潘吉星主编：《李约瑟文集》，301 页，沈阳，辽宁科学技术出版社，1986。

④ 潘吉星主编：《李约瑟文集》，91 页，沈阳，辽宁科学技术出版社，1986。

⑤ 在今天当笔者到中国的县城时，仍看到用红纸贴在墙上的条幅，上面写着："天官赐福"。在西方没有这类东西，也从没有这类文官。参见潘吉星主编：《李约瑟文集》，91 页，沈阳，辽宁科学技术出版社，1986。

些巨大的工作，需要管理数百万劳动力，而这就产生了官僚制度。在那些年代里，没有蒸汽炉，没有大卡车，也没有铁路，所有这一切都是靠'苦力'来作的……管理这大批人便产生了官僚制。"[1]

还必须考虑到中国具有与欧洲的半岛特征相对的大陆特征。欧洲特有的单位是商业城邦，欧洲的水陆分布状况使得欧洲很早就重视航海活动并导致了一种商业经济。相反，中国那完整的大片陆地却导致了一个城镇网，这些城镇由地方行政官"为皇帝掌管"，有上百个农业村庄分布在每座城镇的周围。人们必须经常将希腊城邦和中国的县放在一块作比较。既然官僚统治至高无上，而且文职人员权力极大，那么任何其他类型社会的发展就受到了阻碍，而商人则往往地位低下，不能掌握国家大权。中国的商人的确有同业公会，但这些同业公会从未达到在欧洲那样的重要地位。[2]

二、封建官僚社会对科学的影响

人们可能会问，封建官僚制度（也就是官僚政治）对中国古代科学技术发展的长期影响究竟是什么？[3]

李约瑟认为，在中国古代社会中，某些科学是正统的，另一些则不然。历法及其对以农为主的社会的重要性，以及在较小的程度上对国家星占学的信仰，使天文学成为一门永远正统的科学。数学被看作是有学问的人从事的职业，物理学在某种程度上也是这样。尤其是当人们投身于具有中央集权官僚政治特点的建筑工程时，中国官僚社会所需要的大型灌溉和水土保持工程，不仅意味着水利工程在古代学者中间受到偏爱，而且有助于稳定与支持这种社

---

① 潘吉星主编：《李约瑟文集》，92 页，沈阳，辽宁科学技术出版社，1986。

② "在这里我们可以说，我们触及到了中国文明没有产生近代技术的主要原因，因为正如人们普遍承认的那样，在欧洲，技术的发展与商人阶级权力的增大有密切关系。这也许是一个谁来提供科学发展的资金的问题。这既不是皇帝也不是封建领主，因为他们不是欢迎而是害怕发生变化。但这件事落在商人身上，他们会为了发展新的贸易方式而资助科学研究。中国社会已被称为'官僚封建主义'社会，这大大有助于解释为什么中国人虽然对科学和技术作出了光辉的贡献，却没有能像他们的欧洲同伴那样冲破中世纪的思想束缚，进入我们所谓的近代科学技术同列。其中的一个重要原因是，中国基本上是一种水利农业文明，其结果是阻止商人权力的扩大，这与欧洲的畜牧航海文明形成了对比。我觉得，如果我使诸位对于中国人在过去对科学技术的卓越贡献产生了某种兴趣，我就完成了我的任务。要是没有这种贡献，就不可能有我们西方文明的整个发展历程。因为如果没有火药、纸、印刷术和磁针，欧洲封建主义的消失就是一件难以想象的事。诸位还会看到，如果充分考虑了环境条件，欧洲人由于产生近代科学而得到的赞扬就不会有那么多，而我们的中国友人也不应该由于未能做到这件事而受到那么多的指责。人的能力处处皆有，但有利的条件却并非如此。"潘吉星主编：《李约瑟文集》，122～123 页，沈阳，辽宁科学技术出版社，1986。

③ 李约瑟从未完全搞清楚中国的发明创造为何干涸。其他学者给出了各自的解释：中世纪帝国时期对官位的一味追逐以及经商阶层的缺乏使其无法形成竞争和自我改进意识；中国相对于欧洲小国的绝对规模，使其无法产生由激烈对抗培育出的科技竞争，以及中国的极权主义。参见《李约瑟："那个热爱中国的人"》，载《参考消息》，2008-07-02。英国著名经验主义哲学家休谟在《论艺术和科学的兴起和进步》一文中，谈到了中国的科学进步为何如此缓慢："在中国，似乎有不少可观的文化礼仪和学术成就，在许多世纪漫长的历史发展过程中，我们本应期待他们能成熟到比他们已经达到的要完美和完备的地步。但是中国是一个幅员广大的帝国，使用同一语言，用同一种法律治理，用同一种方式交流感情。任何导师，像孔夫子那样的先生，他们的威望和教诲很容易从这个帝国的某一角落传播到全国各地。没有人敢于抵制流行看法的洪流，后辈也没有足够的勇气敢于对祖宗制定、世代相传、大家公认的成规提出异议。这似乎是一个非常自然的理由，能说明为什么在这个巨大帝国里科学的进步如此缓慢。"[英]休谟：《人性的高贵与卑劣——休谟散文集》，47 页，上海，上海三联书店，1988。

会形态。许多学者相信，中国官僚封建社会的起源和发展至少部分地依赖于这样的情况：很早以前，中国人就懂得进行巨大的水利工程建设往往要穿过各个封建领主的土地的边界，这样就会导致把所有的权力集中于中央集权的封建官僚帝国手中。对比之下，炼丹术显然是非正统的——是清心寡欲的道士和隐士的典型追求。从这方面看，医学则是属于中间状态：一方面传统的孝道使它成为学者的令人尊敬的一种研究，而另一方面它与药物学的必要联系，把它和道家炼丹家及本草学家结合起来。①

中央集权的封建官僚社会秩序的形式是有助于早期应用科学的发展的。就以我们多次提到的地震仪为例，它与很早以前的量雨计，乃至量雪计相提并论。很有可能，产生这些发明物的促进因素来自中央集权的官僚政治能够预见未来时间的合理愿望。因此，举例来说，如果一个地区发生强烈地震，应尽快了解这个情况，以便在万一民众发生暴动时，给当地官府提供帮助和增援。②

历史上（比如十一世纪）在著名的对文职人员的官方考试中，把数学和天文学列为极其重要的部分。③

李约瑟还提出了一种"有刺激性的主张"——如果中国有像西方那样的气候、地理以及社会、经济因素，而西方有像中国这样的相同条件，近代科学就会在中国产生，而不是在西方。而西方人就不得不学习方块字，以便充分掌握近代科学遗产，就像现在中国科学家不得不学习西方语那样。因此，人们最后可以说，在我们双方都各有其历史骄傲和历史自卑之原因：

中国的骄傲应当是，在许多方面，在思想和实验工作方面都作了开端，但可惜，由于继承下来的经济和社会因素，没能在中国使其发扬。我们在西方从我们自己的希腊遗产出发，最终使我们摆脱了这种束缚，并能把我们关于宇宙的知识融合成为一个有条理的整体。我想，我们能做到这一点是由于我们的环境因素。但欧美文明能给世界带来孔夫子的仁义或道家的和平吗？④

三、中国没有产生自然法思想

支配知识界思想已达两千多年的儒家学派，其特点是主要立足于今世，其社会伦理学旨在表明使人在社会内共同生活得幸福和谐的方式。儒家关心人类社会和西方称为自然法的东

---

① 参见潘吉星主编：《李约瑟文集》，77 页，沈阳，辽宁科学技术出版社，1986。
② 潘吉星主编：《李约瑟文集》，77 页，沈阳，辽宁科学技术出版社，1986。
③ 潘吉星主编：《李约瑟文集》，78 页，沈阳，辽宁科学技术出版社，1986。"直截了当地说，无论谁要阐明中国社会未能发展近代科学，最好是从说明中国社会未能发展商业和工业资本主义的原因着手。"同书，84 页。
④ 潘吉星主编：《李约瑟文集》，93 页，沈阳，辽宁科学技术出版社，1986。1741 年和 1742 年，英国哲学家休谟（1711—1776）出版了他的论文集。此书收集了近五十篇论文，其中不少谈到了中国。他把中国的科学与文化同贸易联系在一起，他认为没有什么比若干临近而独立的国家，通过贸易和政策联合在一起，更有利于提高教养和学问。中国恰恰在这一方面有很大的缺陷，从而使原来可能发展出更完美和完备的教养和科学，在许多世纪的进程中，收获甚微。从外部来说，其原因在于没有更多的外贸对象，但从内部来说，是由于中国处于大一统的状态之下，说一种语言，在一种法律统治下，赞成相同的生活方式；对权威的宣传和敬畏，造成了勇气的丧失。休谟实际上以自己的见解回答了为什么在那个非凡的帝国，科学只取得了如此缓慢的进展这一问题。参见忻剑飞：《世界的中国观》，161～162 页，上海，学林出版社，1991。

西。这种方式与人应追求的实际本性是一致的。儒家的伦理行为具有神圣的东西。但由于其体系中无须有造物主上帝的观念，所以这种伦理行为又是非神学的，而且与神学毫无关系。①

毫无疑问，中国的自然法观念不同于西方的自然法观念。在西方的文明里，法理观念下的自然法思想和自然科学观念下的自然法思想可以较容易地追溯到一个共同的根源。西方文明的最古老的观念之一，是正如人间帝国的法律制定人曾颁布了人们必须遵守的法规一样，天上的、至高无上的、理性的造物主也制定了一系列为矿物、晶体、植物、动物和星星在演变过程中都必须遵守的法规。这种观念与西方文艺复兴时期的近代科学发展是有着密切联系的。而中国人的世界观基于一条截然不同的思想方法，认为所有万物的和谐协作，不是来自自身之外的至高无上的权威的指令，而是基于以下事实：他们都是构成宇宙和有机体的统一体系的组成部分，他们所服从的正是其自然界的内在指令。

我们的调查研究得到了这样的结论，由于若干不同的原因，中国关于法的观念并没有演变为自然法思想。首先，中国人早就厌恶从封建主义到官僚主义过渡时期内法家学派的政治家从失败的专制制度中明确表述出的法典化的法。其次，当官僚政治制度终于在中国建立时，旧的自然法观念以其可接受的习惯与有效惯例的形式，证明比任何别的观念都更符合中国独特的国情。因此，事实上，自然法原理在中国社会中比在欧洲社会中要重要得多。但大部分自然法几乎从来没有以文字形式收进正规的法律术语中。由于这种自然法观念贯穿着人性的和伦理的内容，因此，要把它的范围扩大到非人类的任何自然界则非易事。最后一点，也许是至关重要的，中国人的上帝观念，虽然从远古时期起就一直存在着，但从未包含创造力或准立法权威的内容，而是在远古时代就与个人无关。因此，由天上的立法人最初为非人类的自然界制定法律的观念，在中国未能产生。②

四、儒家思想对民主的贡献

正统的儒家学派从汉代以后可以说是一直处于压倒的优势地位。如果研究过《论语》以及孔子的伟大门徒孟子所写的《孟子》这一类著作，人们就会非常清楚地了解孔子。孔子及其追随者的观点和现实世界有密切的关系，他们想按照某种方式来组织人类社会，以实现他们所设想的最大的社会公正。他们对于社会极其关心，而且强调与体力劳动相对立的脑力劳动，实际上他们所建立的是某种可以被人们称为社会"经院哲学"的东西。尽管他们在开始时是充当封建贵族的顾问，后来则成为官僚统治的成员，但他们在很多方面对民主也作出了贡献。孔子的言论非常出名，他们受到广泛的解释而且尽人皆知。在秦帝国时期，儒家学者就主张人民有反抗暴君统治的权利，而且儒生对于中国社会制度特征的形成确实一直起着非常重要的作用。③

---

① 潘吉星主编：《李约瑟文集》，79页，沈阳，辽宁科学技术出版社，1986。现在可看到儒家的两个根本矛盾的倾向，一方面有助于科学之发展，另一方面又成为科学发展的阻力。在发展方面说，儒家根本上重理性，反对一切迷信，甚至反对宗教中的超自然部分……但在另一方面，儒家集中注意于人与社会，而忽略其他方面，使得他们只对"事"研究而放弃一切对"物"的研究。参见［英］李约瑟著，陈立夫译：《中国古代科学思想史》，16页，南昌，江西人民出版社，1990。

② 潘吉星主编：《李约瑟文集》，81页，沈阳，辽宁科学技术出版社，1986。

③ 参见潘吉星主编：《李约瑟文集》，111页，沈阳，辽宁科学技术出版社，1986。

李约瑟强调指出：

> 西方大多数十分恰当地担忧要控制应用科学的人，迄今未能认识到东方有一种伟大的文化，它在两千年来曾坚持一种强有力的从未受超自然约束力支持的伦理学体系。我想正是在这方面，中国文化可能对世界作出无法估计的贡献。几乎所有的中国伟大哲学家都赞成把人性看成基本上是好的，并且认为公平与正义是通过我们西方可以称为"灵光"的作用直接产生的。①

对中国人来说，伦理学被认为是内部产生的，内在的、固有的，它不是像送给山上摩西的十诫那样，是由任何神圣命令所强加的。"如果这个世界正在寻找一种牢固地建立在人性上的伦理学；一种能证明抵制每种控制社会的使人丧失人性的发明都是正当的人道主义的伦理学；一种根据人类面临着由自然科学带来得不断增长的力量所提出的大量而惊人的选择前，可心平气和地判断将采取什么最好方针的伦理学；那末让他听一听儒家和墨家的圣人，道家与法家的哲学家是怎样说的吧。"② 显然，西方人一定不能期望从他们那里得到关于他们永远无法想象的技术所提出的选择的确切建议；同样，也绝不能束缚于他们在古代封建社会或中世纪封建官僚社会对他们的思想提出的系统阐述——时代是在前进的。"但重要的是他们的精神，他们关于人性基本善良的永恒信念，不受一切先验成分影响并能导致一个愈来愈完善的人类社会的组织。"③

> 我可以用一种幻想的方式提出这点。如果在某种未来的化身中，我还能发现自己是世界合作联邦的人类生物学权威委员会的一员，我会确切地知道我将希望与谁合作共事。我愿意有少数犹太人，因为他们有一种很高贵的伦理学的本能。但最重要的我要恳求有中国的同行们，那些具有公平与正义（良心）观念并深刻了解是什么构成世上人类最完美、最健康生活的圣人后代。我期望从他们那里获得由于科学而使我们面临各种危险的坚定认识，而对这种危险我们必须不惜一切代价予以避免。④

信奉《圣经》的各国人民（一般说来是西方）一贯过分习惯于男性统治。迫切而紧急的事情似乎是西方世界应该学习中国的具有无限价值的对女性的依从。这是《道德经》的"谷神"的启示。当然对中国人来说，至善总存在于阴和阳，即宇宙间女性与男性力量的最完美平衡中。这些伟大的对立物一直被看成是有联系的，不矛盾的；互补的，不对抗的。这与波斯人的二元论很不同，而人们经常把阴阳学说与它相混淆。"实际上，阴阳平衡论对于我们很需要的多种经验形式间的平衡，对于同情与知识力量间的协调，很可能是一个很好的模式。"⑤

> 这再次表明世界其他地区应向中国传统学习某些富有生命力的东西，现在该是我做总结的时候了。我曾试图极力主张的是，今天保留下来的和各个时代的中国文化、中国

① 潘吉星主编：《李约瑟文集》，329 页，沈阳，辽宁科学技术出版社，1986。
② 潘吉星主编：《李约瑟文集》，330 页，沈阳，辽宁科学技术出版社，1986。
③ 潘吉星主编：《李约瑟文集》，330 页，沈阳，辽宁科学技术出版社，1986。
④ 潘吉星主编：《李约瑟文集》，330 页，沈阳，辽宁科学技术出版社，1986。
⑤ 潘吉星主编：《李约瑟文集》，340 页，沈阳，辽宁科学技术出版社，1986。

传统、中国社会的精神气质和中国人的人事事务在许多方面，将对日后指引人类世界作出十分重要的贡献。①

五、中国不可能达到现代官僚制度特有的精确性和标准化

在李约瑟眼里，像中国这样大的农业国产生出一个组织严密的官僚机器，这在世界历史上是独一无二的。所有的职业行政人员都领取薪俸，在他们心目中统一等级的行政职位是完全相互交换的，这就需要程度很高的标准化和精确性。随之而来的两个结果是：第一，作为赋税的货物运输量很大，这意味着官员的薪俸和地方的开支一般不是从首都领取，而必须在税收的来源地扣除，因此存在着层层贪污的永久性倾向；第二，行使一般职能的地方官员可以相互交换的原则，意味着专门人才（水力工程师、数学家、天文学家、医生等）往往被撇在一边而且几乎不能晋升到高位。由于职能机构不代表其所管理的各省或各地区的财政利益，政府从未能够通过平衡那些利益而获得稳定。统治者和被统治者的关系仅仅取决于它们彼此隶属于帝国统治。中央政府似乎是，也确实是唯一的权力中心，然而由于国土的辽阔，这种权力不可能经常行之有效。在中国统一的早期，上述需要和情况导致了各种各样的解决办法。例如，制定出法律条令以方便政府官员的工作。虽然一般来说这类制度避开了罗马法的法律抽象特点，所有案件都被当作环境条件的总和来判决，但没有排除那些看起来可能与案件无关的因素。由于法律往往被认为主要是刑事法，所以律师制度没有建立起来。然而中国最优秀的官员是如此地喜好判决，以致在世界所有文明中最早的法医学著作出于中国，即公元1247年宋慈编纂的《洗冤录》。在改朝换代以后，很快就重新建立起行政管理秩序，从而使从军人统治转变为文官政府时的控制松弛缩小到最低程度。②

随着时间的推移，对于国家经济多样化的阻力日益增大。③在执行其至关紧要的职能（如防卫边境、镇压内部反叛、修建大型公共工程以及救济灾民）之时，帝国政府自己主要关心人力的养育和食物的供给。成为关键因素的往往不是数量而是质量。由于受到一个庞大的农业经济的包围，它对全国总动员感到放心，而几乎没有去促进采矿、海上贸易之类更为先进的因素。而且，在某些特别的地区工商业必然会向前发展起来，这非常容易产生地区间

---

① 潘吉星主编：《李约瑟文集》，340～341页，沈阳，辽宁科学技术出版社，1986。究竟是什么因素使得中国的经历与其他大多数文明相差如此悬殊？李约瑟认为，答案或许就在于那些"不那么急迫的"因素却具有非常重要的意义。从很早的时候起，印度的语言、宗教和社会（种性）的多样化就在次大陆占了统治地位，这与中国人的同一性确实形成了鲜明的对比。中国人把边境一带的部落（如越人、南蛮人、契丹人和匈奴人）融入自己的文化而没有在任何方面削弱自己的文化，他们甚至能同化自己的征服者蒙古人和满族人，直到他们所有可辨识的特征消失殆尽。不仅如此，中国还把自己的文化传播到整个东亚地区，以致朝鲜、日本和越南不是在这方面就是在那方面都属于中国的后代。在这里，中国那种"整体的"表意文字语言确实起了很大作用，另外还有中国农业及其有关技艺的非常独特的风格，以及中国的官僚行政机构在若干世纪里所形成的那些特有的程序。此外，中国没有产生带有某种种性特征的制度。中国三种宗教（三教）中的任何一种都不要求绝对服从或世俗权力，这两点也必定具有非常重要的意义。参见潘吉星主编：《李约瑟文集》，284～285页，沈阳，辽宁科学技术出版社，1986。

② 参见潘吉星主编：《李约瑟文集》，285～286页，沈阳，辽宁科学技术出版社，1986。

③ 中国的官僚政府一般征收实物税并且以实物发放官员薪俸，但这种办法已证明与聚集私人手中的剩余资本是水火不相容的。这就进一步维持了农业社会的停滞不前，阻止了多样化的社会分层的发展，还阻碍了对农业商业化和生产力发展的刺激，虽然中国存在着技艺和发明天才的巨大储备力量。参见潘吉星主编：《李约瑟文集》，301页，沈阳，辽宁科学技术出版社，1986。

的不均衡，对于仅仅受过管理简单农业社会的教育和训练的官员来说，这种不均衡会使他们感到难以控制。千万不能忘记反映传统社会等级地位的口号"士、农、工、商"，其中农民的地位仅次于士大夫，工匠又在其次，而商人地位最低。在中国历史上一再发生这样的现象：以旺盛的精力崛起于一种野蛮落后经济的王朝，在指导着那种经济发展到一个更高的阶段以后就丧失了生命力而日渐衰弱。当然，在处理经济问题时，中国的不同朝代制定了不同的方案。然而，由于某些背景因素几乎没有发生什么变化，在行政管理上有若干长期不变的共同特点。其中一个特点是国家坚持不懈地强有力地促进农业，这种政策在两千年里实际上一直没有中断。在较大的朝代建立之际，国家政府往往忙于农业的恢复。土地、种子和牲口被分配给流离失所的人；开垦荒地受到蠲免赋税的奖励；改进了的农具及农用机械得到推广。各朝代的政府还提倡种植粮食作物的新品种，传播改进农业技术的知识，考察农业生产的情况。修建治水及灌溉工程往往被看作是国家的一项重要职能。不仅如此，甚至异族建立的王朝同样知道农业是国家的经济基础。蒙古忽必烈汗下令编纂《农桑辑要》（农业和养蚕术的基本原理），这本手册在元代曾多次再版，其 1315 年版的印数达一万册。这里又可以和罗马帝国做概括性的对比，该帝国遭到失败在某种程度上是由于它没有充分地注意促进农业生产。[1]

中华帝国与中世纪欧洲之间存在着巨大而深刻的差别。在中国，私人土地占有达到男爵等级规模的是极其罕见的特例，而不是普遍现象。地主的人数太多，过于分散，不能形成一个有组织的集团；他们也从未以（英国）大宪章的方式，公开地集合起来提出权利要求，以及要求促进自己的共同利益。有时候大商人以他们掌握的充足钱财对朝廷施加影响，在官僚机构内部安设耳目从而逃避法律；但他们的影响从未大到能催逼政府给予法律保护的特许权、从而更方便地进行商业活动的地步。

> 我们可以说，在中国传统社会中，既找不到西方的贵族军事封建主义，又找不到西方的城邦商业独立性的对应物。[2]

当封建主义的欧洲实际上是赤裸裸地把公共事务转变成私人各自占有的镶嵌图像时，中国的制度均匀地渗透了一种公共的精神。其弊端在于这种公共精神仅仅是在皇帝的监视之下被维持着。当这种精神维持不住时，这种制度则允许一批与政府有关系的人剥削穷人和无发言权者。中国制度在结构上的弱点在于：在高居于顶端的国家政府和低于中等水平的纳税民众之间存在着一种行政管理上的真空。地方政府往往没有配备足够的人员。为了防止在帝国秩序内部滋生出次级系统，不允许存在区域性自治。[3] 在中国历史上除了极个别的特例之外，政府一直拒绝向有可能填补这种逻辑鸿沟的商人集团谋求帮助。商人所提供的服务，往往是以强行征收而不是共同合作的形式被接受，其产生的影响从未大到可以改变行政管理作风的程度，更说不上去修改国家的体制。因而，尽管有时个别商人能够拥有很多财富，中国却没

---

① 参见潘吉星主编：《李约瑟文集》，286、287、289 页，沈阳，辽宁科学技术出版社，1986。

② 潘吉星主编：《李约瑟文集》，289～290 页，沈阳，辽宁科学技术出版社，1986。

③ 在官僚管理的发展史上，中国遵循着一种"进三步退两步"的模式。使中国政府感到进退两难的问题是，一种过于集中的中央集权系统会给自己带来太重的负担和过分的紧张，而任何离心倾向却可能导致一种使整个机构趋于瓦解的毁灭性过程。参见潘吉星主编：《李约瑟文集》，287 页，沈阳，辽宁科学技术出版社，1986。

有出现中产阶级（如果你愿意，也可以说它是资产阶级）。而且，这些商人在进行工业资本投资时从来也没有受到鼓励，在多数时候他们确实受到有意的刁难——他们的财富往往用于购置土地或者以种种方式用于购买跻身于士大夫阶层的入门权。①

　　由于上述种种原因，中国不可能达到现代官僚制度特有的精确性和标准化。其整个机构缺乏结构上的稳定性。由于中央集权的财政制度一直占统治地位，国家财政的权力掌握在顶层，而财政的责任则属于较低的层次，以至于制度中的不合理特征向下扩展到制度运转的层次，从而造成理论和实际的严重脱节。无疑这也是传统中国政府具有独裁主义色彩的基本原因之一。官员们知道上司的命令往往是不可怀疑的，而且他们自己的命令也不允许民众违抗。因为，帝国政府如果受到西方社会法院复审形式的连续质询，其整套机构就无法运转。显然，这种制度不能执行复杂的输入和传出功能。②

应该肯定的是，李约瑟超越了本民族文化的限制，从全人类的角度论述中国，因而其观点有助于我们把握中国传统法律文化应如何走向世界、走向未来。同时，还应该承认，李约瑟表达了对中国人民的热爱和关切，给我们带来了别国民族的友情，他的言语也成了中外法律文化交流史上珍贵的资料。

第四节
科举制对英国的影响

英国是中国科举制对欧美文官考试制度产生影响的典型国家和重要中介。

17 世纪以后，多数关于中国的书籍都被译成英文在伦敦出版过，有大量的英文论著谈到了科举制。③ 在论及中国科举制的西方史料中，绝大多数是由传教士、旅行者、外交官、商

---

① 参见潘吉星主编：《李约瑟文集》，290 页，沈阳，辽宁科学技术出版社，1986。
② 潘吉星主编：《李约瑟文集》，290～291 页，沈阳，辽宁科学技术出版社，1986。
③ 为了证明中国科举制曾影响了西方考试制度这一论点，旅居美国的中国学者邓嗣禹广泛查寻，力图将 1870 年以前出版的记载中国科举制的西方文献搜罗殆尽。他于 1941 年草成、1943 年 9 月在《哈佛亚洲研究学报》上发表了《中国对西方考试制度的影响》（李明欢、黄鸣奋译为《中国科举制在西方的影响》，载《中外关系史译丛》，第 4 辑）。其文末附有"记载中国考试制度之西方论著目录"，收录了 1570 年～1870 年间的 78 本（期）、多数是用英文在伦敦出版的西方书刊。从此，海内外论及科举西传的学者都据此说 1870 年前谈及中国科举的西方文献有七十余种之多。邓嗣禹文的确难能可贵，几乎已将常见的 19 世纪以前关于中国的西方书刊搜遍，要在此基础上新发现一条资料都不容易。由于研究科举对西方考试制度影响这一问题，主要涉及 19 世纪中叶以前的西方文献，在中国基本上无处查阅，在西方藏有此方面资料的各大图书馆也多将其列为善本书而很难借阅，加之邓嗣禹等人的研究成果已有相当的深度和广度，要在此基础上作进一步的探讨难度极大，因此，中国学者对这一重要问题的研究未取得大的进展。但只要扩大范围认真加以搜寻，还是能新发现不少 1870 年以前论及科举的西方文献。厦门大学刘海峰教授发现 1570 年～1870 年间主要用英文出版的涉及中国科举的文献远不止邓嗣禹文所列的七十余种，在此之外至少还可以找到近五十种相关文献，总数当在 120 种以上。这么多种论著大多用英文在伦敦出版，从中可以看出当时西方人尤其是英国人对科举考试的知晓和推崇程度。参见刘海峰：《科学学导论》，391 页，武汉，华中师范大学出版社，2005；刘海峰：《科举制对西方考试制度影响新探》，载《中国社会科学》，2001（5）。

人、杰出的思想家用英文写成或译成英文，并且大都是在伦敦出版的。据此，可以得出如下结论：（1）中国科举制很早就对西方制度产生影响；（2）东、西方之间经由上述作者及东印度公司建立了密切联系；（3）在英国于1855年采行文官考试制度之前，由于上述大批出版物，英国社会对中国科举制已有所知并崇拜。"对于以中国原则为基础的考试制度的存在，每一位有教养的欧洲人都了如指掌。因此，如果认为那些论述中国问题的作者（从上溯到一百五十年前的耶稣会传教士，到今天的汉学家）认识不到这一制度的影响，那简直是不可置信的。"①

英国是最早了解中国的科举制度的国家，也是最早进行公务员制度实验的国家。但是，从了解科举制度到正式建立公务员制度，却经历了很短的时间。②

一、17～18世纪英国人对中国科举制度的推崇

在中国的社会制度中，通过科举从品学兼优的文人里选拔官吏的做法，使欧洲文明惊得犹如五雷轰顶。因为欧洲文明只懂得门第或金钱，在这种文明中，那些具有雄心报复的任何希望进入世俗仕途的人则应首先进入教会。

在英国早期，国王即国家，并不存在什么"文职官员"。赐官制的腐朽、产业革命、1848年革命，都是1855年实行文官考试制的主要原因。查尔斯·爱德华在《文官制度指南》中指出："直至1855年，担任文职官员只能靠恩赐。从不要求进行任何测验或竞争性考试。"③

1602年，庞迪我神父从北京写了一封信给卢伊斯·德·居茨曼神父。后来，英国人罗伯特·伯顿根据这封信，在《令人伤感的剖析》一书中写了下面一段话，读来耐人寻味：

> 他们（指中国人）从哲学家和博士中选拔文官，从品行端正但曾因非正常原因而不得提升的名门宦族中选拔政治显贵（像古犹太人那样）。并且，他们的职责是治国卫国，而不仅仅是吃喝玩乐，游猎闲荡，可当今世界上如此度日的官员实在太多了。他们的老

---

① ［美］邓嗣禹：《中国科举制在西方的影响》，载《中外关系史译丛》，第4辑，218页，上海，上海译文出版社，1988。

② 1642年，英国内战爆发。在内战中，王权被推翻，议会取而代之，成为国家权力的核心。当时的议会成立了几个专门委员会，这些委员会分别雇用若干专职人员来执行政府的管理职能。专职人员的薪俸从议会拨款中支付，于是，一批为政府服务的、领取固定工资的职业管理人员由此产生。1688年"光荣革命"以后，随着政府职能的扩大，职业管理人员的队伍也不断扩大。1700年，为了摆脱国王凭借特权利用职位收买议员以影响议会的状况，议会通过了《吏治澄清法》，规定：凡接受皇家薪俸和年金的官员，除各部大臣及国务大臣以外，均不得成为议会下院的议员。1701年，议会又通过了《王位继承法》，进一步对国王任命官员加以限制。此后，议会不断通过法案，禁止事务性的官员兼任议会议员和参加党派斗争。通过这些法案，英国政府的官员逐步被区分为政务官和事务官两大类：前者属于国家高级官员，参与政府决策；后者属于低级官员，负责政策的执行和日常事务的处理。实际上，后者就是英国公务员的雏形。1853年，查尔斯·特里维廉爵士、斯坦福德·诺思科特爵士发表了《诺思科特—特里维廉报告》，这个报告奠定了英国公务员考试制度的基础。1870年6月4日，《诺思科特—特里维廉报告》的内容为枢密院的法令所补充。法令将通过公开的竞争考试作为进入枢密院供职的正式要求，并且强令所有的部门举行任职考试。至此，公务员制度在全英国境内推广开来并开始传播到欧洲的其他国家。参见任爽、石庆环：《科举制度与公务员制度——中西官僚政治比较研究》，36～37页，北京，商务印书馆，2001。

③ ［美］邓嗣禹：《中国科举制在西方的影响》，载《中外关系史译丛》，第4辑，221页，上海，上海译文出版社，1988。

爷、达官、文人、学士，以及因品德端正而得以升迁的人，都是他们的佼佼者，只有这些人才被认为是适于治理国家的人。①

伯顿这段话的目的是同英国的政治制度进行比较，并且显然带有讽谏与促进其本国政府改革的愿望。

1669 年，约翰·韦布（John Webb）在伦敦出版的《中华帝国古语历史文集》一书，谈到了科举使用笔试的情况，说中国人通过考试获得的头衔"就像我们大学中的博士学位，然而却需要勤奋和严格地用功，而且确实竞争更为激烈"；"他们若不能十分准确地写出好的文字，便得不到学位"，那么只好等 3 年后的下次科举再试。书中还引述了其他学者所谈到的中国用同样的科举考试来认可生员身份的情况。②

1696 年，杰米里（Gemelli）博士的《环球航行记》出版，该书关于中国科举制的描述较为详尽，后又收入丘吉尔（Churchill）1704 年在伦敦出版的《航海与旅行著作集》里。此书第四部分描写了在中国看到的许多十分奇异的东西，其中第 8 章详细描述了考进士点翰林的情况，各省学政去主持考秀才的情况，乡试的内容和时间。"在 15 个省市中，北京和南京两个都市可取 150 名硕士，其他各省或多或少低于 100 名不等。""每场考试从黎明到夜晚，在贡院中饭食是由公府提供的，饭食非常清淡易消化，以免考生的才思变迟钝。到晚上考生折好他们的作文试卷并交予指定收卷的人，每个人都要签名。这些试卷由抄书手誊录另本并与原本校对之后，分发到评卷官那里时，已无法知道试卷的作者，这样可以防止舞弊。"③ 作者还对科举考试所用的《四书》、《五经》一一介绍，并赞叹中国高等教育的普及程度：

> 世界上还有什么国家像中国一样有这么多的大学？中国肯定有 1 000 名以上的硕士，其中 6 000 人或 7 000 人每三年聚集于北京一次，通过艰难的考试，有 365 人可获得博士学位。我相信没有任何国家的大学生数可与中国那样有如此多学士人数相比，中国大约有 90 000 名学士；也没有任何国家像中国的文化知识这么普及，尤其是在中国的南方省份，不论是富人或穷人、市民或农民都能读书或写字。简言之，除了欧洲，世界上没有其他地方像中国出版了这么多的书籍。④

1731 年，在欧斯塔斯·布杰尔《致克莱芒的一封信》中，表现出了他对中国政府无限崇拜，因为它懂得依靠科举而选拔政治精英："大家已经发现，中国唯有具有真才实学的人才有获得一种职务的资格。请允许我指出，英国在欧洲一直占有举足轻重的地位。根据我们的君主奉行中国这一准则的不同程度，他也将获得不同程度的名望。"所以，英国在欧洲受尊重的程度取决于它实施中国政治的这一准则的准确程度。⑤

好几家流行的杂志都提倡采行中国的文官科举制。1755 年，《绅士杂志》就发表了一篇

① ［美］邓嗣禹：《中国科举制在西方的影响》，载《中外关系史译丛》，第 4 辑，208 页，上海，上海译文出版社，1988。

② 参见刘海峰：《科举制对西方考试制度影响新探》，载《中国社会科学》，2001（5）。

③ 刘海峰：《科举制对西方考试制度影响新探》，载《中国社会科学》，2001（5）。

④ 刘海峰：《科举制对西方考试制度影响新探》，载《中国社会科学》，2001（5）。杰米里博士对中国南方教育普及程度的估计可能过高，但他对科举考试的观察和记载非常详细。其描述可能受到 17 世纪初在欧洲广为流传的利玛窦和金尼阁有关中国科举的记载的影响，仍不失为一份了解科举制度的珍贵资料。

⑤ 参见［法］安田朴著，耿昇译：《中国文化西传欧洲史》，715 页，北京，商务印书馆，2000。

关于中国的文章，其中提到："写作是一个有理性的人唯一愿意接受的考试方式……所有作者一致认为，中国的行政管理水平远在其他国家之上……他们的功名头衔均非世袭……每年一度在中国的都城开科取士。"①

尤斯塔斯·布德吉尔在《致斯巴达国王克莱奥米尼斯的一封信》中强调："在一个国家中，每一个有名或有利的职位，都应当论功行赏。一切治理完善的国家都应奉行这一准则。如果哪一位现代政治家认为这一准则尽管本身尽善尽美，但不适用于像大不列颠这样一个地域辽阔、人口众多的国家，那么，我请求转告这位政治家，就在当今世界上，这一光荣的准则，正在一个幅员最广、人口最多、治理最好的帝国得到严格遵守和奉行。我所说的这个国家就是中国。"②

1755年，一位英国作者从五个方面总结了中国竞争性科举制的优越性：

（首先）年轻人总是毁于游手好闲、懒懒散散，而持续不断的工作可使他们避免误入歧途。其次，学习使他们睿智明察……第三，能人为官，即使他们无法杜绝因某些官员贪婪腐败而酿成的祸害，至少，他们也可以注意防止因无知无德造成不良的后果。第四，既然官职是授予的，皇帝就可以十分公正地黜退那些无能之辈……最后，无须为审议机构支付费用。③

1776年，亚当·斯密在《国富论》中提议，每一个人"被获准在任何机构自由从事某一职业之前，必须经过考试或试用"。根据M.E.塞德勒的解释，亚当·斯密是受了法国百科全书派的影响，而该学派又是受到中国的哲学和政治的影响。《国富论》一书流传甚广。"它的影响迅速波及到统治阶级。在适当时候，其观点一定会生根发芽，并在选拔印度和英国文职官员的竞争性考试中，得到具体体现。"④

1788年在伦敦出版的《中国概述》（General Description of China）第二卷中说到："为了提高和鼓励学习，欧洲人怎么也想不到彼此竞争的中国人所居住的区域是多么的辽阔，如果路易十四从那些知道并支持我们看法的人那里获得这些消息，那他就会发现，在教育考试方面，与这些君主们相比，甚至与那些远住在荒远沙漠中的鞑靼人相比，都将自叹不如。"⑤ 作

---

① ［美］邓嗣禹：《中国科举制在西方的影响》，载《中外关系史译丛》，第4辑，212页，上海，上海译文出版社，1988。
② ［美］邓嗣禹：《中国科举制在西方的影响》，载《中外关系史译丛》，第4辑，212～213页，上海，上海译文出版社，1988。
③ ［美］邓嗣禹：《中国科举制在西方的影响》，载《中外关系史译丛》，第4辑，213页，上海，上海译文出版社，1988。
④ ［美］邓嗣禹：《中国科举制在西方的影响》，载《中外关系史译丛》，第4辑，221页，上海，上海译文出版社，1988。然而，直到1803年，政府才开始采取措施。威廉·皮特成立了一个凌驾于东印度公司之上的政府管理委员会，并批准了海关的新建计划，凡是进入海关工作的人员，在获得重要任职之前，都需要经过试用和考试。1816年，杰米里·本瑟姆根据《宪法议案》写作的《政府的最大效益和最低支出》一书，在伦敦出版，并在1830年成为当时改革官场贪污腐化、荫庇赐爵风气之据。他甚至提出了口试的问题。然而他的建议并未能立竿见影。1829年，威灵顿公爵抱怨政治上授官赐爵的现状。1833年，在关于东印度公司机构的特权法案中确立了通过考试择优录用的原则。参见［美］邓嗣禹：《中国科举制在西方的影响》，载《中外关系史译丛》，第4辑，221～222页，上海，上海译文出版社，1988。
⑤ 刘海峰：《科举学导论》，386页，武汉，华中师范大学出版社，2005。

者认为中国通过科举考试选拔人才，使中国的行政管理水平远在其他国家之上，并认为中国历史悠久的文官制度和监察制度值得英国仿效。

1793 年，英国君王第一次正式派遣大使到中国觐见乾隆皇帝。这是中英关系史上的一件大事。马嘎尔尼伯爵（Lord Macartney）是首位在热河觐见中国皇帝的英国使臣。他带着约一百名随员前往中国。在马嘎尔尼前往北京的旅行纪要中，提到他于 1793 年 12 月 11 日（星期三）到达南昌府，住在省会的贡院内。① 纪要中详细谈到，他们住在一座宽敞的大殿内，大殿正中是一个大厅，全省文人凡求功名者（该学位仅适用于中国的文官职位）都要在这里应试并受衔。使团的多数成员就在此下榻。马嘎尔尼使团的参赞 G. L. 斯当东（Stauton）爵士在《英使谒见乾隆纪实》一书中，赞扬了中国的科举制和中国政府。"在中国，考试是一件隆重的大事，执行得相当认真公正。"② 中国的考试据说永远公开举行。监考人员以及到场的长官和地方官员不许存一点偏见私心。举子得参加笔试及口试两种，这一点同英国大学考试制度有些近似。录取的人不止于取得一个科名，而且是做官的必要途径。即使是考试落第的人，只是由于他参加了考试，有助于社会文化，也可以取得从事若干职业的身份。这种考试制度对社会上所有阶层的人都是公开的和平等的，没有人被排斥在这种机会之外。但事实上富人子弟受教育的机会比穷人子弟多，自然录取的机会也比穷人子弟多。虽然如此，有些天才的穷人子弟还是可以通过这种制度脱颖而出。至少有这种可能性对穷人来说就是一个安慰。官的权势是由自己的功名得来的，这也增加官在人民群众中的威信。"除非考试官滥用职权徇私舞弊，有学问和才干的人是有一定的保证。除非有特殊原因使人不顾一切铤而走险，这种制度对维持社会秩序是有利的。"③

斯当东的儿子多马·斯当东与其父同行，并著有《中国杂评》一书。他在书中写道，马嘎尔尼使团在中国逗留的短暂期间全面、充分地了解到，正是注重知识和道德方使这个国家超越于其他国家之上……一般认为，他们的功名与欧洲各大学授给学生的学位是相类似，但

---

① 1816 年，当内皮尔勋爵在广州谈判期间，他的使团也下榻贡院。数千名参加三年一度文、武科举的考生到达这里，气氛十分紧张。参见［美］邓嗣禹：《中国科举制在西方的影响》，载《中外关系史译丛》，第 4 辑，214 页，上海，上海译文出版社，1988。

② ［英］斯当东著，叶笃义译：《英使谒见乾隆纪实》，329 页，北京，商务印书馆，1963。在中国大致可分为三类人：第一类是读书人，官吏都由这类人产生；第二类是农民；第三类是各种工匠，其中包括商人。关于读书人的考试，全国会试在北京，录取者给予最高学位。读书人所学的东西是一些修身治国的道理，加进去中国的历史知识。通过北京会试录取的人由皇帝委派官职。这些人组成全国重要的官府衙门。应全国会试的是在各省考试录取的人；应各省考试的是各县考试录取的人。在会试和省试落第的人还有机会按他在较低级考试录取资格分配较低的官职。

③ ［英］斯当东著，叶笃义译：《英使谒见乾隆纪实》，476 页，北京，商务印书馆，1963。19 世纪来华的西方人曾普遍认为科举不分贵贱，选拔了大量贫寒子弟。如 1836 年英国人默德赫斯特说：在中国，求知的风气盛行，可以归结为追求科举考试的结果。每个人都允许在科场上展示他的技能，只有那些通过了严酷考验的成功者，才能做官。财富、门荫、朋友或恩宠在此都不起作用，而若有才干、能力、聪明和毅力，即使是最贫贱的人也能得到相应的报偿。这是他们的原则，他们的实践也不大偏离此原则。他们有句格言：皇位得自继承，官位则否；科举制度的实施便是一个明显的例证。Walter Henry Medhurst, *China : Its State and Prospects*, London, 1836, p. 171. 转引自刘海峰：《科举学导论》，237 页，武汉，华中师范大学出版社，2005。中国的科举制度为平民提供了平等的教育机会，即使贫寒子弟，也可受到教育。文武官员通过竞争，被政府录用，这样为国家造就了一批杰出的人才。参见［美］邓嗣禹：《中国科举制在西方的影响》，载《中外关系史译丛》，第 4 辑，200～231 页，上海，上海译文出版社，1988。

是，在中国，授予学位的考试并不与任何专门的教育机构或制度相联系，而是由政府特别任命的官员定期在帝国的每个主要城市主考；除少数例外，不论哪个阶层、哪一类人都可以应试。他们的学位也不仅仅是知识水准的标志，事实上，在这个帝国内，它是进入政府都门任职、并最终获得高官显职的唯一正规途径。由此可见，该使团在被派往中国之前，已认真地阅读、审核过传教士们所提供的材料。

多马·斯当东对中国政府的见解被当时的许多著作广泛引用。他对中国的行政和司法制度极感兴趣，故而在1810年将《大清律例》这部重要的法典译成英文，两年后，又出版了加上注释的法文译本。在法文版第55页上，译载了科举条例，并附有译者注。该书可能是最早在英国出版的有关科举制的中国官方文件。①

在18世纪，钦羡中国文明的欧洲人尤其是英国人对科举制赞美有加，往往只看到科举考试的优点和新奇之处，对科举考试的弊端并无切身感受，加上有些人为了促使本国政府仿行，所以对科举制予以过高地评价。②

二、19世纪要求在英国实行中国式科举制的强烈呼吁

在19世纪，随着西方特别是英国与中国商业利益的矛盾加剧和不同系统文明的冲突，许多西方人士对古老的中国文明不再钦佩。特别是中英鸦片战争后，中国在西方人眼里不再神秘，声望大跌，曾被英、法等国打败的中国人给他们留下的印象往往是男子留长辫、女子缠小脚、众人嗜鸦片，一切都落后、原始——但唯有科举制例外。③ 在这一时期，科举制还像17、18世纪一样被一些西方人赞不绝口，而且一些国家还纷纷仿效。这其中，当然有英国。

1810年，《爱丁堡评论》杂志刊载介绍评论中国《大清律例》的文章，说道："在经过行政官员的主考主持的考试之后，文科学位必定会授予那些将要走上公共官职的人，但那里看来没有与我们的大学相似的机构"，并提到斯当东所说乾隆皇帝赐科名给满人一事。1816年，汤姆斯（Thomas）编辑出版了工具书《英译汉语对话与句子》，其中有大量例句是关于科举的。如对话三列举一位官员对其仆人说："官儿，你到门上伺候，倘有各衙门拜贺，说我老爷连日科场辛苦，懒于接见，止留贴，容日答拜。"随后有一位叫皇甫吟的新进士求见被拒。对话九也有"科场在即，尊驾满腹经纶，今年一定恭喜"的例句。对话十八、十九、二十一列举的都是秀才、监生或举人拜访时常用的句子。由于当时科举在中国社会上占有重要的地位并影响广泛，因此一般的汉英词典和教学用书多会举一些与科举有关的例句。④

19世纪有大批关于中国科举的著作问世。其中最重要的著作包括，马礼逊以百科全书形式编撰的《汉英辞典》，以及郭施拉、麦都思、密迪乐的著作。《汉英辞典》第一部分根据汇

①　参见［美］邓嗣禹：《中国科举制在西方的影响》，载《中外关系史译丛》，第4辑，214页，上海，上海译文出版社，1988。

②　参见刘海峰：《科举制对西方考试制度影响新探》，载《中国社会科学》，2001（5）。

③　第一次鸦片战争（1839年～1842年）之后，中国的威望已一落千丈。即便如此，在朗顿、费什鲍尔尼的著作中，在1857年～1868年《泰晤士报》的"特别通信"栏目中，还一再称道中国的科举制。参见［美］邓嗣禹：《中国科举制在西方的影响》，载《中外关系史译丛》，第4辑，217～218页，上海，上海译文出版社，1988。

④　参见刘海峰：《科举制对西方考试制度影响新探》，载《中国社会科学》，2001（5）。

集了帝国法令及官方文献的《科场条例》和《学政全书》等基本资料，用相当篇幅介绍了中国科举制的历史发展、条令规定和实施情况。由于中国的科举制在 1815 年之后就没有什么发展了，因此该词典中有关科举制的部分，迄今仍不失为已译成英文的最好的原始材料。因为这些资料极为重要，所以其概要曾登载于 1826 年的《亚洲期刊》。当马礼逊于 1824 年回到英国时，曾带回大批中文典籍。

马礼逊辞典的出版使西方社会掌握了理解中国文化的钥匙，并且比以往更深刻、具体地认识了中国的制度。例如，1834 年，郭施拉在《中国史略》中写道："自唐朝以来的……政府，一直实行定期开科举，向所有希望进入仕途的人敞开大门……尽管要求那些被授予高官者廉洁无瑕，但仍有大量私下变易，他们对此或有所闻，或一无所知。"不过该作者认为，尽管存在着"私下交易"，中国科举制的原则仍然是值得其他国家采用的。正如他在《开放的中国》一书中所指出的：

> 这一伟大帝国的各项设施中，没有哪一项能像开科举、从最有才华的青年中选拔政府官员那样，给予其创立者这么大的荣耀……在中国，学而优则仕，人人机会均等……这一原则出类拔萃，完全值得其他国家采纳，至于如何运用，则取决于试行国的国情。①

麦都思的《中国：现状与前景》一书，有一章简要地介绍了中国的"文人科举制"的情况。在列举了该制度的利弊之后，作者总结道："该制度本身无疑是值得推崇并仿效的。"②

中国政府的考试选官制度是西方人长期以来印象很深的一个方面。有几位西方人士，包括剑桥大学毕业生 A. 格雷在内，怀着极大的兴趣参观了广州的贡院："我们到达贡院门口时，即刻有一位老女仆将我们领进院里。应试的大厅包括一个大方庭，有点像平行四边形，四面是几排长长的小房子。应试总房数不下 11 673 间。每间房长五英尺六英寸，宽不过三英尺八英寸。前面留着门，考试时每间考房配备一张床，床上只有七八块很窄的杉木板。木板的两头嵌进两边墙上的沟槽里。考生晚上睡在木板上，早上起床后则从我刚才提到的沟槽里拿下两三块木板，放到高处的沟槽里，也是在房子的墙上凿的，以便搭成一张桌子以便供他白天作文写诗。下面剩下的那些木板当然是当椅子用。在每排考房的尽头，都设有一个大厕所，供考生使用。这些考房的排数，都分别用《千字文》里的汉字来命名。每个考房也都编了号。"③ 并详细记录了考试的全过程。④

1835 年 7 月，留居中国的英格尔斯在《中国博物》上撰文指出：

> 在选择行政官员上，去设计出一种比之前面所述通过科举取士的更完美的方法，从理论上说似乎更公允，但实际上是不可能的……或许它只是中国政府制度的一个部分，但作为一般的制度，它却是古往今来的某个或其他伟大的君主制度所无法相比的。也许

---

① ［美］邓嗣禹：《中国科举制在西方的影响》，载《中外关系史译丛》，第 4 辑，215 页，上海，上海译文出版社，1988。

② ［美］邓嗣禹：《中国科举制在西方的影响》，载《中外关系史译丛》，第 4 辑，215 页，上海，上海译文出版社，1988。

③ ［英］约·罗伯茨编著，蒋重跃、刘林海译：《十九世纪西方人眼中的中国》，39 页，北京，时事出版社，1999。

④ 参见［英］约·罗伯茨编著，蒋重跃、刘林海译：《十九世纪西方人眼中的中国》，29 页，北京，时事出版社，1999。

这就是他们所创造出来唯一值得保留的制度，而此制度还未被其他国家所采用。①

他认为，英国东印度公司已开始采用考试的竞争原则来挑选公务员，并预言："这种中国人的发明创造在印度的充分发展，预示着或许将来有一天，它会像火药和印刷术一样，在国家制度、甚至是欧洲的国家制度中，引起另一次伟大变革。现在尚需显示中国已经如何阻止这一制度的美中不足，就像在几乎所有她的其他科学和技术中的不足一样。"② 英格尔斯当时的预言并没有错，东印度公司实行的文官考选制度为英国文官制度的建立积累了经验，开辟了道路，科举制最终通过英国对世界各国的文官制度产生了重大而深远的影响。

1836 年，英国驻华商务监督、后任香港殖民地总督兼总司令的德鹿时爵士谈到，中国的行政机构作为"一种方案，与近来英印政府行政机构所采取的方案，并非没有相似之处"。同年，在查尔斯·E·特里维廉主持下的教育委员会提出一份报告，要求处于盂加拉和阿格拉辖区内的每一个重要城镇，举行每年一度的公开考试……并对一切应试者敞开大门。③ 休·默里在《中国的历史和现状》中指出："中国政府之所以能独具优势，主要就在于中国政府的妥善安排保证了聪明才智在政府各部都能得到充分发挥。"④ 默德赫斯特（Medhurst）在《中国：现状与前途》一书第 7 章谈到科举制时说："在任何等级上，该制度被认为能够确保选出一群有学问的官员。假如我们的文职官员和副职官员在得到委任之前，能够采用某种三级考试的选拔，那么他们就不会经常出差错了。中国人将科举制视为他们国家的光荣，并蔑视那些没有实行科举考试的国家。"他还提出：

> 如果学习的过程得到改进和扩展，如果所有弊端能认真地加以防范，该制度本身是真正值得赞赏和值得模仿的。至今为止，它是中国保存得最纯洁、创建得最好的制度。⑤

1838 年，C. T. 道宁评论道："可以说，整个中国就像一所大学校，由那些一直在其围墙内接受教育的学者们负责治理。"尽管这样一种制度将使那些英勇无畏的将领得不到升迁，也无法有效地杜绝滥用职权的现象，但"其原则无疑是出类拔萃的"。牛津大学中文教授纽曼也断言：中国的行政制度是迄今为止存在于东方的无与伦比的优秀制度。⑥

1840 年前后在伦敦出版的里奇（Ritchie）所写的《东方的不列颠世界》一书，在谈到中国政府时说：吏部最令人感兴趣和独特的职能是主管教育或文士的任用。"每三年一次的考试，既然应举者来自各阶层的人，因而在中国引起巨大的激动；举行乡试的省城被从全省

---

① 刘海峰：《科举学导论》，387 页，武汉，华中师范大学出版社，2005。

② 刘海峰：《科举学导论》，387 页，武汉，华中师范大学出版社，2005；[美]邓嗣禹：《中国科举制在西方的影响》，载《中外关系史译丛》，第 4 辑，220 页，上海，上海译文出版社，1988。

③ 参见 [美] 邓嗣禹：《中国科举制在西方的影响》，载《中外关系史译丛》，第 4 辑，221 页，上海，上海译文出版社，1988。

④ [美] 邓嗣禹《中国科举制在西方的影响》，载《中外关系史译丛》，第 4 辑，217 页，上海，上海译文出版社，1988。

⑤ Walter Henry Medhurst, *China ： Its State and Prospects*, London, 1836, pp. 179-180. 转引自刘海峰：《科举学导论》，387 页，武汉，华中师范大学出版社，2005。

⑥ 参见 [美] 邓嗣禹：《中国科举制在西方的影响》，载《中外关系史译丛》，第 4 辑，217 页，上海，上海译文出版社，1988。1841 年，比奥在《论中国教育》一书中，几乎囊括了有关这一问题的所有资料，并整理得清晰明了。

各地来的人群所挤满；当发榜以后，金榜题名者受到普遍的欢呼，中举者的家庭将喜报贴在家中并向公众宣传他们的好运，在即使是最低贱的农民的小屋中，提名录也被研读。获取较低学位的考试持续 3 天，而获取较高学位的考试持续 9 天。"作者还指出，和其他国家一样，在中国实践与理论也相脱节，贿赂和腐败行为往往比文才对获取官职更为有效，并举出捐官做法以及许多进士、举人多年待官的情况。①

1841 年，对中国文化颇为了解、在伦敦大学的大学学院担任中国语言文学教授的基德 (Kidd)，根据一些来华的西方传教士的原始记载资料和中国文献，编写出版了《中国》一书。该书第 7 部分专门谈及中国的教育与文学等，其中包括科举考试。在他笔下，中国的地方官学即秀才们所就读的儒学管理不善，除了岁考和科考以外，生员几乎不到学校。为获得学位、选才授职的科举考试制度创建于唐代，其原则一直很少变更。他还对科举考试不鼓励创发己见、忽视科学实用知识等弊端予以分析，并介绍了乡试、会试的情况。尤其难得的是基德仔细描述了八股文的内容和结构，并举例说明。②

然而，最为持久、并几乎是狂热地鼓吹实行中国科举制的是密迪乐 (Thomas T. Meadows)。他于 1842 年离开伦敦前往中国，任英国驻中国广东领事，1854 年告假回国。他在 1846 年曾说过，已写就了一份关于在英国实行科举制的计划，仅仅是由于一个偶然事件妨碍了自己把该计划与《杂录》一书的手稿一起送回国内出版。1847 年，《杂录》出版了，他说："该书主要写作目的之一就是强烈呼吁建立起向全体英国臣民开放的竞争性的考试制度，从而提高英国行政官员的水平，并促进大英帝国的团结。"密迪乐坚持认为："中华帝国之所以长治久安，其原因仅仅是、也完全是因为它有一个只提拔德才兼备者的好政府。"他在第 11 章结尾处写道：中国巍然屹立了四千年之久，这对于其他国家的统治者来说，是活生生的典范。在结论中他强调：

> 除非英国实行某种公正无私的制度，选拔殖民地臣民任职享誉，听命于君王，否则，英国无疑将丧失其所占有的一切殖民地。③

在得到当时英国驻广州的领事马额峨先生的首肯后，密迪乐被聘任为英国驻广州机构的办事员而举行了竞争性考试。密迪乐说："在我们这里，这是破天荒的举动，在我的同胞中，有那么一批人对此又是嘲讽，又是指责。"④

1854 年，密迪乐回到英国，"以极大的兴趣"注意到"文职和军职考试的进展"。1856 年，他出版了另一本著作：《中国人及其叛乱》。在该书的前言和其他几部分，他概述了自己在此之前于 1847 年写作的那本书的观点，并坚持他的主张：采取中国科举考试制度的原则，并将公平竞争的原则和方法运用于英国。这一观点在当时的英国社会具有相当的影响：

---

① 参见刘海峰：《科举制对西方考试制度影响新探》，载《中国社会科学》，2001 (5)。
② 参见刘海峰：《科举制对西方考试制度影响新探》，载《中国社会科学》，2001 (5)。
③ ［美］邓嗣禹：《中国科举制在西方的影响》，载《中外关系史译丛》，第 4 辑，216 页，上海，上海译文出版社，1988。另参见任爽、石庆环：《科举制度与公务员制度——中西官僚政治比较研究》，5 页，北京，商务印书馆，2001。
④ ［美］邓嗣禹：《中国科举制在西方的影响》，载《中外关系史译丛》，第 4 辑，216 页，上海，上海译文出版社，1988。

应该像中国近千年来几乎一成不变的实行科举制那样，只有考试合格者才能获准在英国三大行政部门各个分支机构任职。这种考试必须是面向全体英国臣民的，是与英国情况融会贯通并更为行之有效的，先在地方和首都举行普考，尔后在首都举行特别会考。①

必须注意的是，密迪乐强调的是中国科举制的原则，而不是具体实施的细节，因此，就需要制定"与英国情况融会贯通"的制度。他呼吁实行中国科举制长达十年之久。当他于1869年告别人世时，他自信已为实现这一目标添了砖、铺了瓦。然而，可能是由于他措辞过于强硬，1871年，《麦克米伦杂志》发表了一篇匿名文章，批评他那"无论在观点上或表述上都是离经叛道的著作"，同时还严厉斥责中国的科举制，因为在中国，"向出价最高者卖官鬻爵，已臭名昭著"。可是这篇文章发表得太晚了，已来不及对英国实行新制度发生影响，因为文官法则已于1855年通过，并于1870年在各部门付诸实施。另一方面，密迪乐于1847年和1856年先后出版的两部著作，以极为热烈的措辞推荐中国的科举制，在当时一定是恰合时宜并颇具影响力的。1856年的《评论选编》高度评价了他有关中国的著作，并号召读者"接受他的观点"②。

三、科举对英国文官制度的影响

1853年，查尔斯·特里维廉、斯坦福·诺思科特两人③受命调查"常设行政机构"的组织情况，并报告为其补充人员的最佳办法，这是对内政部任意授官赐爵的制度第一次提出了有力的挑战。他们于1853年12月23日拟就的"关于建立常任文官制度"的调查报告，为英国现行的文官考试制度奠定了基础。

也就是在这一年，英国任命马考莱（麦考莱）组织委员会考察东印度公司已先行采用考试选才的官职任用制度。据说马考莱是最早提倡实行公开竞争制的人士之一。他于1853年6

---

① ［美］邓嗣禹：《中国科举制在西方的影响》，载《中外关系史译丛》，第4辑，216页，上海，上海译文出版社，1988；刘海峰：《科举学导论》，388页，武汉，华中师范大学出版社，2005。宋元强在《清朝的状元》一书中，对清代114名状元进行专题研究，在深入研究的基础上，以大量的史料和实例，说明大多数状元都是自幼刻苦努力，在科场中一步步竞争，最后才脱颖而出。作者得出结论说："若要涉足鼎甲，夺取魁科，倘无深厚的经史功底、卓越的属文能力、高超的楷书造诣，是不可能高中的。在这方面，几乎没有什么侥幸可言。"在家世出身可考的57名状元中，出身官等级的占51%，民等级的占41%，充分体现了科举制度的基本特征：不拘门第、平等竞争、公开考试、优胜劣汰。参见宋元强：《清朝的状元》，37、172页，长春，吉林文史出版社，1992。科举制度从根本上打破了血缘世袭关系和豪门世族对政治权力的垄断，使国家机构人员的组成向着尽可能大的社会面开放，给贫寒之士、市井之子提供了参与国家行政管理的机会。两宋三百余年科考的状元，多数都是寒门子弟。参见傅兴国：《科举制度——中国对人类政治文明的一大贡献》，载《中国人事报》，2005-06-01。宋代严格的科举考试制度，使一大批出身清寒、勤奋苦读、有真才实学的下层知识分子脱颖而出，成为一代名臣或学者大师，如王安石、包拯、司马光、欧阳修、苏轼、朱熹等等。这些人比较了解民间的疾苦，能够同情百姓，勤于吏治，不失为士大夫的精英分子。转引自刘海峰主编：《科举百年祭》，265页，武汉，湖北人民出版社，2006。

② ［美］邓嗣禹：《中国科举制在西方的影响》，载《中外关系史译丛》，第4辑，217页，上海，上海译文出版社，1988。

③ 特里维廉曾于1820年进入海勒伯里学院，1826年至1838年间在印度的东印度公司担任过各种职务，从1840年起在财政部任职达19年之久。诺思科特从1852年12月到1853年协助特里维廉工作。

月 25 日在下院就"印度政府议案"的二读所发表的讲话，比其他任何议案都更强烈地呼吁采取措施（竞争性考试方案）打破旧的赐官制。在讲话中，马考莱强烈要求下院通过、"并且是毫不迟延地通过"这一议案。①

1854 年 11 月，由马考莱等人共同签署的《印度文官制度报告书》提交议会。该报告的要点为：建议建立一套完整的考试制度，有关考试事宜应由一位权威人士主管的考试中心全权负责；考试必须采取竞争性的笔试办法，对考生的年龄、健康和品行也应定出具体的要求；对于高级职位，应有相当于国内最高教育水平的竞争性考试。换言之，学校考试与文官考试应紧密配合。所有考试，应定期举行。低级职位的考试可在地方上举行，以利于那些付不起旅费的考生报考。同时文官考试及格后，尚需经过一个严格的试用期再决定可否获准进入行政机构任职。"很明显，这些建议和方法与中国科举考试的原则是十分相似的。"② 约翰·斯图亚特·密尔、女王和格莱斯顿首相等政界要人，以及《政界评论》、《观察家》等杂志，都对报告提出的实行竞争性文官考试的方案表示赞扬。而《周末评论》、《国民评论》、《经济学家》、《财政》等杂志，以及绝大多数大臣和绝大多数成员，还有直接或间接地得益于赐官制的那些人，则对此表示反对。③

在该时期议会辩论的材料中，有大量关于中国对英国文官考试制度产生影响的证据。1853 年，格兰维尔伯爵在上院宣称，一个微不足道的鞑靼朝廷可以统治庞大的中华帝国长达二百年以上，其主要原因之一就是他们通过竞争开放一切官职，从而利用了所有中国人的聪明才智。④ 同年 6 月 23 日英国议会的辩论记录中载，史丹莱爵士说："诸君……已采行了一种本国所未有的制度，但这个制度据说已风行于中国，因此我们或可称之为中国制度。"⑤

尽管存在种种反对意见⑥，改革者仍然决定"让反对者号叫去吧，坚定不移地执行预定方案！"1855 年 5 月 21 日，第一个文官委员会成立，并规定了它的权限和职责范围，这就为贯彻特里维廉－诺斯科特提案迈出了第一步。一个三人委员会受命主持"对于将要在市政机构担任普通职务的年轻人进行考试"，并负责对将担任这些职务的候选人出具资格证明。英国于 1855 年 5 月开始实行文官考试制度。竞争性考试制度就这样建立起来了。

---

① 以上参见［美］邓嗣禹：《中国科举制在西方的影响》，载《中外关系史译丛》，第 4 辑，222～223 页，上海，上海译文出版社，1988。

② 刘海峰：《科举学导论》，388 页，武汉，华中师范大学出版社，2005；［美］邓嗣禹：《中国科举制在西方的影响》，载《中外关系史译丛》，第 4 辑，223 页，上海，上海译文出版社，1988。1853 年，英国一项议会法令剥夺了公司董事会提名印度文官的特权。是年，英国女王在一份特许状中提出批准成立一个委员会"调查建立常任文官制"问题。1855 年，印度文官考试制度正式实行。参见［美］邓嗣禹：《中国科举制在西方的影响》，载《中外关系史译丛》，第 4 辑，221 页，上海，上海译文出版社，1988。

③ 参见［美］邓嗣禹：《中国科举制在西方的影响》，载《中外关系史译丛》，第 4 辑，223 页，上海，上海译文出版社，1988。

④ ［美］邓嗣禹：《中国科举制在西方的影响》，载《中外关系史译丛》，第 4 辑，224 页，上海，上海译文出版社，1988。蒙蒂格勒勋爵在非难诺思科特和特里维廉的报告时谈到："确切实施这一制度的先例唯有中华帝国。"他接着把中国科举制与诺思科特和特里维廉的报告进行了一番对照，并广泛运用了密迪乐关于中国科举制的材料。

⑤ 刘海峰：《科举学导论》，391 页，武汉，华中师范大学出版社，2005。

⑥ 除了议会辩论中的材料之外，抵制中国影响的意见也在"关于重组行政机构的文件"中由不同的作者若干次提出。其余反对意见的论点是：考试是不切实际的，或者说这是只要考试不要教育。参见［美］邓嗣禹：《中国科举制在西方的影响》，载《中外关系史译丛》，第 4 辑，224 页，上海，上海译文出版社，1988。

当时，就有人认为英国建立的文官考试制度是受到中国影响的。1857 年 4 月，英国著名的权威刊物《威斯敏斯特评论》（The Westminster Review）评论说："这些中国的'外夷'（英国人）的确只是从中国科举考试的书籍中学到一页而已。"① 当然，英国借鉴科举并非生搬硬套，而是吸取了科举制的合理内核，即考试的平等竞争原则和择优录用方法，而舍弃了科举考试空疏无用的古代经典内容，因而后来能被其他欧美国家和日本等国所仿效。②

在大约十年内，竞争性考试的反对者继续把英国和中国的制度等同起来，从中找出相类似的阴暗面。以贝莱·科奇拉尼为例，他坚持认为英国"还不明白他们必须从天朝帝国那里吸取的是教训"。《政界评论》中谈道："除'野蛮人'之外，眼下唯有（英国）在公共任职方面的的确确是在照搬照套中国的科举制。"③

1870 年 6 月，新上台的帕麦斯顿政府，为迎合舆论，颁布了《关于录用王国政府官员的枢密院敕令》（1870 年 6 月 4 日），规定凡要进入政府各部门工作，都必须经过竞争性考试。至此，英国文官考试走向制度化和正规化。

1888 年 9 月，英国著名的权威刊物《威斯敏斯特评论》刊载了一篇题为《中国：新的起点》的文章。此文开头就指出："如果说中国政体中还有什么特别之处会受到欧洲人无条件地赞美的话，那么便是科举制。"④

1910 年～1911 年出版的《大英百科全书》第 11 版"考试"条，在考试历史部分是这样论述的："在历史上，我们所知的最早的考试制度出现于中国，即以考试来选拔官员（公元

① 刘海峰：《科举学导论》，388 页，武汉，华中师范大学出版社，2005。

② 根据 1855 年英国文官考试制度初建时印制的试题，考试内容为数学、法律、政治、国际关系等与各种文官职位密切相关的学问，避免了中国清代八股科举学非所用、用非所学的弊端。参见刘海峰：《科举学导论》，388 页，武汉，华中师范大学出版社，2005。日本学者原胜郎（曾经留学德国、英国、美国，而后担任京都帝国大学的教授），作为一名研究西方史的学者，深刻了解西方学术界对于科举制度的高度评价。20 世纪初，他曾到南京参观江南贡院，并写下了《贡院之春》一文。这篇随笔开篇提道："人曰中国衰微之根源乃科举也，呜呼！科举果其罪乎？"为清代以来饱受批判的科举制度正名。针对人们批判科举制度乃是"殃国"之制，乃是满清衰败之主因的言论，他指出：任用官吏应以公平为第一义，最要注重自由竞争。英国不过是 1870 年之后，美国不过是 1883 年之后才推行文官考试制度，而中国千余年来进行科举考试，历朝逐次加以改良，绝非可以嗤笑之物。而且，就通过公开考试广泛选拔人才而言，中国文明可以说远远领先于欧美各国。因此，科举制度造就了中国文明，它是中国文明的顶峰。如果将中国的衰败归结于科举制度，那么没有科举考试的中国或许早在数个世纪之前就走上穷途末路。他认为，人们批评科举只重诗文，拘泥八股，而未能推进经世之学，但考试科目的问题不过是细枝末节而已，真正的问题在于中国的锁国政策。若是中国自主地开放门户，维持公平的人才录用制度，也就是说中国如果时刻地保持与世界同步，注重人才选拔之公正性的话，那么考试科目这一问题自然也就随着时代的变化而不断改进。不仅如此，原胜郎还指出：文官选拔的必要条件在于深厚的常识、明晰的理解力、绅士的修养三大要素，而 1876 年英国高等文官考试的科目并没有体现这一精神，相反，中国科举考试之中的经学、诗文、策问的考试方式，正足以满足文官选拔的基本需要。参见刘海峰：《科举学导论》，123～124 页，武汉，华中师范大学出版社，2005。

③ ［美］邓嗣禹：《中国科举制在西方的影响》，载《中外关系史译丛》，第 4 辑，225 页，上海，上海译文出版社，1988。

④ 刘海峰：《科举制对西方考试制度影响新探》，载《中国社会科学》2001（5）。英国首先关心的是政务和政权，所以他们也利用考试来挑选其文官人员，这样一来就实现了《绅士杂志》早在 1755 年就表达了的夙愿："文章是一个希望接受考试的思想家必须经过的唯一考验……所有作者都同意这种看法：中国人在治国术方面超过了其他所有民族……他们的职官尊号及其官制不是世袭的……官吏是每年一次在中国京师选拔的。"［法］安田朴著，耿昇译：《中国文化西传欧洲史》，718 页，北京，商务印书馆，2000。

前 1115 年)，并对已经进入仕途的官员进行定期考核（公元前 2200 年)。"① 此条文还提到这个制度于 1906 年（当为 1905 年）被废止及代之以每年在北京举行留学回国人员的考试的情况。《大英百科全书》将先秦的"三载考绩"与隋代以后的科举制度混同起来，但明确考试是中国人发明的这一点并没有错。牛津大学博物馆长期以来展出一组五枚与科举有关的压胜钱，其文字说明是："中国是世界上最早使用笔试选官的国家。"②

1921 年 4 月，孙中山在广东省教育会的一次演说中，就已提到英国的考试制度就是学中国的。③ 1924 年，他在《五权宪法》的演讲中又说：

现在欧美各国的考试制度，差不多都是学英国的。穷流溯源，英国的考试制度原来还是从中国学过去的。所以，中国的考试制度，就是世界中最古最好的制度。④

在 1933 年，美籍华人学者罗纳德·S·苏（Leonard S. Hsu）曾经在他的《孙逸仙——他的政治和社会理想》一书中这样写道："几乎所有的西方学者都没有注意到当今世界现存的高级公务员制度起源于中国这样一个事实。我们有足够的证据证明中国对这一制度的影响，而它往往被西方学者所忽视。"

我们认为，中华帝国的科举制度，随着时间的推移得到传播，并成为世界其他国家实施和发展行政精英制度的基础。毫无疑问，美国公务员竞争考试的特点主要受英国的影响，而英国的公务员制度则来源于中国。⑤

1942 年 10 月，当时在重庆国立中央大学任教的美籍华人张沅长，在美国重要学术刊物《美国历史评论》上用英文发表了《中国与英国的文官改革》一文。该文并不很长，却是中外学术界第一篇关于中国科举考试对英国和西方影响的论文。他主要根据 1855 年前后英国议院辩论记录及相关资料加以研究，并得出结论——中国考试制度的影响的确应当得到承认。

中国的科举制度在英国已广为人知；在当时英国的期刊文献和议会辩论中，竞争考

---

① ［美］邓嗣禹：《中国科举制在西方的影响》，载《中外关系史译丛》，第 4 辑，200～231 页，上海，上海译文出版社，1988。其参考的文献是丁韪良 1901 年出版的《中国的学问，或中国知识界》一书第 311 页及相关部分，以及《19 世纪》1894 年 7 月号上刊载的 T. L. Bullock 的《中国的科举考试》一文，还有 1894 年 Etienne Zi 在上海出版的法文著作《中国文科举》一书。参见刘海峰：《科举学导论》，395 页，武汉，华中师范大学出版社，2005。

② 刘海峰：《科举学导论》，395 页，武汉，华中师范大学出版社，2005。

③ 参见《孙中山全集》，第 5 卷，498 页，北京，中华书局，1985。

④ 《孙中山先生演说集》，第 5 卷，35 页，民智书局，1926。他还在其他不同的场合重复过这一说法。孙中山虽不是第一个提出科举西传说的中国人，但他关于这一说法的演讲流传很广，后来一些中国学者对科举西传问题进行研究便是受到孙中山的启示和激发。

⑤ 转引自任爽、石庆环：《科举制度与公务员制度——中西官僚政治比较研究》，1～2 页，北京，商务印书馆，2001。可是，已故伦敦大学政治学教授格厄姆·沃尔斯博士却在 1931 年的一次讲话中说："毋庸置疑，除了中华大帝国之外，对其情况我们一无所知，我们英国是最早在公共任职中实行竞争性考试的国家。"［美］邓嗣禹：《中国科举制在西方的影响》，载《中外关系史译丛》，第 4 辑，218 页，上海，上海译文出版社，1988。1965 年，英国学者蒙哥马利出版的《考试：它们在英格兰作为行政措施的演进》一书，认为英国文官制度之由来可归因于牛津、剑桥等大学的考试制度，完全不提中国科举制的影响。参见刘海峰：《科举制对西方考试制度影响新探》，载《中国社会科学》，2001（5）。

试的观念均与中国相关；议会内外都认为考试制度是中国创立的制度，而且没有人加以否认；没有任何其他国家先于中国采用竞争性的文官考试制度，而且没有任何西方的个人、国家或种族声称其拥有考试制度的发明权。[1]

英国历史学家汤因比坚信：

> 实际上现代英国的官吏制度，是仿照帝制中国的官吏制度而建立的。同罗马制相比较，中国的这种制度取得了很大成功。约在两千年的时间里，或大或小，它成了统一中国和巩固秩序的支柱。但是它也同样是有限度的。鸦片战争时，在侵略中国的英国人心目中，当时的制度是极为优越的。英国人曾考虑以后英国是否也要采用。各种议论的结果，同样在英国也确立了通过考试选拔任用行政官的制度，今天已经广泛普及。[2]

正因为中国的科举制度与英国法律文明之间存在着相应的联系，所以英国学者仍然保持着研究科举制度的热情。1974 年，英国著名汉学家崔瑞德（现居美国）印行了《中国贤能政治的产生：唐代科举与官僚政治》文本小册子；1988 年，剑桥大学中国学教授麦大维（McMullen）出版了《中国唐代的政府与学者》一书（State and Scholars in Tang China），其中有很多章节探讨唐代科举与知识分子的关系。[3]

---

① Y. Z. Chang, "China and English Civil Service Reform", *American Historical Review*, Vol. XLVII, No. 3, April, 1942, pp. 539-544. 转引自刘海峰：《科举学导论》，381～382 页，武汉，华中师范大学出版社，2005。参见任爽、石庆环：《科举制度与公务员制度——中西官僚政治比较研究》，3 页，北京，商务印书馆，2001。

② 转引自《展望二十一世纪——汤因比与池田大作对话录》，275 页，北京，中国国际文化出版公司，1985。1973 年，阿姆斯特朗（John A. Amstrong）在一部名叫《欧洲的行政精英》（European Administrative Elite）的著作中写道："他们的责任感以及良好的通才训练，使人想起描绘中国官员使用的'多面手'一词，这样的例子在英国教育系统和英国国内公务员系统中不胜枚举。"任爽、石庆环：《科举制度与公务员制度——中西官僚政治比较研究》，3 页，北京，商务印书馆，2001。

③ 参见刘海峰：《科举学导论》，64 页，武汉，华中师范大学出版社，2005。

第六章

中国法律文化对法国的影响

> 　　与英国、德国相比，法国的"中国热"具有参与的阶层和影响面广泛、自觉借鉴意识浓、探讨问题的层次深等特点。无论从哪个角度看，法国都是欧洲"中国热"当之无愧的中心。有关中国的信息法国最多，中国情趣在法国最风行，关于中国的争论在法国最激烈，在大多数中国研究领域里法国走在最前面，中国的影响在法国最大、最持久。[①]
>
> 　　孟德斯鸠在《论法的精神》一书中写下了大量的讨论中国政治、法律问题的文字，随着该书的广为传播而对当时法国以及欧洲思想文化界产生重大影响，而且其中提出的一些问题，至今仍不失其意义和价值。伏尔泰长期为中国文化所倾倒，认为中国道德与法律结合成了公正与仁爱的典范，于是大力宣扬中国的德治

---

　　①　参见许明龙：《欧洲 18 世纪"中国热"》，143、144 页，太原，山西教育出版社，1999。17 世纪，法文中出现了一个新词：chinoiserie（读作希努瓦斯里），这个词的词根是 Chine（中国），最初指称来自中国的商品，其中主要是各种工艺品。后来这个词被欧洲各国广泛采用，成为一个国际性的词汇，其含义也随之扩大，除了指来自中国的新奇物品外，还被用来指称受中国艺术品影响的欧洲艺术风格和体现中国情趣的各类活动。法国人对东方的好奇心由来已久，在他们心目中，东方是包括土耳其、波斯、印度、中国、日本等国在内的广大地区。由于当时交通不便，无法实地考察，人们只能借助他人的记述来满足自己的好奇心，于是一大批以东方为题材的作品应运而生，其中比较著名的有杜威尔迪埃的《奴隶或波斯史》（1628 年）、德劳雅的《康斯坦丁堡三位王子的故事》（1632 年）、杜拜伊的《久负盛名的中国人》（1642 年）。这类作品中既有少量纪实的游记，也有不少是凭借想象的虚构。曾德昭、卫匡国等人关于中国的著作传入法国，向法国人勾画了比较接近实际的中国形象。法国耶稣会士到达中国后，法国人终于有了自己的信息来源，中国的神秘面纱逐渐被揭开。1710 年至 1712 年，拉克鲁瓦仿照《一千零一夜》写作了《一千零一日》，虚构了《王子卡拉夫和中国公主的故事》，意大利歌剧《图兰朵》就是以此故事为主干写成的。中国园林之风同样吹到了法国，凡尔赛的特里亚农宫，就是仿照南京报恩寺设计的。青花瓷和漆器在法国极受欢迎，法国的传统工艺品纷纷采用中国绘画和图案。18 世纪下半叶，发源于中国的皮影戏一度在法国相当流行，成为雅俗共赏的大众娱乐方式。在 18 世纪末，民间舞会上化妆成中国人已蔚然成风，集市或大街上常常可以见到一种以中国为题材的戏剧表演。法国的"中国热"还有一种表现，那就是学者和思想家们对于中国的研究和思索。在法国的流行歌曲中有过这样的歌词："中国是一块可爱的地方，它一定会使你喜欢。"朱谦之：《中国哲学对欧洲的影响》，275 页，石家庄，河北人民出版社，1999。

主义法律文化，以至于甚至连中国的一夫多妻制也都谅解并且理解了，觉得总比西方的通奸要好些，可谓"情人眼里出西施"。

狄德罗对中国的古老表示敬意①，但同时提出"趋于安宁、怠惰，只囿于最切身的利益，认定成俗之后不敢逾越，对于事物缺乏热烈的渴求"的东方精神，使中国沿袭的惯例更僵化，采用的国策更划一，制定的法律更少变化，致使尽管中国人的历史最悠久，但欧洲人却远远走在了前面。② 霍尔巴赫赞赏中国那样政治与道德相结合，公然宣称"欧洲政府非学中国不可"③。魁奈则代表重农学派直接把他们的目标与中国的政治法律体制联系在一起，尤其他为维护中国的形象专门与孟德斯鸠进行了激烈的争辩，实在是一件值得玩味的事。应该说，这是一个常常被中国人引以为自豪的时期。

人们通常把伏尔泰、魁奈对中国文化的赞赏看作东学西渐史上的一段佳话，

---

① 狄德罗也像具有中国热的亲华派学者一样赞扬中国人，称赞他们只给予那些不仅具有学者名望而且确乎称职的人官衔和荣誉。他有时甚至还断定中国人超越了一种"共同接受的普遍原则"，从而也超过了亚洲的所有民族。"据某些作者认为，他们甚至可以与最开明的欧洲地区相媲美……"；狄德罗也如亲华派的中国热学者们一样称赞孔夫子培养君王们精通治国术，"将治国术局限在了解和获得一个君主所必需的品质、自我克制、善于组织其内阁和宫廷以及培养全家的艺术诸方面"。这比他有关"中国人"的条目包含更多的赞扬。尽管该民族历史很古老，但他们的思想却以"构成它的那些多得令人瞠目的抽象和笼统的术语而令人不知所措；导致斯宾诺莎的著作在如此长的时间内使我们无法理解的那些术语在 600—700 年之前就能未能难倒中国人"。[法] 安田朴著，耿昇译：《中国文化西传欧史》，789～790 页，北京，商务印书馆，2000。狄德罗也赞美儒家，认为孔子教育以保存和补充"天赋的理性"为特质，以"德治"为手段，以达到两个目的：第一是辨别善恶与真伪，第二是修身、齐家、治国、平天下。他强调，只需以儒家的"理性"或"德治"来进行指导，便可以治国平天下。参见朱谦之：《中国哲学对欧洲的影响》，275 页，石家庄，河北人民出版社，1999。

② 伏尔泰曾以中国的长治久安来论证中国政制的优良，狄德罗对此看法不以为然，他认为发生这种现象的原因是中国人口远远多于征服者："人们从来不曾想一想，为什么中国人在历次异族入侵中能够保持他们的法律和习俗，请听答案：只需要一小撮人便能征服中国，而改变中国却需要数百万人。六万人占领了这个国家，结果怎样呢？六万人分散在六千万人中间，也就是一千比一百万；有谁相信，一千人能够改变一百万人的法律、风俗和习惯？被征服者以其人口优势同化征服者……中国的政制并非因为优良而经久不衰，而是人口过多的必然结果，只要这个原因存在，这个帝国就永远只会更换主人而不会更换制度。"转引自许明龙：《欧洲 18 世纪"中国热"》，251 页，太原，山西教育出版社，1999。

③ 霍尔巴赫在 1773 年出版的《社会之体系》一书中，高度赞扬中国的政治与道德原理。他说："中国可算世界上唯一将政治的根本法与道德相结合的国家。"他认为这种道德政治的完全实现，不是世袭的君主政治，而是尧舜的理想政治，因此，"欧洲政府非学中国不可"。朱谦之：《中国哲学对欧洲的影响》，298 页，石家庄，河北人民出版社，1999。但同时，他又指出："几千年来，东方各国人民由于宗教迷信、愚昧无知和长期处于屈辱地位，所以一代复一代地做他们国王可以任意摆布的奴隶，以致连'自由'这个名词也不知道。这些不幸的人对幸福毫无印象，他们怎么能够追求幸福呢？如果他们心里产生这种愿望，那好像就是逆天行为，仿佛上天要求他们在这个世界上做不幸的人。"[法] 霍尔巴赫：《自然政治论》，261 页，北京，商务印书馆，1994。

而觉得孟德斯鸠、卢梭的中国文化观缺乏宽容。① 其实，不论是赞美，还是批评、否定，都是在启蒙运动中对外来文化的一种借鉴和利用。②

　　法国人对中国的热情在 1789 年大革命之后逐渐消失了，但科举制仍然是他们从中国学来的一项重要的遗产。

---

　　① 卢梭是在《论科学与艺术》（1750 年）这部著作中谈到中国文化的。他猛烈攻击了当时"欧洲式的风俗观念"之后，让他的论据越过时间和空间，从而把自己的论点进一步提升到对人类文化总体性的批评上。他列举了埃及、希腊、罗马后，把笔锋移向中国："然而我们又何必向远古的时代去寻求真理的证据呢？我们眼前不就有这一真理的充分证据吗？在亚洲就有一个广阔无垠的国家，在那里文章得到荣誉就足以导致国家的最高禄位。如果各种科学可以敦风化俗，如果它们能教导人们为祖国而流血，如果它们能鼓舞人们的勇气；那末中国人民就应该是聪明的、自由的而又不可征服的了。然而，如果没有一种邪恶未曾统治过他们，如果没有一种罪行他们不曾熟悉，而且无论是大臣们的见识，还是法律所号称的睿智，还是那个广大帝国的众多居民，都不能保障他们免于愚昧而又粗野的鞑靼人的羁轭的话；那末他们的那些文人学士又有什么用处呢？他们所满载的那些荣誉又能得到什么结果呢？结果不是充斥着奴隶和为非作歹人们吗？"［法］卢梭：《论科学与艺术》，13～14 页，北京，商务印书馆，1963。在 1755 年为《百科全书》做政治经济学条文"经济（伦理和政治）"时，卢梭对中国似乎不无好感："中国的君主始终遵守一条准则，那就是凡是官员和百姓之间发生争执，应该受罚的永远是官员……中国的皇帝坚信，公众骚乱绝不会无缘无故，因此，他在处罚暴乱者的同时，总要倾听他们的呼声，从中找出合理的抱怨，加以安抚。"转引自许明龙：《欧洲 18 世纪"中国热"》，265 页，太原，山西教育出版社，1999。不过，此后再也听不到他对中国的赞扬了，相反，对中国人的恶言恶语愈加明显。他在《新爱洛伊斯》（1761 年）中这样评价中国："我非常仔细地观察了这个著名的民族，在发现它受奴役时感到再惊奇不过了。它受征服与遭攻击的次数一样多，始终会成为任何外来者的侵略对象，这种情况一直持续到世界的末日。我发现该民族理所当然地遭到了这种命运，他们甚至没有勇气对此抱怨。那些文人们都怯弱、虚伪和招摇撞骗，经常是讲起来夸夸其谈而又没有讲出任何实质内容，充满了思想而又没有任何天才，具有丰富的表象而思想又很贫乏，他们个个都文质彬彬、阿谀奉承、机灵、狡猾和淘气，把所有义务都贴上了标签并使全部伦理都显得装腔作势，除了作揖和磕头之外再也不懂其他人情了。"［法］安田朴著，耿昇译：《中国文化西传欧洲史》，792 页，北京，商务印书馆，2000。卢梭不赞同中国是开明专制主义的典范的说法，他在写给重农学派的重要成员米拉波的一封信中说道："无论怎样，不要再对我谈什么合法专制，我不能欣赏它，甚至毫不理解；我从中只看到两个意义相反的词。它们组合在一起，对我来说，没有任何意义。"［法］艾田蒲著，许钧、钱林森译：《中国之欧洲》，下册，329 页，郑州，河南人民出版社，1994。"卢梭对中国人的诅咒是基于他与论敌进行论战的需要。"许明龙：《欧洲 18 世纪"中国热"》，265 页，太原，山西教育出版社，1999。后人研究过卢梭思想中受到中国文化影响的成分，如：卢梭热爱自然的思想与中国的老子学说；卢梭重视农业的思想与中国的农耕传统；卢梭的"自然状态"中的人性思想与中国孟子的性善说等。参见忻剑飞：《世界的中国观》，199 页，上海，学林出版社，1991。

　　② "在 18 世纪的前三分之一年代，欧洲的哲学家们主要是利用中国以对有关上帝、灵魂、物质和精神的思想进行反思。但到了该世纪的第二个三分之一年代，孟德斯鸠、伏尔泰则援引中国以批判西欧的宗教狂热和政治制度。"［法］安田朴著，耿昇译：《中国文化西传欧洲史》，770 页，北京，商务印书馆，2000。18 世纪中叶，法国正处在资产阶级革命的前夜。在这场巨大的社会变革之前，一批启蒙运动思想家不但十分关注中国，而且还从研究中国的历史、文化及现状入手，为法国的社会改造提供可资借鉴的素材。这些思想家通过对中国所作的深入研究，对欧洲社会产生了深远的影响。参见韩琦：《中国科学技术的西传及其影响》，185 页，石家庄，河北人民出版社，1999。

第一节
孟德斯鸠：对中国法律文化的批判与提取

孟德斯鸠（Montesquieu，1689—1755）是 18 世纪上半叶法国启蒙思想家、社会学家，资产阶级国家和法学理论的奠基人。其主要著作有《波斯人信札》（1721 年）、《罗马盛衰原因论》（1734 年）和《论法的精神》（1748 年）等。

孟德斯鸠所处的法国路易十四和路易十五时代，相当于中国清王朝的康熙、雍正、乾隆时代。他是一位视野开阔、学识渊博的百科全书式的学者，不仅对欧洲各国的情况非常熟悉，而且对东方的情况也相当了解。他对古老文明的中国有着浓厚的兴趣，一生中曾以极大的热情研究过中国，但他并没有写过专著或专论集中讨论中国，其中国观散见于他先前发表的著作及身后收入《孟德斯鸠全集》出版的《思想》、《随笔》、《地理》等各种札记、随感和著作里。在这些著作中，中国占有十分重要的地位，仅以《论法的精神》这部 31 章皇皇大作来说，提及中国的就有 21 章之多，其中以中国为专题的就有 5 节，如"中华帝国"、"中国的奢侈"、"中国人的礼仪"、"中国的良好风俗"、"中国政体的性质"等等。至于他身后发表的各类笔记中，对中国的论述便更多了，据估计多达百余处。① 这些论述主要涉及清康、雍、乾时代中国的政治、经济、法律、文化、宗教、道德、风俗习惯、人口等问题。

孟德斯鸠关注最多、集中论述的是中国的政治和法律文化，而在这方面的论述最能体现这位西方哲人之中国观的特点。作为法国 18 世纪最伟大的政治思想家，孟德斯鸠在构建自己庞大的政治、法律理论体系时，对中国法律文化予以批评，也从中提取了丰富的思想资料。

一、对中国知识的获得

孟德斯鸠并未到过中国。他的中国知识主要是通过对来华传教士、商人等有关中国著述的阅读以及与之相关人士的直接交谈中而获得的。

在关于中国法律文化观的形成过程中，有两个人物与孟德斯鸠有过交往并对他产生过重要影响。一个是赴法留学的天主教会会士黄嘉略，另一位是来华的法国耶稣会士傅圣泽。

黄嘉略（拉丁文为 Arcadio Hoange，1679—1716），是福建莆田人，先被法国传教士李斐理收为义子，后跟随法国传教士梁宏仁，1701 年 2 月 17 日作为梁的秘书离开中国，10 月到达巴黎，曾被推荐作为路易十四的中文翻译，后又与著名学者傅尔蒙和弗莱雷合作编纂汉法词典。孟德斯鸠结识黄嘉略是在 1713 年，时值他在巴黎学习法律，与黄相识，无疑为他提供了了解中国的机会。黄自幼受法国域外传教士的影响，对中国的社会弊端津津乐道，对中国固有的文化传统却心存偏见。② 他是孟德斯鸠一生中所遇到的第一个也是唯一的中国人，

---

① 参见钱林森：《偏见与智慧的混合——孟德斯鸠的中国文化观》，载《南京大学学报》（哲学、人文、社科版），1996（1）。

② 参见许明龙：《孟德斯鸠与中国》，6 页，北京，国际文化出版公司，1989。

是向孟氏传授中国知识的第一个启蒙老师。两人曾多次交谈，现存的材料表明①，孟德斯鸠从黄嘉略口中获取了有关中国的历史文化、民风民俗、政治法律等方面的知识与信息。黄为孟详细地描述了中国皇帝如何专制独裁、刑罚如何酷烈的情景，给这位刚满 22 岁的法国年轻学生上了中国知识的第一课，而孟德斯鸠对来自中国启蒙老师那儿的知识深信不疑。这样，黄为孟提供的中国形象，不仅成为孟氏著作中批评中国社会弊端的素材与依据，而且也成了他日后观察中国法律文化的一把实际的标尺，使他一开始对中国的认识就采取了一种远非钦羡的否定的态度。他在与黄嘉略的谈话笔记中这样明确地写道："中国政府如果当真如人所说的那样好，鞑靼人怎么会在极短的时间内成了中国的主人呢……让我们摆脱成见吧！我们把他们说得那样好，实在是太奉承他们了。"② 又说："我认为，要想认识中国，必须从摆脱先入为主的仰慕开始。"③ 这样，黄嘉略不只教给了孟德斯鸠中国知识，而且给了他观察中国的一种尺度和方法，即否定的、负面的审视方法，对孟德斯鸠中国观的形成显然具有十分深远的影响。

　　1729 年，正当孟德斯鸠在欧洲作长途学术旅行、积极地为日后著作进行知识准备之时，他遇到了"第二个老师"——耶稣会士傅圣泽（Jean-Francois Fouguet，1665—1741）。傅圣泽于 1699 年到中国传教并在中国生活了二十多年，由于在对待中国礼仪问题上与在华的耶稣会士的意见相左而被召回罗马，被任命为埃留提罗帕里斯主教。傅对中国存有病态性的偏见，此君"当属荒谬之辈，凡涉及到中国的种种事物，他都凭空乱想"④。孟德斯鸠在罗马结识傅圣泽，多次与之晤谈，傅告诉孟德斯鸠，中国经常发生偷盗和饥荒，稻谷收成不好，便出现粮食匮乏。还说，如果事关皇帝尊严和威望时，中国皇帝"杀人就像捏死一只苍蝇，根本不在乎"，而在其他场合，皇帝又喜欢显示自己的宽容的仁慈。⑤ 如此，傅圣泽为孟德斯鸠上了有关中国问题的第二课。如果说孟德斯鸠与黄嘉略的相识与交谈使他获得了认识中国的一种冷峻的方法和尺度，从而事实上使这位西方学者一开始研究中国就形成了一种偏见，那么他与傅圣泽的相逢与晤谈则加重了这种偏见的分量："他无法抗拒傅圣泽那种'对中国病态性排斥'的影响，以至于他在日后接触中国资料的过程中对中国固有文明处于拒受两难的境地。"⑥

　　孟德斯鸠了解中国、获取中国材料的渠道主要靠阅读。他从认识黄嘉略的那年（1713年）起就开始阅读有关中国的书籍，此后数十年间未曾间断。他的阅读范围十分广泛，既有

---

　　① 两人的谈话在孟德斯鸠的《札记》中有记载，还有一份谈话手稿，收藏在法国波尔多市立图书馆。
　　② 许明龙：《孟德斯鸠与中国》，95 页，北京，国际文化出版公司，1989。
　　③ 许明龙：《孟德斯鸠与中国》，93 页，北京，国际文化出版公司，1989。
　　④ ［法］艾田浦著，许钧、钱林森译：《中国之欧洲》，下册，96 页，郑州，河南人民出版社，1992。
　　⑤ 参见许明龙：《孟德斯鸠与中国》，63 页，北京，国际文化出版公司，1989。
　　⑥ 钱林森：《偏见与智慧的混合——孟德斯鸠的中国观》，载《南京大学学报》（哲学、人文、社科版），1996 (1)。"我仅仅指出，孟德斯鸠在遇到前耶稣会士傅圣泽之前曾积极正面地评价过中国的政府。"由于孟德斯鸠过分相信了傅圣泽的怨恨情绪并未经仔细研究而接受了安松的流言飞语，所以他处于极端的困窘之中，无法使商人们的诅咒与耶稣会士们的过分赞美互相吻合起来。孟德斯鸠由于其思想体系和傅圣泽神父的行为而怀有偏见，他未被列在那些自耶稣会士们入华以后都盲目迷信中国的人之列。他形成的中国形象是不连贯的和互相矛盾的。参见［法］安田朴著，耿昇译：《中国文化西传欧洲史》，508、511 页，北京，商务印书馆，2000。

耶稣会士写的有关中国文化历史的专著，如比利时传教士柏应理的《中国贤哲孔子》①、刘应的《鞑靼史》、德拉克鲁瓦的《成吉思汗》，也有耶稣会士撰写的中国综论巨著，如克察的《中国图志》、杜赫德主编的《中华帝国全志》和《耶稣会士书简集》，还有旅游家、商人或外交官等的游记，如唐比埃的《新游记》、郎克的《北方游记》、安逊的《环球游记》、俄使臣埃韦特·伊兹勃兰德的《出使日记》以及雷诺多翻译的《九世纪两位穆斯林的印度和中国游记》等等。孟德斯鸠在接触这些有关中国的书籍之前，已经对中国持有一种怀疑、不信任和先入为主的思维定式和价值尺度，因而他对那些揭示中国负面情况的游记如郎克、安逊的游记抱以热情和亲近，而对那些颂扬中国的著作如《耶稣会士书简集》、《中华帝国全志》等总是表示出一种将信将疑的甚至排斥的态度。尽管这样，孟德斯鸠赖以观察中国、审视东方文明的大部分资料，还是从这两部书中提取的，仅《论法的精神》引用这两部书的材料就不下 40 处。

二、对中国专制主义法律文化的批评

孟德斯鸠在撷取包括中国在内的东、西方各国文化素材来构建他的政治体系时，曾这样声言："我建立了一些原则。我看见了：个别的情况是服从这些原则的，仿佛是由原则引申而出的；所有各国的历史都不过是由这些原则而来的结果。"② 三种政体的划分便是他建立的最重要的原则之一，也是庞大的政治法律理论体系的中心所在，他笔下的中国形象，便是由这一"原则引申出来的"。

孟德斯鸠把人类社会分为三种政体，即共和政体、君主政体和专制政体。"共和政体是全体人民或仅仅一部分人民执掌最高权力的政体"，以品德为原则；"君主政体由单独一人依据一定的法律执政"，以荣誉为原则；"专制政体是既无法律又无规章，由单独一人按照一己的意志与反复无常的性情执政"，以恐怖为原则。这就是孟氏所确立的一种世界模式，世界上任何一个国家都可以从中找到自己的归依，中国自然也不例外。

根据孟德斯鸠的研究，共和政体一般只适宜版图极小的古代城邦国家，那已是历史陈迹；现实可行的理想政体是君主政体，英国的君主立宪是最佳模式；而地广人多的封建时代的中国是由专制君主治理的大帝国，是"一个强大的专制国家"③，"它的原则是恐怖"④。他引用传教士杜赫德在《中华帝国全志》中的话说："统治中国的就是棍子。"⑤ 他不同意某些

① 在《中国贤哲孔子》的序言中有这样的概述：中国的政治伦理有两大动力，首先是国王的利益与臣民的利益密切相结合，以至于完全融合为统一体；其次是国王的表率行为对于臣民的决定性作用。如果国王有德，那么民众也会有德和有福；如果国王无德，那么民众也会仿效他而制造各种混乱。柏应理在此书的拉丁文译文中还说：如果国王作出了道德的表率，那么他就会受所有人的尊敬。参见［法］维吉尔·毕诺著，耿昇译：《中国对法国哲学思想形成的影响》，441 页，北京，商务印书馆，2000。
② ［法］孟德斯鸠：《论法的精神》，上册，37 页，北京，商务印书馆，1982。
③ ［法］孟德斯鸠：《论法的精神》，下册，172 页，北京，商务印书馆，1982。孟德斯鸠阅读了于 1715 年出版的《洛伦·兰格中国行记》，兰格这位受彼得大帝派遣的瑞典工程师大讲特讲他能想象出的中国商人的全部坏话。因此，孟德斯鸠就轻而易举地接受了这样一种观点，认为东方国家有时很难被纳入他创立的有关"三种政府"的范畴。参见［法］安田朴著，耿昇译：《中国文化西传欧洲史》，515~516 页，北京，商务印书馆，2000。
④ ［法］孟德斯鸠：《论法的精神》，上册，129 页，北京，商务印书馆，1982。
⑤ ［法］孟德斯鸠：《论法的精神》，上册，127 页，北京，商务印书馆，1982。

传教士关于"中华帝国的政体是可称赞的，它的政体的原则是畏惧、荣誉和品德兼而有之"①
的说法。在孟氏看来，在中国这样一个地道的君主专制国家里，是根本无"荣誉"可言的，
"专制国家的原则绝不是荣誉。在那里，人人都是平等的，没有人能够认为自己比别人优越；
在那里，人人都是奴隶，已经没有谁可以和自己比较一下优越了"②。只有在有固定政制、有
一定的法律的国家，才谈得上荣誉。因而他说："我不晓得，一个国家只有使用棍棒才能让
人民做些事情，还能有什么荣誉可说呢。"③ 他还举出在中国几个帝王因为基督教惹起皇帝不
快而遭惩办的例子，得出"那里经常施行暴政，和依据常例——也就是无情地——对人性进
行残害"④ 的结论。孟德斯鸠还从气候和地理特征寻求理论的佐证，认为"由于中国的气候，
人们自然倾向于奴隶的服从"；而疆土辽阔的帝国适宜于施行凶暴的专制统治，"因为如果奴
役的统治不是极端严酷的话，便要迅速形成一种割据的局面，这和地理的性质是不能相容
的"⑤。所以，在"那个地方的一切历史里，是连一段表现自由精神的记录都不可能找到的。
那里，除了极端的奴役而外，我们将永远看不见任何其他东西"⑥。

专制政体的原则是恐怖，这便决定了胆怯、愚昧、沮丧的人民是不需要许多法律的。在
孟德斯鸠看来，中国封建时代虽然形式上也有法律，但这些法律往往很不完备，其条文又往
往含混不清，所以会有许多流弊。例如，关于大逆罪，就有"把大逆罪名加于非大逆罪的行
为"。中国封建时代盛行的所谓"大逆罪"就是如此，它是专制暴政的典型例证。他说："中
国法律规定，任何人对皇帝不敬就要处死刑。因为法律没有明确规定什么叫大不敬，所以任

　　① 《论法的精神》一书第 8 章第 21 节企图使传教士介绍的中国形象变得逊色，这样就可以试图证明中国政府
远不是提出一种属于由孟德斯鸠确立的三种主要形式的一种政府类别，而且纯粹是一种专制暴政。参见［法］安田
朴著，耿昇译：《中国文化西传欧洲史》，494 页，北京，商务印书馆，2000。
　　② ［法］孟德斯鸠：《论法的精神》，上册，25 页，北京，商务印书馆，1982。
　　③ ［法］孟德斯鸠：《论法的精神》，上册，127 页，北京，商务印书馆，1982。对孟德斯鸠的这段话，用法文
写作的德国人格里姆不但很熟悉，而且进一步作了发挥："官员也不能幸免棍棒之苦，为了小小的差错，皇帝就下令
处以杖击。奴役的锁链于是延伸到皇亲国戚。为指导和教育皇帝如何治理国家而设立的监察部门，如果胆敢向皇帝
进谏，御史便难免一死。"转引自许明龙：《欧洲 18 世纪"中国热"》，263 页，太原，山西教育出版社，1999。法国
历史学家和哲学家沃尔内（1757—1820）于 1791 年在《废墟》（也被译作《论毁灭》）这部著作中也同孟德斯鸠一样
抨击"棍棒专制主义"："因竹杖专制主义而受人鄙视和被星相迷信迷住了眼睛的中国人……于其已流产的文明中只
向我显示出了一个木偶般的民族。"［法］安田朴著，耿昇译：《中国文化西传欧洲史》，790 页，北京，商务印书馆，
2000。无论如何，孟德斯鸠在《论法的精神》第 8 章第 21 节中使用的论据之一清楚地表明了其偏见，或者至少是他
进行诽谤的欲念。"我不知道在那个大家除了使用棒打之外再不会干其他事的民族中所说的荣誉体面是什么"。然而，
这里是指什么呢？可能是指杜赫德神甫所说的在中国刑法中的杖笞。例如，"任何阅读过中国最美的四部或五部小说
之一的《金瓶梅》的人都要受刑一百竹板"……由于获悉法国的一个法庭最近判决了由于刊印萨德侯爵的某些著作
而犯罪的作者波韦尔，如果有某一位中国社会学家写道："法国政府仅仅以禁止所有的书籍才能存在下去"，那么你
们对他的客观态度又该作何感想呢？然而，孟德斯鸠于其书第 8 章的最后一节中正是如此这般地论述的，全文以这
样一段文字结束："因此，中国是一个专制国家，它的原则是恐怖。在最初的那些朝代，疆域没有这么辽阔，政府的
专制的精神也许稍微差些；但是今天的情况却正相反。""这一段文字中的'因此'一词似乎是标志着一种必然的结
论，它仅仅是由孟德斯鸠的意愿才被证实如此。"［法］安田朴著，耿昇译：《中国文化西传欧洲史》，498 页，北京，
商务印书馆，2000。
　　④ ［法］孟德斯鸠：《论法的精神》，上册，127 页，北京，商务印书馆，1982。
　　⑤ ［法］孟德斯鸠：《论法的精神》，上册，278 页，北京，商务印书馆，1982。
　　⑥ ［法］孟德斯鸠：《论法的精神》，上册，279 页，北京，商务印书馆，1982。

何事情都可拿来作借口剥夺任何人的生命，去灭绝任何家族。"① 为了证明这点，孟德斯鸠还引用《耶稣会士书简集》中的两个例子：有两个编辑报纸的人，因为对于某一事件所述情况失实，人们便说在朝廷的报纸上撒谎就是对朝廷的不敬，二人都被处死。有一个亲王由于疏忽，在有朱批的上谕上面记了几个字，人们便断定这是对皇帝不敬，这就使他的家族受到史无前例的恐怖的迫害。"如果大逆罪含义不明，便足以使一个政府堕落到专制主义中去"②，大逆罪对于无辜的人永远是恐怖的。

通过对中国等其他专制国家关于大逆罪的规定及其做法的批评，孟德斯鸠提出了"法律的责任只是惩罚外部行动"的正确结论：

> 如果不谨慎的言词可以作为犯大逆罪的理由的话，则人们便可武断地任意判处大逆罪了。语言可以作出许多不同的解释。不慎和恶意二者之间存在着极大的区别。而二者所用的词句则区别极小。因此，法律几乎不可能因言语而处人以死刑，除非法律规定哪些言语应处死刑。③

> 言语并不构成"罪体"。它们仅仅栖息在思想里。在大多数场合，它们本身并没有什么意思，而是通过说话的口气表达意思。常常相同的一些话语，意思却不同，它们的意思是依据它们和其他事物的联系来确定的。有时候沉默不言比一切言语表示的意义还要多。没有比这一切更含混不清的。那么，怎能把它当做大逆罪呢？无论什么地方制定这么一项法律，不但不再有自由可言，就连自由的影子也看不见了。④

> 言语要和行为结合起来才能具有该行为的性质。因此，一个人到公共场所鼓动人们造反即犯大逆罪，因为这时言语已经和行为连结在一起，并参与了行为。人们处罚的不是言语，而是所犯的行为，在这种行为里人们使用了这些言语。言语只有在准备犯罪行为、伴随犯罪行为或追从犯罪行为时，才构成犯罪。如果人们不是把言语当做死罪的征兆来看待，而是以言语定死罪的话，那就什么都混乱了。⑤

上述结论所包含的"法律不能惩罚思想"的精辟见解，对于反对封建法律专制和编制资产阶级刑法典具有重要意义。

孟德斯鸠把中国人的"子罪坐父"的习惯做法也看作是封建专制主义的典型表现。他说，在中国，子女犯罪，父亲是受处罚的，"这个习惯是从专制思想产生出来的"⑥。"如果说，在中国子罪坐父是因为大自然建立了父权，法律并加以增益，而父亲却没有使用他的权力，才受到处罚，这种说法是没有多少意义的。子罪坐父这一事实说明'荣誉'在中国是不存在的。"⑦ 与此相比，在法国，父亲因儿女被判罪和儿女因父亲被判罪⑧所感到的羞耻，就

① ［法］孟德斯鸠：《论法的精神》，上册，194页，北京，商务印书馆，1982。
② ［法］孟德斯鸠：《论法的精神》，上册，194页，北京，商务印书馆，1982。
③ ［法］孟德斯鸠：《论法的精神》，上册，197页，北京，商务印书馆，1982。
④ ［法］孟德斯鸠：《论法的精神》，上册，198页，北京，商务印书馆，1982。
⑤ ［法］孟德斯鸠：《论法的精神》，上册，198页，北京，商务印书馆，1982。
⑥ ［法］孟德斯鸠：《论法的精神》，上册，94页，北京，商务印书馆，1982。
⑦ ［法］孟德斯鸠：《论法的精神》，上册，94页，北京，商务印书馆，1982。
⑧ 孟德斯鸠以柏拉图的话作注：不要刑及子女，而应该夸奖他们不像父亲那样（《法律》第9卷）。参见《论法的精神》，上册，95页，北京，商务印书馆，1982。

是严厉的刑罚，严厉得像在中国的死刑一样。另外，他还认为中国刑罚之酷烈也是可见的，炮烙、凌迟等酷刑无所不有，而且一人犯罪，全家受牵连，甚至株连五族，使人民处于极度的恐怖中。

对于中国封建时代的太监，孟氏也作了抨击。他认为，让太监担任文武官职必然会带来许多恶果。在专制政体之下，奢侈和专横的权力支配一切，所以是不可能这样做的。"他们在君主的朝廷里，在大人物的府第里，占着优越地位。他们所研究的是他们主人的弱点，而不是主人的品德；他们让主人按着他的弱点而不是按着他的品德进行统治。"① 这说明，孟德斯鸠对太监的认识已于骨子里了。而在中国的历史上，虽然有许多剥夺太监一切文武官职的法律，"但是太监们却老是又再回到这些职位上去。东方的太监，似乎是一种不可避免的祸患"②。

孟德斯鸠还提到专制政体与对妇女奴役的关系。在一个共和国里，公民的生活是有限制的、平等的、温和的、适中的，一切都蒙受公共自由的利益，在那里要向妇女行使威权是不那么容易行得通的。在气候需要这种威权地方，单人统治的政体一向是最适宜的政体。在东方要建立平民政治，总是那样困难，其原因之一就在于此。"反之，对妇女的奴役是极符合于专制政体的特质的。专制政体所欢喜的就是滥用一切权力。因此，在亚洲，无论什么时代，我们都看到家庭的奴役和专制的统治总是相辅而行的。"③

基于上述根据，孟氏便自然把中国列入了所构想的专制政体，断言"人们曾经想使法律和专制主义并行，但是任何东西和专制主义联系起来，便失掉了自己的力量。中国的专制主义，在祸患无穷的压力之下，虽然曾经愿意给自己带上锁链，但都徒劳无益；它用自己的锁链武装了自己，而变得更为凶暴"④。

① ［法］孟德斯鸠：《论法的精神》，上册，258 页，北京，商务印书馆，1982。
② ［法］孟德斯鸠：《论法的精神》，上册，258～259 页，北京，商务印书馆，1982。
③ ［法］孟德斯鸠：《论法的精神》，上册，265 页，北京，商务印书馆，1982。
④ ［法］孟德斯鸠：《论法的精神》，上册，129 页，北京，商务印书馆，1982。在《〈论法的精神〉的档案》中，有一片段叫作《中国是出于什么原因而不顾其疆域辽阔却有时被迫缓和其专制主义》。孟德斯鸠根据气候理论而观察到或自认为是观察到："中华帝国首先被禁锢在北方诸省中，因而其面积不太辽阔和气候不会那样令人萎靡不振。它保持了一些相当纯朴的风俗习惯，得到了一些无论是豪华还是财富都不能使之腐化堕落的明君。令人遗憾的是该帝国一直向南方地区扩展，那里的气候促使其臣民们奴颜婢膝地服从。所以，虽然我们即将讲到的背景本来会把中国导向共和国政府的体制，但中国却根本不是一个共和国。"孟德斯鸠于是又补充了这样几行文字："中国是一种混合政体，它在很大程度上由于皇帝的无限权力而酷似专制主义。中国通过对政府的限制以及以父母和孝道为基础的某种道德也多少具有一点共和国的特征，中国由于一些严厉的法律和对于敢于冒险直谏的坚定行为的崇拜而又是一个君主国。这三种非常温和的事态和出自气候自然现象的形式使它延续下来了。如果该帝国的崇高伟大使之变成了一个专制政府，那么这可能是所有政府中的最佳者"。［法］安田朴著，耿昇译：《中国文化西传欧洲史》，494 页，北京，商务印书馆，2000。1760 年～1780 年在华的耶稣会士韩国英（1727—1780）在其《论汉语》中指出："如果《论法的精神》的著名作者希望使中国法典服从于他的思想体系，也就是说他曾论述过而又未能进一步深入研究的那种思想体系，那末他却在几乎是有关该帝国的一切中都表现出了一种不合实际的政治思想。中国皇帝并不比法国和西班牙国王更为专制（在他所理解的那种专制主义的意义上）。他可以违反法律和滥用法律赋予他的权力，但他那样就越出了其职权范围"。这就是谢和耐于其论文《帝国概念在中国是怎样表现的》一文中表达的正确看法。参见［法］安田朴著，耿昇译：《中国文化西传欧洲史》，515～516 页，北京，商务印书馆，2000。

三、对中国法律文化的提取

孟德斯鸠毕竟是睿智不凡的思想家，他也注意到并尊重中国法律文化中客观存在的某些"特殊情况"，我们也从中看到了这位巨子的卓识与智慧。

1. 对刑罚的认识及运用

按照孟德斯鸠的观点，严峻的刑罚比较适宜于以恐怖为原则的专制政体。然而他看到了在这一点上中国却有些例外，它的情况是"等于共和国或君主国"，即"政治宽和"的国家。因为中国的立法者"关心预防犯罪，多于惩罚犯罪，注意激励良好的风俗，多于施用刑罚"。"中国的著述家们老是说，在他们的帝国，刑罚越增加，他们就越临近革命。这是因为风俗越淡薄，刑罚便越增多的缘故。"①

孟德斯鸠还对中国统治者在刑罚问题上严格加以区别的做法表示赞赏。他说："在中国，抢劫又杀人的处凌迟，对其他抢劫就不这样。因为有这个区别，所以在中国抢劫的人不常杀人。"② 以此为参照，孟氏批评其他国家罪与罚不一致的做法："在我们国家里，如果对一个在大道上行劫的人和一个行劫而又杀人的人，判处同样刑罚的话，那便是很大的错误。"③"在俄罗斯，抢劫和杀人的刑罚是一样的，所以抢劫者经常杀人。"④ 对此，他强调："为着公共安全起见，刑罚一定要有一些区别，这是显而易见的。"⑤ 不仅如此，"如果刑法的每一种刑罚都是依据犯罪的性质去规定的话，便是自由的胜利。"⑥ 这就是著名的"依犯罪的性质量刑"的理论。其实，孟氏在早年的作品中已有明显的想法："无论政府温和或残酷，惩罚总应当有程度之分；按罪行大小，定刑罚轻重。"⑦

在中国等其他国家刑罚实践的基础上，孟德斯鸠对未来的资产阶级立法者发出警告和忠告：

> 治理人类不要用极端的方法；我们对于自然所给予我们领导人类的手段，应该谨慎地使用。如果我们研究人类所以腐败的一切原因的话，我们便会看到，这是因为对犯罪不加处罚，而不是因为刑罚的宽和。⑧

2. 礼即法，礼即风俗的道德化倾向

孟德斯鸠认为，法律、风俗和礼仪是有严格区别的。法律主要规定"公民"的行为，风俗主要规定"人"的行为。而风俗与礼仪也有区别：风俗主要是关系内心的动作，礼仪则主要是关系外表的动作。可是中国的立法者却把法律、风俗和礼仪混淆在一起，混合在同一个法里面，对此，"我们不应当感到惊奇，因为他们的风俗代表他们的法律，而他们的礼仪代

① [法] 孟德斯鸠：《论法的精神》，上册，83 页，北京，商务印书馆，1982。
② [法] 孟德斯鸠：《论法的精神》，上册，92 页，北京，商务印书馆，1982。
③ [法] 孟德斯鸠：《论法的精神》，上册，92 页，北京，商务印书馆，1982。
④ [法] 孟德斯鸠：《论法的精神》，上册，92 页，北京，商务印书馆，1982。
⑤ [法] 孟德斯鸠：《论法的精神》，上册，92 页，北京，商务印书馆，1982。
⑥ [法] 孟德斯鸠：《论法的精神》，上册，189 页，北京，商务印书馆，1982。
⑦ [法] 孟德斯鸠：《波斯人信札》，140 页，北京，人民文学出版社，1978。
⑧ [法] 孟德斯鸠：《论法的精神》，上册，85 页，北京，商务印书馆，1982。

表他们的风俗"①。孟德斯鸠窥透了中国的立法者们之所以这样做的良苦用心。他深刻地指出：

> 中国的立法者们主要的目标，是要使他们的人民能够平静地过生活。他们要人人互相尊重，要每个人时时刻刻都感到对他人负有许多义务；要每个公民在某个方面都依赖其他公民，因此，他们制订了最广泛的"礼"的规则。因此，中国乡村的人和地位高的人所遵守的礼节是相通的；这是养成宽仁温厚，维持人民内部和平和良好的秩序，以及消灭由暴戾性情所发生的一切邪恶的极其适当的方法。实际上，如果使他们不受"礼"的规则的约束的话，岂非就等于给他们放纵邪恶的便利？②

由此可见，"礼"对于中国的封建统治者来说具有很高的价值："'礼'的价值是高于礼貌的。礼貌粉饰他人的邪恶，而'礼'则防止把我们的邪恶暴露出来。'礼'是人们放在彼此之间的一道墙，借以防止互相腐化。"③

孟德斯鸠还进一步谈到中国的"礼教"。他说，中国的立法者们所做的尚不止这些，请读者去看杜亚尔德（杜赫德）神父"为我们从中国的经典所摘录下来的那些极优美的片段"。中国的立法者把宗教、法律、风俗和礼仪都混在一起。所有的这些东西都是道德，都是品德。这四者的箴规，就是所谓"礼教"。"中国统治者就是因为严格遵守这种礼教而获得了成功。"④ 中国人把整个青年时代用在学习这种礼教上，并把整个一生用在实践这种礼教上。"文人用之以施教，官吏用之以宣传；生活上的一切细微的行动都包罗在这些礼教之内，所以当人们找到使它们获得严格遵守的方法的时候，中国便治理得很好了。"⑤ 是什么原因使这种礼教得以那么容易地铭刻在中国人的心灵和精神里呢？孟德斯鸠认为有两个：第一个原因是中国的文字的写法极端复杂，学文字就必须读书，而书里写的就是礼教。结果中国人一生的绝大部分时间，都把精神完全贯注在这些礼教上（孟氏认为，这样一来而产生好胜心，排斥怠惰和尊重知识）。第二个原因是礼教里面没有什么精神性的东西，只是一些通常实行的规则而已，所以比智力上的东西容易理解，容易打动人心。写到这里，孟德斯鸠禁不住替欧洲的统治者担心起来：

> 那些不以礼而以刑治国的君主们，就是想要借刑罚去完成刑罚的力量所做不到的事，即，树立道德。一个公民，因为丧失了道德的观念，以致违犯法律，刑罚可以把他从社会里清除出去。但是，如果所有的人都丧失了道德观念的话，刑罚能把道德重新树立起来么？刑罚可以防止一般邪恶的许多后果，但是刑罚不能铲除邪恶本身。因此，当中国政体的原则被抛弃，道德沦丧了的时候，国家便将陷入无政府状态，革命便将到来。⑥

在孟德斯鸠眼里，礼教除了有利于中国封建政权的巩固外，它还有一个重要作用，就是使中国没有被征服者同化。鞑靼人曾经两度征服中国，然而征服者却无法改变中国的习惯、

① ［法］孟德斯鸠：《论法的精神》，上册，312 页，北京，商务印书馆，1982。
② ［法］孟德斯鸠：《论法的精神》，上册，312 页，北京，商务印书馆，1982。
③ ［法］孟德斯鸠：《论法的精神》，上册，313 页，北京，商务印书馆，1982。
④ ［法］孟德斯鸠：《论法的精神》，上册，313 页，北京，商务印书馆，1982。
⑤ ［法］孟德斯鸠：《论法的精神》，上册，313 页，北京，商务印书馆，1982。
⑥ ［法］孟德斯鸠：《论法的精神》，上册，313～314 页，北京，商务印书馆，1982。

风俗、法律和宗教,他们"不能够一下子把这些东西都给改变了,中国并不因为被征服而丧失它的法律"。其原因就在于,在中国,"习惯、风俗、法律和宗教就是一个东西"。于是,在中国被改变、被同化的便"一向是征服者"。"因为征服者的风俗并不是他们的习惯,他们的习惯并不是他们的法律,他们的法律并不是他们的宗教,所以他们逐渐地被征服的人民所同化,要比被征服的人民被他们所同化容易一些。"① 孟德斯鸠认为,礼教在阻止基督教于中国传播方面也起了很大的作用。"要在中国建立基督教,几乎是不可能的事。"② 为什么呢?究其原因就在于基督教的教规和仪式是与中国的礼教相矛盾、相抵触的。贞女誓言、妇女在教堂集会、她们和神职人员必要的来往、她们参加圣餐、秘密忏悔、临终的涂油式、一夫一妻,"所有这一切都推翻这个国家的风俗和习惯,同时也触犯了它的宗教和法律"③。"基督教,由于建立慈善事业,由于公开的礼拜,由于大家参加共同的圣礼,所以似乎要求一切都要在一起;但是中国的礼教似乎是要求一切都要隔开。"④ "这种隔离一般是和专制主义的精神相关连的。"⑤ 不过,孟德斯鸠同时指出礼教的通行使基督教在中国不能建立这是"一个很不幸的后果"。

孟德斯鸠详细地分析了中国人如何实现宗教、法律、风俗和礼仪的这种结合。中国的立法者们认为政府的主要目的是帝国的太平。在中国人看来,服从是维持太平最适宜的方法。"从这种思想出发,他们认为应该激励人们孝敬父母;他们并且集中一切力量,使人恪遵孝道。"⑥ 中国人制定了无数的礼节和仪式,使人对双亲在他们的生前和死后,都能恪尽人子的孝道。要是在父母生前不知尽孝,就不可能在父母死后以应有的仪式来敬奉他们。敬奉亡亲的仪式和宗教的关系较为密切;侍奉在世的双亲的礼节,则与法律、风俗、礼仪的关系较为密切。不过,这些只是同一个法典的不同部分而已,这个法典的范围是很宽广的。可见,通过孝道,便实现了宗教、法律、风俗、礼仪的结合。孟德斯鸠指出,尊敬父亲就必然和尊敬一切可以视同父亲的人物,如老人、师傅、官吏、皇帝等联系着。对父亲的这种尊敬,就要父亲以爱还报其子女。由此推论,老人也要以爱还报青年人,官吏要以爱还报其治下的老百姓,皇帝要以爱还报其子民。"所有这些都构成了礼教,而礼教构成了国家的一般精神。"⑦

孟德斯鸠看出,在表面上似乎是最无关紧要的东西却可能和中国的基本政制有关系。"这个帝国的构成是以治家的思想为基础的。"⑧ 如果削减亲权,甚至只是删除对亲权表示尊重的礼仪的话,那就等于削减人们对于视同父母的官吏的尊敬了,官吏也就不能爱护老百姓了,而官吏本来是应该把老百姓看作子女一样的;这样一来,君主和臣民之间所存在的爱的关系也将逐渐消失。只要削减掉这些习惯中的一种,便动摇了国家。"一个儿媳妇是否每天早晨为婆婆尽这个或那个义务,这事的本身是无关紧要的。但是如果我们想到,这些日常的习惯不断地唤起一种必须铭刻在人们心中的感情,而且正是因为人人都具有这种感情才构成

① [法]孟德斯鸠:《论法的精神》,上册,314页,北京,商务印书馆,1982。
② [法]孟德斯鸠:《论法的精神》,上册,314页,北京,商务印书馆,1982。
③ [法]孟德斯鸠:《论法的精神》,上册,314页,北京,商务印书馆,1982。
④ [法]孟德斯鸠:《论法的精神》,上册,314页,北京,商务印书馆,1982。
⑤ [法]孟德斯鸠:《论法的精神》,上册,314页,北京,商务印书馆,1982。
⑥ [法]孟德斯鸠:《论法的精神》,上册,315页,北京,商务印书馆,1982。
⑦ [法]孟德斯鸠:《论法的精神》,上册,315页,北京,商务印书馆,1982。
⑧ [法]孟德斯鸠:《论法的精神》,上册,315页,北京,商务印书馆,1982。

了这一帝国的统治精神，那么我们便将了解，这一个或那一个特殊的义务是有履行的必要的。"① 中国人的礼仪是不能毁灭的。中国人的礼仪和其风俗一样都是教育的内容。

在对中国的法律文化作出褒贬皆有的评论后，孟德斯鸠正确地提出，虽然法律、风俗和礼仪在性质上本来是应当分开的，然而它们之间却有着巨大的关系。② "在不违反政体的原则的限度内，遵从民族的精神是立法者的职责。因为当我们能够自由地顺从天然秉性之所好处理事务的时候，就是我们把事务处理的最好的时候。"③ 应该说，孟氏的这一精辟见解与中国法律文化的影响是不无关系的。

3. 执行勤俭的国策

孟德斯鸠把"礼教"视为剔除邪恶、培养良风美俗的手段，君主治国理政的良方。同时，他对中国执行勤俭的国策也作了一番论述。他从人口繁衍迅速与谋生的艰辛出发，指出"在中国，奢侈是有害的，并且和任何共和国一样，必须有勤劳和节约的精神"④。孟氏还列举唐高祖诏毁天下佛寺铜像、明成祖禁伐山采药、皇帝每年有一次公开隆重的亲耕仪式⑤等为例，证明中国皇帝历来提倡勤劳、鼓励耕织、反对奢侈。而这种治国大策在中国之所以显得重要，正基于对中国历代王朝兴亡的历史考虑。中国历史上有过 22 个相连续的朝代，"大体上我们可以说所有的朝代开始的时候都是相当好的。品德谨慎、警惕，在中国是必要的"⑥。这些东西在朝代之初还能保持，到朝代之末便都没有了。实际上，开国的皇帝是在战争的艰苦中成长起来的，他们推翻了耽于逸乐的皇室，当然是尊崇品德、害怕淫侠的，因为

---

① ［法］孟德斯鸠：《论法的精神》，上册，316 页，北京，商务印书馆，1982。

② 参见［法］孟德斯鸠：《论法的精神》，上册，317 页，北京，商务印书馆，1982。

③ ［法］孟德斯鸠：《论法的精神》，上册，305 页，北京，商务印书馆，1982。

④ ［法］孟德斯鸠：《论法的精神》，上册，305 页，北京，商务印书馆，1982。

⑤ 中国人的治国箴言是，皇帝应该耕田，皇后应该织布。皇帝亲自为男子做表率，让所有的臣民都不得轻视农业生产。皇后为妇女们做表率，教她们最普通的手工劳动。吃、穿是生活中两大需要，中国人说如果男人勤于耕田，全家就有饭吃，如果女人勤于织布，全家就有衣穿。中国古代开国皇帝都遵循这个习俗亲自耕作，大部分的后继者也仿效他们。新皇帝雍正服丧期满，就宣布他每年春天要亲自开耕。在中国，二月正式开春时节，钦天监接到命令观察气象，确定阴历二月二十四日为举行开耕仪式的日子。再呈报礼部上奏皇上，标明皇上为开耕仪式应做的准备：第一，要命十二位杰出人士跟随皇上，随他之后一起耕作，其中有三位亲王，朝廷九部主管大臣。有的大臣年事已高或有疾病，皇上就命他们的副手顶替。第二，这个仪式不仅仅在于皇帝以身作则，激发百姓耕地的热情，它还具有另一层含义，皇上像一个伟大的神长，亲自献祭，请求上帝给他的百姓一个丰收年景。为了亲自准备牺牲祭天，皇帝预先连续三天不进食。受命陪同皇帝耕作的人也应该三天不进食。第三，举行仪式的前一天，皇上挑选几个一品大臣，命他们到他的祖宗祠堂跪在祖先的牌位前向他们报告开耕仪式即将举行，好像列祖列宗仍旧活在世上似的。第二天，皇上就祭供一头大牺牲。这就是奏章以简洁的几句话说明皇帝本人应做的事。奏章上还指明了各部大臣应做的准备工作。一位大臣负责祭供用的牺牲，另一个起草皇上在祭供时的讲话，如果皇上命令备饭的话，第三位负责搭建皇上用餐休憩时的帐篷，第四位负责召集四五十位真正的老农陪皇上耕地。此外，还召集四十多位青年农夫扶犁、赶牛、准备播种用的种子。皇上播的是五谷：大米、小米、小麦、大豆和高粱，这就是中国人必不可少的食粮。一切准备就绪，阴历二月二十四日，雍正皇帝和全体朝臣都穿着礼服到指定的地点去祭天，皇上在扶犁前先祭供牺牲，祈求上帝让土地增加或保持好的收成。祭祀的地方在北京城南边不远的一块高地。大约有五十法尺多一点高。这块高地旁边就是皇上要耕作的田地。皇上祭供完毕和三位亲王、九位主管大臣一起下了地。好几位王爷手里拿着盛有种子的珍宝盒。全体朝臣静静地看着。雍正皇帝扶着犁耕了好几个来回，他一放下犁，就有一个血系亲王接过去，继续犁地。他们一个接一个轮番犁地，几块地耕完以后，雍正皇帝就开始播五谷种子。他们并不把地全部犁完，余下的地由农夫们去犁完。参见［法］杜赫德编：《耶稣会士中国书简集》，第 3 卷，264~265 页，郑州，大象出版社，2001。

⑥ ［法］孟德斯鸠：《论法的精神》，上册，103 页，北京，商务印书馆，1982。

他们曾体会到品德的有益，也看到了淫佚的有害。"但是在开国初的三四个君主之后，后继的君主便成为腐化、奢侈、懒惰、逸乐的俘虏，他们把自己关在深宫里，精神衰弱了，寿命短促了，皇室衰微下去；权贵兴起，宦官就得宠信，登上宝座的都是一些小孩子；皇宫成为国家的仇敌；住在宫里的懒汉使劳动的人们遭到破产，篡位的人杀死或驱逐了皇帝，又另外建立了一个皇室，这皇室到了第三、四代的君主又再把自己关闭在同样的深宫里了。"①

孟德斯鸠对中国鼓励勤劳的法律表示赞赏。他说，有的地方需要人类的勤劳才可以居住，并且需要同样的勤劳才得以生存。中国的古代帝王并不是征服者，他们为了增长自己的权势就首先做一件事情，这件事情最有力地证明他们的智慧——平治了洪水，帝国版图上便出现了江苏和浙江两个最美丽的省份。这两个省份的建立是完全出于人力的劳动的。"要使帝国这样大的一块土地不至受到毁坏，就要不断地用人力加以必要的防护与保持。这种防护与保持所需要的是一个智慧的民族的风俗，而不是一个淫佚的民族的风俗，是一个君主的合法权力，而不是一个暴君的专制统治。"② 因此，

> 虽然由于中国的气候，人们自然地倾向于奴隶性的服从，虽然由于帝国幅员辽阔而会发生各种恐怖，但是中国最初的立法者们不能不制定极良好的法律，而政府往往不能不遵守这些法律。③

中国的皇帝知道，如果他统治不好的话，就要丧失他的帝国和生命；中国的人口天天在增加，所以需要有辛勤的劳动，使土地的生产足以维持人民的生活。"这需要有政府极大的注意。政府要时时刻刻关心，使每一个人都能够劳动而不必害怕别人夺取他的劳苦所得。"④ 孟德斯鸠认为，西方的君主觉得如果他统治得不好则来世的幸福少，今生的权力和财富也要少；而中国的皇帝知道，如果他统治得不好的话，就要丧失他的帝国和生命。"在中国，腐败的统治很快便受到惩罚。这是事物的性质自然的结果。人口这样众多，如果生计困乏便会突然发生纷乱。在别的国家，改革弊政所以那么困难，是因为弊政的影响不那么明显，不像在中国那样，君主受到急遽的显著的警告。"⑤

孟德斯鸠还从气候的角度评价中国立法者鼓励勤劳。他认为，炎热的气候使人容易产生身体上的懒惰，身体上的懒惰自然地产生精神上的懒惰。在东方，农业是人类最主要的劳动，气候越要使人类逃避这种劳动的时候，这个国家的宗教和法律便越要鼓励人们去从事这种劳动。印度人相信，静止和虚无是万物的基础和终结，所以完全的无为就是最完善的境界。印度的立法者佛（释迦牟尼）顺从自己的感觉，使人类处于极端被动的状态中。佛的教义是由气候上的懒惰产生的，却反而助长了懒惰，这就产生了无数的弊害；印度的法律把土地给了君主，破坏了私人的所有权的思想，增加了天生的懒惰。与之相反，中国皇帝每年有一次亲耕的仪式⑥，这种公开而隆重的仪式的目的在于鼓励人民从事耕耘。"不但如此，中国皇帝每年都要知道

---

① ［法］孟德斯鸠：《论法的精神》，上册，103 页，北京，商务印书馆，1982。
② ［法］孟德斯鸠：《论法的精神》，上册，283 页，北京，商务印书馆，1982。
③ ［法］孟德斯鸠：《论法的精神》，上册，283 页，北京，商务印书馆，1982。
④ ［法］孟德斯鸠：《论法的精神》，上册，129 页，北京，商务印书馆，1982。
⑤ ［法］孟德斯鸠：《论法的精神》，上册，128 页，北京，商务印书馆，1982。
⑥ 孟德斯鸠从杜赫德的《中华帝国全志》中看到：中国汉朝的第三个皇帝文帝亲自耕种土地，又让皇后和嫔妃们在皇宫里从事蚕织。

谁是耕种上最优秀的农民，并且给他八品官做"①，这是"中国的良好风俗"②。因此：

> 中国的立法者（孔子或是服膺他的教义的人们）是比较明智的；他们不是从人类将来可能享受的和平状态去考虑人类，而是从适宜于履行生活义务的行动去考虑人类，所以他们使他们的宗教、哲学和法律都合乎实际。③

所以，中国人的经典可以"补充民事法典之不足，并给专横权力划定范围"④。这样，中国的专制政体被否定了，而儒家经典作为专制权力具有约束力的教义却得到了肯定。

孟德斯鸠从主张君主立宪政体的观点出发去讨论中国，"用中国来迎合他自己的主张"⑤。这就注定中国的政治形式（开明专制）和他的政治理想（三权分立）互有冲突，他看到的更多的是中国的负面，因而使他止不住从否定的角度来批判中国。但他也从中国法律文化的研究中，发现儒家的政治法律理论和伦理道德在历史上有着特殊的地位和魅力，进而认为中国法律文化对于树立法国的"民族精神"大有助益。在孟德斯鸠为世人设计、构建的伟大法学理论大厦中，显然有产自中国的砖瓦木石。

需要说明的是，孟德斯鸠在当时交通不便、材料有限的情况下，对中国法律文化的认识和论证难免有所自相矛盾。正如法国比较文化史学家安田朴（又译为艾田蒲）所指出的："同一个作者或提议把中国当作专制的模式，或奉为君主政体的表率时，难道不感到奇怪吗？他在其他地方还承认中国拥有一种监察制度，它在一般情况下只能于民主中发生作用。难道孟德斯鸠不是有时也以一位确实是暴君的昏庸国王、有时又以中国人形成的'真正的国王'的思想为基础吗？"一句话，"根据他头脑中记忆的一位中国的残暴国王或理想国王，孟德斯鸠进行了过分地抨击或赞扬"⑥。在中西文化关系史上，孟德斯鸠虽不是第一个批评中国的作家⑦，但他却是从否定的方面将中国法律文化列入一种世界模式的第一人，开了从负面描写中国的先例，他为法国和欧洲提供了与以往不同的中国形象。可以说，自从《论法的精神》出版之后，欧洲人心目中便有两个不同形象的中国，一个是由耶稣会士描绘、经伏尔泰美化

---

① ［法］孟德斯鸠：《论法的精神》，上册，233页，北京，商务印书馆，1982。
② ［法］孟德斯鸠：《论法的精神》，上册，233页，北京，商务印书馆，1982。
③ ［法］孟德斯鸠：《论法的精神》，上册，232页，北京，商务印书馆，1982。
④ ［法］孟德斯鸠：《论法的精神》，上册，211页，北京，商务印书馆，1982。
⑤ ［德］利奇温：《十八世纪中国与欧洲文化的接触》，85页，北京，商务印书馆，1991。
⑥ ［法］安田朴著，耿昇译：《中国文化西传欧洲史》，503页，北京，商务印书馆，2000。他还认为，中国这块遥远而又辽阔的土地令人极难下手研究，几乎始终都与孟德斯鸠的思想体系完全不相吻合；中国的政府给孟德斯鸠制造了多大难题，以致在孟德斯鸠讲到中国时很快就会完全自相矛盾；大家进行对照比较并试图整理孟德斯鸠于其《论法的精神》中分散论述的内容，那又怎能不会得出结论认为——该书系由一些组织得不太好的部分和往往是互相矛盾的零散篇章构成的呢？难道这就是他针对大部分中国人所作的描述吗？
⑦ 18世纪的法国，在孟德斯鸠之前，就有寂静主义者费奈隆和笛卡儿主义哲学家马勒伯朗士对中国提出批评、作负面描述。费奈隆在其《苏格拉底与孔夫子的对话》中，借苏格拉底之口，表达了对中国的怀疑和排斥："迄今为止，你们的民族在我看来，只是远处一台美丽热闹的戏，很值得怀疑，真假难分"，他出于对中国大唱赞歌的耶稣会士的恼怒，不惜诋毁中国，"其情绪之激烈，不亚于那些无限赞颂中国人的狂热"。马勒伯朗士在《一位基督教哲学家与一位中国哲学家的对话》中，本意想批判中国人的哲学谬误，可又对中国思想毫不了解，与其说是探讨中国文化的哲学著作，不如说一石两鸟，成了同时攻击耶稣会士和斯宾诺莎主义者的"檄文"。参见［法］艾田蒲著，许钧、钱林森译：《中国之欧洲》，上册，324、331页，郑州，河南人民出版社，1994；钱林森：《光自东方来——法国作家与中国文化》，131页，银川，宁夏人民出版社，2004。

的理想王国，另一个是孟德斯鸠所塑造的可憎的专制主义的中国。孟德斯鸠在法国思想文化界的出现，标志着那股无保留地仰慕中国的主潮流的终结。①

第二节
魁奈：崇尚中国的典章制度

魁奈（Francois Quesnay，1694—1774）是法国经济学家，重农学派的领袖。他以《经济表》（1758 年）归纳出其政治经济学系，因发表《中华帝国的专制制度》（1767 年）而被尊为"欧洲的孔子"。他把中国作为理想王国而执著追求，并强烈感染了重农学派的其他成员，向欧洲人灌输中国的政治法律精神。

一、欧洲的孔子

魁奈出生于农村家庭，读的第一本书也是《农家》，引起他对农艺技术的浓厚兴趣。他将注意力转向农业国中国以寻找他的理想王国，除了受推崇中国的时尚影响外，与这一身世背景也有一定关系。

魁奈真正置身于崇尚中国的旋流中心，是在 1749 年以御医身份住进凡尔赛宫以后。他居住在那里的 15 年间，宫廷内风行中国时尚（迷恋中国之物），因此更加激发了他久已孕育的对中国文化的倾慕之情。他曾通过庞巴杜夫人劝说路易十五于 1756 年模仿中国古代举行"籍田大礼"，证明早在他写作《中华帝国的专制制度》一书前 11 年，法国宫廷中已有与中国传统有关的重农学说的讨论。此后，他一直以举行籍田仪式②作为理想君主的重要标志，并以中国皇帝的这一形象来劝导皇太子，于是，这位皇太子也于 1768 年 6 月 15 日在凡尔赛

---

① 参见钱林森：《光自东方来——法国作家与中国文化》，132～133 页，银川，宁夏人民出版社，2004。如果孟德斯鸠赞扬孔夫子，我们已经看到，那是以一种对于这位老圣贤思想的误解，甚至根本不理解为代价的。那么情况到底如何呢？在孟德斯鸠之前占统治地位的那种毫无保留的中国热（亲华）潮流随着他而告结束了。如果说他尚未达到对中国不友好（仇华、排华）的地步，那么他却为此而初步打开了一条路。总而言之，亲华之热潮和对华之不友好于他身上结合在一起了，每个人都可以根据其判断而提出一些理由，也可能是一些不合理的提法。参见〔法〕安田朴著，耿昇译：《中国文化西传欧洲史》，515 页，北京，商务印书馆，2000。对中国失去好感或疏远中国变得如此普遍，以至于到了该世纪末，如果"哲学家"及其敌人们可以在有损于一名对手的情况下互相和解，那就只能"有损于中国的圣贤孔夫子"。当格里姆于 1785 年 11 月批评路易十五的大臣贝尔坦（他希望向法国人灌输中国思想）时，他成了"哲学家"集团中大多数人的代言者。但里瓦洛尔于《白菜和萝卜的对话》中讥笑挖苦德里尔修道院院长的中国热风潮："其市民的文笔把农村勾勒得很美，他在一页中国纸上看到了大山，在戏剧中看到了大海，在一望无际的田野里发现了森林。"这是哲学家们的一名敌人的观点。参见〔法〕安田朴著，耿昇译：《中国文化西传欧洲史》，793 页，北京，商务印书馆，2000。

② 魁奈在《中华帝国的专制制度》第二章第八节描述了"籍田礼仪"的整个过程：中国的农村居民"春季"有一个节日，其内容是抬着一头双角被涂上金色的泥制大牛到田野里。这头泥牛十分巨大，40 个人抬着它都很吃力；紧跟着它的是一个幼童，这个幼童一只脚赤裸着，另一只脚穿着鞋，手拿一根枝条抽打着泥牛好像是在赶它前进，这个小孩象征着勤劳。围绕着这头泥牛的是一大群携带着各种农业劳动工具的农民，走在这支队伍末尾的是一个化妆戏班。这一大群人通常是走到知府或地方长官的官邸处，在那里打破这个泥牛，从它的肚子里拿出许多早已装在里面的小泥牛（象征着丰产），并分给围观者。然后，官吏发表一番讲话赞扬农业，这个仪式也就由此宣告结束。

宫举行典礼，亲自拿着用丝带装饰的耕犁模型在众人面前炫示。这一举动曾得到画家的宣传和诗人的赞颂，被后人称作是"对重农主义的流行性疯狂的一个贡献"。魁奈以中国皇帝作为典范来诱导法国王位继承人的良苦用心由此可见。此事件当时在欧洲其他国家也很有影响，如翌年 8 月 19 日，奥地利的约瑟夫皇帝在摩拉维亚地区亲自驾犁耕地，就是效法中国皇帝的又一显著例证。

魁奈尤为赞赏孔子学说。他专门以"孔子的简史"为题，撰写了十余页有关孔子生平的概要，原来包括在他所著《中华帝国的专制制度》手稿中，以后在此著正式发表时不知何故被删去。由于这部分内容对于考察魁奈学说的思想来源颇为珍贵，所以不妨将其主要论点摘引如下。① 魁奈写道：

孔子用传授的方式，在他自己的时代形成一群知识界的灿烂明星。他属于继泰勒斯之后，包括毕达哥拉斯、梭伦以及稍后的苏格拉底在内的那一代人。与希腊人相比，他的学说在其生活的时代未曾得到广泛传播。但他的"荣耀却随着年代的推移而增长，他的学说完全植根于这个世界上最伟大的帝国，而这个帝国的持久与显赫，也正归功于他的学说"。孔子不像希腊人，他从不沉迷于枯燥乏味的推理，孔子考虑的只是活生生的人，并且从中认识到人的本性。他把自己的著作仅限于以"荣誉感、敬畏心和识别力"这种人们所具有的内在指导力量，来激励普通民众，告诫他们"这种指导力量无所不知，甚至洞悉内心最深处的隐秘，它无德不赏，无罪不罚"。孔子正是根据这些基本戒律试图以此来"改善人类道德"。

孔子的思想是以宗教和人性为中心的。此外，孔子从幼年起，就表现出"通常只有成年人才具备的睿智"，他从不耽于少儿的玩耍嬉戏。实际上，他的"庄重、谦逊和严谨态度"，使他赢得了所有与他接触过的人的尊重，并且同魁奈对自己的严肃态度相类似。孔子通过对前代的研究，"在获得了最深邃的知识之后，他建议把统治形式重新建立在圣贤本性的基础上，遵循这条道路来改造那时组成中华帝国的许多小王国的各种伦理和习惯"。孔子通过规劝和示范，试图引导人们走上这条道德之途。确实，他自己的高尚德行、深邃学理和正直诚实，都有助于使他的品质得到公认。他曾担任过几个官职，"但目的仅仅是为了传播他的学说并使人们得以改过自新"。

在整个一生中，孔子的言行举止从未违背过自己的准则。"他的庄重、谦逊、和善与俭朴，他的鄙夷世俗享乐，以及他对自身行为的经常检点，所有这些他在自己的著述和讲授中所提出的信条，他本人都是遵守不渝的楷模。"而且还有，"人们从未听到他夸耀自己，以及谈论人们对他的赞扬，对此他会感到反感"。

这位伟大的中国哲学家一直是为了恢复人类原先纯洁的本性，为了抵制和根除由于长期迷信和虚假推理所造成的各种谬误而奋斗。"他经常对他的弟子们说，上天赐予我们人类的本性是十分纯洁、十分完善的；后来，无知、情欲和恶例玷污了它；为了使它恢复完善，就必须回到我们人类最初降生的时刻。"

以上关于孔子的描述，西方学者已经指出，它实际上是魁奈描述了他自己，至少是他所

---

① 以下摘引的这部分手稿内容，转引自谈敏：《法国重农学派学说的中国渊源》，71～72 页，上海，上海人民出版社，1992。

希望具有的品质，并且直截了当地阐明了他的意图。难怪常有人将魁奈的严肃作风同孔子的庄重严谨的态度相媲美，进而认为魁奈像孔子一样是在晚年取得巨大成就①，并且正像孔子把自己的才智归于"伟大的立法者尧和舜"一样，魁奈也是借其心目中伟大的苏利之口来表达自己的格言。

除"孔子的简史"之外，魁奈还在其著作中许多地方流露出他对孔子的景仰和高度评价。如称"中国人把孔子看作是所有学者中最伟大的人物，是他们国家从其光辉的古代留传下来的各种法律、道德和宗教的伟大的革新者"；"这位哲学家坚贞不渝，忍受着各种非难和压制"；"他以明智的立法，使全国面貌一新。他革除积弊，重新确立商业信誉。他教育青少年尊重老人，敬奉父母……他要求在人民中间树立起公正、坦诚和一切文明的风尚"；中国人对这位哲学家表达了"最崇高的敬意"，他被尊为帝国的"第一位教育家和学者；他的著作如此权威，以致有人曾建议对哲学著作稍加修改，竟被视作犯罪而受到惩罚。一经引用他的学说中的一段话，便可消弥一切争论，连最固执的学者也不得不放弃他自己的见解"。连蒙古皇帝忽必烈也"对孔子表达了犹如对国君一般的敬意"等等。②魁奈还常常要求其门徒引用他的观点时不必指名。因此，重农学派其他成员有关孔子的议论，实际上也可以看作是对魁奈本人思想的传达或复述。当时在他们的心目中，不了解孔子就像不了解苏格拉底或柏拉图一样，被看作是一个很大的罪过。③

一位法国学者曾分析说，重农学派毫无疑义受到中国文化的影响，并且把孔子视为学者的理想化身，他们也正是以孔子来比喻他们的宗师魁奈的。事实正是如此。如博多称呼魁奈为"伟大的立法者，欧洲的孔子"；在谈到魁奈的《经济表》时又说，这位"欧洲的孔子"已发现了法国的基本秩序。米拉波则在给卢梭的信中写道，纯产品的发现，即我们应归功于"可敬的欧洲孔子"这一发现，将有一天会改变世界的面貌。④连重农学派的组织形式本身，其成员们也相信是与孔子的儒家学派相仿。这种将魁奈比作孔子或将他视为孔子道统继承人一类的赞誉之词，在魁奈去世时由米拉波所发表的演说中，达到无以复加的程度。米拉波说：

> 孔子的整个教义，在于恢复人受之于天，而为无知和私欲所掩蔽的本性的光辉和美丽。因此他劝国人信事上帝，敬奉戒惧之心，爱邻如己，克己复礼，以理制欲，非礼勿念，非理勿言。对这种宗教道德的伟大教言，似乎不可能再有所增补；但最主要的部分还未做到，即行之于大地；这就是我们老师的工作，他以特别聪睿的耳朵，亲从我们共同的大自然母亲的口中，听到了"纯产品"秘理。⑤

这段演说词与其说是为魁奈而作，倒不如说更是在赞颂一位中国理学大师。惟其如此，以承继孔子事业作为魁奈的盖棺之论，确是反映了魁奈学说的重要特征。在来华传教士中，对个别熟谙儒家经典者，中国士大夫曾以"西儒孔子"的称号予以表彰，不过这是极为少见

---

① 魁奈60岁时发表第一部经济学著作《经济表》。
② 参见〔法〕魁奈：《中华帝国的专制制度》，37～38页，北京，商务印书馆，1992。
③ 杜邦在回答某人对于重农学派理论的批评时，就反诘说："你难道不知道孔子吗？"俨然以孔子学说的卫道士自居。参见李肇义：《重农学派受中国古代政治经济思想影响之考证》，载《中山大学社会科学》，第1卷，第3期。
④ 参见李肇义：《重农学派受中国古代政治经济思想影响之考证》，载《中山大学社会科学》，第1卷，第3期。
⑤ 〔德〕利奇温：《十八世纪中国与欧洲文化的接触》，92～93页，北京，商务印书馆，1962。

的事情。而西方知识界人士自己将其思想代表人物誉为"欧洲的孔子"者，更属罕见。魁奈就是欧洲拥有这一称号的典型人物。

魁奈享有"欧洲的孔子"尊号，表达了他在其门徒心目中的形象。就魁奈本人而言，他对孔子的文献早已熟悉，却直到其最后的作品《中华帝国的专制制度》中才揭开这一秘幕。这是为什么？对此可以作出如下解释：在初期，魁奈为保持其理论上的独创，故小心避免泄露材料的来源，而最后决定泄露这一真实来源，则如利奇温所说，系出于政治上的需要："魁奈的热烈自承信仰中国，有一个明确的政治目标。他企图把分崩离析的法国帝制置于一个新而健全（即自然）的基础之上；并且希望这样的自承，在一个崇拜中国时代里得到更大的重视。他的最后决定泄露他所受影响的真实来源，真正的原因也许即在于此。"①

魁奈既以"欧洲的孔子"自居，必然会在相当程度上脱离欧洲自身的古希腊传统。尽管重农学派成员还给魁奈戴上其他各种桂冠，如"我们这个时代最伟大的天才"、"现代的摩西"，尤以魁奈的容貌与古希腊哲学家苏格拉底相似，所以更多地称他为"现代的苏格拉底"。但从魁奈自己的著作来看，他不仅很少用古希腊、罗马哲学家的言论，偶尔援引也无足轻重，而且在将孔子学说与古希腊圣贤对比时，明显具有褒扬前者而贬抑后者的倾向。如他评论孔子的《论语》以讨论善政、道德及美事为旨趣，满载原理及德行之言"胜过于希腊七圣之语"。正是在这种意义上，西方学者肯定魁奈思想的渊源，"不是如宣称的古希腊人，而是古代中国人"②。

魁奈以中国作为理想王国的执著追求，强烈感染了重农学派的其他成员。不论在他们各自论著中，还是在作为该学派喉舌的《农业、商业、财政杂志》和《公民日志》上，赞扬中国文明或引用中国典章制度的文句，不胜枚举。如里维埃尔于1767年撰写的《政治社会的自然根本秩序》一书，书中为阐扬魁奈的理论，努力从中国寻找例证。因而其论敌指斥他对于中国政府"表现出一种偏爱"，批评此书"关于中国农业的狂热言论，使得这位作者着迷到愿意抄袭他们的政体"③。这些批评言论，恰恰反映出重农主义者尊重中国之深切。

重农学派的成员博多，认为中国人是唯一的民族，"他们的哲学似乎已经掌握这种最高真理，因此他们把皇帝看作天子"④。由于深受老师魁奈影响，博多也厌恶古代政治，认为正义与善意是希腊各共和城邦所常常缺乏的，这些国家不知道有自然秩序的法制，他们的历史是不断破坏和平及人类幸福的记录。希腊民族的这种不安定和暴烈，在博多看来，是其"混合"邦国的原则所带来的罪恶，为"正直的思想家"所不容，尽管这种原则过去曾被人们认为是希腊哲学和政治家的"杰作"，现代仍被加以宣扬或试行采用。

另一成员杜邦，于1767年将魁奈及其门徒的论文编辑成一专集出版，其书名、出版地点和年代，在初版时曾于该书第575页上标明："《重农主义，或最有利于人类的管理的自然体系》，北京，1767年"⑤。这部文集被视为重农学派的经典著作。在这样一部重要著作中，杜邦别出心裁地以"北京"作为其出版地址，其用意在于既以此来迎合欧洲人的中国时尚，

---

① ［德］利奇温：《十八世纪中国与欧洲文化的接触》，97页，北京，商务印书馆，1962。
② ［德］利奇温：《十八世纪中国与欧洲文化的接触》，93页，北京，商务印书馆，1962。
③ 谈敏：《法国重农学派学说中的中国渊源》，69页，上海，上海人民出版社，1992。
④ ［法］夏尔·季德、夏尔·科斯特：《经济学说史》，上册，66页，北京，商务印书馆，1986。
⑤ 此书1768年的再版地址分别标明为荷兰莱登和法国巴黎。

又为重农主义学说蒙上一层深不可测的神秘色彩，借以抬高其学说在法国思想界的地位。由此可见，魁奈及其门徒曾采用一些十分别致的形式，来表达他们对于中国的崇敬和向往。

二、魁奈及其门徒推崇中国的原因

魁奈及其门徒均以中国为例的推崇态度，绝不仅仅是出于个人爱好或一时冲动，而有其深刻的政治、经济原因[1]：

第一，重农学派体系的出发点，是在法国这个以农业为主的国家，而不是在英国这个以工业、商业和航海业为主的国家。既然魁奈他们创建自己的学说是立足于以农业为主的社会经济基础，那么他们就不难从数千年来一直以农业立国的中国，找到其思想上的知音。不仅如此，那一时期由于法国推行靠牺牲农业来发展工商业的重商主义政策，使整个农业遭到破坏而处于极度衰落的境地。面对这种状况，重农学派为了锻造反对重商主义的理论武器，也很容易倾向于历来坚持以农为本、工商末业作为其指导原则的中国思想武库中，去寻找先行思想资料。特别是在欧洲思想界由于缺乏这方面的传统而难于提供批判重商主义的现成武器的时候，情况更是这样。从产生重农学派理论体系的物质生活条件来看，虽然当时法国的资产阶级已开始从封建主义体系中孵化出来，但以农业为主这一经济特点，仍与作为封建农业国家的中国具有极大的相似性，并且由此带来二者在重视农业和排斥商业方面的不少共同点。从这个意义上说，导致重农学派产生的原因，同时也是导致重农学派推崇中国的原因。[2]

第二，重农学派体系实际上是资本主义生产的第一个系统的理解，但在这个学派的内部以及与之交流的人士中，却有不少贵族出身的门徒和封建达官贵人。因此，每当重农学派代表资产阶级提出要求时，总是打着"封建招牌"，把他们自己说成是封建阶级的代言人。这也就是马克思所说的重农学派体系的矛盾，即这个体系的封建主义外貌和它的资产阶级实质。正因为魁奈及其弟子们都相信自己是在诚心诚意地维护和巩固封建制度，所以这使他们可以毫无顾忌地把当时大量流行的、仍属于封建思想体系的各种中国材料，视作思想宝库。

第三，大约在1740年以后，开明专制制度成为风行于欧洲的制度。魁奈和18世纪法国的许多启蒙思想家一样，拥护开明专制制度，主张由开明君主实行自上而下的改革，来预防革命的风暴。起初，他希望能通过路易十五自上而下地实现他自己的许多改革方案，这一愿望落空后，他又把希望寄托在皇太子身上，幻想能使这位将来的王位继承人成为自己的信徒，实现他的主张。他以特殊的热情广为搜集和整理各种中国资料，经过研究、发掘和总结，最后为世人留下了一部以《中华帝国的专制制度》命名的专著。这部著作既是他对中国政治、经济、法律制度的精心描绘，同时也是他自己的政治信仰的真实表露。

---

[1] 以下参见谈敏：《法国重农学派学说中的中国渊源》，99～102页，上海，上海人民出版社，1992。

[2] 在18世纪时，正是重农学派赞扬了中国人的经济，将此奉为整个欧洲的楷模。参见［法］安田朴著，耿昇译：《中国文化西传欧洲史》，770页，北京，商务印书馆，2000。由于极度仰慕孔子而被称为"欧洲的孔子"的魁奈，在他的一本名为《中华帝国的专制制度》的小册子中提出了自己的建议。在那本书中，魁奈鼓吹效仿中国以农业为中心重新组织法国的经济。魁奈羡慕中国的士大夫可以如柏拉图在《理想国》中叙述的那样被授予权力。他赞赏中国政府极少介入经济领域，认为那是"自由放任"政策——重农主义者在经济学文献中发明的术语——的基础。魁奈并不知道，事实上，中国皇帝正试图广泛介入官员们的经济活动。参见［美］孟德卫：《1500—1800：中西方的伟大相遇》，172～173页，北京，新星出版社，2007。

　　另外需要指出的是，魁奈的时代正经历着资本主义生产关系的深刻经济变革，他在这个变革时代的政治态度的基本倾向，竟酷似他心目中的孔子形象。孔子在中国春秋末期也是处于封建领主经济与封建地主经济的新旧交替时代，其表现一方面是在政治上十分保守，主张克己、复礼、为仁，力求维护旧的贵族等级秩序；另一方面却在经济思想上反映了正在急剧形成中的新兴地主阶级的要求。这种政治上守旧而在经济观点上却能适应新的时代发展需要的双重特征，同魁奈相比非常相像。魁奈同样是在政治哲学观点上仍沉溺于封建时代的偏见中，而于政治经济学方面实质上是宣告在封建废墟上建立起资产阶级生产制度的体系。因此，魁奈的门徒把他喻为"欧洲的孔子"，确是反映了魁奈深受孔子影响的真实寓意。

　　第四，在重农学派的时代，法国正面临着深刻的财政经济危机。为了挽救这一危机，重农学派在制定他们的改革方案时，努力借鉴各国发展模式来试图寻求出路，自然也会把他们的目光投向当时人们憧憬已久的中国。其一，启蒙时代的欧洲人常常把欧洲的往昔视为野蛮时代和黑暗时代，不怎么注重从自己祖先的思想中去吸取滋养。重农学派置身于启蒙运动的中心——法国巴黎，当然自不会例外，这样也就增加了他们向欧洲以外尤其从古代中国寻求现实借鉴的迫切性。其二，当重农学派正为本国的严重财政经济危机所困扰的时候，有关古老中国数千年来一直保持着繁荣状态的大量报道，对于他们来说，确实具有极大的吸引力。中国至迟自周王朝起，就已形成一个拥有广阔疆域的封建王国，至当时已有两三千年的历史，其间除少数几次短期的分裂外，社会经济保持着较长时期的繁荣。在中国这种经济的持续繁荣和发展的基础上，必然会形成一定的政治、法律、经济思想并以此作为指导，而这些理论和思想，足以成为法国重农学派从中国取得借鉴的可贵思想来源。

三、《中华帝国的专制制度》的主要框架

　　魁奈所著《中华帝国的专制制度》一书（另译为《中国的专制主义》），共 8 章，从 1767 年春季起，以连载形式分 4 期发表在重农学派的喉舌刊物《公民日志》上，后由翁肯于 1887 年将它全文收入《魁奈的经济与哲学著作》选集。在当时，重农学派的成员们对这一巨作的发表，表现出高度的热情。杜邦在发表此作第一部分之前，专门有一出版告示，通知"在《公民日志》三月号上将刊载由《经济表》的作者以 A 先生署名的《中国的专制主义》一文"，以期引起读者的注意。《公民日志》的编辑博多此前考察某位学者的《论自然法的历史》一文，指出该文赞扬中国但还不够，然后介绍说："很高兴我们手中已经有了弥补这一缺陷的作品，这是出自宗师的值得珍视的贡献，它的题名为《中国的专制主义》，我们将把它献给我们的读者。"在发表魁奈的这部著作时，他又加了一个说明，表示编辑部信守诺言，尽快使这部"有价值的作品"与读者见面，并同时宣传此作每一章都"同样令人感兴趣"，因为作者是"以最大的用心来从事著述"。接着博多简述了各章内容，尤其强调第八章是最重要的一章，是前面各章的一个概括，它"将国家的良好统治的自然基础，与中国所教导和所实行的作为科学的统治原理，作了一个比较"。这些说明，揭示了魁奈刻意效法中国的论著实质，为此曾招致论敌的猛烈攻击。博多的答复是，魁奈的本意并不认为中国是十全十美的，仅仅认为它与其他任何政府相比，更接近于理想模式。① 这番解释充分反映了中国在重

---

① 参见谈敏：《法国重农学派学说的中国渊源》，76 页，上海，上海人民出版社，1992。

农学派心目中的崇高地位。

魁奈的这部著作更是引起了后世学者的特别注意。如一位法文作者曾撰写《中国与法国的重农主义体系》一文并指出："魁奈在他的《中华帝国的专制制度》中浸透着中国文明，使人产生一个印象，重农学派的全部理论均是中国哲学的产物。"[①] 马弗利克是把魁奈这部论著第一次译为英文的英国学者，他认为此作标志着"崇尚中国运动的顶峰"[②]。

《中华帝国的专制制度》除前言外，共分八章。为了能够全面地反映魁奈对中国的描述，现将其基本内容，简单介绍如下[③]：

在"前言"部分，首先提出"用专制一词来称呼中国政府，是因为中国的君主独掌国家大权"。"专制"一词的含义，是君主独掌国家大权。依此标准，专制君主遂有"合法的"与"为所欲为的或不合法的"之分。后一含义的专制君主存在于独裁专制中，其名称近乎贬低之词，意指僭主暴君。而前一含义上的专制君主即指中国皇帝，在那里，"中国的制度系建立于明智和确定不移的法律之上，皇帝执行这些法律，而他自身也审慎地遵守这些法律"[④]。以后各章的论述，就是围绕着前一含义上的中国专制政治这一命题而展开的。

第一章 "导论"（包括5节）

第一节 "西方对中国的认识"，叙说了以往流传的关于中国"胜过欧洲最文明的国家"，在世界的另一端"居然存在着这样一个古老、博学、文明的民族"一类似乎难以置信的记载，已由来华传教士的报告所证实，从而"怀疑化为相信，伴随而来的是惊奇和羡慕"。现在人们得知中国一如欧洲，"呈现出相同的智慧、相同的理解力与相同的多样性，不同之处似乎是在那个国家里，几乎包罗了散布在世界各地人们所能发现的所有物产[⑤]。

第二节 "中华帝国的起源"，肯定中国历史源远流长。对于某些西方学者关于中国人源出埃及的论调，提出质疑，"为什么不能假定后者源出中国"，或者假定"二者均出于同一渊源"。指斥西方那些认为尧、舜的伟大事迹"不值得引起学者注意"的人，为谬妄的"浅学之士"；称述中国最早的几位皇帝都是"很好的统治者，他们所制定的法规和所从事的主要活动都无可厚非。人们认为他们通过颁布公平的法规，倡导有用的技艺，专心致力于使他们统治的王国繁荣"。世间"没有哪个民族比中国人更顺从他们的君主"，由此通过严格的伦理戒律，形成君民之间"神圣和稳固的关系"，尤其赞颂孔子所传授的"超凡拔俗之学"[⑥]。

第三节 "中华帝国的疆域和繁荣"，指出中国领域与整个欧洲相等，是"世界上最美丽的国家，是已知的人口最稠密而又最繁荣的王国"。在那里，物产富饶，土壤深厚而肥沃，一年几次收获，有许多河流、湖泊、运河以资灌溉，有优异的公路和桥梁设施并得到很好的维护。魁奈也看到中国尚存在许多穷苦人家，并由此阐述了他对于人口增长与财富增长的关系、分配领域中经济与工资的关系等问题的看法。[⑦]

---

① 转引自李肇义：《重农学派受中国古代政治经济思想影响之考证》，载《中山大学社会科学》，第1卷，第3期。

② ［法］魁奈：《中华帝国的专制制度》，英译本绪论，2页，北京，商务印书馆，1992。

③ 以下参见谈敏：《法国重农学派学说中的中国渊源》，77～83页，上海，上海人民出版社，1992。

④ ［法］魁奈：《中华帝国的专制制度》，24页，北京，商务印书馆，1992。

⑤ ［法］魁奈：《中华帝国的专制制度》，25～26页，北京，商务印书馆，1992。

⑥ ［法］魁奈：《中华帝国的专制制度》，27～28页，北京，商务印书馆，1992。

⑦ 参见［法］魁奈：《中华帝国的专制制度》，39～44页，北京，商务印书馆，1992。

第四节 "公民的等级"，提到中国贵族阶级无世袭制，仅孔子家庭以其最有名望和最为显荣，是唯一可以世袭传承其尊号的。故孔子的家系是"世界上最为悠久的家系"，因为他一脉相传已达两千多年之久。至于平民阶级，则以"农民列在第一位"，其次是商贾以及工匠和普通劳动者。①

第五节 "军事力量"，阐述中国的军职体制、军事布防、兵员、装备、军种及兵种等。②

第二章 "中国的基本法"（包括 9 节）

第一节 "自然法"，将在以后作为专题来讨论，兹不多述。

第二节 "第一级圣书或正经"。首先提到"神秘莫测"、具有"谜一般线条"的《易经》，其次是作为远古信史并包括各种接触格言和良好统治实例的《春秋》，第三是《诗经》，第四是纯粹史书的《礼记》，第五是《礼经》。这五本书合称《五经》。③

第三节 "第二级经书"。简要介绍了《大学》、《中庸》、《论语》、《孟子》、《孝经》以及朱熹的《小学》共 6 本中国经书。指出中国人对于道德与政治"根本未加以区分"，美好生活的艺术也就是良好统治的艺术，"两门科学合而为一，彼此相同"④。

第四节 "中国人的学问"。认为中国人虽然很喜欢学问，但在数学、几何、自然哲学和物理学这些纯思维领域却很少有成就，这是他们"不受利益动机的驱使"所致。他们的主要研究兴趣转向那些"更加实用的科学"。而文法、国家的历史和法律、伦理和政治，似乎是更直接为人们的品行和社会的幸福所需。⑤ 如果说中国在思辨科学方面较少进步，那么它对自然法的研究"已达到尽善尽美的最高程度"。鉴于其他国家很少研究自然法、统治情况糟糕，所以中国"更受到人们的关注"⑥。

第五节 "教育"。描述了中国学校遍布城市和乡村，以及"教育人民是官吏们的一项主要职责"，"官吏们必须每月两次对百姓进行教育"；将康熙皇帝于 1691 年颁布的法令归纳为"教育年轻人知道他们应当怎样遵奉基本的自然法则"等 16 条格言；讨论了《北京公报》，认为这是一份将官方法令的消息传达给全国各地的政府刊物。总之，在中国，登载各种国家基本法的书刊直接与每个人见面，而皇帝也必须遵守这些法律。某位皇帝曾经试图废除这些法律，但是"法律战胜了暴政"⑦。

第六节 "科举"。介绍中国的科举制度。中国人的子孙在完成小学学习后，那些命中注定要受到更高教育的人，便开始走上谋取各种学位功名的道路，以便能够跻入受人尊敬的学

① 参见［法］魁奈：《中华帝国的专制制度》，44～46 页，北京，商务印书馆，1992。
② 参见［法］魁奈：《中华帝国的专制制度》，46～48 页，北京，商务印书馆，1992。
③ 参见［法］魁奈：《中华帝国的专制制度》，54～55 页，北京，商务印书馆，1992。
④ ［法］魁奈：《中华帝国的专制制度》，55～56 页，北京，商务印书馆，1992。
⑤ 重农学派代表人物魁奈认为造成中国缺乏抽象思考及逻辑观念的原因是中国传统的实用性："虽然中国人很好学，且很容易在所有的学问上成功，但是他们在思辨上很少进步，因为他们重视实利，所以他们在天文、地理、自然哲学、物理学及很多实用的学科上有很好的构想，他们的研究倾向应用科学、文法、伦理、历史、法律、政治等看来有益于指导人类行为及增进社会福利的学问。"王漪：《明清之际中学之西渐》，168～169 页，台湾，"商务印书馆"，1987。
⑥ ［法］魁奈：《中华帝国的专制制度》，56～59 页，北京，商务印书馆，1992。
⑦ ［法］魁奈：《中华帝国的专制制度》，59～63 页，北京，商务印书馆，1992。

者阶层。学者被分为三个等级,即秀才、举人和进士。中国人一旦获得进士的荣耀称号,就无必要再为贫困而担忧,这个称号本身就是一种保障。[①]

第七节 "财产的所有权"。指出中国的财产所有权是"相当安全的",而财产的继承是按照"继承权的自然秩序"进行的。(此问题后面将有专题论述)

第八节 "农业"。介绍中国的农作物、农田耕种和收益分配情况。特别提到中国的农业总是受到尊重,以农业为生计者总是获得皇帝的特别关注。雍正制定了各种法规,全都有助于树立其尊重农民的观念。舜帝曾规定一条法律,明确禁止地方长官征调农民离开他们所从事的农业事务而将其用于强迫劳役。[②]

第九节 "依存于农业的商业"。根据中国的大量农产品势必带来相当繁荣的商业的推测,肯定商业依赖于农业,并在社会中担负着重要的经济职能;指出中国是个自给自足的国家,很少对外贸易;反驳西方商人的报告中关于中国人的贸易欺诈这一说法,强调这种欺诈行为在中国这样的文明国度中是不能想象的。[③]

第三章 "实在法"(包括 3 节)

第一节 "基于伦理的法律;正经;孟德斯鸠先生"。确信中国的法律都是建立在伦理原则的基础上;中国的道德和政治合为一门科学;帝国的所有实在法都以维持其政体形式作为唯一目的;没有凌驾于法律之上的权威;这些法律创立于神圣的、被称为五经的经典。引述孟德斯鸠《论法的精神》中所描述的中国情况(此问题在后面将有专门说明),指出这些经典将宗教、国家统治与实在法三者合为一体,而君主和学者的主要任务就是深入研究支配这三者的自然法。[④]

第二节 "皇帝的绝对权力受到制约"。在中华帝国,"没有哪项官府的决定,可以未经君主的批准而具有法律效力"。君主本人所颁布的各项敕令,如果不违反习俗或侵犯公共福利,应由总督和各省官员记录在案,并在其管辖地区内到处张榜公布,自此以后这些敕令便成为永远有效和确定不移的法律。但在帝国内,即使是由皇帝颁布的敕令或法令,也只有在最高审议机构核查注册后才生效。按照中国的法律,一直鼓励向皇帝提出劝谏的风气,连皇帝本人的行为如触犯法律和国家制度,也不能免于受到谴责,更何况各种官吏。[⑤]

第三节 "帝国的朝廷机构"。主要介绍中国的中央官制,即吏、户、礼、兵、刑、工六部及其职能。[⑥]

第四章 "租税"

本章称述中国具有良好的税法制度(此问题后面将有专论),并介绍中国的财政开支情况。

第五章 "关于权力"

认为中国皇帝的专制主义绝对权力,意味着必须正确地遵守各项法律和基本的统治准

---

① 参见 [法] 魁奈:《中华帝国的专制制度》,63~65 页,北京,商务印书馆,1992。
② 参见 [法] 魁奈:《中华帝国的专制制度》,65~68 页,北京,商务印书馆,1992。
③ 参见 [法] 魁奈:《中华帝国的专制制度》,68~71 页,北京,商务印书馆,1992。
④ 参见 [法] 魁奈:《中华帝国的专制制度》,72~73 页,北京,商务印书馆,1992。
⑤ 参见 [法] 魁奈:《中华帝国的专制制度》,73~76 页,北京,商务印书馆,1992。
⑥ 参见 [法] 魁奈:《中华帝国的专制制度》,76~77 页,北京,商务印书馆,1992。

则。"中国政府的基本法是建立在如此无可非议和如此受到重视的自然法的基础之上"，中国的皇帝们被授予"天子"、"圣帝"一类的崇高称号，他们不能滥用人民的恭顺而残忍地对待他们，应根据一般准则像父亲一样热爱其臣民。中国"保持着如此奇迹般的良好秩序"，正在于良好的法律解决了这一问题。①

第六章 "行政管理"（包括 3 节）

第一节 "审判机构"。描述了中国的民事和刑事审判机构，特别提到这个机构通过各级监察系统来执行公正原则，认为没有什么比这种主持正义的方式更令人称赞的了。②

第二节 "刑法"。叙述了中国的各种主要刑法规定，认为"一般来说，中国的刑法是相当宽大的。如果说刑事审理过程中的重复询问拖延了审判，那末最终的审判决定却是确实可靠的，始终是按照法律的规定，做到了量刑与所犯的罪行相适合"。杖刑是最轻的处罚，枷或枷号未使人感到痛苦却使人感到名誉扫地，死刑有三种方式（绞刑、斩首和碎尸）。还引证某些曾在中国被关押过的西方传教士的话说："关于中国的监狱，特别值得称赞的是这一事实，即我们在中国那里受到有礼貌的待遇，并得到极大的尊重，就好像我们具有显贵的地位一样。"③

第三节 "中国官吏"。介绍了中国官员的选拔方式、所担负的职责以及奖惩制度。称赞中国人须经科举考试取得官职，所以其官吏都是有学问的，官吏在位的"唯一"职责就是保护人民，必须随时准备倾听百姓的申诉；对人民进行训导也是官吏的主要职责；官吏不能在自己的原籍城市任职，甚至也不能在自己的原籍省份任职，官吏就职的地区距离他所出生的城市至少得在 50 里格以外；规定官吏收取贿赂达 80 两白银者处以死刑等等。④

第七章 "中国统治上的所谓缺点"（包括 5 节）

第一节 "孟德斯鸠先生的主张"。驳斥孟德斯鸠对中国专制制度的批评。（后面对此有专门论述）

第二节 "邪教"。主要指的是中国的道教和佛教，但又认为应该原谅中国政府对于这些教派的宽容态度。因为在中国，限制各种宗教信仰总是被看作权力机构的一种荒谬行为。

第三节 "学者的宗教"。论及曾在欧洲喧嚣一时的中国礼仪之争，主要是如何理解中国典籍中关于"天"和"上帝"的含义。

第四节 "非土地税"。认为中国除土地税外，据说还存在着诸如关税、通行税及人头税等不正当的税制。此说如属实，则是国家未能完全明了它的真正利益，因为帝国内的财富来自土地，而上述税种破坏了税制本身及国家收入。这一缺陷不必归因于中国政府本身，这只是执行过程中的错误，"因为它可以被加以纠正而不涉及对那个帝国的制度本身作出任何改变"。

第五节 "人口过剩与财富分配的不平等"。根据中国人口过多的现状，提出了关于财富与人口之间关系的论证。人口总是趋向于超过财富，事实上是财富的数量给人口的增长规定了一个限度，所以不能把人口过多而造成的贫穷灾难归罪于像中国那样的"良好政府所建立

---

① 参见［法］魁奈：《中华帝国的专制制度》，82～84 页，北京，商务印书馆，1992。

② 参见［法］魁奈：《中华帝国的专制制度》，85～87 页，北京，商务印书馆，1992。

③ ［法］魁奈：《中华帝国的专制制度》，87～89 页，北京，商务印书馆，1992。

④ 参见［法］魁奈：《中华帝国的专制制度》，89～92 页，北京，商务印书馆，1992。

的那种制度"。因此，中国这样具有良好制度的国家所存在的过多人口，除了向外移民以开拓殖民地外，别无他法。①

第八章　"中国的法律同作为繁荣政府的基础的自然原则相比较"（包括 24 节）

本章开宗明义，首先指出前面各章都说明了"广大的中华帝国政治制度和道德制度是建立在对于自然法则的认识的基础上，而这种制度也就是认识自然法则的结果"。接着强调各章所引证的资料"完全遵循那些旅行家和历史学家的叙述，他们中的大多数人是亲眼目睹，并且由于他们的聪明才智，特别是他们的意见都相互一致，所以是完全可以相信的"。基于这些"不容置疑的事实"，然后表明在本章将以总结的形式，"对完全可以作为一切国家的范例的中国的理论"，作一个系统的汇编。

由于本章所涉及的一些问题比较重要，因而后面将以专题介绍，同时为了较全面地反映魁奈在最重要一章中涉及问题的全貌，在此仅将本章各节的标题抄录如下，以备查考：

第一节　"社会的基本法则"；

第二节　"保护性政权"；

第三节　"人们所设想的统治方式的种类"；

第四节　"社会权利的保证"；

第五节　"自然法则保证君主和人民之间的一致"；

第六节　"社会的基本法则并不是人制定的"；

第七节　"征税权建立在巩固的基础上"；

第八节　"自然法"；

第九节　"对完善的政府的基本法则的证明将足以保证自然法"；

第十节　"研究和宣传社会自然基本法则的必要性"；

第十一节　"各种不同的社会形式"；

第十二节　"农业社会"；

第十三节　"农业社会在其原始简单状态中的统治"；

第十四节　"财富的公有及其自然和和平的分配，人身自由，对每日获得的生活资料的所有权"；

第十五节　"各部族之间的战争"；

第十六节　"国家是靠武力保卫的，武力需要有财富，财富的生产由于武力而得到保障"；

第十七节　"农业社会的形成，在那里天然存在着所必需的各种条件"；

第十八节　"保护性权力的建立"；

第十九节　"实在法"；

第二十节　"国家收入"；

第二十一节　"应当反对独占的私人利益"；

第二十二节　"司法费用的减少"；

第二十三节　"国际法"；

---

① 以上五节的具体内容，参见［法］魁奈：《中华帝国的专制制度》，93～110 页，北京，商务印书馆，1992。

第二十四节 "国家基金的核算"。

由上可见,魁奈在《中国的专制制度》这一巨作里,几乎涉猎了中国政治、法律、社会、经济、伦理等各个领域。其中所参考的资料,据魁奈的叙述,它所依据的主要是杜赫德的《中华帝国全志》①,同时查考了其他旅行家的著作。一些西方学者经过仔细查核,认为鲁斯洛·德·苏尔热的《杂录与奇谈》这部文集,才是魁奈关于中国资料的主要来源,并称在魁奈著作的前七章内,几乎所有引证资料都出自该文集,魁奈只是偶尔压缩改动和引入一些简单的过渡段而已。有的学者还认为魁奈过于偏袒中国而歪曲了鲁斯洛所记述的事实。其实,当时对于中国的认识,无论何人,均系主要来自在华西方传教士的报告,同时参考一些来华商人或旅行者的描述。魁奈本人也承认,"除了传教士的报告外,我们还没有足以依据的东西"。当然,对于我们的研究来说,问题不在于魁奈所引用的大量中国资料来源于何处,重要的是魁奈在利用这些流行的中国资料时,曾给予他的政治、经济理论体系以怎样的影响。

四、重农学派的自然秩序思想与中国古代自然法学说的联系

(一) 自然秩序的基本含义

重农主义系由希腊文"自然"和"主宰"两字合成,意为自然的统治,由此引申出人类社会须服从自然规律(或自然规则)以谋求最高福利之意蕴。这一特殊词汇据说创自魁奈本人,因为他对希腊语颇为爱好。今人在使用"重农主义"或"重农学派"这些译名时,切不可望文生义,受"重农"两字所局限而把它视为"农业体系",而应充分认识到其原型术语的本来含义。所谓重农主义,根据重农学派原有成员的定义,就是"自然秩序的科学"或"政治社会的自然根本秩序"。

自然秩序是重农学派的基本概念,其含义大致包括以下5个方面的内容:

1. 揭示支配人类社会的自然规律。杜邦曾以魁奈"把他的全部智力运用于研究支配着人类社会的各种自然规律",而称颂他是"一位杰出的天才人物"。魁奈的思维逻辑是:和物质世界一样,人类社会存在着不以人们意志为转移的客观规律,这就是自然秩序,它受"自然的最高法则"或"自然最高规律"支配。但社会的自然秩序不同于物质世界的规律,它没有绝对的约束力,人们可以以自己的意志来接受或否定它,由此建立社会的人为秩序,即表现为不同时代、不同国度的各种政治、经济制度和法令规章等。人为秩序常受到非理性动机的影响,易与"社会最有利的正义与自然秩序的不变的规律"发生冲突,如果人们认识自然秩序并按其准则来制定人为秩序,这个社会就处于健康状态;反之,社会处于疾病状态。

这种自然规律,在重农学派看来,一是客观的,即这些基本规律绝对不是人类创造的,但又是任何人类政权都必须服从的;二是至善的,因此可以作为最完善统治的基本规律,可以作为实在法的基本规律;三是普遍的,它适用于一切时代和所有的人,以及一切人类的权力;四是不变的或永恒的,他们相信社会的根本结构和统治的自然形式,是在公平分配的实在法颁布以前就已经确立。

---

① 魁奈对这部书给予了很高的评价:"这部著作的功绩是相当显著的,我正是依靠这位作家的材料来论中国的……"阎宗临:《传教士与法国早期文学》,92页,郑州,大象出版社,2003。

2. 强调神在创造自然秩序中的作用。魁奈将理想的自然秩序归结于"自然创造之神的完整性"。他认为神本身是法和规律的创造者,因此是处在一切的法和规律之上的,同时神所制定的各种规律也是正确而完全的,所以一切人都必须遵守这个"由神所制定的最高规律",社会基本规律的制定"根源于造物主的最高意志"。

上帝和造物主一类的神学概念,尽管给重农学派的自然秩序思想蒙上一层宗教面纱,但并未束缚他们对于客观社会经济规律的深入研究,而且上帝的作用在他们看来仅仅表现在为社会的"最初"时期创造或制定了基本的自然规律。换言之,自然规律已经创立,上帝的作用也就不复存在,剩下的问题就是人们如何认识和遵守这些自然规律。

3. 否定宗教启示而倡言理性之光。魁奈表述自然秩序思想时,提出自然的最高规律"是由理性之光所明确承认的"这一命题。像那一时期的启蒙思想家一样,他也把理性理解为人的本性,人不同于动物的优越性"是根源于人类的理性,而理性又来源于自然秩序"。从这一前提出发,研究的对象也就从神创造了自然秩序的宗教观念,转入人类认识自然秩序的纯粹世俗领域。

魁奈认为认识自然秩序的必要性,在于要经常保持帝国的稳定和繁荣,除了认识这个最高规律之外,没有其他办法。换言之,"如果在这样的国家,政府为理性的灯光所照亮时,则有害于社会和君主的实在法就会被取消"①。在他看来,"无知"是对人类危害最大的缺点,甚至是一种罪恶;富有理性的人,必须克服无知而达到对于自然法有一定程度明确认识的、知识渊博的、发展完成的理性,这也是"可能的最好统治所必不可缺的条件"。那么,如何获取自然秩序的认识呢?对于那些"贤明"的人而言要靠"内省的悟性";对于一般人只需要教育,向他们阐述只有通过运用理性,才能准确而清楚地加以理解那些发人深省的真理。因此,"政府的第一个实际行动,应该是设立学校来学习这方面的知识","通过自然秩序的公私教育",国民对于这门学问知道得愈深,国家愈能受自然秩序的支配,则实在的秩序也愈益合理,可以避免暴君的出现和对自然规律的歪曲。

4. 物质法与道德法的统一。这是魁奈自然秩序思想的又一独特之处。他在《自然权利》第五章中指出:"自然法可以是物体的,也可以是道德的,这里所说的物体的规律,可以理解为明显地从对人类最有利的自然程序所产生的一切实际事件的运行规则。这里所说的道德的规律,则可以理解为明显地适应对人类最有利的实际秩序的道德秩序所产生的一切人类行为的规律。上面二个规律结合在一起,就是所谓自然法。"② 两年后,他又在《中华帝国的专制制度》第八章第一节,以稍加改动的形式重述了这个观点。

魁奈把道德秩序纳入自然规律的范畴,便意味着在道德领域也和在其他一切自然领域一样,存在着完全独立于人们意愿的客观规律,如果违反道德规律,同样要受到自然的惩罚。这一思想被重农学派说成是魁奈的"伟大发现",标志着文明世界的"转折点"。道德规律或道德秩序的原理之所以在重农学派中获得如此重视,是因为他们认为魁奈继牛顿等自然科学家发现了支配物质世界的和谐秩序的伟大法则之后,在道德秩序中发现了支配人类社会的类似法则。

---

① 转引自谈敏:《法国重农学派学说的中国渊源》,108 页,上海,上海人民出版社,1992。
② 《魁奈经济著作选集》,304 页,北京,商务印书馆,1979。

5. 谋求最高福利的功利主义目标。在魁奈那里，由于自然秩序是对人类最有利的，所以只有真正遵从自然秩序，才能取得尽可能大的利益。这里所说的"利益"，主要是指物质利益。强调为了适合自然秩序，不如把人的自然权利的范围，归纳到它可能享受的各种物质上；对于适合人享用的各种物质的权利，必须从自然的秩序和正义的秩序中来考虑，其目的在于经常保持国家的稳定和繁荣，维护财产、自由和安全一类的"人民的利益"。

自然秩序思想在重农主义体系中被认为是"中心思想"或"哲学基础"。在一般西方学者的著述中，一提起自然秩序思想，总是联想到欧洲固有的自然法观点，并被视为不言而喻的事情。其实，此种看法只是站在欧洲立场的一孔之见，完全不了解欧洲以外的其他相同或相似的思想源流。长期研究中国科学与文明史的李约瑟博士对此坚决表示反对："说只有希腊人才会发明永恒、齐一、抽象之秩序法则以说明宇宙间的规律变化，是瞎说。"[①] 从世界范围内考察，在古希腊的传统自然法观点之外，还存在着具有相同含义的其他非欧洲的思想源流。而从重农学派自己的言论来看，魁奈本人很少援引希腊哲学家的观点，甚至认为一部孔子《论语》，足以胜过希腊七贤，他的门徒也鄙夷"希腊各共和国从来不了解秩序的规律"[②]。这就有可能使魁奈脱离欧洲本身的古希腊传统，从中国古代学说中去寻找并汲取滋养。另外，当时中国理学经西方传教士传入欧洲，以法国哲学家尼古拉·马勒伯朗士和德国哲学家莱布尼茨为首的学术家将中国式自然法观念大加播撒，使宋儒理学成为西方人极为重视的研究对象。而马勒伯朗士和莱布尼茨，又都是对魁奈产生过直接影响的重要思想先驱。下面的问题便是：重农学派到底对中国古代学说是怎么认识和接受的？

（二）魁奈的自然秩序思想与中国古代自然法学说的联系

在自然秩序体系中，魁奈提出自然规律或自然法则这一命题，一是把它的研究重点放在人类社会领域而不是自然界，二是相对于人为的实在法而言。根据魁奈的看法，这两个方面都可以从中国找到其典范。

关于第一点，魁奈的说法很有代表性。他在论述中国的专制制度时认为，马可·波罗早年报道中国的古老、法律和政治的严明、帝国的繁荣和富庶、贸易兴盛、人口众多、人民好学有礼、对艺术和科学的爱好等等，都是真实可信的。在远离欧洲之外有这样一个"古老、博学和文明的民族"，有这样一个强大的帝国，不能不使他"惊奇和羡慕"。他从有关中国的报告中得出结论，"中国的制度系建立于明智和确定不移的法律之上，皇帝执行这些法律，而他自己也审慎地遵守这些法律"[③]。既然这一"明智和确定不移的法律"乃系国家文明富强的基础，自会启发魁奈去认识社会中的自然规律并将注意力集中于此。

关于第二点，魁奈根据他所了解的中国资料（主要是传教士的报告），颇为详尽地考察了中国的基本法及其他各种政府法规，在他看来，中国的"基本法"中，最重要的是"自然法"，其他一切法规如伦理及政治合一的实在法、税法、包含各级监察系统的民法、刑法以

---

① ［英］李约瑟：《大滴定：东西方的科学与社会》，47 页，台北，帕米尔书店，1984。

② 博多语。转引自［法］夏尔·季德、夏尔·利斯特：《经济学说史》，上册，65 页注77，北京，商务印书馆，1986。

③ ［法］魁奈：《中国帝国的专制制度》，24～26 页，北京，商务印书馆，1992，谈敏：《法国重农学派学说的中国渊源》，139 页，上海，上海人民出版社，1992。

及奖惩官吏的吏法，都须体现和保障自然法的贯彻。他说："中国的法律完全建立在伦理原则基础上，因为像已经指出的那样，在中国，道德和政治合为一门科学；而且在那个帝国，所有的实在法都是以维持其政体形式作为它们的唯一目的，没有凌驾于这些法律之上的权力，这些法律创立于经典著作之中，而经典著作被认为是神圣不可侵犯的，它们被称作五经亦即五部书。就像犹太人尊奉《旧约全书》，基督教徒尊奉《新约全书》，土耳其的穆斯林尊奉《古兰经》一样，中国人也尊崇《五经》。但是，这些五经圣书并非试图将宗教、帝国的统治与民事的和政治的法律三者分开。所有这三者都受到自然法则的绝对支配，而详细地研究自然法则，正是君主及其所任命来执行具体行政管理事务的学者们的目标。这样，在那个帝国的统治中，一切都像它赖以建立的普遍和基本的法则之不可改变一样，是永远稳定和永远开明的。"① 魁奈十分赞赏中国强调自然法而与其他人为法相区别的做法，为此，他仔细地研究了中国的"自然法"观念。

他从宗教角度来研究这一问题，指出：中国人的宗教主要关心的是至高无上的上帝，他们在"上帝"或"天"的名义下，崇拜上帝为一切事物的本原。"天"是统治苍穹的灵魂，而苍穹是自然造物主的"最为完美无瑕的杰作"。人们注意到"自然秩序的美妙和卓绝"，从而总是崇敬天的外表；在那里，造物主的"不变法则"得到最清楚的表现。这些法则不是仅属于宇宙万物的某一部分，而是宇宙万物所有部分的"普遍法则"。"天"这个词还用来指物质的天，其含义依它所适用的对象而定，如中国人称父亲为一家之"天"，知府为一省之"天"，皇帝为一国之"天"。中国的所有经书特别是《书经》，提出"天"是现有万物的造物主，是人类之父；他是独立而全能的生命体，甚至知道人们内心最深处的隐秘；他支配着宇宙万物，自如地预见、延迟、促进和决定尘世间的各种事件；他的神圣在于他的全能、公正和仁慈统治；人类除了善德之外，没有什么能打动他；无论茅屋里的贫民，还是皇位上的国王，在享有他的公正原则和因罪过而受到惩罚方面，一律平等。他用各种社会灾难作为告诫来唤起人们热爱善德，但更多的是他的仁慈和宽厚而非严厉，防止他发怒的可靠办法就是改正邪恶。中国的经书还说，"上帝"具有无限智慧，赋予人类具有思维能力的理智灵魂以区别于禽兽；他对善德如此之爱，以致世俗皇帝单靠祭祀是不够的，还必须富于德行和忏悔心，在祭祀以前，皇帝要斋戒、痛苦以表示赎罪。皇帝总是把遵守古代的礼仪和举行这些礼仪看作是他的主要责任之一，作为一个国家的首领，他是统治人民的皇帝，是教导人民的导师，是行祭的祭司。他虽有崇高境界却想着尘世事务，亲自监督一切人类活动，并从人类内心深处作出判断。皇帝是唯一被允许朝拜"上帝"的人，作为"上帝"之子，皇帝是"上帝"的威严在人间的主要继承人，行使他所赋予的权力，传达他的命令，接受他的恩惠。因此，只有帝国内最高尚的人才有资格向天地万物之主献祭，祈求上天对他的臣民的赐福。

魁奈曾摘引传教士转述的中国史书中的有关记载，详细描述了中国皇帝在水旱灾年祈天保佑时的隆重礼仪、虔诚态度以及反躬自责的忏悔言辞。

例1：1725年，由于一条大河的泛滥，导致了一场巨大的洪水灾难。一些高级官员趁机把这场灾难的原因归咎于下级官员的玩忽职守。但当时的雍正皇帝承担了这次责任，他说："不可责备下官员，这是朕的罪过；这些灾祸困扰吾民，系因朕缺乏应有的

---

① ［法］魁奈：《中华帝国的专制制度》，72页，北京，商务印书馆，1992。

德行。让我们想办法来纠正过失，减轻洪水造成的灾难；至于汝等所指责的下官，朕宽恕他们；朕只能责备自己缺少德行。"

　　例2：连续7年的可怕旱灾把人们压得透不过气来，祈祷、斋戒、悔罪，一切办法都用过了，但毫不奏效，皇帝不知道究竟能用什么办法才能结束这场全国范围内的灾难和平息上帝的愤怒。出自对人民的爱，他想到应该以他自己作为献祭奉献给上帝。他对这勇敢的设想是这样的坚定，从而他集中了全国的名流显贵，把皇袍抛在一边，换上了稻草做的衣服，然后光头赤脚，率领全体朝臣向远离城市的一座大山进发。在那座大山上，他朝地跪拜了9次，然后对上帝说出了如下的话："天帝，您不会不知道我们所遭受的苦难；这是我的罪孽而灾难却降临到我的臣民身上，我来这里以天地为证，虔诚地向您表示痛悔之意。至上的万物之主，请允许我恳求你的指点，那将使我能更好地警戒自己；请告诉我在对待自己的臣民方面，是什么使您如此动怒：是我的皇宫过于华丽吗？我将认真地改变这一状况。或许是我餐桌上的丰盛食物和美味佳肴造成了今天的这场贫困吗？那末从今以后，在我的餐桌上将只会看到简朴和清淡的饭菜。如果所有这些还不足以平息您应有的愤怒，如果您坚持要供奉祭品，那就看中我吧，天帝！我愿以身相祭，死而无憾，以此换得您对这些善良臣民的宽恕。让天降甘露来湿润土壤以解脱他们的贫困，让我身遭雷电轰顶以实现您的公正审判。"统治者所表现出来的这种虔诚感动了上天，天空变得阴云密布，降下了一场全国范围的及时雨，那年，全国都获得了大丰收。①

　　魁奈举出这样的例子，想以此证明中国皇帝延续达很多世纪的崇拜和献祭天帝的宗教仪式，既未沾染上自然法所禁止的偶像崇拜性质②，又体现出他们对其臣民的热爱。魁奈还提到中国经书很少研究灵魂不死和来世惩罚，"灵魂永存的学说，在经典文献中几乎没有什么发展"，因为"这些神学上的微妙之处是无法用在这一学说上曾指导过他们的理性之光解释清楚的"。

　　魁奈在"自然法"的标题下讨论所谓中国宗教问题，将自然法与宗教问题联系在一起。但值得注意的是，魁奈在分析所谓中国宗教问题时，表现出他对于自然法概念的独特理解。(1)他认为中国的自然法是造物主为整个宇宙制定的不变的、一般的法则，即所谓"天"和"上帝"的法则。以"天"代表西方宗教中的造物主，很容易得出类似莱布尼茨的自然神论的观点。当魁奈意识到自然秩序之美好和卓绝的中国人总是崇敬天的外表时，实际上就是以自然之天取代了人格化的神。另外，在《自然权利》中，魁奈提到造物主的作用只是在社会的"最初"时期制定了自然法则，在自然法则确立后便无须造物主的参与。(2)在西方宗教中，由造物主所制定的自然法，只能神喻而不可理喻，这是启示宗教的基本特征。但魁奈对中国自然法的理解，不仅在自然法是"天"的创造物这一点上已与西方传统的自然法思想不同，而且十分称道中国的皇帝作为天子，代表"天"来遵行自然法则的观念。换句话说，行使最高权力的不是皇帝个人的意志，而是"天命"即自然秩序的要求。既然世俗的统治者能在"天"的名义下按自然法则办事，那么所谓"天"，就成为一个抽象的概念，不可能具有启示的功能。按照魁奈的理解，"天"或"上帝"赋予人以理智精神，重视人的德行，而人也能以善德感"天"，并且只有德行最高尚者才有资格作为"天子"。可见，魁奈在论述中国的自然法观念时，尽管判定它为有神论，却每每偏离传统西方宗教的立场，尤其是他肯定中国人很少谈论灵魂不死和来世惩罚等神学问题，而以"理性之光"作为他们的指导思想，这就排除了神的启示在中国自然法观念中的地位。

将魁奈以上阐释中国自然法的观点，与他本人自然法则思想做一对比，二者在强调理性之光、否定宗教启示上的一致性，一脉相承。此外，魁奈认为中国人主要是通过个人内在德行的自我完善来打动"天"即认识自然法则（自然规律），这和魁奈的门徒宣称只能通过"自我反省"、"自己思考"才会发现这些规律（法则）的明确概念等说法，也极为相近。至于重农主义者认为至高无上的自然规律（法则），并不是任何一般人的见解，而是像他们那样有理性的少数人的见解，这一观点与所谓中国善德之士才能认识自然法则（自然规律）或最高尚的人才能代表自然秩序之论调，更是如出一辙。有西方学者指出，重农学派的任务就是"发现自然法，并说服法国统治者不要按他们自己的意愿行事，而是执行天的命令"[1]。这里使用"天"的命令一词，说穿了重农学派在自然法思想方面，浸透了中国古代学说中以皇帝代表"天"或作为天子的传统观念。

魁奈认为，中国人很重视自然法则（自然规律）的研究，而且已臻于最高程度的完善，其他国家却相当忽略这一研究，故应"使中国而不是其他国家，更受到人们的关注"[2]。基于这一估断，魁奈在阐述他自己的自然秩序学说时，显然是效法中国的榜样，也以研究自然法则（规律）作为其学说的重要内容。他主张通过研究以获得关于自然法则的知识的观点，恐怕还可以追溯到中国古代的"格物致知"理论。与此相联系的另一个重要内容，就是对自然基本法则的教育问题。在这一点上，明显体现出魁奈的自然法则思想对于中国古代学说的直接继承关系。

在中国古代学说中，很早就产生了以教育作为研究和认识自然规律（"修道"）的途径的观念，如《中庸》的首句就是"天命之谓性，率性之谓道，修道之谓教"。特别是中国传统的教育和考试制度，曾使西方人士倾慕不已。如一个名叫费内斯的来华游客在他于 1636 年出版的《从巴黎至中国旅行记》中，称中国为"哲人政治"，赞赏那里的"青年竞入大学而从事探讨他日出仕时所应熟悉的国法民情，所以中国大学乃有举世无双的荣誉"[3]。又如杜哈尔德（杜赫德）努力渲染中国拥有众多的图书馆和不可思议的丰富图书，学校林立，学者遍布全国各地，"读书是中国人获得尊荣的唯一途径……读书人治理着城市、乡镇和朝廷各部，人们可以相信，中国是世上最智慧而重视精神文明的国家"。总之，在 17、18 世纪，西方学者中凡谈论中国教育制度者，均以此教育制度作为欧洲的榜样，或公开提出"希望我们的君

---

① 转引自谈敏：《法国重农学派学说的中国渊源》，143 页，上海，上海人民出版社，1992。
② 转引自谈敏：《法国重农学派学说的中国渊源》，144 页，上海，上海人民出版社，1992。
③ 转引自王漪：《明清之际中学之西渐》，158 页，台湾，"商务印书馆"，1979。

主也能追随这美好的榜样"①。这一呼声无疑对魁奈产生了深刻影响。早在1765年，魁奈在《自然法则》一文中，一再申述根据自然法则的教育的重要性，只以中国为范例，对中国的学校倍加赞扬。据他说，中国官吏，甚至远在穷乡僻壤，都是每月两次集所属人民讲学。这是以适用于全帝国的《圣谕广训》为根据的，并加以评述："可以看出，在这些小学校里，不像我们普通学校仅以读书写作为能事，而且同时给学生获致知识的教育。因此，在中国，包括国家的根本典章的书，是人手一卷的。"② 后来，他在《中华帝国的专制制度》一书中，于考察中国的"基本法"时，继"自然法"之后，又专门列入"教育"一项，以较大篇幅叙述了中国的城乡教育制度、官吏"教育人民"的职责，皇帝用来教育年轻人尊重自然基本法则（规律）的法令等。在另一个地方，他还提到中国拥有"悠久而令人赞佩的教育制度"，中国政府"不遗余力地进行大规模的普及教育"。正是在中国范例的启发下，魁奈将教育问题引入他的自然秩序学说。请看下面两段话：

> 涉及国家整个经济秩序的一切实在法，对于国家每年财富再生产的自然进程起着作用；这些法律要求立法者和执行法律的人具有非常广博的知识和作出非常周密的考虑，其结果必须能明显地表明给君主和国家所带来的利益，特别是给君主带来的利益，因为君主一定要受到自身利益的驱使才会去做好事。幸而君主的利益，只要理解得正确，总是和国家的利益一致的。因此，最高立法委员会和执行法律的朝廷机构，必须很好地了解实在法对国家每年财富再生产进程的影响，以便按照一项新的法律对于这种自然运行过程的影响，来对它进行估价。甚至在国家富于伦理道德的人们中间，亦即在具有思想的那部分国民中间，也必须普遍地了解这些影响。因此政府的第一个实际行动，应该是设立学校来传授这方面的知识。除中国以外，其他所有的国家都没有重视这种作为统治工作基础的设施的必要性。③

> 人们只有依靠使他们区别于禽兽的理性之光，才能够掌握自然法则。因此，一个繁荣和持久的政府应当按照中华帝国的榜样，把深刻研究和长期普遍地宣传在很大程度上构成了社会框架的自然法则，当作自己的统治工作的主要目的。④

魁奈强调国家教育对于研习和尊重自然法则（规律）的重要意义，这在欧洲传统思想中找不出与此相类似的先行思想资料。西方学者赫德森也说："中国的教育从某方面讲主要与国家相联系，而在欧洲的旧制度下无此先例。"这位学者进一步指出，中国政府的竞争考试制度，开放了由地方学位直至翰林院的途径，使社会理论的教育成为进入文官仕途的唯一关键，"魁奈像他所处的时代所有爱好中国文化的人一样，极力赞扬这种制度，主张欧洲予以效法；他认为公共福利取决于对'自然秩序'，也就是对人类社会的正确法则的研究，统治者的首要职责就是推行这方面的教育"。因此，重农学派的自然秩序思想中的教育观念，"明

---

① 转引自王漪：《明清之际中学之西渐》，158～159 页，台湾，"商务印书馆"，1979。

② ［德］利奇温：《十八世纪中国与欧洲文化的接触》，96 页，北京，商务印书馆，1962。

③ ［法］魁奈：《中华帝国的专制制度》，115～116 页，北京，商务印书馆，1992；《魁奈经济著作选集》，400 页，北京，商务印书馆，1979。

④ ［法］魁奈：《中华帝国的专制制度》，122 页，北京，商务印书馆，1992；《魁奈经济著作选集》，406 页，北京，商务印书馆，1979。

显参考了中国的模式"①。

另外，重农学派的自然秩序思想旨在谋取最高福利，与中国儒家学说之治国平天下为目标，也十分相似。如《礼记·大学》篇提出："古之欲明德于天下者先治其国，欲治其国者先齐其家，欲齐其家者先修其身，欲修其身者先正其心，欲正其心者先诚其意，欲诚其意者先致其知，致知在格物。"所谓"格物致知"，按照朱熹的解释，即接触客观事物，含有获致事物的规律性知识之意。这样也就把对事物规律的认识与治国平天下的目标联系起来。所以日本学者五来欣造认为，"研究自然法则，便是儒教的政治及道德的出发点"②。

根据以上分析，最后可以得出一个结论：重农学派创立自然秩序思想，其重要来源之一，是中国的文化传统，尤其是这一思想中那些在西方学者看来不同于欧洲立法思想的独特部分，几乎都能在中国古代自然法学说和儒家法律文化中找到其范本。对此，魁奈作了直言不讳的承认，他所说的"完全可以作为一国家的范例的中国的理论"，主要就是指对自然法则（规律）的认识，也就是自然秩序理论。在他看来，中国的实例证明了"确立自然秩序的那些规律是永恒的和颠扑不破的"③。

所以，魁奈在《中华帝国的专制制度》一书的结尾部分，以反问的口吻总结说：

> 中华帝国不是由于遵守自然法则而得以年代绵长、疆土辽阔、繁荣不息吗？那些靠人的意志来统治并且靠武装力量来迫使人们服从于社会管辖的民族，难道不会被人口稠密的中华民族完全有根据地看作野蛮民族吗？这个服从自然秩序的广袤帝国，证明造成暂时的统治经常变化的原因，没有别的根据或规则，只是由于人们本身的反复无常，中华帝国不就是一个稳定的、持久和不变的政府的凡例吗？然而难道不能说，在中国政府的统治下所以能保持这种幸运的和经久的一致，只是由于这个帝国比其他一些国家较少遭到邻国的侵袭吗？它不是也曾经被占领过吗？它的辽阔的疆土不是也曾遭到过分裂和形成许多王国吗？由此可见，它的统治所以能够长久维持，决不应当归因于特殊的环境条件，而应当归因于其内在的稳固秩序。④

五、魁奈的理想：中国的开明专制制度

在 17、18 世纪，西方人关于中国政治制度的介绍、报道和评论，不胜枚举。这些流传的文字资料，勾勒了一个在他们看来十分完美的开明专制制度⑤，为西方世界描绘出一个令人向往的实行开明专制制度的东方理想模式。在魁奈的著述中，收集和参考了相

---

① ［法］G. F. 赫德森：《欧洲与中国》，325～326 页，伦敦，1931。转引自谈敏：《法国重农学派学说的中国渊源》，145 页，上海，上海人民出版社，1992。

② 《魁奈经济著作选集》，420 页，北京，商务印书馆，1979。

③ ［法］魁奈：《中华帝国的专制制度》，137 页，北京，商务印书馆，1992；《魁奈经济著作选集》，420 页，北京，商务印书馆，1979。

④ ［法］魁奈：《中华帝国的专制制度》，137～138 页，北京，商务印书馆，1992；《魁奈经济著作选集》，420 页，北京，商务印书馆，1979。

⑤ 西方人认为，东方开明专制制度的特征有五：建立在父子关系基础上的政治体制；道德政治；防止君主擅权的制约监督系统；学者统治；专制主义的开明形象和表率作用。参见谈敏：《法国重农学派学说的中国渊源》，255～260 页，上海，上海人民出版社，1992。

当丰富的有关中国问题的资料，字里行间都浸透着他对于理想的开明专制制度的倾慕之情。

在《中华帝国的专制制度》这部著作中，魁奈以非常崇敬的态度描述：中国的统治制度是"建立在自然法的基础之上"，对自然法的公认和强调阻止中国君主做坏事，促使他们合法管理和行善事，从而使这一权威成为统治者的福音和臣民们对统治的崇拜。中国皇帝是上帝的儿子，是上帝的伟大形象在地面上的主要继承人，故富于德行、有忏悔心和像父亲一样热爱其臣民；中国皇帝自身执行并遵守明达不移的法律，历代试图废弃法律而实行暴政者，终将被法律所战胜和遭到人民的贬黜。伦理戒条是这个帝国的宗教、法律和教育的基础，君民之间的神圣和稳固关系就建立在严格的伦理戒律之上。鼓励劝谏的风气形成对君主绝对权力的制约，"世界上恐怕没有别的国家能像中国那样自由地对君主实行劝谏"，而中国的各级监督系统，也"没有什么比这一形式更值得称述的了"，所以，"在这个疆域辽阔的帝国内，长官的一切错误和一切营私舞弊的现象，经常在政府的通报中公布出来，以便确保这个巨大帝国家所有省份都能遵守法律，反对滥用职权，并且确保通过自由的检举来明察秋毫，而自由检举是建立一个可靠而稳固的统治的基本条件之一"①。中国贵族阶级除孔子家庭外不存在世袭制。中国官吏依靠其功绩与才能，经科举选拔方式产生，很有学问，其唯一职能就是保护和教育人民。② 康熙皇帝经常巡视各地，主持公道、惩治暴吏，并颁布关于教育人民尊重清朝基本规律的 16 条教育格言③：

1. 敦促晚辈恪守孝道，力劝他们尊重长辈，以此教育青年人知道他们应当怎样尊奉基本的自然法则。
2. 敦促官吏们在家族内部永远尊崇其祖先，以利于统治的安宁与和谐。
3. 官吏们要使所有的村民团结一致，避免争吵和法律纠纷。
4. 官吏们要高度重视从事耕作和从事栽培桑树的工作，如此则将不乏食用之谷或穿

---

① [法]魁奈：《中华帝国的专制制度》，137 页，北京，商务印书馆，1992；《魁奈经济著作选集》，419～420 页，北京，商务印书馆，1979。中国的谏议制度在欧洲受到普遍赞扬，然而法国空想主义先驱马布里（1709—1785）对此却不以为然。他在《就政治社会的自然和基本秩序向哲学经济学家质疑》一书（1768 年，为批驳魁奈的《中华帝国的专制制度》而作）中指出，谏议制度无法保证皇帝的过失能得到及时的纠正，更不可能预防皇帝的过失。因为一切权力都掌握在皇帝手中，所有谏官只有得到皇帝的任命或认可，才有可能行使他们的职务；一般情况下，他们的谏议，皇帝可听可不听。遇到昏君，谏官还可能因惹恼了皇帝而丢掉性命；纵然皇帝圣明，也会有心情不好的时候，谏官若在此时进谏，同样是凶多吉少。人们往往赞颂中国的谏官敢于冒死进谏，然而，没有任何东西可以保证每一个谏官在任何时候都有这种精神，在生死考验面前，谏官们很可能放弃自己的职责，对皇帝或帝国的种种弊端采取视而不见的态度，从而使谏议制度形同虚设："你有什么办法能让这些官员达到你的期望和忠于他们的义务？……既然专制君主可以背弃他的义务，为什么这些官员非得忠于他们的义务不可呢？"况且，谏官因进谏而被处死，这一事实本身就说明中国谏议制度的有效与否，完全取决于皇帝本人。参见许明龙：《欧洲 18 世纪"中国热"》，257～258 页，太原，山西教育出版社，1999。

② 对此，法国思想家马布里认为，官员固然重要，但更重要的则是严格的立法制度，因为最优秀的官员也可能犯错误，也可能为了一己的私利而放弃职责。中国皇帝经常派遣御史到各地巡视，对各级官员进行考察，这种制度在欧洲备受赞扬。可是，细细一想，监察制度之所以必要，不正是因为有失职或腐化的官员吗？他咄咄逼人地问道："这些官员尽管经受了种种考验，但为什么我就不能设想他们还会失职、受到引诱或被腐蚀呢？"转引自许明龙：《欧洲 18 世纪"中国热"》，258 页，太原，山西教育出版社，1999。

③ 参见 [法]魁奈：《中华帝国的专制制度》，61～62 页，北京，商务印书馆，1992。

戴之衣。

5. 官吏们要使自己养成节约、俭朴、克制、谦逊的习惯；按照这些习惯方式，每个人才能使他的行为和他所处置的事务符合于正常状况。

6. 官吏们要以各种方式赞助公办学校，以便年轻人在那里受到良好的道德教育。

7. 每个官员都要致力于自己的工作，以此作为安心乐业的可靠办法。

8. 官吏们要将宗派和邪恶消灭于萌芽之中，为的是维护正确和有效的学说的全部纯洁性。

9. 官吏们要向百姓讲解所制订的各种刑罚，以便百姓在履行自己的义务时，不会变得难以对付和不守规矩。

10. 官吏们要教育每个人透彻地了解各种礼仪和礼貌规则，目的在于保持社会的良好风俗和温文有礼。

11. 官吏们要时时注意管束好自己的子女和内亲，为的是防止他们陷入腐化堕落和无节制的纵欲。

12. 官吏们切忌诽谤中伤，以避免流言飞语可能伤害无辜和忠良。

13. 官吏们不得包庇罪犯，以免触犯他们自己所定的刑律。

14. 官吏们要按期缴纳所规定的赋税，以免自己受到税收官员的审查和催扰。

15. 官吏们要同地方当局协调行动，以防止各种抢劫事件和罪犯逃脱。

16. 官吏们要忍而不怒，这是使自己免遭各种危险的一个办法。

通过对中国政治制度的分析，魁奈明确强调，"最高权力不应当授予狂悖的暴君"，否则在这种统治下形成的政治体制就会使统治者一个接一个不断地替换，使国家成为盲目的或肆无忌惮的个人私利的牺牲品，这种利益企图把最高权力变成发财致富的工具，而其结果是使君主和国民都遭到破产。"最高权力不应当是贵族的权力，或者是属于大土地所有者的权力"，否则会形成凌驾于法律之上的权力，可能会奴役国家，可能由于本身的争权夺利和激烈的内讧而造成经济破产、秩序混乱，产生不公平的现象和最野蛮的暴虐行为，并且造成最放肆的无政府状态。"最高权力不应当同时是君主的，又是贵族的"，否则只会引起权力的冲突，各派权力都力图使别人服从自己，对敌方的同盟者施加报复和压力，把国家的财富用于扩张自己的势力和继续进行激烈的内战，从而把国家引入灾祸、暴虐和贫困的深渊。"最高权力不应当是民主的"，因为平民百姓中间盛行着愚昧和偏见，他们极易产生放肆的欲望和突发的狂暴行为，会使国家变得动荡不安和遭到可怕的灾难。"最高权力不应当同时是君主的，贵族的，又是民主的"，否则它就会被引入歧途，被不同国民阶层具有排他性质的各自独特利益引入紊乱状态。① 这样一来，魁奈便很自然地得出了下面的结论：

> 政权应当是统一的，它在作出决定和实行管理方面，应当是无私的；因此它应当集中在一个统治者的手里，他一个人拥有执行权，并且有权执行以下的工作：使公民遵守法律；保障每一个公民的权利，使不受其他公民的侵犯；保护弱者，使不受强者的欺

---

① 以上参见［法］魁奈：《中华帝国的专制制度》，113页，北京，商务印书馆，1992；《魁奈经济著作选集》，397～398页，北京，商务印书馆，1979。

凌；防止和消除国内外敌人的各种侵占、掠夺和压迫行为。①

显然，魁奈对人们所建立的统治方法的种类的取舍，自始至终是以中国为范式的。

西方舆论界对于中国专制制度的优越性的大肆渲染，在法国引起了像孟德斯鸠这样的启蒙者的反感和抨击。为此，魁奈在《中华帝国的专制制度》一书中，又以相当大的篇幅予以分析和批驳。这场"就中国政府的弊端问题与孟德斯鸠的对话"，充分体现了魁奈对于中国专制制度的理解和颂扬。

在第七章第一节，魁奈指出中国君主的专制主义或专制权力，被一些西方政治法律思想家们过于夸大了，或者至少是带着相当反感的情绪来加以考察，孟德斯鸠就是其中的一个代表人物。在魁奈看来，孟德斯鸠对于中国的流行方式曾经"大胆地提出许多推测"，这些推测只不过是"反对这种统治的如此之多的似是而非的诡辩"②。根据这一节中魁奈所引述的材料，孟德斯鸠的反对意见可归纳为八个方面③，而魁奈站在维护中国专制制度的立场上，逐一给予驳斥④：

（1）传教士们称赞中国的政体原则是畏惧、荣誉和品德兼而有之，实际上它是"一个只有使用棍棒才能让人民做些事情"的国家，无荣誉可言。

驳斥：在中国使用杖刑就像鞭打、做苦工一样，是对犯人的惩罚，这同其他国家的做法所要达到的目的没有什么两样，况且世界上别的国家都没有像中国使用那么多的办法来鼓励人们效法榜样和唤起荣誉感。孟德斯鸠对此只字不提，"这正是他夸大其词，以及他极力想把中国人描绘成一群处于专横统治之下的唯命是从之徒和奴隶的一个十分明显的证据"。

（2）西方来华商人从没有提及传教士所谈的所谓"品德"。

驳斥：去中国的欧洲商人并没有深入到中国的腹地，所以商人的陈述不应成为判断中国政治制度的依据；而传教士一直在中国稳定地居住了很长时间，跑遍了所有的省份，因此引用他们的报告是更为可靠的。另外，采用外贸商人对于品德的评论是不公正的，因为商人不能代表农民和其他居民。

（3）传教士的书简中叙述了中国皇帝因几个亲王皈依基督教而予以惩办，那是"经常施行的暴行"和"对人性进行残害"，向人们展示了专制统治的无处不在和惯常的冷酷残暴。

驳斥：关于中国皇帝惩处信奉基督教的亲王一事，这在全世界各个国家都有因宗教原因而惩办大批殉道者的例证，并且完全得到他们法律的认可。就上述事件而言，据说那是因为亲王策划谋反所致，属于政治事件，所以"这桩案件实际上与中国的专制主义无关，甚至不能认为这个帝国的统治者是不容异己，因为在那里几乎未曾发生过出于宗教原因的残酷迫害"。所以，孟德斯鸠把这类事情中的一个特殊事例引用为暴君统治无处不在的例证，是很不恰当的，而那位中国皇帝被认为是统治集团中贤明的君主之一，如此引用就显得更加不恰

① ［法］魁奈：《中华帝国的专制制度》，113～114 页，北京，商务印书馆，1992；《魁奈经济著作选集》，398页，北京，商务印书馆，1979。

② ［法］魁奈：《中华帝国的专制制度》，93 页，北京，商务印书馆，1992。

③ 参见［法］孟德斯鸠：《论法的精神》，上册，127～129 页，北京，商务印书馆，1982。

④ 参见［法］魁奈：《中华帝国的专制制度》，93～104 页，北京，商务印书馆，1992；谈敏：《法国重农学派学说的中国渊源》，265～268 页，上海，上海人民出版社，1992；［法］魁奈：《就中国政府的弊端问题与孟德斯鸠对话》，程捷译，载柳卸林主编：《世界名人论中国文化》，59～64 页，武汉，湖北人民出版社，1991。

当了。"一位著者在发表他的观点时，竟如此缺乏对于事情真实性的考虑，这就不能不使人们感到，他未能完全抛弃偏见。"

（4）最初来华的传教士是"被秩序的外表所迷惑"，又因为教士们受着教皇个人意志的统治，所以把传教于东方各国的成功寄托于君主们，"相信君主自己什么都能够做"。

驳斥：如果说最初来华的传教士可能被中国有秩序的外表所迷惑，那么相继来到这个国家的其他传教士的报告为什么同他们的描述无抵触。而他们自己以后也并未否定过这些描述。另外，关于传教士关心亚洲君主的专制主义是为了有利于传教事业的成功一说，听起来"很巧妙"，但事实上中国皇帝也受到法律的约束，因此，"实际上在中国，一个人的意愿不足以对于推动传教事业的成功起到决定性作用，也不足以引导传教士把他们的全部希望都寄托在这种专制政治之上"。

（5）中国人口众多，如果生计困乏便会突然发生纷乱，致使其"腐败的统治很快便受到惩罚"。

驳斥："大量的人口聚集只能出现于一个良好的统治之下，因为腐败的统治会毁灭财富和人类。只要对这种人口众多的现象稍加注意，即足以驱散全部疑云，而在这样的情况下，人们可能会渴望认识中的统治。"因此，孟德斯鸠的推论"隐含着一个矛盾。因为在世界上的任何国家里，都未能发现众多人口和腐败统治并存的情况"。

（6）如果统治得不好，对于西方的君主来说，是"来世的幸福少，今生的权力和财富也不多"，而对于中国的皇帝意味着"丧失他的帝国和生命"。

驳斥：如果孟德斯鸠对于宗教的态度，比起中国的皇帝们更为开明的话，他应当承认"中国皇帝信奉自然规律的教理并具有对来世的信仰"；但他关心的却是"人类的精神"，建立此法以防止国家统治的出轨和君主对权力的滥用，使君主的行为受到各种平衡力量的节制而合于秩序。中国皇帝害怕丢失国家和生命这一点，是不是被孟德斯鸠看作还不足以节制君主专制政治的一个动机呢？"难道他所要建立的抗衡力就如此强有力，能和一个鲜明的政府的持久和巩固和谐相抗衡吗？"

（7）中国因人口不断增加，所以需要政府以极大的注意和关心，使每一个人都能够劳动，使土地的生产足以维持人民的生活。

驳斥：孟德斯鸠关于人口众多迫使中国专制政府考虑人民生计的看法，是倒因为果。他"没有认识到，人口的众多只能是这个帝国实行良好统治的结果"。事实上，这些被人们津津乐道的典章制度，"自远古时代以来就在中国一直为人们所遵奉"。

（8）人们曾经想使法律和专制主义并行，但是任何东西和专制主义联系起来，便失掉了自己的力量。中国的专制主义，在祸患无穷的压力之下，曾经愿意给自己带上锁链，但却徒劳无益；它用自己的锁链武装了自己，而变得更为凶暴。

驳斥："良好的法律造就良好的统治，如不遵守法律，统治也将不复存在。严厉的专制君主通过法律而得到加强，如果他能严格执行法律，它所统治的国家将会呈现良好的秩序。"但孟德斯鸠却说法律与专制主义联系起来，法律便会失去效力并使专制主义变得更加凶暴，这是一个"多么混乱的观念！"孟氏还用这些矛盾观点来谈论中国这个"世界上迄今所存在的最古老、最广袤、最仁慈和最繁荣的国家"。之所以如此，就因为中国是由专制君主统治，而在他看来，专制主义总是专横的和残暴的统治。

　　魁奈称颂中国的专制制度，是试图用中国的训诫来解决法国面临的问题，系统地阐述统治的基本原理并总结出一个同样适合于欧洲国家尤其是法国的理想政治制度。这就是他在《中华帝国的专制制度》一书第八章探讨"中国的法律同作为繁荣政府的基础的自然原则相比较"的目的。

　　当然，中国的专制制度在理论上未必是进步思想，在实践上也未必是良好制度。对中国专制制度的大肆宣扬，是魁奈的个人偏见，招致了法国空想社会主义的先驱马布里（1709—1785）的批驳。① 但又正是这一点，恰恰证明了魁奈思想的中国渊源，也正足以说明中国的儒家法律文化对魁奈的影响。

六、土地单一税理论与中国古代税法思想及其制度的关系

　　土地单一税理论的核心是，由占有"纯产品"的土地所有者负担全部租税，而免除租地农场主和工商业者的一切租税负担。魁奈的土地单一税思想的形成，与他接触中国古代租税思想与制度，是一个同步的过程。

---

　　① 法国思想家马布里原本对中国并无多少关注，他非但不像伏尔泰和孟德斯鸠那样对中国的一切都饶有兴趣，阅读所有关于中国的书籍，甚至比不上狄德罗，狄德罗对中国的了解虽然无法与伏尔泰相比，但他毕竟还写过议论中国的文章。马布里之所以谈论中国，完全是为了反驳重农学派对合法专制主义的颂扬。马布里的评论全部见于他在 1768 年写的《就政治社会的自然和基本秩序向哲学经济家质疑》一书，此书是对魁奈的《中华帝国的专制制度》的批驳。马布里读过耶稣会士有关中国的记述，觉得这些记述往往自相矛盾，而且有许多不可思议的东西。他虽然承认耶稣会士对中国既有赞颂也有揭露，但对于他们所揭露的东西，马布里没有提出任何怀疑，而对于他们所颂扬的事物，则往往不予置信。例如，他说，谁也不会怀疑中国历史上曾有过几位伟大的君主，但中国历史上出现过不少暴君这也是事实。既然如此，在长达四千年的历史中，中国的政治制度怎能始终不变呢？针对魁奈谈到的春秋时代的许多小国后来都消失了这一事实，马布里问道："先生，请告诉我，这些已经不复存在的小国曾采用什么政制？它们如何失去了自己的君主？中国的政体竟然没有随着如此巨大的变化而发生任何变化，对于中国的奇迹应该如何解释？"严格地说，马布里并没有批判中国，只是针对魁奈等人对中国的颂扬进行反驳，他的反驳并非以新的事实为对方证伪，而是以事物发展的一般规律为依据，逐一指出对方在叙述和推导过程中的逻辑性错误。例如，他认为，在一个专制国家里，难免会有个别大臣阴谋篡位，可是魁奈没有谈到发生在中国的此类事件，于是他就此写道："中国的历史上倘若果真没有此类事件，那就只能说中国人生活在人类的圈子以外。这就让人再一次对历史学家的记载是否真实产生怀疑。"马布里就是通过这种常识性的推理，最终让读者同意他的结论：中国与所有的其他国家一样，是一个瑕瑜互见、优劣并存的国家，虽有一些与众不同之处，却绝非欧洲国家的典范。马布里与重农学派的分歧不在于中国的政治体制是不是专制主义，而在于如何评价专制主义。魁奈认为，中国是一个专制主义国家，君主拥有至高无上的权力，但这不但不是坏事，反而是好事。因为最高权力如果掌握在许多人手中，这些人就会因各自的利益而彼此矛盾，以致影响权力的有效行使；如果最高权力仅由君主一人独领，由于其个人利益与国家利益融为一体，他必然会兢兢业业地治理自己的国家。作为事实依据，他历数了中国数千年来的繁荣和太平。马布里对此进行反驳，认为独领最高权力的君主必须拥有优良的品德和渊博的知识，而品德和知识并非与生俱来，需要后天培养和积累。君主既然是世袭的，就难以保证每个君主都具有应有的品德和知识。他就此写道："《中华帝国的专制制度》的作者本人也承认，在二百三十个（中国）皇帝中，才干突出、品德优秀、开明睿智的君主为数不少，但是，凶残、无知、荒淫的也很多……所以我认为，中国与世界历史上的其他国家一样，登上皇帝宝座的人有好也有坏……难道我没有理由怀疑，这位作者故意把这个国家吹捧成典范吗？"总之，马布里认为，只要是君主一人掌握大权，那便是专制主义，即使是所谓的合法专制主义，也同样存在着向暴政转化的可能，而且没有任何外来的力量能够阻止这种转变。中国的专制主义被说得天花乱坠，其实只是由于自然条件优越和人口众多而显得略微有所节制而已。所以，他的结论是："我们欧洲有不少温和的君主制国家，我们应该推荐的典范是这些国家，而不是可笑的中国专制主义……我不认为它们比亚洲专制主义统治下的国家糟，他们肯定不会败在征服中国人的鞑靼人手下。"以上参见许明龙：《欧洲18 世纪"中国热"》，253～258、312 页，太原，山西教育出版社，1999。

魁奈在《中华帝国的专制制度》一书中，专门用了一章即第四章来分析中国的租税问题，在此书其他地方涉及租税问题也相当多，如第七章第五节"非土地税"，第八章第七节"征税权建立在巩固的基础上"，第二十节"国家收入"等。这些章节征引或抄录了那一时期大量关于中国租税问题的记载。不仅如此，魁奈还根据他对中国租税情况的研究，结合本国现状予以评价和进一步发挥。下面分几个方面来探讨中国古代税收法律思想和法律制度对魁奈的影响。

1. 以地租为唯一征课对象的土地单一税观点

重农学派主张只对体现为土地收入的地租征税的单一税制。魁奈在《赋税论》中反复说明了这一点，例如："应当把整个征税制度建立在对土地征税的基础上"；"只是向农业提供的收入以及靠农业收入维持的各种工作征税，这是非常重要的"；"因为一切的税结果都是由土地收入担负的"等。①

这种单纯以地租作为征课对象的独特观点，很可能是受到当时流传的中国地主和租地农民对半分成，而只由地主交纳赋税这一报道的启发。为了证明这一点，不妨将魁奈讨论中国税问题中的一段话抄录如下：

> 这个帝国（指中国）的臣民们必须缴纳的租税数额，是以他们所拥有的土地面积作为标准，而每块土地面积又按其肥沃程度来摊派税额……从春耕到秋收期间，不许打扰农民；过了这一时期，便可以从他们收获的产量中得到一份实物或货币形式的摊派税额；如果他们不纳税，就把每个城市中那些靠君主赈济为主的穷人和老人安排在他们家里，让这些人住在那里一直到吃光他们拖欠皇帝的税额为止。这种安排仅仅适用于那些耕种他们自己的某块地产的小土地所有者，因为像我们刚才提到的，耕种土地的租地农民免于征税，否则，如果要求租地农民交纳租税，耕作费用将会由于这种支付而减少，就像在法国所产生的情况那样，那里对土地所有者的所得征收廿一税（1/20 的土地税）。因此，由租地农民完成的这种支付，无论是以这一种形式还是以另一种形式进行，都是不必要的，不要使租地农民面临受到处罚的危险。②

从这段话中，可以看到魁奈特别强调中国租税制度具有以下特点：一是以土地税为主，二是按土地的面积及肥沃的程度作为征课的基础，三是一切赋税都由土地所有者负担，四是切忌向租地农民征税。③ 很显然，这些税制特点同时也是魁奈的土地单一说理论的立论基础。对于魁奈来说，他从中国看到的只有地主才负担租税这一事实，使他产生极大的兴趣。为此，魁奈在论述"完全可以作为一切国家的范例的中国理论"时，专门在"国家收入"的标题下，对中国的赋税制度作了一个总结。其基本观点是：

> 很显然，对于满足国家需要的经费来说所必需的赋税，在一个农业国家里，除了向能生产满足人们需要所必需的财富的领域征收以外，不可能有任何别的来源，而这个来源就是通过劳动和预付使之肥沃的土地本身。因此，国家每年所需要的赋税不可能由别的什么东西构成，它只不过是土地年产品中的一个部分，而土地的所有权则属于通过分

---

① 转引自《魁奈经济著作选集》，202、208、209 页，北京，商务印书馆，1979。

② ［法］魁奈：《中华帝国的专制制度》，78 页，北京，商务印书馆，1992；谈敏：《法国重农学派学说的中国渊源》，317 页，上海，上海人民出版社，1992。

③ 参见谈敏：《重农学派经济学说的中国渊源》，载《经济研究》，1990（3）。

配获得土地的那些人；由此可见，赋税的确可能是别的什么东西，只不过是从属于土地所有者的土地收益中所分得的一个部分——在我看来，这个土地收益就是指扣除用于耕作的劳动费用以及用于准备耕作所必需的其他预付支出而剩余的那部分产品。所有这些支出都从他们收获的产量中得到补偿，而剩余的部分就是纯产品，它构成国家的收入和土地所有者的收入。①

至此，魁奈的土地单一税制是以中国的税制思想和当时现行的土地税法实践作为其范例，已是昭然若揭。

2. 租税的转嫁和归宿

魁奈提出土地单一税观点，一个重要的理论依据就是，他认为赋税的负担即使不直接加在地租上，而是向租地农场主及工商业者等其他非土地所有者课征，最后仍会通过租税转嫁间接地归于地主。因此，不如直截了当取消一切杂税，转而征收单一地租税。魁奈一再告诫向租地农场主和工商业者征税会产生恶劣的后果，如对租地农场主征税，便意味着破坏国家每年再生产财富的源泉，所以主张除了支付给土地所有者的收入以外，不论直接或间接，都不再承租税赋；对于工商业者也是一样，因为他们通过价格把这部分税款转移到购买商品或制造品的顾客身上，或在取得工资时得到补偿，因此结果总是对土地的产品征税。

值得注意的是，魁奈提出以上观点，几乎每一论点都可以从他所援引的中国例证或理论中概括出来。他在论证不能向租地农场主征税时，曾一再指出中国"耕种土地的租地农民免予征税"，在那个国家"未听说有纳税的租地农民，也未听说有专门的税收官吏"②。魁奈叙述中国租地农民不交税的原因是为了保证耕作费用不受损害，他根据中国的赋税经验进行了总结，指出"这种赋税也不能从用于准备土地耕种的预付基金中征取，因为这种征税立刻会损害耕作和人们所必需的一切财富。因而这种征税不是有利于满足国家的需要，而是会引起全面的崩溃，会导致国家和民族的灭亡"③。这样一来，他就从中国的租地农民没有赋税负担的流行传说中，得出了不应向一切租地农场主征税的论断。

魁奈在总结中国人的经验时，又继续说：

> 根据中国人的意见，这种赋税同样不能对日用物品或人们日常所必需的商品中征取。因为这将意味着对人们本身征税，对他们的需求和他们的劳动征税，从而把为满足国家需要而征收的这种赋税，变得反而加速国家的破灭，因为它把国家交付给许多从事征收这种会带来不幸后果的赋税的贪婪的人甚至敌人，而君主本人只会由于这种税而受到损失，却得不到补偿，这种损失会落在他从土地的纯收益中为自己征取（以实物形式支付的财货）的收入份上。④

---

① ［法］魁奈：《中华帝国的专制制度》，127～128 页，北京，商务印书馆，1992；《魁奈经济著作选集》，411 页，北京，商务印书馆，1979。

② ［法］魁奈：《中华帝国的专制制度》，79 页，北京，商务印书馆，1992；谈敏：《法国重农学派学说的中国渊源》，320 页，上海，上海人民出版社，1992。

③ ［法］魁奈：《中华帝国的专制制度》，129～130 页，北京，商务印书馆，1992。

④ ［法］魁奈：《中华帝国的专制制度》，130 页，北京，商务印书馆，1992；《魁奈经济著作选集》，413 页，北京，商务印书馆，1979。

由此可知，魁奈否定对商品的课税，也是"根据中国人的意见"。这里提出对商品征税意味着对人们本身征税的观点，是租税转嫁论的另一种表述方式。在他看来，人们本身无非是他们的需求和劳动能力，这又归结为人的劳动费用，如果没有用于维持人的生活资料的必需费用，这种劳动是不可思议的。人本身失去财富而只得到需要，因此，赋税不能从他们本身征收，也不能从他们劳动的工资中征取。如果向这种用以维持人们自身及家庭生存的工资征税，势必发生租税的转移。因为除非提高他们的工资，他们才有可能付税。而这样就会在不提高劳动生产率的情况下提高劳动的价格，从而对支付工资的人造成损失。因此，劳动产品不变而工资提高，必然会造成就业或生产以及人口的递减。所有这些推论，魁奈认为（且在事实上）都是来自中国政府所遵循的基本原则，而为欧洲人所难以理解。

> 这就是数千年来中国政府走向安全的生活所遵循的学说的基本原则。中国人从这个学说中得出的结论，其正确性很难使欧洲人信服。①

为了进一步向欧洲人解释这些中国人的观点，魁奈又说："按人头征收或对人们的劳动所得征收的个人税，照他们（指中国人）看来，必然是混乱的和不公平的，它除了对公民的能力作偶然的和任意的评价以外，没有别的衡量尺度。因此，它是一种不受限制的和极其有害的征课。"② 根据魁奈所阐述的中国人的意见，这种征税不合理之处还表现在，所有农村劳动者、手工业者、商人，总之，所有靠工资或报酬谋生的阶层，都不会由于国家的需要而直接把收入支付给国家，因为这种赋税反过来会减少土地的耕作，会加倍减少来自土地的收入，会破坏税收本身，并且会毁灭整个国家。可见，"这就是不能违反的自然法则，一旦违反，必然会遭到这个法则的惩罚，而且会使似乎为满足国家需要所必需的赋税，变得比这些需要本身更难对付"③。

3. 租税基本原则

魁奈经常强调的三个租税原则，与中国古代租税思想及制度之间具有十分密切的联系。

第一是"按照规则（规律）"或"有秩序"的课税。魁奈坚决反对当时法国实行的租税包征制，其主要原因之一是租税包征人系由"贿赂献金"或"靠情面"来取得承包的资格，一旦如愿，他们就可以从规定的赋税中取得好处，变本加厉地向纳税者征收耕种的赋税，这样就使人民应纳的税额成为一个由租税保证人任意指定的不确定因素。所以魁奈希望"一个繁荣的国家不要乞助于这个危险的来源"④。

他的这一希望既是针对法国的税制现状而发，同时也受益于那一时期有关中国赋税情况的宣传。当时不少西方人都提到中国没有租税包征人，"课税令人赞叹的简单而有秩序"；皇帝所征之税"公之于众"，让每个纳税人都知道他应支付的税额等。魁奈本人援引的雍正十三条谕旨中也提到人民"应按期交纳所规定的赋税"，并称中国"皇帝在国家需要时可以增

---

①　转引自《魁奈经济著作选集》，412 页，北京，商务印书馆，1979。

②　［法］魁奈：《中华帝国的专制制度》，129 页，北京，商务印书馆，1992；《魁奈经济著作选集》，412～413 页，北京，商务印书馆，1979。

③　［法］魁奈：《中华帝国的专制制度》，129 页，北京，商务印书馆，1992；《魁奈经济著作选集》，413 页，北京，商务印书馆，1979。

④　［法］魁奈：《赋税论》。转引自《魁奈经济著作选集》，204 页，北京，商务印书馆，1979。

加赋税，但除了迫切需要的情况以外，他很少使用这一权力"①。这些宣传并非完全虚构。中国古代赋税思想中，诸如"以其常征，收其租税，则民费而不病"②，或坚持赋税征课须"有常"，"上不兴非常之赋，下不进非常之贡"，不能"赋役无常，横求相仍"③ 一类的呼吁，屡见不鲜。因此，魁奈在概括中国的赋税精神时特别指出，在君主专制的国家里，看起来是任意向国民征税，并不服从自然规律所规定的任何规章或限度，事实上，"大自然的造物主在这方面也从根本上确定了征税所遵守的秩序"④。

第二是简化税收机构，节省征课费用。当时法国税制的另一严重弊端，即繁冗的征税机构造成巨额的征收费用，使人民更加不堪负担。据说路易十四时代，赋税的 2/3 是消耗于征收费用。因而魁奈指陈造成生产费用预付减少的主要原因，首先是不良的课税，其次就是"征税费用过多，使租税负担过重"。于是，他主张实行一种"极其简单"的税制或"简便易行而又可靠"的赋税方法。

为此，魁奈非常注意传闻中的中国税制之"简单"，尤其是所说的那里"赋税的征集以一个有秩序的方式来完成而不需要使用大量的专门官吏"。他还具体描述了中国的税收体制：在中国，户部经管财政，"所有的国家税收都要经过户部之手，而帝国的国库也委托它来管理"，"未听说有专门的税收官员"，每个城市的地方长官负责收税，这些地方官向设立在每个省的财政总监提交税收账目，由财政总监向户部汇报，而户部向皇帝禀报。⑤ 中国的税制精神对于魁奈在租税方面所提出的改革建议，无疑起了促进作用。

第三是租税负担合理。在魁奈看来，征税是必要的，并且认为这一点已从中国的经验中得到验证。但出现问题的是征税的方式和租税的负担。他提出的准则是："租税不应过重到破坏的程度，应当和国民收入的数额保持均衡，须随收入的增加而增加。"这也是他在阐述中国的赋税原理时所得出的结论："国家的收入总是按比例地随着王国内土地收益的增减而增减。"⑥ 这种强调租税负担合理的观点，便是我国西周以来流行已久的租税负担平均的原则，也就是"计民平均而平均之"的"至平"原则。⑦ 魁奈的原意用一句中国的古语来说，就是："治国者，不能不取乎民，亦不可过取乎民。不取乎民，则难乎为于国；过取乎民，则难乎其为民。"⑧ 这一原则在魁奈时代所能接触到的中国赋税资料中，如中国公民的纳税须与他们的实际支付能力相称，唐太宗关于合理的赋税负担在于由有能力者承受否则便是愚蠢等之类，都可以体现出来。魁奈自己也津津乐道于中国臣民所纳租税的份额既按照他们田产

---

① ［法］魁奈：《中华帝国的专制制度》，62、78～79 页，北京，商务印书馆，1992；谈敏：《法国重农学派学说的中国渊源》，324 页，上海，上海人民出版社，1992。

② 《墨子·辞过》。

③ 《傅子·平赋役》。

④ ［法］魁奈：《中华帝国的专制制度》，127 页，北京，商务印书馆，1992；谈敏：《法国重农学派学说的中国渊源》，320 页，上海，上海人民出版社，1992。

⑤ 参见［法］魁奈：《中华帝国的专制制度》，79 页，北京，商务印书馆，1992；谈敏：《法国重农学派学说的中国渊源》，326 页，上海，上海人民出版社，1992。

⑥ 谈敏：《法国重农学派学说的中国渊源》，326 页，上海，上海人民出版社，1992。

⑦ 《傅子·平赋役》。

⑧ 丘濬：《大学衍义补》卷二十二，《贡赋之常》。

的多寡，又考虑到土地的质量标准；中国皇帝每年免除一两个省份所承担的税负"甚至是他的习惯"等等。他还从杜赫德关于中国一年的赋税总额相当于 10 亿欧洲货币的报道中，体会到这个税额比起其国家规模来说并不大，因而证明那里的"财产价值虽然很高，财产的纳税却相当少"①。这显然又是用他心目中的中国轻税范例，来充实他的租税负担合理原则。

总之，中国古代经过数千年来发展而形成的各种租税思想、政策和制度，确实对魁奈创设使欧洲人感到新颖而独特的租税理论，给予了相当大的推动。这一断语，不仅是出自魁奈本人的意见，也是西方一些人士的共识。乌勒斯早在 1910 年就指出，重农学派提倡的单一税制，"部分建立在有关中国实际的报告的基础上"②；利奇温进一步断言，"魁奈的租税论在他的学说中占重要地位，也是依据中国古代法律的规定而提出的"，"他的立论是采自中国的"③。泷本诚一更是直接肯定魁奈的单一税，"就是中国的贡法"④。

七、财产所有权观念与中国对财产所有权的特殊保护

重农学派非常重视财产所有权问题，反复强调私有制是符合"自然秩序"的。魁奈提出的一般准则就是：必须保证不动产和动产的正当所有者的所有权，"因为所有权的安全是社会经济秩序的主要基础"⑤。在这个问题上，魁奈同样积极地从中国的榜样中去寻找支持其论点的根据。他在《中华帝国的专制制度》著作中，专列"财产所有权"一节，并把它归入"中国的基本法"范畴。他指出：

> 在中国，财产所有权是相当安全的。我们以前已经看到，（中国）财产的权力甚至被扩大到奴婢或契约佣人，而在整个帝国内，子女都是按照继承权的自然秩序来继承自己父母和亲戚的遗产。⑥

魁奈特别介绍了中国妻妾制度下的财产继承问题。在他看来，中国人按照法律，只有一个合法妻子，但也允许纳妾；妾的地位低于合法妻子并且须尊敬后者为家庭女主人，妾所生子女被视为属于第一个妻子，这些子女有权与合法妻子的子女一起接受父亲的遗产；这一事例"显示了这个帝国内继承权的范围和财产权的安全"。可见，他是从中国一般家庭不同于欧洲长子继承权的庶子继承传统中，似乎感觉到中国财产所有权的安全更有保障。

在其他地方，他还从不同的角度谈到中国对于财产所有权的特殊保护。如在中国，对于拖

① ［法］魁奈：《中华帝国的专制制度》，78 页，北京，商务印书馆，1992；谈敏：《法国重农学派学说的中国渊源》，327 页，上海，上海人民出版社，1992。
② ［法］L. A. 马弗利克：《中国人与重农学派》。转引自谈敏：《法国重农学派学说的中国渊源》，328 页，上海，上海人民出版社，1992。
③ ［德］利奇温：《十八世纪中国与欧洲文化的接触》，96～97 页，北京，商务印书馆，1962。
④ ［日］泷本诚一：《重农学派之根本思想的探源》，载《读书杂志》，第 1 卷，第 6 期。转引自谈敏：《法国重农学派学说的中国渊源》，328 页，上海，上海人民出版社，1992。
⑤ 转引自［法］夏尔·季德、夏尔·利斯特：《经济学说史》，上册，60 页，北京，商务印书馆，1986。
⑥ ［法］魁奈：《中华帝国的专制制度》，65 页，北京，商务印书馆，1992；谈敏：《法国重农学派学说的中国渊源》，347～348 页，上海，上海人民出版社，1992。"中国政府的这个例子符合于他那句宝贵的格言：'但愿资产与动产的所有制保障拥有者的权利，因为所有制的保证是社会经济秩序的根本基础。'"阎宗临：《传教士与法国早期汉学》，95 页，郑州，大象出版社，2004。

欠税额者不能把他们的地产充公，因为那样做将会使这些家庭破产，从而使他们变成靠国家赡养的人。在这里，他不只体会到财产充公是对神圣的私有财产权的侵害，还在阐述中国的法律时论证这种做法将有损于财富的生产：假如土地不是属于其所有权得到保证的土地所有者，而是归公共所有，那么土地就会荒废，因为假如他们对这种劳动所产生的盈利的权利得不到保证，那么谁也不愿为土地质量的改善或保持而承担费用。又如他为中国政府不以财富分配方式来解决贫穷现象进行辩解时说，无论在哪里，富人的状况都是建立在不动产所有权的基础上，他们每年由此获得一大笔收入又在每年花费掉，所以许多居民的贫穷不能归咎于财富分配中的不平等，也就是说，中国政府的做法是出于保护财产所有权的信念。再如，他承认中国一个农夫终日用手耕作，十分辛劳，但是这位农民有他自己的自由和确实可靠的财产，他既不可能遭受苛捐杂税的肆意盘剥，也不会受到税吏们的强征勒索。正是在中国这种对财产所有权的保护下，人们非常勤勉，确信无论在哪里，他们的劳动都可以获得收入。不管这种收入多么微薄，对他们来说都是宝贵的，因为这是他们满足自身需要的唯一来源。甚至中国的奴婢，在他看来，也享有私有权利的保护，如：主人对于奴婢的权力，无非是一些普通的职责，主人对待奴婢犹如他们自己的孩子；同样，奴婢对于他们的主人也是忠贞不移。如果奴婢中有什么人以他自己的勤劳获得钱财，主人没有权力拿走奴婢的钱财，而奴婢则可以赎回他的人身自由，条件是如果他的主人同意，或如果他在订立契约时已保留了这样做的权利。①

所以，魁奈在概括中国制度的特征时，特别列出"人身自由，对每日获得的生活资料的所有权"一项。其具体解释是："大自然规定，在自然秩序中，每一个个体的权利应以靠本身的劳动所获得的东西为限。由此可见，所有的人对一切东西的权利只是一种幻想。自此以后，人身自由和所有权，或者是每个人能够享有他为满足其需要而寻找到的东西的信念，一直是由自然法则对人们加以保证的，各种完善社会的基本秩序的基础，就建立在这种自然法则上。"②

魁奈没有完全从中国的制度中引申出他的财产所有权观念，但他所臆想的中国私有权制度的安全和符合自然规律，确实对他强调财产私有权观念起了积极的促进作用。

从以上的综合分析可以看出，魁奈的思想受中国法律文化的影响，绝非浅显而狭窄，而是相当广阔和深入。几乎魁奈所有重要的重农主义理论，都在不同程度上留下了中国思想和制度的印记。

第三节
伏尔泰：宣扬中国德治主义法律文化的最著名代表

弗朗斯瓦·马利·伏尔泰（Francois Marie Voltaire，1694—1778）是法国著名的启蒙思

---

① 以上参见〔法〕魁奈：《中华帝国的专制制度》，北京，商务印书馆，1992；谈敏：《法国重农学派学说的中国渊源》，348～349 页，上海，上海人民出版社，1992。

② 〔法〕魁奈：《中华帝国的专制制度》，123～124 页，北京，商务印书馆，1992；《魁奈经济著作选集》，407页，北京，商务印书馆，1979。

想家，18 世纪法国启蒙运动的领袖和导师，同时也是宣传中国文化的最著名代表。① 在他为后人留下的 97 册之多的《伏尔泰全集》中，赞扬并主张效法中国的言辞，俯拾皆是；尤以 1760 年发表的《风俗论》，推崇中国达于登峰造极之境。② 这部书几乎汇集了当时所能收集到的有关中国情况的各种知识，字里行间处处洋溢着作者对于中国文明之古老而伟大的热情讴歌。他对中国的研究，举凡政治、法律、哲学、历史等，无不涉及，尤其提倡道德与政治、法律相结合即中国式的德治主义。

一、在东方发现了一个完全新的道德世界

伏尔泰是近代欧洲对中国的知识了解最多的思想家之一。他对中国文化的了解、介绍、评述几乎终其一生。他 10 岁进耶稣会教士办的路易学院，在那里得到了关于中国最初的知识。③ 当时教士们以羡慕的口吻大谈中国官吏和宗教，同时鄙夷佛教徒的迷信，伏尔泰则从中收集到了不少材料。可以说，对于中国文化的认识，耶稣会士是伏尔泰的启蒙者。④ 但后来，伏尔泰及其领导的启蒙运动却成了天主教、特别是耶稣会教派的最强烈的攻击者。这是历史的讽刺。以后，伏尔泰经常在他的各种作品中谈到中国。据说，他第一次提到中国是在其《哲学通信》（1734 年）中，在那里，已经奠定了他日后中国政治观和中国宗教观

---

① 伏尔泰是一名最热情积极、最意气风发和最顽强不屈的"中国热"学者。罗博登有一篇叫做《中国热学者伏尔泰》的很短的文章。参见［法］安田朴著，耿昇译：《中国文化西传欧洲史》，652 页，北京，商务印书馆，2000。伏尔泰是中国化运动中的一位健将，他赞扬中国的理性，他将中国置放在世界史中，在哲学论辩时，他为中国辩护，他说："我们诽谤中国，惟一的原因，便是中国的哲学和我们的不同。"阎宗临：《传教士与法国早期汉学》，112 页，郑州，大象出版社，2003。"据统计，伏尔泰论及中国的著作近 80 种，信件 200 余封。对中国的全面称颂是伏尔泰中国观的最大特点。"许明龙：《欧洲 18 世纪"中国热"》，213 页，太原，山西教育出版社，1999。

② 在《风俗论》中，伏尔泰将中国列诸篇之首，构成其著述的特色。此前著世界史者，是从未敢这样做的。皮诺特说："由耶稣会士的著述中，伏尔泰取资料与时期，以证明中国的久远，从自由主义者的言论内，他得到各种议论，以加强他的主张，他比耶稣会士更大胆与更进步了。"阎宗临：《传教士与法国早期汉学》，116 页，郑州，大象出版社，2003。

③ 当伏尔泰在"路易学院"时，他便开始留心中国的事实，他的修辞学教授杜海米纳，虽未来华，却深解汉学，给伏尔泰许多影响。参见阎宗临：《传教士与法国早期汉学》，112 页，郑州，大象出版社，2003。

④ 伏尔泰非常关心传教士们的著作并曾写过中国问题的著作，他与白晋神父保持经常的通讯联系。有一种事实是肯定的，这就是耶稣会士们促使伏尔泰倾向了中国。正如他自己所讲和当时人们所说的那样，伏尔泰从未到过中国，但他曾会见过"20 多名从事过这种旅行的人"，而且还自认为"阅读过所有讲述过该国的作者们的著作"。他非常仔细地阅读了这一切并作了详细的笔记。根据他的暗示或他明确参照的资料来看，大家可以发现他曾阅读过金尼阁、祈尔歇和李明诸神父的著作；特别是他阅读过杜赫德神甫的 4 卷本巨著，从中借鉴了其《中国孤儿》一文；《耶稣会士书简集》也是他熟悉的著作。他同样了解、敌视耶稣会士的闵明我的著名《论著》；在由殷铎泽神父主持下翻译的译本中，他得以读到某些儒教伦理文献。他同孟德斯鸠一样认识傅圣泽神父。那些提供了中国风俗和政治资料的商人们普遍都由于未能诈骗至少和他们一样精明的中国商贾们而大为恼火，于是便大讲这些所谓中国"骗子"的坏话。伏尔泰具有对他们不屑于信任的明智，但却过多而往往又是过分错误不慎采纳了其耶稣会士朋友们的立场。参见［法］安田朴著，耿昇译：《中国文化西传欧洲史》，653～655 页，北京，商务印书馆，2000。

的基础，表达了对中国家庭式的政制和皇帝的推崇，对中国的自然宗教以及在宗教问题上的宽容精神的赞赏。就连小小的种痘，他也援引中国的范例，而且大加赞词："我听说一百年来中国一直就有这种习惯，这是被认为全世界最聪明最礼貌的一个民族的伟大先例和榜样。"①

在《哲学辞典》"论中国"条文中，他宣称："我认识一位哲学家，在他的书房里悬挂了一幅孔子画像，他在这幅画像下边题了四句诗：

唯理才能益智能，但凭诚信照人心；
圣人言论非先觉，彼土人皆奉大成。"②

还说："我钻研过他（孔子）的著作，我还作了摘要；我在书中只发现他（孔子）最纯朴的道德思想，丝毫不沾染江湖色彩。"③ 这里所谓的"一位哲学家"，实际上就是伏尔泰本人。使伏尔泰羡慕的是，他相信的中国古圣的崇高美德，为统治阶级所信奉，并且实行于国家的施政当中。他相信中国统治阶级具有高度文化，他尊敬中国人的先师孔子；他赞美中国，能在一种精微而平衡的制度中容纳各种分子，并使他们达到一种具有丰富文化的境地。

作为历史学家，伏尔泰的功绩之一是突破前人的束缚，越出欧洲狭小的范围，把目光投向东方各个民族，写出了真正意义上的世界历史。在他之前，欧洲人所说的世界历史基本上局限于《圣经》中叙述的古代历史和欧洲各国的历史，伏尔泰对此状况深感不满。早在他1739年写的《论光荣》一文中，他就激烈批评了法国著名神学家波绪亚（Bossuet，又译为博絮埃，1627—1704）在《世界史论》中完全不提东方的做法，并说这只能说明作者无知，因为在伏尔

① ［法］伏尔泰：《哲学通信》，43页，上海，上海人民出版社，1961。

② ［法］伏尔泰：《哲学辞典》，上册，322页，北京，商务印书馆，1991。"大成"：中国历代封建帝王都封孔子为大成至圣先师。在整整一个世纪之前，拉摩特·勒瓦耶于其《异教徒的道德》中加入了孔夫子，从而推动了后来西方不信教者们对孔夫子崇拜狂热的运动。罗博登在《远东学刊》中发表了一篇题为《孔子对18世纪欧洲的影响》的论文（载该杂志第4卷，第3期，1945年），并在《印第安纳大学有关东西文化关系的学术讨论会论文集》中抱怨大家"对于儒教思想在欧洲18世纪的影响所知甚少"。1758年，在荷兰出版了一部第欧根尼的《古代最著名哲学家传》的最新版本（阿姆斯特丹，施奈德书局）。在该书第3卷中，这位古希腊史学家著作的翻译者自认为必须补充一篇《孔子传》并附一幅孔子像。1769年，又有一部叫做《大禹和孔夫子，中国历史》的701页大开本的巨著。1786年，《有关中国著名哲学家孔夫子一生主要论著的概要》出版了，附24幅4开本的木板插图。书中所附该哲学家的一幅画像的下方转载了这四句诗。这些诗句使《文学年鉴》那伪善的编纂者觉得奇丑无比，他于同一年将伏尔泰视为"近代的阿雷丹"（意大利16世纪的著名讽刺作家），并补充说："这条题记中包含有什么样的毒汁啊！"这条题记确实证明伏尔泰的自然神论宽容和赞赏一种完全是世俗的和反对任何先验性（至上性）的智慧。参见［法］安田朴著，耿昇译：《中国文化西传欧洲史》，702～705页，北京，商务印书馆，2000。

③ 伏尔泰：《哲学辞典》，上册，322页，北京，商务印书馆，1991。"儒教又一次令人赞叹不已了。它没有任何迷信，没有任何荒诞的传奇，也没有任何蔑视理与性的教条。"（引自《哲学辞典》的"中国"一条）［法］安田朴著，耿昇译：《中国文化西传欧洲史》，712页，北京，商务印书馆，2000。据专家考证，在伏尔泰论及中国的文字中，"孔子"和"儒学"都属于出现频率最高的词汇。参见孟华：《伏尔泰与孔子》，99页，北京，新华出版社，1995。

泰看来，任何这类的著述，远东应居首位。① 他说："作为一个哲学家，要知道世界上发生之事，就必须首先注视东方，东方是一切艺术的摇篮，西方的一切都是由此而来的。"② "中国人在道德和政治经济学、农业、生活必需的技艺等方面已臻完美境地，其余方面的知识，倒是我们传授给了他们的；但是在道德、政治经济学、农业、技艺这方面，我们却应该做他们的学生了。"③ 因此，伏尔泰在其《风俗论》中以论中国的很长的一章开头，便是很自然的了。

无论如何，我们如果不去研究伏尔泰所撰《中国孤儿》此剧，必难了解他对于东方的偏爱。伏尔泰的《中国孤儿》是传教士马若瑟翻译的中国元曲《赵氏孤儿》的法文改制本。这种改作，在《赵氏孤儿》的西传历史上既不是第一次，更不是唯一的一次。但伏尔泰的本子，不仅由于改制者的巨大声名，更由于改作本的思想性，而在 18 世纪欧洲文坛和思想界产生了重大影响。他一改过去以中国为题材的歌剧仅为娱乐观众，而希望引起一种道德的影响，让人们从此剧本中，可以了解中国人的性质，胜过所有关于中国的论述，能更充分地把中国人的道德显示在法国人的面前。因此，他着力宣扬中国式道德在各种境遇、意志、夫妻、君臣、父子、母子以及人民之间和各种冲突下的力量，特别原著将《史记》所记发生在中国古代的中国的故事搬到明清际的外族入主中华的背景下，而且把在西方人心目中最能代表落后民族的征服者的成吉思汗拉到这个时代，充任重要角色，以回击卢梭认为由于为落后

---

① 1741 年，伏尔泰杜撰了这样一个寓言故事：一个侨居荷兰的文人兼商人的中国人，在几个西方学者的陪同下，到一家书店购买一本书，"有人向他推荐译的极差的博絮埃的《世界史论》。一听到'世界史'这个气势不凡的词，中国人说：'我非常荣幸，想拜读一下作者到底是如何介绍我们的大帝国，介绍我们拥有五千多年的历史的民族，以及多少世纪以来统治我们的历代皇帝的……我想，本书作者肯定不了解两万两千五百五十二年前我们同东京及日本等好战民族进行的战争，也一定不了解那个庄严的使团……'——'遗憾。'——一位学者对他说，'这本书不只是写你们的历史；你们算不了什么；书中的内容差不多都围绕着世界第一民族，唯一的民族，即伟大的犹太民族。'"伏氏这段文字虽然纯系游戏笔墨，但嬉笑嘲讽，宛如一把犀利的匕首，刺向基督教信仰的痛处。参见钱林森：《光自东方来——法国作家与中国文化》，84～85 页，银川，宁夏人民出版社，2004。

② 转引自［德］利奇温：《十八世纪中国与欧洲文化的接触》，81 页，北京，商务印书馆，1962。"例如印度和中国人，他们早在其他民族形成之前，便已占有重要的地位。我们吃他们土地生长的食物，穿他们制造的布帛，玩他们发明的游戏，甚至受他们古代劝世寓言的教育，我们欧洲的商人只要发现有路可通，就要到他们的国家去旅行，为什么我们却不重视对这些民族的精神的了解呢？当您以哲学家身份去了解世界时，您首先应把目光朝向东方，东方是一切艺术的摇篮，东方给了西方一切。"［法］伏尔泰：《风俗论》，上册，201 页，北京，商务印书馆，1995。出于这样的认识，中国不仅被列在《风俗论》的第一章和第二章，而且出现在其他二十余章中。参见许明龙：《欧洲 18 世纪"中国热"》，214～215 页，太原，山西教育出版社，1999。有人曾风趣地称："当伏尔泰用中国的茶碗喝着阿拉伯的咖啡时，他感觉到他的历史视野扩大了。"［苏］维·彼·沃尔金：《十八世纪法国社会思想的发展》，37 页，北京，商务印书馆，1983。自从 1734 年《哲学信札》发表以来，伏尔泰就把中国视为"世界上最明智和最开化的文明民族"。伏尔泰于其有关中国人礼仪的章节（数年之后的《路易十四的时代》，而且此后所有的著作中都是由这样一章结束）中不知疲倦地重复其论点。无论是为《百科全书》所写的条目、小说、《风俗志》、《哲学辞典》，还是其涉及中国的大量零散著作，如《中国、印度和鞑靼地区的信札》、《印度史片断》、《世界通史片段》、《〈罪刑与惩罚〉一书评注》、《中国人的谈话录》等。伏尔泰始终忠于这一切。无论这里是指中国人的无神论，还是指其政府的优越性、其皇帝们的宽容思想、中国是否发祥于埃及、孔子和儒教等都一样。伏尔泰经常坚持（并将之推向其严厉和诱惑的极端高度）亲华的中国热分子们和"哲学家"们的论点。参见［法］安田朴著，耿昇译：《中国文化西传欧洲史》，662 页，北京，商务印书馆，2000。

③ ［法］伏尔泰：《哲学辞典》，上册，323 页，北京，商务印书馆，1991。

的外族所征服，中华文化——人类文化都是——无意义的观点。①

从"哲学"的眼光来看，伏尔泰创作《中国孤儿》的目的，就是要证明鞑靼国王的智慧和理性，由此来张扬儒家道德文化的力量。伏尔泰在致黎希留公爵的献词中告诉人们，他所借助的《赵氏孤儿》是一部中国古老悲剧，"这个剧本作于 14 世纪，就是在成吉思汗时期：这又是一个新的证据，证明鞑靼的胜利者不改变战败民族的风俗；他们保护着在中国建立起来的一切艺术；他们接受着它的一切法规"。这是一个伟大的实例："说明理性与天才对盲目、野蛮的暴力所具有的优越性；而且鞑靼已经两次提供了这个例证了，因为当他们上世纪初又征服了这个庞大帝国的时候，他们再度降服于战败者的文德下；两国人民只构成了一个民族，由世界上最古的法制治理着"②。

剧情是这样的：成吉思汗征服了中国，搜寻前朝遗孤，把遗臣盛缔抓了，因为他掩藏了遗孤。盛缔也同程婴一样，献出自己的儿子作为代替。盛缔妻奚氏抑制不住母爱，说出真情。据说，多年前，成吉思汗在中国避难的时候，曾经向奚氏求爱，现虽事隔多年，而旧情未忘。于是提出一个条件：如果奚氏肯离异改嫁，他可以免予追究。可是奚氏爱自己的孩子，也爱丈夫，抵死不从。成吉思汗原以为蛮力可以征服一切，但看到了这一对特立独行的夫妇，心里感动了，改变了主意，不但赦免遗孤，还准备把他抚养成人。盛缔夫妇听了不相信。奚氏问他："是什么东西让你改变了主意？"成吉思汗的回答是："你们的道德。"在该剧的尾声处，伏尔泰让成吉思汗对女主角奚氏说了一通赞美的话：

> 你把大宋朝的法律、风俗、正义和真理都在你一个人身上完全表现出来了。你可以把这些宝贵的教训讲给我的人民听，现在打了败仗的人民来统治打胜仗的君主了。忠勇双全的人是值得人类尊敬的，我要以身作则，从今起我要改用你们的法律。③

伏尔泰看中盛缔这一角色，觉得"盛缔应当像是孔子的后裔，他的仪表应当跟孔子一个模样"④。因此，这本戏又名"五幕孔子的伦理"。《中国孤儿》于 1755 年 8 月在巴黎法兰西剧院公演，不仅把欧洲盛极一时的"中国趣味"推向新的高潮，而且广泛地传递了伏尔泰对

① 在该剧初版卷首，附刊了那封著名的给卢梭的信："先生，我已收到先生反对人类的新著（《论科学与艺术》）……"以此反驳卢梭关于人类文明和道德关系的看法，即科学与艺术并不有助于敦化风俗。卢梭在《论科学与艺术》中，还以中国为证据："在亚洲就有一个广阔无垠的国家，在那里文章得到荣誉就足以导致国家的最高禄位。如果各种科学可以敦化风俗，如果它们能教导人们为祖国而流血，如果它们能鼓舞人们的勇气；那么中国人民就应该是聪明的、自由的而不可征服的了。然而，如果没有一种邪恶未曾统治过他们，如果没有一种罪行他们不曾熟悉，而且无论是大臣们的见识，还是法律所序称的睿智，还是那个广大帝国的众多居民，都不能保障他们免于愚昧而又粗野的鞑靼人的羁轭的话，那么他们的那些文人学士又有什么用处呢？他们所满载的那些荣誉又能得到什么结果呢？结果不是充斥着奴隶和为非作歹的人们吗？"[法] 卢梭：《论科学与艺术》，13～14 页，北京，商务印书馆，1963。
② [法] 伏尔泰：《致黎希留公爵》。转引自范希衡：《从〈赵氏孤儿〉到〈中国孤儿〉》，载《中国比较文学》，第 4 期。参见钱林森：《光自东方来——法国作家与中国文化》，107 页，银川，宁夏人民出版社，2004。
③ 忻剑飞：《世界的中国观》，207 页，上海，学林出版社，1991。
④ 范存忠：《中国文化在启蒙时期的英国》，133 页，上海，上海外语教育出版社，1991。伏尔泰在构思《中国孤儿》的过程中，曾经想叫孔夫子出场，"用这位古代立法者的简单而不凡的学术的陈述来惊倒一个鞑靼人"，但后来考虑到，如果"只充满道德而绝无风流俊雅之情"，有可能使当时的法国人"观之不快的危险"，于是便设置了盛缔之妻奚氏与成吉思汗之间的爱情纠葛，并使之贯穿全剧始终，创造了这个女性角色。毫无疑问，伏尔泰塑造这个人物同样是为了高扬中国道德精神，她同样是这位"中国迷"所着意宣扬的"蛮力臣服于文明"的思想载体。参见钱林森：《光自东方来——法国作家与中国文化》，110 页，银川，宁夏人民出版社，2004。

中国道德和文明的看法。①

在所有对东方的发现中，欧洲的王族和商人们仅仅追求财富。而伏尔泰以哲学家慧智的眼光，在东方却发现了一个新的精神和物质的世界：在那里，中国人早已信奉最单纯的宗教——儒教。"中国的宗教是多么古老"，"应将中国置于所有民族之上"，"我们不能像中国人一样，这真是大不幸！"② 对此，欧洲王公们应该怎么办？他的回答是："既羡而愧，但首先应该效法。"③ 不仅如此，伏尔泰在生命的最后一段时期，多次向普鲁士腓特烈大帝介绍中国；并向境外的朋友不厌其烦地说："只有学习中国人的善行和像他们那样提高农业，你将能看到你们的波尔多的荒地与你们的香槟，将由你双手的劳动而成为沃土和得到丰饶的收益。鉴于整个广大境土内只通行一种法律，你，我的国人你不想在你的小国里仿效他们吗？"④ 这样，伏氏给西方人树立起近乎完美无缺的榜样，欧洲国家唯有全盘照搬才是出路。18 世纪的伏尔泰提出这种典型的"全盘华化论"，与 20 世纪前期中国流行的"全盘西化论"相比，真是天壤之别。

二、中国道德与政治、法律相结合，成了公正与仁爱的典范

在伏尔泰那里，所谓中国文化的优越和美好，都可以活生生地实体化，这就是孔子的思想和言行。伏尔泰几乎随处随时都想提提孔子，甚至在他的小礼拜堂中，也供了孔子的画像。这种对孔子的虔敬，惹得后人议论纷纷，有的为此大惑不解：在伏尔泰批判一切的理性法庭中，何以独尊孔子？有的甚至称伏尔泰为欧洲的孔夫子（如日本的福泽谕吉）。其实，伏尔泰对孔子作用的认识还是清醒的，在《风俗论》的导论中，他有一段专门介绍孔子的文字，说得就比较平静、朴质：

---

① 《中国孤儿》的创作表明，作为"有勇气在一切公共事务上运用理性"（康德语）的启蒙运动领袖，伏尔泰是在"理性"的旗帜下受到儒学精神的影响和启发的。启蒙思想家吸取儒家文化的基因在于"实用理性"，而这正是儒学文化结构的一个鲜明特点。"实用理性"主要指的是一种理性精神，其内涵就是用一种理性或合理态度，对待事物与传统，用理智来引导、满足、节制情欲；对己对人的非虚无主义或利己主义，而在人道和人格的追求中取得某种均衡；不需要外在的上帝的命令，不盲目服从非理性的权威，不厌弃人生，也不自我屈辱、"以德报怨"。这种"实用理性"，对启蒙思想家无疑具有巨大的吸引力，它与启蒙作家以理性为主臬的文化心理结构有着惊人的相同之处。因此，带有中国氏族贵族深重烙印的儒家文化意识，才有可能为 18 世纪法国资产阶级启蒙作家所吸取和运用。启蒙作家在自己的创作中，在自己的美学追求中，无一不以"理性"的尺码作为衡量真理与谬误、美与丑、文明与野蛮的至高标准。《中国孤儿》中鞑靼国王成吉思汗接受感化的，正是这种"实用理性"。我们完全有理由说，儒学中的理性精神在中国文化和法国启蒙作家之间搭起了第一座沟通的桥梁。儒学精神为启蒙作家接受的另一个基点在于，儒学注重人的情感心理与伦理规范的统一，而不是把它导向外在的崇拜对象或神秘境界，去建立另外的神圣的信仰大厦，这是它通向启蒙思想的又一个契合点，并在儒家文化与启蒙作家之间构筑了又一座沟通的桥梁。启蒙作家的领军人物伏尔泰看中儒学的这种伦理规范与人的心理欲求融为一体的特点，认为是中国哲学家纯正、理性的"自然宗教"的表现，是"哲学宗教"、"道德宗教"的一种理想建构，正如伏尔泰强调的，它"没有被宗教的狂热所玷污"，是"简朴的，明智的，庄严的，无任何迷信，无任何蛮气"。这种影响反映到文学创作中，就是强调人的感情抒发和道德的净化，以自然的人情、纯朴的德性为美学追求。启蒙作家与儒学先哲这种精神的融汇，在文学创作上的表现，便是立意创造境界高尚、道德完美的人物。《中国孤儿》中舍生取义的盛缔夫妇——伏尔泰心目中的英雄，就是这样被创造出来的。参见钱林森：《光自东方来——法国作家与中国文化》，113～115 页，银川，宁夏人民出版社，2004。

② 忻剑飞：《世界的中国观》，203 页，上海，学林出版社，1991。

③ 谈敏：《法国重农学派学说的中国渊源》，58 页，上海，上海人民出版社，1992。

④ 转引自［德］利奇温：《十八世纪中国与欧洲文化的接触》，84 页，北京，商务印书馆，1962。

他们的孔子不创新说，不立新礼；他不做受神启者，也不做先知。他是传授古代法律的贤明官吏。我们有时不恰当地［把他的学说］称为"儒教"，其实他并没有宗教，他的宗教就是所有皇帝和大臣的宗教，就是先贤的宗教。孔子只是以道德谆谆告诫人，而不宣扬什么奥义。在他的第一部书中，他说为政之道，在日日新。在第二部书中，他证明上帝亲自把道德铭刻在人的心中；他说人非生而性恶，恶乃由过错所致。第三部书是纯粹的格言集，其中找不到任何鄙俗的言词，可笑的譬喻。孔子有弟子 5 000，他可以成为强大的党派的领袖，但他宁愿教育人，不愿统治人。①

很明显，孔子在这里没有被神化，但却成了中国文化特别是道德化的理性的人格化的代表。孔子已不是一个单一的个人，而是中国文化、中国曾经有过的那段历史、中国人民沉淀下来的心态的一个象征。

伏尔泰认为，"中国人最深刻了解、最精心培育、最致力完善的东西是道德和法律"②。儿女孝敬父亲是国家的基础。在中国，父权从来没有削弱。儿子要取得所有亲属、朋友和官府的同意才能控告父亲。一省、一县的文官被称为父母官，而帝王则是一国的君父，这种思想在人们的心中根深蒂固，把这个幅员广大的国家组成一个大家庭。正因为全国一家是根本大法，所以在中国比在其他地方更把维护公共利益视为首要责任。因而，皇帝和官府始终极其关心修桥铺路、开凿运河、便利农耕和手工艺制作。在这里，伏尔泰为中国式的德治主义甚至为中国家长式统治大唱赞歌。他说："他们的帝国组织确实是世界上最好的，是唯一把一切都建立在父权的基础上的国家。"③ 显然，这与孟德斯鸠的观点截然相反。所以，伏尔泰特地举出实例，以否定中国是专制主义的说法。他说，关于中国的政府，旅行者们尤其是传教士们，都认为到处看到的是专制制度。这些人是从表面现象判断一切：看到一些人跪拜，便认为他们是奴隶，而接受人们跪拜的那个人必定是 1.5 亿人生命财产的绝对主宰，他一人的旨意便是法律。可实际情况并非如此。"这里我们只须指出：在帝国最早时代，便允许人们在皇宫中一张长桌上写下他们认为朝政中应受谴责之事，这个规定在公元前 2 世纪汉文帝时已经实行；在和平时期，官府的意见从来都具有法律的力量。"④ 而且，中国"是唯一对于一个在卸任时没有受到万民爱戴的外省巡抚要加以处分的国家"⑤。这些重要事实推翻了孟德斯鸠在《论法的精神》中对世界上这个最古老的国家提出的笼统含混的责难。⑥ 伏尔泰认为，

---

① ［法］伏尔泰：《风俗论》，上册，77 页，北京，商务印书馆，1995。
② ［法］伏尔泰：《风俗论》，上册，216 页，北京，商务印书馆，1995。
③ ［法］伏尔泰：《哲学辞典》，上册，330 页，北京，商务印书馆，1991。
④ ［法］伏尔泰：《风俗论》，上册，216 页，北京，商务印书馆，1995。
⑤ ［法］伏尔泰：《哲学辞典》，上册，330 页，北京，商务印书馆，1991。
⑥ 参见［法］伏尔泰：《风俗论》，上册，216 页，北京，商务印书馆，1995。伏尔泰在其《对有关罪行和惩罚之书的注释》（《杂文集》，第 25 卷，557 页）中写道："《论法的精神》的作者于其著作中传播了许多的美好真谛，但当他为了支持他那种认为含糊不清的荣誉感是君主制度的基础而道德则为共和制的基础的原则时，对中国人的说法却是（第 8 章第 21 节）：'我对于这种荣誉在一个只会令人以棒打行事的民族中会是什么一无所知。'当然，他并没有从大家以板子驱逐群氓、对于厚颜无耻的行乞者和骗子无赖的行为中推断出结论，而认为中国仅仅是由彼此互相监视的法庭控制，或者这是一种最佳施政方式"。伏尔泰和孟德斯鸠同样都大错而特错了：前者拒绝承认中国法律中规定了动刑和打棍子，后者则佯称中国是由棍子统治的。参见［法］安田朴著，耿昇译：《中国文化西传欧洲史》，664 页，北京，商务印书馆，2000。

中国人对于政府的顺从，恰是一种美德，因为这种顺从出自于皇帝或官厅关心民意、体恤下属的敬意。伏尔泰甚至不由地感叹："人类智慧不能想出比中国政治还要优良的组织。"① 这种过于夸大的溢美之词，不过是伏尔泰的开明君主专制的政治主张的一个注脚，很快为法国启蒙思想家的迅猛发展所淘汰。当伏尔泰后来转向英国式的民主立宪制时，中国的家长式德治主义也就失去了吸引力，回到了它应有的历史地位上去。

最使伏尔泰动情的是，他终于发现了中国这一"世界上最古老的民族"，"在伦理道德和治国理政方面，堪称首屈一指"②。他由此寻觅到了梦寐以求的"哲学家国王"，令他兴奋不已。在他眼里，奉行"仁政德治"的一代又一代"哲学家国王"的存在，是决定这个东方古国优于欧洲、永存于世的最根本的缘由所在。对照他的祖国，"王权神授"的专制暴君施暴于民、践踏人性，中国皇帝的宽容、仁爱精神自然让伏尔泰钦佩、着迷。在他看来，作为一国君父的中国皇帝，宽容、仁慈，爱民如子，堪称完美国王、开明君主的典范。伏尔泰听信耶稣会士的报导，赞美康熙是"善良仁慈、行高德美而驰名遐迩的君主"③。康熙的继任者雍正也因"宽容"出名，"以其统治的公正与英明蜚声世界"；"爱法律、重公益，超过父王"④。总之，中国皇帝一代比一代英明杰出。

从推崇"哲学家国王"的角度出发，伏尔泰还赞赏中国以科举取士、"举贤才"的官员制度：

> 很自然，中国的各项制度中，这项从最优秀的文人中通过考试录用官员的制度，震惊了只认出身或金钱的欧洲文明，在那里，一个野心勃勃的平民百姓若想走上政坛，必须先进教会。⑤

> 法国关心总体文化胜过清明政治，它设立考试或会考制度是为了录取巴黎高师学生，综合工学院学生，工程师和学衔教师，至于指定地方立法者或行政者的事务，则留给了充满丑闻的选举活动。幸而，我们还通过会考录用一批外交官和高级官吏。而且，所谓的民主国家正在越来越多地借鉴中国政治中这一最具有独创性的方法。但愿这能持之以恒！⑥

伏尔泰对中国推行公共道德的做法也给予充分的肯定。他说，中国人的无休止的各种礼节妨碍了社交来往，只有有深交的人才可以在室内免除这些繁文缛节。"然而这些礼节可以在整个民族树立克制和正直的品行，使民风既庄重又文雅。"⑦ 这些优秀品德也普及到老百

---

① 忻剑飞：《世界的中国观》，205 页，上海，学林出版社，1991。

② ［法］伏尔泰：《路易十四时代》，594 页，北京，商务印书馆，1991。

③ ［法］伏尔泰：《路易十四时代》，596 页，北京，商务印书馆，1991。1770 年，乾隆皇帝的一首长诗（《沈阳及其郊区赞》，作于 1743 年）被耶稣会士译成法文，伏尔泰读后不胜感慨，写下诗句颂扬这位东方会吟诗的"开明君主"："伟大的国王，你的诗句与思想如此美好，请相信我，留在北京吧，永远别来吾邦，黄河岸边有整整一个民族把你敬仰；在帝国之中，你的诗句总是如此美妙；但要当心巴黎会使你的月桂枯黄……"［法］伏尔泰：《就皇帝降旨刊印的诗选致中国皇帝的第 108 封信》。转引自［法］艾田蒲著，许钧、钱林森译：《中国之欧洲》，下册，275 页，郑州，河南人民出版社，1994。

④ ［法］伏尔泰：《路易十四时代》，601～602 页，北京，商务印书馆，1991。

⑤ 转引自［法］艾田蒲著，许钧、钱林森译：《中国之欧洲》下册，275 页，郑州，河南人民出版社，1994。

⑥ 转引自［法］艾田蒲著，许钧、钱林森译：《中国之欧洲》，下册，272～273 页，郑州，河南人民出版社，1994。

⑦ ［法］伏尔泰：《风俗论》，上册，217 页，北京，商务印书馆，1995。

姓。据一些传教士说，公共市集上的拥挤和脏乱，如果是在欧洲，就会引起粗鲁的吵闹和经常发生无礼举动；而在中国往往是农民按当地的习惯，彼此作揖，为给对方造成麻烦而请求原谅，他们互相帮助，心平气和地解决一切问题。① 当然，跟其他地方一样，中国也有各种不良行为，"但这些行为肯定会因法律的约束而更有所抑制，因为他们的法律始终如一。"②伏尔泰批评《海军上将安森的回忆录》③一书作者因广州小民曾经想方设法欺骗英国人，便鄙视和讽刺中国人，认为这是不加分析的妄论："难道可以根据边境群氓的行为来评价一个伟大民族的政府吗？假如中国人在我们沿海遇到船难，根据当时欧洲国家的法律可以没收沉船的财货，而按照习惯又允许杀死货主，那么中国人又将怎样评论我们呢？"④

伏尔泰还将中国道德与法律的结合，视为公正与仁爱的典范。他明确指出，当各国法律只限于惩罚罪行的时代，中国"是唯一设置奖金表彰德行的国家"⑤。"在别的国家，法律用以治罪。而在中国，其作用更大，用以褒奖善行。"⑥ 对此，他作了较详细的说明：在中国，若是出现一桩罕见的高尚行为，那便会有口皆碑，传及全省。官员必须奏报皇帝，皇帝便给应受褒奖者立牌挂匾。前些时候，一个名叫石柱（译音）的老实巴交的农民，拾到旅行者遗失的一个装有金币的钱包，他来到这个旅行者的省份，把钱交给了知府，不取任何报酬。对于此类事知府都必须上报京师大理院，否则要受到革职处分；大理院又必须奏禀皇帝。于是，这个农民被赐给五品官，因为朝廷为品德高尚的农民和手工业方面有成绩的人设有官职。而在欧洲会怎么样呢？"应当承认，在我们国家，对这个农夫的表彰，只能是课以更重的军役税，因为人们认为他相当富裕。这种道德，这种守法精神，加上对玉皇大帝的崇拜，形成了中国的宗教——皇帝和士人的宗教。"⑦

伏尔泰认为，正由于道德与政治、法律的结合，中国才取得了成功，才使其法律拥有了恒久的生命力。当欧洲人还在被迫接受征服他们的勃艮第人、法兰克人和哥特人的习惯的时代，中国"是唯一使征服者采用它的法律的国家"⑧。他写《中国孤儿》，也恰是为了宣扬中国式的德治主义。有《中国孤儿》作者献词为证：

> 这是一个伟大的明证，说明理性和智慧对野蛮和盲目的势力具有天然的优越性；鞑靼已经两次提供了这样的证明：当上世纪初他们征服了这一庞大帝国，又一次降服于被征服的民族，两个民族合为一个民族，同受世界上最古老的法律支配：这是令人注目的现象，本剧的主旨就在于此。⑨

---

① 参见［法］伏尔泰：《风俗论》，上册，217页，北京，商务印书馆，1991。
② ［法］伏尔泰：《风俗论》，上册，216～217页，北京，商务印书馆，1991。
③ 乔治·安森（1697—1762），英国海军上将，曾率"百人队长号"船到广州，此船是进入中国的第一艘英国船只。
④ ［法］伏尔泰：《风俗论》，上册，216～217页，北京，商务印书馆，1995。
⑤ ［法］伏尔泰：《哲学辞典》，上册，330页，北京，商务印书馆，1991。
⑥ ［法］伏尔泰：《风俗论》，上册，217页，北京，商务印书馆，1995。
⑦ ［法］伏尔泰：《风俗论》，上册，217页，北京，商务印书馆，1995。
⑧ ［法］伏尔泰：《哲学辞典》，上册，330页，北京，商务印书馆，1991。
⑨ 钱林森：《偏见与智慧的混合——孟德斯鸠的中国文化观》，载《南京大学学报》（哲学、人文、社科版），1996（1）。

"中国思想对西方的启蒙思潮产生了特别的影响，使伏尔泰及沃尔夫等人深受启发，这是众所周知的事实。"① 伏尔泰在颂扬中国的理想智慧的优越、儒教的纯正和伟大、法律和道德相结合的典范过程中，无疑受到了中国法律文化的影响。② 最明显也最重要的是，伏尔泰在《哲学辞典》中反复援引的孔子的话"己所不欲，勿施于人"③，被法国革命领袖罗伯斯庇尔所起草的《人权宣言》所引用，这便是法国 1793 年《人权宣言》的第六条：

> 自由就是属于各人得为不侵害他人权利的行为的权力：它以自然为原则；以公正为准则；以法律为保障；其道德上的限制表现于下列格言：
>
> 己所不欲，勿施于人。

伏尔泰在《哲学辞典》的"中国教理问答"和"哲学家"等条目中，认为孔子"把'己所不欲，勿施于人'这条法则铭刻在每个人的心中"；"这类格言应该是人类的法典"。这是儒家思想对启蒙运动和法国革命所发生的思想支援作用的铁案。伏尔泰将孔子的格言"己所不欲，勿施于人"和"以直报怨，以德报德"作为座右铭，实际上起到了支持启蒙运动反专制的重要作用。孔子讲"己所不欲，勿施于人"，表示自己所不愿接受的行为，绝不能够施于别人，其意义正是主张道德自律，反对专横行为、专制行为。因此，《哲学辞典》是最能显示儒家思想对法国启蒙运动之影响的文献论据。④

当然，伏尔泰在全面张扬中国灿烂文化的同时，也感到中国精神文明发展中的某些缺陷和不足，叹息中国人没有将艺术、科学和技术发展到西方民族那样的高度，并热切地探讨过产生这些缺陷和不足的原因。他曾这样发问："既然在如此遥远的古代，中国人便已如此先进"，为什么他们又一直停滞不前？中国既然不间断地致力于各种技艺和科学的发明，而且

---

① ［日］中村元：《比较思想论》，5 页，杭州，浙江人民出版社，1987。

② 通过伏尔泰和其他启蒙思想家的努力，中国的道德和政治取代语言和历史，开始对欧洲社会产生重大影响。简而言之，伏尔泰希望宗教改革后教派分裂的欧洲，能成为像中国这样理想化的国家。伏尔泰和其他启蒙思想家视中国为开明君主的榜样，因为中国皇帝运用儒家的理性价值观来治理国家。对一个被启蒙思想鼓励过的理想的开明君主来说，与士绅阶层一起商议国事是一个本质特征。伏尔泰相信中国儒家士大夫的文化精神可以作为欧洲社会伦理和政治的榜样。参见 ［美］孟德卫：《中西方的伟大相遇》，71～172 页，北京，新星出版社，2007。

③ 威廉·琼斯爵士 (1746—1794) 曾比较中国和西方的格言。西方人说："己所欲者，施之于人。"琼斯说，他在孔子的书里找到相似的话，这就是"己所不欲，勿施于人"(《颜渊》)。琼斯是杰出的梵文学家，当时有名的法律学家、诗人，对议会选举法、民法债权、印度古代法等都有贡献，担任过印度加尔各答高等法院的法官。在中国的学术领域内，他的主要兴趣有三项：(1) 翻译《诗经》全部；(2) 直译《论语》；(3) 正确地节译中国的民法和刑法。他对于中国的孔子，始终表示景仰，在他早年的文章里，说孔子是中国的柏拉图；后来又说孔子是中国的苏格拉底，而曾子是中国的色诺芬，孟子是中国的柏拉图。

④ 参见邓小军：《儒家思想与民主思想的结合》，332、334 页，成都，四川人民出版社，1994。人性本善说传到欧洲后，很受启蒙思想家的青睐，因为在他们看来，只有人性本善，世界才能和谐，才能追求美好的理想社会。正如英国学者李约瑟在 1942 年一篇题为《中国文明》的演讲中所说："当余发现 18 世纪西洋思潮多系溯源于中国之事实，余极感欣忭。彼 18 世纪西洋思潮潜流滋长，因为推动西方进步思想之根据，17 世纪中叶耶稣会教友，群将中国经籍译成西文，中国儒家人性本善之哲学乃得输入欧洲。吾人皆知启蒙时期之哲学家，为法国大革命及其后诸种进步运动导其先河者，固皆深有感于孔子学说，而曾三复致意焉。不论个人表现与人类真正性格距离至何种程度，吾人对于社会进步之理想，唯有依赖人性本善之学说，方有实现之望，而此种信心，吾人固曾自中国获得也。"朱谦之：《中国哲学对欧洲的影响》，195 页，石家庄，河北人民出版社，1999。

历史悠久,"为什么进步却微乎其微?"原因有二:一是中国人崇古守旧,"认为一切古老的东西都尽善尽美",二是难以驾驭的文字体系,造成前进中的极端困难。① 令人遗憾的是,这些中国人"却不知道我们已经在多大程度上超过了他们,落后到连模仿一下我们的勇气也没有"。针对中国人的封闭和守旧,伏尔泰热切地建议:"让他们到伦敦、罗马;或到巴黎来!他们定会尊敬我们,向我们学习。他们将会看到:在人类社会中,每个民族总有一个时期其思想、艺术、习俗走在前列,臻于完美。"②

　　18 世纪的伏尔泰和孟德斯鸠这两位西方哲人所提供的两个中国形象,对我们来说都是有益的,用它们来反观自我都具有同等的历史价值。伏尔泰从颂扬理想王国出发,强调的是中国的理想智慧的优越、儒教的纯正和伟大,孟德斯鸠从总体上把中国看作专制政体的国家,与此同时又看到了中国集"习惯、风俗、法律和宗教"为一体的礼仪文化的魅力。应该说,到头来,两人殊途同归,由对中国的仰慕到排斥,"孟德斯鸠和伏尔泰构成了这一具有双重价值的中国的两个支柱"③。

---

①　参见〔法〕伏尔泰:《风俗论》,上册,215 页,北京,商务印书馆,1995。

②　转引自罗芃:《法国文化史》,469 页,北京,北京大学出版社,1997。参见钱林森:《光自东方来——法国作家与中国文化》,89~90 页,银川,宁夏人民出版社,2004。

③　〔法〕艾田蒲著,许钧、钱林森译:《中国之欧洲》,下册,前言 4 页,郑州,河南人民出版社,1994。从中西文化交融的哲学层面看,无论是孟德斯鸠从否定的方面对中国作负面描述,还是伏尔泰从肯定的方面对中国作正面描述,都是有意义的,然而也都是片面的。就部分而言,它们都是真实的,就整体而言,却都是虚假的。从主观上说,两人对中国的观照和描述都是为某种哲学激情所驱策:前者为构建他的政体理论,后者为追寻理想王国,因而都带有某种偏见、某些想象的成分;从客观上说,孟氏笔下负面的中国,虽然倾注了较多的指责和否定,不免显得冷然而失之片面,但却较少矫饰成分,较多地贴近事实,在片面中见深刻,而伏尔泰笔下正面的中国,由于把它当作理想王国的化身,一味加以赞扬,对中国的社会弊病或为之辩解、或为之掩饰,缺乏正对的勇气,因此虽然美妙无比,但却与实际相距甚远,大有理想化之嫌。难能可贵的是,孟德斯鸠虽从否定的角度来描述中国,但他不是否定一切,走向绝对化,他肯定了他认为应当肯定的方面。当他肯定时,可以通向伏尔泰,得出与伏氏相同的结论,但却比伏氏更实在更严密。参见钱林森:《光自东方来——法国作家与中国文化》,133 页,银川,宁夏人民出版社,2004。启蒙思想家分裂成"颂华派"和"贬华派",反映了他们对中国知识的浅薄无知。如果说"颂华派"和"贬华派"都属于狂热型,那么早期汉学家和后来的汉学家则属于更为中立客观的思辨型。由于启蒙运动对中国的理解建立在表象基础上,这就使得它更易受到思想潮流变化的影响。"颂华派"会且确实很轻易地让位于"贬华派",这是中西文化碰撞历史中很普通的现象。虽然耶稣会传教士理解中国的方法受到他们自己传教使命的影响,但他们对中国语言文化的认真研究,使他们在整个 17、18 世纪始终保持了中国研究领域的权威地位。随着 1773 年~1814 年期间耶稣会的暂时解散,也伴随 19 世纪早期欧洲各大学中汉学课程的开设(开始于 1814 年的巴黎),耶稣会最终失去了中国研究领域的最高地位。参见〔美〕孟德卫:《中西方的伟大相遇》,176 页,北京,新星出版社,2007。"对 17 世纪的欧洲来说,发现中国不是发现一片土地或大规模的发财的机会,而是发现了一种文明,一种独特而优越的政治伦理与文化制度。中国的意义更多是社会意识形态领域的。尽管传教士们也不时提供一些灰暗的消息,诸如中国的文化修养并不是科学的,缺乏创造力,中国的贫困是普遍的,官贵欺压百姓,所有的中国人都为皇帝一个人服务,世界上任何地方都不像中国那样忽视人权。但是,这种不和谐音似乎没有引起人们注意。这是时代精神的整体忽略症,因为当时欧洲文化中的中国视野,不期待这种阴暗面的东西,他们需要一个乌托邦式的中国,作为超越自身的价值典范。传教士的书简源源不断地传入欧洲,给出版商、政客、哲学家、改良者和想入非非的大众提供了一次又一次令人兴奋的机会,或许他们谁也不关心中国的真实是什么样子,只关心中国被描述成什么样子。这是欧洲的中国。"周宁:《永远的乌托邦——西方的中国形象》,113~114 页,武汉,湖北教育出版社,2000。

第四节
科举制对法国的影响

由于各种有关中国书刊的介绍和描述，以及欧洲人对中国的兴趣和好奇，在 18 世纪下半叶至 19 世纪上半叶，科举考试制度在欧洲包括在法国知识界已为人们所熟知。在许多法国人的著作和书信中，对中国的科举制往往赞赏有加。[①]

1712 年 9 月 1 日，彭德加会士在致印中传教会会士的信件中谈到了崇明岛上的文人绅士的情况，并说："岛上有近四百名秀才，其中有三人是基督教徒，两名武秀才，七八个举人和三四名进士，还有许多十五六岁至四十岁左右的书生，每隔三年到县堂去参加一次考试，由地方长官出考题。所有的人都希望考上秀才，尽管中者寥寥无几，长期不辍的用功与其说是想使自己变得聪明能干，毋宁说是由金榜题名的雄心所支撑。秀才除了能免除长官的处罚外，还授予其觐见长官的特权，可以与长官对坐共食。这在中国被视为是极大的荣耀，平民百姓是无此殊荣的。"[②]

1735 年，巴黎出版了法国耶稣会士杜赫德的《中华帝国全志》巨著，该书有若干章节谈到了中国的教育、科举，并详细叙述了秀才的岁试方法和作用。18 世纪上半叶开始，在法国兴起了一股推崇中国文明的热潮，而以科举制为核心的中国文官制度和整个中国文明也使伏尔泰、孟德斯鸠、狄德罗、卢梭等一代哲人心悦诚服[③]，如伏尔泰曾受杜赫德书籍的影响而倾慕中国文化，他曾说："假如有一个国家其人民的生命、名誉及幸福都受到法律保障的话，那么就是中国。"谈到中国文官制度，伏尔泰赞赏中国由文人及第的官员，他们奉行儒家信条、恪尽其职，不为外物所动，因此他说："人类的确不可能想象出一个比这更好的政府，在那里一切事务均由相互制约的部门统理，而其成员只有通过层层严格考试后才能录取。中国一切事务都通过这些部门加以调节。"[④]

法国重农主义经济学家魁奈在《中华帝国的专制制度》一书中，有专门一节介绍中国的科举制度，并在"中国官吏"一节中说："一个中国人必须获得通向进士的各种学位，才能成为一名朝廷命官。政治统治全部交付给这些博学的官吏。"[⑤] 他认为中国的公开竞争考试制度是一个良好的典范，据说魁奈甚至直接主张欧洲引进中国的科举考试制度。

像与他同时代的所有中国迷一样，极为推崇这一制度，并期望在欧洲推行类似的制

[①] 参见刘海峰：《科举西传说的来龙去脉》，载《考试研究》，2005 (1)。

[②] 刘海峰：《科举学导论》，385 页，武汉，华中师范大学出版社，2005。

[③] 参见刘海峰：《科举西传说的来龙去脉》，载《考试研究》，2005 (1)。

[④] 刘海峰：《科举学导论》，385 页，武汉，华中师范大学出版社，2005。

[⑤] ［法］魁奈：《中华帝国的专制制度》，89～90 页，北京，商务印书馆，1992。中国人一旦获得进士的荣耀称号，即无必要再为贫困而担忧；对他来说，这个称号本身就是一种保障。除了他能从亲戚和朋友那里收到不计其数的馈赠礼品以外，他肯定会被任命在最重要的政府机构内，而且每个人都在想方设法保护他。为了向他表示敬意，他的家族和朋友们一定要树立漂亮的庆贺牌楼，在牌楼上刻上他的名字以及他获取进士学位的年号。

度；他主张……统治者的首要职责就是依此促进教育发展。这一制度是政府的基石，但是除了中国以外，所有国家都忽视了它的必要性。①

重农主义者都想将"中国精神"推行于法国。许多法国学者认为法国教育的确是以中国竞争性笔试原则为基础的，以竞争考试选拔文官的观念，无疑源于中国。因为这一制度通过哲学家（尤其是伏尔泰）的宣传在法国已是众所周知。②

布鲁奈特利相信："法国的教育确实建立在中国公开竞争考试的基础之上，而且通过竞争考试选拔官员的做法无疑来源于并且效仿了中国。"③

法国是1791年开始实行文官考试制度的，但大革命后渐趋松弛，1840年后法国又重新考虑建立文官制度，至1875年文官系统基本形成。美国汉学家卜德在《中国思想西入考》一书中说：

> 法国人对中国的热情在1789年大革命之后逐渐消失了，但科举制仍然是他们从中国学来的一项重要的遗产。④

法国所关心的主要不是善政而是一种全面的文化修养，特别是为了选拔其师范学校的学生、综合工科学校的学生、工程师、获得中学和大学教师头衔的人才而建立了考试或会考制度，从而将指定地方立法和行政管理的人物抛给了选举活动的舞弊行为去支配了。"出于巧合，我们今日仍通过会考而招收我们的一部分外交官和高级官吏。同样是出于巧合，大家所说的民主国家也越来越受中国政治中的一种独创的启发。祝愿这样的做法能长久地继续下去。"⑤

有资料显示，世界上最早的现代科举学著作便是法国学者艾特尼·资所撰写。他于1894年在上海出版了开拓性的法文著作《中国的文科举制度》（Pratique des examens litteraires en Chine），1896年又在上海出版了《中国武举制度》（Pratique des examens militaries en Chine）。这两本书既是外国人对科举研究的最早专著，同时也是在中国出版的最早的现代科举研究著作。作者既具备现代的科学研究眼光，写作此书时又还在科举时代，可以方便地调查和考察科举制度实际运作的各个方面。作者以江南一带的科举考试实物资料如江南乡试题目、"下江卷票"、试卷格式等为依据，对从县试到朝考的清代科举各个环节进行了十分细致准确的叙述，并附有大量插图，为我们今天了解清代科举的实况留下了宝贵的资料。其中许多图画如《江南贡院全图》等为宫崎市定的《科举》一书所借用，号舍图则被作为英译《中国的考试地狱：中华帝国的科举考试》一书的封面。1971年台湾地区的成文出版社、1975年德国的一家出版社还分别重印了这两部珍贵的科举学著作。⑥

1906年，法国学者吕内蒂埃在其发表的论文中指出，法国政府通过竞争性考试来选拔文职官员的办法，无疑是来自中国的科举制。⑦

---

① G. F. Hudson, *Europe and China*, London, 1931, pp. 323-326. 转引自刘海峰：《科举学导论》，386页，武汉，华中师范大学出版社，2005。

② 参见刘海峰：《科举学导论》，386页，武汉，华中师范大学出版社，2005。

③ 转引自任爽、石庆环：《科举制度与公务员制度——中西官僚政治比较研究》，6页，北京，商务印书馆，2001。

④ Ssu-yu Teng, "Chinese Influence on Western Examination System", *Harvard Journal of Asiatic Studies*, Vol. VII 1942—1943, p. 283. 转引自刘海峰：《科举学导论》，386页，武汉，华中师范大学出版社，2005。

⑤ ［法］安田朴著，耿昇译：《中国文化西传欧洲史》，770页，北京，商务印书馆，2000。

⑥ 参见刘海峰：《科举学导论》，63页，武汉，华中师范大学出版社，2005。

⑦ 参见傅兴国：《科举制度——中国对人类政治文明的一大贡献》，载《中国人事报》，2005-06-01。

第七章

中国法律文化对德国的影响

　　德国的"中国热"既不同于法国,也与英国有异。上流社会对于中国情趣的热衷,大体上与英、法两国相同,但民间几乎从未出现过法国那样的狂热。然而,德国的学者对中国的关注和研究,不但远胜英国人,而且在时间上还早于法国人,当莱布尼茨潜心研究中国并取得相当成就时,法国尚无非教会的学者对中国给予认真的关注。如果说,法国人对于中国的关注,隐含着对社会发展方向的探讨,因而始终伴随着激烈的论战,宗教色彩和政治色彩都相当浓烈,那么,德国人对中国的研究就相当超脱,多数学者基本上是把它当作纯粹的学问来研究的,他们彼此虽有交流,但少有争论,更没有形成相互对立的两种看法。这种情况当然与德国社会发展滞后于法国有关,从政治上说,德国尚未实现统一;从经济上看,德国社会离资本主义也比法国更远些。"中国热"在德国不是一股潮流,更不是一种运动,因此,它对德国的影响主要显现在某些哲学家和学者身上,并未对整个社会造成震动。[①]

　　在德国,莱布尼茨及其弟子沃尔夫、杰出的思想家赫尔德,于理性主义笼罩欧洲大陆时,带上了理性的眼镜,审查了他们对中国感兴趣的一切,也把中国法律文化纳入他们的视域和视角,从而造成一种典型的从自己看别人即从西方看中国的文化共识现象。莱布尼茨赞美以维持公共秩序为目的的中国道德,并从中国发现了他的理想。在老师的影响下,沃尔夫坚信一切道德政治都不能与中国人的原则相比拟,成为孔子的殉道者。但到了赫尔德那里,他却异常尖锐地宣告"道德政治乃是中国这块土地上人类理智幼稚的尝试"。这之后,这种与"崇拜中国文化"的欧洲主流截然相悖的反调,一直传播到世纪转换时期的黑格尔,乃至当代的韦伯那里。

---

　　① 　参见许明龙:《欧洲18世纪"中国热"》,56～57页,太原,山西教育出版社,1999。

第一节
莱布尼茨:"认识中国文化对于西方文化发展的
重要性"之"第一人"

莱布尼茨(Gottfried Wilhelm Leibniz,1646—1716)是德国近代哲学家、杰出的数学家、数理逻辑创始人。他学识渊博,富于创见,发明了微积分,改进计算器,设计并制造出一种手提的计算机,另外在物理、语言、历史、法律等许多方面都有贡献。

莱布尼茨研究中国,是从 20 岁开始。[①] 在这之前,他虽曾论及中国,不过那是对中国的文化仅加以普通的赞赏而已。可与耶稣会士结识之后,从他们那里,他获得了最大量、最直接的关于中国的知识,之后便对中国极感兴趣,并于 1679 年出版《中国近事》[②](Novissima Sinica)一书。此书副题为:"现代的史料,关于最近中国官方特许基督教传道之未知事实的说明,中国与欧洲的关系,中华民族与帝国之欢迎欧洲科学及其风俗,中俄战事与媾和"。全书 174 页,均为在华耶稣会士的通信,莱布尼茨为其写了长达 24 页的导论《致读者》,是莱氏中国文化观的纲领性文字,对中国的实践哲学及其应用——中国的政治道德极为赞扬。[③]

[①] 在 20 岁那年,莱布尼茨读了路德派神学家斯皮策尔在 1660 年所编的《中国文献评注》,这是谈论中国文字的一本小书,说明中国文字是像古埃及那样的象形文字,书中还提到了阴阳、五行、《易经》、算盘和炼丹术等。后来,莱布尼茨曾与斯皮策尔有过多年的通信往来。在 1672 年的一封信中,莱布尼茨说:"由耶稣会士聂仲迁在 1671年 8 月出版的《中国历史和鞑靼人的统治》一书是用法文写的,还有一本由另一位传教士用法文写的相类似的书也出版了,该书中描述了中国的基督教事业的情况。两本书我都拜读了。"安文涛、关珠、张文珍编译:《莱布尼茨和中国》,125 页,福州,福建人民出版社,1993。

[②] 在中文文献中,本书曾有许多译名,如《中国近事》、《中国新事》、《中国最新消息》、《中国最新事情》、《中国近讯》等。在此书出版前一年——1696 年,法国耶稣会传教士李明把他个人在华 7 年间写给国内的 14 封信汇编成《中国近事报道》在巴黎出版,引起很大轰动,4 年内再版五次,并译成英、意、德文本出版。后因教廷的礼仪之争,成为禁书而被封存了三个世纪,直到 1990 年重新面世。2004 年已由大象出版社出版中文译本(郭强等译)。应该说,在 17、18 世纪之交,莱布尼茨的《中国近事》和李明的《中国近事报道》是以第一手资料向欧洲介绍中国的姊妹篇,两书的相继出版是中欧文化关系史上的大事。但因为《中国近事》包含的内容更加广阔,又是莱布尼茨这样有名望的大科学家、大思想家亲自编辑的,还亲自撰写了长篇绪论,表达了他的中国观和中西文化交流观,所以在欧洲思想界受到了更多的重视,其思想影响也更加深远。莱布尼茨本人对李明的书也很重视,他在《中国近事》的绪论中专门提到了它。参见孙小礼:《莱布尼茨与中国文化》,106 页,北京,首都师范大学出版社,2006。

[③] 莱布尼茨编辑的这部对于中国文化交流具有划时代意义的作品,在长达两百多年的时间里,一直以拉丁文完整地保存在德国汉诺威的莱布尼茨档案馆里。1956 年该书被译为法文,1957 年被译为英文,至今尚无完整的德文文本。在我国,则只有极少数专门研究莱布尼茨的学者知道有此著作,但始终没有中文文本。1979 年,设在德国科隆市的德中协会以《中国近事》为书名,用德文出版了原拉丁文版本中的部分内容。德中协会主席赫尔曼·赖因博特亲自撰写了序言,其中写道:"如果西方想积极参与塑造未来多元世界文化的和平形象的话,莱布尼茨或许就是第一个在欧洲为此努力奋斗的人"。德中协会以编者的名义撰写了《莱布尼茨和中国》一文,作为该书的开篇。此外,书中还刊印了 13 幅有关康熙皇帝和中国文化的历史图片。德中协会 1979 年出版的《中国近事》目录包括:(1)莱布尼茨和中国(德中协会编著);(2)莱布尼茨《中国近事》序言——用以描述我们时代历史的中国近事;(3)莱布尼茨"序言"的德文译本注释;(4)关于莱布尼茨《中国近事》的序言文本和译文文本的说明;(5)适应与礼仪之争;(6)莱布尼茨关于中国问题的 9 封信(大部分系德文全文,一部分系节选);(7)1689 年 9 月 7 日中俄尼布楚条约;(8)西安的大秦景教流行碑;(9)莱布尼茨自述;(10)莱布尼茨生平年表;(11)学术出版物;(12)关于研究莱布尼茨的出版物目录选;(13)关于莱布尼茨和中国的出版物目录选。参见安文涛、关珠、张文珍编译:《莱布尼茨和中国》,84~90页,福州,福建人民出版社,1993。1699 年的第二版《中国近事》现藏于北京大学图书馆古籍书库中(原藏于燕京大学图书馆)。中文版以《中国近事》为名,由大象出版社于 2005 年出版,梅谦立、杨保筠翻译。

1697 年至 1702 年，他与来华传教士白晋多次通信①，莱布尼茨得到其所著《中国现任皇帝传》，该著作后由莱氏从法文译成拉丁文，收入 1699 年《中国近事》第 2 版，并附康熙皇帝肖像。② 1697 年 12 月 12 日，莱布尼茨又致书东方学者卢道夫（Ludolf），希望俄皇能使欧洲与中国相结合，竭力计划在法、德、奥、俄设立学士院，其中均设中国学研究部门。1700 年至 1704 年，普鲁士学会、维也纳学会在莱氏促成下相继成立，这些学会几年中就出版了不少关于中国文化的书。1715 年 4 月 1 日，莱布尼茨致法国当时摄政顾问德雷蒙一封长信③，全面阐述了自己对于中国哲学中"理"、"气"等问题的看法。

---

① 白晋在中国的工作很忙，但他总是尽量给莱布尼茨写信，主动向莱布尼茨介绍中国的学术方面的情况，特别是他自己的一些研究心得。莱布尼茨非常赏识白晋的活动和学识，而白晋在中国的事业也许要有莱布尼茨这样的大学者的关心和支持。正是这两方面的相互需要促进了他们的积极通信。现在保存下来的莱布尼茨与白晋的通信有 15 封，时间在 1697 年至 1702 年。这是莱布尼茨与欧洲传教士通信的重要部分，是后人研究 17 世纪和 18 世纪之交中欧文化关系的宝贵历史文献。1990 年在德国出版了 Rita Widmaier 所编 Leibniz Koresspondiert Mit China 一书，公布了 70 封莱布尼茨与闵明我、白晋、韦尔瑞、戈必安、洪若翰等传教士之间自 1689 年 7 月至 1714 年 2 月有关中国的来往书信，这是研究莱布尼茨的思想、中欧文化交流史的重要文献。参见孙小礼：《莱布尼茨与中国文化》，80、81～82 页，北京，首都师范大学出版社，2006。

② 1697 年，法国入华耶稣会士白晋奉康熙皇帝之命回欧洲招募新的传教士来华。在欧洲期间，索邦大学的博士皮克先生将莱布尼茨的《中国近事》介绍给白晋。白晋读完后很兴奋，1697 年 10 月 18 日，他给莱布尼茨写了第一封信，并通过维利乌斯将信转交。他在信中说："我读了好几遍，每次都会发现新的乐趣。您热心地了解并宣传在中国传播福音取得的进展。希望在中国皇帝的支持下让整个帝国归信基督教，为答谢您这一片好意，请接受一本我不久前刚出版的有关中国那位伟大君主的小书，我想这本书您应该会喜欢。"白晋所说的"小书"，就是他写的并打算呈献给路易十四的《中国现任皇帝传》（又称《康熙皇帝传》）。莱布尼茨收到白晋的信后十分高兴，一个多月后他给维利乌斯回信，表示希望和白晋建立联系，不到两个月，即 1697 年 12 月 21 日莱布尼茨亲自给白晋写信，表示在《中国近事》再版时会收入白晋的作品："我会非常高兴，如果像您上封信里说的那样，您对书中某些内容，或是序言，或是增补部分有什么意见或建议，请不吝赐教，我会非常感激。""您说要寄给我您已出版的有关中国皇帝的作品，能在我的书里增加这样一段中国皇帝的小传，真是太完美了。我也十分期待您关于中国皇帝颁布'容教敕令'并允许自由传教前因后果的新作。我对您给予我的恩惠深表感谢，惟愿自己不致辱没您对我的好意。希望您的大作不仅用法语，也用拉丁语出版，让更多的民众都能拜读、受益。"在《中国近事》再版时，莱布尼茨向亲爱的读者致敬："乘《中国近事》再版之际，我们决定把耶稣会士白晋神父用法语写成的当时中国皇帝的传记编辑一下补充进去。这位皇帝是一位精神高雅、身体伟岸的统治者"。转引自［德］莱布尼茨著，梅谦立、杨保筠译：《中国近事》，中文本序 3～4、51 页，郑州，大象出版社，2005。《中国现任皇帝传》曾有多种中文译本，如马绪祥译《康熙皇帝》（《清史资料》第一辑，中华书局 1980 年版）、赵晨译《康熙皇帝》（黑龙江人民出版社 1981 年版）、春林等编《康熙帝传》（珠海出版社 1995 年版）等。

③ 全信共 4 万字，参见［德］莱布尼茨著，庞景仁译：《致德雷蒙先生的信：论中国哲学》，载《中国哲学史研究》，1981（3）、1981（4）、1982（1）。

总之，莱布尼茨在有生之年，始终对中国文化极为关注。① 他敦促西人学习中国的政治道德，以免落后于中国人；极力主张政府派遣传教士赴华交流，坚持中国法律文化对于西方文化具有互补作用，遂成为"认识中国文化对于西方文化发展的重要性"之"第一人"，在近代欧洲的中国文化研究中处于极其突出的地位。②

———————————

① 莱布尼茨 20 岁时接触到介绍中国情况、评价中国哲学的著作和文章。从此，他对中国开始着迷，成了一名狂热的中国崇拜者。他自己亲自动手，或拜托朋友，把能找到的介绍中国科学技术、风俗习惯、地理自然环境、历史、语言、道德等方面的书籍和文章都收集起来，加以仔细研究，对中国有了整体性的了解。从 1689 年起，他先后结识了欧洲来华传教士闵明我、白晋等人。通过传教士的帮助，他接触到汉字，并借助于柏林的东方汉学家安德烈亚斯·米勒的汉语知识，开始学习汉字，想尽快提高汉字水平，以便自己能够亲自阅读中国书籍。他还请求米勒翻译过一本中文书，借助这本书，他深入地研究中国。1701 年，白晋在给莱布尼茨的信中介绍了中国哲学，特别是讲到《易经》里奇妙的卦爻符号。莱布尼茨立刻联想到自己先前创立的二进制数字系统。吸收《易经》里的有关内容，他补充完善了二进制系统，并对《易经》的卦爻给出了二进制的解释与排列，以他的研究成果体现了东西文化交流的重要意义，也展现了东西方文化交流的光明前景。参见安文涛、关珠、张文珍编译：《莱布尼茨和中国》，200～201 页，福州，福建人民出版社，1993。莱布尼茨与中国文化联系过程中的主要事件有（正文中已列出的除外）：(1) 17 世纪 60 年代，已阅读了克察的《中国文物图志》和斯比索斯的《中国文学》。(2) 1666 年著有《结合论》一书，其中提到了中国文字，以此为例说明了自己的观点，后来他回忆，这一思想的产生还要早些，大约在十八九岁的时候。(3) 1669 年，起草《关于奖励艺术及科学德国应设立学士院制度论》一文，以肯定的口吻提到了中国的医学等。(4) 1675 年，写信给法国宰相科尔培，说到"欧洲传教士的几何学，正确得惊动了中国官吏"。(5) 1676 年 2 月，在巴黎作日记，设想通过俄皇彼得大帝，从西伯利亚方面与中国接近。(6) 1676 年 3 月 26 日，写作的文章中又说到了中国文字。(7) 1676 年，在汉诺威图书馆，已研究孔子学说。(8) 1679 年，他对柏林教会会长米勒印刷中国经典（即《中国孔门哲学》）的计划，发生了很大兴趣，从有关书信可知，他的中国知识已很可观。(9) 1687 年，《中国之哲人孔子》一书出版，他给茵黑森的伊伦斯特写信，称之为"在巴黎刊行的中国哲学之王——孔子的著作"，明白表示已细心阅读过此书。(10) 1689 年，游罗马，与刚从中国返回的耶稣会士闵明我邂逅，两人交往达 8 个月。以后，闵明我回中国，两人书信往来频繁。这是莱布尼茨认识和研究中国文化的一大转折。莱布尼茨曾说，与闵明我的交谈令他兴奋不已，仿佛自己也到了中国。他希望每天都能见到闵明我："我什么也不想，只一心渴望见到这位通晓东方财富的人，他定能为我们揭开已被遗忘了数个世纪的这个国家的奥秘。"(11) 1697 年 12 月 2 日，莱布尼茨在汉诺威复函感谢白晋的通信和赠书。此后两人多有书信往返，至 1702 年 12 月，计有 7 次。这些书信表明莱布尼茨对中国文化的研究已卓有成效。(12) 1697 年 12 月 14 日，莱布尼茨在给苏菲·夏洛特的信中说："我在我的门上贴了一个纸条：'有关中国动态办公室'，以便每个人都知道，人们可以向我提出了解中国最新情况的请求。"由上可知，莱布尼茨从不到 20 岁起至临死前一年，一直对中国文化非常关心。"在这 50 年间，几乎每年，甚至每月都能找到或多或少论述中国的文字资料……这些文献中涉及的范围是非常广泛的：中国语言、文字、历史、日常技术、科学思想、文学、风俗习惯、宗教仪式、政治（制度）、哲学思想与流派等等。"李文潮：《莱布尼茨〈中国近事〉的历史与意义》，载［德］莱布尼茨著，梅谦立、杨保筠译：《中国近事》，103～104 页，郑州，大象出版社，2005。

② 作为一名杰出的欧洲名人，莱布尼茨是引人注目的。以他所处的时代来看，他对中国文化的理解非常精到。他在著作《中国近事》中写道，欧洲在当代科学上超越中国，在技术上与中国并驾齐驱，但在实践哲学，即对世俗生活作出伦理和政治上的调和方面，中国超过了欧洲。莱布尼茨担忧，假如两个国家传教士的交流不是相互的，欧洲在最终面对中国时将处于劣势。他呼吁奔赴中国的基督教传教士教授中国启示宗教的行为应该和来自中国的传教士教授欧洲人自然宗教的实践相互平衡。参见［美］孟德卫：《中西方的伟大相遇》，129 页，北京，新星出版社，2007。开阔的学术视野，博大的文化胸怀，使莱布尼茨成为当时欧洲知识界中"以最大的顽强精神持之以恒地关心中国的人"。参见维吉尔·毕诺：《中国对法国哲学思想形成的影响》，385 页，北京，商务印书馆，2000。莱布尼茨掌握的有关中国的信息可能比耶稣会东方传教事务的负责人还要多些，至少我们可以说莱布尼茨是当时欧洲掌握中国情况最多的人之一。正因如此，当代法国著名学者艾田蒲说："在 1700 年前后，关注中国的人之中，莱布尼茨无疑是最了解实情、最公平合理的一个，他的著作也是惟一一部我们今天还可以阅读的著作。"［法］艾田蒲著，许钧、钱林森译：《中国之欧洲》，上册，385 页，郑州，河南人民出版社，1994。

一、为何倾心于儒教

从表面上看，莱布尼茨对中国发生兴趣，大约不出下列三个原因：（1）中国自然神学对于上帝的崇拜，与基督教的信仰以及莱氏的神学观念，恰相一致；（2）中国的道德与政治原理及其应用，正与莱氏之理想相合；（3）《周易》与莱氏的二元算术之原理，极为一致。

实际上，莱布尼茨之所以赞美中国文化，特别是儒教的理论，与他和中国的孔子生活的历史环境非常近似大有关系。对此，日本学者五来欣造在《儒教对于德国政治思想的影响》一书中，给予了充分的注意。

两人尽管在时空上相距千年，而他们生活的时代却大同小异。孔子生于春秋之时，当时的周室权威扫地，诸侯互争霸权，以致传统的精神所谓"王道"已荡然无存。在政治上，有臣篡其君者；在家庭中，有子杀其父者。最显著的例证便是鲁国。这与儒教理想中的秩序主义完全不合，而呈现着上下颠倒的混乱状态。故司马迁谓："以是自鲁大夫以下，皆僭离王道，故孔子不仕。"孔子的理想，自是希望将此混乱的社会秩序恢复到传统的状态，最后的目的在于挽回周室的权力，实现政治的、精神的统一。孔子称此为"明大意，正名分"。他之所以作春秋、论时世，不外此意。

莱布尼茨生于17世纪后半期，此时正值30年战争结束，德国完全丧失了统一，国民的文化也横遭摧残。战争使德国政治上和精神上处于分裂状态，国民陷入贫困与颓废之中，人口骤然减少，有些地方仅存1/10。工业破灭，商业减退，人民风俗粗暴无耻，贵族则流于淫靡。到处都为贫困、无知所支配，艺术也极为低下。可当时的法兰西正在路易十四统治之下，古典文学盛极一时；英国为威廉三世所统治，政治繁荣，文化优美。相形之下，优劣判然。于是，德国民族完全丧失了国民的自信力，甚至鄙弃国语，学者著述都沿用拉丁文或法文，上流阶级专习法语，德语仅为农人、婢仆所用。蔑视本国言语，其祸更甚于土地分裂，因为它可以毁灭国民的自觉。这表明，莱布尼茨与孔子在历史上所处的环境极为类似。

还需注意的是，两人的行动也呈现出一致的趋势。综观莱布尼茨的一生，其所惯用的方法，便是遇有机会即将自己的哲学观念，融入特殊的事件之中。他的一生，半为政治家，这与孔子相像。孔子在求学之外，与政治家结交，希望用哲学影响国家事务，却屡屡被拒。而莱布尼茨作为德国的顾问家，极受优待（汉诺威王朝除外）。

类似的经历，相同的使命，把东、西方的两大哲学家拉到了一块儿。莱布尼茨早年就对孔子发生了很大兴趣，并以"中国哲学之王"相称。在研究儒教的过程中，孔子的道德观及政治观，对他影响也特别大。"所以与其说他是思辨的西洋哲学者，毋宁说他是实践的东洋哲学者。"①

二、对儒教政治与道德的赞美

　　莱布尼茨对东、西方的文明进行了比较。精通一切学术的他，充分具备了公平裁判者的资格。按照他的说法，中华帝国幅员之广、人口之众，实较文明的欧洲为优；就生活上的必要技术、经验科学观察，两方都不相上下，互有特长；在思维与思辨的科学上，则欧洲较中国优越。可是一转到实践方面，欧洲人却不能与中国人相抗衡。特别是中国的道德，更为莱氏所赞美。②

　　中国的道德，以维持公共秩序为目的。所谓修身、齐家，其结果也仍旧归结到治国、平天下。秩序是社会最高的理想，社会由各阶级组成，所以提倡"长幼有序"，以从顺为最高的德性，以尊敬为道德的根本原理。对上对下，必须尊敬，是谓"贤君恭俭而礼下"。这种秩序主义的道德，在主张"自由为服从理性之力"的莱布尼茨的眼光中，当然是值得极度赞美的。所以他说：

----

　　①　［日］五来欣造：《儒教对于德国政治思想的影响》，174 页，长沙，商务印书馆，1938。为了说明莱布尼茨实践哲学中的儒家气味，我国哲学家谢扶雅别出心裁地将莱布尼茨与孔子相比，除二人同样都半是学者、半是实行家外，还就两人的身世、生活、性格、思想特点等，列出了九条相仿类同之处。其大意是：(1) 孔子和莱布尼茨皆出身书香门第而又早年丧父，都自幼聪颖和勤奋好学，不同于一般儿童。(2) 孔子"十有五而志于学，三十而立"；莱布尼茨也恰于 15 岁进入莱比锡大学，21 岁获得法学博士学位。(3) 孔子"适周，问礼盖见老子"；莱布尼茨曾赴荷兰，拜见求教于斯宾诺莎（谢扶雅认为斯宾诺莎正好可比作老子）。(4) 孔子为鲁国摄相，夹谷之会，与齐国君王"折衝樽俎"，以谋睦交；莱布尼茨作为美因茨国君助手，曾出使巴黎，试图游说法王路易十四放弃对德进攻。(5) 孔子曾受重于鲁，后来不得意而出国游历，在陈、蔡两国之间陷入被围、绝粮之困境；莱布尼茨曾是汉诺威王国布伦瑞克公爵的亲信，公爵去世后，遭受冷遇，后来出国旅行，在奥地利宫廷谋职未成，晚年处于孤寂无援之逆境。(6) 孔子周游列国，各国诸侯公卿征询政治、伦理、教育诸事；莱布尼茨在旅英、法、荷、奥、意等国期间，遍交王公君相，常在政治、教育、科学诸方面呈献建议。(7) 孔子有"子见南子"的故事，莱布尼茨则与皇后王妃来往甚多。(8) 孔子布衣清贫，"饭蔬食饮水，曲肱而枕之，乐亦在其中矣！"莱布尼茨生活孤苦，也是有名的乐观主义者，凡事都向最好的方面去想。(9) 孔子一生持"无过无不及"之折中主义；莱布尼茨则凡事不执一端，力主"调和"，例如他想调和宇宙哲学中的机械论和目的论，调和个性与社会，调和新教和旧教，调和神学和科学，以至于计划调和东西方两大文化。以上这样的类比和巧合，读来颇觉有趣，正如谢扶雅本人所说：这也许是一件很好玩的事吧！事实上，莱布尼茨 1646 年生于欧洲的德国，即我国清朝顺治三年，晚于孔子 2 207 年，对于这两位身处迥异环境、时代和文化背景的哲人，要想列举出他们之间的差异，更何止百条、千条！不过，对于上述相仿之处的类比也不能都有效了之，其中也有一些规律性的东西：聪颖勤奋，好学好思，加之经历曲折，又常处逆境，就容易产生出丰富多彩的哲学思想。而上述第九点是带有实质性的比较，确实体现出莱布尼茨思想的儒家气味，正是这种不执一端，采取折中调和的处世态度，与儒家的"中庸之道"是很合拍的。参见孙小礼：《莱布尼茨与中国文化》，162 页，北京，首都师范大学出版社，2006。
　　②　参见 ［德］莱布尼茨著，梅谦立、杨保筠译：《中国近事》，1～2 页，郑州，大象出版社，2005 年。在《关于法律的几点重要说明》(1676 年) 一文中，莱布尼茨建议在法庭上应该像中国人那样，仔细观察被告的神态与脸色变化（参见《中国近事》，162 页）。还应指出的是，后来的德国大诗人歌德 (1749—1832) 也读过大量的中国书籍，对儒家"德治"十分敬仰。他指出，中国的政治制度和道德是一致的。他说中国无论主权者还是官吏，一律遵守自然法。中国有王族、官吏、儒者等统治阶级与士、农、工、商等被统治阶级，但是没有世袭贵族的存在。最高学位大臣的子弟如果没有才能，也只得列入平民地位。政府要设立学校来教化人民，这是中国政治制度的基础，"除中国外，任何国家都不知道有此设施之必要"。在其名著《浮士德》中，他试图体现儒家"在一切事情中的严肃和节制"和讲"仁义道德"的思想。参见李世安：《儒家人权思想与西方价值观》，载孟广林主编：《历史比较的新视野——"中西历史比较研究学术论坛"论文集》，275 页，长春，吉林人民出版社，2005。

事实上，我们在中华民族之中，发现了优美的道德。即在道德上，中华民族呈现着异样的优越。在工艺与技术方面，双方可以说是平等的；就思辨的科学而言，欧洲较为优越；可是在实践哲学方面，换言之，即在生活与人类实际方面的伦理与政治，我们实不足与中国相比拟（这是一种忍耐的屈辱）。因为中国民族，在可能的范围内，相互团结以实现公共的安全与人类的秩序。这与他国的法律相比较，其优劣当不可同日而语。对于人类的害恶，由人类自身所发生的，返还到人类自身。所以人心如狼的谚语，在中国永不适合。我们的愚昧，使我们沉沦于不幸之中，同时我们自身，又创造了苦难。如果理性是一副清凉的解毒剂，那末中国民族便是首先获得此药剂的民族。中国全社会所获得的效果，较之欧洲宗教团体所获得的，更为优良。①

中国人如此服从上级，尊敬长者，以至于孩子对父母的关系就像具有某种宗教性一样。对孩子来说，任何图谋反对父母的行为，即使是言语都鲜有听闻。任何触犯者都会为他的行为付出代价，就像欧洲人的杀亲之罪一样受到惩罚。此外，同辈人之间甚或路人之间也都彼此尊重，彼此恪守一定的礼制。在不习惯受规矩约束的欧洲人看来，这些似乎有点低三下四的样子，然而对中国人来说却是通过经常实践而形成的天性，他们很乐于遵守。"我们的同胞吃惊地发现，无论是农民还是仆人，当他们必须向朋友们告别或者他们久别重逢时，都表现得如此彬彬有礼，以至于他们的行为甚至完全可以和欧洲贵族的社交举止相媲美。至于达官文士、显贵阁老之间又如何呢？他们彼此交谈时，几乎没有人出言不逊，故意伤人，也很少有人把仇恨、愤怒或激动之情表露于外。可是在我们欧洲，人们之间客气而诚恳的交谈很少会长久。随着人们的相互熟识，遵规守礼的言行和谨慎的客气就会被搁置一旁而变得随意起来，随之很快就会引起蔑视、诽谤、愤慨以至敌视。在中国恰恰相反，在邻里甚至家庭成员之间，人们都恪守一定的外在规范习俗，所以他们能一直保持着一种长久的谦恭礼貌。"②

从中国的政治中，莱布尼茨发现了他的理想。中国古代的政治哲学、尧舜政治、孔子和

---

① ［日］五来欣造：《儒教对于德国政治思想的影响》，258 页，长沙，商务印书馆，1938。"然而，昔日有谁会相信，地球上还有这样一个民族生存着，它比我们这个自以为在各方面都有教养的民族过着更具有道德的公民生活呢？但从我们对中国人的了解加深以后，我们却在他们身上发现了这一点。如果说我们在手工技能上与他们不分上下、在理论科学方面超过他们的话，那么，在实践哲学方面，即在人类生活及日常风俗的伦理道德和政治学说方面，我不得不汗颜地承认他们远胜于我们。的确，我们很难用语言来形容，中国人是如何完美地致力于谋求社会的和平与建立人与人相处的程序，以便人们能够尽可能地减少给对方造成的不适。人类最大的痛苦是由个人以及人与人之间造成的，这是一个不争的事实，'人与人相互为狼'这句话亦是再现实不过了。尽管我们已经面临着如此频繁的自然灾害，人们还是要给自己添加苦难，这特别是我们这里的一件巨大的蠢事，然而全人类亦是如此。不管以何种方式，这方式有什么不对，只要有一个民族能找到这些邪恶的解救之道，中国人与其他民族相比无疑取得了更好的方法。"［德］莱布尼茨著，梅谦立、杨保筠译，《中国近事》，2 页，郑州，大象出版社，2005。

② ［德］莱布尼茨著，梅谦立、杨保筠译，《中国近事》，3 页，郑州，大象出版社，2005。中国人的智慧、良好的道德风尚、治国安邦的原则和为人处世的准则都有它隐深莫测的哲学基础。中国的哲学不同于欧洲的思辨哲学，它是一种实践哲学。中国人的一切思想和行为，都源于他们对于"理"、"气"、"太极"、"天"等概念组成的哲学学说的理解和执行。参见安文涛、关珠、张文珍编译：《莱布尼茨和中国》，169～170 页，福州，福建人民出版社，1993。

孟子都为莱氏所崇拜，但最令他倾心的，还是康熙帝。[①] 康熙在幼年时受过相当好的教育，考试官吏时曾被誉为严格的考试官，并能正确地了解人民的科学且有正确的判断，注意欧洲科学，研究数学特别是几何学，兼有中西的学说，发现东洋文明的缺陷（缺乏数理的知识）。因此，"中国现在的康熙帝，可以说是空前的君主"[②]。"最有权力者，常常是最贤明者；最贤明者，可望其为最有权力者。"莱布尼茨的这一理想，现在居然在中国实现了，因为康熙帝是"具有圣智的权力者"，而且也是好学不倦的君主。不止这些——

> 在实际上说，此大帝国的君主，由于他自身的伟大，为人类所崇拜，一切都唯皇帝之命是听。皇帝以其圣智与德性的优越，遵守道德律，尊敬圣贤，高居上位，俯视臣下，这不值得我们敬佩吗？
>
> 还有一件不容易发现的事实，便是欧洲最伟大的君主，常常惧怕内阁或议会的反对；而中国的君主，则惧怕历史的记载和子孙的敬意。因为在中国皇帝的左右，有记载治世历史的史官；为了避免史官的不名誉的记载，所以皇帝就不得不注意自身的行动。[③]

应该承认，莱布尼茨极为赞扬中国，其赞扬的中心，又是中国的实践哲学及其运用，即中国的政治道德。赞赏贤明的君主，以之显示于欧洲君主之前，这在自命为君主的教育家的

---

① 在莱布尼茨生活的时代，世界上有三位声名显赫的伟大君王。一位是法国国王路易十四（1638—1715），1643年～1715年在位；一位是俄国的沙皇彼得一世（1672—1725），1682年～1725年在位，1721年称帝；再有一位是中华帝国的康熙皇帝（1654—1722），1662年～1722年在位。莱布尼茨对三位君王都十分崇敬，不过在崇敬之外，对每一位还别有一番不同的感情。法王路易十四令他在崇敬之中夹有畏惧、甚至反感的心理。对待彼得一世，莱布尼茨有敬佩而无惧怕心理。莱布尼茨在三位君王之中最钦佩中国皇帝康熙。通过欧洲来华传教士关于中国的报告、著作和介绍性文章，他对康熙皇帝早有所闻。1689年他在罗马逗留期间，结识了从中国返回欧洲的传教士闵明我。从闵明我那里，他更详细地了解到中华帝国及其统治者康熙皇帝各方面的情况。在两人的交谈中，闵明我以钦佩的口吻对康熙皇帝的仁慈和智慧大加赞美：他具有"言行公正、对人民仁爱备至、生活节俭自制等美德"，"他38岁仍乐意接受欧式教育"，"求知欲望强烈到简直难以置信的地步"，常与闵明我"一天三四小时幽闭一室，如同师生相对，摆弄机械仪器，共同钻研书籍"；"能掌握欧几里得几何学、三角学算法并且可以用数学表示天文现象"，"还亲自编写数学教科书，以期亲手将这一重要学科的基本知识传授给自己的子孙后代，使智慧在整个帝国和他自己的家族内得到继承"。由此，莱布尼茨对康熙皇帝油然而生敬仰之意。1697年，回国述职并招募传教士的法国传教士白晋向法王路易十四呈递了一份秘密奏折，后来公开发表，名为《中国当朝皇帝传》。莱布尼茨读了这部关于康熙帝的传记性文章，他的脑海里形成了中国和康熙皇帝的完整而美好的形象。这里所说康熙亲自编写的数学课本，就是指我们现在在图书馆里能看到的清圣祖康熙编《数理精蕴》一书，共分45卷。1935年，此书收入王云五主编的《万有文库》，分上、下两卷，由商务印书馆出版。上卷有中国的河图、洛书、周髀经解，对欧几里得《几何原本》的介绍等；下卷有算术、代数、三角等。参见安文涛、关珠、张义珍编译：《莱布尼茨和中国》，163～164页，福州，福建人民出版社，1993；孙小礼：《莱布尼茨与中国文化》，67、112页，北京，首都师范大学出版社，2006。

② ［日］五来欣造：《儒教对于德国政治思想的影响》，259页，长沙，商务印书馆，1938。

③ ［日］五来欣造：《儒教对于德国政治思想的影响》，259页，长沙，商务印书馆，1938。"有谁不对这样一个帝国的君主感到惊讶呢？他的伟大几乎超越了人的可能，他被人们视为人间的上帝，人们对他的旨意奉行无违。尽管如此，他却习惯于如此地培养自身的道德与智慧；居位人极，却认为在遵纪守法、礼贤下士方面超过臣民才是自己的本职。难以理解的是，所有人君中最伟大的、在现世无所不能的统治者，竟对后世在史书中的评价畏敬三分，而且他对史书评价的畏惧远远超过对其他国王、王公大臣的畏惧。因此，他小心翼翼地躲避任何有碍自己在位声誉的行为，以防史官把他不光彩的言行记录入皇家秘密的档案内。中国的当朝皇帝康熙更是如此。尽管这位几乎是举世无双的君主对欧洲人怀有极大的好感，他还是不敢与文武大臣的建议作对，恩准欧洲人合法而公开地传播基督教，直到基督教的神圣性得到确证。在这个问题上，我认为康熙一个人比他的所有臣下都更有远见，因为他试图把欧洲文化与中国文化结合起来。"［德］莱布尼茨著，梅谦立、杨保筠译：《中国近事》，3～4页，郑州，大象出版社，2005。

莱氏目光中，不能不认为是一种当然的举动。

三、中国文化对于西方文化具有互补作用

莱布尼茨指出："中国是一个大国，它在版图上次于文明的欧洲，并且在人数上和国家的治理上远胜于文明的欧洲。在中国，某种意义上，有一个极其令人赞佩的道德，再加上有一个哲学学说，或者有一个自然神论，因其古老而受到尊敬。这种哲学学说或自然神论是自从约三千年以来建立的，并且富有权威，远在希腊人的哲学很久很久以前。"① 对这样拥有权威的思想，而脱离野蛮状态不久的欧洲后进者竟加以蔑侮，在莱氏看来，实为鲁莽之举。当然，在思维与思辨科学、军事领域等方面，欧洲远胜于中国，"可是我们绝不能以此为自满；因为依据文明生活的纲领，在此世界上，尚有凌驾我们之上的民族存在"②。中国的政治道德就令西人相形见绌。

东、西方文明长期以来不相闻问，为了使人类文化相互交流和补充，莱布尼茨对传教士的行为高度赞扬，称两大文明现在居然有了相互接触的机会，这自然应认为是一个奇迹。1697 年 12 月 2 日，他在致凡奇斯（Vergus）的一封信函中，有这样一段记载：

> 对于传道的举动，我认为是现代的一最大事件。无论为了神的光荣，为了人类的一般幸福，或为了中国与欧洲的私学与艺术的功绩，都要算首屈一指。因为一方面，它可以将数千年中国人努力的结果输入欧洲，同时，也可以将欧洲的输入中国；这样，双方便可增进真正的财富。传道是一件出乎我们想象以外的事情。不过如果不经过长时间的岁月，恐怕也很不容易收获效果。③

莱布尼茨甚至希望中国也能派出传道士去欧洲，因为"肯定无疑的是，中华帝国之大，本身便决定了它的重要性；作为东方最聪明的民族，中华帝国的声望是卓越的，其影响被其他民族视为表率"④。而相比之下，

> 在我看来，我们目前的情况，道德腐败，漫无止境，我几乎认为有必要请中国派遣人员来教导我们关于自然神学的目的及实践，正如我们派遣教士到中国去传授上帝启示的神学一样。因为我相信，如果任用哲人担任裁判，不是裁判女神的美，而是裁判人民的善，他一定会把金苹果奖与中国人。除非我们把基督教的神圣礼物——一种超人的美德，传授给他们，从这一点上来显示我们高出于他们之上。⑤

对于中国文化，他并没有流于一概否定和全盘肯定的时俗，只不过从文化交流和互补的需要出发，更倾向大力介绍中国文化的优点，自信"如果能够给它以一种正确的意义，那将是非常合理的"；"我给中国官方权威的信条以合理的意义，而从中抽出来的东西是更为可靠

---

　① ［德］莱布尼茨：《致德雷蒙先生的信：论中国哲学》，庞景仁译，载柳卸林主编：《世界名人论中国文化》，139～140 页，武汉，湖北人民出版社，1991。

　② ［日］五来欣造：《儒教对于德国政治思想的影响》，257 页，长沙，商务印书馆，1938。

　③ ［日］五来欣造：《儒教对于德国政治思想的影响》，255～256 页，长沙，商务印书馆，1938。

　④ ［德］莱布尼茨著，梅谦立、杨保筠译：《中国近事》，13 页，郑州，大象出版社，2005。

　⑤ ［德］利奇温：《十八世纪中国与欧洲文化的接触》，71 页，北京，商务印书馆，1962。参见［德］莱布尼茨著，梅谦立、杨保筠译：《中国近事》，5～6 页，郑州，大象出版社，2005。

的，并且很好，可能被视为恭维之辞"①。

莱布尼茨在《中国近事》一书的导论中，先是叙述在东、西方两大文明的接触，其间殆有神助；同时又暗示着俄罗斯人担负介绍东、西文明的使命："人类最伟大的文明与最高雅的文化今天终于汇集在了我们大陆的两端，即欧洲和位于地球另一端的——如同'东方欧洲'的'Tschina'（这是'中国'两字的读音）。我认为这是命运之神独一无二的决定。也许天意注定如此安排，其目的就是当这两个文明程度最高和相隔最远的民族携起手来的时候，也会把它们两者之间的所有民族都带入一种更合乎理性的生活。我相信，这绝不是偶然的，即借助其辽阔疆土把中国同欧洲连在一起，并统治着北冰洋沿岸那些北方不文明的地区的俄罗斯人，正是通过他们当今的统治者（彼得大帝）和教会牧首的精诚努力，就像我所说的那样，致力于仿效我们的功绩。"② 他多次与俄国联系，希望在莫斯科也设立一个学会，来联系西欧及中国的文化。1711 年，俄皇以莱氏为顾问，曾 3 次召见，并听从莱氏的计划，设立学士会，成为俄罗斯教育的中心机关。历史的发展证明莱布尼茨是有远见的，在东、西方文化交往中，俄国（包括后来的苏联）扮演了极为重要的中介的角色。

莱布尼茨赞美中国道德政治的结果，便希望在中国寻求圣智，并主张欲达到此目的，须以俄罗斯为中介。这一种思想，在他死前的 30 年，即蕴藏于心中。所以法国巴鲁齐曾说："中国是莱氏的指导精神"③。不仅如此，"18 世纪欧洲所以能盛行儒教，甚且称孔子为欧洲的守护尊者，大部分还是由于莱氏赞美的结果"④。

随着时间的推移，《中国近事》中的事情已不是新事，它们日渐成为历史上的旧事。但是，无论在西方还是东方，人们都希望从这本书中，特别是从莱布尼茨亲自撰写的长篇绪论中，了解他对中国以及各种有关事情的独到见解。

进入 20 世纪以后，逐渐诞生了《中国近事》的多种文字的译本。据知，在 1926 年（日本大正十五年）有了日译文本（坂口昂译）；在西方，1956 年有了法译文本（Bornet 译），1957 年有了英译文本（Lach 译），1979 年由德中协会编译出版了德译文本。莱布尼茨编辑此书的拉丁文手稿，如今还保存在德国汉诺威的莱布尼茨档案馆里。

1997 年 10 月，由德国莱布尼茨协会副主席、柏林工业大学哲学系教授汉斯·波塞尔发起，召开了纪念莱布尼茨所编 *Novissima Sinica* 一书出版 300 周年的国际学术研讨会，他在开幕词中指出："中西合作无疑将会促进科学技术的发展、人类的进步、生存条件的改善。

---

① 转引自忻剑飞：《世界的中国观》，176 页，上海，学林出版社，1991。

② ［德］莱布尼茨著，梅谦立、杨保筠译：《中国近事》，1 页，郑州，大象出版社，2005；［日］五来欣造：《儒教对于德国政治思想的影响》，256 页，长沙，商务印书馆，1938。德国汉学家弥维礼认为，没有任何人像莱布尼茨那样如此毫不掩饰地惊叹赞美中国，也没有任何人像莱布尼茨那样对于古代的人类文明交汇于欧亚大陆最两端报以如此强烈的期望。"借助于某种天意的安排，我相信，人类两种文化和精美的艺术今天集中在我们大陆的最两端，集中在欧洲和中国，中国正如同欧洲一样，以它文化的灿烂辉煌装点着世界另一端的边界。当这样构成的和如此远隔的两个民族拉起手来时，人们必须相信，是最崇高的天意引导着被她所分离开的人民渐渐地趋向于他们共同的生活途径。"（《中国近事》，序言）莱布尼茨坚信，无论中国，还是西方都有相互补充的需求，都应该相互学习。而莱布尼茨所一直期待的，看来正是能显示这种相互学习过程必将到来的标志。莱布尼茨确信，中国和欧洲之间的所有人民一定能在人类文化及其和谐的交流方面走向前所未有的高度。参见安文涛、关珠、张文珍编译：《莱布尼茨和中国》，序 2 页，福州，福建人民出版社，1993。

③ ［日］五来欣造：《儒教对于德国政治思想的影响》，262 页，长沙，商务印书馆，1938。

④ ［日］五来欣造：《儒教对于德国政治思想的影响》，242 页，长沙，商务印书馆，1938。

但不要忘记的是，莱布尼茨的大同思想还有另一含义，这就是大同的条件是保持文化的多样，促进文化的多样发展。"① 在其撰写的论文《莱布尼茨的〈中国近事〉与欧洲对中国的兴趣》的结束语中，他这样总结道："莱布尼茨描绘的中国的图像是不完整的，甚至有错误。自认为居宇宙之中的这个国家、这个国家的帝王、政治制度以及道德设想均被莱布尼茨理想化了。尽管如此，从能够将所有人结为一体的理性出发，以由此产生的自然哲学为基础，承认另外一个与自己的文化完全不同的文化亦有自己的独立性、独立权，莱布尼茨是第一人。这样来看，莱布尼茨不仅早出欧洲几百年，亦早出中国数个世纪，提倡通过知识的交流促进知识的增长，改善人类的生活条件，同时又保证不同文化的个性，保持文化的多元与多样性，在多极中求和谐。莱布尼茨的这一思想是值得我们重视的。在《中国近事》发表三百年的今天，没有什么事情比在理性与多元中求和谐更重要。"②

第二节
沃尔夫：孔子的殉道者

　　沃尔夫（Christian Wolff，1679—1754）是18世纪德国哲学家、数学家。1706年，经由莱布尼茨的推荐，在哈勒大学教授数学，三年以后其兴趣转向哲学，从此开始了对中国哲学的研究。他是莱布尼茨哲学理论的承继者，使莱氏的哲学进一步系统化，而且用条理清晰的语言使之广为传播。其主要著作有《关于人类理智能力的理性思想》（1719年）、《关于人类行为的理性思想》（1724年）等。

　　沃尔夫一度在德国思想界占据统治地位。人们往往把他与老师莱布尼茨连在一起，尽管他本人拒绝"莱布尼茨－沃尔夫哲学"的提法。沃尔夫之所以获得如此盛大的声音，除其严格的唯理论外，"相当大的一个因素却正是继承了莱布尼茨对中国哲学的浓厚兴趣，而导致了一场命运攸关的事件"③。1721年7月，沃尔夫在哈雷大学作了一篇赞美中国哲学、题为《中国人的实践哲学》的演讲。演讲宣扬唯理论观点，以孔子的道德教训为例，证明人的理性凭自身的努力即可达到道德上的至善。沃尔夫的言论中显然隐含着这样一层意思：无神论者和异教徒在日常生活中完全可以是道德高尚的人，一如基督教的信徒。这种极具挑战性的反基督教思想，触怒了哈雷大学神学部的教授们。这些神学家立即开会，对沃尔夫的报告提

---

　　① 纪念莱布尼茨《中国最新消息》发表三百周年国际学术研讨会在柏林举行。
　　② 李文潮等编：《莱布尼茨与中国》，12页，北京，科学出版社，2002。莱布尼茨希望在人类的实际生活中人与人之间皆能和谐相处，这一愿望始终是人类所要追求的目标。1793年9月，当时的法国总统乔治·蓬皮杜来中国进行友好访问，他在答谢晚宴的祝酒词中就说到："如果哲学家们允许我把莱布尼茨的一个词用在政治上的话，法中友谊的目标就是'世界和谐'，尽管达到这个目标还需要克服许多困难。"孙小礼：《莱布尼茨与中国文化》，181页，北京，首都师范大学出版社，2006。
　　③ 忻剑飞：《世界的中国观》，181页，上海，学林出版社，1991。1711年，沃尔夫在学术杂志上发表了一篇评述卫方济谈中国与印度数学及哲学的文章。第二年，又发表了一篇评述卫方济的《中国典籍六种》的长文。这两篇文章虽不能说明他的哲学思想受到了中国哲学的影响，却可以充分说明他对中国哲学已经有了初步的了解。参见许明龙：《欧洲18世纪"中国热"》，230页，太原，山西教育出版社，1999。

出 27 条谬误，并当面质询，甚至把状告到国王腓特烈·威廉一世那里。国王于 1723 年 11 月 8 日下诏，命沃尔夫 48 小时之内离开哈雷和普鲁士，从而上演了 18 世纪西方哲学史上尽人皆知的一场丑剧①。这倒成全了沃尔夫，使其人其说声名大振。据统计，学术界就此事而展开笔战的文章多达两百余篇，其中支持沃尔夫的为七十多篇。② 此外，在沃尔夫的启发下，另有几位德国学者对中国哲学展开了更深入的研究。瑞典国王、彼得大帝纷纷向沃氏发出聘书。到 1739 年，腓特烈·威廉一世已有反悔之意，让普鲁士各大学都讲沃尔夫的哲学；而至 1740 年，腓特烈·威廉二世（史称腓特烈大帝）即位，干脆把沃尔夫请回了哈雷大学，并委以宫中顾问和柏林学士院的职务。③ 这就使他的理论体系得以雄踞德国思想界。可以想见，他还会经常谈到中国文化。

1750 年，沃尔夫发表了第二篇关于中国的重要论文《论哲学家国王和以哲学治国》，文中高度赞扬中国的开明君主制，称中国最早三位君主建立的政体是世界上的最佳政体，数千年来一直行之有效，至今依然兴旺发达，而其他一些君主政体已经衰落或即将衰落。文中还说，中国的统治者提供了在一个幅员广大的国家进行统治而少有失误的范例，究其原因，便是这些统治者是哲学家，或者说哲学家当了皇帝，这些皇帝不搬用他国的做法，而以哲学规范政府的行为，按照治家的方法治理国家。④

沃尔夫把中国哲学作为世界上最古老的哲学，认为欧洲哲学中绝没有可以同中国道德政治学说相比的东西。

重农学派对于沃尔夫的哲学思想评价极高，将他视为"孔子的殉道者"⑤。

---

① 法国思想家伏尔泰对这件事在其《哲学辞典》"论中国"中有以下一番十分生动的描述：著名的哈雷大学数学教授沃尔夫有一天做了一次精彩的演讲，夸赞中国哲学。他赞扬这个须发五官皆与我们不同的古老人种，我是说，他赞扬中国人尊崇上帝，热爱美德……要知道，这个沃尔夫把成千上万名各国学生吸引到了哈雷。在同一所大学中还有一个名叫朗格的神学教授，却一个学生都招引不来。此公因为在讲堂中独自受冻而颇感窘迫，于是自然就想败坏数学教授沃尔夫的名声。按照此类人的惯例，他当然就控告沃尔夫不信上帝。欧洲某些作家从来未去过中国，却认定北京政府是无神论者。沃尔夫夸赞北京的哲学，沃尔夫就是无神论者。嫉妒加仇恨从未推出过比这更妙的三段论：朗格的意见得到一群狐朋狗友和一位保护者的支持，当地王侯也确认那是最终裁决，正式要求数学家在两种处理办法中任择其一：或者在二十四小时内离开哈雷，或者被绞死。沃尔夫理智健全，当然一走了之。转引自孟华：《伏尔泰与孔子》，87～88 页，北京，新华出版社，1993。

② 参见劳端纳：《沃尔夫对中国的倾慕》，载《思想史杂志》，第 14 卷（1953 年）。转引自许明龙：《欧洲 18 世纪"中国热"》，231 页，太原，山西教育出版社，1999。

③ 腓特烈·威廉二世继承王位之前，就爱好哲学，还师从沃尔夫的一位学生学习哲学，对沃尔夫的哲学思想很赞赏。他说过这样的话：哲学家应以说理海世，君主则应以身作则而范世。他因之而得到了"哲学王"的荣称。在继承王位那年，他就为沃尔夫平反，并聘请沃尔夫返回哈雷。伏尔泰认为这是好事，为此对他表扬，并用拉丁文写道："沃尔夫教学，哲学王治国，德意志拥戴他。"秦家懿编译：《德国哲学家论中国》，57～59 页，北京，三联书店，1993；［德］夏瑞春编：《德国思想家论中国》，编者后记，南京，江苏人民出版社，1989。

④ 参见许明龙：《欧洲 18 世纪"中国热"》，231～232 页，太原，山西教育出版社，1999。

⑤ 此系米拉波的评价，转引自［日］五来欣造：《儒教对于德国政治思想的影响》，303 页，长沙，商务印书馆，1938。"第一个赞颂中国的启蒙思想家是德国人克里斯蒂安·沃尔夫……他认为，中国的实用哲学（也就是儒家哲学）包含了一种既有逻辑一致性，又能给个人和社会提供实际利益的理性伦理。沃尔夫和后来的法国启蒙学家都认为，儒学能够建构一种理想的政府形式。更进一步来说，儒学证实了他们的信念，即确信存在一种非基督教的道德。"［美］孟德卫：《1500—1800：中西方的伟大相遇》，170 页，北京，新星出版社，2007。

一、沃尔夫的道德政治论与儒教的关系

在沃尔夫的道德论中，义务占重要的地位。他把义务分为三类，即对自己的义务、对他人的义务和对神的义务。主张人类在道德上的平等，完全由于义务与权利的同一；一切的人，具有同等的权利与义务，所以，如果某人给他人服务时，则他人亦须为某人服务。于是，从权利上说，他人不愿意帮助我们，我们也无须帮助他人；反之，他人愿意帮助我们，我们也须帮助他人。"这样，沃氏以人类的平等观念为出发点，而达到了孔子所谓忠恕的观念。这就是义务本位的自然法，同时，也是混同法律与道德的必然结果。"① 沃尔夫的道德纲领是"严格履行自己的义务，以完成自己及他人；在一般幸福的增进中，不要忽略了自己的幸福"。由此可知：

> 自己的完成与社会中人的完成之间，有一种连带关系，在自己的幸福与社会全体的幸福之间，存在着一种调和。这与儒教的修身、齐家、治国、平天下的原理完全一致。②

在这里，更要注意的是沃尔夫在《自然法》一书中，专设"君主与臣民之义务"一章，据说是沃氏承受儒教影响的表现。③ 概而言之，沃尔夫把"君主与臣民的义务"分为三方面：(1) 君主之德。君主位于臣民之上，且有极大权力，所以应受一切德行与信仰的熏陶。为了保持恒久不变的善良意志，君主有爱护人民的必要。(2) 君主不能滥用权力。要使国家有良好的统治，帝国的主权与横暴的权力，绝不能混同。所以君主应了解君主权的正当使用，同时，更应遵守国家的根本法典。(3) 臣民服从的义务。主权的行使，任何人不能认为无效，所以主权是不可抵抗的。在君主应有主权的范围内，人民绝不可以抵抗。但对于违反政治规则的权力，可以抵抗或废止。"如果君主的命令，有违反及禁止自然法时，人民就没有服从的必要"；"君主如有强夺人民或贵族的权利的行为，人民可以反抗君主或废除君主。"

在中国，儒家强调"为政以德"、"为政在人"，提倡"仁政"，反对"苛政"。孔子初步提出反抗苛政罪不在民的观点。他指出："不教其民，而听其狱，杀不辜也；三军大败，不可斩也；狱犴不治，不可刑也；罪不在民故也。嫚令谨诛，贼也；今生也有时，敛也无时，暴也；不教而责成功，虐也。"④ 仁政学说中蕴涵着深刻的抵抗哲学。至孟子，抵抗思想便锋芒毕露，锐不可当："不教民而用之，谓之殃民。殃民者，不容于尧舜之世。"⑤ 他还进一步将孔子的反抗暴政无罪论思想发展成为反抗暴政的权利论。针对殃民、虐民的暴君暴政，孟子大声号召："夫民今而后得反之也。"⑥ 所谓"得"的意思是指反抗暴政应当成为人民的合法权利。先秦儒者从良心人格和仁政德治的观念出发，提出了抵抗的诸多形式——个人有权拒绝为暴政暴君服务；发生滥杀无辜时，个人可以远离暴政暴君、易位和放逐暴君、诛暴君、诛独夫。

---

① ［日］五来欣造：《儒教对于德国政治思想的影响》，305～306 页，长沙，商务印书馆，1938。

② ［日］五来欣造：《儒教对于德国政治思想的影响》，308 页，长沙，商务印书馆，1938。

③ 五来欣造认为伯伦智理持此看法。参见［日］五来欣造：《儒教对于德国政治思想的影响》，313 页，长沙，商务印书馆，1938。

④ 《荀子·宥坐》。

⑤ 《孟子》。

⑥ 《孟子》。

应该承认，沃尔夫的思想与儒家学说具有相通之意。因此，伯伦智理有言道：

> 沃尔夫将君主与臣民的义务，特辟一章。他叙述君主与人民的关系，大抵来自中国人的国家学与孔子的著述。[①]

二、一切道德政治，都不能与中国人的原则相比拟

沃尔夫的演讲《中国人的实践哲学》分为三大部分。第一部分叙述中国政治及道德即实践哲学的发达史，并阐明孔子的地位。第二部分比较儒教与基督教，认为前者以自然性为基础，后者以神的恩惠为基础。但两者不相冲突，甚至相反相成，所以理性可以与信仰互相调和、补合。第三部分论述中国人的道德原理——理性主义与他的主张正相符合，特别表现在教育方面。

（一）孔子的地位：中国圣智的复兴者，而不是创作者

在演讲中，沃尔夫开头便主张儒教是中国国民的传统，并非是由孔子所创。"中国人的圣智，自古以来，即为世人所夸耀；中国政府的根本法，也为世人所赞美。可是中国人的圣智与政治思想，如果依照普通的眼光来判断，并不值得那样的赞美。在欧洲，我们都以为孔子是优秀思想的创造者。不过从中国整个的历史来观察，实际上并不如是。在孔子以前，中华帝国人已经呈现出非常繁荣的状态。"[②] 中国君主对于他们的臣民，都以身作则，而产生了最完全的法则。中国的学者们，在文明开始时代，引导国王、贵族以及臣民的子弟进入道德之域。"一言以蔽之，君主与臣民之间，已经发生了光辉的德性的竞争。中国最古的君主，都是哲学家。柏拉图以为幸福的国家，应该由哲学家来支配。中国人便是此原则的实行者。在国王的光荣系列中，最初的是伏羲。他创立了中华帝国，同时也创造了文字。其后继者是神农、黄帝、尧、舜，一直到夏、殷、周三代，都能坚持最完全的法律与政府。"[③]

沃尔夫认为，孔子是在一个极其紊乱的状态中——庄严的宝座，脱离了智与德的光辉的领域；优美的法律，为人们所蹂躏；少年与青年所受的教育，完全丧失了光辉；人民沉溺于柔弱与享乐中——出现的。孔子是一个德智兼优的人物，而且也是祖国的恢复者。他的救世是着重权力，且使人民遵守权力。他是一个学者，所以其使命便是履行学者的职务。他不能为所欲为，但在可能的范围内，他总是尽自己的能力。孔子有伟大的天才，他要使道德容易实行，对于一切细事，总不轻易放过。在中国人的精神中，有一种牢不可破的传统见解，由古代哲学家兼君主所创立的，这便是君主的言行与实例，是人民行为的典范。中国古代的君主，大抵都有高尚的道德、贤明的政治，所以孔子便阅读他们的历史，并摘录一切与善良生活、风俗有关的事项，希望能对当时的社会有所贡献。他自己虽已到达完全之境，可并不以此自满；他招收了三千弟子，使他们都能留传后世。总之，

> 孔子是中国圣智的复兴者，并不是创造者。不过孔子的政治首先的体系，如果没有伟大的天才与独创的特色，而仅仅享受一些空虚的赞美，那么，近代的中国人，决不会对他那样尊敬的。孔子有弟子三千人。中国人尊孔子，正如犹太人尊崇摩西……基督徒

---

① 转引自［日］五来欣造：《儒教对于德国政治思想的影响》，313 页，长沙，商务印书馆，1938。
② ［日］五来欣造：《儒教对于德国政治思想的影响》，320 页，长沙，商务印书馆，1938。
③ ［日］五来欣造：《儒教对于德国政治思想的影响》，320 页，长沙，商务印书馆，1938。

尊崇基督一样。①

(二) 中国道德与理性相结合

几百年来，西方人一直赞颂着中国哲学。沃尔夫提出，要想进一步研究中国哲学的基础，那么必须有一块能去伪存真、正确评价真的试金石——自身包含有基础的东西是真，自身不包含有基础的东西就是伪。运用这块试金石来判断，中国哲学的基础有其大真。

> 首先要注意的一点是：中国人并不强迫人有所为。他们认为，对于培养道德风尚，至关重要的是与人的理性相吻合，他们所做的每一件事情，其根据都在人的自然性中。因此我们就不必感到惊奇，为什么他们做点什么总是一帆风顺。②

沃尔夫谈到古代中国人促进道德风尚仅仅运用自然性力量，这种力量不以敬神为基础，因为他们对万物的造物主、对自然的理性以及神灵的启示一无所知。中国人是如何充实这种自然性的力量的？

沃尔夫认为，人的理性不完善的一面如同一个泉眼，从里面源源不断地流出恶习、耻辱和罪恶。可是中国人的目光从不盯在这方面，而总是注意理性的完善的一面，这样就可以认识自身自然的力量，从而达到自然力量所能让他们达到的高度。道德昌盛，其对立面恶习必亡。不言而喻，人的自然性在于，对于他所认为是善的东西，他非扬不可，对于他所认为是恶的东西，他非弃不可。善的东西，不但不会给人们的心境带来不幸，反而会使之宁静平和；恶的东西，则会使一切纠缠不清，上下颠倒，频生不幸。因此，能预见善恶的人，以善行的结果为快乐。只要一个人坚持根据理智作出判断，那么恶只会在其心中带来厌恶和反感，于是，人们的内心有一种热望：认识到了善，就努力追求；认识到了恶，就竭力避免。这种热望绝不会超出人的记忆力和理智，因为只有这样，人们才能常常想起它且时刻不忘。总之，自然的力量可以培养道德，消除恶习。"中国人善于正确运用自然的力量，因此，在道德才智方面享有崇高的名誉，他们以自身的例子表明，运用这种力量不会徒劳无功。"③

在沃尔夫看来，中国人注意理性与道德相结合，注意道德培养，其做法值得称颂：

1. 清楚地认识到在道德的大路上，人应当不断奋进。"中国人不论面临什么样的情况都以前师为榜样，他们教导后世：只有在达到至高无上的完善时，人才能停下脚步，这就是说，人绝不会停留在任何水平上……这就是源泉，正是从这个源泉中汩汩流淌出了中国人的哲学、中国人的聪明才智！"④

---

① ［日］五来欣造：《儒教对于德国政治思想的影响》，322 页，长沙，商务印书馆，1938。沃尔夫对孔子给予很高的评价："即使不能把孔子看作是中国智慧的创始者，那么也应该把他视为中国智慧的复兴者。孔子的所作所为并非为了沽名钓誉，而是出于希望百姓幸福安康的爱。孔子虽然没有提出什么新的治国处世的准则，可他以其深邃的哲理自古至今都享有崇高的威望。"［德］夏瑞春编：《德国思想家论中国》，39 页，南京，江苏人民出版社，1989。

② ［德］沃尔夫：《关于中国人道德学的演讲》。转引自柳卸林主编：《世界名人论中国文化》，157 页，武汉，湖北人民出版社，1991。

③ ［德］沃尔夫：《关于中国人道德学的演讲》。转引自柳卸林主编：《世界名人论中国文化》，159 页，武汉，湖北人民出版社，1991。

④ ［德］沃尔夫：《关于中国人道德学的演讲》。转引自柳卸林主编：《世界名人论中国文化》，160 页，武汉，湖北人民出版社，1991。

中国人也主张人类应努力于自己的完全与他人的完全，以达最高的限度；可是要达到最高限度，在事实上是不可能的，所以人类每日对于到达德的最高度，应有不断的进展；同时，应指导他人倾向到这方面来，中国人行动的最后目的，便是最高的完全。所以中国人的学说，已经包含了自然法的全部要领。①

2. 人人潜心于知识。"中国人值得称颂的地方还有：他们总是出于一定的学习目的去掌握知识，而且从不放过任何一种能促进学习的东西。他们努力使掌握到的知识为己所用，并始终着眼于能为获得幸福作大贡献的东西上。因此，在幸福的年代里，在整个中国，人人潜心于知识，人的理性要求他们这么做，人的生命的其他属性要求他们这么做。"②

3. 既制定道德规范，又培养道德习惯。"中国人还有一个值得称赞的地方是：他们不仅仅是制定道德规范，他们还培养学生养成道德习惯，使他们的品德合乎规范。"③ 沃尔夫提到比利时耶稣会士卫方济曾花20年时间整理中国人的重要著述，并把四书译成拉丁文，其中有孔子的一篇价值很高的文章。文章论述了成年人必须学习的儒教，还提到了大学，或者说是成人学校。沃尔夫还发现，中国哲学家用一种独特的方式鼓励学生仿效前人。"他们在向学生们谈论那些德高望重的伟人的时候，只讲述那些非常了不起的功绩，于是，学生们在一番敬佩之后开始思索，是什么动机促使他为人们作出了这些功绩。如果冥思苦想仍不得其解的话，老师便把答案告诉学生，以此教育他们遇到类似的情况时应如何仿效前师。"④ 另外，中国人用"做好事能带来荣誉"的方法，激励、促使人们以日益高涨的热情不懈地追求崇高的目标，这种方法吸引了众多仁人志士以自身的博学多才作出无数丰功伟绩。"当然，这种荣誉并非朝夕可得，但它可以增强人们努力进取的信心"。"中国人还以古代帝王和哲学家的行为为准则，激励人们去作出同样的丰功伟绩。一个人如果具有强烈的荣誉感，他就会努力去赶上，进而超过那些已经功名天下的人。"⑤

4. 非常重视风俗习惯。沃尔夫认为，风俗习惯对道德品质的培养极为有益。"在古代，中国人有很多风俗习惯，在人人必上的小学里，学生都要受到这方面的教育。中国人非常重视风俗习惯，因此，在中国五位大圣人的重要著述中，有一本就是专述风俗习惯的。"⑥ 而耶稣会士卫方济没有翻译此书，分明是不重视。"不过我认为，这本书还是有一个译本为好，我敢肯定，在书中我们能得到的东西会比我们想要得到的东西多得多。"⑦ 沃尔夫还举例说明中国人的风俗习惯是很有道理的。以前，在中国繁荣昌盛的时候，孕妇不准看丑陋的东西，

① 参见［日］五来欣造：《儒教对于德国政治思想的影响》，330页，长沙，商务印书馆，1938。

② ［德］沃尔夫：《关于中国人道德学的演讲》。转引自柳卸林主编：《世界名人论中国文化》，161页，武汉，湖北人民出版社，1991。

③ ［德］沃尔夫：《关于中国人道德学的演讲》。转引自柳卸林主编：《世界名人论中国文化》，161页，武汉，湖北人民出版社，1991。

④ ［德］沃尔夫：《关于中国人道德学的演讲》。转引自柳卸林主编：《世界名人论中国文化》，163～164页，武汉，湖北人民出版社，1991。

⑤ ［德］沃尔夫：《关于中国人道德学的演讲》。转引自柳卸林主编：《世界名人论中国文化》，163页，武汉，湖北人民出版社，1991。

⑥ ［德］沃尔夫：《关于中国人道德学的演讲》。转引自柳卸林主编：《世界名人论中国文化》，164页，武汉，湖北人民出版社，1991。

⑦ ［德］沃尔夫：《关于中国人道德学的演讲》。转引自柳卸林主编：《世界名人论中国文化》，165页，武汉，湖北人民出版社，1991。

不许听下流的话语。晚上，瞎眼的主子在音乐的伴奏下（这样可以区别音调）对孕妇唱两首从唱本里挑出的歌，内容关乎家庭礼仪管教，然后再给她讲一些令人肃然起敬的事情，这样做的目的就是最终使孕妇生出一个理智健全的孩子。这种习俗同健全的理智是相应不悖的。中国人非常清楚，心灵和身体互为一体，二者相合天衣无缝。所以，"不会有人怀疑，古代中国人为怀孕的妇女规定的上述习惯有着理智的基础"①。

　　一般人都主张因言语的困难，不能研究中国的科学，可是这并不是一件不幸。因为在欧洲学派中，可以弥补这种缺憾。这种论调，实在不能不认为是大胆的妄论。如果经过深刻的研究，便会觉得一切道德政治，都不能与中国人的原则相比拟。在孔子的著述中，固然有方法论上的缺点，同时也缺乏欧洲人那样的雄辩。可是我们如果能够了解他们的原则，同时能够辨别他们的目的，即地上的政府与天上的政府相似，建立于坚固不动的原则之上，那么，便可以发现他们的见解是最深刻的，他们的思想是最崇高的。②

　　总之，德意志启蒙专制主义的理论家之一的沃尔夫，希望在儒教学说中，能找到真理与实例。应该说，他做到了，并且发现"中国人的哲学基础同我个人的哲学基础是完全一致的"③。

　　沃尔夫对中国的倾慕几乎达到了伏尔泰的程度，他对同时代人产生了巨大影响，其中一些人赞同他对中国的态度，也有一些人嘲笑他对中国的议论缺乏客观依据，因为他的全部材料都来自耶稣会士。他对中国的态度还直接对普鲁士国王腓特烈二世产生了影响。这位国王在还是王子那儿，有一位老师名叫约翰·戴商（1709—1769），他是沃尔夫的学生，戴商曾把沃尔夫的《中国的实践哲学》一文译成法文，送给这位喜欢法文的王子阅读。王子继承王位之后，收到了沃尔夫献给他的《论哲学家国王和以哲学治国》。国王在回函中称赞沃尔夫的贡献，并表示哲学家应以理诲世、君主应以身垂范。后来，这位国王果然被伏尔泰誉为哲学家国王，并被许多人视为欧洲少有的开明君主。④

第三节
赫尔德：在一切领域反"中国癖"

　　赫尔德（Johann Gottfried Von Herder，1744—1803）是 18 世纪后半叶德国历史学家、哲学家、文艺批评家。其著述很多，主要有《论语言的起源》（1772 年）、《关于人类历史哲学的思想》（1787 年）等。正是在《关于人类历史哲学的思想》这部名著中，他论及了东方和中国。

―――――――――――

① ［德］沃尔夫：《关于中国人道德学的演讲》。转引自柳卸林主编：《世界名人论中国文化》，166 页，武汉，湖北人民出版社，1991。

② ［日］五来欣造：《儒教对于德国政治思想的影响》，330 页，长沙，商务印书馆，1938。

③ ［德］沃尔夫：《关于中国人道德学的演讲》。转引自柳卸林主编：《世界名人论中国文化》，166 页，武汉，湖北人民出版社，1991。

④ 参见许明龙：《欧洲 18 世纪"中国热"》，232 页，太原，山西教育出版社，1999。

赫尔德所处的18世纪，"中国趣味"风行欧洲，史称"罗柯柯时代"。当时，欧洲社会对于中国的绘画、园林、建筑、陶瓷、瓷器、丝织品及其他贵重器物的爱好与仿制，达到狂热程度。对中国瓷器，上至皇室贵族，下至平民百姓，无不竞相收购。路易十五时期甚至发起销毁银器而以中国瓷器代之的所谓"日用品革命"；中国漆器是那时欧洲人趋之若鹜的另一流行物品，用漆制作的中国式轿子盛极一时，连轿子的颜色和坐轿的种种规定，也完全仿自中国；仿效丝织品上的中国图案或花样，成为西人尤其是女性的重要生活旨趣，一些王公贵族更以室中没有一件不是中国的东西、连窗纱上都是中国图画相标榜。不仅日用品方面如此，其他艺术形式也都深深浸透着中国文化的精神。如对中国建筑艺术的追求和模仿非常普遍，以致任何行乐园囿若无"中国亭榭"，就不敢以时髦自居，凡建造花园，只问是不是中国式或中英式。凡此种种，后来的西方史学家称之为流行欧洲的"中国癖"，很能体现那个时期欧洲社会的一般精神风貌。

赫尔德对一切领域的"中国癖"深恶痛绝。在他眼里，中国人的汉语及其6种字体成为"一种在大事上缺乏创造力，而却精于雕虫小技的表现"；在绘画方面，中国人注重各种人物形态的微妙差异；在视觉上，中国人靠园林的奇形怪状刺激感官；所建的房屋，要么空旷高大，要么精致细巧；在穿戴打扮、游戏娱乐方面，中国人追求雍容华贵、张灯结彩、烟花爆竹；中国人留长指甲、缠足裹脚，时兴侍从前呼后拥、鞠躬作揖；身份有高有低，大家客套寒暄。"这里，一切都缺乏对真正自然关系的追求，很少给人一种内在宁静、美与尊严的感觉，它只能使人失去真正的感受，而就范于政治文化，从而无法摆脱政治文化的模式。"①

赫尔德反"中国癖"也体现在法律文化上。曾被同时代的莱布尼茨及沃尔夫非常看好的中国道德政治，在赫尔德那里"乃是中国这块土地人类理智幼稚的尝试"。

一、历史哲学中的东方文化

把"世界公民"意识贯彻到历史哲学和人类文化史的研究和理论中，这是18世纪最引人注目的领域，也是赫尔德最有建树和光彩的地方。

赫尔德的历史哲学主要建立在5个基点上：(1) 人类历史是一根发展的链条，是由人的力量推动而进步的。(2) 人的力量首先是人类的精神，精神将永远活着，所以，人类历史首先是文化史。(3) 文化使人发展，同时又把人置于娇生惯养的条件中，使人软弱受制。(4) 人的自然状态是社会。社会首先是民族社会，尽管民族是进步的推进器，但实际上并不是所有民族都推动了进步。(5) 不能用人的动机来说明历史，也不能用自然法则说明历史，而只能用相互作用描绘人和自然之间的关系。

在上述理论支配下，赫尔德首先肯定了亚洲对人类文明的巨大历史贡献，因为亚洲是最古老的人类文化的萌芽地，语言、文字、畜牧业、农业以及艺术和科学的链条都是从这里开始的。由于掌握的实际材料有限，赫尔德只能简短地分别叙述了中国、印度、朝鲜、日本等国的地理条件、生活习惯和风尚。可是，认为东方文化是处于空间静态之中而丧失了时间动态的观点，恰是赫尔德文化史理论中更为重要的思想。按照他的分析，人和自然之间的相互

---

① ［德］赫尔德：《中国》。转引自柳卸林主编：《世界名人论中国文化》，175页，武汉，湖北人民出版社，1991。

作用，引起在生产进程中采取的形式有可能不利于民族的进步，所以，农业生产由于易于造成"土地不再属于人，而人却变成了土地的附属品"的状况，就很可能导致"可怕的专制主义"，这正是亚洲的特征。① 赫尔德把"亚洲专制主义"描绘成一种不发展的政治制度，它不允许人们去探求知识，而知识正是西方国家发展的动力。对此，他举出了中国的例子，说中国"就像一座古老的废墟一样兀立在世界的一角"。这里有气候等地理环境的影响，有不发展的生产方式的影响，还有民族文化的影响，因为正是儒家传统阻碍了教育和政治方面的任何进步，而专制主义又阻止了任何其他学说、派别与之争雄。环境、生产方式、文化传统，这三者交互作用的结果，便是一个完全静态的社会制度，并且这种制度一旦建立，它又以对人们进行政治和思想的禁锢，来确保自己的统治。

很明显，赫尔德的这些思想，除了对前人有所承继外，更多的是对后人的影响，其中突出的例子如黑格尔和马克思。

二、中国没有大发展的原因——缺乏个性自由

赫尔德指出，在历史上保持自己的显著特点是中国的标志，因为事实表明，它靠自己的高度发展的政治文化从蒙古种族脱胎出来，而没有或者说不可能被其他民族所同化。"中国人除了为自己在所在大陆上像犹太人那样未受其他民族的同化而感到自负骄傲之外，没有任何其他值得骄傲的东西。""他们以自己的方式方法获得了一些零碎知识，他们的语言结构、国家政体、社会机构以及思维方式都具有自己的独特性。正如他们不喜欢树木嫁接那样，他们在与其他民族的接触中至今仍还保持着自己的特点。这是一个在世界一隅形成了中国式奴隶制文化的蒙古人后裔。"②

赫尔德接着分析了中国依靠教育对人进行教化的特点，即"中国的教育方式与其国民性一道使他们成为现在的这样"③。按照蒙古游牧民族传统，孩童般的顺从无论在家里还是于国家事务中，都被当作所有德行的基础，于是，表面上的谦虚文雅、虚伪的彬彬有礼也就自然逐渐地产生了，它们作为中国人的品行特征甚至受到敌国的交口称赞。可是，游牧民族的这种良好的为人准则带给一个大国的却是怎样的后果呢？在一个国家里，倘若孩童般的顺从没有限度，倘若人们硬要把这种只有未成年的孩子应尽的义务强加给那些已经成了孩子爸爸的成年男子汉，倘若也强加给那些并非心甘情愿，而完全是迫不得已才领受父亲之名的那些官吏的话，那将会出现什么样的情形呢？不顾人的本性而一味要求制造出一种人类新的心灵，这种做法除了使人心由真实变为虚假之外，还能够产生些什么呢？既然成年人必须像孩子那样顺从听话，那他也就不得不放弃大自然在他那个年龄赋予他的那种自我的力量。无聊的虚情假意取代了内心的真实。父亲在世时，儿子对母亲百般依顺，一旦父亲去世，而母亲的身份又是妾的话，就会马上遭到冷遇。官吏的奴性顺从也同样如此：他们不是自然的产物，而是命令的产物；他们是工具，只要他们违背自然，那么这些工具便是软弱、虚伪的。"因此，中华帝国的道德学说与其现实的历史是矛盾的。"④

---

① 参见忻剑飞：《世界的中国观》，184 页，上海，学林出版社，1991。

② ［德］赫尔德：《中国》。转引自柳卸林主编：《世界名人论中国文化》，175～176 页，武汉，湖北人民出版社，1991。

③ ［德］赫尔德：《中国》。转引自柳卸林主编：《世界名人论中国文化》，176 页，武汉，湖北人民出版社，1991。

④ ［德］赫尔德：《中国》。转引自柳卸林主编：《世界名人论中国文化》，176 页，武汉，湖北人民出版社，1991。

在这个帝国中，儿子们多少次地罢黜了父亲的王位！父亲又多少次地对儿子大发雷霆！那些贪官污吏使得千百万人饥寒交迫。可他们的劣迹一旦被父亲般的上司察觉，便要受到棍杖的毒打，像个无力反抗的孩子。所以说，现实生活中，没有什么男子汉的气概与尊严可言，它们仅存于对英雄豪杰的描绘之中。尊严成了孩子的义务；气概变成躲避笞刑的才干。"因此根本不存在气宇轩昂的骏马，而只有温顺听话的蠢驴，它在履行公职时从早到晚扮演着狐狸的角色。"①

　　这种束缚人的理智、才干与情感的幼稚做法势必削弱整个国家的实力。如果教育只是矫揉造作的形式，倘若虚假与规矩充斥并束缚生活的各个方面，那么国家还会有什么巨大的作用！人类思想的精神还会有什么崇高的作用！当人们考察中国历史发展进程，研究它的活动的时候，谁不为他们在许多方面一事无成而感到惊诧！这是一个为避免犯错误而仅有一个人在干活的群体：这里，所有问题的答案都是现成的，人们你来我去，你推我拖，只是为了不破坏该国那孩子般尊严的礼俗。无论是战斗精神还是思维精神都与这个终日守着炉火睡觉、从早至晚喝着热茶的民族无缘。他们只有在坦途上规行矩步的本事，只有攫取一己私利的那种洞察力和狡猾伎俩以及毫无男子汉气概的那种孩童般的复杂心理。他们总是在不断地心中自忖：这事也值得干吗？这事能否干得更好些呢？在中国，唯有这样的德性才是皇家允许的。就连皇帝自己也不得不受这样的束缚：他必须身体力行，起表率作用，他不仅要在节日中祭祀祖先，而且平日的一言一行都得遵奉祖宗之法，因此他所受到的评价，无论是褒是贬，或许同样是不公正的。②

　　拿欧洲人的标准来衡量，这个民族在科学上建树甚微。几千年来，他们始终停滞不前。我们能不对此感到惊讶吗？就连他们那些谈论道德和法令的书本也总是变着法儿，反反复复、详详细细地在同一个话题上兜圈子，千篇一律地吹捧那种孩童的义务。他们的天文学、音乐、诗歌、兵法、绘画和建筑如同千百年前一样，仍旧是他们永恒法令和千古不变的幼稚可笑的政体的孩子。这个帝国是一具木乃伊，它周身涂有防腐香料，描画有象形文字，并且以丝绸包裹起来；它体内血液循环已经停止，犹如冬眠的动物一般。所以，它对一切外来事物都采取隔绝、窥测、阻挠的态度。它对外部世界既不了解，更不喜爱，终日沉浸在自我比较的自负之中。这是地球上一个很闭塞的民族。除了命运使得众多的民族拥挤在这块土地上之外，它依仗着山川、荒漠以及几乎没有港湾的大海，构筑起与外界完全隔绝的壁垒。要是没有这样的地理条件，它很难维持住现在这个模样。他们尽管仇视满族人，但却未能阻止满族政权在其内部诞生。那些野蛮的满族征服者为其统治的需要，轻而易举地找到了这把孩童般奴性的坐椅。他们无须对它做任何改造就坐了上去统治起来。③

　　① ［德］赫尔德：《中国》。转引自柳卸林主编：《世界名人论中国文化》，176 页，武汉，湖北人民出版社，1991。
　　② 即使那位人们赞不绝口的乾隆皇帝也在一些省份被视为最凶恶的暴君。在这样一个以如此政体为基础的泱泱大国，皇帝要按自己的想法去做，总还是不可避免的。——原注
　　③ ［德］赫尔德：《中国》。转引自柳卸林主编：《世界名人论中国文化》，177～178 页，武汉，湖北人民出版社，1991。

　　赫尔德特意说明，上述关于中国人特性的描述绝非对中国人的敌意诋毁，相反正是从中国人特性的最狂热的维护者的报告中一点点地概括起来的，这可以在中国国家机构的任何一个阶层身上反复得到证实。许多过去处于类似文化层次上的民族不是遭到淘汰，就是自行衰落，最终被其他民族同化了，而处于世界边缘的古老中国却像远古时代的遗迹那样沿存了下来。①

　　古迹给人以历史的庄严、凝重感。中国曾经先于西人辉煌灿烂过，但又因缺乏意志自由而失去勃发生机，好景难再，最终落在了他人后头。②

三、中国人的立法与道德是人类理智幼稚的尝试

　　似乎是非要跟中国人过不去，在对中国人始终几千年停滞不前"探究"一番之后，赫尔德又把被西人跪拜崇奉的孔子"数落"一通。

> 对我来说，孔子是一个伟大的名字，尽管我马上得承认它是一副枷锁。它不仅仅套在了孔子自己头上，而且他怀着最美好的愿望，通过他的政治道德说教把这副枷锁永远地强加给了那些愚昧迷信的下层民众和中国的整个国家机构。在这副枷锁的束缚之下，中国人以及世界上受孔子思想教育的其他民族仿佛一直停留在幼儿期，因为这种道德学说呆板机械，永远禁锢着人们的思想，使其不能自由地发展，使这个专制帝国中产生不出第二个孔子。③

　　赫尔德认为，任何事物都在适合它生长的土壤里诞生，这显然是大自然的有意安排，造物主的功绩正在于它创造事物的纷繁多样性。"中国人的立法与道德乃是中国这块土地上人类理智幼稚的尝试，不可能在地球的其他某个地方如此根深蒂固地存在。它只能在中国这块

---

① 参见〔德〕赫尔德：《中国》。转引自柳卸林主编：《世界名人论中国文化》，179 页，武汉，湖北人民出版社，1991。

② 英国思想家密尔关于"因个性自由导致中国落伍"的说法，也值得我们深思。他认为，自由与习俗统治二者之间的斗争构成了人类历史中的主要瞩目之点，也正是二者势力的消长和力量的强弱，决定着一个民族的盛衰和浮尘："整个东方的情况就是这样。在那里，一切事情都最后取断于习俗；所谓公正的、对的，意思就是说符合于习俗；以习俗为论据，除非是沉醉于权力的暴君，就没有人还会想到抗拒。而我们看到其结果了。那些民族必定是一定有过首创性的；他们也不是一出场就在一片富庶而有文化、又精于多种生活艺术的国土上，所有这一切乃是他们自己做出来的，而在当时也就成为世界上最伟大和最有实力的国族。他们现在却成了什么呢？他们现在却成为另一些民族的臣民或依附者了——那另一些民族的情况是，当前者的祖先早已有壮丽宫殿和雄伟庙宇的时候，他们的祖先还处于'筚路蓝缕，以启山林'的阶段，不过在那里，习俗对他们只施行了与自由和前进平分下来的统治。这样看来，一族人民是会在一定长的时期里前进一段而随后停止下来。在什么时候停止下来呢？在不复保有个性的时候。"值得注意的是，密尔还提醒英国人，"我们要以中国为前车之鉴。那个民族乃是一个富有才能并且在某些方面甚至也富有智慧的民族，因为他们遇有难得的好运，竟在早期就备有一套特别好的习俗，这在某种范围内也就是一些即使最开明的欧洲人在一定限制下也必须尊称为圣人和智者的人们所做出的事情。他们还有值得注视的一点，就是有一套极其精良的工具以尽可能把他们所保有的最好智慧深印于群体中的每一心灵，并且保证凡是最能称此智慧的人将得到有荣誉与权力的职位。毫无疑义，做到这一个地步的人民已经发现了人类前进的奥秘，必已保持自己稳稳站在世界运动的前列。可是相反，他们却已变成静止的了，他们几千年来原封未动；而他们如果还会有所改进，那必定乃依靠外国人。"就在东土上的民族因习俗专制、厉禁独异性而悲怆地败落的同时，欧洲国家却由于保住"他们性格上及教养上的显著差异"，而没有成为人类中静止的部分反倒成为进步的一部分。参见〔英〕密尔：《论自由》，76 页，北京，商务印书馆，1959。

③ 〔德〕赫尔德：《中国》。转引自柳卸林主编：《世界名人论中国文化》，180 页，武汉，湖北人民出版社，1991。

土壤中沿存下去，而不会有朝一日在欧洲大陆上产生出一个与众不同的、对自己专制君主百般依顺的中国。"① 他还给中国这个泱泱大国的将来把脉——要么自行分裂解体，要么那些较为开明的乾隆们作出父亲般的决定，将他们养育不了的东西当作殖民地拱手让出，这样，"可以减轻传统习俗的束缚，相反引进思想和心灵的比较自由的自我能动性"②。

也许有人要问，中国人就没给赫尔德留下什么好印象？当然有正面的。"中华民族那种吃苦耐劳的精神、那种感觉上的敏锐性以及他们精湛的艺术，都将永远受到世人称赞。"③ 在瓷器、丝绸、火药和铅的发明制造方面，或许还有指南针、活字印刷术、桥梁建筑、造船工艺以及其他精巧的手工技艺方面，中国人都领先于欧洲人，"只是他们在精神上缺乏一种对几乎所有这些发明艺术做进一步改进完善的动力"。另外，赫尔德还提到中国人对欧洲各民族实行闭关锁国政策，这种做法不仅仅与中国人的整个思维方式相一致，而且也有其政治上的根源。

第四节
黑格尔：拂去 18 世纪欧洲的"中国趣味"

黑格尔（Georg Wilhelm Friedrich Hegel，1770—1831）是德国古典哲学的集大成者、辩证法大师、德国唯心主义哲学的主要代表。

对于中国文化，黑格尔给予一种超过前人的理性的审视。他曾经看过当时译成西文的各种中国经籍和 12 大本中国皇帝通鉴——《通鉴纲目》，读过耶稣会教士所搜集的《中国通史》④ 和《中国丛刊》⑤，利用过英国使臣马嘎尔尼出访中国的记录，甚至 19 世纪前期才在

---

① ［德］赫尔德：《中国》。转引自柳卸林主编：《世界名人论中国文化》，180 页，武汉，湖北人民出版社，1991。

② ［德］赫尔德：《中国》。转引自柳卸林主编：《世界名人论中国文化》，180 页，武汉，湖北人民出版社，1991。

③ ［德］赫尔德：《中国》。转引自柳卸林主编：《世界名人论中国文化》，180 页，武汉，湖北人民出版社，1991。

④ 共 12 卷，由法国传教士冯秉正翻译。冯秉正（1669—1748）于 1703 年到中国，主要从事中国历朝兴亡史的研究。当时康熙皇帝正命将朱子的《通鉴纲目》继续译成满文，于是冯便参照满文译本，用法文翻译汉文原本，同时还翻译了明朝的《续通鉴纲目》，补充了宋末、元、明的史实，对于明末清初之事，更以其他各书及自己见闻追补之。这样，直到 1737 年才完成其稿，寄回法国。不料，由于偶然的变故，此稿竟被人遗忘了数十年，到耶稣会解散后，才在里昂大学图书馆发现这部书的原稿。于是，这部书稿便终于在 1777 年至 1783 年在巴黎出版了。参见忻剑飞：《世界的中国观》，253 页，上海，学林出版社，1991。

⑤ 即《北京教士所写的关于中国人的历史、科学、艺术和风俗习惯的札记丛刊》，书背简称《中国丛刊》。该著自 1776 年至 1814 年，共出了 16 卷。从其编纂时间可以得知，这部著作是从以耶稣会士为主干的教士中国学向职业中国学（东方学）过渡的产物。意大利学者利奥纳洛·兰乔蒂更说："这部巨著的出版标志着几世纪前顺利地由利玛窦开创的一种事业的完成，标志着耶稣会士的中国学研究达到了'顶峰'。"该丛书的材料来源主要还是靠那些在中国的传教士提供，与《耶稣会士通信集》相比较，其特点是以学术性论著为主要内容了。当然还有一些适时的译文，如为克服拉丁文译本的不足，而刊出《大学》、《中庸》等书的法文新译本；为适应当时非常时兴的中国式园林运动，而刊行中国的庭园诗，以及包括《本草纲目》在内的中国科学文化名著。参见忻剑飞：《世界的中国观》，128 页，上海，学林出版社，1991。

欧洲出现译本的《玉娇梨》等中国小说。黑格尔对前人的中国文化观尤其是近代欧洲思想巨子们的研究成果，也相当了解，其中一再提到的是莱布尼茨和孟德斯鸠，因此一位研究黑格尔的外国学者这样写道："黑格尔借着这种种巨量的参考材料，自己感觉着有了不少的知识上的培养，我们现在确已十分认识中国了。"① 当然，黑格尔中国文化观的成熟和系统不仅仅体现在他利用了前所未有的大量中国材料，更主要是他用冷峻的理性主义和严密的思辨哲学，把中国文化严格地纳入其理论框架，成为他绝对的"世界精神"王国的一个成员。他通过分析中国"终古不变的宪法的精神"、行政管理和法制，得出中国法律文化仍处在"幼年文化"的结论。中国文化尽管没有遭到被排除的命运，却处于极其低微的地位，从而打破了"每逢提到中国的文化便听到一阵鼓噪，说它们是何等地完善和古老"的传统氛围，拂去了18世纪欧洲的"中国趣味"。

黑格尔对中国法律文化的见解，主要见于他的两部名著《哲学史讲演录》（1816年）和《历史哲学》（1822年～1831年）。

一、两个太阳：哲学源自希腊，历史始于东方

黑格尔的哲学以绝对精神为其理论核心，认为它是构成一切自然和社会现象的本源和基础。人类的历史和精神文化只是绝对精神自我展现、自我认识过程的一个环节。绝对精神的本性是同一的，但又是由各"民族精神"的递次过渡来实现的，各民族精神先后、高下的划分原则是自由意识的发达程度，因为人类精神有一种真正变化的能力，达到尽善尽美的能力。这种能力与自由意识休戚相关，所以自由意识的不同程度"给予我们以世界历史之自然的划分"。他正是从这点出发来看待东、西方的历史和文化的。

两个太阳，这是黑格尔的著名比喻，用来说明人类精神（"绝对精神"、"世界理性"、"世界精神"）的发展——世界历史的大概路线。一个是物质的太阳，一个是精神的太阳。自然界物质的太阳东升西沉，人类精神的太阳也如此。他写道："太阳——光明——从东方升起来。光明是一种简单的对自己的关系；它虽然具有普遍性，同时却又在太阳里有一种个性。"这种个性表明个人对它的感受和反应是不同的。如果把太阳之光比作人类走出愚昧、创建文明，那么在太阳之光面前，人们却表现了不同层次的自由意识。"试想一个盲人，忽然得到了视力，看见灿烂的曙色，渐增的光明和旭日上升时火一般的壮丽，他的情绪又是怎么样呢？他的第一种感觉，便是在这一片光辉中，全然忘却了他自己——绝对的惊诧。但是当太阳已经升起来了，他这种惊诧便减少了；周围的事物都已经看清楚了，个人便转而思索他自己内在的东西，他自己和事物之间的关系也就渐渐被发觉起来了。他便放弃了不活动的静观而去活动，等到白天将过完，人已经从自己内在的太阳筑起了一座建筑；他在夜间想到这事的时候，他重视内在的太阳，更过于他重视那原来外界的太阳。因为现在他和他的'精神'之间，结成了一种'关系'，所以也就是一种'自由'关系。"黑格尔告诫："我们只要把上述想象的例子牢记在心里，我们就会明白这是象征着历史——'精神'在白天里的伟大工作——的路线。"显然，黑格尔借用了自然界物质的太阳自东方升起在西方沉没的象征意义，表明他所谓的世界精神的太阳也走了这样的一条路线。说得明确点，哲学（精神的太

---

① 转引自忻剑飞：《世界的中国观》，253～254 页，上海，学林出版社，1991。

阳）源于希腊，而历史（物质的太阳）来自中国。对此，他作了非常详尽而深刻的分析。

黑格尔认为，思想必须独立，必须达到自由的存在，必须从自然事物里摆脱出来，并且必须从感性直观里超拔出来。思想既是自由的，则它必须深入自由，因而达到自由的意识。"一个有这种自由意识的民族，就会以这种自由原则作为它存在的根据。一个民族的法律的制定，和这民族的整个情况，只是以他的精神所制定的概念和所具有的范畴为根据。"① 从实践方面来看，现实的政治的自由之花苞开花，必与自由的意识相联系着。现实的政治的自由仅开始于当个人自知其作为一个独立的人的时候，或者当主体达到了人格的意识，因而要求本身得到单纯的尊重的时候，自由思维里就包含着实践的自由的成分。"这就是政治自由与思想自由出现的一般联系。所以在历史上哲学的发生，只有当自由的政治制度已经形成了的时候。"② 更明确地说，思想的自由是哲学开始的条件。

按此条件，黑格尔便很自然地提出"真正的哲学是自西方开始"③。唯有在西方这种自我意识的自由才首先得到发展，因而自然的意识以及潜在的精神就被贬斥于低级地位。"在东方的黎明里，个体性消失了，光明在西方才首先达到灿烂的思想，思想在自身内闪光，从思想出发开创出自己的境界。"④ 在东方，精神并没有与其自然意欲分开，还处在精神与自然直接合一（而非真正统一）的阶段；而于西方，个体的精神认识到它自己的存在是有普遍性的，这种普遍性就是自己与自己相关联。自我的自在性、人格性和无限性构成精神的存在，精神的本质就是这样。一个民族之所以存在，即在于它自己知道自己是自由的，是有普遍性的；自由和普遍性就是一个民族整个伦理生活和其余生活的原则，对此，黑格尔用一个例子来表明：

> 只有当个人的自由是我们的根本条件时，我们才知道我们本质的存在。这时如果有一个王侯想要把他的武断的意志作为法律，并且要施行奴隶制时，则我们便有了这样的意识，说这是不行的。每个人都知道他不能作奴隶。睡觉、生活、做官，——都不是我们本质的存在，当然更不用说作奴隶了。只有自然存在才意味着那些东西。所以在西方我们也已进到真正哲学的基地上了。⑤

在黑格尔看来，欲望是任性或形式的自由，以冲动为基础。而真实意志的目的乃是善、公正，在这里面"我是自由的、普遍的，而别人也是自由的，别人与我同等，我也与普遍的我一致，这样就是自由人与自由人的关系，因而这就建立了基本的法则，普遍的意志的规定和合乎正义的政治制度"，"我们第一次在希腊人里面发现这种自由，所以哲学应自希腊开始"⑥。

同时，黑格尔指出，"历史必须从中华帝国说起，因为根据史书的记载，中国实在是最古老的国家，它的原则又具有那一种实体性"⑦，"这个国家早就吸引了欧洲人的注意"⑧。所

---

① ［德］黑格尔：《哲学史讲演录》，第 1 卷，94 页，北京，商务印书馆，1983。
② ［德］黑格尔：《哲学史讲演录》，第 1 卷，95 页，北京，商务印书馆，1983。
③ ［德］黑格尔：《哲学史讲演录》，第 1 卷，98 页，北京，商务印书馆，1983。
④ ［德］黑格尔：《哲学史讲演录》，第 1 卷，98 页，北京，商务印书馆，1983。
⑤ ［德］黑格尔：《哲学史讲演录》，第 1 卷，99 页，北京，商务印书馆，1983。
⑥ ［德］黑格尔：《哲学史讲演录》，第 1 卷，99 页，北京，商务印书馆，1983。
⑦ ［德］黑格尔：《历史哲学》，160~161 页，北京，商务印书馆，1963。
⑧ ［德］黑格尔：《历史哲学》，162 页，北京，商务印书馆，1963。

谓的实体性，指强调伦理道德观念，注重群体利益，而忽略个人价值，缺乏主观的、内在的自由意识。东方的基础是直接的意识——实体的精神性，主观的意志和这种意识最初所发生的关系是信仰、信心和服从。"在东方的国家生活里，我们看到一种实现了的理性的自由，逐渐发展而没有进展成为主观的自由。这是历史的'幼年时期'。客观的种种形式构成了东方各'帝国'的堂皇建筑，其中虽然具有一切理性的律令和布置，但是各个人仍然被看作是无足轻重的。他们围绕着一个中心，围绕着那位元首，他以大家长的资格——不是罗马帝国宪法中的君主——居于至尊的地位。因为他必须执行道德法规，他必须崇奉已经规定了的重要律令；因此，在我们西方完全属于主观的自由范围内的种种，在他们东方却自全部和普遍的东西内发生。东方观念的光荣在于'唯一的个人'一个实体，一切皆隶属于它，以致任何其他个人都没有单独的存在，并且在他的主观的自由里照不见他自己。想象和自然的一切富丽都被这个实体所独占，主观的自由根本就埋没在它当中。它只能在那绝对的对象中，而不能在它自身内觅得尊严。"① 对此，黑格尔在别处又作了不厌其烦的解释。

按照黑格尔的理解，东方世界在"道德"方面的显著的"实体性原则"，使得那种任意被克服并归并在这个实体性里面。道德的规定表现为各种"法则"，但主观的意志受这些"法则"的管束，仿佛是受一种外界力量的管束。一切内的东西，如"意见"、"良心"、"自由"等主观的东西都没有得到承认。在某种情况下，司法只是依照表面的道德进行，只是当作强迫的特权而存在。黑格尔承认西方的民法包含若干完全属于强迫性的敕令，一个人可以被迫放弃其财产或遵守自己所订的契约，但又申明"我们并不把'道德'当作是纯粹的强迫，而是把它当作是自己心灵和对人的同情。这一点在东方表面上也同样地作为要求，虽然道德的规定是怎样的完善，然而内在的情调却作了外在的安排。可以指挥道德行动的那一种意志虽然不缺少，但是从内心发出来从事这些道德行动的意志却没有"②。"在我们服从的时候，因为我们被规定要做的一切，是为一种内部的制裁所认准的，但是在东方就不是如此，'法律'在那里被看作是当然地、绝对地不错的，而并没有想到其中缺少着这种主观的标准。东方人在法律中没有认出他们自己的意志，却认见了一种全然陌生的意志。"③ 到这里，黑格尔才对中国作了个结论：

> 在中国，皇帝好像是大家长，地位最高。国家的法律一部分是民事的敕令，一部分是道德的规定；所以虽然那种内心的法律——个人方面对于他的意志力的内容，认为他个人的最内在的自己——也被订为外在的、法定的条例。既然道德的法律是被当作立法的条例，而法律本身又具有一种伦理的形态，所以内在性的范围就不能在中国得到成熟。凡是我们称为内在性的一切都集中在国家元首身上，这位元首从他的立法上照顾全体的健康、财富和福利。④

二、终古不变的宪法精神——家庭的精神

黑格尔从中国历史的记载谈起，认为中国人存有若干古代的典籍，读了可以演绎出其历

---

① ［德］黑格尔：《历史哲学》，150 页，北京，商务印书馆，1963。
② ［德］黑格尔：《历史哲学》，156 页，北京，商务印书馆，1963。
③ ［德］黑格尔：《历史哲学》，157 页，北京，商务印书馆，1963。
④ ［德］黑格尔：《历史哲学》，157～158 页，北京，商务印书馆，1963。

史、宪法和宗教。中国人把这些都称为"经"，作为一切学术研究的基础，如《书经》、《易经》、《诗经》、《礼记》、《春秋》、《乐经》等。《书经》"包含他们的历史，叙述古帝王的政府，并且载有各帝王所制定的律令"；《易经》"一向被看作是中国文字的根据和中国思想的基本"；《诗经》"是一部最古的诗集"，这三部特别受到荣宠。《礼记》"专载帝王威仪和国家官吏应有的风俗礼制"；《春秋》"乃是孔子故乡鲁国的史论"。"这些典籍便是中国历史、风俗和法律的基础。"① 然后，黑格尔着重评述了中国"那终古不变的宪法的'精神'"②，这就是"家庭的精神"。

黑格尔说，中国宪法的"精神"可以从那条普通的原则——实体的"精神"和个人的精神的统一中演绎出来，"但是这种原则就是'家庭的精神'，它在这里普及于世界上人口最多的国家"③。在中国，无从发现个人意志的自己反省和"实体"（即消灭个人意志的权力）成为对峙的"主观性"的因素，也就是明白认识那种权力和它自己的主要存在为一体，并且知道它自己在那权力里面是自由的。个人全然没有认识自己和那个实体是相对峙的，个人还没有把"实体"看作是一种和它自己站在相对地位的权力。在中国，那个"普遍的意志"直接命令个人应该做些什么；个人敬谨服从，相应地放弃了他的反省和独立。所以"这个国家的总体固然缺少主观性的因素，同时它在臣民的意见里又缺乏一种基础。'实体'简直只是一个人——皇帝——他的法律造成一切的意见"④。由于没有"任性"、"主观性"，只有"那个普遍的东西"（实体）才有价值，故而"实体"非常坚硬刚强，和其他一切都不相同。

> 因此，这种关系表现得更加切实而且更加符合它的观念的，便是家庭的关系。中国纯粹建筑在这一种道德的结合上，国家的特性便是客观的"家庭孝敬"。中国人把自己看作是属于他们家庭的，而同时又是国家的儿女。在家庭之内，他们不是人格，因为他们在里面生活的那个团结的单位，乃是血统关系和天然义务。在国家之内，他们一样缺乏独立的人格，因为国家内大家长的关系最为显著，皇帝犹如严父，为政府的基础，治理国家的一切部门。⑤

在黑格尔看来，《书经》内列举的 5 种义务，即"君臣、父子、兄弟、夫妇、朋友"，都是庄严而且不变的根本关系（五常）。"家庭的义务具有绝对的拘束力，而且是被法律订入和规定了的。"⑥ 父亲走进房内时，儿子不得跟入，而是必须鹄立门侧，未经父亲的准许不得离开。父亲死后，儿子须哀伤 3 年，不近酒肉。他经营的业务也须停止，就是国家的官职也不得不辞去引退，甚至方才继承大统的天子在 3 年期内也不可亲政。守丧期间，家中不得有婚嫁之事。只有 50 岁的人居丧可从宽，以免哀毁过甚、伤及身体；上了 60 岁的人更加从宽，而 70 岁以上的人就仅仅以丧服颜色为限。对母亲的恭敬，与对父亲相同。英国使臣马嘎尔尼见清朝皇帝时，皇帝已 68 岁了，可他每天仍步行到其母亲那里请安，行孝敬之礼。元旦

① ［德］黑格尔：《历史哲学》，162 页，北京，商务印书馆，1963。
② ［德］黑格尔：《历史哲学》，164 页，北京，商务印书馆，1963。
③ ［德］黑格尔：《历史哲学》，164 页，北京，商务印书馆，1963。
④ ［德］黑格尔：《历史哲学》，165 页，北京，商务印书馆，1963。
⑤ ［德］黑格尔：《历史哲学》，165 页，北京，商务印书馆，1963。
⑥ ［德］黑格尔：《历史哲学》，166 页，北京，商务印书馆，1963。

朝贺必须向皇太后朝贺，即使皇帝本人也须先向其母行礼后才可以接受百官的朝贺。儿子的德行不归于其本人，而归于他的父亲。有一次，宰相请皇帝封谥宰相的父亲。皇帝发出谕旨称："方邦国之灾也，尔父实赈禀以济饥黎，何其仁也！方邦国之危也，尔父实奋身以相护持，何其忠也！邦国以政事委诸尔父，而法令修明，四邻辑睦，乾纲以振，何其敏也！朕今谥之曰：仁忠敏惠。"这里归于父亲的一切德行，都是儿子做的。照此办法（黑格尔认为这和西人的风俗恰好相反），祖宗靠其后嗣取得了光荣的尊号。但与这相对应的，就是子孙如犯有错误，家长（一家之主）就得负责；这种义务都是从下而上，绝少自上而下的。①

黑格尔继续他的分析。中国人把生育子嗣当作一件大事，以便死后儿孙能够遵礼安葬，四时设祭，春秋扫墓。一个中国男子虽可以娶妻数人，但唯有一个才可做家庭的主妇，凡是庶出的子女须把父亲的正室当作亲母。假若妻妾都没生下儿子，便可以招他人之子来承继，以接替香火，因为祖宗的坟墓每年不可以不去祭扫。作子孙的每年应当到祖坟上哀祭，许多人为尽情哀伤，时常在墓边逗留一两个月之久。亡父的遗体每每在屋内搁置三四个月，在这个时期内，无论何人都不得于椅上安坐或床上安眠。中国各个家族都有祠堂一所，全族每年在此聚集一次。祠堂内，曾任显职高官的祖宗皆悬有遗像，其他在族中较为次要的男女，均在神主牌位上记名；全族于是一同进膳，较穷的族人由较富的来招待。在父子关系上通行的繁文缛节，同样适用于兄弟关系。兄长的地位虽次于父母，但也应该受到弟弟的尊敬。

例子举到这，黑格尔又不由得评论开了：

> 这种家族的基础也是"宪法"的基础。因为皇帝虽然站在政治机构的顶尖上，具有君主的权限，但是他像严父那样行使他的权限。他便是大家长，国人首先必须尊敬他……做皇帝的这种严父般的关心、以及他的臣民的精神——他们像孩童一般不敢越出家族的伦理原则，也不能够自行取得独立的和公民的自由——使全体成为一个帝国，它的行政管理和社会约法，是道德的，同时又是完全不含诗意的——就是理智的、没有自由的"理性"和"想象"②。

天子应该享有最高度的崇敬。他因为地位的关系，不得不亲自处理政事；虽然有司法衙门的帮助，他也必须知道并且亲自指导全国的立法事务。他的职权虽大，但没有行使其个人意志的余地；因为他的随时督察固然必要，全部行政却以中国许多古训为准则。所以各个皇子的教育，都遵照最严格的规程：他们的体格要用有纪律的生活来锻炼强健，从能说话、学步的年龄起，便须专攻学术；他们的学业由皇帝亲自监督，他们很早就知道天子是一国之主，所以其言行举止都应该做百姓的榜样；各皇子每年须进行一次考试，事后有个详细的报告公布，使对其深为关心的全国上下都知道。因此，

> 中国能够得到最伟大、最优秀的执政者，"所罗门的智慧"可以用在他们身上；现在的清朝特别以它的精神和身体的灵活著名。很早以来，关于君主和君主教育的理想不知有多少，这一切理想都在中国实现了。欧洲是不能产生所罗门的。中国正是这种政府

---

① 参见［德］黑格尔：《历史哲学》，166 页，北京，商务印书馆，1963。
② ［德］黑格尔：《历史哲学》，167 页，北京，商务印书馆，1963。

适当的场所，而且有这种需要；因为全国的臣民的公正、福利和安宁，都依靠这种责任政治的链条上的第一环的牢固坚强。天子的行为举止，据说是高度地简单、自然、高贵和近于人情的。他在言行上都没有一种骄傲的沉默或可憎的自大，他在生活中，时刻意识到他自己的尊严，而对于他从小就经过训练必须遵守的皇帝义务，他随时要加以执行。除掉皇帝的尊严以外，中国臣民中可以说没有特殊阶级，没有贵族；只有皇室后裔和公卿儿孙才享有一种特权，但是这个与其说是由于门阀，不如说是地位的关系。其余都是人人一律平等，只有才能胜任的人做行政官吏，因此，国家公职都由最有才智和学问的人充当。所以他国每每把中国当作一种理想的标准，就是我们也可以拿它来做模范的。①

上面这段含有明显赞许之意的话，在黑格尔谈论中国法律文化的"资料库"里，是极难见到的。

从哲学大师的行文来看，似乎他想接着就中国宪法再说点什么，可又很突然地表示"第二桩应加考虑的事情是帝国的行政管理"②。实际上，倒也没有值得大惊小怪的。别看黑格尔对所谓中国那终古不变的宪法精神说来论去，其实压根儿就没把东方民族列入宪政国家范畴："我们不能够说中国有一种宪法；因为假如有宪法，那么，各个人和各个团体将有独立的权利——一部分关于他们的特殊利益，一部分关于整个国家。但是这里并没有这一种因素，所以我们只能谈谈中国的行政。"③

三、中国政府的形式必然是专制主义

在中国，实际上是人人绝对平等的，所有的一切差别，都和行政连带发生，任何人都能够在政府中取得高位，只要他具有才能，中国人既然是一律平等，又没有任何自由，所以政府的形式必然是专制主义。④

黑格尔认为，在西方，人们只有在法律面前和在对于私产的相互尊重上，才是平等的；但人们同时有许多利益和特殊权限，因为西方人有其所谓的自由，所以这些权益都能得到保障。而在中华帝国内就不同了，这种特殊利益是不被考虑的，因为一切事情都要由皇帝来决断。

黑格尔解释说，在中国，政令是出于皇帝一人，由他任命一批官吏来治理政事。这班官吏或满大人又分两类，一类是文官，一类是武官。文官的品级高于武官，因为中国文官在武官之上。这些官吏分为八品，天子左右的大臣是一品，各省的总督是二品，依次递降。天子治理国政，置有行政机关，"国务院"便是其中最高的机关，在里面工作的都是最有学识和才智的人。其他各部的最高长官都从国务院中遴选充任。政府行事极为公开——属吏呈报国务院，国家再禀明天子，天子的朱批记载在廷报上面。政府各部和全国各地都派有御史一人，御史是永久之职，为大家所畏惧。他们的职务在于对有关政府的一切和"满大人"的公

① ［德］黑格尔：《历史哲学》，168 页，北京，商务印书馆，1963。
② ［德］黑格尔：《历史哲学》，168 页，北京，商务印书馆，1963。
③ ［德］黑格尔：《历史哲学》，168 页，北京，商务印书馆，1963。
④ ［德］黑格尔：《历史哲学》，168 页，北京，商务印书馆，1963。

私行为，都严加督察，并且将报告直接递呈给天子；同时，还有向皇帝"谏议"的权力，御史中以正直果敢著名的，在中国历史上不乏其人。例如，有一位御史向暴君进谏，却被严词谴责，但他并不因此气沮动摇，照样再次进谏。预知不免一死，他特地带了棺材前去，以便被杀后归葬。据说有些御史，虽经过酷刑的折磨，嘴不能说话，还是用手指蘸着自己的碧血，在沙石上书写谏词。这些御史自然成为另一种执法机关，来监察帝国的全部——遇有饥荒、瘟疫、谋反、教乱的发生，他们必须将事实呈报，但无须等待政府有所命令，他们就应该立即相机处理。"所以全部行政是由一个官吏网来包办的。"① 各级官员被派往各地监督道路、河川和海岸，各事都经过十分仔细的安排，江河尤其受到深切的注意，《书经》内记载着天子的许多诰谕，谆谆以防河治水为言。政府官吏必须随时应答上级机关的传询。每过5年，每一位"满大人"须将其所犯的过失说明，交给监察部即御史台，以审查其说明是否确实。如果犯有任何大罪而没有招认，那么，这位"满大人"及其家属都要受到最严厉的处罚。

这般"东拉西扯"，黑格尔是有其深意的，即要作出下面的结论：

> 从上述种种，可知天子实在就是中心，各事都由他来判断，国家和人民的福利都听命于此，全部行政机构多少是按照公事成规来进行的，在升平时期，这种一定的公事手续成了一种便利的习惯。就像自然界的途径一样，这种机构始终不变地、有规则地进行着，古今并没有什么不同；但是，做皇帝的却须担任那个不断行动、永远警醒和自然活泼的"灵魂"。假如皇帝的个性竟不是上述的那一流——就是，彻底地道德的、辛勤的、既不失掉他的威仪而又充满了精力的——那末，一切都将废弛，政府全部解体，变成麻木不仁的状态，因为除了天子的监督、审察以外，就没有其他合法权力或者机关的存在。政府官吏的尽职，并非出于他们自己的良知或者他们自己的荣誉心，而是一种外界的命令和严厉的制裁，政府就靠这个来维持它自己。②

至此，"在中国，实际上人人是绝对平等的，所有的一切差别，都和行政连带发生"，其意已很显明：黑格尔绝非在肯定中国人的平等，平等前面的"绝对"两字很有黑格尔风格，因为一般说来平等不可能是绝对的，只有在缺乏个性、缺乏自我意识的人中间，才谈得上绝对平等；他认为，中国人的平等只是在专制统治面前人人平等罢了。

四、基于家长制的中国刑罚

黑格尔把话题从行政转到中国的法制。他写道，"基于家长政治的原则，臣民都被看作还处于幼稚的状态里"③，这就造成了一切都是由上面来指导和监督的习惯，一切合法的关系都由各种律例确实地加以规定，家庭中长幼尊卑间互相应有的礼节，都由法律加以决定，凡是违反这些法律的，有时便要遭受严重的刑罚。黑格尔提醒人们，"这里要注意的，就是家庭关系的外表性，这几乎等于一种制度"④。

---

① ［德］黑格尔：《历史哲学》，170页，商务印书馆，1963。
② ［德］黑格尔：《历史哲学》，170~171页，北京，商务印书馆，1963。
③ ［德］黑格尔：《历史哲学》，171页，北京，商务印书馆，1963。
④ ［德］黑格尔：《历史哲学》，171页，北京，商务印书馆，1963。

黑格尔认为，各种刑罚通常是对肉体的鞭笞。一顿笞打原是极易忘怀的，但是对于有荣誉感的欧洲人，这是最严厉的刑罚，他们不愿意自己的身体可以随意受人侵犯。"在中国就不同了，荣誉感还没有发达……他们认不出一种荣誉的主观性，他们所受的刑罚，就像我们的儿童所受的教训；教训的目的在于改过自新，刑罚却包含罪恶的正当处罚。""在中国人方面，一切罪过，——无论违反了家族关系的法则，或者是国家的法则——都对身体外部施刑。"① 子女忤逆父亲，弟弟不尊敬哥哥，都要受到鞭打的刑罚。儿子告父亲虐待，弟弟告哥哥欺凌，如果他是理直气壮，也是受笞一百，流徙三年；如果他的理不直，就要被处以绞刑。假如儿子对父亲动手动脚，则受炮烙之刑。夫妻间的关系，像其他家族关系一样，是极受重视的，如果妇女有不贞的行为则会受到严厉的谴责；假如做丈夫的弃一家的主妇而偏爱一妾，遇到其妻告他虐待时，他也要受到严厉的谴责。每一位"满大人"都有用竹杖行使笞刑的权力，就是最高最尊的官吏（公卿、总督，甚至皇帝的宠臣）都可以遭受这种刑罚，皇帝的宠臣不因这种笞打而被疏远，被笞的本人也不把它当作一回事。荣誉感不发达到如此地步！

在黑格尔眼里，中国人不区分责任和不负责任的情形是可怕的。"一桩蓄意的活动和无心的偶然的事件是不加分别的；因为中国人把偶然的事件和蓄意的活动认为同样严重。无意误杀他人，须处死刑。"② 无论什么人，凡是和犯人有任何联系的——尤其是犯上作乱、危害皇帝的大罪——都应当和真犯同受刑狱，其近亲全部都要被拷问打死。凡是著作禁书和阅读禁书的人均按触犯刑律论罪。"在这种法制情形下，私人所取的复仇方法也极特别。"③ 中国人受了伤害是非常敏感的，他们的本性又可以说是有仇必报的。为了达到复仇的目的，被害的人并不把仇人暗杀，因为杀人的凶手，他的全家就要被处死的；所以他就自己伤害自己，以便嫁祸于他的仇人。许多中国城市觉得必须把井口缩小，防止投井自杀的事情发生。无论什么人自杀，法律上规定必须仔细调查其自杀的原因，自杀者生前的仇人都要捕去严刑鞫讯，如果查出了一个人，由于他的凌辱而造成自杀案件的，这个人及其全家便都要被处死。"所以受人凌辱后，中国人宁愿自杀而不愿杀他的敌人；因为他既然终究不免一死，但是自杀后可以依礼殓葬，而且他的家属还有取得仇人家产的希望。责任和不负责任的情形是如此的可怕；每一桩行动上，它主观的自由和道德的关系是一概不顾的。"④

总之，黑格尔认为，以家长制为基础而非以自由为基础的中国刑罚，带给世人的是由专断、株连、罪刑不相应、故意和过失无区分构成的"东方生活场景"。

黑格尔运用他的想象力，把自东向西的世界精神的历史比作人的幼年、少年、青年、壮年、老年，对世界文化的基本看法也依次为中国文化（幼年）、中亚文化（青年）、罗马文化（壮年）、日耳曼世界的文化（老年）。中国道德所体现的并不是外在人的自由的选择，并不是出自人的精神之内，而是通过外在的训诫和束缚来维系，因而，体现的是尚未摆脱童蒙的精神现象。幼年时代的人的精神，自然无法独立，谈不上自由，只有依赖，正如孩童一样，只一味服从父母，没有自己的意志和识见。"在东方只有主人与奴隶的关系，这是专制的阶段。

① ［德］黑格尔：《历史哲学》，172 页，北京，商务印书馆，1963。
② ［德］黑格尔：《历史哲学》，172 页，北京，商务印书馆，1963。
③ ［德］黑格尔：《历史哲学》，173 页，北京，商务印书馆，1963。
④ ［德］黑格尔：《历史哲学》，173 页，北京，商务印书馆，1963。

在这阶段里，恐惧一般地是主要的范畴。"① 既然如此，他便有了下面三段评论：

> 中国人和印度人一样，在文化方面有很高的声名，但无论他们文化上的声名如何大、典籍的数量如何多，在进一步的认识之下，就都大为减低了。这两个民族的文化，都是关于宗教、科学、国家的治理、国家的制度、诗歌、技术与艺术和商业等方面的。但如果我们把中国政治制度拿来和欧洲相比较，则这种比较只能是关于形式方面的；两者的内容是很不相同的。②

> 我们也感觉到他们的法律机构、国家制度等在形式方面是怎样的如何有条理，但在我们这里是不会发生的，也是不能令我们满意的。它们不是法律，反倒简直是压制法律的东西。当人们让他们自己为形式所迷惑，把东方的形式和我们的平行并列，或者更爱好东方的形式时，内容不同这一点，在作这类比较时，是值得普遍注意的。③

> 道德在中国人看来，是一种很高的修养。但在我们这里，法律的制定以及公民法律的体系即包含有道德的本质的规定，所以道德即表现并发挥在法律的领域里，道德并不是单纯地独立自存的东西。但在中国人那里，道德义务的本身就是法律、命令的规定。所以中国人既没有我们所谓法律，也没有我们所谓道德。那乃是一个国家的道德。④

客观地说，黑格尔的文化观中，到处洋溢着欧洲（更确切地说是德国）中心论的气息，没有看到东方文化自有其独特的贡献和价值。但是，当我们今天同样在反省中华民族法律文化的发展道路时，不能不感叹这位德国巨人的尖锐和深刻。黑格尔的学说在欧洲中国法律文化观的发展中具有开创性意义。⑤

第五节
韦伯：儒教伦理及其法律文化阻碍了中国资本主义的发展

马克斯·韦伯（Max Weber，1864—1920）是德国著名的社会学家、哲学家，也是当代西方有影响的社会科学家之一。他一生的著作涉及面较广，包括了国民经济学、史学、宗教

---

① ［德］黑格尔：《哲学史讲演录》，第 1 卷，95 页，北京，商务印书馆，1983。
② ［德］黑格尔：《哲学史讲演录》，第 1 卷，118 页，北京，商务印书馆，1983。
③ ［德］黑格尔：《哲学史讲演录》，第 1 卷，119 页，北京，商务印书馆，1983。
④ ［德］黑格尔：《哲学史讲演录》，第 1 卷，125 页，北京，商务印书馆，1983。
⑤ 如果说英国人马嘎尔尼率团使华开始改变了欧洲对中国的好感，那么，黑格尔的历史哲学以及对中国文化和政治的评价则深深地影响了一代又一代西方的思想家、哲学家和政治家。佩雷菲特在其著作《停滞的帝国——两个世界的撞击》的扉页，专门引用黑格尔的一段话，想引起世人的注意："中华帝国是一个神权政治专制国家。家长制政体是其基础；为首的是父亲，他也控制着个人的思想。这个暴君通过许多等级领导着一个组织成系统的的政府……个人在精神上没有个性。中国的历史从本质上看是没有历史的；它只是君主覆灭的一再重复而已。任何进步都不可能从中产生。"看来佩氏十分欣赏黑格尔的这段话，为强化它的不容置疑性，又在其下面推出了另一名叫艾蒂安·巴拉兹的先生的话："要批驳黑格尔关于中国处于停滞不变的观点很容易……然而，黑格尔是对的。"郭成康：《18 世纪的中国与世界·政治卷》，394、396 页，沈阳，辽海出版社，1999。

学、政治学、法学和社会学等领域。其著作主要有《新教伦理和资本主义精神》（1905 年）、《经济和社会》（1909 年～1920 年）、《儒教和道教》① 等。

韦伯的著作着重研究资本主义兴起的条件。在当时以及在他以前，许多学者都只研究资本主义在西欧的成长过程，而韦伯却提出另一种研究方法，即通过研究那些资本主义未能得到发展的国家的事例来阐明这一问题。在《新教伦理与资本主义精神》中，他所研究的是新教伦理与西方资本主义发展的精神动力之间的生成关系；而在《儒教与道教》里，他所分析的是儒家伦理与东方资本主义发展的精神阻力之间的生成关系。于后者中，韦伯以较大的篇幅分析研究了中国的社会结构，又重点研究了建立在这种社会结构基础之上的中国正统文化——儒教伦理。他把儒教与西方的清教作了较为透彻的比较，最后得出了一个结论：儒教伦理阻碍了中国资本主义的发展。

日本著名社会学家富永健一在评价韦伯研究东方社会的学术成就时，认为韦伯的中国研究著作《儒教与道教》以及印度研究著作《印度教与佛教》，是为了提出普遍适用于亚洲社会的比较社会学的理论框架这一明确的意图而写作的，是西方人研究亚洲最早的、从现在看恐怕是水平最高的成果。② 应该承认，韦伯站在比较世界法律文明的宏观立场上，对东方社会及其法律系统进行了广泛而深刻的理论思考，特别是着力探讨了中国古代社会的社会结构以及由此而生成的法律文明特质，揭示了传统中国法律的运作规律，并且试图阐释中国法律现代化的可能性问题。③ 他的许多见解无疑闪现着理性的睿智，极富启发意义。

一、关于传统中国世袭制国家的理论

世袭制④与封建制，是韦伯用来分析论证古代中国与古代西方社会的两个重要概念。

在西方中世纪，普遍盛行着封建采邑制的原则，形成了领主所有权系统。在当时，领主的权力由三种因素构成：土地的持有（领土权），人（奴隶）的占有，政治权利的擅专（通过强夺或封赐）。最后一种因素尤其适用于司法权，而司法正是同西方发展有关的一个极其重要的力量。⑤ 封建领主与君主之间存在着分权与彼此抗衡的关系。一方面，领主与国王结成封臣关系，领主协助完成国王委托给他们的任务，例如征收封建捐税或提供军事服役，并从中享有来自中央统治者的某些特权。但另一方面，与东方世界中央政府的司法权完整无缺相反，西方的庄园领主却拥有擅专的司法权力，这部分司法权原本是属于国王的。对于领主来说，能否享有司法权是一个有决定意义的问题。这是因为，"采邑主的地位按其有无裁判权来划分"⑥。于是，为了获得司法权，他们极力同国王权力相抗衡，而这种努力往往是成功的。

在古代中国，于秦帝国以前存在着分封制。周王朝一般通过授予王族集团成员一定的官吏封地来管理王城周围的区域，并逐渐与朝贡诸侯所管辖的离王城较远的地区连成一体。国

---

① 《儒教与道教》是韦伯著名的文化比较系列专著《宗教社会学论文集》中的一篇，商务印书馆将其以单行本的形式出版。

② 参见［日］富永健一：《马克斯·韦伯论中国和日本的现代化》，载《社会学研究》，1988（2）。

③ 参见公丕祥：《传统中国社会与法律：韦伯的理论分析》，载《法制现代化研究》，第 2 卷，262 页，南京，南京师范大学出版社，1996。

④ 在江苏人民出版社 1993 年出版的《儒教与道教》（中译本）里，"世袭制"译为"家产制"。

⑤ 参见［德］韦伯：《世界经济通史》，56 页，上海，上海译文出版社，1981。

⑥ ［德］韦伯：《儒教与道教》，83 页，北京，商务印书馆，1995。

王（中央王国的统治者）只是在必须维护他的权力及与此密不可分的贡品利益时，而且在他力所能及时，才干预畿外地区的行政。当然，离王家领地越远，受到的干预就越少、越弱。但是，韦伯强调，"很显然，中国的政治分封制最初与（西方所谓的）封建领主土地所有制本身并无干系"①。如果说西方封建制是以领主庄园制为基础，那么周朝的分封制则以宗族为"脐带"。在西方，身份等级来自于通过自愿称臣和授职而获得的采邑；而于中国，宗族的世袭神性从历史时代就是首要的，身份等级根据宗族传统的等级确定：

> 高贵的宗族属性决定着受封的资格，家庭出身等级越高，封官级别也就越高。我们发现，在中国封建的中世纪，大臣乃至某些使臣的职位都攥在某些家族手心儿里，就连孔子也是上流社会的一员，因为他出生于一个统治者家庭。后来的碑文中也曾出现的"名门望族"就是这种卡里斯马宗族，他们主要靠政治决定的收入，其次靠世袭地维系着的地产来支付他们的地位所需的经费。②

实践证明，居于高位的封臣诸侯全都是从古代统治者的子孙后嗣挑选出来的。所以，古代中国的世袭制乃是宗族世袭制，古代中国的国家恰恰是家族制国家。

这种类型的世袭制与国家形态，是从战国时代开始逐渐崩溃，直到始皇帝统一中国。战国诸侯为了向周天子争夺政治权力，联合起来共同反对再分封，并且确立了"官位的世袭有悖礼法，渎职失守则会造成神秘的灾祸"这样的原则。这种变革在军事领域里的表现，就是由诸侯创设的并由职业军官统率的禁卫军取代了先前由招募来的封臣组成的军队。这表明，由具有神性的大家族进行统治的制度，已让位于官僚体制了。③ 公元前221年，秦王将名义上的王朝及其所有其他的诸侯封臣扫除以后，成功地把整个中国并入"中央帝国"，置于其独特的官僚统辖之下，而成为第一位皇帝。秦始皇废止了分封制，建立了一个根据功绩与皇恩晋升的严格的官僚制秩序，甚至出现了用钱买官的现象；取消了旧的封建卿士寮④，代之以两宰相（左丞相、右丞相）；地方军队司令官与民政长官分开（类似古罗马晚期的制度），两长官都受君主的监督官的监督（类似波斯的做法），由这些监督官发展出后来的巡回御史，在这种基础上，形成了真正的"独裁制"。还出现了严格的官僚制度：广招贤士，按功绩和恩宠提拔官吏。"独裁制与官僚制取代了旧的神政封建制度。"⑤ 此后，在历史进程中，这种世袭官僚制国家系统逐步充实完善，一直延续了两千年之久。

在韦伯看来，世袭官僚制的新政一经建立，便具有自身独特的品格与功能。

（一）统辖的中央集权程度非常有限

尽管世袭官僚制国家实行高度专制的中央集权，但是，"同一切处于不发达的交通技术条件下的世袭制国家组织一样，中国的行政管理的集中化程度也十分有限。"⑥ 就官吏任命而

---

① ［德］韦伯：《儒教与道教》，81页，北京，商务印书馆，1995。
② ［德］韦伯：《儒教与道教》，82页，北京，商务印书馆，1995。
③ 参见公丕祥：《传统中国社会与法律：韦伯的理论分析》，载《法制现代化研究》，第2卷，269～270页，南京，南京师范大学出版社，1996。
④ 商末西周开始设置的执掌国家政事的官署，类似西方古代的枢密院。
⑤ ［德］韦伯：《儒教与道教》，93页，北京，商务印书馆，1995。
⑥ ［德］韦伯：《儒教与道教》，98页，北京，商务印书馆，1995。

言，一般来说，地方官员虽然由中央政权任命，但是正式官员的数量极少，结果是他们不可能有本事管理好庞大的辖域。由于中国官员的职责简直是包罗万象，所以，像只有一名官员的普鲁士一个县那么大的行政区，即使几百名官员也难切实管好。权力也仅仅是形式上掌握在大地方官手里。历代皇帝则在打下统一的江山以后，按照工程师的方法运用世袭制的看家手腕巩固他们的个人权势：官员任期短，正规为 3 年，期满后派往外省①；禁止官员在其故乡省份任职；禁止官员的亲戚在同一个辖区内任职；此外还有一套系统的密探制，其表面形式是所谓的"御史。"但是，所有这些客观上都无助于建立一种缜密的统一管理。"② 几乎所有真正重要的行政制度形式上都出自省的长官之手，其实是出自他们的下属，而且是非正式的胥吏。因此，直到近代，中央政府的条令仍旧常常被下级权力机关当作伦理示范的建议或愿望。诚然，每一个具体官员本身随时都可以被任意罢免，但是，中央政府的实际权力并不能从中得到任何好处。因为，不准任何官员在原籍省份任职和 3 年届满即从一省调往他省或从一职调往他职这一原则，虽然不能使这些官吏发展成为封建诸侯那样的同中央闹独立的势力，从而维系了帝国的表面的统一，但是却付出了代价：这些正式官员从来未能在其管辖区域内扎下根来。一个品官，由一帮宗亲、至交和私人关系陪着，到一个完全陌生的省去任职，他通常听不懂当地的方言，下车伊始全靠翻译通话。此外，他也不了解以大量先例为基础的该省地方法规（习惯法）。他完全依赖某个非官方的谋士的指教。这位谋士也同他一样，是读书人，但由于祖籍本地，故熟悉风土人情，很像一位忏悔神父。被我们这位太守尊为"老师"。他对老师毕恭毕敬，少不了阿谀奉承，除此之外，他还要依赖的，不是由国家发薪的正式的下属官员（他们也必须是外地人），而是列入非正式幕僚的助手，这些人的待遇要由他自己解囊。他必然要从尚未取得职务的本地候补官员中挑选这样的助手，条件是：具有合格的办公能力，他可以信赖他们的本地人情世故经验，也必须信赖他们，因为他现在毫无主见。最后，当他在一个新的省份就任太守职务时，还要依靠省里其他官厅头目的圆滑的人情世故本领，他们毕竟比他多几年地方关系知识。显而易见，必然之结果是：实权落在那些非正式的本地出生的胥吏手中，正式官员根本无力监督、修正这些胥吏的工作，官衔越高，越力不从心。不论是中央行政任命的地方官员，还是中央官员，对于地方事务都不甚了了，无法采取彻底的理性措施。③

基于以上分析，韦伯最后予以正确的总结：

> 中国的世袭制采取了举世闻名的高度有效的手段防止官员摆脱中央政府的控制而形成分封等级，这就是实行科举制，根据文凭授予职务，不看出生及世袭地位。这项措施虽然对于形成中国的行政与文化的特点具有决定意义，但是，鉴于前面讲的那些情况（大权旁落，正式官员管不了非正式胥吏的工作），不可能建立一套精确的运转的国家机器。④

---

① 韦伯做了这样的注解："某些最高官员在应急理由下往往可以打破这一禁令，例如李鸿章在直隶当了几十年最高行政长官。但是，这一原则直到近年执行得相当严格，尽管允许可以一次性地延长 3 年。"

② ［德］韦伯：《儒教与道教》，100 页，北京，商务印书馆，1995。

③ 参见 ［德］韦伯：《儒教与道教》，101～102 页，北京，商务印书馆，1995。

④ ［德］韦伯：《儒教与道教》，102 页，北京，商务印书馆，1995。

（二）中国世袭官僚制的精神与公共负担的制度相关连

韦伯对世袭官僚制运行的精神进行了分析，认为中国官僚制的精神与公共负担的制度相关联。在古代中国，所谓公共负担制度，主要是指共同的徭役义务以及与此相关的治水工程体系。"世袭官僚制的渊源是排水和开挖运河，亦即营造。君主的权力地位则起源于臣民绝对不可避免的徭役；最初是为了治水；统一帝国则起源于在越来越大的范围内统一治水的日益增长的利益，这种利益又同保护耕地不受游牧民侵扰的政治安全需要结合起来。"① 传说中的"圣"帝大禹曾经开挖运河、治水排涝；而中国第一位真正的官僚制的君主秦始皇，同样也是运河、道路和城堡的最伟大的造主，尤其是万里长城的建设者。这些建设除了用于灌溉，还用于国库的、军事的和供粮的需要，例如从长江到黄河的著名皇家运河就是为了贡物漕运。

韦伯指出，一旦公共徭役制度崩溃，自然生态环境便进一步恶化，原先戍守西部边陲的军队开垦荒地，把沙漠变成耕地，而如今沙漠却开始延伸，辛勤开垦的耕地已为沙砾所覆盖。与此同时，帝国的政治效能也随之开始动摇，帝国的政治秩序发生了溃解。这一后果恰恰是由世袭制官僚系统所造成的，因为公共徭役在许多情况下被用于私人的目的，例如将臣民的徭役浪费在兴建帝陵上。随着公共劳动在官僚制组织下的发展，这样的浪费也与日俱增。在许多情况下，从总体上说徭役制度便逐渐让位租税制度。实际上，租税制在很早以前就已存在。随着时间的推移，特别是徭役制度的日趋废止，租税体制便渐渐成长为一种居于支配力量的制度类型，但这已是明清之际甚至以后的事情了。② 即便如此，

> 中国的精神特点在这一时期却是完全凝滞的。在经济领域内，虽然有似乎很有利的条件，但是却没有出现任何一点点近代资本主义发展的萌芽。另外，中国一度很重要的出口贸易也未能复苏，而是只能在唯一的一个在严格控制下对欧洲开放的口岸（广东广州）进行进口贸易。根本没有听说过从人民内在的自发的资本主义热情中产生过冲破这些藩篱的努力（倒是只有其反面！）；在技术、经济和行政惯例方面，也没有一点点欧洲所谓的"进步"的发展，尤其是帝国的税收力量，至少从表面上看，已无力提供外交政策所要求的任何一种严肃的冲击力，以上就是这个时代最引人注目的特点。③

（三）俸禄收入的来源决定了官绅阶层的特性

在韦伯看来，官绅阶层是传统中国社会中处于领导地位的阶层，他们的特性与其俸禄收入的来源渠道密切相关。中国官吏最初是以王家粮仓中的实物俸禄为生。后来，货币薪俸逐渐取代了实物俸禄，并且永久地固定了下来。在名义上，官员的薪俸由政府供给，但政府只用自己的钱支付实际从事行政管理的人员中一小部分人的薪俸，这些薪俸也只是他们收入中的微不足道的一小部分。当官的根本不能靠它糊口，更谈不上用它来负担为尽职守所需的行政费用。"实际情况一直是：官员也同封建主或太守一样，要向政府担保上缴一

---

①　[德] 韦伯：《儒教与道教》，103 页，北京，商务印书馆，1995。

②　参见公丕祥：《传统中国社会与法律：韦伯的理论分析》，载《法制现代化研究》，第 2 卷，272 页，南京，南京师范大学出版社，1996。

③　[德] 韦伯：《儒教与道教》，107～108 页，北京，商务印书馆，1995。

定的捐税，官员自己的行政费用则要从他实际拿到手的捐税——税收与规定的费用——中支付，结余归己。"① 官员把他从本区行政管理中抽取的收入用作自己的俸禄，这种收入其实并没有同他的私人收入分开，这倒是符合一切非常世袭制的行政。按照世袭制原则办事，当官的不仅要从供他支配的收入中支付本区一切民政和司法经费，而且还要支付那些非正式的幕僚的薪金，没这样的幕僚班子，当官的根本无法在一个他不熟悉的省份施政。中央政府无从知道各省各郡的实际总收入，各省各郡的总督太守们也无从知道各州各府的实际收入，依次类推。

官员俸禄获取上的这种特权机制，直接影响着他们的行为方式和精神秉性，其中一个典型表征就是管理的每一项公务活动都必须有"礼物"来汇报，以博取对其命运有决定性影响力的上司之欢心；不仅如此，还必须对其上司的没有官职的幕僚们礼数周到，因为他的命运也在他们影响所及的范围。② 请看韦伯的说法：

> 特别注意的是，根据世袭制原则，求官员办事，应当酬谢，可是又没有法定的规定费用的清单。官员的总收入加上这笔额外收入，首先用于支付他的职务的实际杂费和这项职务所负责的行政开支。用于国内行政的本来的"国家"开支（在总支出中）所占的部分很小，简直微乎其微。直接处于最基层税收之源的胥吏的总收入是其上级官员抽取他们的收入的基金。胥吏向上司交纳的不仅是根据传统的纳税登记册他理应上缴的那笔相对来说往往不算大的款项，而且在上司就任时以及逢年过节都得送"礼"，上司的欢心影响着他的命运，为了巴结上司，就得尽量送厚礼。同时，他还得给上司那些非正式的谋士和下属准备丰厚的小费，只要他们能影响他的命运（如果他想拜见上司，就得一直打点到看门人）。逐级行贿，一直要贿赂到宫中宦官，宦官甚至收受最高级的官员的贡物。③

于是，要取得一官半职，往往得付出昂贵的代价（学费、买官费、礼品费、"规定费用"）；任官以后往往债务缠身，因而不得不在短短的任期内尽量地捞上一把。由于没有固定的估价和保障，所以他可以使出浑身的解数来。当官就能赚钱，是不言而喻的事，只有搜刮过甚才该指责。④

韦伯强调，官吏俸禄的获得状况对中国社会产生了影响深远的效果。其一，通过调任制度，中央政府对于官员个人的控制得到了最有效的保障。每个官员都由于这种不停的变动和机遇的持续变换而成为同别人竞争俸禄的对手。他们的个人利益不可能调和，因此，他们的境遇全看同上司的微妙关系：这个官僚阶层的全部内在权威性的精神联系也都与此息息相关。由于官员必须是外省人这一原则，官员必须不断地从一省调往另一省，加之任命官员很

---

① ［德］韦伯：《儒教与道教》，108 页，北京，商务印书馆，1995。

② 参见公丕祥：《传统中国社会与法律：韦伯的理论分析》，载《法制现代化研究》，第 2 卷，273 页，南京，南京师范大学出版社，1996。

③ ［德］韦伯：《儒教与道教》，110 页，北京，商务印书馆，1995。

④ 对此，韦伯注解道："大量文稿披露了这类事实，例如，1882 年 3 月 23 日《京报》载：广东的一个官儿在短短的几个月内就超常地（请君注意！）搜刮了 10 万两白银。福建的一个雇来的文书能够买下江苏地方行政长官的位置。海关官员每年有 10 万到 15 万两白银的收入。"［德］韦伯：《儒教与道教》，111 页，北京，商务印书馆，1995。

注意在同一辖区和同一官阶中尽量混合搭配对立的学派和不同籍贯的官员，所以，至少在这一基础上未能形成危及帝国统一的地方派系分裂主义。其二，这种俸禄制本身带来的行政与经济政策的极端的传统主义，助长了既得利益集团阻止社会改革的强烈愿望。在传统中国，位于最高支配地位的官吏阶层并不是个别地占有得利机会，而是由可以任免的官吏所构成的整个等级共同占有这一得利机会。对传统的经济与管理形式的任何干预，都会侵犯统治阶层的无法估量的诉讼费与俸禄利益。由于每个官员都可能被调到受收入减少威胁的地位，因此，整个官僚阶层在这种情况下万众一心，至少也像捐税负担者一样强烈地阻挠改变诉讼费、关税及捐税制度的尝试；这个等级联合起来反对任何干预，怀着切肤之恨迫害每一个倡导"改革"的理性主义思想家。"只有暴力革命，不管来自下面，还是来自上面，才能给中国带来转机。"① 韦伯的这一见解对于当时的中国是深刻而且正确的。

二、中国社会的宗族组织

古代中国社会，是一个在自给自足和血缘关系基础上成长起来的东方式农业社会。以农业文明为依托，以宗法血缘关系为根基的宗法社会，构成了古代中国社会的基本特征。"中世纪的西方，宗族的作用就已烟消云散了。可是在中国，宗族的作用却完完全全地保存了下来；它既是最小的行政管理单位，也是一种经济合股方式。而且，甚至有了某种程度的发展，这在其他地方，甚至印度，都是闻所未闻的。"②

韦伯认为，现代化进程之所以未能在中国首先兴起，资本主义文明及现代理性法律之所以未能在中国出现，主要应归因于传统中国氏族及宗族组织的强大和根深蒂固。而中国的氏族及宗族组织有其固有的属性特征及社会功能。宗族是一种内在封闭的、拥有相对自治权力的社会基层组织系统，家庭是宗族的基本单位。在家庭中，每个成员都置于一个高度系统化的等级名分体系之中，并且由此产生宗法式的权利和义务关系。父系家长拥有无可置疑的最高权威。家庭成员的姓氏是按父系标识的，因而父系家长拥有姓氏权，借以维系着家庭与祖辈们的联系，确保子孙后代能继承先人的一切，并且由此形成表示亲等关系的秩序井然的家庭差序格局。③

作为家庭亲属体系的向外延伸，宗族又构架了把一定数量家庭联系在一起的具有共同血缘关系的家族网络。村庄多以宗族姓氏命名④，有的村子只有一族，就以占多数的代表姓命名。村庄也可以是宗族联盟。传统古老的界石表明，土地不是分给个人，而是分给宗族的。宗族共同体在相当大的范围内维系着这种状况。村庄的首领（他常常是有报酬的）往往是从人数最多的宗族中选出的。"族长"辅佐村长，并且有权罢免他。每一个宗族都有独立惩处其成员的权力，而且行使着这种权力，尽管近代国家政权没有正式承认这种权力。正式承认的只是皇族对其成员的审判，又叫家权。

宗族的凝聚力依赖于祖先崇拜。祖先崇拜是一种民间崇拜，纯粹由家长主持而无须政府

---

① ［德］韦伯：《儒教与道教》，113 页，北京，商务印书馆，1995。

② ［德］韦伯：《儒教与道教》，140 页，北京，商务印书馆，1995。

③ 参见公丕祥：《传统中国社会与法律：韦伯的理论分析》，载《法制现代化研究》，第 2 卷，276～277 页，南京，南京师范大学出版社，1996。

④ 韦伯原注："例如，张家庄即'张姓家族的村子'。"

和官吏干预。在历史上，中国民众的最根本的信仰一直是相信祖宗神灵的力量。祖先的神灵充当的是将子孙的愿望呈现于天灵或天帝面前的中介角色。人们相信，让神灵满意，以献祭的方式博得他们的恩宠是绝对必要的。比如，一个中国人，如果没有一个男性后嗣，就会被迫去收养一个养子；如果他生前没有做到这一点，那么，家人就会在他死后为他收一个嗣子。这不仅是为了他自己的缘故，也是为了他们，因为他们想在他的亡灵前心安理得。"这些控制一切的观念的社会效用是明摆着的；其一是宗法权力的强大；[①] 其二是宗族自身的团结。"[②]

宗族具有广泛的社会功能：每一个宗族原则上在村里有自己的宗祠，除了祭祀器具外，祠内往往有一块匾，上书宗族承认的"德律"（家法、家规）。韦伯明确地认识到，在中国，

> 自己赋予自己规约的权力，对于宗族来说实际上一直是不容置疑的，它所起到的作用不仅是凌驾于法律之上，而且——甚至在礼仪问题上——也是反法律的。[③] 宗族对外团结一致。综上所述，除了刑法以外，并不存在互助责任，但是，宗族总是尽量解决族人债务。在长老主持下，宗族不仅能对族人鞭笞和除名——后者意味着剥夺公民权利终身——而且能像俄国的米尔一样，能放逐人。往往很高的消费性的借贷急需基本上也是在宗族内部解决的，济危扶困是富裕族人义不容辞的。[④]

而且必要时，宗族也同外族械斗。在必要时，宗族还施舍药、操办丧事、照顾老人和寡妇，特别是兴办私塾。不仅如此，宗族拥有自己的财产，主要是田产（"祖田"），富裕的宗族往往还有大量义田。宗族通过出租（往往 3 年后拍卖）来利用这种"祖田"，但转让须经家族 3/4 的成员同意，收获分配给各家之长，官绅、商贾或其他最终搬离农村的族员，也可得到部分补偿。其结果，进一步强化了宗族的统治地位，也强化了成员对整个宗族系统的依赖关系。

> 因此，这个联合体（宗族）除了意味着对家计自给自足的经济支持以外，显然还意味着对市场发展的限制；从社会角度说，对于宗族成员，包括在异乡、特别是城里生活的人的存在来说，宗族就是一切。[⑤]

韦伯特别强调，与埃及、美索不达米亚等地宗族内聚力被摧毁殆尽不同，在中国，宗族的影响力不仅持续增长，而且逐步发展成为一种可与世袭制中央政府统治权力相匹敌的力量。宗族系统的基本社会载体是村落，中国村落具有高度的自治性。[⑥] 大多数村庄都有防御工事，最初像古代城市一样用栅栏围起来，但经常是有围墙的。为了解除轮流值勤的义务，

---

① 韦伯对此注解道："杀父被视为十分恐怖的（要处以'凌迟'的）事件。哪个省要是出了这种事，那就跟遇上天灾一样，省长要被罢官。一个醉汉杀了祖父，致使并没有教育儿子这样做的父亲也受到惩处，忍受了长辈最严厉的处罚"。

② ［德］韦伯：《儒教与道教》，142 页，北京，商务印书馆，1995。

③ 韦伯原注："根据古典礼仪，立嗣只能在宗族内部实行过继。家法对过继的规定——即使在同一村子里——也是天差地别的。有些旧礼仪几乎普遍被废黜了，甚至明文规定，儿媳现在不仅为公婆服丧，而且也为父母服丧了。"

④ ［德］韦伯：《儒教与道教》，142～143 页，北京，商务印书馆，1995。

⑤ ［德］韦伯：《儒教与道教》，144 页，北京，商务印书馆，1995。

⑥ 参见公丕祥：《传统中国社会与法律：韦伯的理论分析》，载《法制现代化研究》，第 2 卷，279 页，南京，南京师范大学出版社，1996。

村里雇有守卫，有的村子里有几千人。"村落式"的居民点在中国的基础是对安全的需要，行使安全保护职能的机构是东方特有的村庙。① "由于中国的法律和农民的思维方式中天生没有一丝'法人'概念，所以这种机构就是村庙，近代习惯于供奉随便一尊通俗神……村庙的宗教含义仅限于少数礼仪活动和偶尔的个人祈祷，此外，村庙的含义就只在凡俗的社会和法律方面了。"② 庙里的管理事务，经常由村里的家长们分担，其他的管理者还有宗族长老、儒生这些所谓的乡绅。"不喜欢任何法人或法人代理的政府只承认他们是村里的代表。他们一方则以'庙里'行事，'庙里'通过他们与村里缔结各种契约，'庙里'对小事有审判权，常常包揽种种这样的诉讼，只有在事关国家利益时，政府才插手。受到民众信赖的正是这种公堂，而不是国家司法当局。"③ "庙里"负责管理道路、运河、防卫、政治安全、防范强盗或邻村的侵扰，还掌管村里的武器库。"通过村庙，全村从法律上和实际上具有了地方自治体的行动能力"④。

政府对这种非官方的村落自治，并不总是像明清两代那样采取自由放任的立场。韦伯提出，在汉朝统治下，政府就曾试图通过有计划地请社区长老出任地方自治官职（三老），来瓦解纯粹世袭的专制制度，并对原始的自治进行整顿，使之合法化。政府让这些社区长老担负起治安、集体担保、惩戒、监督祭祀、摊派徭役、征收租税及纳税保证等责任。不过，在大多数情况下，专制政府极力试图控制村落的自治势力。"国家机器必须切实考虑到的力量，是站在村政后面的宗族长老，他们会私设公堂，一遇冲突，将是危险人物。"⑤ 在宋明时代，世袭制国家建立了保甲制度，保甲负有治安、监视罪犯与秘密帮会的官方责任。但是，高高在上的政府遭到来自下面的宗族强大的对抗势力的抵制。"在乡村内部，有一个同乡村对峙的磐石般团结的地方乡绅阶层的委员会。不管你想做什么，比方说提高传统的租税，不管你想进行什么变革，都必须同这种委员会达成协议，才能做点实事。不然的话，你这个知县就会像地主、房东、东家、一言以蔽之，一切族外的'上司'一样，遇到顽强的抵抗。"⑥ 宗族的这种联合抵抗产生的经久影响，当然是西方那种自由组合的工会所发动的罢工无法比拟的。仅此一项就足以使西方大产业所有的那种"劳动纪律"和市场对劳动力的自由筛选，同任何西方式的理性管理一样，受到挫败。"受过儒学教育的官吏阶层面临的最强大的反对力量是非儒的老人阶层，在由传统确定的宗族事务内部，一个不管通过了多少次科举考试的官员，也得无条件地服从他那绝对没有受过教育的族长。"⑦ 韦伯高度重视宗族组织及村落自治共同体与世袭制的官僚政体之间的对抗，认为：

> 世袭官僚制面临着一种实际上颇具规模的自治。这种自治或是强行的，或是得到了官方认可的，宗族组织无论如何算一方面，另一方面是穷人的组织。官僚制的理性主义在这里碰上了破釜沉舟的传统主义势力，从整体和长远的角度来看，传统主义都绝对占

---

① 韦伯认为这一点与城市相反，城市中行会常常专擅自治的广泛职能。
② ［德］韦伯：《儒教与道教》，146 页，北京，商务印书馆，1995。
③ ［德］韦伯：《儒教与道教》，146 页，北京，商务印书馆，1995。
④ ［德］韦伯：《儒教与道教》，147 页，北京，商务印书馆，1995。
⑤ ［德］韦伯：《儒教与道教》，148 页，北京，商务印书馆，1995。
⑥ ［德］韦伯：《儒教与道教》，149 页，北京，商务印书馆，1995。
⑦ ［德］韦伯：《儒教与道教》，149～150 页，北京，商务印书馆，1995。

上风，因为它一直有影响，而且受到至亲的私人组织的支持。此外，任何一种革新，不管是什么形式的，都会招致穷凶极恶的诅咒。①

受严格的家长制控制的宗族势力十分强大，这种宗族势力实际上就是在中国经常讨论的那种"民主"的体现，不过，它只意味着：封建等级制的终止，世袭官僚制行政的粗放，家长制宗族的坚不可摧和万能，同"现代"民主毫无共同之处。

由此，韦伯进一步揭示了宗族组织对经济关系的羁绊作用。按照他的说法，几乎一切超出个体经济范围的有组织的经济实体，都建立在现实的或模仿的宗族化的基础上。宗族相当于一种生产合作社性质扩大了的氏族共同体与蓄积的家庭共同体。在这其中并未显示出理性的客观化倾向：

> 在意大利城市的商法中，早就有了经济的理性物化了的资本主义"经营"的法律形式与社会基础，但是在中国这些都不存在。中国早就有了私人信贷发展的萌芽：宗族为其成员担保，但却仅仅存在于税收和政治刑法中，没有以后的发展阶段。从西方的家庭合股形式中，产生了后来的"无限商业公司"，在中国，基于家庭共同体的继承人的合股形式变成了营利共同体，恰恰在有产阶层中起过类似西方家庭合股形式的作用，但却具有截然不同的经济含义。②

显然，家庭营利共同体的这种做法，与理性的经济经营共同体的发展背道而驰。结论也就自然得出了：传统中国缺乏形成资本主义经营制度的社会基础。

三、中国法律的世袭结构

> 世袭制的国家形态，尤其是与行政与法律适用的世袭性质，在政治上产生的典型后果是：不可动摇的神圣的传统王国与绝对自由的专横与恩宠的王国并存。同全世界一样，在中国，至少在这方面特别敏感的产业资本主义，在其发展道路上，行政与司法没有发挥出可以计算的理性功能来，这种功能正是向理性经营发展的产业所必需的。③

韦伯认为，工商业资本主义之所以首先在西欧兴起和发展，在很大程度上得益于必要的合理结构。"专横破坏着国法"这个命题，在中国和西方有着截然不同的历史影响。在中国、印度、伊斯兰地区以及所有理性的立法与理性的审判没有取得胜利的地方，上述命题并没有促成资本主义法律制度的发展④，"因为，一方面没有作为政治单位的城市的法人自治体；另一方面也没有从保障特权和使特权固定化的角度确立最重要的法律制度"⑤。而在中世纪的西方，"这两者合起来，正是借助这些基本原则，创造了所有适合资本主义的法律形式"⑥。

为什么理性的法律结构在东、西方呈现这样的阙如与发达？对此，韦伯是从比较分析

---

①　[德]韦伯：《儒教与道教》，150页，北京，商务印书馆，1995。
②　[德]韦伯：《儒教与道教》，139页，北京，商务印书馆，1995。
③　[德]韦伯：《儒教与道教》，154页，北京，商务印书馆，1995。
④　参见公丕祥：《传统中国社会与法律：韦伯的理论分析》，载《法制现代化研究》，第2卷，281页，南京，南京师范大学出版社，1996。
⑤　[德]韦伯：《儒教与道教》，154页，北京，商务印书馆，1995。
⑥　[德]韦伯：《儒教与道教》，154~155页，北京，商务印书馆，1995。

东、西方的城市制度予以解说的。

中国城市在古代是指诸侯的过渡，以及各级官员的驻地和各级官僚政府的所在地。城市的收入主要是官员的俸禄和地租。城市的居民主要是商人和手工业者，他们开设商店主要是为官府服务。在城市里，官僚集团居于绝对的统治地位，而城市居民则是他统治下的臣民。"中国的城市既不是所谓的古希腊'城邦'，又没有中世纪那样的'城市法'"①，因为它并不是具有自己政治特权的政区。

居住在城市中的商人和手工业者有自己的组织或团体——商会或行会，这些组织或团体在处理自己行业的事务上也有很大的自主权。但在与国家官僚机构的关系上，这种自主权就丧失了，变成了一种纯粹依附关系。中国城市的兴起主要不是靠居民在经济上、政治上的冒险精神，而是有赖于朝廷管理的功能，特别是江河的行政管理，这便决定了中国古代城市在政治上的从属性质。中国古代城市缺乏西方城市所特有的那种政治力量。西方古代城市有自己独立的政治机构——领事和参议会，居民有自己独立的武装力量，他们正是以这种武装力量来对付封建领主，从而争取到城市的自主权；以自己的武装和政治组织与封建国王相抗衡，使国王不得不以法律的形式承认城市的自治状况，从而使城市的自由获得了法律的保障。而在中国古代城市中，除了上级委任的官僚机构外，绝对不存在类似西方那样的政治组织，居民没有独立的武装，城市的自治也并未获得法律的强化。如此的差异导致了迥异的结果：

> 正是由于没有这种法律保证，才使中国的职业团体走上了西方前所未闻的冷酷的自助道路。这种自助也决定了，中国没有一种互助式地调节自由工商业的受到公认的、正规的、牢固可靠的法律基础，这种基础为西方所熟知，并且促进了中世纪手工业中的小资本主义的发展。②

韦伯认为，中国古代城市的居民组织与西方也不相同。中国城市的居民组织都是由农村迁入的，他们和出生的宗族、祖产、祠堂所在的故乡保持着千丝万缕的联系，也就是和他们出生的村落保持着所有礼仪和人际关系上的联系。因此，城市的行会和商会组织也保持着农村中宗族组织的特点。这与西方大不一样。在西方古代城市，居民组织是由武装市民组成的政治性誓约团体，其联系纽带并非宗族、血缘和地域关系，而是以经济为纽带的非人格化的契约关系。正是西方古代城市的独特发展道路，不仅为现代资本主义条件下公民的产生准备了条件，而且为现代资本主义法律制度的产生奠定了基础。

下面，就让我们看看韦伯是如何分析中国古代法律制度的各个非理性方面的。

1. 中国的法律涉及社会生活的方面很狭窄，只有刑法而没有保证经济生活正常运行的私法和保障人民权利的各项法律规定

他说，皇家行政卓有成效地制定了大量规章，这些规定与印度佛教君主的世袭制的教诲、规劝不同，至少在自身的法律方面，以相对简洁的事务形式而出众，例如在刑法方面。"大清律中也系统地收集了这些规章，但是，几乎完全漏掉了关于对象的私法规定，这些对象对于我们所谓的交流却是至关重要的（偶尔也有间接的规定）。真正有保障的'自由权利'

---

① ［德］韦伯：《儒教与道教》，58 页，北京，商务印书馆，1995。

② ［德］韦伯：《儒教与道教》，64 页，北京，商务印书馆，1995。

则根本不存在。"① 在列国互相竞争时期，儒士官僚阶级的理性主义在一次偶然事件中开始制定法典（即郑人铸刑书），但在士阶层内部讨论此问题时，当年代表晋国奴隶主贵族守旧势力的叔向，在给子产的信中，提出"民知有辟，则不忌于上"②。受过教育的世袭官僚制阶层似乎陷入了有可能丧失威严的危险之中，权力利益从此不允许这种思想再度出现。"多少世纪以来，或者说，1 500多年以来，土地占有的性质极不稳定，土地所有权极不合理，取决于政治与财政，忽而肆意干涉，忽而放任自流。儒士们拒绝编纂一部法典，他们的典型理由是：老百姓如果知道了自己的权利，就会藐视统治阶级。"③

应该说，韦伯对中国古代刑法发达而私法缺乏的原因分析，虽然没有长篇大论，但简短中已有明确交代，其角度是独特的，其结论则相当透辟。

2. 中国的管理与立法、行政与司法长期混淆不分，阻碍了法律体制的独立发展

中国政府的官吏往往既是行政长官又是法官，在自己雇来的刑名师爷的帮助下亲自审理各种案件。"行政与法律适用虽然在形式上由财政干事与司法干事的二元论分开了，但在实际工作方式中并没有真正分开。官员自己出钱雇的家仆——完全是世袭制的，既是他的保镖，又是他的行政副官。"④

3. 中国的法律是伦理规范的法典化

中国的法律从内容看建立在伦理规范的基础之上，在司法过程中，行政官员也经常混淆法律与道德规范的界限，对"有伤风化"的行为，不需要援引专门的法规就可以加以惩处。用韦伯的话说就是：

> 反形式主义的家长制的作风从不遮遮掩掩，对任何大逆不道的生活变迁都严惩不贷，不管有无明文规定。最重要的则是法律适用的内在性质：有伦理倾向的世袭制追求的并非形式的法律，而是实质的公正，无论在中国还是全世界都是这样。没有一本正式的案例汇编，这是因为，尽管存在着传统主义，但是法律的形式主义性质遭到了反对，特别是没有英国那样的中央法庭。县官在地方上的"牧"了解案例。如果说，县官被奉劝，按照久经考验的模式进行审判的话，那么，这种做法表面上符合我们的陪审推事根据"类比法"办案的习惯。不过，我们这里没用的东西，在中国却被奉为至德。皇帝本人关于行政处分的诏书往往具有中世纪教皇诏书特有的训诫形式，只是没有后者经常具有的缜密的法内容。那些最著名的皇帝诏书是伦理规范的法典，而非法规范的法典，表现出渊博的儒家学识。⑤

4. 中国的法律不重视客观事实和正式颁布实行的法律条文与法定的司法程序，而以人情、政治环境、思想信仰为判案的重要依据

这就是韦伯所说的不重形式法而重伦理实质的法，也就是我们中国人所讲的人情大于王法。"中国的法官就是典型的世袭制法官，完全是家长式地判案，就是说，在神圣的传统允

① ［德］韦伯：《儒教与道教》，155页，北京，商务印书馆，1995。
② 《左传·昭公六年》。
③ ［德］韦伯：《儒教与道教》，133页，北京，商务印书馆，1995。
④ ［德］韦伯：《儒教与道教》，155页，北京，商务印书馆，1995。
⑤ ［德］韦伯：《儒教与道教》，155～156页，北京，商务印书馆，1995。

许的范围内明确地不按照'一视同仁'的形式规则判案。在很大程度上倒是恰恰相反：按照当事人的具体资质和具体状况，即按照具体的礼仪的衡量适度来作断案。这种'所罗门式'的法官司法也没有一部伊斯兰式的神圣法典。"①

5. 在中国的司法中，西方观念里的律师根本无法占有一席之地

"在家长制的中国司法中，根本没有西方式的辩护士的立足之地。万一有事，受过儒学教育传统的宗族成员就可以充当族人的诉讼代理人，要不就是由无照律师写状子。"② "中国没有一个法律家等级，因为没有西洋式的律师。之所以没有律师，是因为世俗法的形式发展这一层意思背离了中国福利国家的世袭制及其虚弱的职权。"③

韦伯认为，中国法律制度的这种状况为资本主义的发展制造了障碍，因为工商业资本主义的发展对政治因素特别敏感，它的发展特别需要的就是那种理性的、可审计的管理与合理的法律机能，缺乏合理化的法律自然不可能使理性的资本主义正常发展起来。同时，韦伯还指出，中国古代资本主义的不够发展又是中国法律制度落后的一个重要原因。他写道：

> 我们近代西方法律理性化是两种相辅相成的力量的产物。一方面，资本主义热衷于严格的形式的、因而——在功能上——尽量像一部机器一样可计量的法，并且特别关心法律程序；另一方面，绝对主义国家权力的官僚理性主义热衷于法典化的系统性和由受过理性训练的、致力于地区平等进取机会的官僚来运用的法的同样性。两种力量只要缺一，就出现不了近代法律体系。因为，近代资本主义，正如盎格鲁撒克逊的习惯法所指出的，可以相当不错地生存在这样一种基础上：它不系统，缺乏严格的法律逻辑结构，但却是形式法，并且在思维方式上受过罗马法和教会法的训练，这种法——作为一个律师阶级的创造物——保证了经济强者的自治。另一方面，理性主义的官僚制则热衷于形式上简明的法令纲要和在适用法律方面平等，仅仅为了官吏的无处不在的适用性也要关心这一点。官僚制尤其关心政府法规比传统的不可侵犯性优越的地方，即对于法律的地域性和社会性自治专权的优越性。不论在哪里，只要官僚制能够插手，内容就不仅是法律规范形式的司法完善，而且还有法律规范的实质"公正"，因为这尤其符合理性的官僚制的内在的气质。当经济上强大的资本主义利益或社会上强大的法律家等级不同理性化的官僚制相抗衡时，它就把法律实质上理性化、系统化了，但是却破坏了并不关心实质公正的司法技术。在帝国统一以后，中国的世袭制既不能指望它不太能驯服的强大的资本主义利益出现，也不能指望一个独立的法律家等级出现。不过，似乎能指望神圣的传统性，因为只有这样才能使它的合法性得到保障，同样，也能指望它的行政组织的强力限制。因此，不仅形式司法不发达，而且也没有进行过系统的实质性的法律彻底理性化的尝试。④

四、儒教伦理

韦伯在分析近代西方形式主义法律的独特性问题时，把理性主义视为形式法的渊源和本

① ［德］韦伯：《儒教与道教》，199 页，北京，商务印书馆，1995。
② ［德］韦伯：《儒教与道教》，157 页，北京，商务印书馆，1995。
③ ［德］韦伯：《儒教与道教》，199 页，北京，商务印书馆，1995。
④ ［德］韦伯：《儒教与道教》，200 页，北京，商务印书馆，1995。

体，强调必须循此路径去揭示西方法律文明及其现代化的特有轨迹。同样地，按照他的看法，必须从植根于中国人的伦理中并且官僚阶层所倚重的那种态度里去寻找原因。正是从这里出发，韦伯对中国法律文明内在精神的义理进行了深刻的分析。①

在韦伯看来，理性的资本主义与理性的法律之所以首先在西方出现，完全可以从新教伦理的性质和特征中得到透彻的说明。在这里，韦伯主张必须澄清儒教的理性主义与基督新教的理性主义之间的关系。他认为，"在判断一种宗教代表的理性主义阶段时，有两个彼此有多方面内在联系的标准。第一个是宗教摆脱掉巫术的程度；第二个是宗教将神同世界的伦理关系系统地统一起来的程度"②。虽然儒教伦理与新教伦理二者就其实质而言都是理性主义的，并且都有功利主义的倾向，但它们之间实际上存在着非常重大的差异。就第一判断标准来说，新教伦理几乎完全摒除了巫术，消除了任何对巫术性操纵的信任，坚决彻底地使世界摆脱魔法；而儒家则没有触动巫术的救赎意义，与道教巫术具有某种亲和的倾向，容忍巫术的存在。就第二个判断标准而言，清教伦理确证宗教的价值，要求人的行为必须根据上帝的命令，而且这种对上帝的服从乃是出于对上帝的敬畏；而儒教伦理则强调天人合一，排斥上帝意旨的重要意义，从来不对超世的上帝善尽恭顺之道。③ 在对待尘世事务的态度方面，清教伦理更与儒教伦理形成鲜明的对比，韦伯认为这一点恰恰构成了资本主义在西方而不是东方兴起的根本原因之一。西方清教伦理代表了一种与儒教截然相反的理性对待世界的类型。"由此，可见两种'理性主义'的根本区别：儒教理性主义意味着理性地适应世界；清教理性主义则意味着理性地把握世界。清教徒和儒家都'恬淡'，但是，清教徒的'恬淡'建立在一种强烈的激情的基础之上，正是这种儒家根本没有的激情鼓舞了西方的修士。"④ 这种企图把握（支配）而不是仅仅适应世界的强烈愿望，对于资本主义在西方的兴起，无疑起到了重要的作用。

然后，韦伯进一步探讨了儒教伦理对于传统中国法律文化的重大影响。他认为，儒教伦理是一种宗教伦理，但是它又与出世主义的宗教体系大不一样，而具有明显的理性主义因素。这种理性主义来源于通过孔子言行所体现的伦理思想、礼仪和实践，要求人们在实际生活中永远保持"克己"的觉醒，在生活中做到"中庸"的适度，以便追求现实的道德自我完善和人格完美的终极价值。因此，儒教伦理是一种信念伦理而非责任伦理。不仅如此，儒教伦理还是一种特别注重"秩序"的理性主义。"儒教的'理性'是一种秩序的理性主义"，"具有本质上的和平主义的特征"⑤。"儒教适应世界及其秩序和习俗，归根结底不过是一对受过教育的世俗人的政治准则与社会礼仪规则的大法典。"⑥ 受过传统教育的人，按照等级制的习俗和"礼"（儒教的中心概念）的规定，温文尔雅地调整他的行为，包括身体的一举一动。在任何社会处境中，不论居庙堂之高，还是处江湖之远，都要符合礼，不失其尊严。儒教伦

---

① 参见公丕祥：《传统中国社会与法律：韦伯的理论分析》，载《法制现代化研究》，第 2 卷，292 页，南京，南京师范大学出版社，1996。

② ［德］韦伯：《儒教与道教》，279 页，北京，商务印书馆，1995。

③ 参见公丕祥：《传统中国社会与法律：韦伯的理论分析》，载《法制现代化研究》，第 2 卷，292 页，南京，南京师范大学出版社，1996。

④ ［德］韦伯：《儒教与道教》，299～300 页，北京，商务印书馆，1995。

⑤ ［德］韦伯：《儒教与道教》，221 页，北京，商务印书馆，1995。

⑥ ［德］韦伯：《儒教与道教》，203 页，北京，商务印书馆，1995。

理中没有任何解脱思想，儒家只求从社会的粗俗不堪、丧失尊严的野蛮状态中解脱出来，除此以外，别无他求，诸如从灵魂轮回、彼岸的惩罚、原罪中解脱出来。"罪"在中国人眼中只有对一种社会基本义务——孝的侵害。同封建制是以荣誉为基础一样，世袭制则以孝为基础，孝是元德，是统治者的仆从和管理服从的基础。

  在中国的等级制伦理上，仍然相当牢固地粘附着对封建制的留恋。对于封建主的孝，又被推及父母、老师、职务等级中的上司和一切有官职的人，——因为对于所有这些人，孝在本质上是一样的。封建的忠，事实上被引申为官僚阶层内部的庇护关系。忠的基本性质是家长制的，而不是封建制的，子女对父母的无限的孝，正如一再强调的，绝对居于一切道德之首。在冲突条件下，先要讲孝，然后再说其余。①

  总之，有了孝，就是经受了考验，就能保证履行官僚制最重要的等级义务——履行无条件的纪律。孝是保持与维护世袭制宗法政治伦理秩序的基本机制。

  儒教伦理的这一特性，使西方的自然法观念不可能在中国出现。在韦伯眼里，自然法学说是西方社会所特有的，从其渊源来说，只存在于神圣礼仪及对先祖神灵的义务里。并且，它是由于哲学或宗教上的基本要求与"俗世"之间的紧张而造成的一种"原始状态"的学说。这一学说的中心概念实际上是一个超验的伦理，并以原罪的概念为前提。作为上帝创造物的人，生下来便是堕落的，而现实世界则是一个充满了罪恶与诱惑的世俗领域，为了能在这些邪恶的尘世中使灵魂得到拯救，每个人都应保持自我克制，必须通过理性的秩序来克服罪恶苦难，力求在世俗职业中完成上帝交给的工作。这样，在上帝与世界之间、宗教伦理与世俗伦理之间，始终存在着一种紧张性的关系。而自然法则是沟通上帝与世界的关系，将宗教绝对伦理转化为世界伦理的中介手段。它不仅是绝对伦理原则和自然法则的集中体现，并且是世俗的国家机关制定各种法律的标准。自然法学说区别了自然状态与社会状态，强调从自然状态到社会状态的转换必须经由每个成员的自由合意、有秩序的订立契约和法律，一旦进入社会状态，则必须置于社会规范的制约之下。由此，也就设置了神圣的法律与世界的法律之间的对峙。

  与此相反，儒教则缺乏自然法学说的那种中心伦理概念，并且把伦理理性要求与世俗世界之间的紧张性减至绝对低弱的程度。儒教伦理对任何关于来世的希望抱着根本否定的态度，确信现世世界是所有可能的世界中最好的一个，人的本性从伦理上看是善的。恶性的存在是由于教育的不足，其根本原因是经济上的匮乏。在儒教伦理那里，不存在超世的伦理之神，不存在"原罪"概念，也没有超世的上帝律法与现世法律之间的对峙。世俗的秩序是与宇宙秩序等同的，并且是文化的需求、社会分工以及由此产生的利害冲突自然发展的结果。世间的统治者必须对这个世袭制支配下的共同体负有责任，国家官吏应当尽其所能治理好这个社会秩序。君主的首要任务是在物质上与精神上照顾好官吏阶层，与他们保持良好的、可敬的关系，并且把未受教育的民众当作子女来对待。如果君主和官吏治理国家不善，就会引起鬼神的不安，甚至引起灾祸。② 很显然，自然法的社会伦理是个人主义的，"这种个人主义

---

  ① ［德］韦伯：《儒教与道教》，207～208页，北京，商务印书馆，1995。
  ② 参见公丕祥：《传统中国社会与法律：韦伯的理论分析》，载《法制现代化研究》，第2卷，296～297页，南京，南京师范大学出版社，1996。

的伦理在近代西方恰恰是从形式权利与实质公正的紧张关系中产生的"①。而世袭制下的儒教伦理则是宗法家族主义的，"世袭制的理论是实质的公正，而非形式的权利"②。因此，韦伯强调，由于在中国缺乏自然法，便使得：

> 没有对于每一个人的任何自由领域内的自然法的承认，就连"自由"这个词，对于（中国）语言来说也是陌生的。这可直接从世袭制国家的特点和历史的回忆中得到解释。③

由上可见，韦伯从世界比较文明的广阔视野出发，深入系统地研究了传统中国社会与法律领域中的若干重大问题，其见解之独特、论证之深刻、阐发之系统，在西方学术界确实是鲜见的。他从现代化的理论角度，探索中国社会及其发展之谜，这本身就具有重要的理论价值。在他的心目中，世袭官僚制国家、宗族组织系统、以实质公正为核心的法律结构、以信念伦理和秩序的追求为本体的儒教伦理，构成了传统中国与法律生活的基本要素，这些要素将中国社会及法律束缚在坚韧的传统主义网络之中，妨碍了资本主义文明和现代化的理性法律在中国的出现，阻滞了中国法制现代化的历史进程。无疑，韦伯的这一看法，包含着明显的独断论的色彩。但是，关于这些社会要素的透辟分析，却显示了韦伯思想的睿智。特别是他把这些要素与西方社会中的相关因素进行对比考察，从中揭示中国社会及法律文化的内在生成机理，这就丰富了中国法律文化及比较文明研究的思想文献，拓展了人们的学术视野。他的研究成果在很大程度上影响了思想家们对东方社会及传统中国社会与法律变迁问题探讨的思维走向。④

---

① ［德］韦伯：《儒教与道教》，199页，北京，商务印书馆，1995。
② ［德］韦伯：《儒教与道教》，198页，北京，商务印书馆，1995。
③ ［德］韦伯：《儒教与道教》，198页，北京，商务印书馆，1995。
④ 参见公丕祥：《传统中国社会与法律：韦伯的理论分析》，载《法制现代化研究》，第2卷，299页，南京，南京师范大学出版社，1996；丁学良：《韦伯的世界文明比较研究导论》，载《中国社会科学》，1987（1）。

第八章

中国法律文化对美国的影响

对于西方学者来说，中国既是值得称道的避免过分依赖法律的高度发达文化，同时又由于未能为法治发展产生出更坚固的制度而应受到指责。在美国，这一点表现得尤为明显，除了传教士何天爵之外，学者们很自然地因观点不同而分为鲜明的两派。昂格尔承继黑格尔、韦伯等人确立起的关于中国法落后、愚昧的直言不讳的评价风格，继续对中国法律传统缺陷予以剖示、批评，还断言中国根本不可能与通行法治的西方同日而语。安守廉和高道蕴两人则不谋而合地向美国流行的关于中国法的某些成见（当然包括昂格尔的）公开挑战，试图反叛"西方学者并没有把儒家的道德说教看作是对公正法律的一个贡献，而是看作强化中国法律制度中不尽如人意的特殊的和习惯性因素的手段"的恒久传统，重新恢复人们对中国法律文化的兴趣。应该说，他们之间展开的论断是美国研究中国法律史的学者通过一个模糊的镜头观察中国的现实，但可以说明西方人关于中国法律"毁誉参半"的态度正在开始发生变化。

美国的文官考试制度基本上是模仿英国的产物，部分系取自德国。但史料表明，中国的科举制曾在一定程度上直接影响国美国的文官考试制度。

第一节
何天爵：中国人身上有许多闪光的道德品质

何天爵（Chester Holcombe，1844—1812），美国传教士、外交官，原名切斯特·何尔康比，何天爵是他的中文名。1869 年来华，在北京负责公理会所办的教会学校，1871 年辞去教会职务，先后任美国驻华使馆翻译、头等参赞、署理公使等职。曾参与起草 1880 年关于华人移居美国的条约，还参与了 1822 年美国和朝鲜签订条约。美国前总统格兰特访华期间曾接待陪同，在处理美国侨民在华经济纠纷和教案方面不遗余力。1855 年回国。1895 年出版其颇具影响的《中国人本色》，这本书是他根据本人在中国居留 16

年的所见所闻和深入思考写成的，是关于晚清中国社会的一幅全方位、大视角的生动画卷，内容涉及中国生活的方方面面，其对中国特质的揭示，对生活在今天的中国人仍然具有借鉴意义。

在前言中，何天爵强调：我们有必要多一些对外部的了解，少一些狭隘、闭门造车的评论。毫无疑问，如果我们以别人看待我们的眼光和标准来看待自己，情况会好很多。但是如果我们可以以更高的层次、更标准的人的标准而不是我们自己的标准来衡量人，情况就会更好。更宽广的视角不但能使我们的结论更为精确、更加合理，还有更为深远重要的价值：这样做能使人们更加宽容、友爱、和睦相待，信任人们团结、高贵的品质。遗憾的是，现在远远不是如此。轻言指责中国人远比真正了解他们要容易得多。中西方之间的相互联系还很少，非常短暂。我们的信息建立在主观想象之上多于建立在事实之上。因此对于中国人和中国模式的曲解和误会是自然的、不可避免的。但是中国人绝对是一个值得认真研究的民族。现实生活比人们的想象更加神奇，对于汉民族的子孙来说也是如此。真诚的研究者更关注于中国人那固定的、凝聚不变的特性，而不是歪曲漫画化的中国人和大众所熟悉的那些中国人的特性。① 本书不是为中国人辩护，不是替中国人表示歉意，不是对中国的批评，也不是为中国歌功颂德。本书只解释中国和中国人：

> 现在，我尝试将自己在中华帝国的感受写出来。我努力描述并解释这个民族生活中的突出特性，论述为什么很多西方人感受突兀的、难以接受的方式，在中国人看来却是自然的、天经地义的。全书建立在客观事实，而非主观臆断的基础之上。我希望能够用素描的方法向读者描绘真正的中国人……中国人身上有一些缺点和不足，有一些怪癖，更有许多闪光的道德品质和令人钦佩的性格特征。在岁月流动中，它们被年轻的一代牢牢继承下去，变化非常缓慢。中国有着光明的前途，中国必将在世界历史中发挥举足轻重的作用。如果谁不深信这一点，谁就不算真正了解中国。②

一、两个因素使中国的政治制度长盛不衰

"所有的政府权力都来源于人民的授权。"西方国家，尤其是美国人对这句话非常熟悉，越来越赞同。而中国人在一本很多人都阅读过的书中创造出了自己的理论。他们改了一个词："所有的政府权力都来源于上天的授权"（董仲舒的"君权神授论"）。中国悠久的历史没有记载任何修正政府体制的呼声和努力。整套制度不仅存在，而且制度统治下的人民也都赞同满意于这一制度。这套制度从未在本国受过批判，还被周边的弱小民族所仿照，借以扩展影响。它比地球上所有其他的政权制度存在的时间都要长；它统治着约占世界总人口 1/3 的广大的人民，并且为百姓提供了相当的自由、和平与繁荣。就像过去一样，无数世纪后的今天，中国人在它的统治下依然心满意足。"必须承认，中国的权力制度必然存在着积极正面的内容，存在着呼唤发人的善良本性的因素。"③

何天爵认为，在理论上，将中国的政府制度归类为"绝对专制"可能是妥当的。但是这

---

① 参见［美］何天爵：《中国人本色》，前言 2 页，北京，中国言实出版社，2006。

② ［美］何天爵：《中国人本色》，前言 3 页，北京，中国言实出版社，2006。

③ ［美］何天爵：《中国人本色》，26 页，北京，中国言实出版社，2006。

一判断不能准确描述它的实际操作过程。不是个人，而是家庭组成了中国人生活的基本单位。建立在对一家之主的地位和权威的尊崇的古代宗法观念之上的家长制，是中国政府组织创建的理论基础。"我们在其中能找到的惟一专制的因素就是在古老的家长制法律下，父母对子女拥有绝对的权威。"①

"从整体上说，中国的法律是温和、人道的，远远比亚洲的其他国家法律高明得多。"乔治·斯坦顿爵士曾经翻译过中国法律，他的评论是："当我们从语无伦次的波斯琐罗亚斯德教、火祆教圣书和印度史诗中走出来，考察中国正规、精密的法律时，就好像走出黑暗奔向光明，从愚昧进化到科学。尽管这部法律冗长、繁琐，但我们很少发现有欧洲国家的法律像它那样丰富、连贯、严谨，也很少发现有欧洲国家的法律像它那样摆脱了错综复杂、顽固偏狭和主观臆断。"②

有各种各样的其他原因，导致中国人满足于自己的统治者和生活中的法律。中国有许多预防、制止腐败渎职的措施。通向北京的申诉道路是完全敞开的。至少在理论上，去首都申诉不需要任何金钱成本。虽然帝国政府很少干涉地方政府的权威，但是中央拥有完备彻底的侦查刺探的部门，监督所有政府部门和官员。首都有一个专门部门负责监督管理每一位帝国官员。除了对官员的提升和贬黜、奖励和惩罚有严肃的记录外，就像学校的记录考核一样，每位官员的日常表现和地方政府的政务都有详细的记录。这些记录对相关的官员产生着有利或不利的影响。在西方的立场上看来，有些记录条目在本质上是荒唐的。很多实践显然是超越所有人的控制之外的，但是所有的官员，包括那些最高层，也必须自请处分。大名鼎鼎的政治家李鸿章，就不止一次地向皇帝要求处分自己。因为暴雨连天，他辖区内的一条河流河水泛滥，决堤成灾。还有一位不甚知名的官员有过之而无不及。他向皇帝自请解职，因为自己管理的省份发生了大旱和饥荒，饿殍遍野。这位官员认为这些灾难是他造成的。③

中央政府对那些在社会管理方面取得突出贡献的官员会有一系列的奖励。其中的一类是根据政绩的大小，赏戴官员花翎：无眼花翎、单眼花翎、双眼花翎、三眼花翎；一类是特别恩准官员可以在紫禁城骑马；一类是赏赐貂皮长袍；最后一类也是最为荣耀优厚的奖励，是皇帝赏赐给官员自己专用的黄马褂。这些个人赏赐可以随时赏赐给大臣，也可以随时收回，但是不影响受赏人的实际身份和权力。后两类赏赐只授予最高层次的官员。有时候，皇帝会对那些值得褒奖的政府官员的祖先追封或者授予荣誉称号——一些华丽却毫不实用的表扬，作为对那些赤胆忠心、兢兢业业的大臣本人的间接奖励。④

何天爵强调，中国的政治制度经历了千百年时间，获得了社会各个阶层的持久而衷心的拥护。有两个重要因素促成了中国政治制度保持长盛不衰，需要加以注意。

1. "这种制度建立在权力的家长制观念之上，被描述成纯粹的家长政治"

研究政治制度的学者可能产生两种不同的观点。可能将这种政府体系认为是中国人的天才发明，或者是他们的天性使然；也可能将之视为人类在历史早期的一种随心所欲的选择。

---

① ［美］何天爵：《中国人本色》，27 页，北京，中国言实出版社，2006。
② ［美］何天爵：《中国人本色》，31 页，北京，中国言实出版社，2006。
③ 参见［美］何天爵：《中国人本色》，31～32 页，北京，中国言实出版社，2006。
④ 参见［美］何天爵：《中国人本色》，32～33 页，北京，中国言实出版社，2006。

制度的永久性归因于长期以来教育制度的作用。教育塑造了人们的心态，使人们从心理上适应了整套政治制度。不管哪一方面的观点，结果都是一致的：

中华帝国的观念已经牢牢地植于人们的心中。它符合了中国人的心理判断和感情倾向。他们的思想观念和受教育程度在两千多年时间里几乎保持不变，孝道一直是他们受教育和讲究的最根本的内容和行为准则。这一美德被看作是所有品德的源泉和根本，道德教育的主动力，一切荣耀与繁荣的源泉。①

"孝道可以被认为是中国唯一的本土宗教"。每一所学校的任何一本教科书都在教授孝道，贯穿教育过程的始终。从古至今，实践孝道的突出事例都会被呈送给皇帝御览。皇帝会对这些杰出的个人和事例给予特别的奖赏。帝国的每一个男女孩子从小就得学习这些感人的事例和优秀人物，作为教育的有机组成部分。这些人的名字和突出事例因此得到世代相传，在中国人的脑海中记忆犹新。这些常新的事例和人物被人们整理出了 24 个最著名的典型（即《二十四孝》）。② "康熙圣谕"就有专门一章教导人们要行孝道。除了上述 24 个著名例子之外，其中还有一个例子提倡尽孝，很好地解释了上面的理论。这个故事大致是这样的：常州地区有户姓陈的人家，家族数代聚居，拥有超过 700 口人。全家人坚持在同一张桌上吃饭。同时他们还养了 115 条到 120 条狗，它们也和主人们一起进餐。如果有一条狗没有及时赶过来进餐，其他的狗都会等在食物边，等狗到齐了后再一起吃饭。"你看"，英明可敬的康熙皇帝教导说，"陈家和谐的家庭环境，甚至将狗都感化了啊！"也许，没有必要去调查陈家到底有没有养这些狗，或者是老皇帝是否受到了虚假信息的欺骗。"这个故事恰好说明了向人们灌输孝道思想观念的不同方式和措施，直到它变成所有美德的同义词和一切宗教的最高追求。"③

孔子发现了这一思想观念的存在，并在自己的政治伦理中将它一再强调和具体化，增强了孝道的力量。在孔子看来，孝道是所有私人、国家的美德和智慧的根本与巅峰。两千多年来，他的学说塑造了一代又一代人的思想和一个又一个王朝的政策。他的论述被上至皇帝、皇子，下至农民、乞丐所一再引用。对孔子的话语的引用可以平息争吵，对矛盾冲突作出最终决断。"毫无疑问，中国长期的持续反复的教育模式，与政治制度的基础理论的每一方面都保持了一致，从而在维护制度的恒久性方面发挥了显著的作用，牢固控制了统治下的人民。"④

2. "国家事务的管理者都是从人民大众中选拔出来的"

整个皇室，除了皇帝外，没有多少人占据政府的职位，也没有多少人对国家事务表示过兴趣……对皇帝和平民来说，那些拥有特殊荣誉的人并没有根本的差别或者不可逾越的鸿沟。不同领域不同级别的官员，通过整套严密的规章制度从人民中间仔细挑选出来。仕途的大门向所有人都是敞开的。帝国中每一位男孩都可能是未来的内阁首相。但是每一个人都是从政府阶梯的最底层开始，而他所能攀登到的高度完全取决于他的个人能力、热情和对皇帝

---

① ［美］何天爵：《中国人本色》，33 页，北京，中国言实出版社，2006。
② 参见［美］何天爵：《中国人本色》，33～34 页，北京，中国言实出版社，2006。
③ ［美］何天爵：《中国人本色》，34 页，北京，中国言实出版社，2006。
④ ［美］何天爵：《中国人本色》，35 页，北京，中国言实出版社，2006。

的忠诚。这绝不是空洞的理论，而是活生生的事实。许多个世纪以来，中国朝廷中的大多数首辅、阁佬、大臣们和那些历史学家们可以找得到的人物，都是从贫困的小后生开始起步的。①

单就中国的政府官员不是由人民选举产生，而是由皇帝任命这一点来看，这个伟大的东方帝国和美国很相似，因为我们的政府官员也是由总统任命。两国的政府都由来自民间的官员组成。在中国，和在美国一样，如果有一个人有志于从被统治者成为统治者的话，没有障碍会限制他的雄心的实现。结果都是可以预料的。政府职位被认为是向所有人敞开的，全社会有足够多的雄心壮志去填补它。在批评官员行为方面，社会拥有高度的独立性。公众意识中的普遍民主思想在那些将中国政治看作是纯粹专制形式的西方人看来，是畸形的。他们完全找不到打开中国政治谜团的钥匙。中国存在一个明显的现象：中国各个阶层的人都完全理解政府赖以建立的理论基础。他们采取不同的方式对官员品头论足，直到最高层的官员，甚至是皇帝本人。②

何天爵也清醒地意识到，"当然，对于这种使中国的政治制度长盛不衰的力量，对于这种中国统治者设计出来的加强政治恒久性的制度，不能做过高的评价"③。管理的缺失或者相反的集权专制，都可能被认为是具体统治者的错误操作，而非制度本身的问题，从而得到宽恕与遗忘。帝国里的每一个家庭都拥有，或者都能设法找到一个或亲或疏的亲戚在政府部门拥有一官半职。因此敲诈勒索、违法乱纪等等一长串可能的错误都被人们耐心而平和地接受下来了。如果官员阶层不是从民间选拔产生，或者他们根本就不构成民间的一部分，那人们一刻也不会容忍官场腐败状况的存在。

二、中国的司法制度可能是世界上最古老的

在《中国人本色》一书中，何天爵对法庭做了详细描述——

每个中国法庭的大厅中央都是一个低矮的木台子，上面覆盖着红色毛毡，大约有十平方英尺大小。在红台子上，摆放着同样是红色的书案和硕大的、威风凛凛的太师椅。书案上面是各种文具，两旁的墙面上挂着鞭子、竹板和其他刑具。法庭门口还会摆放着铜锣和大鼓，他们连同敲击用的木槌都放置在木架上。这些物件和摆设与中华帝国本身一样古老，它们构成了一个最粗糙的中国法庭。尽管事实上中国所有的案件都是在高墙大院里关起门来解决的，但在理论上法庭应该是对所有人开放的。上天和每个凡人都可以自由地观摩审理过程。任何人如果对他人有抱怨、委屈、仇恨，无论白天还是深夜的任何时候，他都可以来法庭击鼓鸣冤。接着兼任法官的父母官必须依法在第一时间穿戴整齐，升堂审理案件。父母官们必须端坐在太师椅上，随时听取控诉双方的申诉、意

---

① 参见［美］何天爵：《中国人本色》，36 页，北京，中国言实出版社，2006。清朝最出色的政治家之一、多年来出任总理衙门大臣的文祥是一个农民的儿子。他父亲靠租种不到 10 亩农田来养活一个大家庭。他的同事和继任者沈桂芬是街头小贩的儿子。如果他的父亲每天能赚到 10 分钱，就会乐得手舞足蹈了。这些人并不是特例，而是形成了突出的政治现象。

② ［美］何天爵：《中国人本色》，37 页，北京，中国言实出版社，2006。

③ ［美］何天爵：《中国人本色》，37 页，北京，中国言实出版社，2006。

见，作出判断，依法审判。法庭不能对原告被告进行丝毫恐吓，有所偏袒，更不能接受任何好处，索取任何报酬。中国有一句古老的格言："苍天有眼。""至少在理论上说，中国的司法制度是高效的、成本低廉的和令人满意的。"①

"中国的司法制度可能是世界上最为古老的，而且在许多个世纪中，这一制度看起来没有经历过重要的变化。"中国的司法制度是简单的，但是有充分的证据表明它会尽全力去保护深陷其中的人们，不论是原告还是被告，不论是反对官府的司法不公正还是反对官员的敲诈勒索。它还提供了许多预防、监督的机制，人们可以向更高级的法庭申诉控告，也可以到皇帝那儿告御状要求重审。为了保护最贫困阶层的利益，帝国在历史发展的早期就建立了一套司法制度，各级法庭不能以任何理由、任何形式收取这些人的费用。在既成制度下，即使是最底层的乞丐，如果按照理论上的程序来进行，他们的案件最终都会送到皇帝的案头，由至高无上的皇帝作出无可争辩的最终判决。"上述法庭，或者说司法机构，不论是机构设置方面，还是职权范围方面，都是举世无双的。"在中国，它被统称为"都察院"。有时候，它被翻译为政府的"检察部"，更能说明自身的职权。都察院有权对自己关注的所有案件进行干涉。都察院的官员在审案的时候，绝对禁止收受任何形式的钱财、赋税和补贴。他们还负责观察、监督、弹劾帝国不同层级、职权的官员的行为。任何人，不论地位高低，都不能免除这一部门官员的监察，甚至皇帝本人也经常受到监察官员的为难。②

中国的法律体系可以追溯到两千多年前，之后经过了不断地修正。从整体上看，它是明智、温和而富有人性的。它不厌其烦地规定了针对不同犯罪行为的各种各样、不同程度的刑罚措施。与美国的法律相同的是，它也规定了对重复犯罪的惯犯加重处罚的措施。许多轻微的罪行可以合法地通过交纳钱财而免于追究。比如应受不到一百大板惩罚的罪犯可以通过交纳大约五盎司白银而得到宽恕。另外还有一些措施比我们能够想象的还要温和。比如被判处死刑的罪犯的父母或者祖父母身体羸弱，或者年逾古稀，并且他是家族的独子或者是独孙，那么他的案件必须要由皇帝亲自判决。妇女如果被判处鞭刑，那么在行刑的任何时候，她都有权整理穿戴好自己的贴身衣物；妇女如果被判处死刑，那么在行刑的时候，七岁以下和九十岁以上的人都不得围观，除非她犯的是叛国或造反的大罪。③

在何天爵眼里，清朝的许多法律规定滑稽奇异，显得荒诞可笑。比如，如果天文学家被判处流放，只要他的罪行不是十恶不赦的重罪，都可以代之以打板子。为什么天文学家与其他人相比拥有这样的特权，没有明确的说明。又比如：一名男子远离故乡，去他乡谋生。而他的父母在故乡已经为他选定了未婚妻，但是这名男子并不知情。在这样的情况下，如果他

---

① [美]何天爵：《中国人本色》，121页，北京，中国言实出版社，2006。

② [美]何天爵：《中国人本色》，121页，北京，中国言实出版社，2006。"一次，现任皇帝光绪去参加前任皇帝同治的葬礼。途中，一名监察官员双膝跪地，双手高举着奏章，拦驾上书。他反对现任皇帝继承大统。为了表明对信仰的忠诚，这名官员在新皇帝面前自刎身亡。当时，光绪皇帝还仅仅是一位三岁的孩子。""1871年，位列人臣之首的恭亲王受到北京的一名监察官员的猛烈弹劾。恭亲王有一次向美国公使抱怨说，与其与一个比自己级别身份低许多的监察官员纠缠，还不如放弃自己的初衷，改弦更张更划算。"（《中国人本色》，121～122页。）

③ [美]何天爵：《中国人本色》，122～123页，北京，中国言实出版社，2006。

与外面的女子缔结婚约的话，是无效的。他必须放弃自己的选择，而与父母选定的女子完婚。同时，官员们不能与自己管辖下的百姓的女儿结婚。不仅是近亲之间被严格禁止结婚，而且即使是同一姓氏的人之间也不能通婚。如果有人违背，政府会强制取消婚约，没收聘礼。初看起来，这些规定似乎不会对人们造成实际的冒犯，但是如果考虑到中国 4 亿人口中只有大约 480 个姓氏，那么与那些对婚姻双方的姓氏没有严格限制的国家比较起来，中国的法律会对男女婚姻造成很大的影响。

但是中国法律的另一条规定却很值得效仿，应该列入其他国家的法律条文之中：当婚约缔结之时，新郎和新娘双方家长之间必须明确告诉对方，自己的孩子是否"身体健康、年龄相当"。对实际情况的隐瞒和欺骗会受到严厉的惩罚。①

在一个总体上来说温和并合理的司法制度下，再加上对非正义的充分监督和预防机制相配合，人们可以说中国的法律能够善恶分明，极少会使无辜者蒙受冤屈，使犯法者逍遥法外。但是中国法庭的实践却充满了腐败贿赂、滥用权力、残暴邪恶等现象。在精心设计的中国法律制度下，这些现象是普遍存在、司空见惯的。是什么原因使得何天爵在说法上，必须作出如此之大的转折呢？"在中国，既没有陪审团，也没有律师存在。案件不是根据法律的规定推断审判的，而是参照历史案件决定的。"② 这实际上导致了非官方的法律掮客阶层在法庭的存在，这些人被称为"讼师"。他们没有正式的地位，高级官员们曾一再谴责这些人的存在，皇帝也三令五申严禁讼师阶层的出现。但是讼师们依然大量存在，在帝国各处从事着自己的事业。当具体的案件需要宣判的时候，讼师们就开始做自己的生意了。他们在法庭上检查卷宗，从以往的案例中找出相同的或者相类似的案子作为新的审判的模型和参考。在一直追溯到远古时期的汗牛充栋的案卷中，这些讼师总能轻易找到符合自己意图的旧案。也正是这一点，导致了贿赂腐败、滥用职权和暗箱操作等等弊端的普遍存在。无论被告是无辜的还是有罪的，私下里都得去"拜访"讼师。而讼师的意见是视被告奉献的礼物的轻重而定的。需要说明的是：这群残忍贪婪的人除此之外没有任何其他的收入，但是这并不妨碍他们个个腰缠万贯、富甲一方。"到此，事实的真相如何也就不言而喻了。据说，中国的司法人员从未直接收受过贿赂。的确，他们总是通过法庭雇用的这些讼师，进行私下的金钱往来。"

中国的官员被赋予了强大而危险的权力。他们可以合法地通过各种手段（包括刑讯逼供）从原告、被告和所有证人获取供词。没人在法庭上立誓，中国人从不相信法庭誓言。在

---

① [美] 何天爵：《中国人本色》，123 页，北京，中国言实出版社，2006。
② [美] 何天爵：《中国人本色》，123 页，北京，中国言实出版社，2006。中国人的民事制度中有一个显著的特点，就是没有陪审团，因而也没有律师。这是西方国家学习的一个好榜样。在西方，审判是要由这一方或那一方付钱的，因而成了昂贵的奢侈品。陪审员不能取得一致是常有的事，于是需要建立一个新的班子，直到囚犯被判绞刑或无罪释放。一个案件由一个法庭移送到另一个法庭，当陪审员的丧失很多时间，人人都觉得不方便，常常搞得很复杂，到头来，判决未必会比由一个法官或地方单独主持的小案法庭更加准确无误。在中国，所有这些费时费力、花钱和诸多不便的过程都避免了，因为地方长官无论在民事还是刑事案件的审判中，都一身兼具法官和陪审员的职能，听取双方经过宣誓的证词。宣誓通常以杀掉一只公鸡的头，或者在地上打碎一只盘子来表示，象征着如果作伪证的话，就该被杀头或者被打成碎片。参见 [美] 亨特著，沈正邦译：《旧中国杂记》，137 页，广州，广东人民出版社，1992。

西方视为犯罪的作伪证行为，在中国则没有这种说法。中国人的理论是：如果一个人有意撒谎，那么任何誓言对他来说都是无效的。①

中国法庭程序中有一条古来的法则，现在已经不普遍使用了。这条规定表面上看起来是可笑的，实质上却包含着更多的智慧和理性的因素。这条规定是：无论何时，打官司的双方来找法官，一开始，法官在听取和审判双方的陈述之前，首先要不分青红皂白地将双方各打三十竹板杀威。这样做的目的是警告他们不要轻易来法庭，或经常惊动法官，除非是极其严重的事件。②

三、官与民的关系体现了智慧

中国官员们的法定俸禄都明显严重不足。在多数情况下，中国官员的俸禄还不足以让他们支付幕僚、书吏和其他辅助人员的工资。这从中衍生出一个被普遍接受的观点，那就是每个官员都有权从他经手的公务中收取一定数量的报酬。如果老百姓来打官司，当官的有权向双方索要小费；如果他负责征税，他从中截取一笔好处、留下一份皇粮是天经地义的事情。官员的津贴都是名义上的数字，是微不足道的。他们真正是依靠管辖下的老百姓生活。这一做法在帝国的每一个地区都得到了承认。人们对此没有怨言，除非当官的索取的报酬数额太大，超过人们的承受范围，或者官府要求人们承担完全不合理的义务。在西方人看来，这一制度的罪恶非常明显，都不值得分析或者解释。但是中国却看不到其中的腐败和黑暗。他们坚定地维护这一政治实践，将它看作是合理、务实的。"这种受送礼物的制度并非一无是处。它在维持、加强社会的安定与秩序方面拥有实际价值。"③中国的法律虽然没有规定各级罪行可以通过交纳罚金来取代惩罚，但是司法过程中允许通过纳金来抵消一些并不严重的罪行。实际上大量的案件在审理过程中，通过榨取罪犯尽可能多的金钱来私下结案。虽然这些钱有的时候被挪用，花在了有燃眉之急的公共事业之上，但是这些罚金从来就没有上交到国库，而是经常性地被用于打点上级官吏。在中国，上级官员对下级官员的渎职或者失职行为有非常广泛的认证权力，可以采取罚金等惩罚方式。因此，一旦有反对他们的声音或者抱怨，一旦遇到困扰或者麻烦，下级官员就赶紧向负责官员送钱。如此一级一级类推。

何天爵认为，不管这种制度的抽象意义是什么，在正面的意义上，它导致的直接结果是使得那些有权收受罚金而又被上级官员监督的官员们尽心维护秩序，小心谨慎地统治百姓。如果地方官员明白——事实上他们都明白，如果压榨索取得太多，民怨沸腾，让总督巡抚们知道了，那么他就不得不与上级官员平分自己的所得。④举一个非常能说明这一点的例子：一次，何天爵向美国驻北京公使馆旁边的衙门报告了一件盗窃案。有小偷进入了

---

① 参见［美］何天爵：《中国人本色》，124页，北京，中国言实出版社，2006。
② ［美］何天爵：《中国人本色》，135页，北京，中国言实出版社，2006。
③ ［美］何天爵：《中国人本色》，140页，北京，中国言实出版社，2006。
④ 参见［美］何天爵：《中国人本色》，140页，北京，中国言实出版社，2006。

公使馆中国打字员的房间，偷走了银器装饰品，大约价值15到20美元。衙门的捕快保证一定尽快抓住盗贼，但是最后一点结果也没有。何天爵也渐渐把这事给淡忘了，三个月后，又有盗贼进入了何的房间，偷走了值钱的财物。这次来的还是上次的捕快。何天爵威胁要将此事报告给北京城的九门提督，在压力下，捕快保证一定在20小时内将所有盗走的物品和盗贼都擒拿归案，还真做到了。几星期后，这位捕快要求与何天爵见面，并拿来了上次盗贼从打字员房间偷走的银器，一样不少地摆放在桌子上。何天爵向捕快表达了自己的感谢和惊讶之情。

于是，他们俩有了下面的对话：

"它们给我惹了许多麻烦，让我赔了一大笔钱。如果您在向九门提督抱怨前警告我的话，我就会把这些东西给您追回来，避免自己的损失了。"

"但是我并没有告诉九门提督遇窃的事啊！"

"您肯定告诉他了，因为他对整件事情非常了解。"

"没有。我从来没有就这件事情或者其他事情在提督面前抱怨过你。我只是警告你，如果你不把闯入使馆的盗贼给抓获的话，我会上告；但是你的任务完成得让我们非常满意。加上失窃的东西价值也不高，我并不打算宣扬这件事情。实际上，我都把整件事情忘得差不多了。"

"难道您就没有向九门提督提及盗窃案的点滴事情？"

"只是间接提到过。我当然要经常与提督会面。关于怎么处理上次你抓到的那名盗贼的问题，我也和他商量过。在谈话过程中，我称赞了你既敏捷又令人满意的办案。坦率地说，我告诉他我对此感到既惊讶又满意，因为之前我曾经委托你一件并不太重要的事情，但是你满口答应了，却没办好。"

"这不就清楚了嘛。提督大人让我去见他，告诉我您是怎么表扬我的行为的，接着逼我告诉他之前那件事情的全部情况。他罚了我一千两白银，还警告说如果我不能在一个月内将案件侦破，将物品交还给您，他就要再罚我一千两白银，并将我撤职查办。您再也不需要抱怨盗贼了，今后再也不会有盗贼来打扰公使馆了。"

果然，此后使馆再也没有盗贼光顾了。①

上述内容看起来是神奇的。世界上很少有国家拥有中国这样彻底的社会管理，也很少有国家拥有中国这样监督和防范不公正、滥用职权和其他所有形式官僚主义的严密措施。制度的设计充满智慧。各种保护人民免受政府侵犯的制度设计精细、详尽无遗、面面俱到。各级官员都在公共压力下忠诚地履行自己的职责。建立在这一制度之上的政府理应是世界上最理想的政府。②

----

① 参见［美］何天爵：《中国人本色》，141～142页，北京，中国言实出版社，2006。
② ［美］何天爵：《中国人本色》，142页，北京，中国言实出版社，2006。

接下来，何天爵讨论了中国的官员任命制度。① "对官员任命的操作一方面体现了高度的智慧，另一方面也体现了许多中央政府要尽力预防的弊端。"② 没有官员能够在自己出生的省份任职。③ 他不能雇用任何亲戚担任任何职位，哪怕是最低微的职务。同时，他也不能与管辖下的女子结婚，或纳后者为妾。任何两个有类似表亲一样亲密关系的官员都不能在同一个省份任职。一旦出现这样的情况，两人在一年内必须调离。这些措施的目的就是预防裙带关系导致的徇私舞弊和不公正现象。另一条中国人非常重视的规则是一个人在一个职位只有三年任期。任期满后，官员就要被调到另外的职位上去——至少理论上说，根据该名官员的执政记录，会给他安排或高或低的新官职。只有在极少的情况下，除非是多数百姓的极力呼吁挽留，他才能在原来的岗位上再干三年。整体上看，这条规则得到了忠诚的执行。这个措施

---

① 在何天爵看来，可以肯定的是，900 年前，一位唐朝皇帝开始了现在通过学习和文学考试，教育和选拔官员的科举制度。从那时起，这项制度就没有改变。像中国的其他东西一样，它突然形成，永远不变。中国有一批人，三代之内不允许进学校、参加考试和做官。这些人包括有叛国罪的罪犯、戏子、妓女、法吏、服刑的犯人、殡仪员、理发师、餐桌服务员和仆役等。这些人在三代之内如果不遵守规定，胆敢报名参加考试，就会受到严厉的惩罚。有些歧视虽然不公平，但是看似合理。另外一些就会让读者觉得荒唐可笑。厨师以及他的后代可以获得学位，通向国家最高权力的仕途也向他敞开，但是端菜的人三代以内就没有了这种机会。理发师没有这种权力，手足病医生及其后代就幸运得多。这些歧视似乎很奇怪。中国人做事情总是有理有据的。这件事也不例外。中国人坚持认为仆人的职业是站着的，而厨师却不这么低贱。所以理发师理发时，客人坐着而他站着，这就表明他的职业是一种卑屈的职业，因此不适合文学或是官员的荣誉。他们洋洋得意地补充道："但是，修指甲的人即使是在皇帝面前工作也是坐着的。"这种道理中国人很满意，但是外国人却认为很奇怪。参见〔美〕何天爵：《中国人本色》，158~159 页，北京，中国言实出版社，2006。美国著名学者杜伦认为，中国文明给人们最深印象的是它们的政府组织。如果说理想的政府是民主政治与贵族政治的统一的话，那么中国人拥有它已有一千多年的历史；如果说最好的政府是管理民众最少的政府的话，那么中国人也早就拥有到了这样的政府。"世界上没有一个政府像中国政府那样曾统治过这么多的人口，而管理过程中，范围小，时间却很长。""选举那些官员的方法是人类社会选拔公仆的方法中最独特的，最令人赞赏的。这种方法虽然失败了，已被放弃，但是它仍然会对柏拉图式的哲学家产生吸引力。从理论上讲，这种方法是最能调和贵族政治和平民政治的：所有的公民都有可能成为政府官员，同时只有那些适合于从事政府工作的人成为官员。实际上，这种方法在实施的一千多年时间里，给中国带来了不少好处。"这种方法开始于乡村学校——简单的私塾。基于这种教育方式，中国建立了一整套的文官科举选拔制度，这一制度开始于汉代，至唐代趋于成熟。对中国人而言，这一制度并不好，大多数的平民百姓无权进入仕途，进入仕途的只有少数人。"不过，这一制度也有它好的一面，因为只有那些经过训练的人才可能做官，由于人人都平等地享有受教育的权利，官职只授予那些被证明为能力最好的人，这是中国为解决古老而有难度的政府问题所作的贡献。"不过，中国科举制度存在的问题，是人类推行的任何一种政治制度所必有的，因此，这种制度的缺点是人为的，而不是制度本身的问题。而且，没有任何制度比中国的更好。"中国的科举制度有很多的优点。在这种制度下，没有被操纵的提名，没有充满伪善、颠倒黑白是非、下流的竞选。没有两个政党之间可耻的攻击，没有混乱而腐化的选举，没有凭借花言巧语而登入仕途的可能。科举制度的意愿是最好的，它体现了民主、平等，给予任何人以获得领导地位的机会；同时，它的组织又是最完美的，是精英政治的最好形式，从每一代中选拔出最有能力的人，组成政府来治理国家。在这种制度下，国家的意志是沿着学理的方向发展的，国家的英雄与圣贤，都是文化素养较高的有识之士，而非富豪。一个国家的社会与政治，由具有哲学修养和文化素养的人治理，实在是一件令人羡慕的事情。然而，当科举制度以及由这制度而带动的整个文化，被无情的人类进化和历史发展摧残和破坏时，又实在是一件令人及其遗憾的事情，也是人类的一件不幸。"〔美〕维尔·杜伦：《东方的文明》，924~925、928~931 页，西宁，青海人民出版社，1998。

② 〔美〕何天爵：《中国人本色》，143 页，北京，中国言实出版社，2006。

③ "他们（中国人）自己标榜的首要事情是，总督、长官或官吏都不是出自本乡，如对亲友徇情，或对仇敌泄恨，这些事多次有过。"〔西班牙〕门多萨著，何高济译：《中华大帝国史》，101 页，北京，中华书局，1998。

的目的就是预防官员与当地人建立强大的个人关系，或者上下串通腐败，影响官府的正常
管理。①

公共舆论在制约官员行为方面起到了重要作用。任何官员如果忽视了这一点，或者伤害
了人们的感情，或早或晚都要倒霉。官员需要履行三种职责：他必须维持地方安定与秩序，
征收朝廷规定给他管辖政区的赋税，保证地方上没有抱怨和对他的反抗。做到了这三点，实
际上就可以高枕无忧了。在地方官员三年任期期满、面临升迁的紧要关头，一份并不好看的
管理记录会起到毁灭性的作用：

> 因此，自我节制被中国人视作是预防滥用职权、渎职腐败的有力法宝。②

何天爵发现，有一个阶层分散在帝国的每个角落，这就是外国人非常熟悉的"士大夫"
阶层。在中国，他们是一群受到过良好教育的人，士大夫们都完成了必需的教育，通过了一
个或两个通向仕途的政府科举考试。将他们与西方的情况进行比较，会发现士大夫们就像是
西方国家中没有在政府任职的大学毕业生；但是除此之外，还有一个根本的不同，所有这些
东方的教育毕业者在学习中都有一个明确的目的，即将进入仕途作为毕生的职业。所有的人
都有可能成为官员，多数人如愿以偿、平步青云。正如人们所预料的，这些人在其所在地区
都是有影响的人物，他们享有法定的特权和豁免权，省里巡抚以下的官员都没有权力对他们
的特权进行裁减或取消。因此从一定意义上说，他们是独立于当地政府之上的。士大夫们将
体力劳动和经商看作是不体面的事。只有在火急眉燎的时候，他们才会放下架子去为生计而
奔波。因此一般来说，这一阶层都是一些生活悠闲、有充足的时间思考自己的道路的人。因
为他们将自己看作是统治阶级的一部分，士大夫通常在评论官府的时候温和而保守，同时他
们对公众舆论有着引导和控制的作用。他们既是民间纠纷的必要协调者，也是政府处理与人
民关系的桥梁与纽带。士大夫们组成了一个非官方的随时起作用的"陪审团"。中央政府通
过监察制度与士大夫阶层保持联系。通常情况下，政府对他们的意见非常重视，将之视为百
姓的心声。③

> 我们必须看到，士大夫们在抵制本性残忍、贪婪的官员方面，在消除他们的恶劣影
> 响方面起到了调节与缓和的作用。他们也属于社会的统治阶级，其中的许多人希望能在
> 不久的将来获得和所批评的官员相似的职位；因此他们在批评官府、评判官员行为举止

---

① 参见［美］何天爵：《中国人本色》，143 页，北京，中国言实出版社，2006。何天爵驳斥关于中国政府卖
官鬻爵和通过这种手段获得官职及权力的荒唐离奇的论述和讨论："这些论述和作者本身都是可疑的。笔者相信已有
的这些都不是事实，都混淆了两种似是而非的荣誉。这两种荣誉都是中国人极力追求的。毫无疑问，在特殊的形势
下，使用官方头衔和在顶戴上佩戴珠子的权力都出售给了相当多的人。皇帝也不固定地将类似的荣誉和特权授予那
些富有公共精神的个人。后者捐资修建桥梁、道路或堤坝，在其他公共领域也作出了贡献。这些荣誉赋予了他们一
些法定的特权，但并不意味着他们就有资格出任官职。笔者认识许多购买或拥有这些官方头衔的中国人，但都不是
现任官员。我做了长期的调查，还没有发现有中国人，或者听说中国人因为拥有这样的荣誉头衔而获得超过保甲
长级别的官职。虚名头衔和荣誉是可以买卖的，但是通向官场之路完全垄断在国家主持和控制的科举考试之中。但
是一个人成功通过了科举考试后，我们如果说不是金钱帮他铺平了晋升的道路，那也是不恰当的。"［美］何天爵：
《中国人本色》，143～144 页，北京，中国言实出版社，2006。

② ［美］何天爵：《中国人本色》，144 页，北京，中国言实出版社，2006。

③ 参见［美］何天爵：《中国人本色》，144～145 页，北京，中国言实出版社，2006。

的时候显得仁慈温和。另外一方面，他们的家庭、亲戚和朋友都是政府不当行为的受害者，士大夫们不能对他们的抱怨和意志无动于衷。从现任官员方面来讲，他们需要士大夫阶层的道义支持，来维护自己的权威。因此，士大夫们就成了中国每一个地区的平衡器和调节者。①

"我们承认，就士大夫阶层在官府与百姓之间的作用来看，他们发挥的作用对形成好的政府非常重要。在另外的某些方面，他们也渗透影响，发挥作用，但却给国家造成了极大的危害，导致了大量的赔款，并将国家一次次地推向战争的边缘。"② 中国的士大夫阶层一向以维护传统的儒家道德、保持古老的礼仪制度、维持天朝上国体系为己任。几乎每个人都自认为是孔子的忠实弟子，是圣人的化身、智慧的源泉和道德楷模。他们对儒家说教的机械尊崇使得任何超越他们的理解和学问的思想观念都被看作旁门左道、歪理邪说。"士大夫阶层故步自封、封闭保守的特性实际上阻碍了中国历史的前进。"③

"中国人发明了许多特殊的方式来表彰地方官员的突出政绩"④。如果在地方官员出行的时候，前面开路的随从拿着一把红色的丝绸伞，就表明这是一位深受爱戴的父母官。一般情况下，人们捐资制作这样的伞，在上面写上称颂的话语，列上所有捐资者的姓名，再把它送给众望所归的父母官。有的时候，大家还会举行一个隆重的游行，郑重其事地将伞送到官府。另外，老百姓也可能把写有称颂的话的牌匾或者绸缎，送给自己拥护爱戴的地方官员。1870 年 5 月，天津的地方官就被献上了这样的伞和一块匾额。伞上写着"万民伞"，匾额上刻着"百姓活佛"的字样，以表达人们对这名官员的感激与祝福。老百姓以这样的独特方式将接受者称为佛教中的佛爷和人民的保护神。当一个外国人进入中国城市游历的时候，他很可能会发现牌楼上悬挂着一些奇形怪状、腐烂不堪的靴子。这是人们表达对所爱戴的官员的敬意的另一种特殊方式。当一位深孚众望的官员任职期满、即将离开的时候，老百姓就会选派当地有头有脸的代表，去拜访这名官员，恭维称赞他。然后人们就正式请求他为这座城市留下一双靴子。这样的请求是非常高的荣誉，从来没有人表示拒绝。然后，这双靴子会被异常隆重地悬挂在牌楼上，经历风吹雨打，直至腐烂。⑤

"我们都用自己建造的标准、用从自己身上总结出的模式去衡量他人。其他人是否正确，是否明智，都取决于他们是遵从了还是背离了我们已经树立的规范，而全然不管这些标准和模式是否专横独断，是否幼稚可笑，是否建立在极其狭隘的个人背景之上。"⑥ 何天爵曾经在中国居留多年，和中华帝国各地、各个阶层的人们都有过紧密的接触，并建立了良好的关系。他以自己敏锐的感触和全面的分析，向西方人全景式地展现了晚清社会的近代中国人的面貌，并

---

① ［美］何天爵：《中国人本色》，145 页，北京，中国言实出版社，2006。

② ［美］何天爵：《中国人本色》，145 页，北京，中国言实出版社，2006。

③ ［美］何天爵：《中国人本色》，146 页，北京，中国言实出版社，2006。"我们有充分的证据证明，士大夫阶层煽动了中国人对外国的敌视和反对，引发了许多的暴力冲突。尤其是在针对外国传教士的冲突中，这一阶层扮演了十分重要的角色。尽管他们自视为维持中国朝廷体系的重要力量，但是在现实中对国家的安定发展危害巨大。"（《中国人本色》，146 页）。

④ ［美］何天爵：《中国人本色》，146 页，北京，中国言实出版社，2006。

⑤ 参见［美］何天爵：《中国人本色》，147 页，北京，中国言实出版社，2006。

⑥ ［美］何天爵：《中国人本色》，前言 1 页，北京，中国言实出版社，2006。

饱含着提倡交流、呼吁了解、沟通中西的可贵努力。客观、公允地说，现代的、真正意义上的中西法律文化交流，更加需要像何天爵这样集有心人、观察家和外交官于一身的"中国通"。

第二节
昂格尔：中华帝国为什么没有走上法治之路

罗伯特·昂格尔（Roberto Unger, 1949—）是美国哈佛大学教授。他出生于巴西，曾经当过记者和其他社会活动者，在美国留学期间以敏锐的洞察力和渊博的学识而引人注目，28岁便当上了哈佛大学法学院教授。主要著作有《知识与政治》（1975年）、《现代社会中的法律》（1976年）、《批判法学运动》（1983年）等。他在对古典自由主义社会内在矛盾进行深刻分析和批判的基础上，提出了"超级自由主义"的共同体导向的社会模式，成为美国批判法律研究运动的一位精神领袖。

昂格尔为了研究中国古代的法律及思想状况，先后阅读了《韩非子》、《商君书》、《论语》、《孟子》等经典，并对梁启超的《先秦政治思想史》、冯友兰的《中国哲学史》、瞿同祖的《传统中国的法律与社会》（以上著作都有英译本）等名著细细品味，另外还收集、研读了大量客居海外的中国学者和英、美、德、法等国汉学家关于中国法律的英文或其他语种的著作。在研究风格上，昂格尔深受韦伯的影响。韦伯的着眼点是为什么中国与西方社会物质条件上并没有重大差异，但在精神条件上却大异其趣，这就是与基督新教相比，儒家的价值体系缺乏资本主义发展的有力动因。昂格尔的着眼点是——"导致中国建立统一帝国的各种因素与导致西方建立民族国家的那些因素多有相同，然而，其法律后果却迥然有异。"[①] 中国形成了主要表现为行政命令方式的官僚法（管理型法），而西方形成了自主的、普遍适用的法律体系和法律至上的观念。为什么中国没有产生出法治精神呢？主要原因在于缺乏形成现代型法律秩序的历史条件——集团的多元主义和自然法理论。

一、中国的法律属于官僚法

在《现代社会中的法律》一书中，昂格尔专门拿出1/4强的篇幅，通过讨论法律类型与社会形态之间的关系而研究社会秩序问题。他认为历史上存在着三种法律类型（法律概念），即习惯法、官僚法、法律秩序，并对每种主要法律类型出现的条件进行了分析。

第一种法律类型是习惯法或相互作用的法律。"在最广泛的意义上讲，法律仅仅是反复出现的、个人和群体之间相互作用的模式，同时，这些个人和群体或多或少地明确承认这种模式产生了应当得到满足的相互的行为期待。我将称其为习惯法或相互作用的法律。"[②] 习惯法具有以下特点：它从来不明确划分事实上发生的行为与应当如何行为之间的界限，并不是由站在社会之上的国家制定的规范，缺乏实在法（制定法）的特点，其本身模糊不清。每一

---

① ［美］昂格尔：《现代社会中的法律》，42页，北京，中国政法大学出版社，1994。

② ［美］昂格尔：《现代社会中的法律》，43页，北京，中国政法大学出版社，1994。

种社会生活形式中都存在着习惯法，但其作用和影响却极为不同。例如在原始社会中，习惯法是最重要的行为规范，其作用完全是排他的；当然，在近、现代社会中，习惯法的重要性已经在实在法面前几乎丧失殆尽。

第二种法律类型是官僚法或规则性法律。与习惯法不同，这种法律具有公共性和实在性，由一个可认定的政府所制定和强制实施的明确的规则所组成。"之所以把这种法律称为官僚法，是因为它专属于中央集权的统治者和他们的专业助手的活动领域。这种法律是由政府蓄意强加的，而不是社会自发形成的。"① 昂格尔认为，官僚法并不存在于每一种社会形态中，相反，它只能产生于国家与社会的分离以及明确的法律形式（如规定、禁止、允许等）出现之后。官僚法在产生之后常常受到其他法律的限制，制约官僚法的不外乎习惯法和神法。这种情况在古代的一些大帝国中颇为明显。在这些帝国中，政府管理通常受到两个方面的限制，一方面是习惯，它继续支配着日常生活的诸多领域；另一方面是神法，它通常掌握在独立的僧侣阶层手中，在这个领域里，君主往往不具有直接的权威。伊斯兰法和古代印度法就是如此。以神法和习惯法为一方，以官僚法为另一方的划分，实际上把社会生活一分为二，一部分由君主管辖，另一部分则不属于君主管辖。在某些社会中，习惯法和神法管辖的领域可能很广泛，在有些社会中，如古代中国，官僚法则具有至高无上的地位，几乎包括了全部社会生活的领域。用昂格尔本人的话说，就是：

> 习惯与教士法为一方，官僚规则为另一方将社会生活划分为两个部分：第一个部分或多或少地处于君主的命令之外；第二个部分则处于君主几乎无限的自由裁量权的范围之内。在有些社会中，教士法的影响超过了官僚规则，可是，至少有一个帝国，即中华帝国，几乎没有什么重要的宗教戒律能够逃避政府的控制。只是在西方，神法与君主自由裁量权之间才形成了独一无二的平衡关系。而这对于法律观念和法律制度的历史具有决定性的影响。②

第三种法律类型是法律秩序或法律制度。这种法律绝不是各种社会的普遍现象，仅仅在非常特殊的环境中才能产生和存在。作为法律秩序的法律不仅具备公共性和实在性，而且具备普遍性和自治性。自治性表现在实体内容、机构、方法和职业四个方面。内容上的自治性是指，一种独立的法律制度并非是某种神学观念的法典化，作为世俗规则体系，它不仅置身于支配人与上帝关系的戒律之外，而且置身于任何单一的关于社会关系的宗教观念之外。机构上的自治性在于，法律规则由那些以审判为主要任务的专门机构加以适用，因此，国家内部有立法、行政和审判的区分。方法上的自治性，意味着法律推理具有一种区别于科学解释以及伦理、政治、经济论证的方法或风格。职业上的自治性，要求一个特殊的法律职业集团来运用规则、充实法律机构和参加法律争诉的实践。上述四个方面的自治性是相互依存的，可是一旦它们结合在一起，即赋予立法的普遍性理想与适用法律的一致性理想特殊的意义。法律秩序区别于官僚法的主要之处就是，前者强调立法的普遍性和判决的一致性，而后者则把普遍性当作权宜之计。人们希望法律针对广泛、确定的各种人和行为，并且在适用时不得偏袒某个人或某一阶层，在法律制度（法律秩序）的结构之内，普遍性获得了特殊的重要

① ［美］昂格尔：《现代社会中的法律》，45 页，北京，中国政法大学出版社，1994。
② ［美］昂格尔：《现代社会中的法律》，46 页，北京，中国政法大学出版社，1994。

性。因为正是法律的普遍性确立了公民在形式上的平等，从而保护他们使其免受政府的任意支配之害。"为了确保普遍性，行政必须与立法相分离；而为了确保一致性，审判必然与行政相分离。实际上，这两个分离恰恰是法治理想的核心。"①

在区分了三种法律类型（法律概念）之后，昂格尔转而说明，在什么样的环境下，官僚法与法律秩序才得以产生。虽然在说明中并未明确针对中国法律，但其研究却与后面的部分有重要关系。

就官僚法而言，它的产生需要两个条件：一是国家与社会的分离，二是社会共同体的解体。前者使官僚法具备了公共性，后者则赋予其实在性。昂格尔认为，国家与社会的分离是有条件的，这种分离以社会组织和社会意识的变化为前提。从社会组织方面看，分工和等级制的发展促成了国家与社会的分离。只要不同等级具有不同的权力，那么等级之间的关系就将处于永恒的不稳定的状态之中。在这种情况下，为了维护现存的等级秩序就需要创造一种能使这种秩序原封不动的机构。昂格尔甚至提出，不同等级之间的隶属和支配关系越明显，则对国家的需要越是迫切。只有站在相互对立的等级之上的国家，才能既限制所有等级的权力，又作出一副公正和公共的姿态并以此换取人们的服从。总之，国家是社会等级制度的产儿，但同时又是它的统治者。另外，个人在等级中的地位决定了自己如何选择分工，因为社会就是根据等级而分配工作的。反过来，工作的专业化又加强了社会的等级结构。当国家在等级制度和分工等因素的推动下产生之后，立即获得了对社会关系的支配权力，这种支配权力的象征及工具就是国家制定的公共规则。社会共同体的解体是实在法产生的关键条件，而实在性又构成了官僚法的另一属性。对此，昂格尔侧重于对社会意识变化的分析。社会共同体的解体意味着人们日益怀疑公认行为标准的合理性并不断地违反这些标准。只有在这种情况下，公开的和明确规定的行为规范才有可能也有必要产生。反之，只要社会共同体还根据共同的是非观念而结合得很紧，实在法就不需要，即便产生也只能停留在表面上。甚至可以说，人们越是远离共同的道德准则，人们越是需要用明确规定的行为准则来取代那些曾经为人们共同默认的习惯。

"与官僚法相比，法律秩序则是一个非常罕见的历史现象。的确，在现代西方自由主义国家之外，人们不可能再发现一个有力的法律秩序存在的例子。当然，初看之下，其他文明似乎也具有一种法律秩序，但是，细看之后，人们就会发现并非如此。"② 昂格尔认为，法治的形成得益于两种历史条件：第一种历史条件是多元利益集团，第二种历史条件是广泛流传的自然法观念。

多元利益集团。昂格尔认为，的确存在着一种生活形态，在那里，没有一个集团永恒地占统治地位，这样的社会生活形态可以称其为自由主义社会或多元集团社会。仅仅通过加强官僚法并不能解决自由主义社会的秩序问题。因此，设计一种具有如下特点的法律制度就成为十分重要的事情了，这种法律制度的内容应当调和彼此利益的对立，其程序则应当使几乎每一个人认为服从这一程序便符合自己的利益。为了说明这一问题，昂格尔分析了欧洲封建社会的末期四大阶层或集团的不同愿望，这些集团对社会生活均有重大的影响。（1）君主。这一集团由君

① ［美］昂格尔：《现代社会中的法律》，47页，北京，中国政法大学出版社，1994。
② ［美］昂格尔：《现代社会中的法律》，59页，北京，中国政法大学出版社，1994。

主本人及其家族和顾问们组成。就其本意而言，该集团希望发展官僚法，借助于公共的和实在的规则，君主可以控制百姓的生活。但是，君主并不希望自己及其仆从受到法治观念和法律的限制。（2）官僚机构。这一机构当时正在为两大目标而奋斗，一是扩大对百姓的控制，二是设法摆脱君主的控制而获得某种独立性。由于法治观念及法律必将限制其权力，因而它对于法律秩序的出现只能采取一种敌视态度。（3）贵族。主要致力于维护自己享有的古老特权，使其免受其他集团的削弱。从本意上看，贵族反对任何形式平等的要求，向往那种不同等级享有不同权利、承担不同义务的社会生活。实际上，纯粹的封建社会或贵族占主导地位的社会并没有发展出一种近代西方意义上的法律秩序。总之，贵族就其本意而言，也不欣赏法治或法律秩序。（4）第三等级。第三等级特别是商人同样不赞成法治，商人们在日常交易中彼此遵守商业规则、仲裁及调解，商法较之于统治者制定、法官使用的法律更能满足商人们的要求。如此说来，从自身的利益出发，统治者及其助手（官僚机构）、贵族和第三等级都不能解释使法治制度化的种种尝试，他们都不希望实行法治。但是，在互相斗争中，这些利益集团逐渐认识到彼此妥协是必不可少的，这种妥协对于法律来说具有关键性的意义。"为此，统治者不得不放弃一些自由裁决的权力，而贵族和第三等级则需要放弃某些摆脱政府的独立性。正是通过这种相互的调和与让步，法律秩序才得以出现……就有关各方而言，法治，就像生命保险和自由主义本身一样，只是在恶劣环境中做出最佳选择的尝试。"①

广泛流传的自然法观念。自然法是一种广泛流传的观念，它包括了把规范与描述结合在一起的原则，这些原则普遍适用于一切社会。自然法观念直接的政治意义在于，它能够提供一种用于评价国家法和限制政府权力的普遍准则。"幸亏由于自然法观念的发明，对社会安排进行激烈批评才第一次有了可能。伴随着自然的普遍法则的观念，一种潜在的革命原则也就问世了，说得明白点就是，人们熟悉的社会组织与存在形式并不能穷尽一切好的或可能的社会存在状态。"② 就渊源看，自然法观念一方面来自多元文化并存的现实，早在公元5世纪，古希腊人就已认识到不同的社会具有不同乃至相互对立的习惯，这促使人们深入探寻普遍的行为原则，这些原则基于人的本性而产生，构成多种习惯的基础并成为褒贬制度的标准。另一方面，自然法的观念来自超验的宗教。这种宗教的核心是相信世界是由人格化的上帝根据自己的计划创造的，坚持上帝与现世的分离。由于世界是创造的，并非自生，故而它不能充分地享有其创造者的神圣性。然而，合法的宇宙表现了神圣立法者的本意，因此，人类的实在法只是要使那种神圣的法则具体化、现实化，使之适用于每一社会的特定条件。

昂格尔强调，单凭超验的宗教并不能产生一种独立的法律秩序，同样，如果只存在利益集团的多元化这一条件也不会产生以法治作为解决社会问题的要求。"然而，这两者在现代欧洲历史上的结合却创造了各自单独所无法完成的伟业。"③ 这就是使西方走上了法治之路。当然，昂格尔在其他文明形态（包括中国文明）中，也发现某种导致多元集团产生、导致某种超验的世界观的社会因素，但遗憾的是，"这两种因素并未结合在一起，也没有通过它们彼此之间的相互作用而产生现代的法治"④。

---

① ［美］昂格尔：《现代社会中的法律》，67～68页，北京，中国政法大学出版社，1994。
② ［美］昂格尔：《现代社会中的法律》，71页，北京，中国政法大学出版社，1994。
③ ［美］昂格尔：《现代社会中的法律》，75页，北京，中国政法大学出版社，1994。
④ ［美］昂格尔：《现代社会中的法律》，78页，北京，中国政法大学出版社，1994。

二、中国问题：一种比较分析

在大量研读中国法律文化著作的基础上，昂格尔展开了对春秋至秦统一时期的中国文明的研究。他发现，在这一时期里发生了突然的变化，即社会对作为政治控制工具的公共的实在规则的依赖。并且，在这种新的社会秩序工具的倡导者和批评者之间，发生了热烈而持久的争论。可是，问题在于，向官僚法的转变并未伴随着类似于后封建时期欧洲社会那种专业的法院、律师和法律理论那样的东西，而且即使拥护法律规则的人们也没有提出法治的政治理想。"从这个意义上讲，作为一个反例，与中国的比较，有希望深化我们自己对社会组织模式、意识形态及规范程序之间复杂关系的认识。"①

昂格尔的比较是通过三个阶段的分析来完成的。第一个阶段，他考察了公共的实在的规则根本不起作用的中国这一历史时期（从西周到春秋）的特点，即权力开始集中，但法既不是实证的也不是公定的，而是采取以习惯法为中心的礼制。第二个阶段，他考察了从春秋中叶开始，经过战国时代到秦始皇统一中国这一历史时期。他认为国家形态由封建制转变为郡县制，出现了实证的、公共管理的官僚法。在这个阶段，昂格尔讨论了中国缺乏真正法律秩序的条件问题。第三个阶段，他考察了两汉时期的儒法之争，提出一方强调非工具主义的合意交涉，另一方强调工具主义的强制管理，各持一端而不能进行制度性统合，结果现代意义上的法治理论无从成立。

（一）封建时期（西周至春秋中叶）

昂格尔首先考察了西周到春秋中叶这一时期，并称其为封建时期。此时的中国社会，在等级制度的框架内具有三个特点：(1) 农业优先。中国完全是靠天吃饭的农业经济，封建的组织机构建立在耗费自然资源的农业经济背景之中，灌溉和保卫的需要已经开始发挥了集中化的影响。(2) 城市缺乏独立性。当时存在着大量由于兼并战争而不断扩大的世袭封地，封地一般分布在要塞周围，这种要塞既是军事堡垒又是行政中心。"不过，特别值得注意的是，它们并非主要的贸易中心，也缺乏任何意义上的独立性。相反，每一个要塞城镇都处在地方贵族的控制之下，这个城镇的命运与该城镇只是其中一部分的封地不可分割地联系在一起。"② (3) 商人的依附地位。"与缺乏独立的城市中心和农业的主导地位密切相关，这种社会制度的一个关键特点就是商人明显的依附地位。鉴于在中世纪的欧洲，城市通常是自治的商人集团的独占区，而在中国，这样的集团却依附于贵族。"③

在说明了社会状况的特点之后，昂格尔又分析了当时中国思想上的特点。他认为，中国封建社会存在着四种宗教观念（宗教体验）：泛神论，它与对国家的崇拜紧密相连；功能神论或所谓自然灵魂；对某种神秘的或魔幻的自然现象的地方崇拜；祖先崇拜。伴随着文化的统一及政治上的中央集权制，这四种观念开始融合为一神论。在中国人们把神称作"天"，而西方人把神叫作"上帝"。"'上帝'一词强调了神的人性或拟人化的特点，并且使它与世界的关系类似于统治者与其治下的社会的关系……可是，把神称作'天'则要强调神的非人

---

① ［美］昂格尔：《现代社会中的法律》，78 页，北京，中国政法大学出版社，1994。
② ［美］昂格尔：《现代社会中的法律》，80 页，北京，中国政法大学出版社，1994。
③ ［美］昂格尔：《现代社会中的法律》，81 页，北京，中国政法大学出版社，1994。

化或自然主义的特点，而且，由于赞同神存在于宇宙万物之中的内省性宗教观点，'天'还要否认神与万物的区别。实际上，上述两种对神的认识反映了两种根本不同的克服多神论及统一对神的认识的方式，即权力人格化和自然神化。"① 上帝被称为"天"，与世界浑然一体，这样的宗教体验只能产生出"道法自然"的观念，而不能产生出得到广泛承认的自然法观念——一种超验的宗教；只能产生出侍奉权威的律令，而不能产生出控制权力的法体系。

最后，昂格尔讨论了这个时期的中国法律。他说，封建秩序"最惊人的特点似乎一直就是排他性地相信习惯。它不知道成文规则或法典为何物，而居于统治地位的王侯们的自由裁量权似乎又一直受到最严格的限制"②。在昂格尔看来，中国封建时期的法律为习惯法，也就是"礼"。

> "礼"的概念充分体现了中国封建社会中法的含义，而且，"礼"支配儒家思想的全部观念。且不说"礼"的观念是不是后期儒家思想家的发明，总之，后人用"礼"的观念易于描述许多与当时规范秩序不同的东西。③

昂格尔还明确地列出"礼"有下面四个特点：

第一，"礼"是一种与等级紧密相关的行为标准，它根据个人相对的社会地位而支配人们之间的关系。"礼"的等级特性与封建社会的政治结构及等级制度联系在一起。从这个角度看，把人区分为君子和小人也就顺理成章了。甚至在贵族内部，个人被期待遵守的适当标准也必须依附于他所隶属的等级。严格地说，只有贵族才配用礼以约束相互间的行为，而"礼"一旦用于描述平民之间或贵族与平民之间的交往，它的最初含义就混同于更广泛的习惯观念。④ 这大概就是中国人所说的"礼不下庶人"。

第二，"礼"是习惯性的行为形式，它依赖于特定的社会状况和地位。"礼"是特殊的、具体的行为标准，而不是普遍的和抽象的行为标准，适用于非常具体的情况并依人的不同身份而各异。例如，"礼"规定了"士"应对诸侯所尽的义务，甚至"礼"还规定了在车战中一方对另一方应发出的警告和手势。⑤

第三，"礼"不是实在的规则，从某种意义上讲，它甚至根本就不是规则。在中国，"礼"并不是人们制定的，它是活生生的、自发形成的秩序，是一种虽有能力破坏却无力创造的秩序。因此，人们碰到的不是明确规定的，而是在模范行为中体现的、潜在的模式。这些模式在权威性的文献中（如《诗经》），是作为道德轶事而被规定的。昂格尔强调，一种规则秩序，如果过分依赖于虽显而易见但缺乏明确规定的正当行为准则，那么，要想有效地运行，其所处的社会中必须有一种关于价值和观念的牢固的共识。在这种共识的协助下，社会的结构可以惊人地微妙和复杂，以至于没有一种规则体系能够实现这种充分而精确的正义。"在中国古代中的封建时期，高度一体化的有关价值和认识的共识具有自己的基础。使之成为可能的一个因素是等级制度的稳定性，另一个是早期中国宗教的内省性，因为，通过深化

---

① [美]昂格尔：《现代社会中的法律》，82页，北京，中国政法大学出版社，1994。
② [美]昂格尔：《现代社会中的法律》，83页，北京，中国政法大学出版社，1994。
③ [美]昂格尔：《现代社会中的法律》，83~84页，北京，中国政法大学出版社，1994。
④ 参见[美]昂格尔：《现代社会中的法律》，84页，北京，中国政法大学出版社，1994。
⑤ 参见[美]昂格尔：《现代社会中的法律》，84页，北京，中国政法大学出版社，1994。

现存的自然和社会秩序而维护它们正是内省性宗教的趋势。尽管存在着一些超验宗教的迹象,不过,神话世界这种要求的影响是如此强烈,以至于自然和社会的区分被排除了。随后,也就没有一种明确规定的,作为一种由人确立、能够被人所批评和改变的关系体系的社会秩序概念。社会生活的基本机构可以通过制定法加以控制的观念,对于中国封建社会来说,基本上是个陌生的东西。"①

第四,"礼"不是公共的规则。"礼"不被看作是国家机关的产物,它涉及社会生活的各个方面,在其中,每一种社会等级、社会关系和社会地位的人,都会在内部执行自己的法律。"礼"的这一属性的社会基础在于,古代中国的封建时期缺乏国家与社会的分离,一个人在等级秩序中的地位大体上决定了他与权力的亲疏远近。于是,在中国,"尽管有专门法律机关存在的痕迹,有对统治者行使命令权力的一些限制,特别是对于战争有关的行为的限制,但它们都不足抹去这样的印象:在这个社会中,礼是主导性的并且几乎是唯一的正当行为的标准"②。因此,

> 总的来说,古代中国的封建社会为我们提供了一个典型的例子:它几乎完全依赖于相互作用的法律而不知道还有其他形式的法律存在。③

(二) 改革时期 (春秋中叶至秦统一中国)

春秋中叶以后,中国的社会和文化发生了惊人的变化。昂格尔进而把春秋中叶至秦统一这段时期称为改革时期。在研究这一时期时,昂格尔意在阐述两层意思,一是公共的和实在性的法律体系是如何随着社会结构和社会观念的变革而产生,二是为什么在这一时期没有发展出近代欧洲社会中的那种法律秩序。实际上,他是要在历史发展中再次明确法律秩序产生的条件。

改革时期的政治历史,实际上就是封建制度继续瓦解的历史。此时,国家之间关系特点的变化与国家之内在变化相互影响。就当时的中国情况而言,基本的趋向还是政治上的中央集权制。在不断的争夺领土的战争中,诸侯国家的数量日益减少,而剩下的却扩大了自己的面积。在战争中容易获胜的国家,都是那些最有效地利用人力、物力资源的国家。从这个意义上说,一个发展官僚组织和社会发展规划理论的时期开始了。同时,空前的混乱创造出一个由外交家、学者和诡辩术士组成的集团,他们以治国专家的身份为野心勃勃的君主出谋划策。正是在此基础上,社会组织发生了一个几乎是革命性的变化——权力开始从封建贵族的手中转到了执政的君主及其谋士们手中,而这些谋士主要来自"士"这个阶层。"我们特别关心在中国改革阶段期间士的兴起,因为士这一群体特别地支配着创制和运用官僚法的机构,而且,正是从他们当中,法律职业集团几乎不可避免地形成了。"④ 社会变化的浪潮不仅冲击了贵族也冲击了平民,中央集权政府的建立以及随之而来的税收制度的改革使得封建社会的"农奴"转变为纳贡的佃户,而且土地更易于自由买卖了。总的说来,这些政治和社会变化有利于国家与社会的分离,有助于人们从对习惯法的信守转为对高度一体化的共同价值

---

① [美] 昂格尔:《现代社会中的法律》,86 页,北京,中国政法大学出版社,1994。
② [美] 昂格尔:《现代社会中的法律》,86 页,北京,中国政法大学出版社,1994。
③ [美] 昂格尔:《现代社会中的法律》,86 页,北京,中国政法大学出版社,1994。
④ [美] 昂格尔:《现代社会中的法律》,89 页,北京,中国政法大学出版社,1994。

观即官僚法（成文法）的依赖。

不过，我们必须更仔细地观察改革阶段的社会诸方面以便发现若干因素来说明它为什么没有发展出欧洲式的法律秩序。与欧洲文艺复兴前后明显不同，中国这一改革阶段的突出特点就是缺乏相对独立于君主集权政府的"第三等级"。商人们既无动因也没有机会维护自己的利益、发展自己的法律；而"士"由于被吸收到新兴的国家官僚机器中也就不能为独立的法律职业集团的产生而预先播种。因而，说明不存在独立的商人集团的那些条件也就解释了为什么这一时期不存在独立的法律职业团体。①

昂格尔接着对改革时期的宗教进行了分析。他认为，中国改革时期宗教的发展方向是日益强调"天"的神圣性而不是"上帝"，神的观念渐渐地非人格化、自然化了。早期的中国宗教在追求超验性与拥护内省性之间进行摇摆之后，以后者的胜利而告结束。无论儒教还是道教，都不允许严格区分上帝与万物。尽管古代中国有多种宗教观点，但没有一种认为世界是上帝按照自己的方案创造的。之所以出现这种情况，下列三个因素应当记住：（1）日常生活中农业劳作仍占主要地位，自然崇拜的动力仍然十分强大。（2）政府权力的集中以及贵族或第三等级集团（商业的、官僚的和学术的集团）对国家利益的屈从，使得先知或独立的教士集团很难产生。只有通过先知发现或牧师恪守仪式之间的斗争，超验的宗教才有可能发展。可是，在中国，宗教知识是为政府服务的，大多数仪式功能则由君主自己来履行，或在祖先崇拜的活动中由家长主持仪式。（3）古代中国与其他类型的文明接触甚少，从而使其不能获得能够取代作为自然法基础的超验宗教的多元文化经验。"无论古代中国的自然主义宗教和神职团体弱小的理由是什么，它对政治和法律的影响是巨大的。因为，由此便不可能产生出这样的认识，即自然界和社会都是被神制定的普遍规则加以管理的。另外，古代中国宗教发展的另一个后果，是缺乏可以对政府权力加以有效制约的学说。"②

上面，我已经摘要描述了改革时期政治、社会和宗教的若干特点，探讨了它们彼此的联系和影响，指出了它们不同于导致现代欧洲社会发展事件的某些方式。如果人们转而研究这些变化对古代中国法律的影响，再次把现代西方的经验当作比较的出发点，则他们必定震惊于如下事实：一种发展的出现与另一种发展的缺乏。具体地说，一方面，中国人称为法（fa）的这种法律在社会生活中有了值得注目的广泛应用；另一方面，没有出现类似于现代西方所确立的那种与众不同的法律秩序的东西。③

公元前 7 世纪末期，中国开始出现了成文法典。秦统一之前，政府正在通过成文法管理着社会生活的许多方面。有组织的行政官吏开始确定起来了。他们的许多特点深深地刻画了中华帝国和现代西方的官僚政治。昂格尔指出，古代中国改革时期的法是一种区别于礼的东西，法具有明确的官僚法的性质，它们是实在的和公共的。但是，依赖法并不代表人们相信除了有时作为权力组织计策之外的法律普遍性。换句话说，在中国，法律的普遍性总是一种权宜之计，用来确保统治者对大众的控制，剥夺政府之外的任何社会团体的能

---

① ［美］昂格尔：《现代社会中的法律》，89 页，北京，中国政法大学出版社，1994。
② ［美］昂格尔：《现代社会中的法律》，90 页，北京，中国政法大学出版社，1994。
③ ［美］昂格尔：《现代社会中的法律》，91 页，北京，中国政法大学出版社，1994。

够使他们抵制国家政策的种种特权。"法律的普遍性和统一性还没有被承认为实现正义和社会福利的无条件的要求，可是，这些信念对于现代西方现代政治思想中的社会契约论及功利主义来说却是非常重要的。因此，对古代中国来说，区分命令和法律、行政与司法基础的机会也就错过了，而这恰恰是欧洲法律理论的奠基石，并导致了法治和'法治国'观念。"① 中国的法律不只是缺乏普遍性，而且还缺乏自治性：专门的法院那时尚不存在，适用法的机关就是维持秩序和执行政府政策的行政机关；在制定和适用法的过程中所运用的推论模式与各类政治决定所用的模式并无不同；没有置身于道德之外的特殊的法律推理模式，缺乏对诉诸法律推理方法等方面的限制；并没有区别来自公共管理活动的政策制定者和治国专家的职业法学家。

　　因此，我们看到，尽管在中国的改革阶段和现代欧洲进程中有一些相似性，但是，根本不同的发展趋势也在起作用：在一种情况下趋向于帝国式的官僚国家和它的规章性的法律；在另一种情况下则趋向于自由主义国家，在其中，一种法律秩序与政府的行政机构并肩产生。理解了这些不同方向发展的原因，对于评价现代西方法律的意义和社会秩序的本质具有关键的意义。②

　　应该说，昂格尔的理解对于认识中国为什么没有出现近代欧洲意义上的法律秩序，也不无价值。

　　（三）儒法之争

　　改革时期内主要的思想斗争就是儒法之争。昂格尔指出，儒、法两种传统尽管都产生于同一社会环境，但它们对时代所提出的问题却做了根本对立的回答。当然，从一开始，许多思想家就努力在这两种立场的鸿沟中建设理解的桥梁，而且中华帝国的实践也建立在混合这两种学说的基础之上，法家政策常常饰以儒家词句。"可是，这两个事实都不足以抹煞如下真相，即儒家和法家各自都有一套关于人、社会和法律的观点，而且每一种都具有内在统一性并且尖锐地批评对方。"③

　　关于儒法之争，特别让昂格尔感兴趣的是两者对规范秩序问题的影响方式："儒家提倡回归那种体现伦理典范的习惯礼仪，而法家主张扩充官僚政治以及强制推行官僚法。不过双方都是从某些不言而喻的共同前提出发进行论证的，而这些前提则根本不允许他们捍卫甚至承认现代西方意义上的法治原则。"④ 儒法学说都包括了一个核心，这就是对人性的说明，对政府与社会集团的说明以及一种规范秩序理论。

　　在对人性的认识方面，儒家强调自然经济的感情的存在。它认为存在于人身上的伦理感是一种趋向于仁和义的普遍性气质，而从中可以引申出行为准则或不言自明的行为法典。经过适当的培育和引导，这种道德感可以得到充分发展以便确保个人之间、社会内部的协调。在儒家看来，行为准则的最终目的就是诱发潜在的、事先存在的礼仪观念。正由于儒家认为人性是善的，他们也就自然地相信社会的自然秩序。社会被看作是产生于有限基本关系中的

① ［美］昂格尔：《现代社会中的法律》，94页，北京，中国政法大学出版社，1994。
② ［美］昂格尔：《现代社会中的法律》，96页，北京，中国政法大学出版社，1994。
③ ［美］昂格尔：《现代社会中的法律》，96页，北京，中国政法大学出版社，1994。
④ ［美］昂格尔：《现代社会中的法律》，96页，北京，中国政法大学出版社，1994。

集团联盟，比如说君主与臣民、师傅与徒弟等等。在广泛的社会等级体制内，每一集团都有自己珍重的、明确的位置，自己的关系网，自己应有的是非标准。政府的任务就是协调和维护这种固有的秩序而不是破坏或取代它。

相反，在法家看来，人由于受感情的支配而永远无法满足自己。法家既不承认人性中存在着潜在的善，也不相信这种善可以压倒骄傲、妒忌和贪婪。正由于法家竭力诋毁"人性"，他们就只想扩充政府的权力。法家认为，政府之外的机构或权威肯定是政府权力的竞争对手，并会威胁到政府的统治权。于是，传统的社会组织，如扩大的家族、村社和行会的绝大部分权力应当剥夺，应当限制其成为权力中心的趋向，所有的人应当毫无例外地害怕统治者及其代理人官僚。国家所强加的秩序当然要取代想象中的社会的自然秩序。

对于人及其社会生活如此对立的观点，导致了儒、法关于法律的完全不同的结论。儒家承认并把封建时代的礼重新解释为解决改革时代大量涌现的个人之间的矛盾及个人心理冲突的具体方法，认为法作为强制执行的、强加于人的实在规则，对于社会疾病来说，只能治标而不治本。由于这些实在规则无视社会和谐的基础，因而法只能导致更大的混乱。社会是一个由集团和关系所组成的有机整体，每一集团都有自己内在的协调，因此儒家不赞成强调国家的法律，倒是始终表明自己忠实于习惯法，想通过礼恢复改革时期的秩序。根据对人性的认识，法家则认为只有通过外在的、强制执行的法，才能使人规规矩矩，强调法律是政府为社会制定的。因此法家看好并求助于官僚法的实在性和公共性的规则，把成文法作为对付他们自己历史处境考验的一种方式。"虽然，儒法两家关于人性和社会的理论假设引导这两派思想走上了对立的发展方向，但是，这两种趋势都与法治理论不相容。"① 这是因为，

> 现代西方社会思想的主导传统一直主张，人并不具备天生的、经过培育就可以保证公正社会秩序的善，但是，人是值得作为个人而受到尊重，而且他们有能力在相互尊重的基础上达成关于正确与错误的共识。虽然，自发产生的社会制度可能并非永远适用或内在公平，但是，它们毕竟应该作为个人和集体意志的表现而受到保护。因而，法律应当补充和控制而不是粉碎私人机构的内部规则。

> 这些就是现代欧洲法理学得以从中发展起来的人性论和社会理论的框架。它们把法律制度看作是通过害怕而相互制约的工具，是共同认识和价值的贮藏室，是强加在私人组织之上的框架，是从私人组织中产生的秩序。②

对于昂格尔来说，中国的历史经验具有局限性：比较古代中国和现代欧洲的法律经验仍然不能回答所有的问题，它们分别代表了缺乏法治和法治基本完善的两种极端，其他的大多数文明始终位于这两种极端之间。昂格尔关于中国历史的描述和分析方法并不完全正确，因而受到了美国学者安守廉等人的批评。尽管如此，我们还是应该承认，昂格尔关于中国法发展的论述，的确已省察出症结所在，而且耐人寻味。

---

① ［美］昂格尔：《现代社会中的法律》，98～99 页，北京，中国政法大学出版社，1994。
② ［美］昂格尔：《现代社会中的法律》，99 页，北京，中国政法大学出版社，1994。

第三节

安守廉：解释中国法律文明较为广泛的特性

安守廉（William P. Alford），哈佛大学法学教授、美国汉学家、中国专家，现任哈佛大学法学院东亚法律研究中心主任。他在《得克萨斯法律评论》（1986年第64卷）发表《不可思议的西方？昂格尔运用和误用中国历史的含义》一文①，针对昂格尔于《现代社会中的法律》一书中关于中国法材料的使用以及研究方法论等方面，提出了不同意见，文中讨论的许多问题对于西方人探讨中国法律传统颇有启示。

安守廉认为，在昂格尔决定运用中国证明其关于西方自由国家兴起、法律秩序产生的观点时，仍然囿于西方现代社会的特定价值，漠视了中国历史的整体性，用错误的描述掩盖了中国文明较为广泛的特性。因而，他一方面对昂格尔就中国历史的运用提供一个汉学家的批评，另一方面更深入地考察了秦帝国以前中国法律、社会和思想的特征，发现对中国历史更详细的研究不仅对中国而且对西方也具有启发意义。

一、中国早期社会就有公共的法律，它们可能是成文的

对于中国早期法律的性质，昂格尔认为，在公元前6世纪中叶至5世纪中叶官僚法出现之前，中国依靠并非公共的、明确的行为规则——礼来治理社会，当时"成文规定或法典是仍不为人所知的，缺少关于运用法律将国家与社会区别开来或者运用法律富有意义地改变社会的人和观念"。

对此，安守廉提出了完全不同的"商榷意见"：

> 在原始的"事实的"层面，昂格尔主张在公元前6世纪以前中国社会"几乎完全依赖"习惯法而缺少任何近似公共和明确法律的东西，这种观点需要加以实质的纠正。有大量的证据——在昂格尔写作此书之始就有西文的文本，其中包括他引证的材料——表明，甚至在西周国家建立之前，中国社会就有公共的法律，它们可能是成文的，并且在整个秦帝国以前历史的记载中，这样的法律一直是那个社会的一个特色。②

例如，这可以见之于儒家大量的典籍中，特别是见之于《尚书》或《书经》的通篇。人们会发现，在《尚书》中曾特别提到前代商朝的法律，甚至更全面地提到从商朝手中夺取权力不久的周朝所运用的法律。在《尚书》的《康诰》中记载了西周第一位国王文王所作的演说，不仅对其子康规定了可适用于特定犯罪的具体刑罚，而且教导他严守其合法权威的限度，以使这些法律得到适当、公正的实施。《尚书》的其他部分，是在周灭商后讨论商朝统治的合法性，根据周朝公法设定的刑罚的适用范围；详细论及法律应如何被使用；考虑了作

---

① 中译文载于《比较法》第7卷（1993年）第1期，由高鸿钧译，后收入高道蕴、高鸿钧、贺卫方编的《美国学者论中国法律传统》一书（中国政法大学出版社1994年版）。

② ［美］高道蕴、高鸿钧、贺卫方编：《美国学者论中国法律传统》，47页，北京，中国政法大学出版社，1994。

为保障社会秩序工具的刑罚的限度。"有许多迹象表明，西周不仅有公法，而且还在公元前
1122 年掌权后的封建社会过程中确认了它的重要性。"①

安守廉又以东周时期的例证继续说明。在他看来，依赖公共和明确的规则这一点在东周
时期并没有改变。例如，《左传》谈到晋的官吏赵盾在公元前 621 年推行的改革事项，在改
革期间"制事典，正法罪，辟狱刑"②。这不仅表明一个公共和明确的法律体系存在于昂格尔
所讲的第一时期（封建时期），而且也意味着在这之前就有一部法典。对法律职业关心的不
止赵盾一人。著名汉代史学家司马迁在《史记》中记录了许多贤吏、酷吏的传记，他们的职
责是在很大程度上与法律打交道，并在某些情况下专门负责法律事务。而韩非子似乎也承认
存在法律专家，当时他建议君主选择"任法"的高级官吏。"最后，云梦出土的秦简中的法
律文献包括 190 条《法律答问》。它们对法律的解释旨在指导官吏，也意味着这些官吏具有
的法律才智比人们所推定的水平要高，注意这一点是有趣的。"③

安守廉进一步分析说，在昂格尔所谓的第一阶段，法律在性质上并不完全是刑法。有足
够的理由认为，后来发展成中国的民族国家从公元前 8 世纪就开始订立条约。"现有证据表
明，周代就发展出关于缘坐、契约债务、军事活动、钱币事务、税务管理以及其他事务的规
则。这样的材料虽尚不足以证明周代有一种全面的民法制度的观点，但是，根据这些材料肯
定足以对昂格尔关于这一时期中国社会依照未被表述的自发习惯而运作的观点画个问号。"④

昂格尔在论述礼时的一个更为根本的缺陷在于其以下观点："与生活各个方面相联系的
'礼'"闭口不谈"君子对小人有责任"⑤，是与中国封建社会相适应的。安守廉强调，与此相
反，礼的核心在于它对所有关系的当事人双方之间义务的强调。礼在儒家之前以其最严格的
形式来说显然是构想一个等级社会，不仅以阶级画线（如昂格尔所认为的），而且还以性别
和年龄画线。不过，礼也明确规定，根据占据的优越地位（社会、政治和家庭领域）而有权
得到他人效忠或支持者，对那些提供这种效忠或支持的人们拥有相应的义务。"这种类似于
契约规定的义务的观念，在法律和社会秩序方面具有昂格尔教授所未虑及的重要含义。"⑥

二、昂格尔就秦帝国以前中国社会组织的性质所描述的图景是有局限的

昂格尔认为，指导中国社会达数世纪之久的习惯法（礼）大都让位于公共的、明确的官
僚法（成文法）体系，是公元前 6 世纪中叶至公元前 221 年这一时期政治、社会和宗教生活
变革的缘故。政治上，封建制度的逐渐瓦解，导致更大程度的中央集权化。在社会方面，先
前整齐划一的稳定等级制开始崩溃，结果是封建贵族手中的权力失落而转向统治君王及其顾
问，"士"阶层缺少独立地位，平民由"农奴"转变成"佃农"，土地可以更自由地买卖。这
些"变化"的最终结果便是使国家从社会中分离出来，使"密切结合成一体的封建秩序及遍
布的习惯法所依赖的一致价值和观念"解体，由此创造了导致官僚法产生的条件。虽然中国

① ［美］高道蕴、高鸿钧、贺卫方编：《美国学者论中国法律传统》，48 页，北京，中国政法大学出版社，1994。
② 《文公·六年》。
③ ［美］高道蕴、高鸿钧、贺卫方编：《美国学者论中国法律传统》，48 页，北京，中国政法大学出版社，1994。
④ ［美］高道蕴、高鸿钧、贺卫方编：《美国学者论中国法律传统》，49 页，北京，中国政法大学出版社，1994。
⑤ ［美］昂格尔：《现代社会中的法律》，84 页，北京，中国政法大学出版社，1994。
⑥ ［美］高道蕴、高鸿钧、贺卫方编：《美国学者论中国法律传统》，49 页，北京，中国政法大学出版社，1994。

转变时期的官僚法是公共的、明确的，但它大大不同于文艺复兴之后欧洲民族国家中出现的法律。中国之所以未能从这种新型官僚法中发展出欧洲型的法律秩序，是由于在这个时期缺少相对独立于中央集权君主制政府的"第三等级"（士、商人）以及广泛传播的对超验宗教的信仰。

对于中国这一时期的政治、社会和宗教的前后关系问题，安守廉毫不掩饰地表达了对昂格尔的"不满"：

> 昂格尔教授对秦帝国以前中国政治、社会和宗教的描述，展现了一幅引人误入歧途的社会图景。按照那个时代的政治生活，昂格尔教授最大的错误在于他认为直到公元前6世纪中叶国家才开始从社会中分离出来。即便接受他关于国家从社会中分离出来必须以"社会意识的演进"和"变化的社会组织"为条件的定义，古代典籍和考古学的证据也足以确切表明这一过程早在公元前6世纪中叶数百年前就开始了。实际上，新近的学术研究成果表明，"商朝之［符合］国家——关于它的合法暴力，它的等级的统治结构和它的社会阶级——的定义"，差不多比昂格尔所认为的要早1 000年！①

在安守廉看来，昂格尔就秦帝国以前中国社会组织的性质所描绘的图景是有局限的。关于公元前6世纪中叶至3世纪中叶这一期间，传统世袭贵族衰落而有才能的个人跻身重要的政治职位，昂格尔的叙述与某些著名的中国学者的论述相一致，但他却错误地断言："商人既没有动力也没有机会主张他们自己的利益并发展他们自己的法律。"② 他所依赖的几部著作的作者在描述传统贵族灭亡时也充分地指明，一个富裕、强有力和独立的商人阶层（他们在更早的几个世纪开始发展）到公元前5世纪时已是十分显而易见的。③"尽管秦帝国以前中国的商人与文艺复兴后的欧洲商人在社会中占据的地位不同，但是大量证据表明，中国的商人关心增进他们自己特殊阶层的利益，并且具有政治力量这样做。"④ 安守廉举例说，一位周代早期的君主为维持权力就不得不与独立的商人联盟，其结果，那些商人便能够对他行使相当大的权力。⑤ 另外，在先秦末期也是这样，富豪商人吕不韦无论在实际上还是名义上都在拥立秦朝国王的事件中发挥了重要作用。吕氏及其他先秦后期的中国商人，不仅具有维护他们自己利益和发展管理他们活动的法律的动机，而且他们确实这样做了，这是由一统天下的秦王所倡导的。始皇帝致力于统一以前各国独自控制的法律体系中各类地方性商业惯例和规则，从而把商业纳入帝国的管辖之下。而且，

> 注意以下一点是重要的：秦通过统一的国家强行的法律控制商业活动的努力并没有成功。具有讽刺意味的是，从汉代初期开始中华帝国的商人就比文艺复兴后欧洲商人更

---

① ［美］高道蕴、高鸿钧、贺卫方编：《美国学者论中国法律传统》，51～52页，北京，中国政法大学出版社，1994。

② ［美］昂格尔：《现代社会中的法律》，89页，北京，中国政法大学出版社，1994。

③ 安守廉对此作注说，世界著名的研究秦帝国以前中国的学者张光直就指出，"商人无疑在商代扮演了一个重要角色"，他认为当时"是以成熟的地区经济网络"为特征。实际上，正像他所注意到的，用于指公元前1766年～公元前1122年商朝的"商"字，与"商业"一词的"商"字是同一个字。参见［美］高道蕴、高鸿钧、贺卫方编：《美国学者论中国法律传统》，52页，北京，中国政法大学出版社，1994。

④ ［美］高道蕴、高鸿钧、贺卫方编：《美国学者论中国法律传统》，52页，北京，中国政法大学出版社，1994。

⑤ 参见《左传》、《昭公·十六年》。

自由地发展他们自己的法律。①

在"纠正"了昂格尔对中国政治、社会的认识后，安守廉又就宗教方面向昂格尔质疑："昂格尔教授不承认天命的观念——这大致类似关于论述现代自由国家时而不提及社会契约的概念，这一点由于他关于秦以前中国缺少自然法传统的其他错误观点而有所助长。"② 安守廉指出，为了确认中国并不缺少可用于制衡世俗权威的先知或教士传统，人们只需考虑下面的任何一点就够了：孔子及无数其他奉行与腐败权威保持独立而不是服务于这样君主的学说的政治人物，在中国道德传统中被置于突出地位；存在长达千年的道家和其他先知与教士的传统。与此相似，断言中国"很少与其他社会接触从而使其不能获得能够取代作为自然法基础的超验宗教的多元文化经验"③，也缺少立论基础。相反，甚至昂格尔所引证的作者和材料恰好表明，在公元前 221 年中国统一为一个帝国时曾经存在着很大程度的文化多元性，并与该地区以外的人们具有广泛的接触。另外，在早期黄金时代中国社会中流行的思想中，似乎已有类似"……用以使权力在限度内……被掌握……防止蜕变为专制主义……宪法性……"的某些东西④，尽管昂格尔对此基本上是作为一种反动力量来描述的。

三、重新评价"儒法之争"

昂格尔认为，儒家和法家之间的争论之所以引起人们的注意，既因为两个学派为中华帝国的法律和政治思想得以建立提供了基础，又因为它们所表达的世界观与"现代西方社会思想的主要传统"形成鲜明对照。孔子的信徒相信个人和社会是性本善的，儒家不喜欢明确的和公共的规则，认为国家的法律漠视社会和谐的真正基础，并且只能导致更多的纷争，因而坚持把"接受的和重新解释的封建时代的礼"作为其管理社会的主要工具，这表明其热衷于习惯法。法家则相信人性是恶的并受感情的驱使，主张社会的秩序只能由国家在任何特定时期所施予，他们都"只想把扩张政府的权力……作为目的本身"。通过观察，昂格尔就其关于中国文明核心的论述得出结论说："尽管儒家与法家关于人和社会的理论假定使两派处于对立的趋向，然而，这两种趋向与法治原则都是不相容的。"两派都不像现代西方社会思想主要传统那样认为人值得被作为单个的人而受到尊重，都不认为自发形成的社会安排应该作为个人和集体意志的表达加以保护。事实上，儒法两家学说"心照不宣共同抱定的假定"是如此强有力，以致"使这两派不能卫护现代西方意义上的法治，甚至未能构想这种法治"。

安守廉对儒法之争提出如下商榷意见：

（一）关于儒家学说

昂格尔正确地强调了早期儒家以下思想的重要意义，这些思想是：每个社会成员都"具有潜在的先在的礼的观念"：社会包含通过五种主要关系表达的类似的道德秩序；这

---

① ［美］高道蕴、高鸿钧、贺卫方编：《美国学者论中国法律传统》，53 页注㉓，北京，中国政法大学出版社，1994。

② ［美］高道蕴、高鸿钧、贺卫方编：《美国学者论中国法律传统》，53 页，北京，中国政法大学出版社，1994。

③ ［美］昂格尔：《现代社会中的法律》，90 页，北京，中国政法大学出版社，1994。

④ 参见［美］高道蕴、高鸿钧、贺卫方编：《美国学者论中国法律传统》，53 页，北京，中国政法大学出版社，1994。安守廉似乎是想以此说明，中国早期就存在分权意识。

些固有的规范和道德秩序的适当培养是增进个人和谐的前提条件。①

这些思想明显的伴随物是儒家特别偏爱运用一般的礼和道德而不是成文法管理社会。但是，安守廉指出，这并不意味着儒家思想局限于"等级社会的保守观念"，也不意味着像昂格尔认为的那样儒家反对"强制施加的明确规则"。的确，孔子及其思想的主要阐述者维护等级社会，但同样真实的是，他们极力倡导，至少在确定属于君子还是小人时，功德比门第、财富更重要。

"伟大先秦时代儒家思想家对明确的和公共的法律的态度，似乎与昂格尔教授所认为的也有所不同。即便孔子漠视国家的成文法，也没有达到昂格尔教授所认为的那种程度。"② 显然，孔子认为这样的法并不是最好或最有效的引导民众适当作为的东西。不过，孔子也承认，只要社会中存在实践证明道德劝告于事无补的人，正式的法律就应是社会中组成的、必需的部分。在社会和人性能够与礼的原则保持一致之前，使用这种不甚可取的工具（成文法）去抑制那些不能被导之以礼的人，将是必要的。

孟子和荀子与其先师相比，对国家成文法的抑制情绪在程度上更要弱一些。"虽然孟子对人性比孔子持更仁慈的观点，但是，他承认必须发挥公共的和明确的刑法的重要作用。"③ 在孟子看来，即便在最好的时代，刑法也是必要的。例如孟子说过："贤者在位，能者在职……明其政刑，虽大国，必畏之矣。"④ 孟子的注意力并不只限于刑法领域，因为他相信借助明确的法律还便于行政和经济的安排。荀子甚至在更大程度上不是把正式的国家法律视为令人不快的权宜之计，而是看作应予以肯定的社会中重要和有用的部分。在荀子的心目中，法与礼并不是对立的。他认为，社会应把礼看作是道德原则的体现，因而社会应该力求并发展出一部反映礼的正式的刑法典，对这样一部刑法典的依赖与需要受礼约束的贤君并不矛盾，反而会十分有助于贤君领导社会实现基于人性的礼所表达的理想。

（二）关于法家学说

昂格尔教授对法家的评价也并不更好些。他正确地指出，在培养内在化的行为规范方面法家并不具有儒家那样的热情，而是代之以倡导建立强有力的中央政府，这样的政府将不容忍妨碍它对大多数生活领域的控制。他也正确地指出，法家把严守正式的成文规则看作达到这一目的的最好方式。然而，昂格尔却不正确地忽视了法家根本的理论基础，他说他们"只想把扩张政府的权力……作为目的本身"⑤。

管子、商鞅、申不害、韩非、李斯这些有影响的思想家，都为当时的混乱局面而深感忧虑，认为这种状况对统治者和被统治者的政治、社会生活同样有害。与儒家相比，法家对人的自我修养的潜能，显然持较少乐观的态度，并认为儒家偏重对内在化行为规范的依赖已致使社会各层面的秩序趋于腐败，因而儒家应对该时代的动乱负部分责任。在法家看来，当务之急是在政治、社会生活中确立一种更好的秩序和统一尺度，这不只是作为目的本身，而是

---

① ［美］高道蕴、高鸿钧、贺卫方编：《美国学者论中国法律传统》，55 页，北京，中国政法大学出版社，1994。
② ［美］高道蕴、高鸿钧、贺卫方编：《美国学者论中国法律传统》，55 页，北京，中国政法大学出版社，1994。
③ ［美］高道蕴、高鸿钧、贺卫方编：《美国学者论中国法律传统》，56 页，北京，中国政法大学出版社，1994。
④ 《孟子·公孙丑上》。
⑤ ［美］高道蕴、高鸿钧、贺卫方编：《美国学者论中国法律传统》，56 页，北京，中国政法大学出版社，1994。

作为能够增进全体社会成员福利的唯一手段。他们感到，通过规定人类活动大部分领域的明确公布的成文法，能够最好地实现这一目标。许多最杰出的法家思想家极力主张，这些法律应同等地适用于所有的人，其中包括负责实施法律的官吏，有些思想家甚至认为应包括君主本人，这一点与昂格尔教授的论述给人的印象恰好相反。例如，管子就曾说过："不法法，则事毋常；法不法，则令不行。令而不行，则令不法也……故曰：'禁胜于身，则令行于民矣。'"[①] 韩非子也有言："释法术而心治，尧不能正一国……使中主守法术……则万不失矣。"[②] 而且，法家力主法律还应明确，以便易于为负责推行的官吏和地方贤达所了解；法律应由受过专门训练的官吏来实施，如果他们执法不当，应予惩罚。[③] 另外，韩非子等人还相信个人能合理地预见行为后果，所以在策略上进一步主张对轻罪予以重罚，以便阻止更重的犯罪发生，避免施加更严厉的刑罚。

管子、韩非子和其他主要法家代表人物都赞成统一适用并由专门官吏公布的法律，强调这一点并不意味着想说法家的哲学预示着现代西方社会才形成的法治，也不是想说法家思想在实践中能够贯彻他们提出的原则。因为毕竟他们也承认君主具有更改现存法律秩序的权威；法家的哲学并不主张某种正规化的程序，以使普通民众可以通过这种程序针对滥用权力行为寻求有效的救济或亲身参与政府的管理；法家导向的秦代国家在短暂统治期间所实行的残暴的专制统治，虽不能说与法家的立论绝对相关联，但终究有损法家学说的形象。"尽管这样，如果全面地理解法家的理论，就不会像昂格尔教授那样认为：驱使该派的动机不过是想要为自己攫取不受限制的国家权力。"[④]

除对儒法之争分析一番而外，安守廉还对昂格尔在进行相关讨论过程中没有重视墨家学说和道家学说提出批评。昂格尔教授并不想考察先秦的哲学。不过，因为他提到那时流行的学派之"争"，更重要的是因为他范围颇广地概括了秦帝国以前中国的社会和意识，因此，不考虑墨家学说并只简单提及道家学说，则是不合适的。"在他所谓的转变时期，这两派像儒家学说和法家学说同样具有突出的地位，并与他论述的内容有关。"[⑤] 昂格尔几乎遗漏了先秦的全部道家学说[⑥]，这是不幸的，因为道家的主要著作《道德经》和《庄子》在许多方面涉及昂格尔关心的问题。这两部著作鲜明地提出了关于人类社会的结构、准则乃至意识的效能与合法性问题。《道德经》就对依赖公共、明确的法律予以了批评，指出"法令滋彰，盗贼多有"。关于体现在儒家道德中的习惯法也是值得怀疑的，因为道家有言："大道废，有仁义。"[⑦] 道家认为，关于公共的和明确的法律与习惯法问题，虽然各自均主张其合法性，但它

---

① 《管子·法法》。

② 《韩非子·用人》。

③ 参见《商君书·定分》。安守廉认为，关于这种官吏责任思想，在唐代法典中表现为规定犯非故意错误的官吏负严格责任。至少相对于同时代的西方而言，中华帝国的法律将较大的权力授予裁判者而不是案件的当事人。不过，出于同样的原因，这要求对疏于职务的官吏予以惩罚，而在西方对此甚至不可能给予轻微的惩罚。

④ ［美］高道蕴、高鸿钧、贺卫方编：《美国学者论中国法律传统》，58页，北京，中国政法大学出版社，1994。

⑤ ［美］高道蕴、高鸿钧、贺卫方编：《美国学者论中国法律传统》，58页，北京，中国政法大学出版社，1994。

⑥ 在《现代社会中的法律》一书中，昂格尔只是提到："道教区分了表面的争吵与隐蔽的现实秩序"；"无论儒教还是道教，甚至后来的佛教都不允许严格区分上帝与万物"。［美］昂格尔：《现代社会中的法律》，90页，北京，中国政法大学出版社，1994。

⑦ 《道德经》第十八章。

们都只是人为的产物，是人类徒劳无益地将其努力施诸天地之真实秩序，是"以万物为刍狗"①。总之，"无论人们从哪个角度观察，昂格尔在擅自评论处于'现代西方社会思想主要传统'之外的构成中国文明基础的个人与社会的设想之前，显然应该考虑道家的学说"②。

四、在考虑建立新的和更人道的社会共同体时，需要将中国历史纳入思考之中

昂格尔似乎漫无节制地构想秦以前中国的社会组织、意识和一般秩序，利用中国的范例检验和阐明其关于法律发展性质的宽泛思考，他这样做事关重大吗？

> 我们的回答是，昂格尔教授已经有选择地向我们提供了他所谓"中国的范例"，其方式是把它表述在《现代社会中的法律》一书中和其他著作中，所以这一点确实事关重大，这不只是因为他在致力于宽泛的理论概括时曲解了该方面专家所珍视的材料。更确切地说，这是因为他对这些材料曲解如此之多和曲解了其中如此重要的因素，以致他最终对中国文明的基础的描述提供了一幅颇能引人误入歧途的图景；也因为该图景所扭曲的性质引起了严重的问题，这使人对他理解法律一般发展这种努力的正确性和对社会秩序、社会理论以及人性思考的正确性产生怀疑。③

安守廉强调，昂格尔教授的错误不只是在有关中国早期法律产生的时间和内容方面运用了缺少根据的事实，而且他没有考虑秦帝国以前中国法律的几个重要支柱，例如可从礼中发现的互惠观念、天命概念、共同想象的黄金时代的公正权力以及儒家以道德标准重新界定君子的努力。如果昂格尔对这些基本观念进行研究，他就会知道在西周的思想中和先秦儒家（特别是孟子和荀子）学说中，伦理的考虑是如何旨在限定国家权威的范围，是如何旨在告诫和约束公共的和明确的法律的适用。儒家确信，权位唯德高者居之，极高的道德意识和继续完善其道德的信念将驱使他们履行职责。此外，礼所体现的和天命观念与黄金时代理想所表达的道德精神气质，是意在把信用之类的一套义务加于掌权者，并在处于较低地区的人们中间形成一种关于行使权力的切实可行的期待。因此，尽管君主被授予相当大的正式的法律权威，但如果君主在行使权力时违反了这些道德约束，他就不再成其为君主了。在这种情况下，君主既不能保证民众对他的忠诚，也无资格继续代行天命。"昂格尔教授未能认识到，至少在理论上，道德的精神气质在限制国家权力方面所发挥的作用，在秦帝国以前中国比在现代西方更突出。"④

昂格尔试图描述其所谓秦帝国以前中国意识的努力，与他对法律与道德精神气质互动作用的论述相比，更不能令人满意。他摒弃儒家学说，斥责它眼睛向后看，恪守社会地位的严格等级；他指责法家学说，说它只是为无限制地和恐怖地行使国家权力寻找借口；他蔑视前近代中国的一般文明，以为它在文化上不能在其民众中产生可使人们重新安排社会的庄重意识。"所有这些都妨碍了他的观点，使其失去了他所追求的深度和活力。如果他在探讨秦帝国以前的中国时，具有类似于对文艺复兴后欧洲社会那样的敬重态度，那么，他就可能认识

---

① 《道德经》第五章。
② ［美］高道蕴、高鸿钧、贺卫方编：《美国学者论中国法律传统》，61页，北京，中国政法大学出版社，1994。
③ ［美］高道蕴、高鸿钧、贺卫方编：《美国学者论中国法律传统》，62页，北京，中国政法大学出版社，1994。
④ ［美］高道蕴、高鸿钧、贺卫方编：《美国学者论中国法律传统》，64～65页，北京，中国政法大学出版社，1994。

到，现代西欧以外的诸文明曾经认真考虑过他最为关心的社会秩序内部的张力问题。"① 昂格尔可能会看到，儒家以及甚至有过之而无不及的道家思想都在被这样一种希望所支配——使"社会生活中潜在的或自然的秩序的意识"与人类"运用意志重新安排社会的能力"相协调。先秦的儒家最终发现了创造性的解决办法是保留"社会生活中的自然秩序"的本质，把道德价值作为填补某些社会职位时考虑的主要条件，而同时引述远古黄金时代来证明这样做的合法性。在理论上，儒家甚至认识到公共的和个人统治的危险，表现在他们十分强调与权位相伴随的道德乃至信用的义务，例如儒家相信，通过人能够重新塑造政府的性质。

昂格尔在思考秦帝国以前的中国时，所关注的是中国为什么没有遵循欧洲的路线，而不是它实际上所遵循的是什么路线。因此，他根本没有考虑到："对中国历史更详细的研究不仅对中国而且对西方也会具有启发意义。"② 安守廉不无遗憾地指出，昂格尔应该更尊重他自己社会以外的"道德和政治观"影响的法律、社会和人性概念，"怎能如此轻视秦帝国以前中国和其他非西方文化的经验和观察呢?"③ 如果昂格尔以更尊重和更严肃的态度探讨中国古代文明，他不仅对历史会有更清晰的认识，而且也许会明白，一种可将生活于西方以外人们的经验更多包容其中的研究框架，对于了解"社会组织模式、意识类型以及规范秩序形式之间的复杂关系"，可能更富有教益。"这样一种框架可能使我们不满足于注意中国以及其他悠久文明表面上缺少现代西方所强调的东西，而承认这些所看重的价值。"④ "昂格尔对中国经验的漠视，可能妨害了他所设想的新秩序的正当性……昂格尔没有致力于考虑，中国或就此点而言的其他非西方自由世界的传统、现有观念和广泛的想象力如何可能塑造或适应于这样一种新世界。"⑤ 昂格尔本人在《激情，一篇关于人性的论文》(1984 年) 中承认 (尽管姗姗来迟和不彻底)，"古典的儒家学说对团结问题具有洞察力，而任何具有类似影响的其他传统未能超过这种洞察力"⑥。如果他花费心力借鉴中国和其他非西方社会的见解，也许会完全不同地构想其新型社会；也许会更充分地认识到伦理、教育而不是法律在达到他认为只能通过正式法律实现的某种目标方面所能发挥的作用。"由此，他也许会避免重蹈他视为自由社会过分的法条主义的覆辙，或者反过来，也许会更充分地理解为争取'文化革命'而呼喊的丰富内涵。"⑦

在文章的最后，安守廉用一段话结束了他与昂格尔的商榷，但同时又让人感到他对昂格尔 (甚或不限于昂格尔本人) 的不留情面的批评却仍在继续：

> 昂格尔在论述中国的历史时，将其作为不重要的，作为论述西方的任意摆布的陪衬物，他这样做并非没有政治缘故。他认为对于我们的目标来说中国文明的整体性是不连贯的和易于受到破坏的，从而给人留下的印象是，这种文明与西方的文明相比更少值得

① [美] 高道蕴、高鸿钧、贺卫方编：《美国学者论中国法律传统》，70 页，北京，中国政法大学出版社，1994。
② [美] 高道蕴、高鸿钧、贺卫方编：《美国学者论中国法律传统》，73 页，北京，中国政法大学出版社，1994。
③ [美] 高道蕴、高鸿钧、贺卫方编：《美国学者论中国法律传统》，75 页，北京，中国政法大学出版社，1994。
④ [美] 高道蕴、高鸿钧、贺卫方编：《美国学者论中国法律传统》，78 页，北京，中国政法大学出版社，1994。
⑤ [美] 高道蕴、高鸿钧、贺卫方编：《美国学者论中国法律传统》，80 页，北京，中国政法大学出版社，1994。
⑥ 转引自 [美] 高道蕴、高鸿钧、贺卫方编：《美国学者论中国法律传统》，81 页，北京，中国政法大学出版社，1994。
⑦ [美] 高道蕴、高鸿钧、贺卫方编：《美国学者论中国法律传统》，81 页，北京，中国政法大学出版社，1994。

考察，当我们无论是寻求了解世界还是寻求改造世界，都无需特别用心考虑它。不幸的是，近现代的历史全都充斥着这类探讨中国和其他非西方文明的推断。昂格尔本人大可不必竭力仿效这种他称之为西方自由社会的不良倾向。相反，他本可以运用他具有政治推动力的学术鉴赏力使我们牢记，在考虑建立新的和更人道的社会共同体时，需要将中国和其他悠久的民族历史纳入我们的思考之中。最终，除非现在我们能够暂时或以其他方式与长期分离的其他文明达成一种真正的共同理解，我们便不可能获得这样的社会共同体。①

安守廉的《不可思议的西方？昂格尔运用与误用中国历史的含义》一文，是当代美国学者论述中国法律传统的一篇具有影响的文章，之所以如此，恐怕主要是因为它生动地说明了中国如何被西方继续当作法治社会的反面例子。

第四节
高道蕴：法治思想在中华帝国的早期确实存在

高道蕴（Karen Turner）是法学博士、中国法律史专家，主攻汉代法律，现为美国圣十字学院历史系教授，美国哈佛大学法学院东亚法律研究中心研究员。她在《中国法律研究学刊》1992 年第 6 卷第 1 期发表了《中国早期的法治思想》一文②，针对"自 1950—60 年代以来的西方汉学著述中，中国法律文化更经常的是当作反衬西方独特成就的例子，而不是被当作一种具有内在动力的法律制度来探讨"③ 的情况，运用法治模式观察早期中国。她发现，"公元前 3 世纪和 2 世纪法家以及折衷派的著述提出了法治的两个基本方面，即法律的明确性和刑罚的确定性"。此外，她还试图说明，中国的政治理论家实际上也认识到，如果使君主的权力高于法律，便可能导致对权力的滥用。尽管传统中国未能重视人的固有价值，但是，"某些法治思想在中华帝国的早期确实存在，这些思想可用作当代中国建设法治国家的基础"④。

一、对中国早期法治应作更为积极的评价

高道蕴认为，西方的法治概念常被用作评价中国早期法律文化的标准。例如，萧公权在 20 世纪 40 年代，就从战国的典籍中发现了这样的理论，即重视把法律作为确保刑罚的稳定性、维护公共利益使之高于私人利益甚至指导君主本人的一种措施，并把这类思想称作"可取的"，但又悲叹道：通观中国两千年历史何时有过法治？梁启超更早发现了法律在中国传统中较为积极的作用，但也认为缺乏一种正式的、西方式宪法以使法律在中国被奉为最高的权

---

① ［美］高道蕴、高鸿钧、贺卫方编：《美国学者论中国法律传统》，83 页，北京，中国政法大学出版社，1994。
② 中译文载［美］高道蕴、高鸿钧、贺卫方编：《美国学者论中国法律传统》，北京，中国政法大学出版社，1994。
③ ［美］高道蕴、高鸿钧、贺卫方编：《美国学者论中国法律传统》，4 页，北京，中国政法大学出版社，1994。
④ ［美］高道蕴、高鸿钧、贺卫方编：《美国学者论中国法律传统》，10 页，北京，中国政法大学出版社，1994。

威，从而妨碍了立宪君主制和民主政治的发展。对于这些思想家来说，中国古代的思想中的依法而治（rule by law）实际上意味着人治（rule by man），因为法家将君主置于法律之上，而儒家注意的是道德人的判断而非创设良好政府的法律制度。并且，通常认为，依法而治绝非指一种"真正"法治的制度化，而是意指以严厉的法律维持统治，这种法律尤其是指公元前4世纪和3世纪法家理论所倡导的和在公元前4世纪中叶秦国所实行的刑法。甚至作为法治方面最彻底的西方批评家之一的昂格尔，也把古代中国当作反面的例子，用来说明仅仅在近代的欧洲才存在维系"法律秩序"的条件，并将"法律秩序"界定为一个以法治为基础的社会。因此，中国的大多数学者经常把"真正"的法律秩序等同于以法治为基础的秩序。"这些观点中潜含的观念是，为了建立一种现代的法律制度，中国必须抛弃它自己'有缺陷的'古代遗产。"① 对此，高道蕴明确指出大可不必：

> 在中国的早期，像在西方的古代一样，几乎找不到司法制度在制度上不受行政干预的证据。我们也不能确认存在一个独立的负责解释法律或自然权利概念的法律职业阶层。实际上，那些宣称制度性的法治是欧洲政治发展的一个晚近和独特产物的观点是正确的。但是，关于法治其他方面更为普遍的特征却可以在法家主要人物的著述中发现，也可以在从战国中、后期到汉代头一百年的某些折衷派的著述中找到，其中特别是《淮南子》和《管子》。新近发现的材料在补充原有记载传统的资料方面起了重要作用。

> 在两个早期帝国遗址的发掘中发现的法律材料，导致了对中国早期法治更为积极的评价。②

随着对马王堆发现的有关法律理论观点的分析，中国古代法律史变得更加引人注意了，因为这些文献涉及实在法和普遍的、自然的、标准的和一致的刑罚。实际上，马王堆出土的材料已经促使中国的学者断定，基于普遍准则即"道"的法律概念的演进，标志着从春秋时期的世袭社会朝着战国时期官僚政治国家的转变，而战国时期是个"法治取代礼治"的时代。在马王堆中出土的理论性最强的书籍《经法》中，明确地强调法律应作为包括战争、刑罚和官方法律执行在内的全部政府活动的一种准则，由此可推测，"某些中国古代的思想家曾把法律与某些方面类似于西方古代后期自然法概念的超越的道德准则相联系"③。这些新材料之所以重要，是因为它们对"中国早期不能够设想超越的规范以作为衡量法律的原则，而这种特定的缺陷妨碍了中国后来科学与政治的发展"这一观点，提供了挑战性的证据。"新发现的材料证明了一个以明确、公开的法律和一致的刑罚为特征的法律制度的存在。"④

高道蕴明确提出："当试图运用以西方经验为基础而形成的范畴分析古代中国时，必须慎重。"⑤ 理由在于：

---

① ［美］高道蕴、高鸿钧、贺卫方编：《美国学者论中国法律传统》，216页，北京，中国政法大学出版社，1994。
② ［美］高道蕴、高鸿钧、贺卫方编：《美国学者论中国法律传统》，221页，北京，中国政法大学出版社，1994。
③ ［美］高道蕴、高鸿钧、贺卫方编：《美国学者论中国法律传统》，222页，北京，中国政法大学出版社，1994。高道蕴等美国学者认为，关于马王堆的材料中包含着类似于斯多葛学派自然法概念的观点；马王堆帛书中的法律代表了一种法治传统，"黄老帛书中的自然法"。
④ ［美］高道蕴、高鸿钧、贺卫方编：《美国学者论中国法律传统》，222页，北京，中国政法大学出版社，1994。
⑤ ［美］高道蕴、高鸿钧、贺卫方编：《美国学者论中国法律传统》，223页，北京，中国政法大学出版社，1994。

1. 只有被比较的法律发展时代相类似，对中国法律史的比较研究才能够提供有益的材料，而人们往往以仅仅适用于近代西方制度的标准判断早期中国的缺陷。例如，如果认为由成文宪法界定的正式的分权制，一种独立的司法机构以及一个法律专家阶层对于健全的法律制度来说是至关重要的，那么，任何古代政府都缺乏这些近代的观念。这些观念在西方本身也是比较晚近（17世纪）才发展起来的。

2. 中国古典时代晚期的材料很丰富，有助于研究法律理论，但在阅读这些材料时，必须把它们视为对目标的表达，而不是对实际情况的描述，甚至睡虎地出土的《秦律》，也只是揭示了国家官吏所期望的那种国家性能，而没有揭示官吏实际上如何履行职责或因行为不端而受到制裁。汉代史学家对其君主所使用的法律及其强制方式，可能作了多少是理想主义的描述，用来表明他们所服务的王朝以合法的武力赢得帝国，并继续有章可循地使用暴力维持了它的权威。

3. 语言和解释的问题困扰着跨文化的法律研究。流行的观念认为，法律在中国仅仅是指国家的强制力。在这方面，高道蕴的解释具有挑战性。在她看来，确定中文的"法"一词是否应看作西方的"法"（law）或"准则"、"刑罚"，是汉学家面临的问题，不仅因为当代中国的法律似乎与强制有密切联系，从而不可避免地把现在看作是过去的延续，而且因为中国古代书籍中对法律的描述本身就不明确。不过，中国古典晚期书籍中的"法"一词，在含义、范围上可被看作相似于当代西方的"法"的概念。因此，在文章中高道蕴决定把中国的"法"字全部译作英语中"法"（law）字，中文的"法"是指以强制为后盾的英文中的"法"，同时也指与道德相联系的英文中的"法"；既指国家发布的制定法，也指关于诸如军事战略等专门技巧的具体规则。

4. 多角度的研究清楚地表明，儒家的模式，所更赞美的是道德人而不是法律，是礼仪而不是法律制度，是家族而不是非人格的社会模式，这种模式对人们理解中国的法律具有如此深远的影响，从而试图摆脱西方的范式，时时都要求助于儒家的总体理论。高道蕴认为，儒家的思想淹没了其他流派关于中国早期政府的探讨，这些流派曾经作为抽象准则的正式法律和模式，来淡化个别的和以家族为基础的国家概念的影响。这种对实在法和非人格规则的关心通常被认为局限于战国时期的法家，但中国近二十年新发现的关于法律的文献表明，这种观点并不局限于法家思想家，因为存在大量共同承认的原则，诸如关于明确的法律的必要性、刑罚的一致性、官吏的职责、制定和修改法律的固定的做法，以及对犯罪行为进行调查和作出适当判决的严格程序。①

> 最重要的是，法治的最终目标——使君主服从法律，在中国的早期就有人探讨，事实上，这些中国早期对于国家性质和在法律与自由裁量之间维持平衡的问题的思考，其中有些类似于西方古典传统中的争论。我们发现，中国思想家在某些情况下似乎甚至比古希腊和罗马思想家更了解政府管理中不受限制的个人介入的含义和后果。②

---

① 以上四个理由，参见［美］高道蕴、高鸿钧、贺卫方编：《美国学者论中国法律传统》，223~226页，北京，中国政法大学出版社，1994。

② ［美］高道蕴、高鸿钧、贺卫方编：《美国学者论中国法律传统》，226~227页，北京，中国政法大学出版社，1994。

二、中国早期的思想家很少陷入当代社会科学理论中所谓的"法律形式主义"

高道蕴指出，法律形式主义的价值和效能在西方各个时代都受到了挑战。自柏拉图把哲学王的统治看作是最好的政府管理形式以来，是严格的正式法律还是有创造力的人的判断最能有效地实现正义，这是一个一直困扰思想家的问题。在他们看来，生活需要法律具有两种互相矛盾的本质，即稳定性和灵活性：需要前者，以使人的事业不致被疑虑和不稳定所损害；需要后者，以免生活受过去的束缚。因此，如何在个人行使自由裁量权与机械地适用法律之间维持适当平衡，继续困扰着法律理论家。

在所有传统中，关于维持法律与自由裁量之间的平衡问题，最雄辩的论断之一出自荀子，他同意孔子的观点，即教化和模范的君主提供了最有效的统治手段，但又提出了使用法定暴力的理论，这超越了早期儒家的思想。"荀子对法律思想的贡献值得特殊注意，因为它讨论了使战争和刑罚规则予以明确化的重要性，讨论了如何找到一种使道德人与严格法有效结合的途径。"① 荀子承认，国家既给社会强加了巨大负担又给社会带来了确实的利益，但只有在人的才智与制度的稳定之间维持平衡，国家才能存在："法不能独立……得其人则存，失其人则亡。法者治之端也。君子者法之原也。故有君子，则法虽省，足以偏矣。无君子，则法虽具，失先后之施，不能应事之变。"② 荀子是个现实主义者，他懂得如果没有人的指导，制度绝不会运作，与其他早期的儒家思想一样，他倾向于把模范君主和道德上受教化的官吏作为公正政府的关键，但他更强调需要一种法律制度来规范他们的决策。

后汉史学家班固，在《汉书·刑法志》中考察了前汉君主宽缓严厉法律的努力，提到汉宣帝的故事。汉宣帝试图任命4名高级官吏负责在秋审（执行死刑）之前，把有疑点的判决呈交皇帝批阅，由此把平衡引入制度之中。但是，以重视严格适用法律而著称的一位地方官吏对皇帝的决定提出了批评，认为与其任命新官吏，不如澄清法律中的不明确之处，因为一旦法律明确，就不能被随意操纵。在其他地方，班固阐述了这样的观点——即便最好的君主和大臣也不能在一代人的时间内实现法律改革。皇帝的干预仅仅提供了避免不公正的临时救济。在这方面，班固似乎认为正确界定犯罪和刑罚的法典至少同明智仁慈君主的偶然干预一样重要。具有讽刺意味的是，早期儒家曾严厉批评君主编纂法律，因为这样会使民众限制君主；但像班固等后来的儒家则倡导制定成文法，把这看作防止官吏贪赃枉法的重要手段。"法律和明君必须兼顾的思想以强烈的词语表达在《淮南子》中，这是一部约形成于公元前139年的折衷观点的典籍。这部著作极力强调治术，但它也承认法律的极端必要性。"③

在高道蕴看来，尽管折中性的著述对政府管理中合法的功能提出了强有力的论点，但是，

> 中国古代政治理论对比较法律思想一个最重要的贡献则是对法律惩治功能的深深怀疑。甚至那些赞成法律的中国哲学家也决没有宣称仅仅靠正式法律就可确保秩序。法家

① ［美］高道蕴、高鸿钧、贺卫方编：《美国学者论中国法律传统》，231页，北京，中国政法大学出版社，1994。
② 《荀子·君道》。
③ ［美］高道蕴、高鸿钧、贺卫方编：《美国学者论中国法律传统》，232页，北京，中国政法大学出版社，1994。对于法律的重要性，《淮南子·主术训》中有言："所谓亡国，非无君也，无法也。"

承认，法律易于用于个人目的；儒家争论说，礼仪、习惯和使集团服从国家的规则能够远比法律更有效地防止偏离正道，因为法律仅仅惩罚那些已经犯罪的人。这些中国早期的思想家很少陷入当代社会科学理论中的所谓"法律形式主义"。他们很早就认识到，官方的法律制度仅仅是实现稳定的一个机制，社会中的各个集团将自然地发展出不同的使用和滥用它们的对策。这种理解可能刺激了以下法律哲学的产生：这种法律哲学对于人对法律决定的干预所造成的危险给予十分现实主义的考虑。①

一些怀疑正式法律保障正义的效能的西方理论家，从中国的过去发现了具有吸引力的要素，对于中国法方面的专家来说，注意这一点是富有趣味的。例如，最有争议的第二次世界大战后法律现实主义者之一弗兰克（Jerome Frank）法官，在其《初审法院：美国司法的神话与现实》一书中，揭示了奢谈法院坚持真正法治的美国式伪善，同时赞赏早期历史上中国人的直言坦率——法律的判决最终是人的判决，判决更多的是受法官个人偏见而不是正式法律的影响，并称颂中国人试图通过协商和仲裁实现平衡的正义、避免诉讼，把诉讼看作"实质上不道德"的过程。② 弗兰克为自由裁量的正义雄辩地辩解，其口气与儒家关于贤德官吏的观点如出一辙：

> 规则是一种法律机器。但是法律机器不会自动运行。操纵机器的人必须机警敏锐，履行他们对公民的重要职责。在执法中，即便我们想但也无法摆脱情感。我们能够希望的最佳境况是，审判法官的情感是敏感的，能够很好地权衡利弊，受他自己细致研究的约束。诚实的、良好培训的法官，对于他自己的权力的性质、自己的偏见和弱点最具有自知之明，而这是正义的保障，明智的做法是承认"个人因素"和受此因素影响的行为的存在。③

另一位同时代著名的美国法理学家庞德（1874—1964）撰文《作为中国法基础的比较法律与历史》（《哈佛法律评论》1948 年第 61 卷），同样以赞许的态度看待中国传统法律的某些东西。他主张，处在现代化过程中的国家必须在以下两方面保持平衡：一方面是全盘接受新法律以适应形势，另一方面是维持过时的法律传统。要做到这一点，就应把每个国家已经经受历史考验的道德体系看作新的立法基石。对于中国，他指出：

> 中国具有被接受为伦理习俗的传统的道德哲学体系，这种哲学体系可能被转化为一种据以调整关系和影响行为的公认的理想，这一点可能是一个有利因素。④

像弗兰克一样，庞德发现，"中国在做出判决时采用的灵活而基于道德的方法是可取的"⑤。

在举出弗兰克和庞德这两个思想家对中国做法的赞赏例证之后，高道蕴有两个简短但鲜明的结论引人注目：

---

① ［美］高道蕴、高鸿钧、贺卫方编：《美国学者论中国法律传统》，233 页，北京，中国政法大学出版社，1994。
② 参见［美］高道蕴、高鸿钧、贺卫方编：《美国学者论中国法律传统》，4、248 页，北京，中国政法大学出版社，1994。
③ 转引自［美］高道蕴、高鸿钧、贺卫方编：《美国学者论中国法律传统》，248 页，北京，中国政法大学出版社，1994。
④ ［美］高道蕴、高鸿钧、贺卫方编：《美国学者论中国法律传统》，4 页，北京，中国政法大学出版社，1994。
⑤ ［美］高道蕴、高鸿钧、贺卫方编：《美国学者论中国法律传统》，4~5 页，北京，中国政法大学出版社，1994。

　　尽管正式的法律制度具有吸引力，它可纠正目前中国社会的弊病，但是，法律形式主义的价值和效能在西方各个时代都受到了挑战。①

　　中国古代制度也能为那些僵硬的法治而感到幻想破灭的西方人提供一种积极的模式。②

三、中国存在自然法——道

　　高道蕴指出，法治的一个主要要素是"法律在范围和适用上被认为是普遍的"，这一要素至少在韩非子时代曾经存在。在韩非子的著作中，法具有广泛的含义，它区别于"律"、"命"和"刑"："法者，宪令著于官府，刑罚必于民心。赏存乎慎法，而罚加乎奸令者也。"③在韩非的设想中，法律是公开的、成文的和普遍的，并且是据以赏罚的规矩。他的一般和普遍的法律概念部分地是与反对过去的不明确的规矩相联系的。其他的学者也指出有必要发现新的法律模式。根据公元前 2 世纪的《吕氏春秋》，旧法仅仅提出了语言和解释性的问题："上胡不法先王之法？非不贤也，为其不可得而法。先王之法经乎上世来者也。人或益之，人或损之。"④ 一旦认为传统不明确和束缚手脚，就必须找到一个不同和更抽象的指导政府的原则。

　　自公元前 300 年之后，在中国某些思想家那里，这种最终的原则变成了"道"，在各种各样的著述中，道被用作政治生活的一种隐喻，一种统治的有效模式，因为它一开始就是统一的，并被作为万物本源。⑤

　　《经法》中提出了关于道的一个最系统的观点，把它作为统治艺术的实际指导。根据修复的文字，不知名的作者开篇就表达了这样的观点："道生法。法者，得失以绳，而明曲直者也。"⑥ 然后把道描述为不受时间限制的、普遍的和不偏不倚的准则，道所生的法被说成是对所有君主解决疑难问题的可靠指导。诸如何时进行军事战役，何时惩罚人们，何时布施仁慈，如何根据官吏的能力组织他们等。作者所进言的对象显然是"占领一块领土并试图建立合法政府"的君主，并劝告他受既定法律约束，发布关于劳役和服军役的命令事先必须取信于民并了解民众的习俗。《经法》的大部分集中探讨创立公共王国的必要性，在这个王国中，正义战争区别于不必要的屠戮，适当的刑罚区别于个人报复。只有遵循以道为基础的法律，才能明确正义与非正义行为的界限："法度者，正之至也。而以法度治者，不可乱也。而生法度者，不可乱也。精公无私而赏罚信，所以治也。"⑦ 此篇断言，指导君主的必须是法律而不是人的情感，那些专断作出惩罚和宣战决定的君主将自毁于暴力。"《经法》关于准则的观点，并不是狭隘的地方观的产物，因为战国后期和汉代初期其他著作也都把道作为有用的模

① ［美］高道蕴、高鸿钧、贺卫方编：《美国学者论中国法律传统》，216 页，北京，中国政法大学出版社，1994。
② ［美］高道蕴、高鸿钧、贺卫方编：《美国学者论中国法律传统》，249 页，北京，中国政法大学出版社，1994。
③ 《韩非子·定法》。
④ 《吕氏春秋·察今》。
⑤ ［美］高道蕴、高鸿钧、贺卫方编：《美国学者论中国法律传统》，234 页，北京，中国政法大学出版社，1994。
⑥ 《经法·道法》。
⑦ 《经法·君正》。

式。"① 管子就曾明确地把道与法律制度联系起来：

> 故曰：宪律制度必法道，号令必著明，赏罚必信密，此正民之经也……明王在上，道法行于国，民皆舍所好而行所恶。②

道的概念，即一个被当作法的基础的自然准则，不是作为立法的神而是作为一种规范和立法模式提出来的。高道蕴认为，道之所以被奉为规范性原则，是因为它代表了摆脱人格化的神的易变的个人性格。道不受影响，不受摆布，不能改变，其正常形式不会被打乱，所以它可用来隐喻模范君主，这样的君主能够以其睿智明察世事，而同时又不受变化和诱惑的影响。这样一位君主在治理行为中自然会有预见性和主持正义。正如美国哥伦比亚大学法学博士皮文睿③（R. P. Peerenboom）所言，黄老法律哲学代表了对君主的一种理论抑制，君主被约束维持先前确立的道德秩序。道代表了一个统一的标准，一个规则统治的自然秩序，它可以用作社会和政治秩序的模式。因此，从"道"中产生的法律可适用于所有的人，不管他们的习惯和传统如何。

那么，道这样一个原则为什么会在马王堆出土的材料中包含着呢？在高道蕴看来，这一点是明显的——"这样一个原则在中华帝国的初期会是有用的"④。那时，各级政府的集权化是君主和官僚所期望的，官僚的地位来自他们对政府的服务而不是基于等级隶属关系。所以，随着国家的扩展，便有必要形成一个范围广泛的法律概念。在古典晚期的西方有一个类似的历史过程。"大多数近代的研究者一致认为，将人类置于同一道德和法律的普遍性之内的政治理论，在希腊仅仅是于亚历山大帝国使希腊与东方文化接触之后才明确表达出来。"⑤人们一般同意这样的观点：正是斯多葛学派的思想家精制了一种理论，在这种理论中，自然法变成了制定法的源泉，这是一种扩展到全人类的法律。斯多葛学派自然法的最重要信条可能是所有人在自然法面前一律平等，通过契约而结成的联盟不应由人为创立的制度和不幸而割裂。"最著名的自然法的代表人西塞罗的论述，最接近于中国这些折衷主义的典籍关于法律和自然的观点。"⑥ 西塞罗认为，自然法是"普遍适用的……真正法，它始终不变，永远持续；它使人令行禁止……试图改变……或废除这种法律是一种罪孽"⑦。"这种描述反映了《经法》中体现的法律概念，即作为人的决定的普遍的、超越的和始终不变的准则。"⑧

但是，自然法在中国古代的存在不是用作所有人可适用的原则，以便用来衡量国家命令和法律的公正性；而是用作一种指导，以使贤明的君主能够决定如何正确地使用暴力，即用何种方式去代表全社会根除邪恶和消除偏离正道的混乱。

---

① ［美］高道蕴、高鸿钧、贺卫方编：《美国学者论中国法律传统》，235 页，北京，中国政法大学出版社，1994。

② 《管子·法法》。

③ 撰有《儒家法学：超越自然法》一文，原文载于《亚洲文化季刊》第 18 卷（1990 年），中译文载［美］高道蕴、高鸿钧、贺卫方：《美国学者论中国法律传统》，119～153 页，北京，中国政法大学出版社，1994。

④ ［美］高道蕴、高鸿钧、贺卫方编：《美国学者论中国法律传统》，236 页，北京，中国政法大学出版社，1994。

⑤ ［美］高道蕴、高鸿钧、贺卫方编：《美国学者论中国法律传统》，236 页，北京，中国政法大学出版社，1994。

⑥ ［美］高道蕴、高鸿钧、贺卫方编：《美国学者论中国法律传统》，237 页，北京，中国政法大学出版社，1994。

⑦ ［古罗马］西塞罗：《论共和国》，第 3 卷，第 22 章。

⑧ ［美］高道蕴、高鸿钧、贺卫方编：《美国学者论中国法律传统》，237 页，北京，中国政法大学出版社，1994。

四、早期西方法治的重要特征，在中国也被认为是重要的

公元前 3、2 世纪的中国的思想家在发展中央集权国家的时期提出了法律哲学，他们明确表达了法治的某些基本前提：君主必须受法律约束；法律比命令更具有一般性和普遍性，法律应受超越规范的检验。此外，中国的思想家还讨论了明确、公开宣布的法律的效用，这种法律不是基于过去，而是基于不受人类历史和意志控制的自然原则。

> 因此，确保刑罚的可预见性和一致性的明确法律，即早期西方法治的重要特征，在中国也被认为是重要的。[1]

例如，商鞅宣称实在法能够明确地制定和普遍地适用，只有这样，大多数人才能广泛了解政府管理的实际机制："故夫知者而后能知之，不可以为法……故圣人为法，必使之明白易知。"[2] 管子则明确把法律与道联系起来，认为法律明确和刑罚可信将会"使民皆舍所好而行所恶"。韩非觉得明确、公开的法律对于秩序来说是如此至关重要，以致他警告君主，忽视明确的法律会严重削弱君主的地位。韩非把法律比作一面镜子，只有它明确才能正确反映现实，如果法律混乱、矛盾，就会丧失指导功能；对法律的了解不应仅仅局限于法律官吏，也不应仅局限于特殊领域的学者。中国"大量的典籍中提出了这样的观点：法律必须明确，因为只有做到了这一点，君主及其官吏才能有办法履行其对犯罪正确适当地适用刑罚的重要职责"[3]。

法治方面的理论家认为，可预见性是法治的一个重要产品。根据高道蕴所引用的中国材料，可预见性依赖于法律。韩非子宣称："法立而诛必。"[4] 根据商鞅的观点，国家的暴力必须慎用。

《经法》为君主规定了一个强制性理由，以使君主慎用刑罚："诛禁不当，反受其殃。"[5]在这些人物构筑其政治理论的宇宙观中，君主及其大臣要负责维持自然与人类世界之间的和谐，其手段是采用刑罚消除那些偏离正道的不良影响。一致的刑罚也有一个更直接的目的。到汉代的第一世纪，罪刑相当以便维持制度是一个最受关心的问题。例如，汉文帝就曾同他的官员进行过争论，其官员反对实行宽厚的犯罪株连制度的建议。汉文帝陈述了自己的法律哲学："法正则民悫，罪当则民从。"[6] 班固对汉代法律改革的考察表明，汉朝的君主和官吏极其注意使法典明确化，以使罪刑相当。当时的法律改革，包括明确关于死刑的法律，澄清法典以防止官吏滥用法律，废除最残酷的肉体刑，通常都是基于罪刑相当的考虑。汉朝的哲学家、改革家贾谊，曾警告君主，如果运用刑罚惩治私敌，就将变成报复的对象。还说："若诛伐顺理而当辜，杀三军而无咎；诛杀不当者辜，杀一匹夫，其罪闻皇天。"[7] 其他典籍描述了获罪于天将如何得到报应如自然灾变："枉法则多虫螟，杀不辜则国赤地。"[8]

汉代思想家多以秦代为例，陈说他们关于法律一致和刑罚公正的观点。著名汉代官吏晁

---

[1] ［美］高道蕴、高鸿钧、贺卫方编：《美国学者论中国法律传统》，238 页，北京，中国政法大学出版社，1994。
[2] 《商君书·定分》。
[3] ［美］高道蕴、高鸿钧、贺卫方编：《美国学者论中国法律传统》，239 页，北京，中国政法大学出版社，1994。
[4] 《韩非子·内储说上》。
[5] 《经法·国次》。
[6] 《史记·孝文本记》。
[7] 《新书·耳痹》。
[8] 《淮南子·天文训》。

错曾严厉指责秦朝统治者法令兹彰,官吏失控,官吏们"乘其乱法以成其威……主断生杀自恣"①。最著名的汉代思想家董仲舒认为,在秦朝,"为善者不必免,而犯恶者未必刑也"②。并主张关于死刑犯罪的规定必须明确。一致地适用死刑的正当理由,在《管子》中有最明确的表述:"杀僇必信,民畏而惧。"③ 韩非子强调,上古圣王能够实行严刑峻法而没有激起报复,是因为他们从不反复无常和出于恶意,而且"名君之蓄其臣也,尽之以法,质之以备,故不赦死"④。因此,臣民服从国家强制力的义务不是无条件的。正如《法经·君正》中所言,只有国家根据法律对其臣民使用暴力,死刑判决不受君主及其官吏激情支配,秩序和服从才有保证;只有人民相信君主关于死刑的法律,他们才肯去战场赴死。需要明确的法律和一致的刑罚,在执法中君主及其官吏考察的不应是一方利益,而应是公共利益。这一点在以上所提著作中关于法律的部分反复重申。

综上可以看出,整个中华帝国,法律与规范价值保持紧密的联系,但高道蕴强调:

> 重要的是,对早期中国法律史的研究结果表明,在中国历史的重要时刻,可预见性、公正性、一致性以及官僚与皇帝的责任性被明确地强调,并随时付诸实践。此外,这些理想是与有关国家与社会的普遍模式相联系的。⑤

高道蕴正确地认识到,当代的观察者无论在观察过去还是现在的中国的政治文化时,都可能承认西方传统本身是复杂的。"恰如西方的理论家不能理出一条从亚里士多德到现代的清晰路线一样,中国法的研究者也不应苛求中国的传统,奢望它应发展出充分发达的法律秩序。"⑥ 确实,比起黑格尔、韦伯、昂格尔等思想家来,高道蕴对中国的态度要慈爱、善良得多。总体上说,她对中国早期法治思想肯定多于否定⑦,甚至暗示,中国为了建立一种现代的法律制度,无须抛弃自己长期被人称为"有缺陷的"古代遗产,反倒应好好掂量、分析一番,该发扬的须大加发扬。而这,也正是中国现代学者迫切需要研究、解决的问题。

第五节
科举制对美国的影响

对美国来说,其公务员制度几乎吸收了各个国家中的影响,只不过这种影响发生的时间较晚而已。

---

① 《汉书·晁错传》。
② 《汉书·董仲舒传》。
③ 《管子·版法》。
④ 《韩非子·爱臣》。
⑤ [美] 高道蕴、高鸿钧、贺卫方编:《美国学者论中国法律传统》,246 页,北京,中国政法大学出版社,1994。
⑥ [美] 高道蕴、高鸿钧、贺卫方编:《美国学者论中国法律传统》,249 页,北京,中国政法大学出版社,1994。
⑦ 高道蕴强调,"人人都有权能决定何为公正与何为合法"这种观念,在中国早期并没有确立。同时,系统阐述和执行法律的精英是国家的仆人,他们首当其冲维护国家利益。参见 [美] 高道蕴、高鸿钧、贺卫方编:《美国学者论中国法律传统》,254 页,北京,中国政法大学出版社,1994。

在 19 世纪 60 年代之后，美国也在考虑采用择优录取的文官考试制度。美国的文官考试制度基本上是模仿英国的产物，部分系取自德国，但史料表明科举制也曾在一定程度上直接影响过美国的文官考试制度。

威廉姆斯（Samuel Wells Williams）在 1848 年出版的《中央王国》（The Middle Kingdom）一书中，对中国的科举制进行了相当详细的评论，在指出存在贿买秀才等弊端之后，他说："尽管存在这些可恶的腐化现象，且这些现象似乎也波及和影响到整个国家机器运转的有效性与和谐性，那也不容否认，从科考的结果来看，中国政府的高官阶层中的不少官员都怀有让人极为敬佩的才能和知识，及正直、爱国、勤奋和有条不紊地工作的态度。维持着国家这个庞大机器的不停运转，同时也证明对这些上层官员的筛选是正确的……因而可以这样推论，激励起一代又一代的学者们为科考而竞争，使社会保持着一种不衰的崇文风气，那就是这种制度给人们的莫大回报。"①

《美国东方学会学报》1851 年第 2 卷发表了布朗（Bram）的《中国文化：或评中国的独特性的成因》（Chinese Culture：or Remarks on the Causes of the Peculiarities of the Chinese）一文，其中有关于科举各级考试的介绍，甚至还谈到赴京参加会试的举人可以得到官方支给的资助。作者在谈及武举、宗室科举、翻译科举之后，指出："这样，政府看来将竞争与考试制度运用到每一个可能的方面。"②

1862 年，美国驻法国领事比格罗（John Bigelow）建议美国借鉴法国的方法考录税务员，美国的公务员制度开始了建立与发展的历程。他的建议被重新记录在 1868 年国会关于中国、普鲁士、法国和英国公务员制度的报告中。③

1866 年 10 月，北京同文馆馆长麻登在波士顿作了"中国的竞争性考试"的专题报告，在美国反响强烈。④

1867 年 8 月 4 日，《纽约时报》在第 6 版上刊登题为《中国的官办学堂》的文章，专门介绍中国的教育体系："中国的教育至少和英国一样普及，就是一般的苦力，也有不少能读会写。在中国的每个地方，都有民办小学，学生的父母支付学费，此外，还有不少有钱人办的私塾。要进入仕途的人，则必须由官府办的学堂毕业。这些政府学校的学生，每月可领大约相当于一至二美元的生活费。他们学的是'四书五经'这类中国经典著作，其中有孔子的论述及其他圣人之言。如果学生想学其他知识：比如数学或科学，它就必须在业余时间花自己的钱去学。政府学校的老师大都是翰林院的毕业生，他们总是会受到当地政府官员的尊敬。每个省都有一名学台大人（Literary Chancellor），其职能颇像我们的'公共教育督学'（Superintendent of Public Instruction）。他把政府学堂的学生记录在案，并主持秀才这一级的考试。"⑤

1868 年 5 月，罗德岛的国会议员詹克（Jenck）把在"紧缩问题联合选举委员会"中提

---

①　刘海峰：《科举学导论》，389 页，武汉，华中师范大学出版社，2005。

②　刘海峰：《科举制对西方考试制度影响新探》，载《中国社会科学》，2001（5）。

③　参见任爽、石庆环：《科举制度与公务员制度——中西官僚政治比较研究》，8 页，北京，商务印书馆，2001。

④　参见傅兴国：《科举制度——中国对人类政治文明的一大贡献》，载《中国人事报》，2005-06-01。

⑤　刘海翔：《当科举消亡的时候：美国人眼里的中国科举——以百年前〈纽约时报〉的报道为例》，载刘海峰主编：《科举百年祭》，116 页，武汉，湖北人民出版社，2006。

出的报告送交众议院，向议会详细介绍了中国、普鲁士、英国的文官制度，其中有一章题为《中国的文官制度》，中国考试录取官员的做法引起议员们的注意和兴趣。①

1868 年 10 月，在中国京师同文馆担任总教习的美国人丁韪良②（W. A. P. Martin），出席了在波士顿召开的"美国东方学会"会议，并宣读了题为《中国的竞争考试》的论文，在文中他极力建议美国政府应该像新近实行文官考试的英、法、德等国一样建立文官考试制度，并向长期有效地实行科举制的中国学习，其中说道：

> 这既不是我们向中国人学习的第一课，也不是他们所能给我们的最后经验。在各种我们所得到的恩惠中，我们应该为指南针、火药，也许还有印刷术的遥远启示而表示感激……可以断言，如果我们采用中国测试候选者能力的办法来选拔最优秀的人任政府公职，那必将对我们的文官政府产生积极作用，其益处将大于那些技术方面的发明。③

1870 年，美国人史皮尔（Spear，又译为施惠廉）在《最古老与最年轻的国家：中国与美国》（The Oldest and the Newest Empire: China and the United States）一书中说："中国人民的竞争使用于整个政府管理的政治原则公开化。为保证地方行政官员有知识、有能力和值得信赖，各种提拔的基础就根植在教育之上。面对这一事实，整个世界无不为之赞美。听吧！西方国家，它没有世袭等级，或许没有个人荣耀，它没有财富的权力，它不主张任人唯亲，它也不去迎合世俗的偏见和利益。"④"这些考试制度所形成达到第一个目的，是排开任何等级和财产而不论，选择最好的人去担任国家的各种职务，并作为从古至今无私地以才取士的总原则。中国人有一句出名的谚语：有学问穷人的孩子能当官，无学问大官的孩子成庶民。"⑤ 史皮尔也主张美国借鉴中国的经验实行考试选拔制度。为此，他对自己看到广东乡试的盛况予以相应的描写：

> 此际，全城、全省都处在一个兴奋的骚动之中，信差在恭候，随时准备用船、马和

---

① 参见刘海峰：《科举学导论》，390 页，武汉，华中师范大学出版社，2005。

② 丁韪良是一名中国通，美国在华传教士。从 1865 年起担任京师同文馆英文教习，1869 年起任总教习（校长）达 31 年之久，并在 1901 年前后一度出任京师大学堂总教习。他对中国社会、文化、教育和知识分子问题有十分深入的了解，并出版了多部关于中国的著作，同时他翻译的许多西方著作在当时中国广为流传。1883 年，清朝政府总理衙门刊印了丁韪良的中文著作《西学考略》，该书在谈及科举考试制度时说："西国莫不慕之，近代渐设考试以取人才，而为学优则仕之举。今英、法、美均已见端，将来必至推广。"［美］丁韪良：《西学考略》，下卷，53 页，同文馆聚珍版，光绪九年（1883 年）。他当时的预言后来成为了现实。

③ 刘海峰：《科举制对西方考试制度影响新探》，载《中国社会科学》，2001（5）。丁韪良的《中国的竞争考试》一文于 1870 年 6 月在《北美评论》上发表，并收入他本人于 1880 年出版的《翰林文集》中。"英格兰、法兰西和普鲁士公共机构的某些部门已实行了竞争考试制度。这些国家取得的成效是一致的——都确信这套制度……是政府选拔雇用合格职员的最有效方式。但这些国家的实验只是近期的事，其应用范围也很有限。如果我们想通过大规模长期而有效的运转以便充分认识到其优点与不足的话，我们必须把目光转向遥远的东方。这套制度的优越性在中国得到充分的体现与证实；如果我们应该汲取他们的经验的话，这不是我们从中国人那里学来的第一条，也决不是他们能给予我们的最后一条……如果我们采纳了中国人的考试选官制度，为国家选拔最优秀的人才，它对我国文官政府转变所产生的影响绝不比我前面提到的艺术领域里的发现所带来的影响差。"［英］约·罗伯茨编著，蒋重跃、刘林海译：《十九世纪西方人眼中的中国》，40 页，北京，时事出版社，1999。

④ 刘海峰：《科举学导论》，390 页，武汉，华中师范大学出版社，2005。

⑤ William Spear, The Oldest and the Newest Empire: China and the United States, Harvard, 1870, p. 115. 转引自刘海峰：《科举学导论》，237 页，武汉，华中师范大学出版社，2005。

跑步等方式，将发榜的结果报之全省的每一个角落。在中榜者的家乡，一旦他们归来，张灯结彩，设宴欢迎。面对此，我流下了遗憾的眼泪。在我亲爱的祖国，却看不到如此令人崇敬和令人兴奋的场面。这种伟大的基本原则的糅合，是美国共和体制最缺少的东西。①

根据 1871 年的一个法案，格兰特总统任命一个 7 人委员会以发起改革，从而为后来的 1883 年彭德尔顿的改革奠定了基础。

1873 年美国文官委员会在其报告书中宣称：

当我们的大陆尚处于洪荒时代，孔夫子已在讲授德政，中国人已在读书，使用指南针、火药和乘法表。然而，东方世界这一最文明的国家对于科举制的运用，将比上述任何东西都更能夺走我们美国人的优势（如果我们算得上有什么优势的话），这其中的原因究竟何在？倘若不充分肯定中国的宗教或帝制的作用，必将无从作出解释。②

到 1883 年，以平等竞争为原则的文官考试法案（又称彭德尔顿法）终于获得美国国会通过，该法案规定政府事务官的录用，必须经过公开考试，择优录用。从此以后，考试录用事务官，成为美国文官制度的一条基本原则。1893 年，美国文官考试制度完全确立。

1884 年 3 月出版的《中国记录与传教士杂志》第 15 卷第 1 号，刊载了一篇评论威廉姆斯《中央王国》一书第 18 章《中国恒久的原因》的书评。该文特别指出："……强有力的证据表明，科举考试制度的优点和中国政府的榜样已导致了欧洲和美洲一些最开明的国家采用这种方法以提高其文官的效率。"③ 这是在英国于 1855 年试行并于 1870 年全面推行文官考试，以及美国于 1883 年开始采用文官考试制度后作出的评论，具有很强的说服力。

在 1896 年出版的英文著作《中国环行记》一书中，丁韪良在谈到科举时说："科举是中国文明的最好方面"，"它的突出特征令人钦佩，这一制度在成千年中缓慢演进；但它需要（就如它将要的那样）移植一些西方的理念以使之适应变化了的现代生存环境。当今在英国、法国和美国正在取得进展的文官考试制度，是从中国的经验中借鉴而来的"④。作为对清朝政府颇有影响的重要人物，丁韪良曾多次向清朝有关大臣建议改革科举考试内容，引进一些西方近代新学，比如增加算学科的考试和其他一些自然科学知识。⑤ 在这里，丁韪良一方面再次提到科举需以西学加以嫁接改良的观点，另一方面则明确指出英、法、美国的文官考试制度系借鉴中国科举而来。不过，美国文官考试制度的建立与英国类似，一开始也遇到不少人的反对。一些人提倡实行政党分肥制而反对以考试决定候选人是否称职，因为他们认为这一

---

① 刘海峰：《科举学导论》，237 页，武汉，华中师范大学出版社，2005。
② 刘海峰：《科举学导论》，390 页，武汉，华中师范大学出版社，2005。"这个东方世界最开明和最持久的政府曾要求进行一种考试以考察进入政府工作的候选人的成绩"，美国人不应该否认这一益处。报告还补充道，应该"特殊考察英国的政治史，因为它曾大大地受益于这些中国的方法"。任爽、石庆环：《科举制度与公务员制度——中西官僚政治比较研究》，8 页，北京，商务印书馆，2001。
③ 刘海峰：《科举制对西方考试制度影响新探》，载《中国社会科学》，2001（5）。
④ 刘海峰：《科举制对西方考试制度影响新探》，载《中国社会科学》2001（5）。
⑤ 参见潘懋元、刘海峰：《同文馆与中国近代海关的关系》，载《教育史研究》，1991（2）。在《西学考略"自序"》中，丁韪良也说："中国倘能稍用西术于科场，增格致一门，于省会设格致书院，俾学者得门而入，则文质彬彬，益见隆盛矣。"

方法是中国式的、外国式的，甚至说是"非美国式的"，这种考试在理论上也许正确，但在实践中行不通，而且中国的官吏贪污腐败、卖官鬻爵。然而，反驳者认为，不能因为中国没有实现其理想就完全抛弃这种办法。丁韪良在同书中也极力为美国推行文官考试制度辩护，从中可看出其关于英美文官考试制度是效法中国科举而来的含义：

> 英国肯定既没有因在其东印度公司，也没有因在它极好的驻中国领事人员中采用竞争考试而遭受损失，它们都从"竞争者"中得到补充。假如英国有遭受损失的话，那也不是因为该制度的原因而是由于其判断不当的运用。美国仍然更迟采用竞争考试，现在已使人确信它只是提供政党分肥制下腐败现象的矫正方法。虽然我不能料想我们的军事指挥官或我们的内阁部长也将以此方法选择出来的时代会很快到来，但它的扩展至更广范围是毫无疑问的。我们的考试是专业化的，而中国考试的弱点是缺乏专门的适应性。尽管具有其缺陷，科举制对维护中国的统一和帮助它保持一个令人尊敬的文明水准，起到了比任何其他制度更大的作用。①

丁韪良作为力主美国政府仿行考试选官的在华美国人，他相当关注美国文官考试制度的建立和发展，由他明确指出英美等国曾受科举考试制度的影响是很有说服力的。

到 20 世纪初，美国文官考试制度已有相当大的发展。1901 年，时任京师大学堂总教习的丁韪良又在爱丁堡和伦敦出版了《中国的学问，或中国知识界》一书，在该书中，他又对科举考试制度做了不少述评，并说："它不可能适宜我们自己共和国制度中某些类似的特性以被移植吗？它更适应于我们自由政府的精神，在这个国家中可以比在中国结出更好的果实。在英属印度它运转得极好，在英国本土亦然，其外交和领事人员的选任已经置于竞争基础之上。假如我们希望我们对外国的影响与我们本国的强大与繁荣相称，我们自己的外交人员也必须采用考试选拔办法。"丁韪良还提到来自罗德岛的詹克（Jenck）在美国众议院最早提出建立文官考选制度法案可视为美国文官考试的肇端，并一再陈述采用竞争考试的理由。他同时十分清楚西方文官考试制度系模仿中国科举制度而来：

> 自从文官改革以来，它在公众头脑中的印象是如此牢固，以至于没有哪个政党敢于拒绝这一制度。虽然它运用的规模还相当有限，但在 1896 年其运用范围已大为扩展。有理由可以预期竞争考试最终会像在中国已经历的那样成为我们政治制度中的一个重要因素。②

为推行所谓"新政"，1905 年 9 月 2 日，中国清政府发布"上谕"，宣布自 1906 年开始，所有乡、会试一律停止。各省岁科考试亦即停止。科举作为一种制度在中国延续了整整 1300 年后，终于退出历史舞台。

《纽约时报》在 1911 年 11 月 6 日的第 10 版上，有一篇题为《中国学生》（The Chinese Student）的文章。该文说："在中国，学业优秀几乎是想在其他方面成功的必要条件。所有

---

① 刘海峰：《科举制对西方考试制度影响新探》，载《中国社会科学》，2001（5）。

② 刘海峰：《科举制对西方考试制度影响新探》，载《中国社会科学》，2001（5）。丁韪良是主张美国借鉴中国科举实行文官考试制度的人中最为积极且最典型的一个。因此，1905 年 9 月中国发布废科举诏后，1906 年出版的《美国东方学会学报》第 27 卷在迅速刊载该诏令英文本的同时，还谈到丁韪良以往一再主张美国仿行竞争考试一事。参见刘海峰：《科举学导论》，395 页，武汉，华中师范大学出版社，2005。

的政府职位，不管大小高低，都取决于一个人的学业，而有个官职，则决定了其人的社会地位及财富收入。除了满洲皇亲国戚以外，文人是中国实际上的统治阶级，这个阶层不是由出生高低来界定的。科举考试向大众开放，人们不论富贵贫贱，都有机会去敲自己的命运之门。在理论上，更主要的是在实践中，科举的确是大众皆可试之的。可以说，放眼中华帝国之内，稍微有一点影响的人，不管他是帝制的拥护者、改良者或革命家，大都曾经历过漫长而严格的考试。"①

较早提出科举西传说的中国人是康有为。1898 年 6 月，他在《请废八股试帖楷法试土改用策论折》中说：中国历代科举"虽立法各殊科，要较之万国，比之欧土，皆用贵族，尤为非才，则选秀于郊，吾为美矣，任官先试，我莫先焉。美国行之，实师于我"②。康有为明确指出美国实行的文官考试制度是学习中国科举而来。就目前所见到的资料，他是最早提到科举西传说的中国人。

另一位较早提到科举西传说的是梁启超，他于 1910 年指出："夫科举非恶制也。所恶夫畴昔之科举者，徒以其所试之科不足致用耳。昔美国用选举官吏之制，不胜其弊，及一八九三年，始改用此种试验，美人颂为政治上一新纪元。而德国、日本行之大效，抑更章章也。世界万国中行此法最早者莫如我，此法实我先民千年前之一大发明也。"③ 此时，科举刚停罢 5 年，梁启超提出恢复科举的动议，是其反思考试制度在中外不同国家中因革兴替的命运的结果，从中也可见梁启超是深知科举曾影响过世界列强的。

一些西方学者认为科举考试西传欧美是中国在精神文明领域里对世界的最大贡献之一，有的学者甚至认为其重要性还超过物质领域的四大发明。《剑桥中国隋唐史》一书的编者崔瑞德（Twichett）强调：唐代的科举制度经过以后的长期发展几乎被全世界所接受，"许多世纪以后，这一制度为我们所有西方国家以考试录用人员的文官考试制度提供了一个遥远的榜样"④。

美国学者柯睿格（Kracke）1947 年在《哈佛亚洲研究学报》上发表的论文中指出："以科举考试为核心的中国文官行政制度的创立，是中国对世界的最重要贡献之一。"1957 年，柯睿格又说："传统中国的科举制度在中国政治理论与社会实际结构中居于中心的地位，它是最早引起西方政治思想家注意并激发其想象的中国制度之一。"⑤ 汉学家卜德（Bodde）在《中国思想西入考》一书中则言："科举制无疑是中国赠予西方的最珍贵的知识礼物。"⑥ 著名

① 刘海翔：《当科举消亡的时候：美国人眼里的中国科举——以百年前〈纽约时报〉的报道为例》，载刘海峰主编：《科举百年祭》，118 页，武汉，湖北人民出版社，2006。《中国学生》一文也指出，甲午战败，中国举国震撼，中国人痛苦地认识到，经过明治维新的日本，已比守旧的中国强大了许多，中国青年纷纷出洋，去日本、欧洲、美国留学，试图学到振兴中国之道。在中国国内，西学兴起，西方课程和西方教学方法，在中国的学校里，逐渐取代了儒家经典。

② 康有为：《请废八股试帖楷法试士改用策论析》，载《戊戌变法》，第 2 册，208 页，神州国光社，1953。

③ 梁启超：《官制与官规》，载《饮冰室合集》，文集之二十三，68 页，北京，中华书局，1989。

④ Denis Twitchett, *The Birth of the Chinese Meritocracy*：*Bureaucrats and Examinations in T'ang China*，Printed by Bendles (Torquay) Ltd., 15/16 George Street, Torquay, London, 1974, p. 33. 转引自刘海峰：《科举学导论》，397 页，武汉，华中师范大学出版社，2005。

⑤ 转引自刘海峰：《科举学导论》，396 页，武汉，华中师范大学出版社，2005。

⑥ Derk Bodde, *Chinese Ideas in the West*, Washington. D. C., American Council on Education, 1972, p. 31. 转引自刘海峰：《科举学导论》，397 页，武汉，华中师范大学出版社，2005。

汉学家费正清申言:"在一个我们看来特别注重私人关系的社会里,中国的科举考试却是惊人的大公无私。"[①] 学者罗兹曼说:"科举制度曾经是联系中国传统的社会动力和政治动力的纽带,是维护儒家学说在中国的正统地位的有效手段……它构成了中国社会思想的模式。由于它被废除,整个社会丧失了它特有的制度体系。"[②] 贾志扬在《宋代科举》一书的中文本中指出:"宋代考试的重要性超出中国之外,因为中国考试本身具有相当的世界史的意义。西方传统诸如民主、人权和自由的中心在欧洲和美国,现时在世界各地一再被确认。很少有人认识到现代社会的另一个普遍特征——学校和考试不但用于教育青年人,并且在选择员工和区分地位中起关键作用——发源于中国,并非西方。拜耶稣会员与其他晚明和清朝的观察家之赐,'精英政治'的中国模式为启蒙哲学家们提供了有力的模式,并帮助铸造了现代西方社会。"[③]

1983年,美国卡特总统任内的人事总署署长区伦·坎贝尔应邀来北京讲学时曾说:"当我被邀来中国讲授文官制度的时候,我感到非常惊讶。因为在我们西方所有的政治学教科书中,当谈到文官制度的时候,都把文官制度的创始者归于中国。"[④]

公允地说,美国是西方国家中科举研究成果最多的国家。从费正清开始的每一代著名汉学家都在科举研究方面留下痕迹,许多汉学著作都会涉及某一人物的科举生涯或科举事件等。就专门的科举研究论著而言,何炳棣、柯睿格、张仲礼(现居中国)、顾立雅、贾志扬等人都出版过这方面的专著。自20世纪50年代以来,美国先后出版过9本科举研究专著。

德国汉学家傅吾康(Frank Wolfgang)1960年在哈佛大学出版社出版的《中国科举制度革废考》(Reform and Abolition of the Traditional Chinese Examination System)一书,是最早在美国出版的科举研究专著,书中在回顾历代对科举制批判言论的基础上,系统地分析了1900年以前改革科举的努力,对1901年以后科举制的改革和废止过程进行了详细的探讨,作者认为科举制的废止是传统帝制国家灭亡的开始。

---

① 转引自陈统奎:《科举:是是非非一百年》,载《新民周刊》,2005(37)。

② [美]罗兹曼主编:《中国的现代化》,338页,南京,江苏人民出版社,1995。国学大师钱穆也认为废科举是件昏头大错事。1955年,他在《中国历代政治得失》一书中说:"直到晚清,西方人还知采用此制度弥缝他们政党选举之偏陷,而我们却对以往考试制度在历史上有过一千年以上根底的,一口气吐弃了,不再重视,一切不再留丝毫顾惜之余地。那真是一件可诧异的事。"转引自萧春雷:《科举制的幽灵》,载《厦门晚报》,2005-09-05。科举被废之后,官员选拔乱了:"起初大学堂毕业可以获得进士学位,学堂出来可以当官。但到学堂多起来后很难甄别什么人能当什么官、什么人不能,比较乱。清政府已经意识到这个问题,1910年计划出台一个文官选拔的新制度,已经拟好了,还来不及颁布就倒台了。后来的北洋政府也计划颁布文官考试制度,也来不及颁布就倒台。当初主张废除科举制的袁世凯和张之洞后来非常懊恼和惋惜。袁世凯在主张废除科举制的奏章上署名排第一,张之洞排第三,但到袁世凯当权后,也搞起了洪宪科举,但随着袁世凯倒台而夭折。此后到1929年间,没有文官选拔制度,军阀混战,当官靠的不是笔杆子,而是枪杆子。1929年国民党政府开始正式施行文官考试制度,成立了考试院。"萧春雷、查本恩:《千年科举,百年反思——厦门大学刘海峰教授专访》,载《厦门晚报》,2005-09-05。

③ 贾志扬:《宋代科举》,中文本序3页,台北,东大图书公司,1995。1996年,哈得斯顿和博伊尔在研究了各国的公务员制度及其渊源后指出:"第一,在现代公共管理研究中,西方学者在很大程度上忽略了中华帝国的影响;第二,竞争考试以及高级公务员制度起源于中国并且这种制度已由中国发展到了很高的水准;第三,中国的经验直接或间接地影响世界范围内的公务员考试制度以及精英高级公务员制度。"刘海峰:《科举学导论》,396页,武汉,华中师范大学出版社,2005。

④ 桑玉成等:《当代公务员制度概论》,17页,兰州,兰州大学出版社,1988。

　　从社会史的角度研究科举与社会阶层流动，是美国科举学研究中最为集中的问题。1962年由哥伦比亚大学出版的何炳棣《中华帝国的成功阶梯：关于社会流动》（The Ladder of Success in Imperial China：Aspects of Social Mobility）一书（于 1973 年被译为意大利文出版），从社会学的角度研究科举与社会阶层流动的关系。该书主要探讨了社会观念与社会分层、社会地位系统的流动性、向上流动（进入官场）、向下流动、影响社会流动的因素分析以及学业成功和流动的地区性差异等问题。并对大量功名获得者的家世资料进行了定量和定性分析，并进行了综合研究，得出了明清时期社会阶层流动率相当大的结论。书中还对买官现象进行了评述。

　　1963 年，由哥伦比亚大学出版的约翰纳·门泽尔（Johanna M. Menzel）主编的《中国文官：职位向才士开放？》（The Chinese Civil Service：Career Open to Talent?）一书，将9位美国汉学家关于科举与社会阶层流动的 12 篇（部）代表作连同潘光旦、费孝通 1947 年发表在《社会科学》上的《科举与社会流动》一文，节选编成一本书。此书将各位名家的不同观点集中在一起，无异于一次关于科举与社会阶层流动关系研究论战的大检阅，成为西方汉学研究的必读书。书后还附有 1963 年以前发表的与此问题有关的近 50 篇（本）西方论著，充分显示了西方有关科举研究的雄厚基础。

　　李弘祺 1974 年在耶鲁大学完成的博士学位论文《宋代官学教育与科举》，1985 年由香港中文大学和纽约的 St. Martinas 一起出版了英文版。该书着重探讨了政府教育的功能及组织形式。李弘祺认为，科举制度对宋代教育，尤其是政府教育有着巨大的作用，因为政府教育深受学生备考科举愿望的影响。因而，协调宋代教育与科举的关系非常重要。1994 年台湾联经出版事业公司还出了该书的中文版。与李弘祺的书几乎同时出版的另一部研究宋代科举的著作，是美国学者贾志扬（John W. Chaffee）1985 年在剑桥大学出版社出版的《宋代学子的艰难门槛：科举的社会历史》（The Thorny Gates of Leaning in Sung China）一书，此书主要论及科举生活、录用人员的结构、宋代的科举、登科者的地域分布、科举文化等方面，该书也于 1995 年由台湾东大图书公司出版了名为《宋代科举》的中文本。这两部研究宋代科举的著作都是史论结合，具有很高的学术水平。

　　1989 年 6 月，在美国加州蒙塔西陀举行了一次"帝制中国后期的教育与社会"的专题学术讨论会，会议组织发起者之一的美国著名汉学家、时为加州大学洛杉矶分校的历史学教授艾尔曼（Benjamin A. Elman）的会议首篇论文《帝制中国后期的教育、社会与科举》的主要部分，后来以《帝制中国后期科举考试的政治、社会和文化影响》为题，发表于美国亚洲学会主办的国际性权威杂志《亚洲研究学报》1991 年第 1 期上。该刊卷首编者按中说：科举是"中国研究方面终年不断的一个主题"，足见国际上对科举研究的重视程度。

　　艾尔曼于 2000 年由加利福尼亚大学出版社出版的《明清科举文化史》（A Cultural History of Civil Examination in Late Imperial China）一书，是近年来美国科举学的标志性著作。正如作者在前言中所说，以往人们从政治、社会、经济及知识分子生活等多方面研究科举，而明清时期"科举已成为士人文化的一个窗口"，因此该书着重从文化角度研究科举。全书由十一章构成：第一章，对中国帝制晚期文官考试制度历史根源的重新思考；第二章，明初的皇权、文化政治与科举考试；第三章，帝制晚期的朝廷机构变革和精英分子的流动；第四章，科场与朝廷权力的局限性；第五章，经典知识和社会学视角的帝制晚期科举；第六章，情感焦虑、金榜题名之梦想与科举生活；第七章，文化视野中的科举考试和精英分子的八股文；第八章，考试标准、士人的解释和朝廷控制知识的有限性；第九章，科举考试中的自然学、历史学和汉学；第十章，清朝早期（1800 年前）科举内容变革的加速；第十一章，合法性的取消与经典思想的消失：晚清科举改革的误区。在发表不少科举研究专题论文的基础上，此书对明清科举文化做了全方位的高水平的研究。尤其是书后所列"公元 1148 年—1904 年间 1 042 种原始科举资料目录"、"650 年—1905 年间科举考试内容演变表"、"地志之外原始科举资料的主要种类"等几个附录，具有十分重要的学术价值。作者写作该书参考了众多的古今中外文献，并做了大量的统计分析，在前言中还对科举研究成果作了简要的回顾与总结，该书所附参考文献类似一份科举研究论著目录。在他的个人主页中，提供有中国史文献索引，其中第 13 类文献便是文举和武举文献目录，收录了宋、元、明、清科举专门文献目录。

　　另外，美国学者 Adam Y. c. Lui 于 1981 年出版的《翰林院：雄心的训练地，1644 年—1850 年》一书，对清代翰林院这一机构的教育、考试和准入机制，翰林院功能对翰林的影响、翰林官的仕途等做了研究。Iona D. Man-Cheong 于 2004 年出版了《1761 年榜：18 世纪中国的科举、国家与精英》一书，对清乾隆三十六年榜进士作了深入的分析。日本人宫崎市定所著《中国的考试地狱：中华帝国的科举考试》一书，由 Conrad Schirokauer 译成英语，1976 年在耶鲁大学出版，在一定意义上也可算作美国科举研究的一个方面。①

---

　　① 参见刘海峰：《科举学导论》，60～63 页，武汉，华中师范大学出版社，2005。

第九章

俄罗斯人对于中国法律文化的描述

在所有的欧洲国家中，俄罗斯与古代中国可谓邻邦。中国传统法律文化对于俄罗斯发生影响，有直接也有间接，间接影响的作用要大于直接影响。因为相对而言，俄罗斯对于中国的了解，更多通过西欧这一中转站。历史上俄罗斯对于中国传统文化的研究，集中在 4 个时间段。18 世纪初"中国热"、19 世纪下半叶中国文化典籍的集中翻译、20 世纪 50 年代的批判以及 80 年代新儒家思潮。根据1932 年出版的斯卡奇科夫所编《中国书目》的统计，从 1730 年到 1930 年的 200年间，在俄国出版和发表的中国作品译文及有关中国的论著就有一万多种。①

第一节
中国与俄罗斯的早期交往

中国与俄罗斯的直接接触，始于蒙古帝国时期。13 世纪初，成吉思汗之孙拔都统率一支蒙古军队远征俄罗斯，并在那里建立了一个横跨欧亚的大帝国——金帐汗国，开启了俄罗斯历史上的蒙古统治时期。蒙古人的统治对于俄罗斯历史产生了深远影响。是"罗斯历史上的关键事件，它在多方面决定了俄国社会发展的趋向和特点"②。俄罗斯国家正是在古罗斯东正教文化的基础上，在金帐汗国蒙古人的影响下发展起来的。尤其是沙皇制为中心的中央集权制，深受中国传统法律文化的影响。蒙古人的统治，可以说从正反两方面成就了俄罗斯的中央集权制度。

一方面，金帐汗国对于罗斯地区长期实行掠夺式的统治，为了对抗金帐汗国，俄罗斯人需要集中全部经济力量与军事力量。而在反抗的过程中，俄罗斯民族形成了高度的向心力与凝聚力，这是中央集权制形成的重要前提条件。这种情况正如别林斯基所说："……共同危

---

① 参见李明滨：《中国与俄苏文化交流志》，40 页，上海，上海人民出版社，1998。

② 曹维安：《俄国史新论：影响俄国历史发展的基本问题》，59 页，北京，中国社会科学出版社，2002。

险和共同苦难的感情把分散的罗斯各公国联系了起来，并通过莫斯科公国对其他所有各公国的统治地位使国家的中央集权化发展了起来。尽管外部的统一多于内部的统一，但是这种统一毕竟拯救了罗斯。"①

另一方面，金帐汗国对于罗斯地区的长时间统治，也使蒙古王公接受了来自东方的政治制度、军事行政制度、人民普遍纳税服役，尤其是王权至上的理论，这些是建立中央集权制重要的理论与实践条件。在金帐汗国统治之前，罗斯地区被置于基辅罗斯诸王公的统治之下，王公家族共同统治，封国、封土甚至要在大家族内按辈分调换，后期才有世袭封地出现，其形式也更接近于西方的封土制度。这种状况直到金帐汗国时期才为之改变。金帐汗国对东北罗斯（以及较低程度上的诺夫哥罗德）的政治统治，人为地割绝了其与西方世界和拜占庭的联系。它使俄国从此不能只面向西方，还得面对东方；使俄国不仅是欧洲国家，还须发展成亚洲国家；使得在罗斯已形成的封建关系上发展起东方专制主义的传统。蒙古人给罗斯带来了东方的驿站制度、户口制度、赋税制度、军事制度和行政组织。罗斯社会原先的附庸亲兵关系被蒙古社会的臣民关系代替。在册封罗斯王公时，金帐汗不是把他们作为附庸，而是作为臣属的官员，罗斯王公们也竭力把这种关系推行到地方显贵和服役贵族中去。之所以发生这种变化的一个原因，是由于在蒙古军侵犯的过程中大多数留立克后裔及其旧亲兵们阵亡，而他们是基辅罗斯附庸传统的载体。蒙古人的统治在政治上哺育和教诲了罗斯的王公们，使俄罗斯国家从此走上了沙皇专制制度的道路。② 在这种制度下，全体人民，包括贵族，都必须毫无例外地对沙皇一人效忠，为沙皇一人服役。

除了中央集权制度，沙皇俄国的很多制度，也都可以在蒙古统治时期找到源头。经济上的农奴制度、军事上的扩张好战、宗教上的服从世俗等等。蒙古人对于俄罗斯产生了深远影响。

中国与俄罗斯往来在接下来的岁月里慢慢加深。俄罗斯封建贵族深受中国文化的影响，他们因袭中国传统的生活方式和服饰，引入中国的印刷术与火药技术。俄罗斯沙皇也曾寻求与中国明朝建立官方联系，然而来自俄国的使臣因为没有国书以及礼物，按照中国朝贡礼仪，无法得到万历皇帝的接见，只得到了一封国书，允许两国之间通商往来。③

直到17世纪罗曼诺夫王朝建立后，中俄之间才有正式交往，而当时中国正在清朝初期。这种交往最开始并不和谐。在《清史稿》中留下的是这样的记叙：

> 崇德四年（1639），大兵再定黑龙江，毁其（罗刹）城，兵退而罗刹复城之。顺治中，屡遣兵驱逐，以饷不继而返。十二年及十七年，俄察罕汗两附贸易人至京奏书，然不言边界事。④

在清初，这种小规模的短兵相接接连不断，仅顺治年间见于史料的就有：

> （顺治十一年十二月）丁丑，命明安达礼征罗刹。

① 陕西师范大学：《世界中古史电子教案》，载http：//jpkc. snnu. edu. cn/history/neirong/jiaoan11. htm，2007-03-08。

② 参见曹维安：《俄国史新论：影响俄国历史发展的基本问题》，58页，北京，中国社会科学出版社，2002。

③ 参见王希隆：《中俄关系史略》，19～24页，兰州，甘肃文化出版社，1995。

④ 《清史稿·邦交传》。

（顺治十五年七月）庚戌，沙尔虎达击罗刹，败之。

（顺治十七年七月）宁古塔总管巴海败罗刹于使犬部地，招抚费牙喀十五村一百二十余户。[①]

顺治十二年（1655 年）俄罗斯遣使中国，这位使臣——亚雷日金带去了顺治帝颁赐的"敕书"。该敕书与中国一贯奉行的朝贡政策别无二致：

尔国远处西北，从未一达中华，今尔诚心向化，遣使进贡方物，朕甚嘉之，特颁恩赉，即俾尔使臣赍回，为昭朕柔远之意。[②]

两国大规模的互派使臣、签订条约，开展大规模文化交流，却还要等到彼得大帝与康熙皇帝执政的 1689 年《尼布楚条约》签订以后。在两国之间的交往中，司法交往是重要的方面。根据中国第一历史档案馆统计，从顺治到雍正的近百年中所留下的 285 件档案资料中，关于两国之间引渡逃民的就有 65 件（不包括附录）。

然而这一时期，中国传统法律文化对于俄国而言全然陌生，因为罗曼诺夫王朝自建立以来，沙皇一直奉行西化政策，学习西方先进制度与文化，试图将俄罗斯融入欧洲。也正因此，中国与俄罗斯虽然比邻而居，中国与俄国之间的文化交流却主要以西欧为中介。18 世纪初掀起欧洲中国热，才使得俄罗斯将欣赏的目光投向中国传统文化。

第二节
俄罗斯的"中国热"

18 世纪初，让整个欧洲持续"发烧"的"中国热"也蔓延到沙皇俄国。相对于其他欧洲国家，俄罗斯"中国热"的自然条件要优厚很多。俄罗斯与中国接壤，相比西欧人，他们有更多机会与中国人直接接触。所以甚至有人认为，在俄国土地上的"中国情调"较之法国的"中国情调"有过之而无不及。俄罗斯拥有比西欧诸国更多的中国奢侈品，在文学和哲学领域，也流行将中国视为"理想国"，书刊上充斥着关于中国的消息，宫殿与贵族私邸装点着中国式的小桥流水、亭台楼阁，宫廷与沙龙中最时尚的话题也与中国相关。

俄罗斯的中国信息最初来自于法国。沙皇俄国自立国以来就一直谋求融入欧洲社会，因此俄罗斯对效仿欧洲几乎是全方位的，其中自然包括欧洲的生活方式。在所有的欧洲国家中，作为欧洲传统与时尚中心的法国，以其文化上的优越地位，成为俄国首要效仿的对象。而法国也就成为了中国传统文化传入俄罗斯的媒介。通过启蒙思想家们著述的指引，俄罗斯政界与知识界开始有意识地关注中国传统法律文化。他们也同其他欧洲国家一样，开始在中国哲学思想以及中国的历史文化中，寻求理想的国度。

相对于其他欧洲国家，中国与俄国之间交往的地缘优势明显，而俄罗斯人在与中国的交

---

① 《清史稿·世祖本纪》。

② 中国第一历史档案馆：《清代中俄关系档案史料选编·第一编》（上册），18 页，北京，中华书局，1981。

往过程中，同意按照中国朝贡礼仪行跪拜之礼，这种做法取悦了中国的统治者，也使得两国之间的交往更为深入。中俄交往的档案记载，叶卡捷琳娜一世女沙皇曾写贺信给雍正皇帝，祝贺其即位；并在自己 1725 年登上沙皇之位时致书清帝国。理藩院也曾致信俄国，特"遵谕派使往贺俄女王安娜即位事"。这种态度换来了丰厚的回报。

在清朝前期，在中国居住着大批的俄罗斯人，这些人中就有根据 1728 年两国签订的《恰克图条约》第 5 条规定的"俄国定期向北京派遣"的"传教士团和留学生"。这些人作为传播中国第一手资料的人，对于俄国内的"中国热"以及中国传统法律文化的传播起到了重要作用。他们甚至在雍正年间的禁教风波之中得以保全。从 1728 年到 1860 年，在中国传教的东正教士团一共有 14 批，来往不可谓不盛。而对于留学生，《清史稿》中记载：

> 雍正六年，俄罗斯遣官学生鲁喀等留学中国，以满、汉助教等教之，月给银米器物，学成遣归，先后络绎至。

根据俄国政府规定，这些留学生每批六人，"自到达北京之日算起，学习期限为 12 年，期满后即行返回俄国"。

这些传教士、留学生是俄罗斯汉学的开创者和奠基人。他们在北京的俄罗斯馆内，学习中国语言与中国传统文化，并为中国文化在俄罗斯的传播作出了重要贡献。在这些人中，对于传播中国传统法律文化贡献最大者，应为阿列克谢·列昂季耶夫以及汉学大师比丘林。

阿列克谢·列昂季耶夫出身莫斯科神学院，在来中国前师从俄籍中国人扎加学习满文，1743 年入华，并在北京学习了 12 年。他精通中文，最大的贡献在于书籍的翻译。他的主要翻译作品包括《大清会典》、《名臣奏议》、《图理琛异域录》以及儒学经典《大学》、《中庸》，他还翻译了中国蒙学读本《三字经》。他按照叶卡捷琳娜二世的要求，选译中国律令，译出了《大清律例集解附例》以及《雍正二年谕旨》，以供沙皇俄国整饬吏治和敦化民风之借鉴。这些译著有许多都是欧洲的第一次译本，并且附带了大量注释，十分重要。此外，他在宣扬中国传统政治方面不遗余力，曾著《中国臣子》、《中国君子》等文，大力宣传儒家的修、齐、治的思想。

雅夫金·比丘林来自喀山神学院，并在 1808 年作为第九届北京传教团团长来到中国，在北京居留 13 年后返回。他深入北京社会，观察中国风俗习惯。在北京逗留期间，他结识了一批天主教传教士，开始接触西方汉学作品，并翻译了"四书"。他还译介了蒙古法典。回国后，他成为俄外交部亚洲司翻译，进行了大量的中文典籍翻译工作，并投身汉学研究工作。他的译著广泛涉及中国哲学、经济、政治、伦理、民族各个方面，而他的著作《中华帝国详志》、《中国的国情与民俗》等，都是俄国汉学界具有开创性意义的权威中国学著作。

中国研究的鼎盛是与俄国国内"中国热"氛围分不开的，在俄国国内，作为最高统治者的俄国沙皇，就是"中国热"最有力的支持者。包括彼得大帝（1682 年—1725 年在位）、伊丽莎白女皇（1741 年—1761 年在位）以及叶卡捷琳娜二世（1762 年—1796 年在位），都热衷于与中国的交往。

在他们之中，犹以叶卡捷琳娜二世最为热衷。叶卡捷琳娜出身德国，在发动宫廷政变罢黜了其丈夫彼得三世后，即位为女沙皇，她也是唯一被冠以大帝称号的女沙皇。她曾研读启蒙时代欧洲经典著作，并拜伏尔泰为师，与之通信 15 年之久，而另一位和她有通信来往的百科全书学派的思想家狄德罗①，也同伏尔泰一样，都是中国的支持者。他们在书信中不断谈及中国，这也影响了一心向往成为"开明君主"的叶卡捷琳娜。试想，对于伏尔泰而言，世界上哪有比中国更好的帝国组织？在这些往来信件中，他必然向她的女弟子推荐了中国文化，正如他向德国腓特烈大王所做的一样②，这也正可以解释为什么叶卡捷琳娜命令留学生翻译中国律令，甚至她的宫廷完全也沉浸在中国情调之中。叶卡捷琳娜时代的俄国杂志上发表了许多有关于中国的报道、文章和翻译作品。

而作为帝师的伏尔泰的思想，对于整个沙皇俄国知识界的影响更是不容小视。有学者认为，伏尔泰赞叹中国完美道德的文章，宣扬孔子教义的著作以及他取材自中国元代杂剧《赵氏孤儿》而编成的剧作《中国孤儿》，曾经影响了俄国文坛的风气。③受此影响，俄国文人也将中国皇帝视为理想君主的化身，他们认为中国皇帝开明勤政，正与俄国沙皇形成鲜明对照。《爱说闲话的人》这篇杂志于 1770 年 7 月刊载了译自《清世宗实录》卷一五九中的《雍正遗诏》，其题为《中国汗雍正给儿子的遗嘱》。译者将中国形容为一个理想的帝国。在那里，皇帝"勤求治理，抚育蒸黎，无一事不竭其周详，无一时不深其祇敬"，臣民则是"大法小廉，万民乐乐"，与俄国"人人尔虞我诈，神甫尽量欺骗老百姓，仆人欺骗老爷，而大贵族总想欺骗皇帝"的情形形成了鲜明的对照。④

在俄罗斯国内，"中国热"信徒中最著名的人物则非普希金莫属。这位俄国的"自由诗人"深受启蒙思想与"中国热"的影响，一心向往中国。在普希金丰富的藏书中，有很多法国、英国、德国等国的文字著述都对中国有很详细的介绍，这些有关中国的书籍多达 82 种，与中国文化结下了不解之缘。

普希金的中国情结由来已久。他的外曾祖父，俄国著名的军事工程师、将军和国务活动家——阿·彼·汉尼拔，在彼得大帝逝世后失宠于朝廷，"被流放到西伯利亚，并受命去测量中国的万里长城"。

12 岁时，普希金进入具有叶卡捷琳娜二世典型"中国气派"的皇村学校学习，并在这里初识中国传统文化。他对中国的好感在他"皇村时代"的诗篇《致纳塔丽娅》中表现无遗：

> 我不是塞拉里宫的主人，／也不是黑人，不是土耳其人，／也不能把我看作彬彬有礼的中国人，／或者粗野的美国人。

普希金的中国梦在 1928 年结识了俄国汉学先驱比丘林之后急速接近现实。比丘林热爱中国文化，对孔子有很高的评价，受其影响，普希金写出了"孔夫子……中国的圣人"的诗句。这位"中国通"给予普希金极大的促动，他渴望前往中国。

1829 年 12 月 30 日，普希金写了一首《致友人》，诗中流露出要来中国的心声：

---

① 狄德罗在《百科全书》中评价中国时指出："赋有一致的情感的中国人，就历史地悠久、文化、艺术、智慧、政治以及对哲学的兴趣而论，均非其他亚洲人可及。并且根据某些作者的判断，他们在这些问题方面，可以和欧洲最开明的人争先。"

② 1770 年，伏尔泰曾把他对乾隆所作的《盛京赋》所作的一篇小品文送呈腓特烈。

③ 李明滨：《中国文化在俄罗斯传播三百年》，载阎纯德：《汉学研究》，第 1 集，90 页，北京，中国和平出版社，1996。

④ 在同一本杂志上，冯维新的打油诗《致仆人书简》描述的是沙皇俄国社会。参见李明滨：《中国与俄苏文化交流志》，41 页，上海，上海人民出版社，1998。

出发吧，我已准备好。朋友们，/ 不论你们想去哪里，我都将紧紧跟随，/ 跟着你们……/ 到遥远中国的长城脚下。

翌年，普希金致书沙皇政府第三厅宪兵总督本肯多夫，请求跟随使团前往中国，在信中他写道：

我现在还没有结婚，也没担任官职，我想到法国和意大利旅行，如若不能获准，我想申请允许我随同前往中国的使团访问中国。

但是，沙皇政府向来限制普希金的活动，他想访问中国的愿望未能实现，然而他关心中国的热情却仍然未减。使团出发三个月之后，他仍在借阅有关中国的书籍，并且在他所编辑的《文学报》上刊登了比丘林等人考察中国情况的报道，并摘登他们写回的信札。

普希金参与编辑的《文学报》在 1830 年元旦专刊上发表了一篇书评，介绍比丘林翻译的《三字经》俄文本（1829 年在彼得堡出版）。早在《恰克图条约》签订之初，《三字经》便作为俄罗斯留学生官方汉语教材，引起了汉学学者们的注意。《三字经》是中国最重要的蒙学作品，行文简洁，蕴涵着最基本的中国传统法律文化知识，可以说是中国传统社会的普法简易读本。这篇长篇书评高度赞扬《三字经》是"三字圣书"、"简明儿童百科全书"，"语言简练但内容充实，用语朴素而含义深刻"，从而在俄国兴起"三字经热"。有苏联汉学家根据种种迹象推测这篇未署名作品的作者正是普希金本人。① 普希金对《三字经》在俄国的流传和影响起到了重要作用。

第三节
中国文化典籍的翻译与研究

1837 年，喀山大学东方系设立汉语教研室，此举对于俄国汉学研究具有里程碑意义。自此，俄罗斯汉学研究走向国内化、制度化。俄罗斯汉学研究的中心从北京转移到俄国国内。

一、俄罗斯汉学家对于中国法律文化的研究

《三字经》的翻译是中国文化典籍翻译的开始。通过《恰克图条约》有缘接触到中国文化的俄罗斯留学生们最初接触到的中国文化读本就是《三字经》，对于留学生们而言，这部《三字经》不仅仅是识字课本，更是了解中国传统文化的第一站。俄罗斯人对此非常重视。最初的译本来自伊拉里昂·罗索欣在彼得堡华文馆的教学资料版本。仅仅作为内部教材使用，使这一版本并无多大影响。《三字经》在俄国和欧洲首次公开出版是在 1779 年，译者为阿列克谢·列昂季耶夫，这个版本一经推出，就引起了以"开明君主"自居的叶卡捷琳娜二世政府的重视，官方的《彼得堡通讯》于 1780 年发表评介，力推这部作品。在所有的版本

---

① 参见［苏］米·巴·阿列克谢耶夫：《普希金与中国》，载《国外文学》，1987（3）。

中，影响最大的当属比丘林版。这部《三字经》受到了学界的高度评价。从 1829 年年底到 1830 年年初，就有 4 家俄国报刊加以推介。莫斯科的社会政治刊物《莫斯科电讯》评价说："东方哲学在欧洲人心中固然古香古色，但其雄浑素朴却令人惊叹不已。"

对于俄罗斯学界，中国先秦诸子百家经典著作是他们研究的重中之重。在俄国国内，儒家、道家、墨家、法家这些著名流派的经典都有译本，汉学家除了文本研究外，还分别通过文学、哲学、宗教、历史等角度进行研究，从不同侧面反映先秦时代思想界百家争鸣的盛况，并深入考察中国传统文化的内涵与特质。这些作品包括比丘林的《中国，其居民、风俗、习惯与教育》、西维洛夫的《中国儒释道三教简述》、瓦·瓦西里耶夫的《东方的宗教·儒、释、道》、莫纳斯特列夫的《评孔子的编年史〈春秋〉及其古代注释者》等等。

俄国著名作家列夫·托尔斯泰赫然也是这些学者中的一位。他的主要研究对象是道家、儒家以及墨家思想。1905 年 12 月 4 日，他在写给曾于彼得堡法政大学学习的张庆桐的一封信中提到过这种情况：

> 因为长久以来，我就相当熟悉（当然是非常不完全的，这对一个欧洲人是常有的情况）中国的宗教学说和哲学；更不用说孔子、孟子、老子和他们的著作的注疏（被孟子所驳斥了的墨翟的学说，尤其使我敬佩）。①

在这三家中，列夫·托尔斯泰最为推崇的还属道家，尤其是老子的思想。1891 年 11 月，彼得堡一位出版家写信询问他世界上哪些作家和思想家对他影响最大，他回答说："中国的孔子和孟子'很大'，老子则是'巨大'。"而在 1884 年 3 月 27 日的日记中，他写道："我认为我的道德情况是因为读孔子，主要是读老子的结果。"他通过英、法、德等国欧洲文字的译本了解《道德经》，并亲自动手翻译。而老子的思想也在作家的思想中烙下很深的印记。他的"不用暴力抵抗邪恶的理论"以及主张用"无为"的态度来对待一切事物就发展于老子"道"和"无为"的思想。托尔斯泰认为，只要中国人始终不渝地坚守儒教、道教和佛教的教义，还是会"无敌于世"②。老子研究成为诸子百家中在俄国和苏联受到重视最大的一家，与列夫·托尔斯泰的青睐不无关联。至 1985 年，在俄国被选译发表的《老子》俄语版，已经有 15 种以上。

孔、孟学说也是托尔斯泰关注的焦点。从 19 世纪 80 年代初，托尔斯泰便开始阅读儒家著作。1884 年 2 月，他在写给好友切尔特科夫的信中提到了他读孔子的情况：

> 我坐在家里，发着高烧，得了严重感冒。第二天读孔子。很难想象，这是多么不同寻常的道德高峰。看到这一学说有时竟达到基督学说的高度，你会感到快慰。③

1890 年 11 月，托尔斯泰在日记中又提到了他研读儒家经典：

> 身体很好。什么也没有写，研究孔子，感到很好，吸取精神力量。很想写出我现在

---

① 戈宝权：《托尔斯泰与中国》，载《托尔斯泰研究论文集》，10 页，上海，上海译文出版社，1983。
② 戈宝权：《托尔斯泰和中国》，载《中外文学因缘——戈宝权比较文学论文集》，113 页，北京，北京出版社，1992。
③ 转引自李明滨：《中国与俄苏文化交流志》，118～119 页，上海，上海人民出版社，1998。

所理解的《大学》和《中庸》。①

他曾著《论孔子的著作》和《论〈大学〉》等文，并在 1904 年审阅过布朗热编写的《孔子·生平以及其学说》一书。

托尔斯泰也关注墨家思想。1893 年 11 月，他在写给切尔特科夫的信中提到墨家思想：

> 我重新阅读了老子，现在开始阅读雅各的书中包括墨翟的一卷，我想写一本关注中国智慧的书，特别是关于人性善和人性恶问题的讨论。②

托尔斯泰除了在信中表示欣赏墨家学说，还特别审阅了布朗热的《中国哲学家墨翟·论兼爱的学说》。

对于中国传统文化的热爱也使托尔斯泰格外关心中国的命运，而对中国人民则保持着善意的好奇心。他在给张庆桐的那封信中还说道："我对于中国人民经常怀有深厚的尊敬，很大程度上由于可怕的日俄战争的种种事件而更加强了。"而这种感情在 1906 年写给辜鸿铭先生的信中更为明显：

> 中国人民的生活，一向非常能引起我的兴趣，我曾尽力想理解中国生活中我能懂得的一切，这主要是中国的宗教的智慧——孔子、孟子、老子的著作和对他们的注疏。我也读过中国有关佛教的书籍以及欧洲人所写的关于中国的著作。最近这段期间，在欧洲人——其中在很大程度上也包括俄国人——对中国人民所施加的种种暴行之后，中国人民的一般情绪，特别引起我的兴趣，而且还将会引起我的兴趣。

这封题名为《致一个中国人的信》曾先后发表在德文的《新自由报》和法文的《欧罗巴报》上，托尔斯泰对中国文化寄予了深切的希望，他在这封信中还写道：

> 我认为，在我们的时代，在人类的生活当中，正在发生着一个重大的转变，而在这个转变中，中国将领导着东方各民族起着巨大的作用。③

同样关注中国文化与中国命运的还有高尔基与契诃夫。1900 年 7 月，高尔基写信给曾到过中国的契诃夫，他"打算向某家报纸自荐担任通讯记者的工作"，并邀请契诃夫与自己同赴中国工作。契诃夫在复信中遗憾地表示，"到中国去是太迟了，看起来，战争（义和团运动和八国联军侵华）已快结束了……要是到那儿去，我只能当一个医生"。

高尔基对于中国的热情源自他对中国文化的敬仰。他对未能达成的中国之行耿耿于怀，所以在稍后写给医生斯烈全的信中写道："我认为这次战争具有巨大的意义……唉，为什么我不是一个中国人！我要让你们看看什么是文明！我要从你们身上剥下文化的假面具！"

1913 年，高尔基在与作家阿努钦的通信中，再次表达了他想了解中国文化的热忱，在信中他询问有关孔子的思想，并且急于从中国传统思想与文化中，寻求与无产阶级以及社会主义共鸣的因子：

> 亲爱的瓦里西·伊万诺维奇！

① 转引自李明滨：《中国与俄苏文化交流志》，119 页，上海，上海人民出版社，1998。
② 转引自李明滨：《中国与俄苏文化交流志》，119 页，上海，上海人民出版社，1998。
③ 戈宝权：《论中俄文字之交》，载周一良主编：《中外文化交流史》，554～555 页，郑州，河南人民出版社，1987。

承你把孔夫子的社会计划告诉我，谨向你表示无限的感激，但是我渴望知道所有详细的情形，——我在什么地方能读到这些东西？假如在欧洲的文字里面没有这类的材料，那么务必请你惠予帮助和告诉我：按照孔夫子的意见，将如何组织"世界大同的国家"？他所想象的"全世界会议"又是怎样的情形？还有在中国什么时候曾经实行过土地和工业国有化的企图，是谁实行的？……①

高尔基持续关注中国的命运，在 1911 年辛亥革命之后，他与孙中山先生取得了联系。1912 年 10 月，他曾给孙先生写过一封信，对于中国革命事业取得的胜利表示祝贺，并约请孙先生为《现代人》杂志写稿：

尊敬的孙逸仙，我请求您写一篇文章，叙述中国人民一般地对欧洲资本的掠夺野心抱持着什么态度，特别是对俄国资本家以及俄国行政当局的行动抱持什么态度？中国人认为这是些什么行动。它们从你们的人民那里碰到了什么样的反击？

假如事件不允许您亲自写这篇文章，那就请您委托您的任何一位朋友，然后经您亲自审阅。请您用任何一种欧洲文字来写这篇文章，并按我的地址寄下。②

二、北京传教士团对于中国传统法律文化的研究

那些身处中国的传教士们仍孜孜不倦研究中国问题。在 19 世纪中叶，第 15 届俄罗斯传教士团领班——汉学家巴拉第倡议、组织并编辑出版了《俄国驻北京布道团人员论著集刊》，1852 年至 1866 年间，共出版了 4 集。内容涉及历史、人口、宗教、科技、医学、商业、习惯、民族关系、政治经济制度、文化等各个方面。扎哈罗夫的《中国的土地所有制》详细介绍了中国的土地制度以及有关法律，茨韦特科夫的《中国的家庭礼仪》则是着重介绍了中国的家庭制度与伦理，而其中影响最深的应属叶弗拉姆皮所翻译的《内阁关于纸币的奏折》。这份奏折来自户部侍郎王茂荫，名为《再译钞法折》。根据史料记载，咸丰三年（1853 年），王茂荫与左都御史花沙纳议定试行官钞简要章程，并主管钱法堂事务。他提出发行可兑现钞币建议，这篇奏折如下：

伏维自来钞法无传，然由唐、宋之飞钱、交子、会子、循名而思其义，则似皆有实以运之。独元废银钱不用，而专用钞。上下通以此行，为能以虚运，然闻后亦少变。至明，专以虚责民而以实归上，则遂不行。历代之明效如此，故臣元年所上，皆以实运虚之法。今时世所迫，前法不行，议者遂专于收上设法，意诚善矣。然京城放多而收少，军营有放而无收，直省州县有收而无放，非有商人运于其间皆不行，非与商人以可运之方，能运之利，亦仍不行。谨就现行法中，酌拟四条，以通商情而期转运，敬为皇上陈之。陈曰：

1）拟令钞可取钱也……

2）拟令银票可取银也……

3）拟令各项店铺用钞可易银也……

---

① 戈宝权：《高尔基和中国》，载《中外文学因缘——戈宝权比较文学论文集》，161 页，北京，北京出版社，1992。

② 戈宝权：《论中俄文字之交》，载周一良主编：《中外文化交流史》，556～557 页，郑州，河南人民出版社，1987。

4）拟令典铺出入均准搭钞也……①

内阁接到了皇帝的旨意，对于这些陈条逐一批驳，并得出结论：

臣等详阅所奏，发现其所论专有利于商而不便于国，因为王茂荫对于钞的运行另有看法，现在他只关心商人的利益而不顾社稷，显然他忘记了自己的职责，因此其奏不应被采纳。

这篇奏折以及批驳经过俄国人的翻译，又被马克思转引入他的巨著，这也使得王茂荫成为在马克思的《资本论》中唯一提到的中国人。《资本论》第一卷中可见到如下这段注释：

清朝户部右侍郎王茂荫向天子上了一个奏折，主张暗将官票宝钞改为可兑现的钞票。在 1854 年 4 月的大臣审议报告中，他将受到严厉的申斥。他是否受到笞刑，不得而知。审议报告最后说："臣等详阅所奏……所论专利于商而不便于国"。（《帝俄驻北京公使馆关于中国的著述》，卡・阿伯尔博士和弗・阿・梅克伦堡译自俄文，1858 年柏林版，第 1 卷第 54 页。）②

很显然，这篇文章正是马克思所转引的两位博士翻译的俄文版原稿。而这篇关于中国清代钞法制度的翻译的学术价值不言而喻。

---

① ［俄］叶弗拉姆皮：《内阁关于纸币的奏折》，载曹天生主编，张琨等译：《19 世纪中叶俄罗斯驻北京布道团人员关于中国问题的论著》，575～579 页，北京，中华书局，2004。

② 转引自曹天生主编，张琨等译：《19 世纪中叶俄罗斯驻北京布道团人员关于中国问题的论著》，前言 1～2 页，北京，中华书局，2004。

参考书目

一、古代典籍资料

1. 史记
2. 汉书
3. 后汉书
4. 唐律疏议
5. 旧唐书
6. 新唐书
7. 资治通鉴
8. 宋史
9. 辽史
10. 金史
11. 元史
12. 明史稿
13. 明史
14. 清史稿
15. 太平御览．卷七八七
16. 洛阳伽蓝记·闻义里
17. 大唐西域记
18. 义净．南海寄归内法传
19. 高僧法显传
20. 张家山汉墓竹简．北京：文物出版社，2001
21. 睡虎地秦墓竹简．先秦论坛网
22. 明实录
23. 瀛涯胜览
24. 真腊风土记
25. 岛国志略

26. 秋澜集·中堂事记

27. 马可波罗游记

28. 历朝宪章类志

29. 唐六典

30. 唐令拾遗

31. 令义解·赋税令

32. 岭南樵怪等史料三种

33. 令集解

34. 通典

35. 唐律疏议

36. 续日本纪

37. 山海经

38. 说苑九·正谏

39. 吕氏春秋

40. 左传

41. 荀子

42. 孟子

43. 墨子

44. 傅子

45. 管子

46. 韩非子

47. 商君书

48. 道德经

二、论著

1. 岑仲勉. 突厥集史. 北京：中华书局，1958

2. 杨廷福. 唐律初探. 天津：天津人民出版社，1982

3. 郑鹤声，郑一均. 郑和下西洋资料汇编. 济南：齐鲁书社，1983

4. 潘吉星主编. 李约瑟文集. 沈阳：辽宁科学技术出版社，1986

5. 周一良主编. 中外文化交流史. 郑州：河南人民出版社，1987

6. 王漪. 明清之际中学之西渐. 台湾："商务印书馆"，1987

7. 戈宝权. 论中俄文字之交. 见：周一良. 中外文化交流史. 郑州：河南人民出版社，1987

8. 许明龙. 孟德斯鸠与中国. 北京：国际文化出版公司，1989

9. 王家骅. 儒家思想与日本文化. 杭州：浙江人民出版社，1990

10. 颜清湟著. 栗明新，陆宇生译. 新马华人社会史. 北京：中国华侨出版公司，1991

11. 范存忠. 中国文化在启蒙时期的英国. 上海：上海外语教育出版社，1991

12. 清华大学思想文化研究所编，柳卸林主编. 世界名人论中国文化. 武汉：湖北人民

出版社，1991

13. 忻剑飞．世界的中国观．上海：学林出版社，1991

14. 王大海著．姚楠，吴琅璇校注．海岛逸志．香港：学津书店，1992

15. 谈敏．法国重农学派学说的中国渊源．上海：上海人民出版社，1992

16. 严崇潮．印度尼西亚历史地理探索．见：亚洲文明．第 2 集．合肥：安徽教育出版社，1992

17. 俞荣根．儒家法思想通论．南宁：广西人民出版社，1992

18. 邓小军．儒家思想与民主思想的结合．成都：四川人民出版社，1994

19. ［美］高道蕴，高鸿钧，贺卫方编．美国学者论中国法律传统．北京：中国政法大学出版社，1994

20. 王希隆．中俄关系史略．兰州：甘肃文化出版社，1995

21. 王金林．汉唐文化与古代日本文化．天津：天津人民出版社，1995

22. 冯志刚．新加坡的道路及其发展模式．北京：时事出版社，1996

23. 刘俊文，［日］池田温主编．中日文化交流大系·法制卷．杭州：浙江人民出版社，1996

24. 杨保筠．中国文化在东南亚．杭州：大象出版社，1997

25. 陈尚胜．中韩交流三千年．北京：中华书局，1997

26. 李明滨．中国与俄苏文化交流志．上海：上海人民出版社，1998

27. 薛克翘．中国与南亚文化交流志．上海：上海人民出版社，1998

28. 朱学勤．中国与欧洲文化交流．上海：上海人民出版社，1998

29. 郭成康．18 世纪的中国与世界·政治卷．沈阳：辽海出版社，1999

30. 陈垣．西域人华化考．上海：上海古籍出版社，2000

31. 吴孟雪．明清时期——欧洲人眼中的中国．北京：中华书局，2000

32. 杨鸿烈．中国法律在东亚各国之影响．北京：中国政法大学出版社，2000

33. 陈智超．《元西域人华化考》导读．见：陈垣．元西域人华化考．上海：上海古籍出版社，2000

34. 何成轩．儒家与现代化．沈阳：沈阳出版社，2001

35. 任爽，石庆环．科举制度与公务员制度——中西官僚政治比较研究．北京：商务印书馆，2001

36. 曹维安．俄罗斯史新论——影响俄国历史发展的基本问题．北京：中国社会科学出版社，2002

37. 计翔翔．十七世纪中期汉学著作研究——以曾德昭《大中国志》和安思文《中国新志》为中心．上海：上海古籍出版社，2002

38. 吕元礼．亚洲价值观：新加坡政治的诠释．南昌：江西人民出版社，2002

39. 张海林．近代中外文化交流史．南京：南京大学出版社，2003

40. 周良宵，顾菊英．元史．上海：上海人民出版社，2003

41. 阎宗临．传教士与法国早期文学．郑州：大象出版社，2003

42. 王小甫．盛唐时代与东北亚时局．上海：上海辞书出版社，2003

43. 姜林洋. 儒学在国外的传播与影响. 济南：齐鲁书社，2004

44. 王介南. 中外文化交流史. 太原：书海出版社，2003

45. 王治来. 中亚通史（古代卷）. 乌鲁木齐：新疆人民出版社，2004

46. 何勤华. 法律文化史谭. 北京：商务印书馆，2004

47. 张西平. 传教士汉学研究. 郑州：大象出版社，2005

48. 杨一凡. 新编中国法制史. 北京：社会科学文献出版社，2005

49. 黄庆华. 中葡关系史（1513－1999）（上册）. 合肥：黄山书社，2006

50. 张国刚，吴莉苇. 中西文化关系史. 北京：高等教育出版社，2006

51. 朱谦之. 中国哲学对欧洲的影响. 上海：上海人民出版社，2006

三、译著

1. 〔日〕五来欣造. 儒教对于德国政治思想的影响. 长沙：商务印书馆，1936

2. 〔印〕贾瓦哈拉尔·尼赫鲁. 印度的发现. 北京：世界知识社，1956

3. 〔英〕密尔. 论自由. 北京：商务印书馆，1959

4. 〔法〕伏尔泰. 哲学通信. 上海：上海人民出版社，1961

5. 〔德〕利奇温. 十八世纪中国与欧洲文化的接触. 北京：商务印书馆，1962

6. 〔德〕黑格尔. 历史哲学. 北京：商务印书馆，1963

7. 〔日〕布施弥平治. 明法道的研究. 新生社，1966

8. 〔越〕吴士连. 大越史记全书. 卷一. 日本：日本东京大学东洋研究所，1968 年刊印

9. 〔英〕亚当·斯密. 国民财富的性质和原因的研究. 北京：商务印书馆，1972

10. 〔英〕李约瑟. 中国科学技术史. 第一卷. 北京：科学出版社，1975

11. 沙哈鲁遣使中国记. 北京：中华书局，1981

12. 〔德〕韦伯. 世界经济通史. 上海：上海译文出版社，1981

13. 〔法〕孟德斯鸠. 论法的精神. 北京：商务印书馆，1982

14. 〔法〕魁奈. 魁奈经济著作选集. 北京：商务印书馆，1979

15. 〔德〕黑格尔. 哲学史讲演录. 第 1 卷. 北京：商务印书馆，1983

16. 〔英〕李约瑟. 大滴定：东西方的科学与社会. 台湾：帕米尔书店，1984

17. 〔波斯〕拉施特主编. 史集. 北京：商务印书馆，1986

18. 〔法〕夏尔·季德，夏尔·科斯特. 经济学说史. 北京：商务印书馆，1986

19. 〔日〕中村元. 比较思想论. 杭州：浙江人民出版社，1987

20. 〔日〕寺田隆信. 郑和——联结中国与伊斯兰世界的航海家. 北京：海洋出版社，1988

21. 〔法〕费琅. 阿拉伯波斯突厥人东方文献辑注. 北京：中华书局，1989

22. 〔英〕博克舍. 十六世纪中国南部行纪. 北京：中华书局，1990

23. 〔德〕利奇温. 十八世纪中国与欧洲文化的接触. 北京：商务印书馆，1991

24. 〔法〕伏尔泰. 哲学辞典. 北京：商务印书馆，1991

25. 〔越〕陈重金. 越南通史. 北京：商务印书馆，1992

26. 〔法〕艾田浦. 中国之欧洲. 郑州：河南人民出版社，1992

27. ［日］坂本太郎．日本史概说．北京：商务印书馆，1992

28. ［越］陈重金．越南通史．北京：商务印书馆，1992

29. ［法］阿里·玛扎海里．丝绸之路——中国波斯文化交流史．北京：中华书局，1993

30. ［法］谢和耐，安田朴等．明清间入华耶稣会士和中西文化交流．成都：巴蜀书社，1993

31. ［美］昂格尔．现代社会中的法律．北京：中国政法大学出版社，1994

32. ［法］伏尔泰．风俗论．北京：商务印书馆，1995

33. ［德］韦伯．儒教与道教．北京：商务印书馆，1995

34. ［荷］包乐史．巴达维亚华人与中荷贸易．南宁：广西人民出版社，1997

35. ［朝］朴趾源．热河日记．上海：上海书店出版社，1997

36. ［西班牙］门多萨．中华大帝国史．北京：中华书局，1998

37. ［英］雷蒙·道森．中国变色龙．北京：时事出版社，1999

38. ［英］约·罗伯茨编著．十九世纪西方人眼中的中国．北京：时事出版社，1999

39. ［法］安田朴．中国文化西传欧洲史．北京：商务印书馆，2000

40. ［法］杜赫德．耶稣会士中国书简集．郑州：大象出版社，2001

41. ［美］苏尔，诺尔．中国礼仪之争——西文文献一百篇（1645－1941）．上海：上海古籍出版社，2001

42. ［法］杜赫德编．耶稣会士中国书简集．第1卷．郑州：大象出版社，2001

43. ［法］杜赫德编．耶稣会士中国书简集．第3卷．郑州：大象出版社，2001

44. ［荷］包乐史，吴凤斌校注．吧城华人公馆档案丛书·公案簿．第1辑．厦门：厦门大学出版社，2002

45. 联合国教科文组织编．中亚文明史．第2卷．北京：中国对外翻译出版公司，2002

46. 联合国教科文组织编．中亚文明史．第3卷．北京：中国对外翻译出版公司，2002

47. ［意］白佐良，马西尼．意大利与中国．北京：商务印书馆，2002

48. ［韩］崔贞焕．韩国史基础史料讲读选集．韩国庆北大学，2002

49. ［美］邓恩．从利玛窦到汤若望——晚明的耶稣会传教士．上海：上海古籍出版社，2003

50. ［俄］叶弗拉姆皮．内阁关于纸币的奏折．见：曹天生．19世纪中叶俄罗斯驻北京布道团人员关于中国问题的论著．北京：中华书局，2004

51. ［瑞典］多桑．多桑蒙古史（下）．北京：世纪出版集团，2006

四、期刊、论文集

1. 孙中山．在广东省教育会的演讲．见：孙中山全集．第五卷

2. 李肇义．重农学派受中国古代政治经济思想影响之考证．中山大学社会科学，第1卷第3期

3. ［日］泷本诚一．重农学派之根本思想的探源．读书杂志，第1卷第6期

4. ［日］曾我部静雄．日本与唐律令比较．历史教育，第18卷第4期

5. 李光耀．八德．新加坡，1982（2）

6. 庞景仁译．致德雷蒙先生的信：论中国哲学．中国哲学史研究，1981（3）、（4），1982（1）

7. 戈宝权．托尔斯泰与中国．见：托尔斯泰研究论文集．上海：上海译文出版社，1983

8. 松本信广关于越南的若干看法．南亚与东南亚资料，1983（6）

9. 鼓足干劲　迎头赶上．（新加坡）联合早报，1985-08-19

10. 〔苏〕米·巴·阿列克谢耶夫．普希金与中国．国外文学，1987（3）

11. 〔日〕富永健一．马克斯·韦伯论中国和日本的现代化．社会学研究，1988（2）

12. 王家骅．日本儒学的特色与日本文化．日本问题，1988（2）

13. 〔日〕池田温．隋唐律令与日本古代法律制度的关系．武汉大学学报，1989（3）

14. 〔新加坡〕王永炳．新加坡的儒家伦理教育．孔子研究，1990（1）

15. 王家骅．儒家思想对日本古代律令的影响．日本研究，1991（1）

16. 戈宝权．高尔基和中国．见：中外文学因缘——戈宝权比较文学论文集．北京：北京出版社，1992

17. 〔日〕三浦一志．源远流长的日中文化交流．见：儒学与法律文化．上海：复旦大学出版社，1992

18. 杨联华．新加坡法律初探．现代法学，1993（3）

19. 廉洁正直和任人唯贤是我国政府两大支柱．（新加坡）联合早报，1995-06-14

20. 谭志词．汉语对越南语的影响．中国东南亚研究会通讯，1996（3）

21. 谭志词．论汉字对字喃的影响．中国东南亚研究会通讯，2000（2）

22. 钱林森．偏见与智慧的混合——孟德斯鸠的中国文化观．南京大学学报（哲学、人文、社科版），1996（1）

23. 〔日〕石田琢智．中日法文化交流史研究．中国政法大学博士学位论文，1999

24. 张中秋．继受与变通：中日法律文化交流考察．法制与社会发展，2003（2）

25. 纪宗安，颜丽金．试析吧国华人公堂的盟神审判．东南亚研究，2004（1）

26. 郑显文．从唐律到日本律．比较法研究，2004（2）

27. 李世安．儒家人权思想与西方价值观．见：孟广林主编．历史比较的新视野——"中西历史比较研究学术论坛"论文集．长春：吉林人民出版社，2005

28. 〔新加坡〕李元瑾．从新加坡两次儒学发展高潮检视中国、新加坡、东南亚之间的文化互动．中国哲学史，2005（3）

29. 徐良利．论伊利汗国乞合都汗仿中国元朝行钞法．学习与探索，2005（4）

30. 张中秋．中日法律文化交流的动因比较分析．南京大学学报，2005（6）

31. 沈燕清．吧城华人公馆档案之《户口簿》与《新客簿》述略．华侨华人历史研究，2006（2）

32. 赵立新．论明清律对日本法的影响．华东政法学院学报，2006（3）

33. 贾丛江．西汉属部朝贡制度．万方数据资源系统，2007-01-27

34. 张西平．从世界的角度看中国——评《耶稣会士中国书简集》．搜狐读书，2007-02-22

35. 新加坡的廉政建设．中国廉政文化网，2007-04-01

本卷后记

本书的参编人员及其写作分工情况如下（按撰写章节先后为序）：

马小红（中国人民大学法学院教授，引言）

赵　银（西北政法大学博士研究生，第一章）

韩剑尘（安徽理工大学人文社会科学院讲师，第一章）

高旭晨（中国社会科学院法学所副研究员，第二章）

张金莲（中国社会科学院法学所助理研究员，第三章）

张　群（中国社会科学院法学所助理研究员，第三章）

马慧玥（华东政法大学助理研究员，第三章、第四章、第九章）

史彤彪（中国人民大学法学院教授，第四章、第五章、第六章、第七章、第八章）

马小红、史彤彪对全书章节体例进行构思并组织编写，由史彤彪统稿。

2010 年 7 月

图书在版编目（CIP）数据

输出与反应：中国传统法律文化的域外影响/马小红，史彤彪主编 . —北京：中国人民大学出版社，2012.1
（中国传统法律文化研究）
ISBN 978-7-300-15014-7

Ⅰ.①输…　Ⅱ.①马…②史…　Ⅲ.①法律-传统文化-研究-中国　Ⅳ.①D909.2

中国版本图书馆 CIP 数据核字（2011）第 271585 号

"十一五"国家重点图书出版规划

教育部哲学社会科学研究重大课题攻关项目资助

中国传统法律文化研究

总主编　曾宪义

输出与反应：中国传统法律文化的域外影响

主　编　马小红　史彤彪

Shuchu yu Fanying：Zhongguo Chuantong Falü Wenhua de Yuwai Yingxiang

出版发行	中国人民大学出版社		
社　　址	北京中关村大街 31 号	**邮政编码**	100080
电　　话	010 - 62511242（总编室）		010 - 62511398（质管部）
	010 - 82501766（邮购部）		010 - 62514148（门市部）
	010 - 62515195（发行公司）		010 - 62515275（盗版举报）
网　　址	http://www.crup.com.cn		
	http://www.ttrnet.com（人大教研网）		
经　　销	新华书店		
印　　刷	涿州星河印刷有限公司		
规　　格	185 mm×240 mm　16 开本	**版　　次**	2012 年 1 月第 1 版
印　　张	27.5 插页 1	**印　　次**	2012 年 1 月第 1 次印刷
字　　数	550 000	**定　　价**	78.00 元